इतिहास दर्शन

इतिहास दर्शन

डॉ. रामविलास शर्मा

वाणी
प्रकाशन

प्रकाशन के उत्कृष्टतम 61 वर्ष

vaniprakashan.com

सजिल्द पहला संस्करण : 2007
सजिल्द दूसरा संस्करण : 2024

वाणी प्रकाशन
4695, 21-ए, दरियागंज, नयी दिल्ली-110 002
फ़ोन : +91 11 23273167, 23275710
शाखाएँ
अशोक राजपथ, पटना-800 004, बिहार
कॉफ़ी हाउस कैम्पस, महात्मा गांधी मार्ग, प्रयागराज-211 001, उत्तर प्रदेश
महात्मा गांधी अन्तरराष्ट्रीय हिन्दी विश्वविद्यालय, वर्धा-442 001, महाराष्ट्र
36/ए, शेक्सपियर सरणी, रानी बिरला गर्ल्स कॉलेज के पास, कोलकाता-700 017, प. बंगाल
sales@vaniprakashan.in
vaniprakashan@gmail.com

ITIHAS DARSHAN
by Dr. Ramvilas Sharma

ISBN : 978-81-7055-371-7
History/Criticism

मूल्य : ₹ 695

जी.एस. ऑफसेट द्वारा दिल्ली-110 095 में मुद्रित

वाणी प्रकाशन का लोगो मक़बूल फ़िदा हुसेन की कूची से

भूमिका

इस पुस्तक में भारत और यूनान के प्राचीन इतिहास से संबंधित कुछ समस्याओं का विवेचन है। इनमें पहली समस्या **ऋग्वेद** के सूक्त रचने वाले आर्यों की है।

ऋग्वेद के रचनाकाल में आर्य अनेक जनों अथवा गणों में बँटे हुए थे। इन जनों अथवा गणों के नामों का उल्लेख **ऋग्वेद** में हुआ है, **वेदिक्स एज** नामक ग्रंथ में इनके जनपदों की अनुमानित भौगोलिक स्थिति का विवेचन किया गया है। इन प्राचीन जनों में **ऋग्वेद** की रचनाओं से घनिष्ठ संबंध भरतों का है। **विश्वामित्रस्य रक्षति ब्रह्मेदं भारतं जनम्**—विश्वामित्र का यह मंत्र भारत जन की रक्षा करता है। (3.53.12)। जो समाज रक्तसंबंधों पर आधारित है और जिसमें व्यक्तिगत संपत्ति का विकास नहीं हुआ, उसे हम गण (कबीला, ट्राइब) कह सकते हैं। जिस समाज में श्रम-विभाजन के कारण रक्तसंबंध टूट रहे हैं, व्यक्तिगत संपत्ति का विकास हो रहा है, उसे हम जन (लघु जाति, नैशनेलिटी) कह सकते हैं। **ऋग्वेद** में भरत जन हैं, गण नहीं हैं। भरतों की एक विशेषता है, उनका इतिहासबोध।

ऋग्वेद के कवि बार-बार अपने पूर्वज कवियों को याद करते हैं, जिन वीरों की कथाएँ प्रचलित हैं, उन्हें याद करते हैं, परंपरा के अनुसार देवों ने विपत्ति में जिन व्यक्तियों की सहायता की, उन्हें भी याद करते हैं। इस इतिहासबोध से इतना तो पता चलता है कि **ऋग्वेद** की रचना से पहले उसके रचनाकारों के पूर्वजों की कई पीढ़ियाँ बीत चुकी हैं। जो लोग भारत पर आर्यों के आक्रमण का सिद्धांत प्रचारित करते हैं, वे इन आर्यों के कई पीढ़ियों तक, भारत में बसे रहने की बात नहीं कहते। भारतीय आर्यों को जिस हिंदी-ईरानी शाखा से जोड़ा जाता है, वह भारत पर ईरान के आक्रमण के बाद बनी है। जिसे अब ईरानी क्षेत्र कहा जाता है, उसमें पहले **कुभा** के **भ्** जैसे सघोष महाप्राण व्यंजनों का व्यवहार होता था, यह इतिहास में प्राप्त तथ्यों से प्रमाणित है। फिर **कुभा** से **काबुल** का जन्म हुआ।

वैदिक कवि अपने प्राकृतिक परिवेश के प्रति अत्यंत सचेत थे। कहीं सीधे और कहीं देवकथाओं द्वारा उन्होंने इस परिवेश का चित्रण किया है। देवकथाओं में जहाँ दानवों का उल्लेख है, वहाँ अनेक विद्वानों ने भारत के आदिवासियों की कल्पना

की है, आर्यों से उन्हें पराजित होते माना है। ये आदिवासी सदा पहाड़ों और नदियों में रहते हैं, वहीं इंद्र द्वारा इनके दुर्ग ध्वस्त किये जाते हैं। ये दुर्ग सदा स्थिर नहीं, गतिशील भी होते हैं। आर्यों के आक्रमण की कल्पना से जिन इतिहासकारों में सात्विक रोष उत्पन्न होता है, उनका ध्यान शुष्ण के **पुरं चरिष्णवं** की ओर नहीं जाता; इंद्र ने शुष्ण के दुर्ग को तोड़ा पर वह दुर्ग **चरिष्णु** अर्थात् गतिशील था। (8.1.28)। स्पष्ट ही कवि की निगाह बादलों पर है, गतिशील दुर्ग वहीं है और इंद्र वहीं उन्हें ध्वस्त करता है।

दुर्गों के ध्वंस के बाद अवरुद्ध जल प्रवाहित होते हैं; कभी-कभी जलों के साथ, कभी उनसे स्वतंत्र, प्रकाश भी फैलता है। आदिवासियों के कल्पित दुर्ग जल और प्रकाश के अवरोध हैं। इंद्र इन्हें नित्यप्रति पर्वतों के गर्भ से मुक्त करता है। वह जिन गायों को मुक्त करता है, वे जलधाराएँ हैं या किरणें हैं। हर तरह के अवरोध को वृत्त कहा गया है। इनमें कुछ अवरोध नदी के प्रवाह को रोकने वाले पत्थर हो सकते हैं। यहाँ इस संभावना पर विचार किया गया है कि ये अवरोध भूस्खलनों का परिणाम हैं। **हड़प्पा सभ्यता और वैदिक साहित्य** में भगवान सिंह ने भूस्खलनों का जिक्र किया है। पूछने पर उन्होंने बताया, किसी पुस्तक में उन्होंने इसके बारे में पढ़ा था पर उसका नाम उन्हें याद न था। भूस्खलनों की संभावना की पुष्टि के लिए **ऋग्वेद** से जो तथ्य मिल सकते थे, उनका उल्लेख मैंने कर दिया है।

भूस्खलनों से अधिक महत्त्व **ऋग्वेद** में सरस्वती के उल्लेखों का है । वह आर्यों की प्रिय नदी है, उसी के किनारे उन्होंने बहुत-सा वैदिक काव्य रचा था। वह उनके प्राकृतिक परिवेश का सबसे महत्वपूर्ण अंश है। इसी के तटवर्ती क्षेत्र में आर्य अपने कृषितंत्र का विकास करते हैं, यहीं वे उन पाँच तत्त्वों की कल्पना करते हैं जिनसे मनुष्य समेत सारा ब्रह्मांड रचा गया। वैदिक आर्यों का प्राकृतिक परिवेश इसलिए महत्वपूर्ण है कि वह आर्यों को इतिहास के धुँधलके से बाहर निकालकर उन्हें एक निश्चित भौगोलिक क्षेत्र में प्रतिष्ठित कर देता है। जिस विशाल प्रदेश में अब जातीय भाषा के रूप में हिंदी का व्यवहार होता है, उसी का उत्तर-पश्चिमी भाग वह क्षेत्र है।

भरतों की इतिहास-परंपरा और उनके प्राकृतिक परिवेश का विवेचन पहले अध्याय में है।

माना जाता है, यूरुप की आधुनिक संस्कृति का आधार यूनान की प्राचीन संस्कृति है और जिस समाज में इस संस्कृति का विकास हुआ, वह दासों और उनके मालिकों में विभाजित था। उत्तर-पश्चिमी यूरुप और यूनान के प्राकृतिक परिवेशों में एक बुनियादी अंतर है। यूनान और उसके साथ इटली जलवायु के विचार से उत्तर भारत जैसे हैं; यहाँ खेती के लिए काफी समय मिलता है, श्रम-विभाजन में सुविधा

होती है, कारीगरों का अलग वर्ग बन जाता है। उत्तर-पश्चिमी यूरुप में सर्दी बहुत पड़ती है, खेती के लिए कम समय मिलता है, श्रम-विभाजन सीमित होत। है, सदियों तक एक ही कुटुंब में किसानी और कारीगरी के काम एक साथ होते रहते हैं। स्वभावतः यूनान में सभ्यता का विकास पहले होता है और उससे उत्तर-पश्चिमी यूरुप प्रभावित होता है। श्रम-विभाजन की सामान्य परिस्थितियों के कारण यूनान और भारत के समाजों में काफी समानता होनी चाहिए।

सामूहिक श्रम और सामूहिक स्वामित्व वाली गण व्यवस्था के विघटित होने पर यूनानी समाज श्रम-विभाजन पर आधारित किसानों और कारीगरों वाली व्यवस्था में प्रवेश करता है। यूनान में दास प्रथा का चलन था, इसलिए वहाँ का समाज प्रगतिशील था; भारत में वर्णव्यवस्था थी, इसलिए यहाँ का समाज प्रतिक्रियावादी था--यह बहुत बड़ी भ्रांति है। इस भ्रान्ति के कारण न हम भारत के इतिहास को ठीक से समझ पाते हैं न यूनान के इतिहास को। सुकरात को जहर दिया गया था, इसलिए नहीं कि वह दासों को उनके मालिकों के खिलाफ भड़का रहे थे वरन् इसलिए कि वह रूढ़िवादी भूस्वामियों के विरुद्ध नौजवानों में जनवादी चेतना फैला रहे थे। सुकरात पर मुकदमा चलाया गया, उन्होंने अपने पक्ष में जो कुछ कहा, उससे भूस्वामी वर्ग और शेष जनता के अंतर्विरोध की जानकारी होती है। प्लैटो और अरस्तू ने समाजव्यवस्था के बारे में जो कुछ कहा, उससे भी इसी अंतर्विरोध की पुष्टि होती है। यूनान के शासक वर्ग को भय दासों से नहीं, किसानों और कारीगरों से था। टॉमसन मार्क्सवादी विचारक हैं और यूनान की प्राचीन संस्कृति के विशेषज्ञ हैं। उनके विवेचन से भी यूनान के भूस्वामी वर्ग की प्रतिक्रियावादी भूमिका स्पष्ट होती है।

इस पुस्तक में सुकरात, प्लैटो, अरस्तू और टॉमसन को लेकर दूसरे अध्याय के चार भाग यूनानी समाज के अंतर्विरोधों पर हैं। वर्णव्यवस्था से मिलती-जुलती व्यवस्था यूनान में भी है; दासों और उनके मालिकों का अंतर्विरोध उस समाज का मुख्य अंतर्विरोध कभी नहीं रहा।

प्राचीन काल में अरस्तू, उत्तरकाल में हेगल, भूस्वामी वर्ग के प्रबल समर्थक थे। यूरुप का भूस्वामी वर्ग, अठारहवीं-उन्नीसवीं सदियों में, एशिया में अपना प्रभुत्व फैला रहा था। व्यापार और दर्शन, दोनों क्षेत्रों में भारत उसे अपना मुख्य प्रतिद्वंद्वी प्रतीत होता था। उस वर्ग के समर्थक बुद्धिजीवियों ने सचेत रूप से प्रयत्न किया कि अपनी आर्थिक समृद्धि और सांस्कृतिक उपलब्धियों के कारण यूरोप में भारत को जो ख्याति मिली, उसे नष्ट किया जाये। इनमें सबसे आगे थे हेगल। अपनी कारगुजारी दिखाने के लिए अंग्रेज लेखकों ने भारत के पिछड़ेपन के जो चित्र खींचे थे, उन्हें आधार बनाकर हेगल ने इतिहास का अपना दार्शनिक विवेचन प्रस्तुत किया। उन्होंने न केवल यूरुप की तुलना में, वरन् एशिया, अफ्रीका के अनेक देशों

की तुलना में भी भारत को नीचा स्थान दिया। दुर्भाग्य से मार्क्स और परवर्ती मार्क्सवादी लेखक भी जब-तब उनके विवेचन से प्रभावित हुए।

आधुनिक यूरुप का भूस्वामी वर्ग सिकंदर को अपना हीरो मानता था। जैसे सिकंदर ने एशियाई देशों को परास्त करके उनमें सभ्यता का प्रसार किया था, वैसे ही यह वर्ग अंधकार में डूबे हुए पूर्व को पश्चिमी सभ्यता से प्रकाशित कर रहा था। सिकंदर अरस्तू का शिष्य था, उसके महामानवत्व को हेगल ने स्वीकार किया था।

सिकंदर मखदूनियाई था, यूनानी उसे अपने से अलग बर्बर मानते थे। सिकंदर ने एशिया से पहले यूनान को तबाह किया। यूनान के स्वाधीनताप्रेमी देशभक्तों ने सिकंदर, और उससे पहले उसके पिता फिलिपि, के सैनिक अभियानों का विरोध किया। इन देशभक्तों में सबसे आगे थे देमोस्थेनॅस। इतिहासकारों ने जितना ही सिकंदर को ऊपर उठाया, उतना ही वे देमोस्थेनॅस को अपने विवेचन से दूर ठेलते गये। देमोस्थेनॅस के भाषण सिकंदर-संबंधी कीर्तिगाथाओं का खंडन करने के लिए काफी हैं। वह प्रभावशाली वक्ता और दूरदर्शी राजनीतिज्ञ थे; उनके भाषणों से यूनानी समाज के विकास और हमारे लिए उनकी राजनीति की प्रासंगिकता का पता चलेगा। इस पुस्तक में एक अध्याय हेगल, सिकंदर और देमोस्थेनॅस पर है।

सिकंदर ने यूनान और भारत पर आक्रमण किया। दोनों आक्रमणों में बड़ा अंतर है। सिकंदर ने यूनान पर विजय प्राप्त की, उसकी मृत्यु के दो सौ साल बाद तक वहाँ मखदूनियाई शासन बना रहा। भारत में उसे जबर्दस्त प्रतिरोध का सामना करना पड़ा, इस प्रतिरोध के कारण उसकी सेना ने आगे बढ़ने से इन्कार कर दिया। जिस मार्ग से आया था, उसे छोड़कर वह दूसरे मार्ग से लौटा। बार-बार भारतीय वीरों के आक्रमण से और अंशतः प्राकृतिक विपत्तियों से उसकी तीन चौथाई सेना नष्ट हो गयी। 'सिकंदर का विश्वजयी अभियान और भारत से पलायन'—इस अध्याय में यूनान पर सिकंदर की विजय और भारत में उसके अभियान की असफलता का संक्षिप्त विवरण दिया गया है।

तुर्कों ने भारत पर आक्रमण किया, तुर्कों ने यूनान पर आक्रमण किया। दोनों आक्रमणों में बड़ा फर्क है। भारत में तुर्क यहाँ के समाजों में विलीन हो गये, यूनान में तुर्क-यूनानी समस्या आज तक बनी हुई है। उन्नीसवीं सदी में यूनानी लोग तुर्कों के विरुद्ध अपनी स्वाधीनता के लिए लड़ रहे थे, ब्रिटेन और फ्रांस जैसे राष्ट्र तुर्कों का साथ दे रहे थे। साथ ही वे यूनान की प्राचीन संस्कृति को अपनी सभ्यता का आधार भी कहते जाते थे। शेली और बायरन जैसे कवि यूनान की स्वाधीनता के लिए लड़ रहे थे, अपने यहाँ के शासक वर्ग का विरोध और भारतीय स्वाधीनता का समर्थन कर रहे थे। 'यूनान और पश्चिमी यूरुप' में ब्रिटेन के शासक वर्ग की दुरंगी नीति का विवरण है, साथ ही यूनान के प्रति इंग्लैन्ड के प्रगतिशील बुद्धिजीवियों

की परंपरागत निष्ठा का उल्लेख है।

अंतिम अध्याय इतिहास दर्शन और राहुल सांकृत्यायन पर है। इस अध्याय में जिन समस्याओं का विवेचन है, वे उससे पहले के अध्यायों में विवेचित समस्याओं से जुड़ी हुई हैं। आर्यों ने भारत पर आक्रमण किया और यहाँ की द्रविड़ सभ्यता का नाश किया--यह धारणा इतिहास और दर्शन से संबंधित राहुलजी के विवेचन की आधारभूमि है। जो आर्य थे, वे ब्राह्मण क्षत्रिय बने, जो अनार्य थे, वे वैश्य और शूद्र बने। इस प्रकार राहुलजी की दृष्टि में आर्यों के आक्रमण से भारत की वर्णव्यवस्था का गहरा संबंध था। इस संदर्भ में यूनानी समाज के अंतर्विरोधों पर विचार करना चाहिए। लगभग दो हजार साल पहले प्लैटो ने जातिप्रथा से श्रम-विभाजन का संबंध जोड़ा था। राहुलजी के विवेचन में श्रम-विभाजन की कोई महत्वपूर्ण भूमिका नहीं है। भारतीय दर्शन का विकास ब्राह्मणों ने किया, इसलिए वह दर्शन भी ब्राह्मण धर्म का समर्थक बन जाता है। आर्यों का एक समुदाय ऐसा था जो अपनी गण व्यवस्था कायम किये रहा, उसमें ब्राह्मण नहीं थे। इसी समुदाय में बौद्ध धर्म, बौद्ध दर्शन का जन्म हुआ। स्वभावतः वह ब्राह्मण धर्म, ब्राह्मण दर्शन की अपेक्षा प्रगतिशील था। इस समुदाय के आर्य गण भी विजेता थे, उन्होंने भी आदिवासियों की सभ्यता का नाश किया था; उनमें ब्राह्मण शूद्र का भेद क्यों उत्पन्न न हुआ, इसकी कैफियत राहुलजी ने नहीं दी। भरतों का इतिहासबोध, अपने प्राकृतिक परिवेश से उनका गहरा लगाव इस प्रसंग में विचारणीय है।

निस्संदेह राहुलजी समाज को बदलना चाहते थे और उन्होंने मार्क्सवादी विचारधारा स्वीकार की थी। इस विचारधारा के अनुसार उत्पादन और विनिमय में विकास के साथ व्यक्तिगत संपत्ति और राज्यसत्ता का जन्म होता है, इसके साथ सभ्यता का विकास होता है। राहुलजी की इतिहास-दृष्टि इस विकास-मार्ग पर आगे बढ़ने की नहीं है वरन् गण समाजों की ओर लौट चलने की है। इसी तरह क्षणिकवाद और भौतिकवाद में बुनियादी अंतर है। राहुलजी ने स्वीकार किया है कि यह क्षणिकवाद शून्यवाद की ओर ले जाता है, संसार को असार बताकर शोषण-व्यवस्था को कायम रखता है। फिर भी वह बौद्ध धर्म के प्रति अपना मोह छोड़ नहीं पाते और क्षणिकवाद को मार्क्सवाद का पूर्वरूप बना देते हैं।

राहुलजी हिंदी के माध्यम से जनता में ज्ञान-विज्ञान का प्रसार करना चाहते थे, हिंदी भाषा और साहित्य को समृद्ध करना चाहते थे। पर हिंदीभाषियों के जातीय विकास की रूपरेखा उनके सामने अस्पष्ट थी, इस विकास में जनपदों और संप्रदायों की भूमिका अस्पष्ट थी। साहित्यिक हिंदी का विकास अधिकतर पूर्वी जनपदों में हुआ था पर इन्हें एक ही जातीय प्रदेश के अंतर्गत न मानकर वह उन्हें स्वतंत्र जातीय क्षेत्रों के रूप में पुनर्गठित करना चाहते थे। उनका यह प्रयास बौद्धकालीन भारत के मानचित्र से प्रेरित था। जातीय संस्कृति की रूपरेखा स्पष्ट न होने से

राहुलजी हिंदू संस्कृति और मुस्लिम संस्कृति की बात करते थे, हिंदी का संबंध हिंदुओं से उर्दू का संबंध मुसलमानों से जोड़ते थे। अंग्रेजी राज कायम होने से पहले दरबारी साहित्य में और दरबारों के बाहर रचे जाने वाले साहित्य में हिंदू और मुसलमान एक साथ हैं। राहुलजी की दृष्टि से यह इतिहास ओझल रहता है। उर्दू और हिंदी दो भाषाएँ नहीं हैं, उनमें क्रियापदों, सर्वनामों आदि की बुनियादी एकता है, काफी परिमाण में राष्ट्रीय और जनवादी साहित्य उर्दू में भी लिखा गया है, हिंदी के अनेक लेखक उर्दू के लेखक भी थे—इन तथ्यों पर ध्यान देना आवश्यक है। राहुलजी की मान्यताएँ समाजसंबंधी हमारी आज की धारणाओं को प्रभावित करती हैं, इसलिए उनका विवेचन प्रासंगिक है।

राहुलजी से संबंधित सामग्री एकत्र करने में सुरेश शर्मा, रामशरणशर्मा (मुंशी), श्रीभद्र दीक्षित (दीपू) और दिनेश शर्मा ने मेरी सहायता की है, इसके लिए उन्हें धन्यवाद है।

नयी दिल्ली
6 जनवरी, 1994

—रामविलास शर्मा

अनुक्रम

1

ऋग्वैदिक आर्य और उनका परिवेश

1. भरतों की इतिहास परंपरा

भारत, पश्चिमी एशिया और यूरुप के भाषाई और सांस्कृतिक इतिहास को समझने में सबसे बड़ी बाधा भारत पर आर्यों के आक्रमण का अवैज्ञानिक सिद्धांत है। यह सिद्धांत उस ऐतिहासिक भाषाविज्ञान की देन है जिसका विकास उन्नीसवीं सदी में यूरोपियन जातियों के साम्राज्यवादी प्रसार के दौर में हुआ था। इस भाषाविज्ञान 'इंडोयूरोपियन' भाषाओं के आदि स्रोत को एशिया से उठाकर यूरुप में स्थापित कर दिया, भारत से भाषातत्त्वों के प्राचीन निर्यात को उसने आयात में बदल दिया। भाषातत्त्वों का निर्यात पूर्व से पश्चिम को हुआ था, इस भाषाविज्ञान ने उसे पश्चिम से पूर्व को कर दिया। आयात करनेवाला देश हुआ भारत, निर्यात करनेवाला हुआ यूरुप का कोई अज्ञात, आदिम, आर्य प्रदेश। भारत अपनी मौलिक भाषाई विरासत से एकबारगी वंचित हो गया। यूरुप की हमलावर जातियों ने उत्तरी, मध्य और दक्षिणी अमरीका की विकसित संस्कृतियों का नाश किया, मूल निवासियों का सामुदायिक संहार करके उनकी भूमि छीन ली, उस पर स्वयं बस गये, बचे हुए आदिवासियों को जंगलों और पहाड़ों में खदेड़ दिया। अपने कारनामों का यह नक्शा उन्होंने प्राचीन भारत के इतिहास पर चिपका दिया।

सभी ऐतिहासिक भाषाविज्ञानी मानते हैं कि मूल इंडोयूरोपियन भाषा में सघोष महाप्राण स्पर्श ध्वनियां, घ्-ध्-भ्–विद्यमान थीं। वे स्वीकार करते हैं कि भारत से बाहर ईरान से लेकर इंग्लैन्ड तक सभी प्राचीन और नवीन इंडोयूरोपियन भाषाओं में इन ध्वनियों का अभाव है, यह भी कि **ऋग्वेद** से लेकर अब तक ये ध्वनियाँ भारत में विद्यमान हैं। फिर भी वे भारत को इन ध्वनियों का आदि स्रोतदेश न मानेंगे। वे जानते हैं, भारत की समस्त आर्येतर भाषाओं में ये ध्वनियाँ नहीं हैं। और इन्हीं आर्येतर भाषाओं के बहुसंख्यक बोलनेवालों को आक्रमणकारी अल्पसंख्यक आर्यों ने जीता था, उन्हें अपना गुलाम बनाया था ! इस विराट, विरोधी, भाषिक वातावरण में ये सघोष महाप्राण स्पर्श ध्वनियाँ सहस्राब्दियों तक कैसे जीवित रहीं,

इस बात की कैफियत देना वे आवश्यक नहीं समझते।

अफ्रीका और एशिया की जिन सभ्यताओं से भारत का संबंध रहा है, उनमें सबसे प्राचीन मिस्र की सभ्यता है। 4777 ई॰ पू॰ में मिस्र के प्रथम राजवंश का इतिहास आरंभ हो जाता है। सुमेर (प्राचीन इराक) में प्रारंभिक बस्तियों की शुरूआत 4500 ई॰ पू॰ से होती है। इस तरह सुमेर का विकास काफी बाद में होता है। भूमध्यसागर के द्वीप क्रीट (क्रेते) में प्रारंभिक कांस्य युग 3000 ई॰ पू॰ से शुरू होता है। हड़प्पा सभ्यता का प्रारंभिक विकास 3300 ई॰ पू॰ से 2500 ई॰ पू॰ तक माना गया है, उसका उत्कर्ष काल 2300 से आरंभ होता है और 1700 ई॰ पू॰ तक उसका ह्रास हो जाता है। ह्रास की इसी कालरेखा से थोड़ा आगे-पीछे हट कर अधिकांश विद्वान भारत पर 'आर्यों का आक्रमण' और **ऋग्वेद** की रचना का समय निर्धारित करते हैं। उनके इस विवरण से इतना तो स्पष्ट है कि पाँचवीं से दूसरी सहस्राब्दी ई॰ पू॰ तक, भारत से ले कर मिस्र तक, अनेक सभ्यताओं का विकास और प्रसार होता रहा है। चार हजार साल तक जिस विशाल भूखंड में इन सभ्यताओं का विकास हुआ, उसे एक ही अन्तःसंबद्ध सांस्कृतिक क्षेत्र मानना चाहिए और यह भी ध्यान में रखना चाहिए कि यूरुप इस क्षेत्र से बाहर है। क्रीट द्वीप की मिनोअन सभ्यता अफ्रीकी एशियाई सभ्यता का अंग है, यूरुप को उससे कुछ लेना देना नहीं है।

मिस्री, सुमेरी और मिनोअन सभ्यताओं के अध्ययन के लिए पुरातात्त्विक सामग्री सुलभ है, ऐसी कोई सामग्री ऋग्वैदिक सभ्यता के अध्ययन के लिए सुलभ नहीं है। उस सभ्यता को दूसरी सहस्राब्दी ई॰ पू॰ के मध्य में, मिस्री, सुमेरी, मिनोअन सभ्यताओं के बाद, स्थान दिया गया है, इसका आधार केवल ऐतिहासिक भाषा विज्ञान और तुलनात्मक देवशास्त्र है। संस्कृत और ग्रीक-लैटिन-जर्मन आदि भाषाओं में अनेक समानताएँ हैं। इनकी व्याख्या के लिए यह कल्पना की गयी कि पहले एक आदि भाषा थी; उसकी शाखाएँ यूरुप और एशिया में फैलीं। उनसे इंडोयूरोपियन परिवार की आधुनिक भाषाओं का विकास हुआ। अब जरा अंग्रेजी के प्रसार को देखिये। इंग्लैन्ड नाम के छोटे-से टापू में वह बोली जाती थी। फिर अटलांटिक महासागर पार करके वह अमरीका और कनाडा में बोली जाने लगी। दूसरी ओर प्रशांत महासागर पार करके वह आस्ट्रेलिया और न्यूजीलैन्ड की भाषा बनी। इतनी दूर की यात्राएँ करके रही वह अंग्रेजी; उसने किन्हीं शाखाओं को जन्म नहीं दिया। भिन्न देशों में स्थानीय भेद दिखायी देते हैं, यह सही है। पर स्थानीय भेद तो इंगलैन्ड में अंग्रेजी के भी हैं। इन भेदों से अमरीकी अंग्रेजी, ब्रिटिश अंग्रेजी से अलग, उसकी शाखा नहीं हो जाती। आधुनिक मिस्र में अरबी, मौरीशस में हिंदी, अरबी हिंदी से अलग, इन भाषाओं की शाखाएँ नहीं हैं। इतिहास में किसी भाषा के प्रसार के साथ उसकी शाखाओं के बनने का कोई प्रमाण नहीं है। कहना न होगा कि मैथिली,

भोजपुरी और अवधी मानक हिंदी की शाखाएँ नहीं हैं। इसके विपरीत भाषाओं ने एक-दूसरे को प्रभावित किया हो, इसके दर्जनों प्रमाण हैं। अंग्रेजी में लैटिन-फ्रेंच भाषातत्त्व भरे पड़े हैं, उर्दू में अरबी फारसी भाषातत्त्वों की भरमार है और ब्रजभाषा, अवधी तथा खड़ी बोली निरंतर एक दूसरे को प्रभावित करती रही हैं। संभावना इसी बात की अधिक है कि जिन भाषाओं ने दीर्घकाल तक एक-दूसरे को प्रभावित किया, उन्हीं से 'इंडोयूरोपियन' भाषा परिवार का निर्माण हुआ।

इस इंडोयूरोपियन परिवार में सबसे प्राचीन यूरोपियन भाषातत्त्व ग्रीक भाषा के हैं। इतिहास में यूनानियों का अता-पता दूसरी सहस्राब्दी ई॰ पू॰ के उत्तरार्ध में लगता है। कल्पित आदि इंडोयूरोपियन भाषा की ग्रीक शाखा जब यूनान पहुँची, उसी के आस-पास आर्य शाखा को भारत पहुँचना चाहिए। इस तरह भारत पर आर्यों के आक्रमण और **ऋग्वेद** की रचना का समय थोड़ा आगे-पीछे हटाकर दूसरी सहस्राब्दी ई॰ पू॰ के मध्य में निश्चित किया गया। ग्रीक भाषा के दस्तावेज काफी पुराने हैं; उनकी तुलना में जर्मन भाषा के दस्तावेज आधुनिक हैं। दोनों में दो हजार साल का फासला तो होगा ही। किंतु जर्मन और ग्रीक में अनेक भाषातत्त्व सामान्य हैं और उनका तुलनात्मक अध्ययन बराबर किया जाता है। इससे जो चीज साबित होती है, वह यह कि भाषातत्व बड़े दीर्घजीवी होते हैं और उनकी समानता के आधार पर किसी भाषा के दस्तावेजों का रचनाकाल निर्धारित नहीं किया जा सकता। जर्मन और ग्रीक भाषाओं में सामान्य तत्व हैं, इससे न तो ग्रीक दस्तावेज आधुनिक हो जायेंगे, न जर्मन दस्तावेज प्राचीन। जैसे ग्रीक और जर्मन दस्तावेजों में दो हजार साल का अंतर संभव है, वैसे ही ग्रीक दस्तावेजों और ऋग्वेद में भी दो हजार साल या इससे अधिक का अंतर हो सकता है। जब तक बहुत ही पुष्ट पुरातात्विक प्रमाण न हों, तब तक **ऋग्वेद** का रचनाकाल दूसरी सहस्राब्दी ई॰ पू॰ के मध्य में निश्चित नहीं किया जा सकता। ऐसे प्रमाणों का नितांत अभाव है।

मैक्समुलर भारत पर आर्यों के आक्रमण का सिद्धांत स्वीकार करते थे पर वह संस्कृत भाषा के विकास की गहराइयों से, अधिकांश देशी विदेशी विद्वानों की अपेक्षा, अधिक परिचित थे। वह द्रविड़ भाषाओं से इंडोयूरोपियन भाषा परिवार के संबंधों से अपरिचित थे, भारत और सुमेर के भाषाई संबंधों से वह और भी अपरिचित थे। इस संदर्भ की विशद सामग्री अब उपलब्ध है पर नस्लवादी धारणाओं के कठघरे में बंद पूंजीवादी भाषाविज्ञान उस सामग्री का उपयोग करने में असमर्थ है। अपने युग की ऐतिहासिक सीमाओं के बावजूद मैक्समुलर ने केवल वैदिक भाषा के विकास पर ध्यान केन्द्रित करते हुए लिखा था—"जहाँ तक वेदों के वास्तविक रचनाकाल का संबंध है, मैंने तत्परता से मान लिया था कि कालक्रम विचार से वह उतना प्राचीन नहीं है जितना कि पिरामिड, पर मान लीजिये कि वह होता, तो क्या हमारे अध्ययन के लिए उसका मूल्य इससे किसी प्रकार बढ़ जाता ? यदि हम उसे 5000 ई॰

पू॰ स्थिर करें तो कोई इस काल का खंडन कर सकेगा, इसमें मुझे संदेह है। और यदि हम वेद से और पहले जायें, संस्कृत के तथा आर्य भाषा के आदिम रूप के निर्माण के लिए जो समय दरकार था, उसे नापने बैठें, तो मुझे संदेह है कि इसके लिए 5000 वर्षों का समय भी पर्याप्त होगा। **भाषा में अथाह गहराई है, एक स्तर के नीचे दूसरा स्तर मिलता चला जाता है** इसके बहुत पहले कि हम जड़ों तक पहुँचें, और उनके विस्तार के लिए, उनमें व्यक्त किये गये विचारों के विस्तार के लिए कितना समय, कितना प्रयत्न अनिवार्यतः आवश्यक रहा होगा।"[1] (शब्दों पर जोर मेरा है।) आधी शताब्दी से अधिक समय तक वैदिक भाषा और साहित्य का अध्ययन करने के बाद अपने परिश्रमी जीवन के अंतिम चरण में मैक्समुलर ने ये ज्ञान की बातें **आत्मकथा** में कही थीं।

ऋग्वेद की रचना ईसा से पाँच हजार साल पहले हुई हो, यह बिल्कुल संभव है। वैदिक भाषा का विकास उससे और पहले हुआ था, यह मान्यता स्वाभाविक है। भारत के रूढ़िवादियों के लिए ईश्वरकृत वेद की भाषा अथवा दिव्य दृष्टिवाले ऋषियों की भाषा में विकास की गुंजाइश न थी। ब्रह्म के समान वह स्वयंभू, पूर्ण विकसित और अनादि थी। इनसे अलग आधुनिकतावादियों के लिए वैदिक भाषा आदि आर्य भाषा है; जैसे वह आदि इंडोयूरोपियन की शाखा थी, वैसे ही प्राकृतें और अपभ्रंश, फिर बँगला, हिंदी, मराठी आदि उसकी प्रशाखाएँ फूट निकलीं। **ऋग्वेद** में कुभा और सिंधु से लेकर गंगा यमुना तक के विशाल क्षेत्र में जो गणसमाज बसे हुए दिखाई देते हैं, इन सबको उन्होंने एक ही भाषा बोलनेवाला मान लिया। सामाजिक विकास में सबका स्तर एक है, सबकी भाषा एक है, सबकी संस्कृति एक है, सबकी नस्ल एक है, वे सब आर्य हैं। रूढ़िवादियों और आधुनिकतावादियों से अलग हटकर मैक्समुलर ने संस्कृत के अनेक स्तरों की बात कही है। यदि वे गणसमाजों की बहुलता, उनकी भाषाई और सांस्कृतिक विविधता की ओर ध्यान देते तो संस्कृत के स्तरों का रहस्य खुलने लगता, भाषाविज्ञान में अनुसंधान के नये आयाम उद्घाटित होते; यदि वे भारत की आर्यभाषाओं में सघोष महाप्राण ध्वनियों की निरंतरता की ओर, इंडोयूरोपियन परिवार की समस्त अभारतीय भाषाओं में उनके अभाव की ओर, ध्यान देते तो अथाह गहराई के नीचे भाषा के आदिम रूप की कुछ जड़ों का पता उन्हें अवश्य लग जाता। पर संस्कृत में विकास के अनेक स्तर हैं, उसकी गहराई अथाह है, यह धारणा युगांतरकारी थी, उसका उल्लेख मात्र साहस का काम था।

ऋग्वेद की रचना ईसा से 5000 साल पहले हुई हो, इसमें असंभव कुछ नहीं था। सुमेर की पुराणकथाओं की जल प्रलय **ऋग्वेद** के बाद घटित हुई हो, इसमें असंभव कुछ नहीं है। ऐतिहासिक तथ्य यह है कि **ऋग्वेद** के बाद सांस्कृतिक विकास की केन्द्रीय भूमि बदल जाती है। बरो ने संस्कृत के भौगोलिक क्षेत्र के बारे में लिखा है, "एकदम प्राचीन काल में वह पंजाब में था लेकिन शीघ्र ही केन्द्र पूर्व की ओर

कुरु तथा पंचाल देशों में पहुँच गया। समूचे उत्तरवैदिक काल में वह वहीं बना रहा।"[2] मूल वैदिक भूमि छोड़कर उस केन्द्र की ओर बढ़ने का कारण क्या था ? आर्यों के आक्रमण सिद्धांत से ग्रस्त मानस के लिए भारतीय इतिहास की यह कोई गंभीर समस्या नहीं है। उत्तर-पश्चिम से आक्रमणकारी आये, कुछ दिन पंजाब में रहे, फिर आगे बढ़ते हुए दोआब में जा बसे। लेकिन इस प्रगति के साथ भरतों का महत्व कम क्यों हो गया ? "भरतों ने सारे देश को अपना नाम दिया। **ऋग्वेद** के गणसमाजों में वे सबसे महत्वपूर्ण हैं। **ऋग्वेद** के युग में वे सरस्वती और यमुना के बीच के प्रदेश में बसे हुए थे।"[3] पुसाल्कर के इस कथन से स्पष्ट है कि भरतों का महत्व असाधारण था। लेकिन उत्तर वैदिक काल में "भरतों का प्रमुख स्थान नहीं रहा वरन् वे कुरुओं में समा गये। अपने सहयोगी पंचालों के साथ अब वे श्रेष्ठ गण हैं"।[4] जो भरत इतने प्रतापी थे कि देश की पहचान उनके नाम से होने लगी, वे अचानक महत्वहीन होकर कुरुओं में विलीन कैसे हो गये ? **ऋग्वेद** में तो कुरुओं का नाम तक नहीं है !

यदि जलप्रलय से भरतों की असामान्य क्षति हुई हो तो मूल वैदिक केन्द्र का स्थान-परिवर्तन स्वाभाविक होगा, गणसमाजों में भरतों का प्रमुख स्थान खो देना भी स्वाभाविक होगा।

सिंधु घाटी की सभ्यता के विवेचक मार्शल ने उसे **ऋग्वेद** से पहले की सभ्यता माना परंतु उसके ह्रास का संबंध उन्होंने आर्यों के आक्रमण से नहीं जोड़ा। यह कार्य रामप्रसाद चंद ने किया और उसे विस्तार दिया व्हीलर ने। जब डेल्स ने मोहेन्जोदड़ो के हत्याकाण्ड को मनगढंत साबित कर दिया, तब स्वयं व्हीलर ने स्वीकार किया कि भारत पर आर्यों के आक्रमण से संबंधित कोई प्रमाण सामग्री सुलभ नहीं है। अब मान लीजिए, मध्य एशिया में विशेष प्रकार के मृद्भाण्ड मिलते हैं और वैसे ही भांड भारत के सीमांत क्षेत्रों में मिलते हैं और इससे यह अनुमान होता है कि बाहर के लोग भारत में प्रवेश कर रहे हैं, पर इससे यह प्रमाणित नहीं होता कि ये विदेशी जन ऋग्वैदिक काल के आर्य हैं। वास्तव में **ऋग्वेद** का रचनाकाल निर्धारित करने में पुरातात्विक सामग्री से महत्वपूर्ण सहायता मिलती है पर उस सहायता से रचनाकाल नीचे की ओर नहीं, और ऊपर की ओर जाता दिखायी देगा।

सबसे पहले बोगाजकुई वाले अभिलेख। इनमें भारतीय देवों के नाम हैं, ऐसे नाम जो भारत के बाहर कहीं के भी प्राचीन अभिलेखों में नहीं मिलते। किंतु इंद्र यहाँ इन्दर, मित्र मित्र-शिलु, नासत्य नशतिअन्न, वरुण उरुवनशिल हैं। भारत पहुँचने से पहले ही आर्य भाषा के तद्भव रूप बनने लगे ! इसके सिवा, बरो ने लक्ष्य किया है, इन देवनामों में "आर्येतर प्रत्यय (nonaryan terminations)" लगे हैं।[5] इससे परिणाम यह निकलेगा कि देवनामों के ये रूप कल्पित इंडोइरानियन शाखा के नहीं हैं वरन् भारतीय आर्य भाषा के हैं जो आर्येतर भाषा क्षेत्र में बोली जाती है।

बोगाजकुई वर्तमान तुर्की में है। मितन्नी राज्य इराक में है। यहाँ के राजाओं के नाम, बरो के अनुसार, "एक निश्चित आर्य रूप (a distinctly Aryan appearance)" के हैं।[6] किंतु यह आर्य रूप तत्सम नहीं तद्भव है। ऋतधामन् अर्तदाम, वार्द्धाश्व बर्दश्व हैं। जिन संस्कृत शब्दों में सघोष महाप्राण ध्वनियाँ हैं, उनके समस्त इंडोयूरोपियन प्रतिरूपों में सघोषता है तो महाप्राणता नहीं है, महाप्राणता है तो सघोषता नहीं है, दोनों का संयोग भारत के बाहर किसी भी प्राचीन या नवीन भाषा में नहीं है। इस एक तथ्य से यह प्रमाणित हो जाता है कि इंडोयूरोपियन परिवार के जितने भी शब्दों के मूलरूपों में सघोष महाप्राण ध्वनियों का अस्तित्व स्वीकार किया गया है, वे सब भारत की भाषासंपदा हैं; अन्य भाषाओं में उनके रूपांतर मात्र हैं। यह बात आकस्मिक नहीं है कि इस तरह के सारे शब्द संस्कृत में हैं। इसके विपरीत ग्रीक और लैटिन में ऐसे बीसियों शब्द हैं जिनमें अघोष महाप्राण जैसे ख, अघोष अल्पप्राण जैसे क, सघोष अल्पप्राण जैसे ग ध्वनियों का व्यवहार हुआ है पर वे संस्कृत में नहीं हैं। इंडोयूरोपियन परिवार के निर्माण में भारतीय आर्य भाषाओं (भारत के गणों अथवा जनों की भाषाओं) की निर्णायक भूमिका प्रमाणित होती है संस्कृत में प्राप्त सघोष महाप्राण ध्वनियों वाले शब्दों से।

भाषिक तत्वों के अलावा पुरातत्व ने ऐसे अनेक सांस्कृतिक तथ्य उद्घाटित किये हैं जिनसे **ऋग्वेद** का रचनाकाल निर्धारित करने में सहायता मिलती है। इनमें पश्चिमी एशिया के राजवंशों द्वारा प्रयुक्त पंखोंवाला सूर्य बिंब है। गूर्ने ने ध्यान दिलाया है कि ऐसे बिंब का विवरण ऋग्वेद में है और वह मानते हैं कि दूसरी सहस्राब्दी ई॰ पू॰ में भारतीय आर्य पश्चिमी एशिया में फैल रहे थे। बहुत ही महत्वपूर्ण है पुरातत्वज्ञों द्वारा सुमेरी और भारतीय रथों के भेद का विवरण। सुमेरी रथों का पहिया ठोस होता था, भारतीय रथों के पहिये में अरा होते थे। इस अरायुक्त रथ का उल्लेख **ऋग्वेद** में बार-बार हुआ है। मितन्नी राज्य (उत्तरी इराक) से ऐसे रथों का निर्यात मिस्र को होता था, हित्ती राज्य (तुर्की) से होता हुआ यह रथ यूनान और उत्तरी यूरुप पहुँचा। इसी तरह भाषातत्वों की यात्रा संभव है। मिस्र के प्रथम राजवंश के प्रथम राजा नर्मेर् को बाद के इतिहासकारों ने मेनेस् नाम दिया था। सिन्क्लेयर हुड के अनुसार इनका शासनकाल 3000 ई॰ पू॰ के आसपास या उससे पहले रहा होगा।[7] इन्हीं हुड के अनुसार क्रीट के पुराकालीन राजा का नाम मिनॉस् था। इन्हीं के नाम पर क्रीट की सभ्यता को मिनोअन सभ्यता कहा गया है। क्रीट के एक दैत्य को ग्रीक भाषा में मिनोतउरुस् कहा जाता था। यह दैत्य नरवृषभ है, आधा पुरुष, आधा बैल। स्पष्ट ही मिनॉस् मनुष्यवाचक शब्द था यद्यपि ग्रीक भाषा में उसका यह अर्थ लुप्त हो गया था। क्रीट और मिस्र की सभ्यताओं में अनेक तत्व सामान्य हैं। उन्हीं में मेनेस्-मिनॉस् हैं। भारतीय मनु के समान सभ्यता का प्रसार करनेवाले मेनेस् और मिनॉस् की भूमिका है और उस शब्द का अर्थ मनुष्य

तो है ही। **ऋग्वेद** में सभ्यता प्रसारक (यज्ञकर्ता) मनु और मनुष्यवाचक मनु दोनों हैं। इस प्रकार **ऋग्वेद** का रचनाकाल 3000 ई॰ पू॰ के आस-पास ठहरता है। मार्गरेट मरे के अनुसार मिस्र के प्रथम राजवंश का राज्यकाल 4777 ई॰ पू॰ से आरंभ होता है। इसलिए यह संभव है कि भारत से मिस्र को मनु नाम के भाषिक-सांस्कृतिक तत्व का निर्यात 3000 ई॰ पू॰ से बहुत पहले हुआ हो।

मिस्र, सुमेर और भारत में जल की पूजा भी महत्वपूर्ण है। क्रैमर ने हड़प्पा में जल की पूजा के चिह्न देखकर उसका संबंध सुमेर से जोड़ा। सुमेर की सभ्यता को अधिक प्राचीन मानकर यह निर्णय किया कि हड़प्पा की जलपूजा सुमेरियों की देन है और सुमेरियों ने प्रत्यक्ष अथवा परोक्ष रूप में हड़प्पा सभ्यता को जन्म दिया होगा। हड़प्पा सभ्यता के प्राचीनतम स्तरों का पता नहीं है। उनके समय के बारे में अटकलें ही लगाई गयी हैं। पर यह मान लें कि सुमेरी सभ्यता अधिक प्राचीन है तो इससे यह साबित नहीं होता कि हड़प्पावासियों ने जल की पूजा करना सुमेरियों से सीखा था। जल पूजा का एक स्रोत **ऋग्वेद** भी है। कह सकते हैं, पहले सुमेर, फिर हड़प्पा, उसके बाद **ऋग्वेद**; इस तरह जलपूजा ऋग्वैदिक आर्यों तक पहुँची। इस क्रम को स्वीकार करने में अनेक बाधाएँ हैं।

ऋग्वेद की जलपूजा मातृसत्तात्मक व्यवस्था की देन है और उस व्यवस्था में भी ऐसे कुटुंब की देन है जिसका संचालन एक माता नहीं अनेक माताएँ करती हैं। **ऋग्वेद** में जलवाचक **अपः** और **आपः** सदा बहुवचन में प्रयुक्त हुए हैं। ये **अपः** और **आपः** माताएँ हैं, कवि इन जलमाताओं की स्तुति करते हैं। सुमेरी अभिलेखों में जलपूजा से इस तरह की मातृसत्तात्मक व्यवस्था जुड़ी हुई नहीं है। जलमाताओं की उपासना से आगे बढ़ते हुए वैदिक जन वरुण तक पहुँचें, यह स्वाभाविक है। सुमेर के जलदेवता एनूकि भारत में आकर वरुण बने, फिर वरुण से पीछे चलते हुए आर्य जन जलमाताओं तक पहुँचे, यह क्रम असंभव है। सुमेर और बैबिलोन की भाषाओं में जिस पवित्र जल पर एनूकि निवास करते थे, उसे अब्जू, अप्सु कहते थे। **ऋग्वेद** में **अपः** के सप्तमी बहुवचन रूप **अप्सु** का प्रयोग बार-बार हुआ है। **अब्जू** और **अप्सु ऋग्वेद** के **अप्सु** से संबद्ध हैं, इसमें संदेह की गुंजाइश नहीं है। उनकी व्याख्या किसी सुमेरी शब्द मूल के आधार पर नहीं की जा सकती। संभावना यह है कि **ऋग्वेद** की रचना के काफी दिन बाद **अप्सु** रूप हड़प्पा क्षेत्र पहुँचा, वह **अपः** का सप्तमी रूप है, लोग यह भूल गये। उन्होंने उसे प्रथमा रूप बनाकर सुमेर पहुँचा दिया। अथवा यदि हड़प्पा क्षेत्र के लोगों को **अपः** और **अप्सु** के संबंध का पता था तो सुमेरियों ने **अप्सु** को प्रथमा (एक वचन) रूप में ग्रहण किया।

अप्सु संबंधी विवेचन से निष्कर्ष यह निकलेगा कि सुमेरी देवतंत्र के विकास से पहले **ऋग्वेद** की रचना हो चुकी थी। अब्जू नामक पवित्र जल में निवास करने वाले एनूकि देव भी वैदिक **इनः** की याद दिलाते हैं। **ऋग्वेद** में अनेक बार इस शब्द

का प्रयोग स्वामी के अर्थ में हुआ है। एनूकि धरती के स्वामी थे, बाद को वह जल के देवता बन गये। देवकथाओं से मिलती-जुलती प्राचीन वीरों की कथाएँ हैं। इनमें प्रधान हैं गिल्गमेश जिन पर महाकाव्य रचा गया था। बैबिलोन की भाषा में उसे और विस्तार दिया गया था। वह दिल्मुन् नाम के ऐसे देश की यात्रा करते हैं जो आर्थिक और सांस्कृतिक, दोनों तरह के विकास में सुमेर से आगे है। यहाँ की धरती उपजाऊ है, खूब अन्न पैदा होता है, लोग स्वस्थ और प्रसन्न रहते हैं। अन्य देशों से व्यापार के लिए यहाँ बंदरगाह भी हैं। यहाँ देवदारु के घने वन हैं और मनुष्य देवों के समान हैं। वे अमरत्व का रहस्य जानते हैं, उनकी यह ख्याति दूर-दूर तक फैली हुई है। दिल्मुन् सुमेर के पूर्व में है और वह सूर्योदय का देश है। सुमेर की तुलना में आर्थिक-सांस्कृतिक रूप से अधिक समृद्ध देश केवल भारत हो सकता था। ऋग्वेद में अमृत की जितनी चर्चा है, उसे देखते यह स्वाभाविक जान पड़ता है कि अमरत्व की खोज में गिल्गमेश भारत आये। सुमेरी देवकथाओं की तरह उनकी वीरगाथाओं के निर्माण के पहले ऋग्वेद की रचना हो चुकी थी।

गिल्गमेश महाकाव्य में जलप्रलय का उल्लेख है। अनेक देशों की पुराण कथाओं में उसकी चर्चा है, इसके सिवा कुछ देशों ने उसे राजवंशों का इतिहास लिखते हुए काल विभाजक रेखा माना। पुसाल्कर ने सुमेर, मिस्र और भारत, इन तीन देशों का नाम एक साथ लिया है जहाँ जलप्रलय से पहले के राजवंशों का वृत्तांत है।[8] ऋग्वेद में जलप्रलय की ओर कोई संकेत नहीं है, **अथर्ववेद** में है। इससे निष्कर्ष यह निकलता है कि **ऋग्वेद** की रचना जलप्रलय से पहले हुई थी। पुसाल्कर ने बताया है कि ऋग्वेद के बाद भरत जनों का लोप हो जाता है। उनके लोप होने का संबंध जल-प्रलय से हो, यह बिल्कुल संभव है। प्रलय के जल से वेदों के उद्धार का वर्णन भारतीय पुराण कथाओं में मिलता है। उससे उक्त धारणा की पुष्टि होती है। सुमेर के जलप्रलय का समय 3100 ई.पू. के आसपास माना जाता है। **ऋग्वेद** की रचना इस अनुमानित समय से कभी की पहले समाप्त हो चुकी थी। जलप्रलय के साथ जो मिट्टी बहकर आयेगी, वह गांवों और शहरों की मिट्टी से अलग किस्म की होगी। सुमेर के उत्खनकों ने ऐसी मिट्टी खोद निकालने की बड़ी कोशिश की पर वे सफल न हुए।

भरत जन के नगर और ग्राम महाप्रलय में डूबकर नष्ट हो गये हों तो पुरातत्वज्ञों के लिए उनके अवशेषों का अलभ्य होना स्वाभाविक होगा। अक्सर ऐसा होता है कि जहां किसी कारण से बस्तियां नष्ट हो जाती हैं, कुछ समय बाद दूसरे लोग वहां आकर बस जाते हैं। हड़प्पा सभ्यता की सबसे घनी बस्तियां उसी सारस्वत क्षेत्र में हैं जिसमें भरत जन रहते थे। यहाँ गहराई से उत्खनन हो तो यह संभव है कि हड़प्पा सभ्यता के स्तरों के नीचे जलप्रलय वाली मिट्टी मिले। सारस्वत क्षेत्र की हड़प्पा सभ्यता के स्तरों के ऊपर कहीं ऋग्वैदिक सभ्यता का निर्माण नहीं हुआ,

उन स्तरों के नीचे ही ऋग्वैदिक सभ्यता के चिह्न हो सकते हैं। सारस्वत क्षेत्र से ऋग्वैदिक सभ्यता का लोप होने पर कितने समय बाद वहाँ हड़प्पा सभ्यता का निर्माण आरंभ हुआ, यह कहना कठिन है। जलप्रलय ने केवल भरत जन को प्रभावित किया हो, यह संभव नहीं है। सरस्वती बहुत चौड़े पाट की विशाल नदी थी। सारस्वत क्षेत्र से लेकर पूर्वी पंजाब और उत्तरी राजस्थान को सींचती हुई वह सिंध प्रदेश को पूर्व से घेरकर समुद्र तक पहुँचती थी। ऋग्वेद में जिन गणों और जनों का उल्लेख है, वे उसी क्षेत्र में रहते थे जिसमें आगे चलकर हड़प्पा सभ्यता का विकास हुआ। यह संभव है कि भरतों को सर्वाधिक क्षति हुई हो पर ऋग्वेद में सरस्वती के उल्लेखों से यही प्रतीत होता है कि उसकी तट-भूमि पर दूर-दूर तक खेती करनेवाले समाज रहते थे। इनकी भी क्षति हुई होगी।

सरस्वती वाजिनीवती (7/96/3) अन्न देने वाली है। वह पहाड़ों से समुद्र तक बहती है और पृथ्वी की धनसंपदा का ज्ञान कराती है (7/95/2), उसके दोनों किनारों पर पुरु जन रहते हैं (7/96/2), "सरस्वती के पास रहने वाले दूसरे राजा तो छोटे ही हैं, केवल चित्र ही बड़ा राजा है।" (सातवलेकर, 8/21/18) । सरस्वती में बाढ़ आने से कुरुक्षेत्र से सिंध तक तटवर्ती ग्राम और नगर प्रभावित हुए होंगे। बाढ़ से उबरकर पुराने स्थानों पर नये सिरे से सभ्यता का विकास करने में समय लगा होगा। जब सरस्वती का लोप हुआ, उसकी विशाल जलधारा एकदम क्षीण हुई, तब पृथ्वी की सतह के नीचे भारी उथल-पुथल हुई थी। हिमालय क्षेत्र की भूसंरचना ऐसी है कि वहाँ ऐसी उथल-पुथल की संभावना अधिक रहती है। ऐसी उथल-पुथल के कारण ही सरस्वती का जलमार्ग परिवर्तित हुआ और वह जलहीन हुई, इसमें तो भूगर्भशास्त्रियों को संदेह नहीं है। यह भी संभव है कि प्रलय का रूप लेनेवाली उसकी बाढ़ ऐसी ही उथल-पुथल का परिणाम हो। यह इतिहास की विडंबना है कि सरस्वती की बाढ़ से ऋग्वैदिक सभ्यता का विनाश हुआ और कुछ हजार साल बाद उसी की जलहीनता से हड़प्पा सभ्यता का ह्रास हुआ।

उत्तरी राजस्थान में सरस्वती के तट पर बसे हुए कालीबंगा नगर का ह्रास 1750 ई॰पू॰ के आसपास हुआ। ऋग्वेद में सरस्वती भरी हुई है। मानना चाहिए, **ऋग्वेद** की रचना हड़प्पा सभ्यता के ह्रासकाल से काफी पहले हुई। किंतु **ऋग्वेद** में ही नहीं, यजुर्वेद में भी सरस्वती भरी हुई है।

पञ्चनद्यः सरस्वतीमपियन्ति सस्रोतसः

प्रवाहों वाली पाँच नदियाँ सरस्वती में आकर मिल जाती हैं। (यजु॰ 34/11)। यह स्थिति 1750 ई॰पू॰ से काफी पहले की है। और यजुर्वेद से **ऋग्वेद** की रचना काफी पहले की है। इसका पता सामाजिक विकास की अवस्थाओं के भेद से चलता है। ऋग्वेद में श्रम अभी वंशगत नहीं हुआ। एक ही कुटुंब के लोग अनेक प्रकार के श्रम करते हैं। जन्मगत वर्ण की धारणा **ऋग्वेद** में नहीं है, अतः उसमें वर्ण-

संकरता की धारणा भी नहीं है। **यजुर्वेद** में जन्मगत वर्ण है, वर्णसंकरता भी है। जन्मगत वर्णों का चलन होने पर उन्हें तोड़ना बहुत कठिन हो गया; इसी तरह कर्मगत वर्णों के चलन को तोड़कर जन्मगत वर्णों को प्रतिष्ठित करना भी काफी कठिन रहा होगा। हजार साल तो लगे ही होंगे।

यजुर्वेद में स्थिति यह है–

यद्धरिणो यवमत्ति न पुष्टं पशुमन्यते।
शूद्रा यदर्यजारा न पोषाय धनायति।।
यद्धरिणो यवमत्ति न पुष्टं पशुमन्यते।
शूद्रो यदअर्यायै न पोषमनु मन्यते।। (23/30-31)।

"जब हरिण जौ को खाता है तब क्षेत्रपति पशु को पुष्ट हुआ नहीं मानता···जब शूद्रवर्ण की स्त्री नौकरानी वैश्य या स्वामी को जार रूप से प्राप्त करती है, तब वह अपने कुटुंब पोषण के लिए धन नहीं चाहती···जब हरिण यव भक्षण करता है उस समय क्षेत्रपाल उस हरिण को बहुत पुष्ट हुआ ऐसा नहीं मानता है···जो शूद्रवर्ण का पुरुष आर्य स्त्री का भोग करता है, तो वह भी अपने भरण-पोषण की जीविका पर विचार नहीं करता।" (सातवलेकर)। वैश्य जार और शूद्र प्रेमिका, शूद्र जार और वैश्य प्रेमिका–स्पष्ट ही इस तरह के संबंध जन्मगत वर्णों वाले समाज में अवैध हैं।

हड़प्पा सभ्यता के ह्रासकाल से पहले है **यजुर्वेद; यजुर्वेद** में जन्मगत वर्णों की प्रतिष्ठा से पहले है **ऋग्वेद। ऋग्वेद** में **अर्य** शब्द अनेक बार आया है। उसका संबंध स्वामित्व और समृद्धि के भाव से है, वह वर्ण का सूचक नहीं है। "**(यः अर्यः इन्द्रः)** जो स्वामी इंद्र दाता के लिए मनुष्यों के भोगने योग्य धन देता है···।" (सातवलेकर, 1/81/6)। इंद्र अर्य हैं, अग्नि अर्य हैं (1/70/1), मरुत् अर्य हैं (5/54/12) ; इनकी स्तुति करने वाले कवि भी अर्य हैं : "(अर्यः वयं) तेरी (इंद्र की) स्तुति करने वाले हम धन की प्राप्ति के लिए तेरी सहायता से संग्राम जीतें।" (उप०, 4/20/3)। **यजुर्वेद** में अर्य के साथ वैश्यत्व का भाव जुड़ गया है, वैश्य शब्द का प्रयोग अलग से भी हुआ है, यथा **मरुद्भ्यो वैश्यम्** (यजु॰ 30/5)। **ब्रह्मराजन्याभ्यां शूद्राय चार्याय** (यजु॰ 26/2)। यहाँ ब्रह्म है ब्राह्मण, राजन्य है क्षत्रिय, इनके बाद है शूद्र, बचा वैश्य, वह अर्य है। इसी शब्दावली का व्यवहार **अथर्ववेद** में हुआ है : **ब्रह्मराजन्याभ्यां शूद्राय चार्याय च** (19/32/8)। ब्रह्म, राजन्य और शूद्र के बाद अर्य अर्थात् वैश्य। **ऋग्वेद** में सामाजिक विकास की एक मंजिल है। **अथर्ववेद** और **यजुर्वेद** में उसके बाद की मंजिल है। दोनों को वैदिक समाज कहने से विकास भेद और काल भेद का पता नहीं चलता।

ऋग्वेद के वर्तमान रूप में जो सूक्त मिलते हैं, वे चाहे जब रचे गये हों, वे एक सुदीर्घ काव्य परंपरा का परिणाम हैं। **ऋग्वेद** की रचना का जो भी समय निर्धारित

किया जाये, मानना होगा कि ऋग्वैदिक काव्य परंपरा की शुरूआत उससे बहुत पहले हो चुकी है। इसका प्रमाण स्वयं **ऋग्वेद** के कवि हैं। वे बारबार अपने पूर्वज कवियों को याद करते हैं; पुरातन सूक्तों की तुलना में उनके स्तोत्र नये हैं, इस बात पर जोर देते हैं। **ऋग्वेद** के कवियों से पहले अथर्वा, पिता मनु और दध्यङ् हैं, और इन्होंने **पूर्वथा**, पहले की तरह इंद्र को लक्ष्य करके स्तोत्र रचे। (1/80/16)। "उस इंद्र को (**प्रत्नथा**) प्राचीन लोग (**पूर्वथा**) हमारे पूर्वज, (**इमथा विश्वथा**) तथा आज के सभी जन स्तुति करते रहे हैं"। (सातवलेकर, 5/44/1)। स्तुति की परंपरा पूर्वजों से चली आ रही है। **ऋग्वेद** के कवि अपनी काव्य परंपरा के प्रति अत्यंत सचेत हैं। "हे घोड़ों के स्वामिन् इंद्र ! (**ते पूर्व्यं स्तुतिं**) "तेरी पहले की गयी स्तुति को कोई भी दूसरा बल से, न योग्यता से ही आज तक प्राप्त कर सका।" (उप., 8/24/17)। यम को मधुर हवि अर्पित करते हुए कवि प्रथम मार्गदर्शक पूर्वजों को याद करता है : "(**पूर्वजेभ्यः पूर्वेभ्यः पथिकृद्भ्यः ऋषिभ्यः इदं नमः**) पूर्वज और पूर्व मार्गदर्शक ऋषियों के लिए यह नमस्कार है।" (उप., 10/14/15)। इसके बाद ही त्रिष्टप्, गायत्री तथा अन्य सब छंद यम देव से संबद्ध होते बताये गये हैं। (10/14/16)।

ऋग्वेद के कवियों ने त्रिष्टुप् आदि छंदों का निर्माण नहीं किया, वे उन्हें भारतीय काव्य परंपरा से प्राप्त हुए थे। पुराने कवियों के बहुत से छंद उन्हें अवश्य याद रहे होंगे। "वरुण की मनःपूर्वक की गयी स्तुति से, (**पितृणां च मन्मभिः**) पितरों के स्तोत्रों से तथा नाभाक ऋषि की प्रशंसाओं से स्तुति करता हूँ।" (सातवलेकर, 8/41/17)। यहाँ पूर्वज कवियों के स्तोत्रों की आवृत्ति का स्पष्ट उल्लेख है। अवश्य ही उन्होंने पुराने स्तोत्रों से सामग्री लेकर उसे नया रूप दिया होगा। "(**नवीयः क्रियमाणं इदं ब्रह्म**) नवीन किया जाने वाला यह स्तोत्र है, इसको आदित्य, वसु और रुद्र स्वीकार करें।" (उप., 7/35/14) । पुराने को नया किया अथवा एकदम नया बनाया, दोनों अर्थ संभव हैं। (**अंगिरस्वत्**) अंगिरा के समान इंद्र को नमन करते हुए "(**नव्यं कृणोमि**) नये-नये स्तोत्र बनाता हूँ।" (उप., 3/31/19)। इंद्र के लिए कवि "(**नवीयसीं मन्द्रांगिरं अजीजनत्**) नवीन और आनन्ददायक स्तुति को उत्पन्न करता है।" (उप. 8/95/5)।

यह ऋग्वेद की परंपरा है, यह भारतीय काव्य परंपरा है।

ऋग्वेद के कवि अपनी काव्य परंपरा के प्रति सचेत हैं, वे अपने सामाजिक इतिहास की परंपरा के प्रति भी सचेत हैं। भरतों के एक पूर्व पुरुष थे सुदास्। इनके वीरतापूर्ण कार्यों का उल्लेख अनेक सूक्तों में है। इन्होंने परुष्णी (रावी) नदी पार की थी और शत्रुओं को परास्त किया था। विश्वामित्र ऋषि ने जल से भरी नदी को रोक दिया। (**अस्तभ्नात्**)। (3/53/9)। इंद्र ने जलों को फैलाकर सुदास् के लिए उन्हें पार करने योग्य मार्ग बनाया (**अकृणोत्**)। (7/18/5)। इंद्र और वरुण ने

सुदास् की सहायता की, अतः वे सुदास् को युद्ध में परास्त न कर सके (**न युयुधुः**)। (7/83/7)। सुदास् दस राजाओं द्वारा घेर लिये गये थे; वहाँ सिर पर जटाओं का जूड़ा बांधनेवाले देवपूजक त्रित्सु जन थे, अतः इंद्र और वरुण ने सुदास् की रक्षा की। (7/83/8)। त्रित्सुओं को **कपर्दिनः** कहा गया है; वसिष्ठ गोत्र के लोग (**वसिष्ठाः**) भी सिर के दाहिनी ओर जूड़ा बाँधते थे (**दक्षिणतस्कपर्दाः**)। (7/33/1)। सुदास् ने यमुना के किनारे **भेद** को परास्त किया। इंद्र उनके सहायक थे। परंतु इंद्र को भी मनुष्यों की तथा प्राकृतिक साधनों की सहायता दरकार थी। **आवदिन्द्रं यमुना तृत्सवश्च**—"इस इंद्र का रक्षण यमुना और तृत्सुओं ने किया।" (सातवलेकर,7/18/19)।

एक और रावी, दूसरी ओर यमुना, सुदास् के शत्रु पश्चिम में थे और पूर्व में भी थे। मैकडनल और कीथ ने **वेदिक इन्डेक्स** में उनके शत्रु **भेद** के बारे में लिखा है—"सुदास् तथा त्रित्सु भरतों का एक शत्रु था भेद। सुदास् ने उसे यमुना के किनारे परास्त किया। स्पष्ट ही दाशराज्ञ युद्ध के बाद ही दूसरे युद्ध में ऐसा हुआ होगा। दाशराज्ञ युद्ध में संघबद्ध शत्रुओं के विरुद्ध सुदास् ने सफलतापूर्वक अपने पश्चिमी सीमांत की रक्षा की थी।"[9] भेद के साथ अज, शिग्रु और यक्षु गण थे। परुष्णी के तट पर जो युद्ध हुआ, उसमें पक्थ, भलानस्, अलिनस्, शिव, विषाणिन्—अनेक गण थे। दोनों युद्धों में देशगत दूरी थी और कालगत दूरी भी थी। किंतु परुष्णी के तट का युद्ध और यमुना के तट का युद्ध, दोनों का उल्लेख एक ही सूक्त (7/18/8, 19) में किया गया है। दोनों ही युद्ध सूक्त की रचना से काफी पहले हो चुके हैं। सूक्त में इतिहास की स्मृति सुरक्षित है और यह भारतीय इतिहास की स्मृति है। परुष्णी (रावी) और यमुना दोनों नदियाँ भारत में हैं।

सूक्त के अंत में कवि मरुतों से प्रार्थना करता है—"उसके पिता दिवोदास के समान ही इस सुदास् की सहायता करो।" (उप॰, 718/25)। इससे प्रतीत होगा कि सुदास् और कवि समकालीन हैं। किंतु सुदास् का अर्थ सुदास् के वंशज, उसके कुटुंबी जन भी हो सकता है। आगे "पिजवन पुत्र सुदास् के घर की सुरक्षा करो" (उप॰), यह प्रार्थना भी है। सुदास् यदि दिवोदास के पुत्र हैं तो वह पिजवन के पुत्र नहीं हो सकते। **पैजवनस्य केतं** में **केतं** (घर) का वह अर्थ भी हो सकता है जो आजकल घराने का होता है। पिजवन-दिवोदास-सुदास्, कवि एक साथ कई पीढ़ियों को याद कर रहा है। दिवोदास कहने से दिवोदास के वंशजों का बोध भी हो सकता है, यह इस शब्द के बहुवचन प्रयोग से ज्ञात होता है। **दिवोदासेभिरिन्द्र स्तवानः** इन्द्र "दिवोदास के पुत्रों से प्रशंसित" होता है। (उप॰, 1/130/10) अन्यत्र वध्र्यश्व को दिवोदास का पिता कहा गया है। "इस सरस्वती ने दाता वध्र्यश्व के लिए धैर्यवान्, ऋण फेडने वाला (ऋण से मुक्त करने वाला) दिवोदास नामक पुत्र दिया।" (6/61/1)। तो पिजवन इसी वंश में वध्र्यश्च से पहले हुए होंगे।

दिवोदास को **ऋणच्युतं** कहा गया है। ग्रिफिथ ने इस शब्द का ठीक अनुवाद

किया है—canceller of debts। दिवोदास की ख्याति का यह एक कारण अवश्य था कि उन्होंने लोगों को ऋणमुक्त करा दिया था। सामूहिक स्वामित्व के समाप्त होने पर, कुटुंबगत संपत्ति का चलन होने पर ही ऋण लेने और देने का अवसर आता है। इससे संकेत यह मिला कि सुदास् से पहले, सारस्वत क्षेत्र में कुटुंबगत संपत्ति, सामंती व्यवस्था की 'व्यक्तिगत' संपत्ति, का जन्म हो चुका था। ऋण को निरस्त करने के संदर्भ में पणियों का उल्लेख बहुत सार्थक है। "(**या शश्वतं अवसं पणिं**) जिसने सदा कष्ट देने वाले धनवान् कंजूस का (**आ चखाद**) नाश किया।" (सातवलेकर, 6/61/1)।

दिवोदास के शत्रुओं में तुर्वश और यदु, इन दो गणों के साथ, शंबर का नाम भी आया है। (6/61/2)। इंद्र ने दिवोदास को धन दिया और शंबर के सौ पुरों का नाश किया। ये पुर वैसे ही हैं जैसे वृत्र के हैं जिनका नाश करके इंद्र जलों को प्रवाहित करते हैं। (1/174/2)। जल पर्वतों में बंद रहते हैं। इंद्र वहाँ वृत्र, शंबर आदि का नाश करके जलों को प्रवाहित करते हैं और तब किसान की खेती लहलहा उठती है। दिवोदास का संबंध कृषि से अवश्य रहा होगा। कृषितंत्र का विकास मनु ने किया। अश्विनी देवों ने मनु की समृद्धि के लिए पहले-पहल हल चलाया और फसल उगाई।(8/22/6)। अर्थात् अश्विनी देवों की प्रेरणा से मनु ने खेती आरंभ की। कृषि कर्म से यज्ञ का गहरा संबंध था। यज्ञ के लिए मनु ने अग्नि प्रज्वलित की (**मनुना समिद्धम्**, 7/2/3)। मनुष्यों के हित में मनु ने अग्नि को सदा के लिए स्थापित कर दिया। (1/36/19)। कवि ने मनु को हमारे पिता (**नः पिता**) कहा है; उन्होंने ओषधियों का चयन किया। (2/33/13)। अग्नि से जैसा संबंध भरतों का है, वैसा ही मनु का है। कवि ने जब उन्हें पिता कहा, तब यह संभव है, उसकी कल्पना में मनु भरतों के पूर्वज रहे हों। मनु की संतान (**मनोरपत्ये**) के बीच अग्नि होता रूप में प्रतिष्ठित है। (1/68/4)। इसी संतान में दो भरत, भरत जन के सदस्य, देवश्रवा और देववात हैं।

अमन्थिष्टां भारता रेवदग्निं देवश्रवा देववातः सुदक्षम्।

"भरत के पुत्र देवश्रवा और देववात इन दोनों ने शोभन सामर्थ्य से युक्त और धनसंपन्न अग्नि को मंथन द्वारा उत्पन्न किया।" (सातवलेकर, 3/23/2)। यदि इन भरतों ने अग्नि को मंथन द्वारा उत्पन्न किया तो यह निश्चित है, मनु ने भी इसी प्रकार उसे पैदा किया होगा। मनु अत्यंत प्राचीन इतिहास पुरुष थे, **ऋग्वेद** में उनके ऐतिहासिक अस्तित्व के अनेक संकेत हैं। बाद के साहित्य में जलप्रलय से बच निकलने वाले वह वीर नायक बने। उनके नाम के साथ पुराण कथाएँ जोड़ी गयी हैं। यह तथ्य बहुत ही महत्वपूर्ण है कि **ऋग्वेद** में मनु के नाम और कार्यों का उल्लेख तो बारबार हुआ है परंतु जलप्रलय का उल्लेख, या उसकी ओर संकेत, एक बार भी नहीं हुआ है। यह तथ्य **ऋग्वेद** के मनु को पुराण-कथाओं के मनु से

अलग करता है।

भरतों की इतिहास परंपरा इतनी पुरानी है कि यज्ञ की अग्नि से निरंतर संसर्ग होने के कारण **भारत** कहने से अग्नि का बोध होने लगा। **भारत** अग्नि का विशेषण बन गया। **त्वं नो असि भारता अग्ने** (2/7/5); **तस्मा अग्निर्भारतः** (4/25/4), **अग्निरगामि भारतो वृत्रहा पुरुचेतनः। दिवोदासस्य सत्पतिः** वृत्रनाशक, विपुलचेतन, दिवोदास का स्वामी भारत अग्नि उपस्थित है; (6/16/19)। निःसंदेह **ऋग्वेद** के कवि भरतों की, भरतों से अग्नि के संबंध की, इतिहास परंपरा के प्रति सचेत हैं। भरतों से निरंतर संसर्ग के कारण अग्नि को भारत कहा गया; इसी तरह यज्ञ में निरंतर काव्यपाठ के कारण कवियों की वाणी को भारती कहा गया। यह काव्यपाठ सरस्वती के तट पर होता था, वह नाम भी कवियों की वाणी से संबद्ध हुआ। यज्ञ की विभिन्न क्रियाओं को देवीरूप में कल्पित करके उन्हें होत्रा, इळा, आदि नाम दिये गये। इनके साथ अनेक मंत्रों में भारती और सरस्वती का उल्लेख हुआ है। अग्नि से, भरतों से, कवियों की वाणी से भारती और सरस्वती का संबंध सुदृढ़ हो चुका है, इसका प्रमाण यह मंत्र है :

त्वमग्ने अदितिर्देव दाशुषे त्वं होत्रा भारती वर्धसे गिरा।
त्वमिळा शतहिमासि दक्षसे त्वं वृत्रहा वसुपते सरस्वती।।

"हे अग्ने ! हे देव ! तू दान देने वाले के लिए अदिति है। तू होता और वाणी है, इसलिए स्तुति द्वारा बढ़ता है। तू सैकड़ों वर्षों की भूमि है, इसलिए दान करने में समर्थ है। हे धन के पालक ! तू वृत्र का मारने वाला और सरस्वती है।" (सातवलेकर, 2/1/11) । अग्नि **गिरा**, कवियों की वाणी से, संवर्धित होता है—यह मानो **भारती** की व्याख्या है। अग्नि विश्वव्यापी है परंतु नदियों में सरस्वती का उल्लेख है क्योंकि उसके तट पर यज्ञ होते थे। इळा यज्ञ कर्म की प्रतीक है और यह कर्म सैकड़ों वर्षों से हो रहा है। इस कारण यज्ञ की अग्नि भारत है, यज्ञ में काव्यपाठ करने वालों की वाणी भारती है।

एक बहुत लंबा कालखंड है जिसमें भरतों की इतिहास परंपरा का निर्माण हुआ है। अरणियों की रगड़ से अग्नि उत्पन्न करने से लेकर व्यक्तिगत संपत्ति के उद्भव तक उन्होंने सामाजिक विकास की अनेक मजिलें पार की हैं।

अतः आर्य भारत में 1200 ई०पू०, अथवा 1500 ई०पू० में आये, पुरानी सभ्यता का नाश करके बस गये, एक अति सीमित कालखंड में इंडोईरानियन से अलग इंडोआर्यन का विकास किया, घुमंतू जीवन छोड़कर कृषितंत्र का विकास किया, अपनी यज्ञ संस्कृति का विकास किया, और **ऋग्वेद** जैसा महाग्रंथ रच डाला—ये सारी कल्पनाएँ अवैज्ञानिक और निराधार हैं। ऐतिहासिक विकास के बहुविध प्रमाण **ऋग्वेद** में विद्यमान हैं।

2. आर्य भाषा क्षेत्र और ईरानी शाखा

हड़प्पा से मोहेञ्जोदड़ो 370 मील के फासले पर है। मोहेञ्जोदड़ो सिंधु नदी के उस पार है, हड़प्पा रावी नदी के इस पार। यदि वैदिक आर्यों ने मोहेञ्जोदड़ो का नाश किया हो तो पंजाब में बसने के लिए सिन्धु नदी पार करके 370 मील की लंबी यात्रा करनी पड़ी होगी क्योंकि जिस क्षेत्र में उनके बसने की बात कही जाती है, वह मोहेञ्जोदड़ो से दूर, हड़प्पा के पास है। सिंधु सभ्यता का एक प्राचीन स्थान लोथल गुजरात में है, अनेक स्थान राजस्थान में हैं, लोथल से 720 मील दूर अन्य प्राचीन स्थान रोपड़ हिमालय की उपत्यका में है। लोथल एक महत्वपूर्ण बन्दरगाह और व्यापार केन्द्र खंभात की खाड़ी के किनारे था। पश्चिम में समुद्र से लेकर पूर्व में हिमालय तक प्राचीन भारत का यह विस्तार पुरातत्व से प्रमाणित है। उत्तर में अफगानिस्तान, पश्चिम में बलूचिस्तान इसके अन्तर्गत थे। रफीक मुगल का कहना सही है कि प्राचीन संसार की किसी भी ज्ञात सभ्यता के क्षेत्र से सिन्धु सभ्यता का क्षेत्र बड़ा था। **ऋग्वेद** के कवियों को जिस भौगोलिक क्षेत्र का ज्ञान था, उससे इस क्षेत्र की काफी समानता है।

वैदिक कवियों के भौगोलिक क्षेत्र के बारे में पुसाल्कर ने लिखा है—"सूक्तों में जो भूखंड प्रतिबिंबित है, वह अफगानिस्तान, पंजाब, सिंध और राजपूताना के कुछ अंश, उत्तर पश्चिमी सीमांत प्रदेश और सरयू तक का पूर्वी भारत है।"[10] वैदिक काल में बहुत से गण समाज इस भूखंड में बसे हुए थे। उनमें बहुतों की निवास भूमि निर्धारित की जा चुकी है। **पक्थ** उन पहाड़ियों में रहते थे जहाँ से क्रमु निकलती है। जर्मन विद्वान् त्सिमर (Zimmer) ने उनका तादात्म्य पक्थून (या पख़्तून) से स्वीकार किया है। **पक्थों** के दक्षिण में **भलानस** रहते थे। त्सिमर के अनुसार उनका मूल निवास स्थान पूर्वी काबुलिस्तान था। **विषाणिन्** क्रमु और गोमती के बीच में रहते थे। **अलिन** पक्थों से घनिष्ठ रूप में संबद्ध थे और काफिरिस्तान के उत्तर पूर्व में रहते थे। **शिव** सिंधु और वितस्ता की मध्यवर्ती भूमि पर रहते थे। इन पांचों को पुसाल्कर ने सरहदी कबीले कहा है। इनके अलावा **गन्धारि** "भारत के धुर उत्तर पश्चिम में" रहते थे।[11] त्सिमर के मत से ये कुभा और सिंधु के किनारे बसे हुए थे।[12] वैदिक काल के गण समाजों की यह उत्तरी भूमि थी।

पुसाल्कर के विवरण के अनुसार दो जर्मन विद्वानों, लुडविग और वेबर ने **ऋग्वेद** में दो ईरानी गणों को पहचाना है। ये हैं **पृथु** और **पर्शु** जिन्हें अंग्रेजी में पार्थियन और पर्शियन कहते हैं। पुसाल्कर ने **पृथु पर्शवः** (ऋ॰, 7/83/1) का अर्थ किया है 'चौड़ी पसली वाले', या 'चौड़े कुठार वाले'। किंतु आगे लिखा है कि पर्शुओं से यदु का विशेष संबंध (ऋ॰, 8/6/46) दिखाया गया है।[13] काशी प्रसाद जायसवाल ने पाणिनि के पर्शवादि सूत्र का हवाला देते हुए पर्शु को गण माना है। वासुदेवशरण अग्रवाल ने उन विद्वानों का समर्थन किया है जो मानते थे कि पर्शु ही पारसीक हैं : "इस आयुधजीवी संघ का बहुवचन नाम पर्शवः और

एक सदस्य पार्शव कहलाता था···पर्शुः=पारसीक, ऐसे सब विद्वानों ने माना है। लुडविग और वेबर ने उनकी पहचान पारसीकों से की है जो अपने देश में पार्स कहलाते थे। कीथ ने इस पहचान को स्वीकार करते हुए लिखा है कि प्राचीन काल-में ईरानी और भारतवासियों का घनिष्ठ संपर्क था (वैदिक इन्डेक्स, 1/505)।"[14]

पर्शु की तरह पृथु और पार्थ भी गणवाचक शब्द थे। वासुदेवशरण अग्रवाल के अनुसार "रावलपिंडी प्रदेश की प्राचीन संज्ञा पृथु् जनपद थी (भाष्य 4/1/120) जिसकी स्मृति पोठवार नाम में है। पतंजलि ने अन्यत्र यहाँ की स्त्रियों को 'पार्थवृन्दारिका' और 'पृद्वृन्दारिका' कहा है (6/3/34)।"[15] **पार्थ** और **पृद्** (पृथ्) यहाँ गणवाचक शब्द हैं। **ऋग्वेद के दास** यदि आर्यों से लड़ रहे थे, तो वे अभी स्वाधीन थे, आर्य थे, किसी के गुलाम न हुए थे। "हिलेब्रान्ट तथा औरों ने दासों को ईरान के दाहअ माना है।"[16] पुसाल्कर इससे सहमत नहीं हैं पर वे मानते हैं कि दास धनी थे और किलेबंदी वाले पुरों में रहते थे। उनकी निवासभूमि के बारे में उन्होंने कुछ नहीं लिखा। **अथर्ववेद** में मूजवंत्, महावृष, गन्धारि और बाह्लीक गणों का उल्लेख है। रोठ और वेबर ने बाह्लीक गण को ईरान का निवासी कहा है, "लेकिन ईरानी प्रभाव की कल्पना अनावश्यक है क्योंकि बाह्लीक एक कुरु राजकुमार का नाम है (शतपथ ब्राह्मण, 12/9/3/3)।"[17] पुसाल्कर कुरु राजकुमार के बाह्लीक नाम के कारण उस गण को ईरान से बाहर ले आते हैं। पर उन्होंने ही लिखा है कि बाह्लीक नाम से संकेत मिलता है कि वे 'बाहर वाले' हैं।[18] वैसे ईरान के एक प्रसिद्ध राजा का नाम कुरु (Cyrus, कुरुस्) था। वास्तव में भारत ईरानी शाखा की कल्पना को सत्य मानकर, ईरान से चलकर आर्यों ने भारत पर आक्रमण किया—इस स्थापना को स्वीकार करके हमने भारत ईरान की आधुनिक सीमाओं को प्राचीन इतिहास पर आरोपित कर दिया है। पर जो आधुनिक ईरान है और जो भाषा क्षेत्र ईरानी शाखा के अंतर्गत माना जाता है, वहाँ वैदिक साहित्य के अनेक गणसमाज रहते थे, यह बात बहुत से देशी-विदेशी विद्वान् स्वीकार करते हैं।

प्राचीन ईरान की पूर्वी सीमा कौन-सी थी जिसे लाँघकर आर्य भारत में आये, इसका स्पष्ट विवेचन नहीं मिलता। मन में यह धारणा पहले से रहती है कि सिन्धु नदी के उस पार ईरान, इस पार भारत है। पर यह सिंधु बड़ी लंबी नदी है। आर्यों ने इसे कहां पार किया—मोहेञ्जोदड़ो के पास ? या हड़प्पा की सीध में ? या दोनों जगह और अन्य कई स्थानों पर ? जो **गन्धारि** जन कुभा और सिंधु के किनारे बसे हुए थे, वे वहाँ किस ओर से पहुंचे थे ? सब के साथ वहाँ एकबारगी पहुंचे थे या अकेले पहुंचे थे ? इन प्रश्नों पर विचार करने की आवश्यकता तभी होगी जब समाजशास्त्रीय दृष्टिकोण से हम मनुष्यों के सामाजिक गठन पर ध्यान दें। जिस समाज के सदस्य आपस में एक-दूसरे को रक्तसंबंधी मानें, संपत्ति पर सबका सामूहिक

अधिकार हो, सब लोग मिलकर खाने-पीने की चीजें पैदा करें और आपस में बाँट लें, उसे हम गण, कबीला या ट्राइब कहते हैं। मान लीजिये, वैदिक काल में ऐसे कबीलों का अस्तित्व है, इनमें कुछ ईरानी शाखा की भाषाएं बोलते हैं, कुछ भारतीय शाखा की। दोनों के भेद को पहचानने का आधार क्या है ? आधार है पारसियों का धर्मग्रंथ **अवेस्ता**।

एशियाई धर्मों के तुलनात्मक अध्ययन के लिए इस ग्रंथ का विशेष महत्व है। उसके अनुवादक जेम्स डार्मेस्टेटर ने इस सिलसिले में लिखा है : "ईसा मसीह के जन्म से पहले की पाँच सदियों और उनके जन्म के बाद की सात सदियों के दौरान ईरान में जिन विचारों का बोलबाला था, उनकी अंतिम झलक यहाँ है। इसी काल खंड ने संसार को बाइबिल, ताल्मुद और कुरान दिये।"[19] **अवेस्ता** की रचना **ऋग्वेद** के सैकड़ों साल बाद की है पर इसकी भाषा बहुत प्राचीन मानी जाती है और **ऋग्वेद** की भाषा से बहुत मिलती-जुलती है। जो अंतर है, वह अधिकतर ध्वनियों के परिवर्तन को लेकर है। मैकडनल वैदिक भाषा और संस्कृत साहित्य के विशेषज्ञ थे। वैदिक देवकथाओं के विवेचन के लिए **अवेस्ता** के महत्व पर बल देते हुए उन्होंने लिखा है, "ज़रथुश्त्र के धार्मिक सुधार से देवकथासंबंधी विचारों में बहुत काफी स्थानपरिवर्तन और रूपांतरण हुआ। इसलिए यदि हमारे पास उतना ही पुराना अवेस्ता साहित्य होता जितना पुराना **ऋग्वेद** का साहित्य है तो इस दिशा में नजदीकी समानता बहुत अधिक होती।"[20] एक तो कालगत फासला, फिर बीच में ज़रथुश्त्र का धार्मिक सुधार, ईरानी और भारतीय देवकथाओं में उतनी समानता न रह गयी जितनी पहले कभी रही होगी।

पर **अवेस्ता** और **ऋग्वेद** की भाषाओं में बहुत बड़ी समानता है। इस समानता के बारे में मैकडनल का मत यह है : "वाक्यतंत्र, शब्दभंडार, काव्य की विशिष्ट शब्दावली, छंद और सामान्य काव्यशैली में वेदों की भाषा से अवेस्ताई भाषा के प्राचीनतम रूप का इतना अधिक संबंध है कि मात्र ध्वनि नियमों को लागू करके अवेस्ता के बंद के बंद (stanzas) शब्दशः वैदिक भाषा में अनुवादित किये जा सकते हैं, ऐसे कि (अनुवादित) पद्य केवल रूप में नहीं, वरन् काव्य भावना में भी खरे उतरें।"[21]

यदि प्राचीन ईरानी भाषा वैदिक भाषा से इतना मिलती है तो वह अलग शाखा कैसे हुई ? क्या प्राकृतों को हम संस्कृत से अलग शाखा मानते हैं ? ध्वनिगत परिवर्तन ही तो मुख्य है। अवेस्ता की भाषा के प्रसंग में विलियम जोन्स ने प्राकृत को याद किया, यह बिल्कुल स्वाभाविक है : "ज़ेन्द की भाषा कम-से-कम संस्कृत की एक बोली थी जो शायद उसके उतना ही निकट थी जितना प्राकृत।"[22] अब कल्पना कीजिए कि कोई भाषाविज्ञानी संस्कृत के साथ प्राकृतों का तुलनात्मक अध्ययन करके 'इंडोआर्यन' की एक नयी शाखा स्थापित करे! पर भाषाविज्ञानियों

ने अवेस्ता को आधार बनाकर ठीक ऐसा ही काम किया है; उन्होंने 'इंडोईरानियन' शाखा स्थापित कर दी; यह शाखा 'इंडोआर्यन' से भिन्न तो है ही, वह एक तरह से उसकी जननी भी है क्योंकि जब भारत और ईरान के आर्य जुदा न हुए थे, तब वे 'इंडोईरानियन' ही बोलते थे।

रूसी तुर्किस्तान को आर्य कबीलों के जमघट का क्षेत्र मानते हुए बरो ने लिखा था, "वहाँ से ईरानी लोग और भारतीय आर्य अलग-अलग ईरान और भारत में घुसे। केवल इसी दौर में एक सामान्य इंडोईरानियन—यद्यपि उसमें बोलीगत विभाग थे—भारतीय और ईरानी, दो शाखाओं में विभाजित हो जाती है।"[23] इस स्थापना के अनुसार आर्यों ने भारत पर आक्रमण ईरान से नहीं रूसी तुर्किस्तान से किया था। इससे एक लाभ यह है कि उनके आक्रमण से मोहेञ्जोदड़ो की रक्षा हो जाती है। बरो के दिमाग में तुर्क हमलावरों वाला मार्ग है, यह उनके वाक्यों से प्रकट हो जाता है। "उत्तर पश्चिम की वैदिक भाषा" और मध्य देश की क्लासिकल संस्कृत में बोलीगत भेद हैं।[24] "उत्तर पश्चिम की काफिरी भाषाओं में" कुछ बोलीगत भेद हैं जो भारत पर आक्रमण से पहले की प्राचीन आर्य भाषा के बोलीगत भेद हैं।[25] ये काफिरी भाषाएँ ईरानियन और इंडोईरानियन के बीच की स्थिति ज्ञापित करती हैं। ये ही भाषाएँ (अपने पूर्व रूप में) सबसे पहले भारत के सीमांतों पर पहुँचीं। इनके बाद इंडोआर्यन हमलावरों की जो लहरें एक के बाद एक आती रहीं, उन्होंने उसे, अर्थात् काफिरी भाषाओं के पूर्व रूप को, "उत्तर पश्चिमी सीमांत की पर्वतीय घाटियों में एक तंग जगह में, बंद कर दिया, जहाँ वह अलग-थलग आज तक जी रही है।"[26]

काफिरी भाषाओं में आधी ईरानी आधी भारतीय प्राचीन विशेषताएँ कायम रहीं, पर वैदिक साहित्य में कहीं भी आर्यों के आक्रमण की स्मृति सुरक्षित न रही। बरो स्वीकार करते हैं कि **ऋग्वेद** में अनेक प्राचीन घटनाओं की ओर संकेत तो है, "पर कहीं भी उनके आव्रजन (migration, बाहर से यहाँ बसने) के तथ्य के बारे में कोई हवाला नहीं है, न ऐसा कोई निश्चित संकेत है कि उसकी स्मृति बनी हुई थी।"[27] इससे तुलनीय है सुमेरियन लोगों की स्मृति कि वे सुमेर की भूमि पर बाहर से आकर बसे थे। **ऋग्वेद** में अनेक प्राचीन घटनाओं की ओर संकेत है, इसलिए यह नहीं कहा जा सकता कि उनकी याददाश्त कमजोर थी। **ऋग्वेद** में आव्रजन की ओर किसी संकेत का न होना उस कल्पना को खंडित करने का सकारात्मक प्रमाण है जिस बरो ने 'तथ्य' मान लिया है।

काफिरी भाषाओं के पास ही पश्तो भाषा का क्षेत्र है। पश्तो ईरानी शाखा के अंतर्गत है। अफगानिस्तान में यह शाखा वैदिक काल में पहुँची या उसके बाद ? वहाँ की एक नदी का नाम है **कुभा**, वहाँ के एक कबीले का नाम है **गन्धारि**। ये भारतीय आर्य भाषा के शब्द हैं क्योंकि इनमें **भ्**, **ध्** इन सघोष महाप्राण ध्वनियों

का व्यवहार हुआ है। इस वर्ग की ध्वनियों का व्यवहार **भारतीय आर्य** भाषाओं को छोड़कर इंडोयूरोपियन परिवार की किसी अन्य भाषा में नहीं होता। प्रमाण हैं बरो : "सघोष महाप्राण ध्वनियों के लिए सामान्यतः माना जाता है कि इंडोयूरोपियन में वे थीं; वर्गरूप में वे केवल संस्कृत में सुरक्षित हैं। अन्यत्र उन्हें विविध प्रकार से परिवर्तित किया जाता है; ईरानियन स्लावोनिक आदि में महाप्राणता का लोप हो जाता है; ग्रीक में वे अपनी समकक्ष अघोष महाप्राण ध्वनियों में बदलती हैं, लैटिन (और इटली की अन्य बोलियों) में वे संघर्षी बन जाती हैं।"[28] भारतीय आर्य भाषाओं के क्षेत्र के बाहर कहीं भी वे प्राप्त नहीं हैं—ऐतिहासिक भाषाविज्ञान के लिए यह असाधारण महत्व का तथ्य है। ईरानियन, ग्रीक, स्लाव, सभी संबद्ध भाषाओं में ये ध्वनियाँ परिवर्तित होती हैं। कुभा और गन्धारि के क्षेत्र में वे अपरिवर्तित हैं; अर्ध ईरानी, अर्ध आर्य काफिरी भाषाओं में वे बदल चुकी हैं।

डॉ॰ सत्यस्वरूप मिश्र ने अवेस्ता की भाषा का तुलनात्मक ऐतिहासिक व्याकरण लिखा है। इंडोईरानियन में **भ्राता** है पर ईरानियन में **ब्राता** है। ईरान पहुँचने से पहले इंडोयूरोपियन **भ्** ग्रीक में **फ्** और स्लावोनिक में **ब्** रूप धारण कर चुका है। भारत पहुँचने पर वह **भ्** अपने प्राचीन सुरक्षित रूप में फिर प्रकट हो गया। इंडोईरानियन की तरह इंडोग्रीक, इंडोस्लाव, इंडोजर्मन की कल्पना करें तो व्यापार यह घटित होगा कि हर शाखा अलग होते ही मूल ध्वनि का रूप बदल देती है, केवल भारतीय शाखा (जो अभी अलग नहीं हुई) मूल ध्वनि की रक्षा किये रहती है। और हज़ारों साल से वह शाखा उसकी रक्षा किये हुए है। और भारत में द्रविड़ भाषाई परिवेश है, कोल और नाग भाषाओं का परिवेश है, यह परिवेश सघोष महाप्राण ध्वनियों की सुरक्षा के लिए अत्यंत प्रतिकूल है। इंडोईरानियन में **भ्राता**, ईरानियन में **ब्राता**, इंडोआर्यन में **भ्राता**—इस चमत्कार की आवश्यकता क्यों हुई ? इसलिए हुई कि इंडोयूरोपियन भाषाओं का एक सामान्य उद्‌गम है और इस उद्‌गम को भारत के बाहर होना चाहिए।

अवेस्ता के अंतर्गत **वंदिदात्** में उन प्रदेशों के नाम दिये हुए हैं जो ईरान (अइर्यनॅम्) की सीमाओं के भीतर थे। इनमें एक है **हप्त हॅन्दु** अथवा हप्त हिंदु (1/18)। **सप्त सिंधु** का रूपांतर है **हप्त हिंदु** और डार्मेस्टेटर के अनुसार वह "सिंधु की सहायक नदियों का मैदान, आधुनिक पंजाब" है।[29] पंजाब को ईरान में क्यों शामिल किया गया, इस समस्या पर विचार करते हुए उन्होंने लिखा है, "यदि हम यह मानें कि जो प्रदेश ईरानी संसार के अंतर्गत थे, उन्हीं के नाम सूची में दिये गये हैं, तो सात नदियों के उल्लेख से ज्ञात यह होगा कि प्रथम फ़्रकर्त् की रचना उस समय से पहले न हुई थी जब सिंधु का मैदान ईरान का एक हिस्सा बन गया था, अर्थात् दारिउस् प्रथम के शासन से पहले उसकी रचना न हुई थी।"[30] दारिउस् का शासनकाल 521 से 485 ई॰ पू॰ तक है। वंदिदात् के इस अंश की रचना ईसा

पूर्व छठी सदी के अंत में अथवा पाँचवीं सदी के आरंभ में हुई होगी। उस समय या उससे पहले ईरानियों ने जब सिंधु शब्द सुना, तब उसे **हिंदु** कहना शुरू किया, उन्होंने **ध्** के स्थान पर **द्** का व्यवहार किया क्योंकि **ध्** जैसी ध्वनि उनके यहाँ थी नहीं।

इसी तरह **कुभा** को यूनानियों ने **कोफ़ॅन्**, ईरानियों ने **काबुल्** कहा। **गन्धारि** का **गन्दारि** रूप यूनानियों को ईरानियों के माध्यम से मिला होगा। **सिंधु, कुभा, गन्धारि**—सब वैदिक शब्द हैं। वैदिक काल में अथवा उसके बाद ईरानियों ने अपनी भाषाई प्रकृति के अनुसार उन्हें महाप्राणता का लोप करते हुए ग्रहण किया। कोई यह नहीं कहता कि कुभा, सिंधु, गन्धारि नाम इंडोईरानियन हैं, बाद में ईरानियन शाखा ने **भ्, ध्** को **ब्, द्**, में परिवर्तित किया और इंडोआर्यन में मूल ध्वनियाँ बनी रहीं। इसी तरह **भ्राता** और **ब्राता** के बारे में समझना चाहिए। **भ्राता** इंडोईरानियन शब्द नहीं है, भारतीय है। ईरानियों ने भारतीय प्रभाव से उसे अपनाया लेकिन महाप्राणता का लोप करते हुए।

अवेस्ता की भाषा में ध्वनिविचार से प्राचीनता के ऐसे चिह्न हैं जो वैदिक भाषा में नहीं हैं। पर वैसे चिह्न भारत की अन्य भाषाओं में भी हैं। बरो ने अवेस्ता के **इद़** रूप के साथ **इह** दिया, समानांतर पालिरूप **इध** भी दिया है। मूल रूप **इध है, इह** और **इद़** उसके विकास हैं। **इध** इंडोईरानियन नहीं भारतीय रूप है। इससे तुलनीय है बरो का ही दिया हुआ पालि रूप सब्बधि (सर्वत्र)। इसका मूल रूप **सर्वधि** संस्कृत में नहीं है। इससे निष्कर्ष यह निकलेगा कि वैदिक भाषा स्वयं एक लंबे विकास का परिणाम है। उसके समानांतर अन्य आर्य भाषाएँ भी बोली जाती थीं। उनमें प्रयुक्त प्राचीन रूप पालि जैसी भाषाओं में सुरक्षित रह गये हैं। हिंदी के इधर, उधर, किधर उसी **इध** परंपरा के शब्द हैं। आर्यभाषाओं के बोलनेवाले गणसमाज उन कबीलों के संपर्क में आये जिनसे बाद में ईरानी और यूनानी जातियों का निर्माण हुआ। यह प्रक्रिया एक विशाल भूखंड में घटित हुई थी और उसके संपन्न होने में अनेक शताब्दियाँ लगी थीं।

अवेस्ता की भाषा का व्यवहार पूर्वी ईरान में होता था। पश्चिमी ईरान में पहल्वी या पुरानी फारसी का व्यवहार होता था। यह भाषा अवेस्ता की भाषा से बहुत मिलती-जुलती थी। अवेस्ता का ब्राता पहल्वी में भी ब्राता है। कुरुस् आदि सम्राटों के अभिलेख इसी भाषा में हैं। इन अभिलेखों में देवसूचक **बग** शब्द आया है, यह भारतीय **भग** का रूपांतर है। बटकृष्ण घोष ने बताया है कि ज़रथुश्त्र ने इस शब्द को अपनी भाषा से बाहर रखा है। पर **अवेस्ता** के जो अंश उनसे पहले के हैं, उनमें उसका व्यवहार किया गया है।[31] मानना चाहिए कि भारतीय आर्य भाषाओं के कुछ प्राचीन रूप पहल्वी में बने रहे। जैसे अवेस्ता की भाषा मूलतः वैदिक भाषा है, वैसे ही पहल्वी मूलतः आर्यभाषा है। संस्कृत से उसका संबंध पालि

और प्राकृत जैसा है।

उत्तरी इराक (मेसोपोटामिया) में 1500 से लेकर 1300 ई. पू. तक मितन्नी राज्य कायम था। यहाँ राजाओं के जो नाम मिले हैं, वे 'विशिष्ट आर्यस्वरूप' के हैं।[32] बरो के लिए उनका यह आर्यस्वरूप उनके भारत पहुँचने से पहले का है। इनमें एक नाम है **अर्तदाम**। यह संस्कृत ऋतधामन् का रूपांतर है। मान लीजिए यह रूपांतर 1500 ई. पू. में हुआ। इससे प्रमाणित यह हुआ कि **ऋतधामन्** जैसे आर्य नाम का चलन 1500 ई. पू. के पहले होता था। इसी क्षेत्र में एक प्राप्त नाम है **बरदश्व**। यह वार्द्धाश्व (वृद्धाश्व के पुत्र) का रूपांतर है। आर्य नामों की ध् ध्वनि को ईसा से डेढ़ हजार साल पहले पश्चिमी एशिया में हम द् रूप में ग्रहण किये जाते देखते हैं। बरो कहते हैं, यह मितन्नी प्रभाव के विस्तार का समय था। हमें पड़ोसी राज्यों में ऐसे ही आर्य नाम मिलते हैं और यह सिलसिला शाम (सीरिया) और फिलीस्तीन तक चलता है। यहाँ वृद्धाश्व और सुबन्धु के रूपांतर बिरिदश्व और सुबन्दु हैं।[33]

1350 ई. पू. के आसपास मितन्नी राजा ने पड़ोसी हित्ती राजा से संधि की। इस संधिपत्र में जिन देवताओं के नाम लेकर शपथ ग्रहण की गयी है, वे **इन्दर** आदि 'चार सुपरिचित वैदिक देवनाम' इंद्र, मित्र, नासत्य और वरुण हैं। बरो ने बहुत सही लिखा है, "स्पष्ट है कि निकट पूर्व के इस प्रदेश में न केवल आर्य भाषा का, वरन् ऋग्वेद से जिस धर्म की जानकारी होती है, उससे बहुत मिलते-जुलते रूप में आर्य धर्म का भी इस समय चलन था।"[34] ज़रथुश्त्र के सुधार कार्य से पहले इससे मिलते-जुलते धर्म का चलन पूर्वी ईरान में था।

हित्तियों की अभिलेख सामग्री में कुछ पारिभाषिक 'आर्य शब्द' हैं यथा **ऐक वर्तन्न** (एक वर्तन), इसी तरह **तेर, पंज़, सत्त और नवर्तन्न (नव–)**। हित्ती में ये उधार लिये हुए शब्द हैं, बरो के अनुसार इनका अस्तित्व स्पष्ट दिखलाता है कि "इस क्षेत्र में आर्यों का प्रवेश पहले हुआ" (the priority of Aryans in this field)।[35] आशय यह कि भारत से पहले आर्य इराक में थे। कम-से-कम ये भारत के उत्तर-पश्चिमी दर्रों से हमला करनेवाले 'इंडोईरानियन' नहीं थे। पर इराक में आर्य जिसे **इन्दर** कहते थे, उसे भारत पहुँचकर **इंद्र** कहने लगे, **अर्तदाम,** सुबन्दु आदि भारत में **ऋतधामन्, सुबंधु** बन गये।

आर्यभाषाओं के प्रसार से संबंधित बरो ने और भी सामग्री दी है। 1750 से 1170 ई. पू. तक बैबिलोन (बावेरू) में कस्सि वंश का राज्य था। इनके अभिलेखों में सूर्यदेवता का नाम **शूरिअश्** है "जिसे स्पष्ट ही संस्कृत सूर्य का प्रतिरूप मानना चाहिए।"[36] इनके एक राजा का नाम है **अबिरत्तश्** जो अभिरथ का रूपांतर है। यहाँ फिर वही महाप्राणता के लोप की सुपरिचित क्रिया दिखायी देती है। लेकिन बरो यही कहेंगे कि आर्यों की एक शाखा जो बैबिलोन पहले पहुँची थी, वह अबि

बोलती थी, दूसरी शाखा जो भारत पहुँची अभि बोलती रही। बहुत-से विद्वानों ने पश्चिमी एशिया के आर्यों को भारतीय आर्य माना है। बरो इससे सहमत नहीं हैं। उनका विचार है कि "ईरानियन परंपरा के विपरीत भारतीय परंपरा की प्राचीनता और रूढ़िवादिता के कारण ही विद्वानों ने इन आर्यों को विशिष्ट आर्य मान लिया है।"[37]

अनेक नामों की तुलना संस्कृत और वैदिक शब्दों से बरो ने ही की है : सुतर्न इत्यादि, "अर्थात् इंडोआर्यन रूप में सुतरण (तुलनीय है वैदिक सुतर्मन्)···शतुअरः सत्वर, शब्दमूल का संस्कृत **सत्वन्** 'शक्तिशाली, विजयीः योद्धा' से वही संबंध है जो अवेस्ताई इस्वन् से संस्कृत ईश्वर 'स्वामी' का है···इन्दरोतः इन्द्रोता (ऋग्वेद) 'इन्द्र' ने जिसकी सहायता की···।"[38]

वैदिक सभ्यता और सिंधु सभ्यता के उत्तरी और पश्चिमी क्षेत्रों में अब जो भाषाएँ बोली जाती हैं, वे ईरानी शाखा से संबद्ध हैं। सिंधु सभ्यता के युग में यहाँ जो भी भाषाएँ बोली जाती हों, वे ईरानी शाखा की न हो सकती थीं क्योंकि तब तक आर्यों ने भारत पर 'आक्रमण' न किया था। क्या वैदिक सभ्यता के युग में वहाँ ईरानी शाखा पहुँची थी ?

अफगानिस्तान की एक नदी का नाम है **कुभा**। यह नाम भारतीय है, ईरानी नहीं। अफगानिस्तान के एक पुराने गण और उसकी निवास भूमि का नाम है **गन्धारि, गंधार**। यह नाम भी भारतीय है, ईरानी नहीं है। इसका प्रमाण यह है कि **ध्, भ्** जैसी सघोष महाप्राण ध्वनियों का व्यवहार भारतीय आर्यभाषाओं के बाहर इंडोयूरोपियन परिवार की किसी नयी पुरानी भाषा में नहीं होता। कह सकते हैं कि वहाँ के लोग **कुभा** और **गंधारि** को और किसी ढंग से बोलते होंगे, ये नाम वैदिक आर्यों के दिये हुए हैं। पर वहाँ के एक प्राचीन स्थान का नाम है **तक्षशिला**। इसकी संयुक्त व्यंजन ध्वनि क्ष् (क् ष्) भी प्राचीन आर्य भाषा की विशेषता है। इसी क्षेत्र के शलातुर गाँव में महान् वैयाकरण पाणिनि का जन्म हुआ था। इस नाम की ण् ध्वनि भारत के भीतर और बाहर की अनेक भाषाओं में है पर ईरान की नयी और पुरानी भाषाओं में नहीं है। तक्षशिला प्रांचीन भारत का प्रसिद्ध शिक्षाकेन्द्र था ("शलातुर में जन्म पाकर पाणिनि भी अपने क्षेत्र के इस प्रसिद्ध शिक्षास्थान में शिक्षा के लिए गये हों और वहाँ के वातावरण में पले हों, यही संभव है"—वासुदेवशरण अग्रवाल)। अब या तो आप यह मानें कि ऋग्वेद कालीन **कुभा** और **गंधारि** से लेकर **अष्टाध्यायी** कालीन **पाणिनि** और **तक्षशिला** तक उस क्षेत्र में आर्यभाषा की परंपरा अटूट चली आयी है या यह मानें कि **कुभा** और **गंधारि** आर्यों के दिये हुए नाम हैं और ईरानी क्षेत्र में घुसकर आर्यों ने वहाँ अपने भाषा-केन्द्र स्थापित किये।

हड़प्पा सभ्यता का एक प्राचीन स्थान लोथल खंभात की खाड़ी के उत्तर में है, उससे 720 मील की दूरी पर हिमालय की उपत्यका में दूसरा स्थान रोपड़ है।

इस सभ्यता के अन्य स्थान बलूचिस्तान, उत्तरी अफगानिस्तान और अरब समुद्र के तटवर्ती प्रदेश में हैं। पोसेल के अनुसार इस सभ्यता का सारा क्षेत्र सुमेरियन सभ्यता के क्षेत्र से तीन या चार गुना बड़ा था।[39] रफीक मुगल के अनुसार प्राचीन संसार की किसी भी ज्ञात सभ्यता के क्षेत्र से सिंधु सभ्यता का क्षेत्र बड़ा था।[40] अफगानिस्तान, बलूचिस्तान ईरान की सरहदों से लेकर बृहत्तर सिंधु घाटी और गुजरात को समेटे हुए वह पंजाब के बड़े मैदान से आगे गंगा-यमुना के दोआब तक फैला हुआ था।

इस क्षेत्र का मोहेञ्जोदड़ो वर्तमान सिंध में है, सिंधु नदी के उस पार ; हड़प्पा वर्तमान पूर्वी पंजाब में है, रावी नदी के इस पार। यदि आर्य आक्रमणकारियों ने मोहेञ्जोदड़ो के नागरिकों की हत्या की हो, तो इसके बाद उन्होंने सिंधु नदी पार की होगी, फिर तीन सौ सत्तर मील उत्तर-पूर्व की ओर चलकर पूर्वी पंजाब में बसने आये होंगे। जिस स्थान में वैदिक आर्यों के बसने की बात कही जाती है, वह हड़प्पा के आसपास का क्षेत्र है, मोहेञ्जोदड़ो, वहाँ से बहुत दूर है। पोसेल ने रफीक मुगल के आधार पर सिंधु सभ्यता के विस्तार क्षेत्र का जो मानचित्र दिया है, वह काफी शिक्षाप्रद है। इस मानचित्र में अफगानिस्तान और बलूचिस्तान के हिस्से शामिल हैं। यहाँ की भाषाएँ भारतीय आर्य नहीं, ईरानी आर्य समुदाय की हैं। इससे नतीजा यह निकालना चाहिए कि सिंधु घाटी की सभ्यता पर हमला वैदिक आर्यों ने ही नहीं, ईरानी आर्यों ने भी किया था। अफगानिस्तान के कुछ गणसमाजों का उल्लेख **ऋग्वेद** में है ; वैदिक काल में वे किस हद तक ईरानी थे, किस हद तक भारतीय, इस समस्या के समाधान के लिए कोई प्राचीन सामग्री उपलब्ध नहीं है। इतना निश्चित है कि वैदिक आर्य अफगानिस्तान के गणसमाजों से अच्छी तरह परिचित थे।

पुसाल्कर ने **ऋग्वेद** काल की आर्य बस्तियों का जो विस्तार बताया है, वह पुरातत्व शास्त्रियों द्वारा निर्धारित सिंधु सभ्यता के क्षेत्र से काफी मिलता है।[41] आर्य बस्तियों के प्रसंग में मालवा और राजपूताना का उल्लेख है। पोसेल द्वारा उद्धृत मानचित्र के साथ बीकानेर में सिंधु सभ्यता के बीस प्राचीन स्थानों का उल्लेख है।[42] वैदिक एज में प्राचीन भारत का एक मानचित्र दिया हुआ है। इसमें वैदिक साहित्य में आने वाले स्थानों और गणराज्यों के नाम और सिंध के ताम्रप्रस्तरयुगीन स्थान दिखाये गये हैं। मानचित्र का आधार **ऋग्वेद** ही नहीं, बाद का वैदिक साहित्य भी है। इस बादवाले वैदिक साहित्य को अलग रखा जाये तो मानचित्र में कोसल, मगध आदि के क्षेत्र दिखायी न देंगे। ये क्षेत्र सिंधु सभ्यता के मानचित्र में भी नहीं हैं। वैदिक भारत के मानचित्र में गुजरात एकदम रीता है, एक भी स्थान या गणसमाज का नाम उसमें नहीं दिखाया गया। रफीक मुगल ने ध्यान दिलाया है कि हड़प्पा सभ्यता के सभी स्थान एक ही समय के नहीं हैं। रेडियो-कार्बन पद्धति से कई स्थानों का समय निर्धारित किया गया। इससे पता चलता है, "कच्छ और सौराष्ट्र

के अधिकांश स्थान तथा दोआब के भीतर वाले स्थान सिंधु घाटी खास से लोगों के उत्तरकालीन प्रयाण की सूचना देते हैं।"[43] सिंधु सभ्यता के मानचित्र से गुजरात और दोआब के स्थान निकाल दिये जायें तो वैदिक भारत के मानचित्र से उसकी समानता और बढ़ जायेगी। हड़प्पा सभ्यता के उत्कर्ष काल की भूमि प्रायः वही है जो वैदिक सभ्यता के उत्कर्ष काल की है। यही आर्य भाषाओं का क्षेत्र है। आगे चलकर इसी क्षेत्र की कुछ भाषाओं का ईरानीकरण हुआ।

3. वृत्र और जलप्रवाह

नदियों से वृत्र का गहरा संबंध है। उसे **नदीवृत** कहकर कवि ने मानो उसके नाम की व्याख्या कर दी—**इन्द्रो यद् वृत्रमवधीन्नदीवृतम्,** नदी के प्रवाह को रोकने वाले वृत्र को इंद्र ने मारा (1/52/2) ; **यदावृत्रं नदीवृतं शवसा वज्रिन्नवधीः,** हे व्रजधारी इद्र, जब तुमने नदी के प्रवाह को रोकने वाले वृत्र को बल से मारा (8/12/26)। और भी—

त्वमिन्द्र स्रवितवा अपस्कः परिष्ठिता अहिना शूर पूर्वीः।
त्वद् वावक्रे रथ्यो न धेना रेजन्ते विश्वा कृत्रिमाणि भीषा।। (7/21/3)

हे वीर इंद्र, तुमने वृत्र द्वारा **परिष्ठित** ("आक्रांत होकर स्तब्ध हुए"—सातवलेकर) बहुत से जल को प्रवाहयोग्य बना दिया।

नदियों से वृत्र का संबंध उसके दानु अथवा दानव नाम से भी ज्ञापित होता है। मैकडनल ने लिखा है, वृत्र की माँ दानु है और यह शब्द नपुंसक लिंग में कई बार धारा के अर्थ में प्रयुक्त हुआ है, और एक बार स्त्रीलिंग में आकाश स्थित जल के लिए प्रयुक्त हुआ है। माता के नाम पर वृत्र को दानु और दानव कहा गया है।[44] नदी का जल अवरोध के ऊपर से बहता है, इसलिए वृत्र की माँ ऊपर है, वृत्र उसके नीचे है। दानु **वृत्रपुत्रा** है, **उत्तरा सूरधरः पुत्र आसीत् दानुः शये सहवत्सा न धेनुः ;** मां (**सूः**) ऊपर (**उत्तरा**) है, पुत्र नीचे (**अधरः**) है, बछड़े के साथ जैसे गाय, वैसे ही वृत्र के साथ दानु लेटी है। (1/ 32/ 9)। आगे दानु का व्यक्ति रूप हटाकर उसका प्राकृतिक स्वरूप स्पष्ट कर दिया गया है—

अतिष्ठन्तीनाम निवेशनानां काष्ठानां मध्ये निहितं शरीरम्।
वृत्रस्य निण्यं विचरन्त्यापो दीर्घं तम आशयदिन्द्रशत्रुः ।।

निरंतर गतिशील, अविश्रान्त जलों के नीचे छिपे हुए वृत्र के शरीर के ऊपर से पानी बहता रहता है ; इंद्र का शत्रु घोर अंधकार में पड़ा हुआ है। (1/ 32/ 10)। इंद्र का काम है जल को प्रवाहित रखना। जलमग्न अवरोध इस प्रवाह को रोकता है, इसलिए वह इंद्र का शत्रु है। पानी के नीचे प्रकाश नहीं है, वहाँ अंधकार में उसकी स्थिति है।

वृत् क्रियामूल का एक अर्थ है घेरना, दूसरा अर्थ है रोकना। हिंदी शब्द बाड़ा

में दोनों अर्थ निहित हैं। बाड़े में जैसे पशु बंद कर दिये जाते हैं, वैसे ही वृत्र के द्वारा जल अवरुद्ध हो जाते हैं। **निरुद्धा आपः पणिनेव गावः** (1/32/11) में जल अवरुद्ध हैं वैसे ही जैसे गायें पणि द्वारा बाड़े में बंद कर दी जाती हैं। वृ का अर्थ है बंद करना, तो अपवृ का अर्थ हुआ खोलना। जल गुफा में बंद थे, उस गुफा का द्वार इंद्र ने खोल दिया। **अपां बिलमपिहितं यदासीत् वृत्रं जघन्वा अप तद् ववार**—जलों का बिल अपिहित (बंद) था, वृत्र को मारकर इंद्र ने उसे अपववार (खोल दिया)। मैकडनल के शब्दों में "in slaying Vritra he uncovered (apa vri) the prison of the waters "[45] ।

नदियाँ अनेक हैं, उनमें अवरोध अनेक हैं। इसलिए वृत्र शब्द का बहुवचन में प्रयोग भी होता है। **वृत्राणि वृत्रहंजहि**—हे वृत्रहन्, वृत्रों को मारो (8/ 17/ 10)। **वृत्राणि**—यह बहुबचन रूप नपुंसक लिंग में है, इससे ज्ञात होता है, वृत्र मूलतः कोई व्यक्ति नहीं, निर्जीव, जड़ अवरोध था। मैकडनल की टिप्पणी वृत्रसंबंधी कल्पना के उद्भव को समझने में सहायता करती है—"व्यक्तिवाचक नाम **वृत्र** से, साधारणीकरण द्वारा, बहुवचन में वृत्र के प्रयोग का चलन दुष्कर है। बहुवचन में वह सदा नपुंसक लिंग में होता है। अवश्य ही उसका आधार 'अवरोध', फिर 'अवरोधकर्ता' ('obstruction', then 'obstructor') जैसा पूर्व प्रचलित अर्थ होगा।"[46] वृत्र का मूल अर्थ हुआ अवरोध। वह कोई व्यक्ति नहीं है, नदी के प्रवाह को रोकनेवाली बाधा है। किस तरह की बाधा है, कवियों के विवरण से यह भी स्पष्ट हो जाता है।

जिस सूक्त में सरस्वती **वृत्रघ्नी है,** उसी में वह **पारावतघ्नी** भी है। सायण के अनुसार पारावतघ्नी का अर्थ है दूरदेशे विद्यमानस्याधि वृक्षादेर्हंत्री—दूर देश स्थित वृक्षादि का नाश करनेवाली (6/61/2)। सरस्वती वृत्र (अवरोध) का नाश करती है, वह दूरस्थ वृक्षादि का नाश करती है। सायण का अर्थ वृत्र के मूल अर्थ से काफी मिलता है। सरस्वती द्वारा पारावत नाम के मानव समुदाय के विनाश की कल्पना निराधार है। पारावत का एक अर्थ पर्वत भी है। जिस ऋचा में सरस्वती को पारावतघ्नी कहा गया है, उसी में पहले यह बताया जा चुका है कि वह अपनी शक्तिशाली लहरों से पर्वतों के ऊँचे भाग **(सानुं गिरीणा)** तोड़ देती है। पर्वत के ये टूटे हुए भाग नदी के प्रवाह को रोक सकते हैं। इंद्र ने वृत्र के सानु पर वज्र मारा **(अस्य वज्रमधि सानौ जघान, 1/32/7),** यहाँ सानु का प्रयोग बहुत सारगर्भित है; सानु वृत्र का सिर है और पर्वत का वह शिखर भी जिसके टूटने से वृत्र का निर्माण हुआ है। इस सूक्त में पहले कह आये हैं, इंद्र ने **अहि** (वृत्र) को मारा, **प्रवक्षणा अभिनत् पर्वतानाम्,** पर्वतों को तोड़कर नदियों को प्रवाहित होने दिया। (1/32/1)। स्वभावतः अहि (वृत्र) पर्वत का आश्रय लेता है, इंद्र ने उसे वज्र से तोड़ा तो नदियां वेग से समुद्र की ओर दौड़ चलीं (1/32/1)। ये पर्वत जलप्रवाह

को रोकनेवाले मिट्टी, पत्थरों, चट्टानों आदि के रूप में पर्वतों के अंश हैं। इंद्र ने जब वृत्र को मारा, तब उसके गिरने से **सं रुजाना पिपिष इंद्रशत्रुः** (1/32/6) ; सायण के अनुसार नदियों में गिरते हुए उसने उन्हें पीस डाला, अर्थात् "वृत्रदेहस्य पातेन नदीनां कूलानि तत्रत्य पाषाणादिकं च चूर्णीभूतम्", वृत्र के शरीर के गिरने से नदियों के तट, वहाँ के पाषाण आदि चूर-चूर हो गये। पर्वत का गिरता हुआ भाग ही वृत्र का शरीर है, इसलिए नदी तटों और तटवर्ती पाषाणों का ध्वस्त होना स्वाभाविक है।

वृत्र के गिरने पर जल उसे लाँघकर बहने लगे (**अतियंति**– अतिक्रम्य गच्छन्ति–सायण, 1/32/8) ऐसे बहने लगे जैसे नद तटबंध तोड़कर (**नदं न भिन्नम्**) बहते हैं। वृत्र ने जलों को रोक लिया था, अब वे निर्बाध उसके शरीर के ऊपर से बहते हैं। (मृते तु वृत्रे निरोधरहिता आपो वृत्रशरीरमुल्लंघ्य प्रवहन्ति–सायण)। इंद्र ने भारी पर्वत के टुकड़े-टुकड़े कर दिये (**पर्वतं··· पर्वशश्चकिर्तथ**) और निरुद्ध जलों को बहने के लिए बाहर निकाला (**अवासृजो निवृताः सर्तवा अपः**, 1/57/6)। जल प्रवाह के अवरोधक गिरिखंडों को तोड़ना ही वृत्र के पुरों को ध्वस्त करना है। दोनों का एक साथ उल्लेख इस प्रकार हुआ है–

जघान वृत्रं स्वधितिर्वनेव रुरोज पुरो अरदन्न सिन्धून्।
बिभेद गिरिं नवभिन्न कुम्भमा गा इन्द्रो अकृणुतस्वयुग्भिः।

कुल्हाड़ी से जैसे बन काटे जाते हैं, वैसे ही इंद्र ने वृत्र को मारा, दुर्गों को ध्वस्त किया और नदियों को प्रवाहित किया ; कच्चे घड़े के समान पर्वत को तोड़ा, अपने सहायकों के साथ इंद्र ने गायों को बाहर निकाला। (10/89/7)। दुर्गों के ध्वस्त करने का परिणाम है नदियों की मुक्ति ; पर्वत को तोड़ने का परिणाम है, गायों (जलों) का बाहर निकलना।

इंद्र जिन पुरों (दुर्गों) का नाश करता है, वे स्थल पर नहीं हैं, जल में हैं। इस प्रसंग में मैकडनल का यह वाक्य ध्यान में रखना आवश्यक है–"Thus 'conquering in the waters' (apsujit) is his exclusive attribute.'' ("इस प्रकार 'जलों में विजय पाने वाला'–अप्सुजित्–एक मात्र उन्हीं की उपाधि है।)"[47] वृत्र जल में है, इसलिए उसका विनाश, उसके दुर्गों का विध्वंस, स्थल पर नहीं, जल के भीतर ही होगा। दुर्गों के विध्वंस से जो गायें मुक्त होती हैं, वे जल ही हैं। मैकडनल कहते हैं, "इन्द्र जिन 'गायों' को मुक्त करता है, वे बहुत बार जलों की ओर संकेत कर सकती हैं क्योंकि हम देख चुके हैं, कभी-कभी जलों की तुलना रँभाती गायों से की जाती है। इस प्रकार इंद्र के लिए कहा गया है कि जब उसने अहि को मारा, तब उसने मनुष्य के लिए गायें प्राप्त कीं। (5/29/3, तु॰ 1/52/8)। संदर्भ से ज्ञात होता जान पड़ता है कि जहाँ सहयोगी वज्र के साथ इंद्र द्वारा, अंधकार से प्रकाश के साथ, गायों के निकाले जाने का वर्णन है, वहाँ आशय जलों से है।"[48] जलों की

तुलना अश्वों से भी की गयी है। सोम की सहायता से इंद्र ने अहि को मारा (4/28/1) और दोनों ने अश्वों और गायों (**अश्व्यं गो:**) को मुक्त किया (4/28/5)। जो काम इंद्र धरती पर करते हैं, उससे मिलता-जुलता काम वह आकाश में भी करते हैं। धरती पर गायें और अश्व जल हैं, आकाश में वे प्रभातकालीन सूर्य की किरणें हैं। इंद्र वृत्र को हटाकर जल को बहने योग्य बनाते हैं, वैसे ही अंधकार को हटाकर वह प्रकाश को चारों ओर फैलने देते हैं। मैकडनल के शब्दों में, "गायें और अश्व संभवतः दोनों ही प्रभातकालीन प्रकाश की किरणें हैं ; लेकिन सामान्यतः गायों की व्याख्या में उन्हें सबेरे के लाल बादल कहा जाता है।"[49]

जो पर्वत, दुर्ग, जल, धरती पर हैं, वे आकाश में भी हैं। इंद्र कहाँ जल प्रवाह के अवरोध धरती पर हटा रहे हैं, कहाँ आकाश में, यह सदा स्पष्ट नहीं होता। पर आकाश में इस तरह की कार्यवाही धरती पर ही इंद्र के क्रियाकलाप की प्रतिच्छवि है, इसमें संदेह नहीं है।

येभिः सूर्यमुषसं मन्दसानोऽवासयोऽव स्ळ्हानि दर्द्रत्।
महामद्रिं परि गा इन्द्र सन्तं नुत्या अच्युतं सदसस्परि स्वात्।।

हे इंद्र, तुमने सोमपान से आनंदित होकर शत्रु के सुदृढ़ स्थानों को तोड़ दिया, जो पर्वत को घेरे हुए अविचल था, उसे तुमने हटा दिया। (6/17/5)। यहाँ ऊषा और सूर्य के उल्लेख से यह संकेत मिलता है कि पर्वत को हटाने का काम आकाश में संपन्न हो रहा है। वृत्र जिस जल को रोकता है, वह बरसता हुआ पानी नहीं है, एक जगह भारी मात्रा में एकत्र हुआ नदी का पानी (मैकडनल के शब्दों में "the large stores of water)''है।[50] इसीलिए नदी आदि शब्दों का प्रयोग किया गया है जिनमें अवरुद्ध पानी बह निकलता है। बादल अपने वास्तविक **अभ्र** आदि नामों से ऋग्वेद में कोई बड़ी भूमिका नहीं निभाते[51] —मैकडनल की इस उक्ति को याद रखते हुए नदीवाचक शब्दों के सीधे उल्लेख का महत्व पहचाना जा सकता है। वृत्र नदी में था, उसके दुर्ग नदी में थे, जिनसे ये दुर्ग बने थे, वे पर्वतखंड अपने मूल स्थान से विच्छिन्न होकर नदी में पहुँचे थे, उनके विध्वंस का कार्य इंद्र जल में संपन्न करता था, अक्सर अकेले, पर कभी-कभी किसी अन्य देवता के साथ। यदाकदा इंद्र के स्थान पर कोई अन्य देवता भी उसे संपन्न कर देता था।

सोम की सहायता से इंद्र वृत्र का नाश करता है (4/28/1) ; सोम यह काम अकेले भी करता है—

इन्द्रो न यो महा कर्माणि चक्रिर्हन्ता वृत्राणामसि सोम पूर्भित्।

हे सोम, इंद्र के समान तुम बड़े काम करते हो, तुम वृत्रों को मारनेवाले, दुर्गों को तोड़नेवाले (**पूर्भित्**) हो। (9/88/4)। इसी तरह इंद्र और अग्नि दोनों **वृत्रहणापराजिता** (8/38/2) वृत्र को मारनेवाले और अपराजित हैं। और अकेले भी **अग्निर्वृत्राणि जङ्घनत्** (6/16/34), अग्नि, वृत्रों को मारे ; **अग्ने पुरो रुरोजिथ** (6/16/39), हे

अग्नि, तुमने दुर्गों को तोड़ा है। मरुतों ने जो बल धारण किया है, वह वृत्र का नाश करनेवाला है, वृत्र का नाश करनेवाला वह बल श्रेष्ठ है (**मरुतो वृत्रहं शवो ज्येष्ठं वृत्रहं शवः**, 6/48/21)। कोई देवता बलशाली है या नहीं, मानो इसकी कसौटी यह है कि वह वृत्र का नाश कर सकता है या नहीं।

वृत्र एक नहीं अनेक हैं, उस कोटि के भिन्न नामोंवाले शत्रु भी अनेक हैं। कुछ के नाम उनके प्राकृतिक रूपों की सूचना दे देते हैं। एक का नाम है नमुचि। पाणिनि के सूत्र (6/3/75) का हवाला देते हुए मैकडनल ने लिखा है, इस व्युत्पत्ति के अनुसार नमुचि का अर्थ होगा जल को रोक रखनेवाला।[52] इंद्र ने जलों के फेन से नमुचि का सिर काटा (**अपां फेनेन नमुचेः शिर इन्द्रोदवर्तयः**, 8/14/13)। जल से नमुचि का संपर्क तो स्पष्ट है ही, इस उक्ति से यह भी व्यंजित होता है कि जल प्रवाह के बढ़ने पर उसे रोकनेवाला मलवा अपने आप बह गया। अनेक दुर्ग ध्वस्त करने के बाद इंद्र ने वृत्र को मारा, नमुचि को भी मारा (**अहञ्च वृत्रं नमुचिमुताहन्**, 7/19/5) ; उनका एक साथ उल्लेख इसलिए है कि जैसे वृत्र जलप्रवाह को रोकता है, वैसे ही नमुचि उसे रोकता है।

नमुचि के समान पिप्रु भी जल प्रवाह को रोकता है। मैकडनल ने सुझाया है कि यह शब्द पृ क्रिया का रूप हो सकता है, संभवतः जिसका अर्थ था प्रतिरोध करनेवाला, विरोधी।[53] मोनियर विलियम्स के कोश में पृ का एक अर्थ है रक्षा करना, दूसरा है प्रतिरोध करना। इंद्र ने अन्य दानवों के साथ पिप्रु को मारा तो जल प्रवाहों को मुक्त करते हुए (**रिणन्नपः**, 8/32/2) यह कार्य संपन्न किया। वृत्र और नमुचि के विनाश की तरह पिप्रु के वध का भी उद्देश्य है नदी के अवरोध को हटाना। पिप्रु के दुर्गों के विध्वंस का उल्लेख अनेक बार हुआ है, यथा **त्वं पिप्रोर्नृमणः प्रारुजः पुरः**—मनुष्यों से प्रशंसित हे इंद्र, तुमने पिप्रु के दुर्गों को तोड़ा (1/51/7)। एक सूक्त में **पुर्** के स्थान पर **व्रज** को तोड़ने की बात कही गयी है।

अस्य स्तोमेभिरौशिज ऋजिश्वा व्रजं दरयद् वृषभेण पिप्रोः।

उशिज पुत्र ऋजिश्वा ने इन्द्र के स्तोत्रों से बल पाकर और इन्द्र की सहायता से पिप्रु के व्रज को ध्वस्त किया। (10/99/11)। यहाँ व्रज का बड़ा सटीक प्रयोग हुआ है। व्रज है बाड़ा जिसमें पशु बाँधे जाते हैं। यह बाड़ा नदी के घुमावदार अवरोध का सही चित्र प्रस्तुत करता है। उसके टूटने पर पशुओं की तरह जलों का भाग निकलना स्वाभाविक है। वैदिक कवियों के मन में पुर् का आकार किस तरह का था, इसका ज्ञान **व्रज** के प्रयोग से हो जाता है। जल गायों की तरह क्यों भागते हैं, इसका पता भी व्रज के मूर्तिविधान से हो जाता है।

वृत्र, नमुचि और पिप्रु का समानधर्मा है **वल**। **व्रज** के मूर्तिविधान का उपयोग इसके साथ भी हुआ है। **अलातृणो वल इन्द्र व्रजो गोः** (3/30/10) ; हे इंद्र, "गायों के बाड़ों पर अधिकार करनेवाला" (सातवलेकर) **वल** तुम्हारे प्रहार के भय से ही मर

गया ; जलप्रवाह के लिए मार्ग सुगम हो गये। मैकडनल के अनुसार **वल** की आधारभूत क्रिया है **वृ** ; इस तरह नदियों के संदर्भ में जो भूमिका **वृत्र** की है, वही या उससे मिलती-जुलती भूमिका **वल** की है। **वृ** से अवरोध का निर्माण होता है तो **अपवृ** से उसका नाश होता है। **वृत्र** ने जलप्रवाह का द्वार बंद कर दिया था, इंद्र ने उसे खोल दिया (**अप तद्‌ ववार**, 1/32/11)। इसी तरह इंद्र ने **अप हि वलं वः**, "वल के घेरे को तोड़ दिया" (2/14/3) ; हे इन्द्र, **त्वम्‌ वलस्य गोमतोऽपावरद्रिवो बिलम्‌**, तुमने गायों वाले वल का द्वार खोल दिया (**अपावः बिलम्‌**) (1/11/5)।

अनेक पाश्चात्य विद्वानों ने वैदिक देवी-देवताओं के बारे में लिखा है कि उनका व्यक्तिरूप (personification) अविकसित और अधूरा है। यह बात वे देवों के शत्रुओं के बारे में भी कह सकते हैं। इसे काव्य का गुण कहें या दोष, वह तो अलग प्रश्न है, वल के प्रसंग में यह निश्चित है कि उसके अधूरे व्यक्तिरूप के कारण ही वैदिक कवियों के प्राकृतिक परिवेश को पहचानने में सुविधा होती है। वल के दुर्गों, बाड़ों आदि की चर्चा करते हुए मैकडनल ने लिखा है—"लेकिन ऐसे अंश अनेक हैं जहाँ उसे अभी व्यक्तिरूप नहीं दिया गया। यहाँ (**वृ** धातु, ढाँकना) का मूल अर्थ 'आवरण' या 'गुफा' प्रतीत होता है···व्यक्तिरूप का पूर्ण विकास नहीं हुआ, यह इंद्र तथा औरों के कार्य से सूचित होता है। जब वे वल पर आक्रमण करते हैं, तो यह कार्य सामान्यतः **भिद्‌**, 'छेदना', कभी-कभी **दृ**, 'विच्छिन्न करना' या **रुज्‌**, 'तोड़ना' से व्यक्त होता है, **हन्‌** 'मारना' से नहीं (जैसे कि वृत्र के प्रसंग में होता है)।"[54]

अहञ्च वृत्रं नमुचिमुताहन्‌ (7/19/5), यहाँ वृत्र और नमुचि दोनों को **अहन्‌** मारने की बात कही गयी है। इसी तरह **अपवृ** के प्रयोग से वृत्र और वल दोनों के नाश को व्यक्त किया गया है। एक ही सूक्त में **भिद्‌** क्रिया का व्यवहार वल (**भिनद्‌ वलस्य**, 1/52/5) और वृत्र (**वृत्रस्य···अभिनच्छिरः**, 1/52/10) दोनों के लिए किया गया है और दोनों प्रसंगों के उल्लेख में मैकडनल ने अंग्रेजी की एक ही क्रिया pierce (छेदना) से काम लिया है (''His head, which Indra pierces,''[55] यह वृत्र का सिर है ; और ''fences which were pierced by Indra.''[56] ये बाड़े वल के हैं।) **भिद्‌** क्रिया के व्यवहार का औचित्य यह है कि अवरोध जब तक छेदा न जाये, उसमें बिल न बने, तब तक पानी बहेगा नहीं। एक बार रास्ता मिलने पर पानी जब जोर से रेला मारेगा, तब सारा बाँध टूट जायेगा, तब **हन्‌, रुज, दृ** आदि क्रियाएँ सार्थक होंगी। वृत्र, वल, नमुचि आदि कहीं से आकर नदियों में अवरोध खड़े नहीं करते ; वे स्वयं अवरोध हैं, उनका विनाश अवरोधों का विघटन है। पर यह बिल्कुल संभव है कि ये अवरोध अनेक प्रकार के हों, इसलिए उन्हें अलग-अलग नाम दिये गये हों और सबसे बड़े, सबसे मजबूत अवरोधों को वृत्र कहा गया हो।

वृत्र के समान **शुष्ण** दानव है (**दानवस्य भामम्‌**, दानव के तेज को) और वृत्र

के समान इंद्र ने उसे 'मारा' (**जघान शुष्णम्**, 5/32/4), उसके दुर्गों का नाश किया और जलों को प्रवाहित किया (1/51/11)। उसके दुर्ग गतिशील हैं (1/ 51/11), इसका उल्लेख पहले हो चुका है। मैकडनल के अनुसार, "शुष्ण के नाम के साथ चार बार **कुयव** विशेषण का प्रयोग हुआ है, 'अनाज या फसल का खराब करनेवाला'। दो जगह इस शब्द का व्यवहार दानव के नाम की तरह स्वतंत्र रूप से हुआ है (1/103/8, 1/104/3)। हो सकता है कि आशय शुष्ण से हो।"[57] **कुयव** के प्रयोग से पता चलता है कि जलप्रवाह के अवरोध का सीधा असर खेती पर पड़ता है। दो बातें हो सकती हैं। अवरोध से नदी में पानी इतना कम हो जाये कि खेतों की सिंचाई न हो सके ; अथवा नदी में बाढ़ आने से जो खेती लायक गीली मिट्टी अपने-आप चारों ओर फैल जाती थी, उसका फैलना बंद हो जाये। वृत्र को मारने और धरती पर जल के फैलने का संबंध इस तरह का है–

अभि प्र भर धृषता धृषन्मनः अवश्चित् ते असद्बृहत्।
अर्षन्त्वापो जवसा विमातरो हनो वृत्रं जया स्वः।।

"हे सुदृढ़ मन वाले इंद्र ! जो उत्तम अन्न है, वह तेरा ही है, उस अन्न को अपने शक्तिशाली मन से हमें भरपूर दे। मातारूपी जलप्रवाह वेग से बहें। हे इंद्र, तू वृत्र को मार और जलों को जीत।" (सातवलेकर, 8/89/4)। सायण ने मेघ को वृत्र माना है, उसे भेदने से जल इधर-उधर फैलेगा, यह कल्पना की है। सूक्त में मरुत् संबोधित हैं, इसलिए वह कल्पना असंगत नहीं है। किंतु वृत्र **नदीवृत्** (1/52/2) है, उसके विनाश से धरती पर जो जल फैलता है, वह नदी का है। इसी सूक्त में इंद्र के लिए कहा गया है, जिस बल से तुमने वृत्र को मारा, उसी से पृथ्वी को विस्तृत किया (**पृथिवीमप्रथयः**, 8/89/5)। जिस पृथ्वी का विस्तार हुआ है, वह नदीतल की मिट्टी होगी ; वृत्र के हटने पर जल के फैलने से इस तरह की भूमि स्वभावतः विस्तृत होगी। ऐसा न हुआ तो शुष्ण अपनी **कुयव** उपाधि सार्थक करेगा। इन्द्र ने शुष्ण को मारा, कुयव को मारा (4/16/12), ग्रिफिथ ने कुवय को "फसल का बैरी" ("foe of harvest") ठीक कहा है। इंद्र ने **शुषन्तं वृत्रम्**, जल सोखनेवाले वृत्र को मारा (1/61/10)। वृत्र का काम वही है जो शुष्ण का है। धरती पर नदी का पानी न फैले तो सूखा पड़ेगा। वृत्र को मारने से गायें मुक्त होती हैं, वैसे ही शुष्ण को मारने से वे मुक्त होती हैं (8/85/17)। ये गायें जल हैं। पृथिवी के हाथ-पैर नहीं हैं, फिर भी वह बढ़ती है (**वर्धत क्षाः**) ; इंद्र ने सभी मनुष्यों की आयु के लिए (**विश्वायवे**) शुष्ण को मारा। (10/61/14)। पृथिवी पर जल बहता है तो वह समृद्ध होती है ; इससे मनुष्यों का जीवित रहना संभव होता है।

जल (और गायों) को रोकने में जो भूमिका वृत्र, वल, शुष्ण आदि की है, वही पणियों की है। इंद्र ने वल के अटूट **सानु** को तोड़ा और पणियों को परास्त किया।(6/29/2)। पणियों से यह वल का संपर्क हुआ। पणि ने जैसे गायें छिपायी

थीं, वैसे ही वृत्र ने जलों को अवरुद्ध किया था। (1/32/11)। पणियों से यह वृत्र का संपर्क हुआ। युद्ध में **पणि भागे**, शुष्ण की माया परास्त हुई, और "अन्न का थोड़ा भी भाग वहाँ रहने न दिया" (सातवलेकर), ''nor left he any of their food remaining'' (ग्रिफिथ) (6/20/4)। पणियों से यह शुष्ण का और अन्न का संपर्क हुआ। इंद्र की दूती बनकर सरमा पणियों के पास जाती है। पणि पूछते हैं, **कथं रसाया अतरः पयांसि**, "किस तरह तू (ने) नदी के जलों को पार किया" (सातवलेकर, 10/108/1)। सरमा पणियों की निधि (गोधन) चाहती है, पणि इंद्र को अपना ग्वाला (**गवां गोपतिः**) बनाने को तैयार हैं। (10/108/2-3)। सरमा कहती है, इंद्र तुम्हें मारकर सुला देगा, गहरी नदियाँ उसे नहीं छिपातीं। (10/108/4)। ध्वनि यह कि तुम जल में छिपे रहते हो, इंद्र वैसा नहीं है। पणि युद्ध के बिना गायें देने को तैयार नहीं हैं। (10/108/5)। ये गायें नदी जल के नीचे कहीं बाँधकर नहीं रखी गयीं। नदी के जल ही गायें हैं। पणियों के पास गायों के साथ अश्व भी हैं और उनकी निधि पर्वतों द्वारा रक्षित (**अद्रिबुध्नः**) है। (10/108/7)।

मैकडनल ने इंद्र के शत्रुओं को तीन श्रेणियों में बाँटा है—असुर, पणि और दास अथवा दस्यु। असुरों के बारे में वह मानते हैं कि दैत्य के अर्थ में **असुर** का प्रयोग **ऋग्वेद** में बहुत कम हुआ है। इसीसे स्पष्ट है कि **ऋग्वेद** के संदर्भ में इस तरह का वर्गीकरण भ्रामक है। पणियों को उन्होंने अंतरिक्ष के दैत्य कहा है और यह भी बताया है कि जब-जब इनका नाम आता है, प्रायः सर्वत्र या तो उनकी गायों का उल्लेख होता है या धन के रूप में उनकी ओर संकेत होता है। पर ये गायें या तो जल हैं या प्रकाश।

दास और दस्यु शब्दों का प्रयोग जैसे अनेक 'दैत्यों' के लिए किया गया है, वैसे पणि का प्रयोग नहीं किया गया। वे 'दैत्यों' का एक विशेष गुट हैं। इनसे भिन्न दास और दस्यु, मैकडनल के अनुसार, भारत के काले आदिवासी हैं, गौरांग, आर्य विजेताओं से वे भिन्न हैं। जो अधिकांश देशी-विदेशी विद्वान् भारत पर आर्यों के आक्रमण का सिद्धांत मानते हैं, वे दासों और दस्युओं से अनार्य आदिवासियों का संबंध स्थापित करते हैं। आश्चर्य की बात है कि सरस्वती ने वध्र्यश्व को जो पुत्र दिया, उसका नाम दिवोदास था।

वृत्र दानव है। मैकडनल कहते हैं, वृत्र से इंद्र के युद्ध का परिणाम यह होता है कि घिरे हुए जल अथवा नदियों के प्रवाह मुक्त हो जाते हैं। पिप्रु दास है; जब इंद्र ने उसे और उस जैसे कुछ औरों को मारा तो जलप्रवाह मुक्त हुए (8/32/2)। पिप्रु असुर भी है (10/138/3)। दास और असुर दोनों होने के कारण पिप्रु का मानवीय शत्रु होना मैकडनल के लिए संदिग्ध है। नमुचि को भी एक बार असुर कहा गया है (10/131/4) और एकाधिक बार दास कहा गया है। धुनि की गिनती दासों में है। मैकडनल ने **ध्वन्** से इसका संबंध जोड़कर अर्थ किया है गरजने वाला

और बताया है कि विशेषण के रूप में भी उसका प्रयोग किया गया है। एक ही सूक्त में धुनि विशेषण और विशेष्य दोनों है और उसका संबंध जल से है। हे इंद्र, गरजने वाले जलों को (धुनिमतीः अपः) द्रुतगामी नदियों की तरह बहाओ; तुमने धुनि और चुमुरि को युद्ध में सुला दिया। (6/20/12-13)। जल से धुनि का संबंध वैसे ही है जैसे पिप्रु और नमुचि का। शुष्ण, पिप्रु आदि दासों के साथ शंबर का नाम भी आता है। वृत्र की तरह इसका प्रयोग बहुवचन में भी हुआ है—**अदर्दर्मन्युना शम्बराणि वि,** क्रोध से शम्बरों को तोड़ दिया, जो अडिग था, उसे डिगा दिया और घन से भरे पर्वत में प्रवेश किया। (2/24/2)। शंबरों के बाद वल का उल्लेख है। ब्रह्मणस्पति ने वल के दुर्ग ध्वस्त किये, **अगूहत् तमो व्यचक्षयत् स्वः,** अंधकार को दूर किया और सूर्य को प्रकाशित किया। (2/24/3)। वल और शंबर धरती पर जलों को रोकते हैं, अंतरिक्ष में प्रकाश को। जो अंधकार की शक्तियाँ हैं, वे कृष्ण वर्ण की हों, यह स्वाभाविक है। इंद्र ने नब्बे किले तोड़े, शंबर को मारा; **स्वर्मीळ्हेषु आजिषु**—प्रकाश की प्राप्ति हेतु किये गये युद्धों में (''in frays that win the light of heaven''—ग्रिफिथ) **त्वचं कृष्णामरन्धयत्**—कृष्ण वर्ण वालों का नाश किया। (1/130/8)।

अन्यत्र **पञ्चाशत् कृष्णा निवपाः सहस्रा,** हे इंद्र, तुमने पचास हजार कृष्ण वर्णवालों को मारा। (4/16/13)। इस संहार क्रिया के आगे-पीछे जो बातें सूक्त में कही गयी हैं, वे काफी शिक्षाप्रद हैं। जिस प्रकार कोई कवि गूढ़ अर्थ प्रकट करता है, उसी प्रकार इंद्र द्युलोक से सात किरणें प्रकट करते हैं।।(4/16/3)। तब विराट द्युलोक किरणों से भर जाता है, तब मनुष्य देख सकें, इसके लिए उन्होंने गहन अंधकार (**अंधा तमांसि**) का नाश किया। (4/16/4)। उन्होंने अपने महत्व से धरती आकाश को भर दिया है। (4/16/5)। अपने मित्रों के साथ उन्होंने जलों को छोड़ा (**अपो रिरेच**), मरुतों ने शब्द करके पर्वत को (**अश्मानं**) तोड़ा और (**गोमन्तं व्रजम्**) "गायों से युक्त बाड़े को प्राप्त किया" (सातवलेकर)। (4/16/6)। (यह व्रज वही बाड़ा है जिसने नदी में जलों को रोक रखा था।) हे इंद्र, तुम्हारे वज्र ने **अपोवृत्रं वव्रिवांसं पराहन्** जलों को रोकने वाले वृत्र को मारा, और तब **पृथिवी सचेताः**, धरती लहलहा उठी। तुमने अपने बल से समुद्री जलों को (**अर्णांसि समुद्रियाणि**) को प्रेरित किया। (4/16/7)। तुमने जलयुक्त पर्वत को तोड़ा, गायों के बाड़े को ध्वस्त करते हुए (**गोत्रा रुजन्**) हमें बहुत-सा अन्न (**वाजम्**) दिया (बाजमन्नम्—सायण)। (4/16/9)। (वृत्र का वध, मुक्त जलप्रवाह, सचेत पृथिवी और अन्न की बहुतायत—ये सब परस्पर संबद्ध प्रपंच हैं।) हे इंद्र, कवि के पास जाओ, प्रकाश के लिए होने वाले युद्ध में कवि की सहायता करो (come...to aid the singer imploring thee in battle for sunlight—ग्रिफिथ), मायावी अब्रह्मा दस्यु का नाश हो। (4/16/9)। (कवि कर्म का संबंध है प्रकाश से, कवि कर्म का विरोधी है अंधकार; यह अंधकार अब्रह्मा है,

दस्यु है।) हे इंद्र, **आ दस्युघ्ना मनसा याह्यस्तम्,** दस्यु को मारने का संकल्प लेकर मेरे घर आओ (Come to our home resolved to slay the Dasyu 4/16/10–ग्रिफिथ)। (दस्यु को मारने के लिए कवि इंद्र को अपने घर आने का निमंत्रण दे रहा है क्योंकि उसे आदिवासियों की गायें नहीं, प्रकाश चाहिए।)

इंद्र कुत्स के साथ रथ पर बैठकर जाता है (4/16/11), हे इंद्र, तुमने कुत्स के लिए पराक्रमी शुष्ण को मारा, दिन के पूर्व भाग में अपने हजारों सहयोगियों को लेकर कुयव (फसल के शत्रु) को मारा, वज्र से दस्युओं को मारो और सूर्य के रथ चक्र को हमारे निकट लाओ 4/16/11 ("roll the chariot wheel near us"–ग्रिफिथ)। (एक ओर कुयव, शुष्ण के विनाश से फसल अच्छी होगी, दूसरी ओर सूर्य का रथचक्र कवि के समीप होगा, उसका मानस प्रकाश से भर जायेगा।) हे इंद्र, तुमने पिप्रु को, बलशाली मृगय को मारा, तुमने पचास हजार कृष्ण वर्ण वालों को मारा, जैसे पुराना होकर कपड़ा फट जाता है, वैसे ही तुमने दुर्गों को तोड़ डाला। (4/16/13)। (ये दुर्ग धरती और आकाश के बीच में हैं, पचास हजार कृष्ण वर्ण वाले धरती और आकाश के बीच में हैं। सूर्योदय होने पर इनका चिह्न भी शेष नहीं रहता।) आगे सूर्य से इंद्र का संबंध यों व्यक्त हुआ है : हे इंद्र, जब तुम सूर्य के पास (**सूर उपाके**) शरीर धारण करते हो, तब तुम्हारा अमर रूप और भी चमक उठता है, तुम बलवान हाथी के समान शत्रुदल को भस्म करते हुए अपने आयुध धारण करते हुए सिंह के समान भयंकर हो जाते हो। (4/16/14)। (इंद्र सूर्य के निकट है, इसलिए पचास हजार कृष्ण वर्ण वालों का नाश हुआ है। धरती पर जल फैलता है, आकाश में प्रकाश फैलता है। कवि के लिए दोनों क्रियाएँ परस्पर संबद्ध हैं।) सूक्त के अंत में : हे इंद्र, हमने तुम्हारी स्तुति की है, नदियाँ जैसे जल देती हैं, वैसे ही हमारे लिए अन्न की वृद्धि करो (इषमन्नम्, पीपेः प्यायथ, प्रवृद्धं कुरु–सायण)। (यह लूटमार से प्राप्त किया हुआ अन्न नहीं है, प्रकृति के अनुकूल होने पर मनुष्य के श्रम से प्राप्त किया हुआ अन्न है। अन्न की प्राप्ति में, मनुष्य के सामाजिक कर्म में, जल और प्रकाश को रोकने वाली जो प्राकृतिक बाधाएँ हैं, वे ही दास और दस्यु हैं।)

इंद्र **चर्षणीनां वृषभः** है। इसका सीधा अर्थ है, कृषकों में वृषभ। **कर्ष्** का प्रतिरूप है **चर्ष्**। इसी **चर्ष्** से संबद्ध हैं बँगला के **चास् (खेती) चासी** (किसान)। चर्षणी का प्रयोग सामान्य मनुष्य के लिए हो सकता है पर इंद्र के लिए कहा जाये, वह "मनुष्यों में बलवान" है, तो इससे उसका महत्व न बढ़ेगा। बलवान तो वह वृत्रों को मारकर हुआ है। **त्वं ह त्वद्वृषभ चर्षणीनां घनो वृत्राणां तविषो बभूथ।** खेती से वृत्रों को मारने का संबंध आगे और स्पष्ट हो जाता है : **त्वं सिन्धूँर सृजस्तस्तभातान् त्वमपो अजयो दासपत्नीः**। हे इंद्र, तुमने रोकी हुई नदियों को बहाया, तुमने दास की पत्नियों, जलों पर अधिकार किया। (8/96/18)। यहाँ स्पष्ट ही दास

जलप्रवाह के अवरोध हैं, जल उनकी पत्नियाँ हैं। इनकी मुक्ति पर फसल का अच्छा होना, कुयव की जगह सुयव की प्राप्ति निर्भर है। दासों को, नदियों के अवरोधों को, हटाकर, जलप्रवाहों को मुक्त करके इंद्र अपना **चर्षणीनां वृषभः** होना सार्थक करता है।

वृत्र अहि है, जल में रहता है, जल के साथ प्रकाश को भी रोकता है : **उतो अपो द्यां तस्तभ्यांसम्**। हे इंद्र, तुमने जलों और प्रकाश को रोकने वाले अहि को मारा। (2/11/5)। अहि जल को घेरे हुए था, उस अमर्त्य दास (**अमर्त्यं चिद्दासम्**) को इंद्र ने तोड़ दिया (अभिनत्)। (2/11/2)। हे इंद्र, अपने शुभ्र तेज को बढ़ाते हुए, हाथों में शुभ्र वज्र लेकर, शुभ्ररूप निरंतर बढ़ते हुए, सूर्य के द्वारा हमारे लिए दासी जन का नाश करो—**दासीर्विशः सूर्येण सह्याः**। (2/11/4)। तीन बार शुभ्र का प्रयोग, उसके बाद दासी जन के नाश के लिए उपकरण रूप में सूर्य का उल्लेख, स्पष्ट हो जाता है, इंद्र जिनका नाश करता है, वे किस तरह के दास और दासियाँ हैं।

वृत्र दस्यु है, इंद्र वृत्रहन् है, दस्युहन् है (1/100/12) । वृत्र को अहिरूप में कल्पित किया गया है, इसलिए, मैकडनल के अनुसार "उसके हाथ या पैर नहीं हैं"।[58] अपात् और अहस्त होकर भी वह इंद्र से लड़ना चाहता था (1/32/7), अहस्त और अपाद वृत्र को इंद्र ने मारा (3/30/8)। इंद्र ने उसके हाथ-पैर काट डाले हों, इसलिए अपाद, अहस्त हो गया हो, ऐसा नहीं है। वह सर्प है, इसलिए उसके हाथ-पैर नहीं हैं। चोट उसके सिर पर की जाती है, हाथों या पैरों पर नहीं। इंद्र के वज्र ने बल से वृत्र का सिर काट डाला—**शवसाभिनच्छिरः** (1/52/10)। इंद्र जिन दुर्गों को तोड़ता है, वे इसी अपाद अहस्त वृत्र के हैं। हाथ-पैर न होने पर दुर्ग बनायेगा कैसे ? बनाने की जरूरत नहीं है क्योंकि जो दुर्ग हैं, वही वृत्र हैं, वही जलों के अवरोध हैं। इसीलिए इंद्र के प्रहार करने पर "वृत्र ने नदियों को भी स्वयं गिरते-गिरते तोड़ डाला।" (सातवलेकर, 1/32/6)।

दस्युओं को अनास भी कहा गया है। इतिहासकारों के कल्पना लोक में ये हो गये चपटी नाक वाले आदिवासी। **अनासो दस्यूँरमृणो वधेन**—अनास दस्युओं को शस्त्र से मारा। (5/29/1)। ये दस्यु वैसे ही अनास हैं जैसे वृत्र अपाद और अहस्त है। सूक्त में संदर्भ वृत्र ही का है। इंद्र ने अहि को मारा, जलप्रवाहों को मुक्त किया। (5/29/2)। इंद्र ने पृथिवी और आकाश को स्थिर किया, लम्बी सांसें छोड़ने वाले दानव को मारा। (5/29/4)। इंद्र ने एतश के लिए "सूर्य की सुनहरे रंग की घोड़ियों को अर्थात् किरणों को" रोक लिया (सातवलेकर, 5/29/5)। इंद्र ने शत्रु के निन्यानवे दुर्ग तोड़े। (5/29/6)। इंद्र ने वृत्र को मारने के लिए सोम पिया। (5/29/7)। इंद्र ने सोम पीकर अहि को मारा। (5/29/8)। इंद्र ने शुष्ण को मारा। (5/29/9)। इंद्र ने सूर्य के एक चक्र को अलग किया (ग्रिफिथ के अनुसार उसे

आगे बढ़ने दिया, कुत्स के लिए दूसरा चक्र बनाया), इंद्र ने अनास दस्युओं को शस्त्र से मारा। (5/29/10)। पूरे सूक्त से स्पष्ट हो जाता है कि वृत्र और सूर्य को अलग रखकर अनास दस्युओं की व्याख्या नहीं की जा सकती।

पिप्रु और नमुचि की तरह **वर्चिन्** दास और असुर दोनों है। इंद्र और विष्णु ने वर्चिन् असुर के (**वर्चिना**···असुरस्य) एक लाख वीर मारे। (7/99/5)। वर्चिन् काला तो न रहा होगा क्योंकि "**वर्चस्** 'कांति' से बने नाम का अर्थ 'कांतिमान' प्रतीत होता है।"[59] (मैकडनल)। पर उसके सैनिक सब काले हैं ("those darksome creatures"–ग्रिफिथ)। सबेरा होने पर ये भगा दिये जाते हैं, किसी एक दिन नहीं, प्रतिदिन ("day after day"–ग्रिफिथ, "प्रतिदिन"–सातवलेकर)। यदि ये कृष्ण वर्ण के दास आदिवासी थे, तो इन्हें हटाना इंद्र का दैनिक कार्यक्रम कैसे हो गया ? **दिवे दिवे** का सही अनुवाद "day after day" करने वाले ग्रिफिथ उसी ऋचा पर अपनी पादटिप्पणी में कहते हैं– ''Indra is represented as having put to flight the dark aborigines...", "इन्द्र को दिखाया गया है कि वह काले आदिवासियों को मार भगाता है···"। और वह रोज सबेरे उठकर यही काम करता है ! पूरा पद देखें :

दिवे दिवे सदृशीरन्यमर्धं कृष्णा असेधदप सद्मनो जाः।
अहन् दासा वृषभो वस्नयन्तोदव्रजे वर्चिनं शम्बरं च।।

"इंद्र ने अपने घर से जन्मी हुई कृष्ण वर्ण प्रजा को प्रतिदिन दूसरे आधे भाग को हटा दी। बलवान् इंद्र ने निवास करने की इच्छा करने वाले वर्ची और शंबर को व्रज के बाहर के देश में मारा, वध किया।" (सातवलेकर, 6/47/21)। दिन का आधा भाग अपराह्न नहीं है। अहोरात्रात्मकस्य दिवसस्य हि रात्रिरेको भागः– सायण। दिवस में दिन और रात दोनों शामिल हैं; अहोरात्र का एक भाग है रात्रि। उसके बीतने पर इंद्र प्रतिदिन अपनी कृष्ण वर्ण प्रजा को भगा देते हैं। इंद्र शंबर और वर्चिन् को जहाँ मारते हैं, वहाँ **उदव्रज** है, जल को रोकने वाला बाड़ा है, "where **the waters gather**," जहाँ जल एकत्र होते हैं–ग्रिफिथ; उदकानि व्रजंत्यस्मिन्नित्युदव्रजो देश विशेषः। तस्मिन्नहन्। हतवान्।–सायण। (जहाँ जल पहुँचते हैं, वह देश-विशेष है। वहाँ इंद्र ने शंबर और वर्चिन् को मारा।) यह व्रज वही बाड़ा है जिसका उल्लेख पिप्रु आदि के प्रसंग में आता है।

कवियों की कल्पना में जल और प्रकाश परस्पर संबद्ध हैं। वृत्र, शंबर, पिप्रु, वर्चिन् आदि जल और प्रकाश दोनों को रोकते हैं, इंद्र उन्हें हटाकर दोनों को मुक्त करते हैं। पर ये कवि इंद्र को आकाश से धरती पर नहीं लाये, वे उसे धरती से आकाश पर ले गये हैं। **उदव्रज** से मूल अवधारणा के स्रोत का पता चल जाता है। वृत्र, और उसी की तरह शंबर, वर्चिन् आदि, नदी के प्रवाह को रोकते हैं। नदी में बाड़ा-सा बन जाता है, उसके टूटे बिना जलप्लावन से भूमि खेती लायक नहीं बनती। देवकथा में वृत्र अहि बन गया, इसलिए कि हाथी की तरह उसका निवास जल है।

नाग हाथी है, **नाग** सर्प है। **अहि** का पूर्व रूप **अभि** (या **ऑभि**) था, इसकी जानकारी यूनानी प्रतिरूप **ऑफिस्** (सर्प) से होती है। **अभि** (अहि) के गोत्र का शब्द है **इभ** (हाथी)। **अभ** और **इभ** पहले जलवाचक थे; **अप** और इप और **अंतरीप** इनके रूपान्तर हैं, **द्वीप** के **ईप** में जलवाला अर्थ विद्यमान है। (पाणिनि के अनुसार द्वीप, अंतरीप, समीप आदि में **अप** बदलकर **ईप** हो जाता है–6/3/97)।

असुर की तरह, संभव है, **दास** का भी अवमूल्यन हुआ हो। **दिवोदासं न पितरं सुदासः**, पिता दिवोदास की तरह सुदास (की सहायता करो)। (7/18/25)। और यह दिवोदास एक वचन में ही नहीं, बहुवचन में भी हैं : **दिवोदासेभिरिन्द्रस्तवानः**, दिवोदासों द्वारा इंद्र का स्तवन किया गया है। (1/130/10)। दिवोदास एक गोत्र का नाम है, उस गोत्र में जितने भी लोग हैं, सब दिवोदास हैं। दिवोदासेभिर्दिवोदासगोत्रोत्पन्नैः– सायण; दिवोदासों द्वारा अर्थात् दिवोदास गोत्र में उत्पन्न लोगों द्वारा। इसी सूक्त में इंद्र ने दिवोदास के लिए नब्बे किले तोड़े हैं और शंबर का नाश किया है। अन्य सूक्त में दिवोदास के लिए शंबर के नब्बे किले तोड़ने के अतिरिक्त इंद्र ने जलों को रोकने वाले (**अर्णोवृतम्**) अहि को विच्छिन्न किया; अहि को मारने वाले इंद्र ने जलप्रवाहों को (**अर्णोअपाम्**) समुद्र की ओर प्रवाहित किया, सूर्य को प्रकट किया, गायों को प्राप्त किया; वृत्र को मारा, सूर्य का प्रकाश पाने को उत्सुक जनों का आश्रय बना; अपनी उपासना करने वालों को सूर्य दिया; सारथी कुत्स के लिए कुयव शुष्ण को मारा। (2/19,2,3,4,5,6)। इंद्र के ये सारे कार्य परस्पर सम्बद्ध हैं। वृत्र, शंबर, कुयव, सब एक ही प्रपंच की ओर संकेत करते हैं : जलप्रवाहों के रुकने से खेती बर्बाद होती है। दिवोदास गोत्र के लोग अवश्य ही सूर्योपासक थे, इसीलिए जल के साथ उन्हें सूर्य की प्राप्ति भी होती है, इंद्र का संबंध जल और प्रकाश दोनों से है। यह गोत्र सरस्वती के तट पर रहता था क्योंकि वध्र्यश्व को दिवोदास सरस्वती के अनुग्रह से मिले थे। (6/61/1)।

दिवोदास को **ऋणच्युत** कहा गया है। ऋण का अर्थ जल भी है। **ऋ, ऋण्, अर्ज्**, ये सब क्रियामूल गतिसूचक हैं। **अर्ण** (जल प्रवाह) और **ऋण** परस्पर संबद्ध जान पड़ते हैं। सात शारदी पुर नष्ट किये, **अर्णाः**(बहने वाले) **अप**(जलों) को इंद्र, तुमने **ऋणोः** (बहाया) और वृत्र का नाश किया। (1/174/2)। अर्णाः के साथ **ऋणोः** क्रियारूप का व्यवहार करके कवि ने दोनों के आपसी संबंध की ओर संकेत किया है। शरद् में खेत जोते बोये जायेंगे, इसलिए शारदीय दुर्गों के विध्वंस के बाद जलों को प्रवाहित करने का महत्व है। जिस सरस्वती ने वध्र्यश्व को दिवोदास दिया, उसने (अगली ऋचा में) अपनी शक्तिशाली लहरों से पर्वत शिखर **(सानु गिरीणाम्)** तोड़ दिये। (6/61/2)। यह सरस्वती वाजिनीवती है, तटवर्ती जनों को अन्न देती है, उसने **अवनीरविंदः** (खेती के योग्य) भूमि प्राप्त की, मनुष्यों के लिए जल प्रवाहित किया। (6/61/3)।

यह व्यापार कई पीढ़ियों से होता आ रहा है। इंद्र ने शारदी पुर तोड़े, विशाल पृथिवी और जलों को प्राप्त किया, यह बात पुराने लोग जानते थे। (1/131/4)। यहाँ **पूरवः** का अर्थ पुराने लोग (men of old time—ग्रिफिथ) ठीक जान पड़ता है क्योंकि आगे इंद्र से नये (**नवीयसः**) कवि की रची स्तुति सुनने को कहा गया है। (1/131/6)। इंद्र की ख्याति किसी सबसे बड़े वृत्र को मारने के कारण पीढ़ी-दर-पीढ़ी मनुष्यों में चली आती है। एक जगह कहा गया है कि इंद्र ने निन्यानवे वृत्रों को मारा। (1/84/13)। वल, नमुचि, शंबर आदि के अलावा, जो धुनि, चुमुरि, इलीबिश आदि के नाम आते हैं, वे छोटे वृत्र होंगे। इन्हें बार-बार हटाना आवश्यक होगा, इसलिए इंद्र से भविष्य में भी अपना काम जारी रखने को कहा गया है।

4. वृत्र और भूस्खलन

इंद्र का महत्व इसलिए नहीं है कि वह युद्ध के देवता हैं, वरन् मूलतः इसलिए है कि वह नदियों के अवरोध हटाकर उनके जलों को बहने देते हैं। इसी जलप्रवाह के बाद कृषिकर्म संभव होता है। यदि जलप्रवाह अत्यधिक हो तो वह विनाशकारी भी हो सकता है। इसलिए इंद्र ने जब तब जलप्रवाह को रोका भी है। हे इंद्र, तुमने अपनी माया (शक्ति) से धरती पर जल फैलाती, उफनती सिंधु को स्थिर किया। (4/30/12)। यहाँ सिंधु नदी विशेष हो सकती है, सामान्य अर्थ में नदी मात्र भी हो सकती है। इंद्र रुके हुए जलप्रवाह को मुक्त करते हैं, उस प्रवाह के वेग को रोक भी सकते हैं।

जलप्रवाहों के अवरोधों का निर्माण पर्वत के टूटे हुए अंशों से होता है। प्राकृतिक कारणों से ये अंश टूटते हैं, नदियों में उनसे अवरोध बनते हैं और प्राकृतिक कारणों से ही ये अवरोध पुनः विच्छिन्न होते हैं। वैदिक कवियों की कल्पना में अवरोध वृत्र हैं, उनके विच्छेदक इंद्र हैं। इस संदर्भ में पर्वतों की भूमिका ध्यान देने योग्य है। बहुत से विद्वानों का मत है कि ये पर्वत धरती के पहाड़ नहीं हैं, आकाश के मेघ हैं। मैकडनल कहते हैं, अंतरिक्ष को बहुधा समुद्र कहा जाता है; वहाँ दिव्य जलों की स्थिति है। वहाँ पर्वत हैं, जब सूखे के दैत्य से युद्ध होता है, तब वहाँ सात नदियाँ बहती हैं। बादल देखने में पर्वत जैसे लगते ही हैं, इसलिए **ऋग्वेद** में अक्सर पर्वत कहने पर आशय मेघ से होता है। आमतौर से आलंकारिक अर्थ काफी स्पष्ट होता है। इसके सिवा "नियमित रूप से" **अद्रि** का व्यवहार मेघ के लिए होता है;. जिन गायों को इंद्र तथा अन्य देवता छुड़ाते हैं, वे इसी में बंद होती हैं। "बरसने वाले बादलों में जल होता है, वे जल टपकाते हैं, चलते हैं और गरजते हैं। इसलिए गायों के रूप में उनके पाशविक आमूर्तन की विशेष संभावना होती है। उनका दूध वर्षा का जल है।"[60]

गायों के रँभाने और बादलों के गरजने में बड़ा फर्क है। बैल होते तो किसी

हद तक रूपक सार्थक होता। पर अद्‌भुत बात यह है कि गायें बादल हैं और जिस अद्रि में वे बंद हैं, वह भी बादल है। मैकडनल के अनुसार इंद्र का जन्म होने पर गायें गरजीं, "आशय संभवतः बरसने वाले बादलों से होगा।"[61] जो गायें गरजती हैं, वे बड़ी और अत्यंत वेग से दौड़ने वाली हैं (**महीरुरुज्रयः**, उरुज्रयो बहुवेगाः--सायण)। यह विवरण नदियों के संदर्भ में अधिक सार्थक है।

मैकडनल कहते हैं, बादल पर्वत हैं; पर्वतों पर दानव रहते हैं। वहाँ से इंद्र उन्हें ढकेल देते हैं। इन पर्वतों पर से लक्ष्य साधकर इंद्र अपने बाण छोड़ते हैं। उन्होंने गायों को मुक्त करने के लिए पर्वत को फोड़ा। अथवा बादल चट्टान (अद्रि) है, जो गायों को घेरे हुए है और जिसे इंद्र हटाते हैं। उन्होंने चट्टान में बंद गायों को छुड़ाया।[62] यदि वृत्र को मारने, गायों को छुड़ाने, जलों को बहाने के ये सारे कार्य आकाश में होते हैं तो यह विचित्र बात है कि इंद्र ने "धाराओं के लिए वज्र से खोदकर मार्ग बनाये" ("dug out channels for the streams with his bolt")।[63]

"इंद्र ने मापतोल के अनुसार नदियों को गृह के समान पूर्व की ओर चलने वाली बनाया। अपने वज्र से उन नदियों के मार्गों को खोदा। उन्हें दूर जाने योग्य मार्गों से सहज ही बहा दिया।" (सातवलेकर, 2/15/3)। खोदने की क्रिया धरती पर सार्थक होती है, आकाश में नहीं। जल नदियों का बहाया गया है, मेघों का नहीं। और ये हिमालय से निकलने वाली वे नदियाँ हैं जो पूर्व की ओर बहती हैं। कई जगह गतिशील पर्वतों को स्थिर करने की बात कही गयी है। इंद्र ने क्रुद्ध (**प्रकुपितान्**) पर्वतों को स्थिर किया (2/12/2),उसने **अज्राभ** (गमनशीलान्--सायण), **रेजमानान्** (कंपमानान्--उप॰), गतिशील और काँपते **गिरीन्** पर्वतों को स्थिर किया। (10/44/8)। सायण ने गिरि का अर्थ मेघ किया है। लेकिन आकाश में मेघों को स्थिर करने से कौन-सा लक्ष्य सिद्ध होता था ?

सायण की समस्या यह थी कि पर्वत न तो काँपते हैं, न गतिशील हैं। यहाँ वे काँपते और गतिशील बताये गये हैं, तभी इंद्र उन्हें स्थिर करता है। इसलिए पर्वतों को मेघ मान लेने से सारा व्यापार अधिक सहज हो जाता है। किंतु भारतीय देवकथाओं में मेघों के नहीं पर्वतों के उड़ने की अवधारणा है। बाद के साहित्य में "इंद्र के लिए कहा गया है कि उन्होंने पर्वतों के पर काट दिये थे। पहले वे जहां चाहते थे, वहाँ उतर पड़ते थे और इस प्रकार धरती को अस्थिर बना देते थे।" (मैकडनल)।[64] **ऋग्वेद** में जो पर्वत गतिशील हैं, वे ही बाद में उड़ने वाले बन गये हैं। उड़ते-उड़ते कहीं भी उतर पड़ेंगे तो धरती अस्थिर होगी। लेकिन जहाँ पर्वत क्रुद्ध हैं, वहाँ पृथिवी भी काँप रही है। **यः पृथिवीं व्यथमानामदृंहत्**--"जिसने काँपने वाली पृथिवी को दृढ़ किया।" (सातवलेकर, 2/12/2)। यहाँ सायण ने ठेठ पौराणिक परंपरा के अनुसार पर्वतों को गतिशील ही नहीं पंखयुक्त भी माना है ! (यश्च प्रकुपितान् इतस्ततश्चलिताम् पक्षयुक्तान् पर्वतान्--इधर-उधर चलने वाले पंखयुक्त

पहाड़ों को जिसने स्थिर किया।) यदि भूचाल आये, पर्वतों के बड़े-बड़े खंड टूटकर नदियों में गिरें तो धरती और पर्वत सब काँपते जान पड़ेंगे। पर्वतखंडों का टूटकर गिरना भूचाल से संभव है, भूचाल के बिना भी संभव है। पर्वतों के काँपने, गतिशील होने, उड़ने का आधार है भूस्खलन। पर्वत जब गतिशील हो, तब उसे स्थिर करना इंद्र का एक काम है, गतिशील होकर जब वह नदी में अवरोध बन गया हो तो उसे तोड़ना इंद्र का दूसरा काम है। इस दूसरे काम की महिमा अधिक है पर ये दोनों काम परस्पर संबद्ध और सार्थक होते हैं पर्वतों के संदर्भ में। मेघों के संदर्भ में वे निराधार कल्पना मात्र रह जाते हैं। जो अद्रि अच्युत जान पड़ता था, उसे इंद्र ने हटाया और गायें प्राप्त कीं। (6/17/5)। बादल को अच्युत कहना उपयुक्त न होगा। वृत्र जैसा इंद्र का एक शत्रु अर्बुद है। उसके विनाश का ढंग अनुपम है । **हिमेनाविध्यदर्बुदम्,** अर्बुद को हिम से बेध डाला। (8/32/26)। हिम से बेधने की क्रिया हिमालय के आस-पास ही संपन्न होगी।

मैकडनल ने शंबर आदि दानवों के दुर्गों को भी बादल माना है। इस धारणा का समर्थन करते हुए उन्होंने उन सूक्तों का भी हवाला दिया है जिनमें दुर्गों को धातु या पत्थर का बना हुआ बताया गया है।[65] इंद्र ने दस्युओं को मारा और उनके लौह दुर्गों को (**पुर आयसीः**) नष्ट किया। (2/20/8)। बादलों को लोहे या पत्थर का दुर्ग कहने में कोई औचित्य नहीं जान पड़ता। किंतु नदियों में ऐसे सुदृढ़ अवरोध हो सकते हैं जिनका विनाश अत्यंत कठिन हो। जो अद्रि अच्युत जान पड़ता है, वह ऐसा ही अवरोध है। (6/17/5)। अवरोध की अचल दृढ़ता उसे विच्छिन्न करने वाले इंद्र की महिमा का मुख्य कारण है। जिस शक्तिशाली उपकरण से इंद्र अवरोधों को तोड़ते हैं, उसका नाम वज्र है। जैसे दुर्ग लोहे या पत्थर के हैं, वैसे ही वज्र लोहे या पत्थर का है। हे इंद्र, तुमने मनुष्य के लिए जलमार्ग बनाते हुए वृत्र को मारा, अपनी बाहुओं में **वज्रमायसम्** लोहे का वज्र धारण किया। (1/52/8)। हे इंद्र, आकाश से अपना पत्थर का वज्र फेंको, राक्षसों को पर्वत से (**पर्वतेन**) मारो। (7/104/19)। यहाँ पर्वत अस्त्र है, अस्त्र का लक्ष्य नहीं है। दुर्ग पानी में हैं, कम-से-कम एक जगह वज्र भी पानी में है। **समुद्रे अन्तः शयत उद्ना वज्रो अभीवृतः**—जल से घिरा हुआ वज्र समुद्र के भीतर शयन करता है।(8/100/9)। तुलनीय है वृत्र, **सिन्धुमाशयानम्;** जल में शयन करने वाले वृत्र को इंद्र ने मारा। (2/11/9)।

सितंबर 1893 में अलकनंदा की घाटी में बहुत बड़ा भूस्खलन हुआ। चमोली नगर से बीस मील पूर्व, अलकनंदा की एक सहायक नदी में लगभग डेढ़ हजार मीटर की ऊँचाई से पहाड़ का एक अंश धसककर गिर पड़ा। महीनेभर बाद एक और भूस्खलन हुआ, इस तरह घाटी में तीन सौ मीटर ऊंचा बाँध अपने आप बन गया। यह बाँध 3.2 किलोमीटर लंबा और 1.6 किलोमीटर चौड़ा था। इस बाँध से जो झील बनी, वह पाँच किलोमीटर लंबी और दो किलोमीटर चौड़ी थी।

फरवरी 1975 में भारत के भूविज्ञानियों और भूविज्ञानी इंजीनियरों ने समूचे हिमालय क्षेत्र की भूस्खलन समस्याओं पर विचार करने के लिए सिक्किम में एक संगोष्ठी का आयोजन किया। इसे संबोधित करते हुए भूवैज्ञानिक सर्वेक्षण के महानिदेशक करुणाकरन् ने कहा, "हिमालय पर्वत की उपत्यकाएँ (foot hill regions) इस बात के लिए विशेष जानी जाती हैं कि यहाँ भूस्खलन होना आम बात है।"[66] संगोष्ठी में जम्मू-कश्मीर, हिमाचल प्रदेश, उत्तर प्रदेश, दार्जिलिंग क्षेत्र, अरुणाचल प्रदेश–उत्तर से लेकर पूर्व तक लगभग समूचे हिमालय क्षेत्र के अनेक भूस्खलनों की चर्चा हुई। इससे करुणाकरन् की बात की पुष्टि हुई कि हिमालय की उपत्यकाएँ भूस्खलनों के लिए विशेष जानी जाती हैं।

भूस्खलनों के विवरण में यह बात अनेक बार कही गयी कि स्खलित पर्वतीय सामग्री से नदी में अवरोध उत्पन्न हुआ। सितंबर 1969 में हरिद्वार-बद्रीनाथ सड़क के पास भूस्खलन से अलकनन्दा का लगभग तीन-चौथाई भाग अवरुद्ध हो गया।[67] इससे कुछ पहले नये पुराने भूस्खलनों से चिनाब नदी का पूरा पाट कुछ दिन के लिए अवरुद्ध हुआ। 1968 में बार-बार भूस्खलन से ऋषिगंगा में चालीस मीटर ऊँचा अवरोध निर्मिति हो गया। अगले साल बाढ़ आने पर अवरोध टूट गया।[68]

भूस्खलनों से जो अवरोध निर्मित होते हैं, वे कभी-कभी अर्धवृत्ताकार होते हैं। 1970 की वर्षा से नंदप्रयाग के पास जो भूस्खलन हुआ, उसका आयोजन अर्धवृत्ताकार था (''It is semicircular in plan···")।[69]

ऐसे अवरोध वैदिक कवियों को बाड़े जैसे प्रतीत हुए हों, यह संभव है। पर ये अवरोध बहुत तरह के होते हैं, इंजीनियरी भूविज्ञान (पूर्वी क्षेत्र) के निदेशक बी.एन. सिन्हा का कहना है कि हर भूस्खलन की अपनी विशेषता होती है ("···each landslide is peculiar by itself")[70] इसलिए **ऋग्वेद** में जो चुमुरि, धुनि, वर्चिन् आदि बहुत से नाम मिलते हैं, संभव है, वे स्खलनों (या अवरोधों) की विशेषताएँ बताने के लिए हों। भूस्खलन से जो मिट्टी चारों तरफ फैल जाती है, वह खेती में सहायक होती है। इंजीनियर आर.एस. रंगस्वामी के अनुसार "स्थलखंड का विघटन खेती में सहायक होता है क्योंकि जो स्थल रंध्रयुक्त होगा, वह जल को धारण किये रहेगा, सामग्री को प्रभावित करेगा और वनस्पतियों को भोजन देगा···।"[71] अवरोध टूटेंगे, जल प्रवाह के साथ खनिज तत्त्वों वाली मिट्टी इधर-उधर फैलेगी, खेती अच्छी होगी। इसीलिए ऋग्वैदिक कवि अवरोधों के ध्वस्त होने से इतना प्रसन्न होते हैं। अवरोधों के ध्वंस के साथ तटवर्ती भूमि पर मिट्टी फैलती है। वास्तव में ये जलप्रवाह ही अवरोधों के ध्वंस का कारण होते हैं। बरफ के पिघलने से, वर्षा से या अन्य कारण से नदी में पानी बढ़ता है तो वह बाँध को तोड़ देता है। यह सारी प्रक्रिया इंद्र के माध्यम से चित्रित की जाती है। नदी में पानी चढ़ने के अलावा यदि पर्वत से कोई हिमखंड धारा के साथ तेजी से बहता हुआ अवरोध से टकराये,

तो वह भी उसे तोड़ सकता है। इंद्र ने अर्बुद को हिम से बेध डाला (8/32/26), संभव है यहाँ उसी प्रक्रिया की ओर संकेत हो।

ढलान के बिना भूस्खलन होता नहीं। यह ढलान बहुत साधारण हो सकती है और एकदम खड़ी या सीधी भी। भूखंड इसी ढलान पर खिसकता हुआ अचानक और तेजी से आगे बढ़ता है।

अवरोध बहुत से हैं और अनेक प्रकार के हैं। एक ही सूक्त (2/14) में वृत्र, दृभीक, वल, उरण, अर्बुद, स्वश्न, शुष्ण, व्यंस, पिप्रु, नमुचि, रुधिक्रा, शंबर, वर्चिन्, गिना दिये गये हैं। इससे अवरोधों की बहुतायत का पता चलता है। उरण के नौ आंखें हैं और नब्बे बाँहें हैं। उरण की विरूपता अन्य अवरोधों से भिन्न है। (2/14/4)। **स्वश्न** में सायण ने सु को क्रियाविशेषण मानकर **अश्न** से उसे अलग किया है; **व्यंस में वि** को अलग करके उसका अर्थ अंसविहीन, बिना कंधों वाला, किया है, उसे विशेषण माना है

अन्यत्र, 4/18/9 में, व्यंस को राक्षस माना है, व्यंसो नाम राक्षसः। विश्वरूप के तीन सिर छह आँखें हैं। (10/9/96)। वृत्र अपात् अहस्त है, उसके न हाथ हैं न पैर हैं। (1/32/7)। मनुष्य की तुलना में नदियों के जलों को रोकने वाले दानव विकृत आकार वाले हैं, यह भाव व्यंस, अपादहस्त, अनास आदि से व्यंजित होता है। कवियों की दृष्टि वास्तविक अवरोधों पर है, इसलिए उनके रूप की विकृति भी अनेक प्रकार की है।

अवरोध अनेक प्रकार से टूटते हैं, कवि कल्पना में वे अनेक प्रकार से तोड़े जाते हैं।

वृत्र को एक जगह **बराहु** कहा गया है। **वराहुं आशयानं,** पानी को घेरकर सोने वाले—सातवलेकर का यह अर्थ सही जान पड़ता है। (1/121/11)। तीन सिर वाले विश्वरूप को **वराह** कहा गया है। **वराहं हन्** "वराह का वध किया था," (10/99/6), यह अर्थ सही नहीं जान पड़ता। ग्रिफिथ ने दोनों जगह boar अर्थ किया है। **वराहु** की तरह **वराह** का अर्थ भी जल को घेरनेवाला करना उचित होगा। वृत्रादि के संदर्भ में घेरे का भाव प्रबल है। नगर या दुर्ग का परकोटा उसे घेरे रहता है, घेराव की समानता के कारण अवरोधों को दुर्गरूप में कल्पित किया गया है। लोहे या पत्थर के दुर्ग अवरोधों की दृढ़ता सूचित करने के लिए है। किले की दीवार में जैसे सेंध करके सैनिक भीतर घुसते हैं, वैसे ही जल के वेग से नदी के अवरोध में सेंध हो जाती है। उत्तरी और उत्तर पश्चिमी हिमालय में भूस्खलन का विवेचन करते हुए भूविज्ञानी वी. एस. कृष्णस्वामी तथा एम. एस. जैन ने breached शब्द का सार्थक प्रयोग किया है। 1968 में बारबार चट्टानों के गिरने से ऋषिगंगा में चालीस मीटर ऊँचा अवरोध (blockade) बन गया। नदी में इस बाँध के कारण जलप्रवाह रुक गया और एक झील बन गयी। 1970 की वर्षा में ऋषिगंगा में बाढ़ आने से

अवरोध में सेंध हो गयी ("the blockade was breached")[72]। किले की दीवार में सेंध करने के लिए भी इस शब्द का प्रयोग होता है। मैकडनल ने वल आदि के संदर्भ में भिद् ("to pierce"), दृ ("to cleave") और रुज् ("to break") क्रियामूलों का उल्लेख किया है,[73] उनसे उसी व्यापार की सूचना मिलती है। पणियों के द्वार (**दुरः पणी नाम्** 7/9/2), उनकी गुफा (2/24/6), वल का बिल (1/11/5), ये सब अवरोधों में सेंध की ओर संकेत करते हैं।

अवरोध किसी एक स्थान पर टूटता है, अनेक स्थानों पर भी टूटता है, वि **वृत्रं पर्वशो रुजन्** (8/6/13), यहाँ इंद्र ने क्रोध से वृत्र के टुकड़े-टुकड़े कर दिये। **वृत्रस्य**...**अभिनच्छिरः** (1/52/10), यहाँ उसके प्रमुख भाग को तोड़ने की बात है। अर्बुद को इंद्र ने हिम से बेधा (8/32/26), वृत्र को वज्र से मारते हैं। यदि हिम नदी में बहता हुआ विशाल हिमखंड हो तो वज्र नदी में बहता हुआ विशाल शिलाखंड हो सकता है। वज्र पत्थर जैसा है; **अश्मना इव,** "पत्थर के समान कठोर वज्र से" इंद्र ने शंबर के पुर तोड़े (सातवलेकर, 2/14/6)। **अभिजहि रक्षसः पर्वतेन,** "राक्षसों को पर्वतास्त्र से विनष्ट करो।" (उप०, 7/ 104/ 19)। मैकडनल ने पर्वत के लिए यहाँ rock (शिलाखंड) का उचित प्रयोग किया है।[74]

जनरल कनिंघम के अनुसार 1762 में सतलज के पास की पहाड़ियों में भूस्खलन से नदी में बाँध बन गया। "अवरोध के टूटने से पहले जलस्तर करीब चार सौ फुट ऊपर चढ़ गया। ऐसा ही प्रलयकारी परिवर्तन (cataclysm) सिंधु पर घटित हुआ था। उससे (जल प्रलय से अथवा प्रलयकारी परिवर्तन से) नदी के लिए नया मार्ग बन गया और पुराना मार्ग पूरब की उसकी सहायक नदियों के लिए रह गया।"[75] उत्तर भारत के भूचित्र को बदलने वाले परिवर्तन अठारहवीं सदी तक होते रहे हैं। 1762 में चाहे जलप्रलय हुई हो चाहे भूकंप आया हो या दोनों घटनाएँ हुई हों, परिणाम यह हुआ कि भूस्खलन से नदी में बाँध बन गया और जलस्तर चार सौ फुट ऊपर चढ़ गया। बाँध के टूटने पर आस-पास के क्षेत्र में जो तबाही हुई होगी, उसकी कल्पना की जा सकती है।

1911 में पामीर के पर्वतों में भारी भूस्खलन हुआ। भूविज्ञानियों के विवरण के अनुसार, "जिस समय भूस्खलन हुआ, उसी समय भूकंप भी आया था।" उसोय गाँव में 54 आदमी रहते थे। वे मारे गये। स्खलित सामग्री से घाटी बंद हो गयी, मुर्गाब नदी में बाँध बन गया और एक बड़ी झील का निर्माण हुआ। झील का पानी चढ़ता गया और अंत में उसने एक अन्य गाँव सरेज़ को जलमग्न कर दिया। एक नयी झील, सरेज़ झील बनी। स्खलित सामग्री को तोड़कर एक धारा ने अपने लिए मार्ग बना लिया। इस तरह झील में जल के आयात-निर्यात का संतुलन दुरुस्त हो गया।[76] 1958 में एक भूकंप के दौरान "ऐसा ही भूस्खलन" उत्तरी अमरीका की मैडिसन नदी के खड्ड में हुआ। स्खलित सामग्री से घाटी बंद हो गयी और एक

झील का निर्माण हुआ। भूविज्ञानी हैरोल्ड लेविन के अनुसार "स्खलित सामग्री ने प्रभावी ढंग से मैडिसन नदी के प्रवाह को बाँध दिया" (the landslide effectively dammed the Madison river")।[77]

हिमालय क्षेत्र के भूस्खलनों पर आयोजित संगोष्ठी में सी॰ करुणाकरन् ने कहा था, "यह तथ्य सुविदित है कि भूचालों से कुछ समय के लिए ढलान में अस्थिरता की हालत पैदा हो जाती है और इससे बड़े-बड़े भूस्खलन घटित होते हैं। हिमाचल प्रदेश में अभी कुछ दिन पहले किन्नौर का भूकंप इसका उदाहरण है।"[78] नैनीताल क्षेत्र के लिए वी॰ एस॰ कृष्णस्वामी और एम॰ एस॰ जैन का कहना था कि वह "हिमालय के सक्रिय भूकंप खंड में है। पता यह चला है कि पूर्वकाल के भूस्खलन भूकंप आने के बाद हुए थे।"[79]

हिमालय से निकलनेवाली नदियाँ जिन मैदानों को सींचती हैं, वे बहुत उपजाऊ हैं, साथ ही वे भारत में भूकंप का मुख्य क्षेत्र भी हैं। वाडिया का मत है कि भारत के अधिकांश भूकंपों का उद्भव भारत के बड़े मैदानों में अथवा उनके उत्तर, पश्चिम और पूर्व के परिवृत्त पर स्थित पर्वतमाला में हुआ है। दो शताब्दियों में भारत के इस भाग में 74 विनाशकारी भूकंप आ चुके हैं। इनमें दिल्ली (1720), कांगड़ा (1905), और उत्तरी बिहार (1934) के भूकंप शामिल हैं। संभव है, छह-सात हजार साल पहले भी हिमालय के अंचल में भूकंप आते रहे हों। **ऋग्वेद** में अनेक स्थलों पर इंद्र के भय से पृथ्वी और पर्वतों के काँपने का वर्णन किया गया है। सामान्यतः वैदिक कवि देवताओं से डरते नहीं हैं, मैत्रीभाव से वे उनका आह्वान करते हैं। इसलिए इंद्र के भय से पृथ्वी आकाश काँपते हैं तो इसे हम किसी असाधारण घटना की सूचना मान सकते हैं। वृत्र का संबंध यदि भूस्खलन से हो तो इस पृथ्वीकंपन का संबंध भूकंप से हो सकता है। कई जगह दोनों का उल्लेख एक साथ है।

कवि वृत्र के वध के लिए इंद्र का आह्वान करता है, फिर उनके पूर्व कर्मों का स्मरण करते हुए कहता है—इन्हीं इंद्र के भय से दृढ़ पर्वत, द्यावा और भूमा काँप उठते हैं (1/61/12-14); परों के कट जाने के डर से पर्वत स्थिर हैं, यह अर्थ बाद की पुराणकथा के आधार पर किया गया है। पृथ्वी के साथ पर्वतों का काँपना अधिक स्वाभाविक है। हे इंद्र, जब तुमने वृत्र का वध किया, तब तुम्हारे क्रोध के भय से ये दोनों बड़े लोक काँपने लगे। (1/80/11)। इंद्र ने जल में पड़े हुए वृत्र को जब मारा, तब उनके वज्र के घोष से पृथ्वी आकाश काँप उठे। (2/11/9)। इंद्र जन्म लेते ही अपने कर्म से (**ऋतुना,** वृत्रवधादिलक्षणेन स्वकीयेन कर्मणा, सायण; वृत्र के वध जैसे कर्म से) सभी देवताओं में प्रधान बने; काँपती हुई पृथ्वी को, चंचल पर्वतों को (प्रकुपितान्, इतस्ततश्चलितान्—सायण) स्थिर किया। (2/12/2)। हे इंद्र, तुमने वृत्र को मारा, नदी जलों को प्रवाहित किया; तुम्हारे जन्मते ही तुम्हारे क्रोध के भय से पृथ्वी आकाश काँपे, "महान् पर्वत भयभीत होने लगे।" ("the steadfast mountains shook in agitation", सुदृढ़ पर्वत आन्दोलित होकर काँप उठे—ग्रिफिथ, 4/17/1-2)। सायण ने पर्वत का अर्थ मेघ किया है। किंतु इस कंपन की विशेषता यह है कि जंगम तो काँपते ही हैं, जो स्थावर हैं, वे भी काँपते हैं। **अभिष्टने ते अद्रियो यत्स्था जगच्च रेजते।**

हे अद्रिवो वज्रवन्निन्द्र ते तवाभिष्टने सिंहनादे सति स्थाः स्थावरं जगज्जंगमंच यदस्ति तदुभयं रेजते—सायण। **जगत्** हैं जंगम, **स्थाः** हैं स्थावर; इंद्र के गरजने पर दोनों काँपते हैं। पर्वतों से अधिक स्थावर और कौन होगा ?

इंद्र अवरुद्ध जलों को प्रवाहित करते हैं, अति प्रवाह को रोकते भी हैं; उसी तरह वह स्थिर पर्वतों को हिला देते हैं और हिलते पर्वतों को स्थिर करते हैं। पर्वत गतिशील हैं, काँप रहे हैं, आकाश गर्जन करता है, अंतरिक्ष क्षुब्ध है, परस्पर संयुक्त द्यावा पृथ्वी को इंद्र थामते हैं, सोम पीकर वह काव्यपाठ कर रहे हैं (उक्थानि शंसति, वचनानि प्रब्रवीति—सायण; 10/44/8)। इंद्र नाम की प्राकृतिक शक्ति पृथ्वी से आकाश तक सभी पदार्थों को झकझोरती है, फिर वही उन्हें व्यवस्थित और शांत करती है। इस उथल-पुथल में कविता है। इंद्र के स्वर पृथ्वी और आकाश में व्याप्त हैं; **ऋग्वेद** के समर्थ कवि उन्हें सुनते हैं, उन्हें अपने शब्दों में बाँध लेते हैं। भूकंप और भूस्खलन की विभीषिका से ये कवि नितांत अपरिचित थे, यह कहना कठिन होगा।

5. सृष्टि और अग्नितत्व

अनेक विद्वानों को शिकायत रही है कि **ऋग्वेद** में देवों का मानवीकरण अविकसित है। **ऋग्वेद** के देवतंत्र से यदि दार्शनिक चिंतन को अलग कर दिया जाये, उसमें मानवीय आकृतियाँ और चरित्रगत विशेषताएँ ढूँढ़ी जायें, तो वह सचमुच अविकसित लगेगा। पर **ऋग्वेद** के कवियों ने मानो प्रण किया है कि देवों के पृथक् अस्तित्व को स्पष्ट होने ही न देंगे। मान लीजिये, कल्पना में हमने पर्वत पर वज्र से इंद्र को वृत्र का वध करते देखा तो कवि इंद्र को इतना विस्तार प्रदान करेगा कि वह देशबद्ध छवि मिट जायेगी। "जिसके विस्तार को द्युलोक और पृथ्वीलोक नहीं पा सकते, तथा लोक तथा नदियाँ भी जिसके अंत को नहीं पा सकीं" (सातवलेकर, 1/52/14), हठात् मूर्तिविधान को छिन्न-भिन्न करके इंद्र असीम और अनंत हो जाते हैं। और भी—"हे इंद्र ! तूने अपनी व्यापकता से पार्थिव लोकों को पूरा भर दिया है।" (उप., 1/81/5)। जहाँ व्याप्ति पर इतना जोर हो, वहाँ साफ-सुथरी रेखाओं वाली मानव आकृति कैसे बनेगी ? इंद्र रातों और दिनों से, अंतरिक्ष और समुद्र से बड़े हैं, वह वायु के प्रसार और धरती की सीमा से, नदियों और हमारी आवासभूमि से बड़े हैं। (10/89/11)। यहाँ इंद्र एक सांकेतिक शब्द मात्र है; काव्यों और पुराणों के देवों से एकदम भिन्न वह एक विराट् अद्वैत का सूचक है।

एक देवता हैं वरुण। सिंधुपति हैं, नदियों के स्रोतों पर पड़े रहते हैं, किंतु कवि उन्हें भी देशबद्ध सीमाओं से मुक्त करके विराट् बना देता है। वरुण के भीतर तीन द्युलोक हैं, छह-छह विभागों वाली तीन भूमियाँ हैं (7/87/5), वायु उनकी श्वास है (7/87/2), सूर्य उनका नेत्र है (1/50/6), जितने भी पदार्थ हैं, वे उनका आच्छादन हैं (8/41/7), अंतरिक्ष का महासागर उनके तेज से भरा हुआ है (9/73/3)। इंद्र विराट् हैं, वरुण विराट् हैं। कोई आश्चर्य नहीं, वरुण कहते हैं, मैं इंद्र हूँ ("I Varuna am Indra"—ग्रिफिथ; 4/42/3)। एक देवता को दूसरे देवता का नाम दे देना उनकी पृथकृता को मिटाने का सरल उपाय है। हे अग्नि, तुम इंद्र हो, विष्णु हो, ब्रह्मणस्पति हो; तुम वरुण हो, मित्र हो; तुम रुद्र हो; तुम सविता हो; तुम अदिति हो, तुम वृत्रहंता हो, तुम सरस्वती हो। (2/1/3, 4, 6, 7,11)। और भी—हे अग्नि, जब तुम उत्पन्न होते हो, तब वरुण होते हो, जब प्रदीप्त होते हो तो मित्र होते हो, **त्वे विश्वे देवाः**—"तुझ में ही सब देव स्थित हैं"। (सातवलेकर; 5/3/1)। इंद्र के लिए जो बात कही गयी है—**रूपं-रूपं प्रतिरूपो बभूव,** प्रत्येक रूप में वही एक मूल रूप है (6/47/18), वह अग्नि के लिए भी कही जा सकती है।

इन देवताओं के कार्य इतने मिलते-जुलते हैं कि उन कार्यों के आधार पर इनमें भेद करना कठिन होगा। यथा जलवर्षण : "यह अग्नि हमारे लिए अंतरिक्ष से वर्षा करे।" (सातवलेकर; 2/6/5)। "जब वरुण जल बरसाना चाहता है, उसके बाद ही वह भूमि, विस्तृत अंतरिक्ष और द्युलोक को जल से सींच देता है।" (उप०, 5/85/4)। "वह (रुद्र) धरती पर नदियों को प्रवाहित करते हैं, और घूमते हुए हर पदार्थ को जलसिक्त कर देते हैं (10/92/5)"—मैकडनल।[80] इसी तरह वृत्र को मारने की बात है। इंद्र तो इस कार्य के लिए प्रसिद्ध हैं ही, बृहस्पति ने भी वृत्रों को मारा है (6/73/2), अग्नि **वृत्रहा** हैं (1/73/3), सोम **वृत्रहा** हैं (1/91/5), सरस्वती **वृत्रघ्नी** हैं (6/61/7)। इससे भी अधिक महत्वपूर्ण यह कि संसार को उत्पन्न करने का काम अनेक देवता करते हैं। इंद्र **जनिता दिवो जनिता पृथिव्याः द्युलोक और पृथ्वी** के जनक हैं **(8/36/4)**, अग्नि भी **जनिता रोदस्योः** आकाश और पृथ्वी के जनक हैं **(1/96/4)**, सोम **जनिता दिवो जनिता पृथिव्याः** हैं **(6/96/5)**, उधर **आपः मातरः** भी **जनित्रीर्भुवनस्य** हैं (10/30/10)।

ऋग्वेद का देवतंत्र उसके कवियों का रचा हुआ नहीं है। वह उनसे बहुत पहले का है और इस 'पहले' का संबंध किसी कल्पित इंडोयूरोपियन काल से नहीं है। उसका विकास भारत में हुआ है और विकास की मंजिलें पहचानी जा सकती हैं। किंतु **ऋग्वेद** में विकास की दिशा मानवीकरण की ओर है, यह सोचना भ्रम है। मानवीकरण, देवों की चरित्रगत विशेषताओं के अनुरूप उनका पृथक्करण, पहले ही संपन्न हो चुका है। **ऋग्वेद** के कवि जो नया काम कर रहे हैं, वह इस मानवीकरण को मिटाने का है। मानवीकरण अधूरा इसलिए लगता है कि वह मिटाया जा रहा

है। ये कवि यह सब जान-बूझकर कर रहे हैं। **एकं सद् विप्रा** वाली उनकी प्रसिद्ध उक्ति से यह बिल्कुल स्पष्ट है।

इन्द्रं मित्रं वरुणमग्निमाहुरथो दिव्यः स सुपर्णो गरुत्मान्।
एकं सद् विप्रा बहुधा वदन्त्यग्निं यमं मातरिश्वानमाहुः। (1/164/46)

सत्ता एक है। उसे लोग इंद्र, मित्र, वरुण, अग्नि कहते हैं। दिव्य सुंदर पंखोंवाला गरुत्मान् सूर्य है। उसी एक सत्ता को अग्नि, यम, मातरिश्वन् कहते हैं। इंद्र, मित्र, वरुण आदि **ऋग्वेद** के प्रधान देवता हैं। कवि ने उनके नाम लेकर उनका एकात्मभाव प्रतिपादित किया है। इस धारणा के अनुरूप कवि इन देवों की आकृति का ऐसा वर्णन करे, उनकी व्याप्ति का ऐसा चित्रण करे कि उनमें भेद ही न दिखायी दे, तो यह स्वाभाविक होगा। और भेद तो पहले था, देवों और देवियों का भेद था, जनक और जननी, जनिता और जनित्री वाला भेद तो था ही। देवों और देवियों का उद्भव अद्वैतवादियों के समाज में न हुआ था, अद्वैतवादियों का उद्भव देवों और देवियों के उपासकों के समाज में अवश्य हुआ था।

किन्तु देवकथाएँ भी संसार को पहचानने का एक तरीका हैं। जिस समाज पर सामंतों और पुरोहितों की विचारधारा हावी न हुई हो, उसके सदस्य संसार के अनेक रहस्य अपनी सहज बुद्धि से पहचान लेते हैं। सूखी लकड़ियों को रगड़ने से आग पैदा होती है। अरणियाँ अग्निदेव की माताएँ हैं। (1/31/2)। इस प्राचीन विश्वास से जो निष्कर्ष सामने आया, वह यह—**शुष्कात् यद् देव जीवो जनिष्ठाः** (1/68/4)—सूखे निर्जीव काष्ठ से जीवंत अग्नि का जन्म हुआ। देवकथाएँ रचनेवाला मनुष्य प्रत्यक्ष देखता है कि सूखी लकड़ी से आग पैदा होती है। सारे देवता प्रसन्न होते हैं कि जीवित अग्निदेव सूखे काठ से पैदा हुए। देवों के प्रसन्न होने से इस दार्शनिक सत्य का महत्व कम नहीं होता कि अजीव से जीव की उत्पत्ति हो सकती है।

अग्नि **गर्भो वनानाम्** है, वृक्षों के भीतर है। (1/70/2)। जो दिखायी देता है, वह अलग है, जो नहीं दिखायी देता, वह अलग है। यह पुरोहितपंथी ज्ञान है और मनुष्यों का सामान्य ज्ञान भी। किंतु देवकथा रचनेवाला, 'पिछड़े हुए समाज' का आदमी प्रत्यक्ष देखता है कि वृक्ष में जो ऊपर से दिखाई नहीं देता, वह उसके भीतर है और मनुष्य उसे बाहर निकालकर दिखा सकता है। **यं···मानुषासः···जीजनन्त,** अग्नि ऐसे देव हैं जिन्हें मनुष्य पैदा करते हैं। (1/60/3)। यहाँ ज्ञान का संबंध कर्म से है। कर्म उत्पादन की निहायत पिछड़ी हुए पद्धति से जुड़ा हुआ है, उससे जो ज्ञान प्राप्त होता है, वह आगे बढ़े हुए समाजों के अत्यंत विकसित चिंतन के परिणामों से मेल खाता है। परोक्ष और प्रत्यक्ष के संयोग से पूर्ण यथार्थ का बोध होता है।

आग और पानी में बैर है। जलती आग में पानी डालो तो वह बुझ जाती है, सामान्य अनुभव की बात है। किंतु **गर्भो वनानाम्** के साथ **गर्भो यो अपाम्** हैं, वह

अग्नि हैं। (1/70/3)। वह गुप्त (**निण्य**) हैं, जलप्रवाहों के मध्य से निकलकर बाहर आते हैं। (1/95/4)। अग्नि के गुप्त होने की व्याख्या ग्रिफिथ ने यों की है कि वह जल में, काष्ठ आदि में निगूढ़ (latent) है। आगे उन्होंने इस पर विल्सन की टिप्पणी उद्धृत की है—"विद्युत् के रूप में अग्नि को उस जल का पुत्र माना जा सकता है जो बादलों के रूप में एकत्र होता है।" बादलों के बीच बिजली का चमकना हजारों साल से मनुष्य देखते आये हैं पर इससे वे यह निष्कर्ष नहीं निकाल सके कि जल में बिजली निगूढ़ भी हो सकती है।.एक परिस्थिति में जो अप्रकट है, अन्य परिस्थिति में वह प्रकट हो सकता है। जल आग को बुझा देता है, उसी जल में आग अप्रकट रूप में विद्यमान रहती है। आग काठ को जला देती है, उसी काठ में निहित वह अग्नि भिन्न परिस्थिति में बाहर आ जाती है।

एक दारुगत, देखिय एकू। पावक सम जुग ब्रह्म बिबेकू।

एक अग्नि दिखायी देती है, दूसरी दिखायी नहीं देती। यही हाल ब्रह्म का है। जो प्रत्यक्ष है, वह ब्रह्म है; जो परोक्ष है, वह भी ब्रह्म है।

बादलों की बिजली और लकड़ियों को रगड़ने से उत्पन्न होने वाली अग्नि में एक ही तत्व को पहचानना मानवचिंतन में बहुत बड़ा विकास है। धरती पर ही जो अनेक अग्नियाँ दिखायी देती हैं, उनमें एक ही अग्नि का आविर्भाव देखना एक ही तत्व की व्याप्ति की पहचान है। अग्नि अनेक प्रकार से उत्पन्न की जाती है (3/54/19); वह पत्थरों से भी उत्पन्न होती है, इंद्र ने दो पत्थरों के बीच अग्नि को उत्पन्न किया (2/12/3)। कैसे भी उत्पन्न हो, कहीं भी उत्पन्न हो, है वह अग्नि ही। आग पहले जलायी जाती थी, अब भी जलायी जाती है। अग्नि प्राचीन है, नवीन भी; "जो वृद्ध होकर भी पुनःपुनः तरुण होता रहता है।" (सातवलेकर, 2/4/5)। ऊपर से देखने में लगता है, जो वृद्ध है, वह तरुण नहीं हो सकता। किंतु प्रकृति में नवीनीकरण होता है, जो पुरातन है, वह नवीन रूप में प्रकट होता है। संसार का प्रवाह विच्छिन्न है, पुरातन और नवीन अलग हैं; संसार का प्रवाह अविच्छिन्न है, पुरातन और नवीन परस्पर संबद्ध हैं। परस्पर विरोधी लगनेवाली प्रक्रियाएँ प्रकृति में नित्य घटित होती हैं। यह द्वंदवाद अग्निसंबंधी देवकथाओं में अंतर्निहित है। यह अग्नि आकाश में है, धरती पर है, वह सभी वनस्पतियों में व्याप्त है। (1/98/2)। यह अद्वैतवाद अग्निसंबंधी देवकथाओं में अंतर्निहित है। और यह अग्नि देवता हैं। किसी भी देश की देवकथाओं से दार्शनिक चिंतन का ऐसा गहरा संबंध नहीं है जैसा भारत में है। यह तथ्य इस चिंतन की मौलिकता का प्रमाण है।

अग्नि, विद्युत्, सूर्य—इनमें एक ही तत्व है, यह बात कवि बारबार कहते हैं। अग्नि तीन लोकों में स्थित है—सबसे ऊँचे द्युलोक में, उससे नीचे अंतरिक्ष में और नीचे पृथ्वी में। (2/9/3)। ग्रिफिथ ने इस मंत्र के अनुवाद की पादटिप्पणी में उचित

व्याख्या की है : सबसे ऊंचे स्थान में अग्नि सूर्य है, नीचे अंतरिक्ष में विद्युत् है और पृथ्वी पर यज्ञ की अग्नि है। बिजली अग्नि का ही रूप है, इसलिए अग्नि को **विद्युद्रथः** कहना (3/14/1) उचित है। अग्नि मनुष्य के घरों में उत्पन्न हुई, वह अंतरिक्ष में उत्पन्न हुई (4/1/11); यहाँ अग्नि और विद्युत् में तादात्म्य स्थापित किया गया है। अग्नि ने अपने तेज से द्युलोक, अंतरिक्ष और पृथ्वी को भर दिया (3/2/7), अवश्य ही सूर्य, विद्युत् और पार्थिव अग्नि के तीन रूपों द्वारा यह कार्य संपन्न होगा। इसी सूक्त में आगे कहा है, देवों ने अग्नि को मर्त्यलोक में स्थापित किया, उसके दो रूप परस्पर संबंधित लोकों में गये। (3/2/9)। संबंधित लोक अंतरिक्ष और द्युलोक हैं, वह अग्नि विद्युत् और सूर्य के रूपों में है। अग्नि तीन भाई हैं–सूर्य, विद्युत् और यज्ञ की अग्नि। (1/164/1)। "प्रथम अग्नि आकाश में सूर्य रूप में प्रकट हुआ; अनंतर अग्नि दूसरा 'जातवेदा'–ज्ञानी नाम से हमारे बीच पार्थिव रूप में प्रकट हुआ; फिर लोकानुग्राहक अग्नि अंतरिक्ष में–जल में विद्युत् रूप में प्रकट हुआ"। (सातवलेकर, 10/45/1)। द्युलोक में वह उच्चतम है अर्थात् सूर्य है, पृथ्वी का स्वामी है अर्थात् वह पार्थिव अग्नि है, जलों में वीर्य स्थापित करता है अर्थात् अंतरिक्ष में वह विद्युत् है। (8/44/16)। तीन लोकों में एक ही तत्व है। द्युलोक अथवा महाकाश में वह सूर्य है, अंतरिक्ष अथवा वायुमंडल में वह विद्युत् है और पृथ्वी पर अग्नि है।

विद्युत् के लिए कहा गया है कि उसकी हँसी से मरुतों का जन्म हुआ (हवाएँ बिजली की ताकत से चलती हैं) (1/71/12), और अग्नि ने मरुद्गण का निर्माण किया (6/3/8)। "अंतरिक्ष के बीच के जलस्थान में बड़े ज्ञानियों ने अग्नि को धारण किया, वहाँ विद्युत् रूप से अग्नि है ऐसा जान लिया।" (सातवलेकर, 6/8/4)। आकाश में अग्नि के उद्भव की चर्चा करते हुए मैकडनल ने लिखा है, "ऐसे वाक्यों में अग्नि निश्चित रूप से विद्युत् है।"[81] फिर अग्नि और सूर्य के संबंध में कहते हैं, "पुनः अन्य वाक्यों में अग्नि का तादात्म्य सूर्य से मानना होगा क्योंकि सूर्य अग्नि का एक रूप (the sun as a form of Agni) है, यह धारणा निःसंदेह एक वैदिक विश्वास है।"[82] देवों का पृथक् अस्तित्व कहाँ रहा ? जब उनका पृथक् अस्तित्व नहीं है, तब उनके मानवीकरण की अपेक्षा कैसे उचित है ? उसकी संभावना ही कहाँ रह जाती है ? अंतरिक्ष के ऊपर द्युलोक में जो सूर्य है, वह अग्नि ही है। "जो इस अंतरिक्ष से पार ऊपरी लोक में कांतियुक्त अग्नि उत्पन्न हुआ है, वह हमें सब कष्टों से पार करे।" (सातवलेकर,10/187/5)। रात्रि में अग्नि संसार का आश्रय है, **ततः सूर्यो जायते प्रातरुद्यान्**–फिर सबेरे उदित होकर वह सूर्य बनता है। (10/88/6)। अग्नि और सूर्य के तादात्म्य में कोई संदेह नहीं है। अग्नि ने दीप्त होकर अपनी शक्ति से द्यावा पृथिवी को आलोकित कर दिया।(1/143/2)।

रात्रि में जो अग्नि मनुष्यों का आश्रय है, **मूर्धा भुवो भवति** वह संसार का

मस्तक है (उप॰, 10/88/6), संभवतः आशय चंद्रमा से है। अग्नि ने "सब रात्रियों को अपने तेज से प्रकाशित किया।" (उप॰, 1/68/1), यहाँ चंद्रमा की ओर स्पष्ट संकेत है। सूक्त के अंत में नक्षत्रों का उल्लेख है : "संयम से रहने वाले इस अग्नि ने ही नक्षत्रों से आकाश को अलंकृत किया।" (उप॰, 1/68/5)। चंद्र, सूर्य, नक्षत्र, विद्युत्– जहाँ भी तेज है, वहाँ अग्नि है। सृष्टि के आरंभ में इस तेज के प्रभाव से व्यक्त संसार का विकास हुआ। जब न सत् था, न असत् था, सब कुछ अंधकार से आच्छादित था, तब **तपसस्तन्महिना जायतैकम्,** वह एक (व्यक्त संसार) तप की महाशक्ति से उत्पन्न हुआ। (10/129/3)। तप यहाँ तेज अथवा ऊष्मा है। इसे हम अग्नि कह सकते हैं। अन्यत्र इस सत् असत् वाले सूत्र के साथ अग्नि का स्पष्ट उल्लेख है। **असच्च सच्च परमे व्योमन्**–महाकाश में असत् और सत्, अदिति के वक्ष और दक्ष के जन्मस्थान में, ऋत की प्रथम उपज, सृष्टि के आरंभ में अग्नि वृषभ है, धेनु है। (10/5/7)। दो के बिना गति नहीं, विकास नहीं। अग्नि असत् और सत् है, प्रजापति दक्ष और आदि जननी अदिति, वृषभ और धेनु दोनों है। संसार में जो व्यवस्था है, नियमानुसार प्रकृति का संचालन है, वह ऋत है। उस ऋत की प्रथम उपज अग्नि है। इस तरह अग्नि एक आदितत्त्व है जिससे संसार गतिशील होता है। इस मंत्र के अनुवाद की पादटिप्पणी में ग्रिफिथ ने असत् को अविकसित, सत् को विकसित कहा है और माना है कि अग्नि यहाँ प्रथम कारण और प्रथम कार्य दोनों है।

एकांतवादी तर्कशास्त्र में जो असत् है, वह सत् नहीं है, जो सत् है, वह असत् नहीं है। अनेकान्तवादी तर्कशास्त्र में किसी पदार्थ का एक साथ असत् और सत् होना, कारण और कार्य होना पूर्णतः संभव है। जो एक है उसमें ये हैं : असत् और सत्, दक्ष और अदिति, वृषभ और धेनु। सातवलेकर के अनुवाद में : "पहले सृष्टि के आरंभ में अग्नि ही बैल और गाय के रूप में उत्पन्न हुआ।" इससे इतना तो स्पष्ट है, अग्नि आदितत्व है, उसके बिना सृष्टिक्रम आरंभ नहीं होता। जो एक **तपसः महिना,** तेज की शक्ति से उत्पन्न हुआ, वह इसी अग्नितत्व की शक्ति से व्यक्त जगत् बना। जैसे उससे संसार उत्पन्न हुआ, वैसे ही उससे मनुष्य, पशु, पक्षी, वनस्पति आदि उत्पन्न हुए। वह विभिन्न जठरों में, गर्भस्थानों में, जीवन को स्पंदित करता है। (3/2/11)। वह ऊपर जाता है, नीचे आता है, वह इन लोकों में गर्भ स्थापित करता है। (3/2/10)। "मैं औषधियों में गर्भ का स्थापन करता हूँ। मैं सारे भवनों के अंदर हूँ। मैं पृथ्वी के ऊपर प्रजाओं को पैदा करता हूँ। मैं स्त्रियों से तथा दूसरी स्त्रियों में भी पुत्रों को पैदा करता हूं।" (सातवलेकर, 10/183/3)। मैकडनल ने उचित ही इसे अग्नि की कार्यवाही माना है। जितने प्राणी उड़ते या चलते हैं, जो कुछ स्थावर और जंगम है, उस सबको अग्नि ने उत्पन्न किया है। (10/88/4)। प्राचीन काल में आयु नाम के कवि के स्तोत्र से प्रसन्न होकर अग्नि

ने मनुओं की (**मनूनां**) इन प्रजाओं को उत्पन्न किया और "तेजस्वी प्रकाश से द्युलोक और जलों को व्याप्त किया।" (उप., 1/96/2)। गणों के नेता अथवा राजा अनेक मनु हुए। अग्नि से उनकी प्रजाएँ, मानव उत्पन्न हुए, और वही अग्नि द्युलोक और जलों को व्याप्त किये है। ऐसा आदिम और विश्वव्यापी तत्व अग्नि है।

संसार की उत्पत्ति के लिए अग्नितत्व आवश्यक है, संसार को चालू रखने के लिए वह आवश्यक है। सब कुछ जब अंधकार से ढँका हुआ है, तब "अग्नि के प्रकट होने पर वह सब जगत् स्पष्टतया प्रकट होता है।"(सातवलेकर, 10/88/2)। जगत् का विस्तार अग्नि पर निर्भर है, "अग्नि अपने तेज से पृथिवी और इस स्वर्ग लोक को तथा द्यावा-पृथिवी और अन्तरिक्ष को विस्तृत करता है।" (उप., 10/88/3)। यहाँ अग्नि ने पृथिवी-आकाश को **भानुना,** तेज से, विस्तृत किया। आगे कहा है कि अग्नि ने **अर्चिषा,** अपनी दीप्ति से द्यावा पृथिवी को **अतपत्** उत्तप्त किया। इस **अतपत्** क्रिया को ध्यान में रखते हुए उस तप की व्याख्या करनी चाहिए जिससे एक विराट् विश्व उत्पन्न हुआ। **तपसस्तन्महिनाजायतैकम्** (तपसः तद् महिना अजायत एकम्)--यहां **तपसः** का संबंध उसी क्रिया से है जिससे **अतपत्** रूप बना है। तप की **महिना** के जोड़ का शब्द है **महित्वा**; अग्नि ने द्यावा पृथिवी को **अर्चिषा** के साथ **महित्वा** से **अतपत्** तपाया। (10/88/9)। अग्नि की दीप्ति, उसका तेज उसकी शक्ति है। पृथिवी को अकेले अग्नि नहीं तपाती, अन्य तत्व भी यह काम करते हैं।

त्रयः अनूपाः पृथिवीं तपन्ति–"तीन गुणों को उत्पन्न करने वाले—पर्जन्य, वायु और सूर्य—ये तीन अनुकूल होकर भूमि को तप्त करते हैं।" (उप.,10/27/23)। **तपसः** की व्याख्या के लिए **अतपत्** के साथ इस **तपन्ति** रूप को भी ध्यान में रखना चाहिए। अग्नि का सहज गुण है तपाना, पर यह कार्य वायु और पर्जन्य भी करते हैं। पर्जन्य अथवा जल से वायु और सूर्य का घनिष्ठ संबंध है।

उसी मंत्र में आगे कहा गया है : "और इनमें दो—वायु और सूर्य—प्रीतिकर जल का वहन करते हैं।" (उप.)। केवल अग्नि नहीं, सृष्टिक्रम के लिए जल और वायु भी आवश्यक हैं। उनका सह-अस्तित्व इस प्रकार विज्ञापित है : "चारों ओर प्रकाशमान् और प्रदीप्त अग्नि और आदित्य देवताओं ने तीनों लोकों को व्याप्त किया है। अंतरिक्ष स्थित वायु ने उनकी प्रीति प्राप्त की। जब सब तेजों से युक्त अर्चनीय सूर्य के तेज को देवों ने प्राप्त किया, तब उन्होंने तीनों लोकों की रक्षा के लिए आकाशीय जल की उत्पत्ति की।" (10/114/1)। पहले वाक्य में अग्नि, दूसरे में वायु, तीसरे में जल—इस तरह सृष्टिक्रम के लिए तीन आदितत्व आवश्यक हुए।

अग्नि और वायु के संबंध को प्रकट करने वाला एक शब्द है मातरिश्वन्। अग्नि "जब अंतरिक्ष में अपने तेज को फैलाता है, तब 'मातरिश्वा' होता है। इसके शीघ्र चलने पर वायु की उत्पत्ति होती है।" (सातवलेकर, 3/29/11)। यास्क के अनुसार वायु को मातरिश्वा कहते हैं क्योंकि वायुर्मातर्यन्तरिक्षे श्वसिति,

मातर्याश्वनितीतिवा—वायु माता रूप अन्तरिक्ष में साँस लेता है अथवा वहाँ शीघ्रता से चलता है। (निरुक्त, 7/7/26)। आशुगमन की तुलना में श्वसन क्रिया से मातरिश्वा का संबंध जोड़ना अधिक समीचीन जान पड़ता है। क्षेत्रपति वाले सूक्त में **शुनः** का जो वायु अर्थ यास्क ने किया है, उसका आधार यह हो सकता है कि **मातरिश्वा** की **श्वा** और **शुनः** की **शु** मूलतः एक ही क्रिया हैं। पर उन्होंने शु का अर्थ अंतरिक्ष किया है (शुनो वायुः इत्यन्तरिक्षे, निरुक्त, 9/4/40)।

मातरिश्वा काफी पुराना नाम होगा, उस समय की याद दिलाता है जब पृथ्वी आकाश दोनों बहनें थीं। द्यावा पृथिवी ने अग्नि को जन्म दिया (10/46/9); यह अग्नि **पुत्रो मातरा विचरन्** माताओं का पुत्र उनमें विचरण करता है और **पृणक्षि रोदसी उभे** द्यावा पृथिवी दोनों को संबद्ध करता है (10/140/2)। अग्नि के ही प्रसंग में **आ मातरा विश्ववारे हुवानः**—"विश्व के द्वारा वरणीय द्यावा पृथिवी बुलाये जा रहे हैं।" (सातवलेकर, 7/7/3)। ये द्यावा पृथिवी माताएँ हैं। जिन अरणियों को रगड़कर अग्नि उत्पन्न की जाती है, यहाँ वे उसकी माताएँ नहीं हैं। अग्नि द्यावा पृथिवी की संतान है, इस बात पर काफी जोर दिया गया है। **स जातो गर्भो असि रोदस्योः**—"वह तू द्यावा पृथिवी के गर्भ रूप हो।" (उप॰, 10/1/2)। रोदसी स्त्रीलिंग है, रोदस्योः (द्विवचन) का अनुवाद दो माताएँ अनुचित न होगा। **मातरा पुन : पुन : नव्यसीकः** अग्नि माताओं को बार-बार नवीनता प्रदान करता है।(3/5/7)। मातृरूप आकाश में अग्नि का जन्म हुआ, इसलिए वह मातरिश्वन् हुआ। किंतु मातरिश्वन् का अग्नि से भिन्न अस्तित्व भी है।

मातरिश्वा अग्नि को आकाश से पृथ्वी पर मनुष्यों के लिए लाये। "अग्नि को **(मातरिश्वा)** वायु ने भृगु के लिए मित्र बनाया।" (उप॰,1/60/1)। "हे अग्नि सोमो ! **(अन्यं मातरिश्वा दिवः आ जभार)** तुममें से एक अग्नि को वायु आकाश से यहाँ लाया।" (उप॰, 1/93/6)। "जिस अग्नि को मातरिश्वा वायु ने मनु के लिए बहुत दूर से लाकर प्रदीप्त किया था।" (1/128/2)। **("वैश्वानरं अग्निं दूतः मातरिश्वा)** इस वैश्वानर अग्नि को दूत बने वायु **(परावतः विवस्वतः आ अभरत्)** दूर देश स्थित आदित्य मंडल से इस लोक में लाया है।" (उप॰,6/8/4)। अग्नि सभी मनुष्यों के लिए है, इसलिए वैश्वानर है। इससे पहले वह आदित्यमंडल में थी। वहाँ से वैश्वानर उसे पृथ्वी पर लाये। यूनानी देवकथाओं में प्रॉमॅथॅउस् की भूमिका कुछ इसी तरह की है किंतु **ऋग्वेद** में मातरिश्वा की भूमिका अधिक व्यापक है। वह अग्नि को पृथ्वी पर लाने के सिवा आकाश में उसे उत्पन्न भी करते हैं।

मातरिश्वा ने **गुहा सन्तं** निगूढ़ अग्नि को प्रज्वलित किया। (3/5/10)। कैसे प्रज्वलित किया, यह बात कई बार बतायी गयी है। अग्नि को मातरिश्वा ने **मथीत्**—मथकर प्रकट किया। (1/71/4)। गुहा में स्थित अग्नि को मातरिश्वा **मथायति**—मथकर प्रकट करते हैं। (1/141/3)। "इस अग्नि का **(मातरिश्वा विष्टः मथीत्)** अंतरिक्ष में

संचार करने वाले वायु ने सर्वत्र व्यापक होकर मंथन किया।" (सातवलेकर, 1/148/1)। मातरिश्वा वायु का वह रूप है जो अंतरिक्ष में अपनी तीव्र गति से अग्नि को उत्पन्न करता है। स्वभावतः मातरिश्वा ही इस गतिजन्य परिवर्तन के कारण अग्नि रूप धारण करता है। "वह अग्नि सबका सुहृद्, स्तुतियोग्य मातरिश्वा है।" (उप॰, 3/5/9)। जो मातरिश्वा है, वही अग्नि है। इसके तुरत बाद उसी सूक्त में अग्नि से मातरिश्वा को अलग करते हुए कहा गया है : "जब मातरिश्वा ने भृगुओं के निमित्त गुहा में स्थित हव्यवाहक अग्नि को प्रज्वलित किया।" (3/5/10)।

मैकडनल ने एक मंत्र का बहुत अच्छा अनुवाद किया है। वह सार्थक होगा केवल द्वंदवादी तर्कपद्धति से अर्थात् जब यह मान लें कि एक तत्व परिवर्तित होकर दूसरा तत्त्व बन सकता है। गर्भस्थ अग्नि तनूनपात् है, जन्म लेने पर वह नराशंस कहलाता है, **when as Matarisvan he was fashioned in his mother, he became the swift flight of wind.** जब मातरिश्वन् के रूप में वह माता के भीतर निर्मित हुआ, तब वह वायु का तीव्र वेग बन गया।" (3/29/11) इसी तरह ग्रिफिथ ने एक मंत्र के अनुवाद की टिप्पणी में अच्छा लिखा है : "**Agni is called his offspring as having been excited into flame by the wind.** (अग्नि को वायु का पुत्र इसलिए कहा है कि वह वायु से उद्वेलित होकर लपट बनता है।)" (1/112/4)। सूक्त अश्विनी देवों पर है। उसमें **परिज्मा,** सब ओर जाने वाला, सायण के अनुसार, वायु है। अग्नि वायु द्वारा मथी जाकर उत्पन्न होती है—मथ्यमानः सन् जायते। भाष्य का यह मथ्यमानः मंत्रों में प्रयुक्त मथीत्, मथायति के अनुरूप है। यहाँ अग्नि को द्विमाता कहा गया है। दो माताएँ वही द्यावा पृथिवी हैं जिनके बीच अंतरिक्ष में मंथन-क्रिया संपन्न होती है।

यहाँ मरुतों से अग्नि का संबंध उल्लेखनीय है। **अग्नयो न शुशुचानाः**, मरुत् अग्नियों के समान दीप्त हैं, और **भृमिं धमन्तः,** वात्याचक्र को श्वसन से उत्पन्न करते हैं। (2/34/1)। **भृमिं** से चक्रगति का, मंथन जैसी क्रिया का बोध होता है, और **धमन्तः** से वायु को तेजी से नाक या मुँह से निकालने का बोध होता है। इस प्रकार मरुत् हवा को मथते हैं और अग्नियों जैसे चमकते हैं। मरुत् अग्नियों के समान **इधानाः,** प्रज्वलित होकर, **शोशुचन्** चमकते हैं। (6/66/2)। यहाँ **इधानाः** से मरुतों के प्रज्वलित होने, अग्नि को उत्पन्न करने के भाव की ओर संकेत है। मरुत् हवाओं के समान गतिशील हैं, अग्नियों की जिह्वाओं के समान चमकदार हैं। (10/78/3)। मरुत् भी हवा हैं पर उनकी अपनी वृष्टि संबंधी भूमिका है, इसलिए अन्य हवाओं (**वातासः**) से उन्हें अलग किया गया है। मरुत् **अग्निश्रियः**, "अग्नि के सहारे रहने वाले" हैं (सातवलेकर, 3/26/5)। अग्निरूप मरुत् आगे बढ़ें (**प्र यन्तु अग्नयः**) (3/26/4)।

जैसे मरुतों से अग्नि का संबंध है, वैसे ही मातरिश्वन् से उसका संबंध है।

अग्नि के आदि जनक मातरिश्वन् हैं, अंतरिक्ष में मंथन द्वारा उन्होंने अग्नि को उत्पन्न किया था। कुछ वैसी ही क्रिया से मनुष्य अरणियों से अग्नि को प्रज्वलित करते हैं। "हे अग्ने ! तू वनों में माताओं में शयन करता है। तुझको मनुष्य अच्छे प्रकार से प्रकाशित करते हैं।" (उप., 8/60/15) अग्नि अरणियों में है, वे उसकी माताएँ हैं, मनुष्य उन अरणियों से उसे प्रकट करते हैं। मातरिश्वन् द्वारा उत्पन्न की हुई अग्नि इस अरणियों की अग्नि से भिन्न है। फिर भी कहीं-कहीं यह आभास होता है कि अरणियाँ द्यावपृथिवी की प्रतीक हैं। यज्ञकर्ता द्वारा उनका मंथन मातरिश्वन् की मंथन-प्रक्रिया की अनुकृति है। इस दृष्टि से तीसरे मंडल का 29वां सूक्त महत्वपूर्ण है। अरणि **अधि मंथनं** है, मंथन क्रिया का उपकरण है। उसी ने अग्नि को उत्पन्न किया है। जैसे गर्भिणी स्त्रियों के गर्भ रहता है, वैसे ही अग्नि **अरण्योः निहितः** अरणियों में निहित है। एक अरणि ऊर्ध्वमुख है (पृथ्वी के समान), दूसरी निम्नमुख है (आकाश के समान)। यहीं अग्नि को इळा का पुत्र कहा गया है। इळा का एक अर्थ पृथ्वी है। आगे कहते हैं : हम अग्नि को पृथ्वी के ऊपर इळा के नाभिस्थान पर स्थापित करते हैं। इस प्रकार इळा पृथ्वी का वह अंश हुआ जहाँ अग्नि मंथन से उत्पन्न होती है। पाँचवें मंत्र में **अग्निं मंथत**, अग्नि को मंथन से उत्पन्न करो और छठे मंत्र में **मन्थन्ति बाहुभिः**, मनुष्य बाहुओं से मंथन करते हैं—पहले मंत्र की मंथन क्रिया पर जोर दिया गया है। इस सारे व्यापार के दौरान कवि का ध्यान द्यावा पृथिवी पर बराबर रहता है। अंतिम मंत्र में दो बातें उल्लेखनीय हैं। एक तो यह कि अग्नि अपनी माता की गोद में प्रकाशित हो रहा है, दूसरे यह कि वह **असुरस्य जठरादजायत,** असुर के पेट से उत्पन्न हुआ। यह असुर द्यौस् के अतिरिक्त और कौन हो सकता है ? ग्रिफिथ ने टिप्पणी में उसे द्यौस् माना है।

इसी सूक्त के ग्यारहवें मंत्र में अग्नि के उन रूपों का उल्लेख है जिनमें मातरिश्वा का नाम आया है। गर्भावस्था में वह तनूनपात् है, उत्पन्न होने पर नराशंस है, अंतरिक्ष में निर्मित होने पर मातरिश्वा है, गतिशील होने पर वायु का वेग है। **आसुरो नराशंसो भवति यद् विजायते**—जब वह उत्पन्न होता है, तब नराशंस के अतिरिक्त वह आसुर, असुर पुत्र, भी है। मातरि, अंतरिक्ष में, प्रकाशित होने वाला वह मातरिश्वा है। यहाँ चौदहवें मंत्र के **असुरस्य जठरात्** से इस **आसुरः** का संबंध जोड़ना चाहिए। किंतु मातरिश्वा जिस **मातरि** में **अमिमीत्** निर्मित होता है, उसका सीधा संबंध चौदहवें मंत्र की **मातुः** से नहीं है। **मातरि** अंग्रेजी के **मेट्रिक्स** (लैटिन **मात्रिक्स**) की तरह गर्भस्थान है। वहाँ जो श्वसन-क्रिया संपन्न करता है, वह मातरिश्वा है। इसी श्वसन-क्रिया के अनुरूप वह गतिशील होने पर **वातस्य सर्गः**, वायु का वेग बनता है। जिस माता की गोद में **(मातुरुपस्थे)** वह शोभित होता है, वह पृथ्वी है। द्यौस्—पिता, माता—पृथ्वी, अंतरिक्ष है गर्भस्थान जहाँ वायु के मंथन से अग्नि का निर्माण होता है। अरणियों के मंथन में उसी द्यावापृथ्वी के अग्नि सृजन का भाव

रहता है। इस सूक्त में **मंथनं, मंथाम, मंथत, मंथन्ति, सुनिर्मथा, निर्मथितः** शब्द अरणियों के संदर्भ में प्रयुक्त हैं। मातरिश्वा के संदर्भ में प्रयुक्त **मथीत्** (1/71/4), **मथायति**(1/141/3) से वे तुलनीय हैं। मातरिश्वा के संदर्भ में वात्याचक्र की सी गोलाकार गति का भाव है, अरणियों के संदर्भ में भाव घर्षण का है किंतु प्रयोग उन शब्दों का हुआ है जो वायु के लिए अधिक सार्थक हैं। कारण यह कि अरणियाँ प्रतीक हैं, मूल बिंब अंतरिक्ष में वायु का मंथन है।

6. पृथ्वी और कृषितंत्र

ऋग्वेद के सभी देवी-देवताओं में सर्वाधिक पार्थिव, सर्वाधिक लौकिक पृथ्वी है। वह देवी है, माता है, प्रत्यक्ष है। द्यावा पृथ्वी के जोड़े में जब वह आकाश के साथ है, तब भी माता आकाश नहीं, पृथ्वी ही है।

द्यावा पृथिवी के जोड़े में जिस तरह माता पृथ्वी को बार-बार याद किया गया है, उस तरह इस देवी को अन्य किसी इंडोयूरोपियन भाषा में नहीं याद किया गया। अन्य देवों से अपेक्षा की जाती है कि वे कवि के आह्वान पर द्युलोक से रथ पर चढ़े हुए आयें और अपना हव्य प्राप्त करें। पृथ्वी देवी रथ पर बैठकर नहीं आतीं। द्युलोक से भिन्न वह मानव लोक हैं, "हे पृथ्वी, तू सुखदायिनी, कष्ट रहित और हमारा निवास कराने वाली बन।" (सातवलेकर, 1/22/15)। परलोकवाद से भिन्न वैदिक इहलोकवाद का आधार यह पृथ्वी है।

"जो तुम्हारा मन बहुत दूर विवस्वान् के पुत्र यम के पास चला गया है। तुम्हारे उस मन को लौटा लाते हैं, क्योंकि तुम इस संसार में निवास करने के लिए जीते हो।

"तेरा जो मन दूर-से-दूर और उससे भी दूर चला गया है, तेरे उस मन को हम लौटा लाते हैं, क्योंकि तू यहाँ इस संसार में रहने के लिए जीता है।"(सातवलेकर, 10/58/1,11)।

जैसे उड़ि जहाज को पंछी पुनि जहाज पै आवै, वैसे ही मनुष्य का मन चाहे जितनी लंबी उड़ान भरे, उसे रहना है इसी पृथ्वी पर। दसवें मंत्र में कहा गया है, "तेरा मन इस सारे संसार में बहुत दूर चला गया है," उससे संसार में लौटने को कहा गया है। वास्तव में **विश्वमिदंजगत्** समस्त गतिशील ब्रह्मांड है, पृथ्वी उसका अंशमात्र है। **इह क्षयाय जीवसे**—यहीं रहने के लिए तू जीता है; यहाँ **इह** संसार के उस अंश का सूचक है, जिसे हम पृथ्वी कहते हैं। विशाल गतिशील संसार में मनुष्य का मन चाहे जितनी दूर चला जाये, उसे रहना है पृथ्वी पर। इससे पूर्व दूसरे मंत्र में कहा गया है, **यत् ते दिवं यत् पृथ्वी जगाम दूरकम्**—"जो तेरा मन बहुत दूर द्युलोक तथा पृथ्वीलोक के पास चला गया" (उप., 10/58/2); यहाँ मन पृथ्वी में कहीं दूर जाकर पृथ्वी को लौटे, तो यह तर्कसंगत कार्यवाही न होगी। पार्थिव लोक

अनेक हैं। विष्णु के लिए कहा गया है, "जिसने पृथ्वी के लोकों को बनाया"–**यः पार्थिवानि विममे रजांसि**(उप॰, 1/154/1), अथवा जिसने पार्थिव लोक नापे । इन पार्थिव लोकों में इहलोक है यह पृथ्वी जिस पर मनुष्य रहते हैं।

आकाश से पानी बरसता है, धरती सींची जाती है, अन्न उत्पन्न करके वह मनुष्यों का पोषण करती है। "महान् द्युलोक और बड़ी पृथ्वी हमारे इस यज्ञ को उत्तम रस से–जल से सिंचित करें और पोषणों द्वारा हमें पूर्ण करें।" (उप॰, 1/22/13)। यदि यज्ञ में आग जले और ऊपर से पानी बरसे तो आग बुझ जायेगी। ग्रिफिथ का अनुवाद देखने योग्य है :

"May Heaven and Earth, the Mighty Pair,
bedew for us our sacrifice,
And feed us full with nourishments.''

आकाश और धरती हमारे यज्ञ को भिगो दें और हमें खिला-पिलाकर पुष्ट करें–यहाँ यज्ञ में आग नहीं जल रही। जल वर्षण और अन्न उत्पादन की प्रक्रिया ही यज्ञ है। आकाश जल बरसाता है, मनुष्य अपने श्रम से अन्न उपजाता है। उसका श्रम ही यज्ञ है, इस यज्ञ में धरती आकाश दोनों का सहयोग आवश्यक है। जल से सींची हुई धरती अन्न से मनुष्यों का पोषण करती है।

हवा चलती है, बादल आते हैं, बिजली चमकती है, बादल गरजते हैं, धरती सब सुनती है, मनुष्य गर्जन सुनकर डर जाते हैं। बिजली की-सी चमक वाले मरुत् अपने रथों पर सवार हो गये हैं; उनके निकट आने का शब्द धरती सुनती है, **अबीभयन्त मानवाः**, मनुष्य भयभीत हो उठे हैं। (1/39/6)।

ऋग्वेद के कवि अनेक देवों से जल बरसाने की प्रार्थना करते हैं। अग्नि और जल परस्पर बैरी जैसे लगते हैं पर कवि अग्नि के लिए भी कहता है, "वह अग्नि हमारे लिए अंतरिक्ष से वर्षा करे···वह हमें सहस्रों प्रकार के अन्नों को भी देने वाला हो।" (सातवलेकर, 2/6/5)। अग्नि सर्वशक्तिमान देव हैं, वह जल बरसाते हैं और इस तरह अन्न उपजाने में सहायता करते हैं, वह इस कार्य में अन्य देवों का सहयोग ले सकते हैं। "हे अग्नि!···समस्त देवों का सहयोग पाकर वृष्टि-वर्धक मेघ को प्रेरित कर।" (उप॰, 10/98/8)। इन देवों में बृहस्पति भी हैं । इसीलिए देवापि "देवप्रसिद्ध तथा सुखप्रद वृष्टि का वर्षक बृहस्पति का स्तवन-ध्यान करने लगा।"(उप॰,10/98/7)। मित्र और वरुण जिसकी रक्षा करते हैं, "उसे वर्षा द्युलोक से मधुर जल बरसा कर पुष्ट करती है।"(उप॰, 5/63/1)। मेघों से इनका प्रत्यक्ष संबंध है। कवि उनसे कहता है : "तुम सुंदर मेघों के साथ गर्जना करते हुए रहते हो, तथा अपने बल के सामर्थ्य से जल बरसाते हो।" (उप॰, 5/63/3)। अतः "उत्तम जल से हमें सिंचित करो।" (उप॰, 5/63/5)। वर्षा से खेती का ऐसा गहरा संबंध है कि कवि को लगता है, मेघ के गर्जन से अन्न उपजाने की बात कही जा रही है। "हे मित्र और वरुण !

तुम्हारे ही कारण मेघ अन्न को उत्पन्न करने वाली तेज से युक्त सुंदर और उत्तम वाणी को बोलता है।" (उप॰, 5/63/6)।

सोम वनस्पतियों के राजा हैं। वनस्पतियाँ जल पर निर्भर हैं। सोम से प्रार्थना है : "हे सोम! द्युलोक में से वृष्टि करो। पृथ्वी के ऊपर अन्न उत्पन्न करो।" (उप॰, 9/8/8)। सोम के प्रभाव से वृष्टि होती है, वह "अन्न को उत्पन्न करने वाली" होती है। (उप॰, 9/97/17)। सोम, वृष्टि और अन्न का ऐसा गहरा संबंध है कि सोम को 'अन्न के स्वामी' कहकर संबोधित किया गया है। (उप॰,9/108/9)। अग्नि की तरह जल से सूर्य का भी विरोध है किंतु सूर्य के बिना आकाश में जल उत्पन्न नहीं होता। कवि की प्रार्थना है : "जो यह जल सूर्य के सम्मुख है, अथवा जिसके पास सूर्य है, वे जलप्रवाह हमारे यज्ञ को आनंद से प्राप्त हों।" (उप॰, 1/23/17)। यहाँ भी जल यज्ञ की आग बुझाने के लिए नहीं है, वह कृषिरूप यज्ञ को संवर्धित करने के लिए है। सूर्य के पास जल एकत्र कैसे होता है ? सूर्य इसी धरती से जल खींचता है और उसे आकाश में एकत्र करता है। "द्यावा पृथिवी के बीच में चमकने वाला सूर्य गाय के उत्तम दूध को मुँह से पीता है। गाय माता के उत्कृष्ट स्थान में निहित दूध को बलवान् तेजस्वी और प्रयत्न करने वाले देव की जिह्वा पीती है।" (सातवलेकर, 4/5/10)। सूर्य जिस गाय का दूध पीता है, उसका नाम पृथ्वी है। यह शब्द पृथ्वी के लिए अनेक बार प्रयुक्त हुआ है। सूर्य इसी पृश्नि नामक गाय का **गुह्यं चारु**, गुप्त दूध, पीता है। जिस जल को वह अपने मुँह से, अर्थात् किरणों से खींचता है, वह दिखाई नहीं देता। वह **मातुष्पदे परमे,** माता के श्रेष्ठ स्थान में है। धरती की कोख से जलाशयों का जल खींचकर सूर्य ऊपर ले जाता है, फिर मनुष्य और वनस्पतियों की आवश्यकताएँ पूरी करने के लिए उसे धरती को लौटा देता है। सूर्य की इस क्रिया के अनेक स्थान हैं, अनेक रूप हैं। इनमें कुछ देव-प्रतीकों द्वारा ज्ञापित हैं।

एक हैं वेन। मेघ, सूर्य और पृथ्वी से उनका संबंध इस प्रकार है। "वह वेन नामक तेजोमय देव मेघ में गर्भवत् अवस्थित है। वह जल-निर्माता आकाश-अंतरिक्ष के मध्य में सूर्य किरणों के संतानस्वरूप जल को पृथ्वी पर गिराता है। जब जल और सूर्य का मिलन होता है, तब वेन को मेधावी जन बालक के समान अपने स्तुतियों से संतुष्ट करते हैं।"(सातवलेकर, 10/123/1)। मेघ में जो तेजोमय देव है, वह सूर्य का ही अंश है। जल एकत्र होता है आकाश में, वहाँ से वेन उसे धरती पर गिराते हैं। **अपां सूर्यस्य संगमे**– जब जल और सूर्य का मिलन होता है, कह सकते हैं इस संगम के अवसर पर सूर्य की क्रिया वेन द्वारा व्यक्त होती है। और भी : "वेन आकाश से–अंतरिक्ष से जलों को प्रेरित करता है··· वह सृष्टि के उच्चस्थान आकाश में प्रकाशित होता है···अत्यंत प्राचीन, एक ही स्थान में रहकर शब्द करता हुआ और एक ही गृह में वेन के साथ रहने वाले वत्स समान विद्युत्

अग्नि की मातृभूत अंतरिक्ष में उत्पन्न जल देवता है। जल के उत्पत्तिस्थान उच्चपद में–अंतरिक्ष में वर्तमान मधुर उदक की वाणियाँ उसी की–वेन की स्तुति करती हैं।" (उप., 10/123/2,3)। वेन आकाश में रहते हैं। वहाँ से जलों को प्रेरित करते हैं। जहाँ वह रहते हैं, वहीं अग्नि और विद्युत् रहते हैं। तेज के अनेक रूप हैं, उनका स्थान एक है। उसी स्थान में जल उत्पन्न होता है। कहाँ जल और कहाँ अग्नि, दोनों के संगम से ही सृष्टि गतिशील रहती है।

वेन हिरण्यपक्ष हैं, आकाश में सुनहले पंखों वाले उड़ते पक्षी जैसे हैं और वरुण-दूत हैं। (10/123/6)। हिरण्यपक्ष कहकर वेन का सूर्य से तादात्म्य स्थापित किया, फिर वरुण-दूत कहकर जल से उनका संबंध ज्ञापित किया। "वह सूर्य के समान अभिलषित प्रिय जलों को उत्पन्न करता है।" (10/123/7)। यह सूर्य से तादात्म्य हुआ। आगे समुद्र का उल्लेख है, वह वरुण से संबंध का ज्ञापक है। वेन गृध्र की सी दृष्टि से चारों ओर जल खोजते हैं, इस दृष्टि से समुद्र कैसे बच सकता है? "अंतरिक्ष में स्थित उदक को गृध्र के समान दूरदर्शक चक्षु से देखते हुए तेजस्वी वेन (**यत् समुद्रं अभिजिगाति**) जब समुद्र के पास जाता है, तब सूर्य के समान प्रदीप्त कांति से चमकता हुआ पृथ्वी पर प्रिय उदक को उत्पन्न करता है।" (10/123/8)। समुद्र का जल सूर्य ऊपर ले जाता है, फिर उसे धरती पर बरसाता है। सूर्य और वरुण के सहयोग से यह चक्र बराबर चलता है और इसीसे धरती पर समस्त जीवन संभव होता है।

वेन से मिलती-जुलती कार्यवाही ऋभुओं की है। वे इधर-उधर चक्कर लगाने के बाद सविता के घर पहुँचे । सविता अगोह्य हैं, छिप नहीं सकते, सारा संसार उन्हें देखता है। सविता ने उन्हें अमरत्व प्रदान किया । **मर्तासः सन्तो अमृतत्वमानशुः** "वे मर्त्य होते हुए भी अमरत्व को प्राप्त हुए।" (1/110/2,3,4)। वर्षा और खेती से इनका संबंध इस प्रकार है। "जब ऋभुओं ने बारह दिन तक, जिसका तेज छिप नहीं सकता, ऐसे आदित्य के आतिथ्य में रहते हुए आनंद किया, तब ऋभुओं ने खेतों को उत्तम बनाया, नदियों को प्रेरित किया, निर्जल प्रदेश में ओषधी वनस्पतियों को उगाया और जलों को नीचे की ओर बहाया।" (4/33/7)।

मानव जीवन का आधार है पृथ्वी । देवता एक-दूसरे से चाहे जितनी दूर हों, उनके कार्य परस्पर संबद्ध हैं। उनकी ब्रह्मांडव्यापी अन्तःसंबद्धता के केन्द्र में है पृथ्वी। उनके समस्त कार्यों की परिणति होती है इहलोक में।

पृथ्वी को अदिति माता कहा गया है। (1/72/9)। वह अखंड है, उसका विस्तार अमित है। उसके पुत्र आदित्य हैं। इनमें सविता भी हैं। (8/18/3)। वह अपने सुवर्णमय बाहु ऊपर उठाते हैं जिससे पृथ्वी पर जीवन संभव हो (''that he may bring forth life''–ग्रिफिथ); वह "रजोलोक के विविध रूपों में जल से युक्त अपने दोनों हाथ उठाता हैं"–(सातवलेकर 6/71/1)। मनुष्य जिस अन्न से जीते हैं,

वह (**मर्तभोजनं**) उन्हें देता है। (7/45/3)। संसार में जितने द्विपद और चतुष्पद हैं, उनके उद्भव और विश्राम में सविता ही कारण है।(6/71/2)। अदिति का पुत्र सविता पृथ्वी से अपने घनिष्ठ संबंध के कारण इस तरह अपना आदित्य नाम सार्थक करता है। किंतु पृथ्वी से जैसा घनिष्ठ सम्बन्ध मरुतों का है, वैसा अन्य देवों का नहीं है। सविता की कार्यवाही व्यापक है, मरुतों की सीमित है। उसका संबंध मुख्यतः वर्षा और खेती से है।

मरुत् **पृश्निमातरः** हैं, वे "भूमि को माता मानते हैं।" (1/23/10)। वे **सिन्धुमातरः** भी हैं (10/78/6), मैकडनल के अनुसार यहाँ समुद्र को माता कहा गया है।[83] वे "जल की समृद्धि करते हैं" और "बलयुक्त मेघों को वर्षा के लिए वे विशेष ढंग से ले चलते हैं, चलाते हैं, और तदुपरांत गरजने वाले उस झरने का—मेघ का अक्षय रूप से दोहन करते हैं।"(सातवलेकर, 1/64/6)। "वे कभी न घटने वाले झरने को—मेघ को दुहते हैं, वे वीर वर्षाओं की सहायता से मानो बारिश की बूंदों से समूचे आकाश एवं भूमंडल को व्याप्त कर देते हैं।" (उप॰, 8/7/16)। "जो जल देने वाले वृष्टि को प्रेरणा देते हैं, वे सभी वीर मरुत् आज तुम्हारी ओर आ जायें।" (5/58/3)। पृथ्वी उन्हें इंद्र के पास जाने को प्रेरित करती है। (7/18/10)। वे इंद्र के साथ रहकर वृत्र का वध करते हैं। (1/23/9)। इंद्र के बिना अकेले भी वे उसे मारते हैं। "वीर मरुत् वायु-प्रवाहों की सहायता से मेघों को इधर-उधर ले चलते हैं और तदनुसार पुष्टिकारक अन्न का सृजन करते हैं। वीर मरुतों का यह दल जब वायुओं के साथ दौड़ने लगते हैं, तब वे वर्षा करने लगता है।" (उप॰, 8/7/3,4)।

बादल को उड़ाते हुए मरुतों ने गायों को मुक्त किया।(8/34/1)। यहाँ गायें जल हैं। मरुत् बादलों को उड़ाते हैं, वे स्वयं बादल नहीं हैं। वर्षा के देवता पर्जन्य हैं। जब मरुत् भूमि को गीली कर डालते हैं, तब "(**उदवाहेन पर्जन्येन**) जल से भरे हुए मेघों से सूर्य को ढँककर दिन की वेला में भी अँधियारी फैलाते हैं।"(1/38/9)। मरुत् जल एकत्र करते हैं, फिर **वि पर्जन्यं सृजन्ति,** पर्जन्य का जल प्रवाहित कर देते हैं, **अनु धन्वना यन्ति वृष्टयः,** निर्जल स्थानों में वर्षा का जल बह चलता है।(5/53/6)। यहां **धन्व** का अर्थ निर्जल स्थान है। जिन ऋभुओं ने जलों को नीचे की ओर बहाया, उन्होंने "(**धन्व ओषधीः आ अतिष्ठन्**) निर्जल प्रदेश में ओषधी वनस्पतियों को उगाया।" (उप॰, 4/33/7)।

वर्षा के बिना धरती बंजर पड़ी रहेगी। उसे पर्जन्य उर्वर बनाते हैं। हवाएँ तेजी से चलती हैं, पृथ्वी तक बिजली कौंध जाती है, पर्जन्य वीर्य धारण किये धरती की ओर झुक आते हैं, "वृक्ष वनस्पति आदि जल पीने लगते हैं, और आकाश पुष्ट होने लगता है। यह पृथ्वी संपूर्ण संसार के हित के लिए पुष्ट हो जाती है।" (उप॰, 5/83/4)। कवि मरुतों से कहता है, "तुम हमारे लिए द्युलोक से वर्षा प्रदान करो।" और इसके तुरत बाद पर्जन्य से कहता है, "तू गड़गड़ा, गरज और वृक्षों में

गर्भ स्थापित कर, तथा जलरूपी रथ से चारों ओर भ्रमण कर। जल से पूर्ण घड़े को नीचे मुख वाला कर तथा उत्तम रीति से खाली कर, ताकि ऊँचे और नीचे प्रदेश बराबर हो जायें।" (5/83/6,7)। मरुतों के कार्य से पर्जन्य का सीधा संबंध है। मरुतों का संबंध पूषन् से भी है, उन्हें **पूषरातयः** पूषन् की समृद्धि के वितरणकर्ता कहा गया है। (1/23/8)। पूषनू समृद्धि के विशेष देवता हैं। और पूषन् का संबंध खेती से भी है। पूषन् का ही नहीं, इंद्र का भी है। कवि की प्रार्थना है : "इंद्र हल की मूठ पकड़े, पूषा देव उसकी निगरानी रखे, वह भूमि उत्तम धान्य तथा जल से भरपूर होकर, प्रत्येक वर्ष हमारे लिए धान्यादि दुहे।" (4/57/7)। इंद्र चाहे जिस लोक में रहें, हल की मूठ पकड़ने का कार्य तो वे इस पृथ्वी पर ही संपन्न कर सकते हैं। सविता, मरुत्, पर्जन्य, पूषन्, इंद्र–इन सभी की कार्यवाही अंततः पृथ्वी से जुड़ी हुई है और उसका संबंध अन्न के उत्पादन से है।

इंद्र के समस्त संग्राम, उनकी सारी शूरता-वीरता जलप्राप्ति के लिए है। जल चाहे नदियों से प्राप्त हो, चाहे बादलों से, उसकी सबसे अधिक आवश्यकता है खेती के लिए। इंद्र यदि हल की मूठ पकड़ते हैं, तो यह कोई असाधारण कार्य नहीं है। और **ऋग्वेद** में वह अकेले देवता नहीं है जो यह करते हैं। **यवं वृकेणाश्विना वपन्ते**–"जौ को हल से बोते हुए", यह बात अश्विनों के लिए कही गयी है। यह कार्य वे आकाश में नहीं पृथ्वी पर करते हैं क्योंकि उनका उद्देश्य "मानव के लिए अन्नरस का दोहन" करना है।(उप॰ 1/117/21)। अप्रत्यक्ष रूप से मरुतों को खेती से संबद्ध करते हुए कवि कहता है, "हे ऋषि सौभरि! ...खेत जोतने वाला किसान जिस प्रकार बैलों के लिए गाने या तराने कहता है, वैसे ही भली-भाँति काव्य-गायन करो।" (उप॰, 8/20/19)। पूरे सूक्त में मरुतों का स्तवन है, यह काव्य-गायन भी उन्हीं के लिए है। इंद्र जब हल की मूठ पकड़ेंगे, तब "पूषा देव उसकी निगरानी" रखेंगे, इसका उल्लेख पहले हो चुका है। **इंद्रः सीतां नि गृह्णातु**–हल जोतने से जो नाली बनती है, वह सीता है। पूषन् इस बात का ध्यान रखते हैं कि नाली एक सीध में बने, हल की मुठिया को दबाया न गया तो नाली टेढ़ी-मेढ़ी हो जायेगी। जिस सूक्त में इंद्र और पूषन् के इस कर्म का उल्लेख है, उसके देवता क्षेत्रपति हैं। उन्हें हम खेती के देवता कह सकते हैं। **इन्द्रो देवः सीतां सीताधारकाष्ठां निगृह्णातु**–सायण ने सीता की व्याख्या सीताधार काष्ठ कहकर की है। मोटे तौर पर इसका वही अर्थ होगा, इंद्र हल की मूठ पकड़ें। सूक्त में अन्यत्र सीता की वंदना की गयी है : "उत्तम ऐश्वर्य देने वाली भूमि! हम पर कृपा करने वाली हो। तेरी हम वंदना करते हैं।" (उप॰, 4/57/6)। सीता भूमि अवश्य है पर वह भूमि का वह भाग है जिस पर हल चलाने से नाली बनी है।

कवि के सामने खेत में हल चलाने की मूर्त प्रक्रिया है : "हल के फाल हमारी भूमि को सुखपूर्वक जोतें। किसान अपने बैलों के साथ सुखपूर्वक चलें।"(उप॰,

4/57/8)। और भी : "हल सुखपूर्वक हमारे खेतों को जोतें।" (उप॰, 4/57/4)। हल जोतने की इस सारी प्रक्रिया के साथ कवि जल और उससे संबद्ध देवों का स्मरण करता है। "हे क्षेत्रपति देव ! जिस प्रकार गाय दूध दुहाती है, उसी तरह तू मिठास और प्रवाह से भरपूर जल को हमें दुह अर्थात् प्रदान कर।"(4/57/2)। और भी : "हे **(शुनासीरौ)** शुना और सीर···तुमने **(दिवियत् पयः चक्रधुः)** द्युलोक में जो जल उत्पन्न किया है, **(तेन)** उस जल से **(इमां उपसिंचतम्)** इस भूमि को सींचो।"(उप॰, 4/57/5)। शुना फाल है, सीर हल है। पर ये आकाश में जल कैसे उत्पन्न करेंगे, उस जल से भूमि को सीचेंगे कैसे ? सायण ने बताया है, शौनक के अनुसार शुन इंद्र हैं, सीर वायु हैं, यास्क के अनुसार शुन वायु हैं, सीर आदित्य हैं। जो भी हो, यह निश्चित है, हल चलाते समय किसान उन देवों को याद करता है जो आकाश में जल बटोरते हैं और उससे धरती को सींचते हैं। सूक्त के अंत में पर्जन्य के उल्लेख से यह धारणा पुष्ट होती हैः "**(पर्जन्यः)** मेघ अपने मिठास तथा जलों से हमारे लिए सुखकारी हो, तथा **(शुनासीरा)** इंद्र और वायु हमें सुख प्रदान करें।" (4/57/8)। पर्जन्य के संसर्ग से शुनासीरा का अर्थ ज्ञापित हो जाता है। इंद्र, वायु, पर्जन्य आदि देवों की कार्यवाही के फलस्वरूप वर्षा होती है, भूमि सींची जाती है, किसान अन्न पैदा करता है। इस प्रकार अनेक देवता जल-संग्रह और वर्षण की प्रक्रिया से, अंततः कृषितंत्र से संबद्ध हो जाते हैं। वायु, सूर्य, इंद्र, आदि देवों की विभिन्न क्रियाएँ परस्पर संबद्ध हैं, इसका अर्थ यह होगा, प्रकृति की विभिन्न शक्तियाँ एक-दूसरे से जुड़ी हुई हैं और उनका संबंध पृथ्वी से है। प्राकृतिक शक्तियों की परस्पर संबद्धता किसान अपने कृषि संबंधी अनुभव से निरंतर पहचानता है।

कहते हैं, प्राचीन काल में मानव सभ्यता की शुरूआत मनु से हुई। इस सभ्यता का संबंध कृषितंत्र के विकास से था, इस विकास में मनु की सहायता उन्हीं अश्वि देवों ने की। "हे शुभ के पालनकर्ता अश्वि देवो! मनु को पहले विद्यमान धन आदि द्युलोक में देते हुए तुम. **(वृकेण यवं कर्षथ)** हल से जौ को भूमि पर खींचते हो अर्थात् कृषिकर्म करते हो।" (8/22/6)। जिस भूमि में जौ बोये जायेंगे, उसमें हल चलाने से देवों को छुट्टी नहीं मिल जाती, किसान हँसिया चलाकर फसल काटेगा, तब भी उन्हें उसकी सहायता करनी होगी। "हे इंद्र! मैं तेरी ही आशा से दात्र को हाथ में लेता हूँ। हे धनी इंद्र ! तू मेरे काटे या कुचलकर रखे जौ की मुट्ठी से मेरा घर भर दे।" (8/78/10)। कृषि से घनिष्ठ संबंध के ही कारण इंद्र को अश्वपते, गोपते के साथ उर्वरापते कहकर संबोधित किया गया है। उर्वरता पृथ्वी का लक्षण है, उसके संरक्षक इंद्र हैं। संभवतः उर्वरा का विलोम है धन्वा, ऐसी भूमि जहाँ पानी नहीं बरसता। मरुत् और पर्जन्य इस भूमि पर भी पानी बरसाते हैं(5/53/6) और ऋभु वहाँ वनस्पतियां उगाते हैं। (4/33/7)। पशुधन और कृषिधन दोनों की वृद्धि वर्षा पर निर्भर है। इसलिए वर्षा से सम्बद्ध देवों की स्तुति की जाती है।

कहीं सूखा न पड़े, यह आशंका इन कवियों के मन में रहती है। इंद्र सूखे के दानव का नाश कर सकते हैं, इसलिए उनके बल और शौर्य की बार-बार प्रशंसा की जाती है। मैकडनल ने ठीक लिखा है, "सोमपान से उत्साहित होकर और सामान्यतः मरुतों को साथ लिये हुए वह सूखे के मुख्य दानव से युद्ध करने चलते हैं जिसे अधिकतर वृत्र—अवरोधक— कहा जाता है और बहुत बार अहि और दानव भी।"[84] यह सूखे का दानव कहीं जल छिपा रखता है, वही उसका धन है, उसकी गायें हैं। इंद्र ने शुष्ण को मारा और गायें प्राप्त कीं। (8/96/17)। जल से ही जीवन है, वह जीवन चाहे पशुओं और वनस्पतियों का हो, चाहे मनुष्यों का। पर्जन्य सभी पदार्थों में अपना वीर्य स्थापित करने वाला वृषभ है, जितने भी गतिशील और गतिहीन हैं, उनकी आत्मा वह पर्जन्य है। (7/101/6)। "जिस मेघ के कर्म के कारण पृथ्वी बहुत उपजाऊ होती है, जिसके कर्म के कारण सभी प्राणी पुष्ट होते हैं, जिसके कर्म के कारण वृक्ष वनस्पतियाँ नाना रूप धारण करती हैं, हे मेघ (**पर्जन्य**) वह तू हमें बहुत सुख दे।" (5/83/5)।

जल के बिना खेती नहीं हो सकती, जल गिरेगा पृथ्वी पर, पृथ्वी जोती और बोयी जायेगी, सूर्य जल-संग्रह करता है, मरुत् बादलों को उड़ाते और बरसाते हैं—यदि देवनाम हटा दिये जायें तो कहेंगे, पृथ्वी, अपू, तेज, वायु इन चार तत्वों के सक्रिय होने पर अन्न का उत्पादन होता है। इन चार तत्वों से संसार निर्मित हुआ है, इन्हीं से मानव, पशु, वनस्पतियाँ निर्मित हैं। अपू, तेज, वायु का स्थान आकाश है। चार तत्त्वों में आकाश को जोड़ दें तो भारतीय दर्शन के पाँच तत्व प्राप्त हो जायेंगे। यह तत्वबोध मनुष्य के कृषिकर्म से जुड़ा हुआ है।

2

यूनानी समाज के अंतर्विरोध–1

सुकरात

1. समाज व्यवस्था से दर्शनशास्त्र की टक्कर

ईसा मसीह से चार शताब्दियाँ पहले यूनान में सुकरात को अपने विचारों से नौजवानों को गुमराह करने के अपराध में प्राणदंड दिया गया। उन्हें जब यह दंड दिया गया था, तब वह सत्तर पार कर चुके थे। जैसा कि उन्होंने न्यायकर्ताओं की सभा में कहा था, अभियोग लगाने वाले कुछ दिन सब्र करते तो वह वैसे ही विदा हो जाते। पर सुकरात के रूप में उन्हें ऐसा बड़ा खतरा दिखाई दे रहा था कि वे सब्र करने को तैयार न थे। ये कौन लोग थे जो सुकरात की जान लेने पर तुले हुए थे ? सुकरात ऐसा क्या कहते थे जिससे इन लोगों की समझ में नौजवान गुमराह हुए जा रहे थे ? गुमराह हुए भी जा रहे थे तो समाज के लिए ऐसा कौन-सा संकट पैदा हो गया था कि उनकी जान लिये बिना काम न चलता ? यूनान के और यूरोप के सामाजिक-सांस्कृतिक विकास को समझने के लिए इन प्रश्नों पर विचार करना जरूरी है।

एथेन्स यूनान का सबसे सुसंस्कृत और समृद्ध नगर था। सुकरात इसी नगर में रहते थे। न्यायकर्ताओं की जिस सभा में उन पर मुकदमा चलाया गया, उसमें 501 सदस्य थे। अपनी सफाई में सुकरात को जो कुछ कहना था, उसे सुनने के बाद 281 सदस्यों ने प्राणदंड के पक्ष में मत दिया, 220 ने सुकरात को निर्दोष माना। सारी कार्यवाही कुल एक दिन में समाप्त कर दी गयी थी। सुकरात का कहना था, उन्हें कुछ अधिक समय मिला होता तो वे अपने निर्दोष होने के बारे में और बहुत से लोगों को आश्वस्त कर देते, बहुमत उनके पक्ष में हो जाता। पर उन्हें अधिक समय नहीं दिया गया। उनका बयान सुनने के बाद उनकी कही हुई बातों पर विचार करने में न्यायकर्ताओं ने कुछ भी समय नहीं लगाया। तुरत मतदान करके उन्होंने मुकदमे का फैसला कर दिया।

मुकदमे के दौरान सुकरात का भाषण सुननेवालों में उनके शिष्य प्लैटो भी थे। सुकरात की मृत्यु के बाद उन्होंने उनके भाषण को एक कलाकार और विचारक

की हैसियत से प्रस्तुत किया। प्लैटो की रचनाओं में सुकरात बारबार आते हैं और उनका विचारक रूप बदलता रहता है। प्लैटो अपनी बात कहने के लिए सुकरात को नाटक के पात्र की तरह इस्तेमाल करते हैं। भाषण प्लैटो की प्रारंभिक रचनाओं में है, उनका दृष्टिकोण आगे चलकर बदलता है; संभावना यही है कि सुकरात ने जो कुछ कहा था, प्लैटो ने बहुत कुछ उसी को लिपिबद्ध किया होगा। सुकरात लोगों से कैसे जिरह करते थे, इसका विवरण अन्य समकालीन लेखक क्सेनोफोन ने भी प्रस्तुत किया है। उससे प्लैटो द्वारा चित्रित सुकरात की अनेक विशेषताएँ पुष्ट होती हैं।

सुकरात के विरुद्ध अभियोग यह था कि वह नौजवानों को भ्रष्ट करते हैं, जिन देवताओं को नगरवासी मानते हैं, उन्हें वह नहीं मानते; उनके बदले वे अन्य देवताओं पर विश्वास करते हैं । सुकरात का कहना था कि अभियोग झूठा है, वह देवताओं पर विश्वास करते हैं; पर उनके विरुद्ध बरसों से प्रचार किया जाता रहा है और लोगों के मन में उनके प्रति दुराग्रह का भाव जड़ जमा चुका है। बहुत दिनों से चले आते प्रचार के मुख्य सूत्र ये थे : सुकरात यह जानने का प्रयत्न करता है कि धरती के नीचे क्या है, स्वर्ग में क्या है, और अपनी तर्कविद्या से वह स्याह को सफेद कर देता है; यह सब वह दूसरों को भी सिखाता है।

नये अभियोग और पुराने प्रचार की सामान्य भूमि यह थी कि सुकरात देवताओं से संबंधित मनुष्यों की परंपरागत धारणाओं को चुनौती दे रहे थे। ये धारणाएँ समाज में उन लोगों के लिए उपयोगी थीं जो अवकाशभोगी थे, जो दूसरों के अंधविश्वासों से लाभ उठाकर उनका श्रमफल हड़प जाते थे। देवताओं ने संसार रचा है; कहाँ क्या है, सब पुराण कथाओं में बता दिया गया है। तब कोई यह क्यों सोचे कि धरती के नीचे क्या है, आसमान के ऊपर क्या है ? देवताओं ने मनुष्यों के आपसी संबंध भी निर्धारित कर दिये हैं। आदमी उनके बारे में बहस करेगा तो वह स्याह को सफेद करने के अलावा क्या करेगा ?

सुकरात से पहले यूनान में ऐसे दार्शनिक हो गये थे जो यह जानने का प्रयत्न करते रहे थे कि यदि संसार की रचना किसी आदितत्व से हुई है तो वह तत्व जल है, वायु है या अग्नि है। भले ही इन लोगों के लिए जल, वायु और अग्नि भी देवता ही रहे हों पर ये देवता समाज के मान्य देवताओं से भिन्न थे। किस तत्व से संसार बना है, यह प्रश्न ही धार्मिक रूढ़िवाद को चुनौती देने वाला था। अरिस्तोफनेस की व्यंग्य-नाटिका **बादल** में सुकरात कहते हैं :

> हे स्वामी, हे सम्राट्, हे असीम पवन,
> जिस पर निर्भर यह धरती तिरती है,
> और ज्योतिर्मय आकाश, मेरे ये स्वर सुनो।[1]

अनक्सिमेनेस नाम के दार्शनिक मानते थे कि आदितत्व वायु है, साथ ही

वह उसे दैवी शक्ति भी कहते थे। अरिस्तोफनेस ने उस दार्शनिक परंपरा से सुकरात को जोड़कर उस पर प्रहार किया।

अनक्सिमेनेस तथा उनके बाद के दार्शनिकों ने सीधे-सीधे देवताओं के अस्तित्व से इन्कार न किया था पर वे धार्मिक रूढ़िवाद से हटकर प्रकृति के बारे में सोचते थे, इसलिए प्रचलित विश्वासों के प्रति शंका तो प्रकट करते ही थे। सुकरात से पहले के यूनानी दार्शनिकों पर अपनी पुस्तक में किर्क ने लिखा है कि संभवतः अनक्सिमेनेस ने कहा था कि देवता सर्वव्यापी वायु से उत्पन्न हुए थे। "ऐसा हो तो रूढ़ धर्म के देवताओं की आलोचना करने में वह क्सेनोफनेस और हेराक्लितुस के अग्रज हो सकते हैं, यद्यपि वास्तव में वह इस हद तक आगे बढ़े कि उनके अस्तित्व को नकारा हो, इसका प्रमाण नहीं है, वैसे ही जैसे हेराक्लितुस ने उन्हें नकारा हो, इसका प्रमाण नहीं है।"[2]

दार्शनिकों की इस परंपरा में अनक्सागोरस भी थे। इन पर देवताओं की अवज्ञा करने का आरोप लगाया गया था। वह अन्य प्राचीन यूनानी दार्शनिकों की तरह लघु एशिया के निवासी थे। उनके समय में पेरिक्लेस के नेतृत्व में एथेन्स ने बड़ी उन्नति की थी। वह ऐथेन्स आये और पेरिक्लेस से उनकी मैत्री हो गयी। प्लूतार्ख का कहना था कि पेरिक्लेस उनकी उपेक्षा करने लगे थे, इसलिए उन्हें गरीबी में दिन बिताने पड़े। हेगल के अनुसार "इससे अधिक महत्वपूर्ण बात यह है कि (आगे चलकर जैसा कि सुकरात और दूसरे अनेक दार्शनिकों के साथ हुआ) अनक्सागोरस पर अभियोग लगाया गया कि लोग जिन्हें देवता मानते हैं, वह उनकी अवमानना करते हैं।" उन्हें नास्तिक कहा गया। पेरिक्लेस की एक महिला मित्र थी अस्पासिया। उस पर भी ऐसा ही अभियोग लगाया गया और "उसे दंड से बचाने के लिए" पेरिक्लेस को एथेन्स के नागरिकों के सामने "आँसू भरकर याचना करनी पड़ी कि वे उसे छोड़ दें।" संभव है, अनक्सागोरस को मृत्युदंड मिलता। हेगल का मत है : "पेरिक्लेस ने निश्चय ही उन्हें मृत्युदंड से बचाया।"[3] वह एथेन्स छोड़कर अन्यत्र चले गये। इस तरह सुकरात के पहले से धार्मिक रूढ़िवाद और दार्शनिक चिंतन की टक्कर चली आ रही थी। एथेन्स में लोकतंत्र है या लोकतंत्रविरोधी किसी जमींदार का शासन है, इससे उस टक्कर में कोई विशेष अंतर पड़ने वाला नहीं था। दर्शनशास्त्र के अभ्युदय काल में उसकी टक्कर थी, उन आधारभूत मान्यताओं से जिन पर यूनानी समाज टिका हुआ था।

यूनान में स्पार्ता भूस्वामी वर्ग का गढ़ था, एथेन्स में व्यापारी वर्ग शक्तिशाली था। किंतु एथेन्स में भूस्वामियों का अभाव न था, कभी-कभी एक ही आदमी जमींदारी सँभालता था और व्यापार भी करता था। एक धंधा जो बड़े पैमाने पर चालू था, सूदखोरी का था। जमींदारों और महाजनों का हित इस बात में था कि लोग सामाजिक नियमों को दैवी विधान मानकर उनके अनुसार काम करते रहें, क्या

न्याय है, क्या अन्याय है, कौन-से नियम न्यायपूर्ण हैं, कौन-से अन्यायपूर्ण, इसके बारे में जाँच-पड़ताल न करें। लेकिन सुकरात ने ठीक यही काम शुरू किया था। जैसे मार्क्सवादी विश्लेषक प्रकृति की जाँच-पड़ताल भौतिकवादी ढँग से करते हैं, मानव समाज की जाँच-पड़ताल भी भौतिकवादी ढँग से करते हैं; दोनों तरह की जाँच-पड़ताल में आंतरिक सामंजस्य रहता है, वैसे ही दर्शनकारों के प्रकृतिसंबंधी चिंतन से समाजव्यवस्था के लिए कुछ निष्कर्ष निकलते थे, जो भूस्वामी वर्ग के लिए अहितकर थे, वे जान-बूझकर उनके द्वारा निकाले गये हों, चाहे न निकाले गये हों। इनमें एक महत्वपूर्ण निष्कर्ष यह था कि संसार देवताओं का बनाया हुआ नहीं है, वह किसी मूल तत्व से—जल, वायु, अग्नि, अथवा चित् (सत्-चित्-आनंद वाले चित्) से बना है, परिवर्तित होते-होते बना है। यदि संसार परिवर्तित होते-होते बना है, तब समाज ही अपरिवर्तनशील कैसे हो सकता है ? यदि देवकथाओं के आधार पर प्रकृति की व्याख्या नहीं हो सकती तो सामाजिक नियमों की व्याख्या ही कैसे हो सकती है ?

व्यापार की उन्नति से नये चिंतन के लिए आवश्यक परिस्थितियाँ उत्पन्न हुईं किंतु व्यापारी वर्ग सुसंगत रूप से क्रांतिकारी नहीं था। अक्सर वह जमींदारों-महाजनों से समझौता करके चलता था। अनेक प्रगतिशील विचारक जमींदार वर्ग के थे, व्यापारी वर्ग के नहीं। क[illegible] मलाकर जमींदार वर्ग प्रतिक्रियावादी भूमिका निबाह रहा था, गाँवों के अति[illegible] वह एथेंन्स जैसे नगरों में भी प्रभावशाली था। उसके साथ पुरोहित समुदाय था जिसका काम देवकथाओं की रक्षा करना था। एथेन्स में अनेक पेशों से जुड़े हुए लोग थे, इनमें एक महत्वपूर्ण समुदाय कारीगरों का था।

सुकरात ने जब से सामान्य, प्रचलित धारणाओं को जाँचना शुरू किया, तभी से उनका विरोध शुरू हो गया। अपने **भाषण** में उन्होंने न्यायकर्ताओं से कहा, तुममें बहुत से जब बच्चे थे, तब से मेरे विरोध में प्रचार होता रहा है।[4] यह विरोध पूर्ववर्ती दर्शनकारों के विरोध की ही अगली कड़ी था। अरिस्तोफनेस की नाटिका में उन्हें उसी कोटि का दार्शनिक चित्रित करके उन पर व्यंग्य किया गया था। सुकरात ने कहा, "यदि किसी के पास वैसा ज्ञान हो तो मैं उसकी भर्त्सना नहीं करता।"[5] पर वह उस कोटि के दार्शनिक थे नहीं। पूर्ववर्ती दार्शनिकों से सुकरात की भिन्नता अपनी जगह सही है पर यह भिन्नता सापेक्ष है, निरपेक्ष नहीं। उन दर्शनकारों ने सुकरात के चिंतन के लिए जमीन तैयार की थी, देवकथाओं पर आँख मूँदकर विश्वास कर लेने के बदले नये सिरे से सत्य के अनुसंधान का रास्ता दिखाया था।

यूनान में एक प्रकार के शिक्षकों का समुदाय था जो सोफिस्तेस (अंग्रेजी रूप—सौफिस्ट) कहलाते थे। ये लोग फीस लेकर धनी परिवारों के युवकों को शिक्षा देते थे, विशेष रूप से उन्हें तर्क-विद्या सिखाते थे। सुकरात को फीस लेकर शिक्षा देना पसंद न था; इससे भी अधिक महत्वपूर्ण यह कि तर्क-वितर्क कौशल की अपेक्षा

वह मनुष्य का सदाचारी और सच्चरित्र होना अधिक आवश्यक मानते थे। प्लैटो की रचनाओं में सुकरात को सौफिस्टों से भिन्न कोटि का विचारक, उनका विरोधी भी दिखाया गया है। पर इन सौफिस्टों ने लोगों की तर्क-बुद्धि जगायी थी, प्रचलित मान्यताओं को परखना सिखाया था। वे एक व्यापक सांस्कृतिक आंदोलन के सूत्रधार थे। चर्च ने उनके प्रसंग में लिखा है, "ईसापूर्व पांचवीं सदी के मध्य में एक नया बौद्धिक आंदोलन शुरू हुआ था। इसमें सबसे प्रमुख भाग लेने वाले सौफिस्ट थे। लोग नैतिकता और धर्म के बारे में पुरानपंथी, घिसी-पिटी धारणाओं को ठोंक-बजाकर देखने और जाँचने-परखने लगे थे। स्वतंत्र चिंतन और व्यक्तिगत विवेक अनादि परंपरा और आप्त वाक्यों का स्थान लेने लगे थे। अरिस्तोफनेस का मन युग चेतना के प्रति घृणा से भरा था। वह उसे अधार्मिक और अनैतिक जान पड़ती थी।"[6] प्लैटो ने सुकरात को सौफिस्टों से अलग करने का जो भी प्रयत्न किया हो, वह थे उन्हीं की परंपरा में। प्रचलित धारणाओं को जाँचना-परखना उनका मुख्य काम था। वह किसी सर्वमान्य शास्त्रीयता के आधार पर लोगों से तर्क न करते थे; उनकी तर्क-विद्या का आधार था लोगों का अनुभव। स्वभावतः यह तर्क-विद्या धार्मिक रूढ़िवाद के आड़े आती थी। इस रूढ़िवाद का पक्ष लेकर अरिस्तोफनेस ने सुकरात पर प्रहार किया था।

चर्च का कथन युक्तिसंगत नहीं है कि अरिस्तोफनेस ने "निस्संदेह सुकरात को केन्द्रीय पात्र मुख्यतः उनकी सुपरिचित और विचित्र कुरूपता के कारण बनाया था।"[7] अरिस्तोफनेस सुकरात की तर्कशैली से परिचित था और उसने उसकी नकल की है। महाजन किसान से सूद माँगता है। किसान कहता है, "सूद? क्या तुम बता सकते हो, सूद क्या होता है ?"[8] प्लैटो की रचना गोर्गिअस में सुकरात पूछते हैं, "हम गोर्गिअस को किस नाम से पुकारें ?" अर्थात्, उनका पेशा क्या है। वह लोगों को वक्तृत्वकला सिखाते हैं। सुकरात का प्रश्न है : "बुनाई का संबंध कपड़ा बनाने से है; वक्तृत्व कला का संबंध किससे है?" ऐसे ही प्रश्नों की नकल नाटिका में है। **यूथुफ्रोन** में सुकरात पूछते हैं : "तो मुझे बताओ, पवित्र आचरण क्या है, अपवित्र आचरण क्या है ?" रूढ़िवादियों को इस तरह के सवाल पसंद नहीं थे। यह संभव है, किसी चपटी नाक, बड़ी आँखों वाले आदमी को भद्दे कपड़े पहनाकर रंगमंच पर ले आने से लोग समझ जाते, यहाँ सुकरात की नकल की जा रही है। यह सब मंचन के लिए आवश्यक हो सकता है पर नाटिका में ध्यान केन्द्रित किया गया है सुकरात की तर्क-विद्या पर। मुख्य बात यह है कि अरिस्तोफनेस को परेशानी इस तर्क-विद्या से थी, सुकरात ने उसे ऐसा तीखा अस्त्र बना दिया था जैसा सौफिस्ट भी न बना पाये थे।

बादल नाटिका में किसान का बेटा कहता है, "मैं सभी नये विचारों और तर्कों से अच्छी तरह परिचित हूँ। मैं सूई की नोक पर नाच सकता हूँ। और मैं साबित

कर सकता हूँ कि मेरे लिए बाप को सज़ा देना उचित है।"[9] निस्संदेह अरिस्तोफनेस सुकरात को गलत ढंग से पेश करता है पर वह सौफिस्टों और प्रकृतिचिंतक दर्शनकारों को भी गलत ढंग से पेश करता है। प्रश्न यह है : दर्शनकार, सौफिस्ट और सुकरात, ये तीनों एक ही सांस्कृतिक आंदोलन के अंग थे या नहीं? उत्तर है, थे। पुनः– तीनों को जोड़ने वाला कोई आंतरिक सूत्र था या नहीं ? उत्तर है, था। सूत्र यह था कि ये तीनों ही संसार के बारे में प्रचलित धारणाओं को चुनौती दे रहे थे। अरिस्तोफनेस ने सुकरात को दर्शनकारों और सौफिस्टों का प्रतिनिधि बना दिया। यह कार्य गलत था पर अंशतः सही इसलिए था कि एक सूत्र तीनों को जोड़े हुए था।

सुकरात केवल दर्शनकारों और सौफिस्टों के प्रतिनिधि नहीं हैं, नाटिका में उनकी विशेषताएँ अलग से पहचानी जा सकती हैं। इनमें मुख्य है हर चीज की व्याख्या कराने का आग्रह। सूद क्या है–यह प्रश्न सारी महाजनी व्यवस्था को चुनौती देनेवाला था। कानून क्या है–यह प्रश्न वर्गभेद वाली सारी समाजव्यवस्था को चुनौती देने वाला था। नाटिका में किसान पुत्र बाप से कहता है : "लेकिन कानून आखिर है क्या? वह जरूर किसी समय बनाया गया होगा, उसे हमारे तुम्हारे जैसे किसी आदमी ने बनाया होगा और उसने तर्क से लोगों को समझा लिया होगा कि वे उसे स्वीकार कर लें। अब मैं नया कानून क्यों न बनाऊँ जिससे बदले में बेटे भी अपने बापों को पीट सकें?"[10] बाप घर में निरंकुश जमींदार की तरह था। अभिजात वर्ग की सत्ता को चुनौती दी जा रही थी; रूढ़िवादियों को लगता था, परिवारव्यवस्था के आधारभूत अनुशासन को खत्म किया जा रहा है।

चर्च का कहना है कि सौफिस्टों का शुरू किया हुआ बौद्धिक आंदोलन जब पूरे उभार पर था, तब सुकरात प्रकट हुए। "सौफिस्टों की तरह वह नैतिक और राजनीतिक प्रश्नों की चर्चा करते थे", फर्क यह था कि "जहाँ वे (सौफिस्ट) व्याख्या करके संतुष्ट हो जाते थे, उनका (सुकरात का) उद्देश्य था (लोगों को) सुधारना।"[11] न्याय-अन्याय, संयम-असंयम के अलावा वह क्सेनोफोन के अनुसार--ऐसे प्रश्नों की चर्चा भी करते थे : "राज्यसत्ता किसे कहते हैं? राजनीतिज्ञ कौन होता है? सरकार क्या होती है ? कौन-सी चीज मनुष्य को शासन करने के योग्य बनाती है ?"[12] सुकरात लोगों को सुधारने पर तुले हुए थे, संपत्तिशाली लोग सुधरने को तैयार न थे। सुकरात आम जनता के बीच बाजार हाट में उनकी आलोचना करते थे। अब तक के तर्कशास्त्री न्याय, शासनतंत्र आदि की व्याख्या करके संतुष्ट हो जाते थे, सुकरात लोगों को सुधारना चाहते थे। व्यवस्था को बदले बिना लोगों को सुधारा न जा सकता था। सरकार बदलने से काम चलने वाला न था। जमींदारी गुट का शासन हो, लोकतंत्र हो, सुकरात की टक्कर दोनों से थी क्योंकि उनकी आलोचना का लक्ष्य संपत्तिशाली वर्गों वाली समाजव्यवस्था थी।

404 ई॰पू॰ में स्पार्ता की फौजों ने एथेन्स पर अधिकार किया, एथेन्स का लोकतंत्र भंग कर दिया गया, उसकी जगह तीस आदमियों के गुट का शासन कायम किया गया। शासन के बहुत से विरोधियों की हत्या कर दी गयी। शासक गुट ने सुकरात तथा चार अन्य व्यक्तियों को बुलवाया, उन्हें हुक्म दिया कि सलमिस से लॅओन को लिवा लाओ। वे उसकी हत्या करना चाहते थे। चार व्यक्ति डर के मारे गये और लॅओन को लिवा लाये। सुकरात हुक्म की परवाह न करके घर चले गये। क्सेनोफोन का हवाला देते हुए चर्च ने लिखा है, "इससे पहले वह (सुकरात) क्रितिआस तथा गुट के अन्य सदस्यों को, उनकी राजनीतिक हत्याओं की सार्वजनिक रूप से निंदा करके, नाराज कर चुके थे। निंदा ऐसी भाषा में की थी कि उन्हें सुकरात को बुलाकर कहना पड़ा कि नौजवानों से बातें करने की आदत छोड़ दें, वर्ना उन्हें मार डाला जायेगा।"[13]

तीस के गुट का शासन सालभर के अंदर ही समाप्त हो गया, लोकतंत्र बहाल कर दिया गया। चार साल बाद सुकरात को प्राणदंड दिया गया।

2. सुकरात, कारीगर और रहस्यवाद

सुकरात एक धाय के पुत्र थे। वह अपनी तर्क-विद्या की तुलना धाय के कौशल से करते थे। धाय स्वयं बच्चा नहीं जनती, बच्चा जनने में दूसरों की सहायता करती है। सुकरात कहते थे, ज्ञान के मामले में बाँझ हूँ, देवता मुझे धाय का काम करने को बाध्य करता है, उसने कभी मुझे स्वयं बच्चा जनने नहीं दिया। अर्थात् सुकरात के पास कोई विचारों का खजाना नहीं है, वह तो दूसरों के दिमाग से विचार निकलवाते हैं। सुकरात का कहना था, दवा खिलाकर, मंत्र पढ़कर धाय गर्भवती के पेट में दर्द पैदा करती है जिससे प्रजनन संभव होता है। सुकरात के लिए कहा जा सकता था कि वह लोगों को अज्ञान का एहसास कराके इसी तरह उनके मन में दर्द पैदा करते थे। यूनान में धाय युवकों और युवतियों में उपयुक्त जोड़े ढूँढ़कर उनका विवाह संबंध भी निश्चित कराती थी। सुकरात का कहना था, मैं तो आदमी को परखने के बाद उसे ज्ञानी के पास ले जाकर छोड़ देता हूँ।

सुकरात अपनी बातचीत में सामान्य जीवन से इसी तरह के उदाहरण दिया करते थे। उनके एक प्रशंसक, अल्किबिएदॅस, का कहना था कि सुकरात की बातचीत में लद्दू गधों, लुहारों, मोचियों, चमड़ा कमाने वालों का जिक्र बारबार आता है। उनके एक आलोचक, कलिक्लॅस, ने क्षुब्ध होकर सुकरात से कहा, "मुझे पक्का विश्वास हो गया है कि तुम मोचियों, कोरियों, बावर्चियों और वैद्यों की चर्चा बंद कर ही नहीं सकते मानो हमारे विवाद का संबंध इनसे भी हो।" सुकरात किस तरह के लोगों में रहे होंगे, इसका अनुमान इन दो उल्लेखों से हो जाता है। वह एथेन्स के उस बड़े समुदाय से जुड़े हुए थे जो हाथ से काम करता था। बहस के दौरान

वह ज्ञान की परख कारीगर की निगाह से करते थे। एक आदमी वक्तृत्व कला सिखाता है। इस कला में वह क्या सिखाता है ? यदि वह जूते बनाने के धंधे में होता और कोई पूछता, तुम कौन हो, तो वह कहता : मैं मोची हूँ। बुनाई का संबंध कपड़ा बनाने से है, वक्तृत्व कला का संबंध किससे (अर्थात् क्या बनाने से) है ? गोर्गिअस का कहना है, वक्तृता से हम अदालतों में न्यायाधीशों को, परिषदों में राजनीतिज्ञों को अथवा सभाओं में सामान्य जनों को प्रभावित कर लेते हैं। निष्कर्ष निकला, वक्तृत्व कला लोगों को प्रभावित करने की कला है। लेकिन, सुकरात का तर्क है, जब नगर के लोग वैद्यों, या जहाज बनाने वालों "या अन्य किसी कोटि के कारीगरों" के चयन के लिए सभा करते हैं, तब किसी वक्तृत्व कला विशारद से सलाह नहीं ली जाती। "और स्पष्ट ही ऐसा इसलिए होता है कि हर नियुक्ति के लिए हमें सबसे कुशल व्यक्ति को चुनना होता है।" और भी; जब दीवालें बनाना होता है या बंदरगाह अथवा शस्त्रभंडार बनाने होते हैं, "तब हमारे सलाहकार केवल उस्ताद मिस्त्री होते हैं।" सैनिक मामलों में सेनापतियों से सलाह ली जाती है, भाषण कर्ताओं से नहीं। इसलिए यह पूछना उचित है, "आपका अपना हुनर (तॅख्नेस्)" कौन-सा है ? गोर्गिअस कहते हैं, एथेन्स नगर के बड़े शस्त्रागार, उसकी रक्षाप्राचीरें, बंदरगाह थेमिस्तोक्लेस, अंशतः पेरिक्लेस की सलाह का परिणाम हैं, "तुम्हारे कारीगरों" की सलाह का नहीं। सुकरात से जो लोग बात करते थे, कारीगरों से उनका तादात्म्य स्थापित कर लेते थे। गोर्गिअस की शब्दावली "तुम्हारे कारीगरों" में इसी तादात्म्य की झलक है। सुकरात ने इस झलक को उजागर करते हुए कहा, थेमिस्तोक्लेस के बारे में हमें बताया गया है; जहाँ तक पेरिक्लेस का संबंध है, "जब वह मध्य प्राचीर के बारे में हमें सलाह दे रहे थे, तब मैंने स्वयं उन्हें सुना था।" सुकरात या तो कारीगरों के साथ खुद काम कर रहे थे या जहाँ काम हो रहा था, वहाँ खड़े सब कुछ देख सुन रहे थे।

गोर्गिअस अपनी कला के प्रति आश्वस्त होकर कहते हैं, वक्तृत्व कला में जो व्यक्ति कुशल है, वह सभा को प्रभावित करके स्वयं को किसी भी पेशे के लिए नियुक्त करा सकता है; वह किसी भी प्रश्न पर, किसी के भी विरुद्ध, इस ढँग से बोल सकता है कि बहुमत उसके पक्ष में हो जाये। सुकरात के लिए यह सिद्ध करना कठिन नहीं है कि यह बहुमत अज्ञानियों का होगा। इन्हें प्रभावित करने की कला मूल्यवान हो तो किसी चीज का वास्तविक ज्ञान प्राप्त करना आवश्यक न होगा; लोगों को प्रभावित कर लेना काफी होगा कि तुम्हारे पास ऐसा ज्ञान है ! सुकरात के अनुसार वक्तृत्व कला लोगों को खुश करने की कला है। बावर्ची ऐसा खाना पका सकता है जिससे खानेवाला खुश हो जाये पर वह उसके लिए उपयुक्त है या अनुपयुक्त, यह तो वैद्य बता सकता है, बावर्ची नहीं। जैसे कोई पाकशास्त्र को औषधिविज्ञान का जामा पहना दे, वैसे ही लोग वक्तृत्व कला को राजनीति विज्ञान

का जामा पहना देते हैं। लेकिन राजनीतिक क्षेत्र में काम करने वाले सभी नेता राजनीति का मूल तत्व समझते नहीं हैं या उसके अनुसार आचरण नहीं करते। प्रश्न यह है : थेमिस्तोक्लेस अथवा पेरिक्लेस अच्छे नागरिक थे या नहीं ? नगरवासी जिस अवस्था में थे, उससे उबारकर उन्होंने उन्हें और अच्छा नागरिक बनाया था या नहीं ? पेरिक्लेस पहले लोकप्रिय थे पर जब उन्होंने नागरिकों को उबारकर उन्हें अच्छा बनाया तो उन्हीं नागरिकों ने उन पर गबन का आरोप लगाया और उन्हें लगभग मौत की सजा सुना दी। किसी पशुपालक को जब गधे, घोड़े, बैल दिये जायें, तब वे पालतू हों, पर जब वह उन्हें वापस करे तब वे जंगली हो गये हों, ऐसे आदमी को अच्छा पशुपालक न कहा जायेगा। पेरिक्लेस ने लोगों को जिस अवस्था में पाया था, उससे ज्यादा जंगली हालत में छोड़ा। थेमिस्तोक्लेस को लोगों ने निर्वासित कर दिया था।

सुकरात यदि लोकतंत्र के शासकों से संतुष्ट नहीं थे तो वे निरंकुश शासकों से और भी क्षुब्ध थे। वक्तृत्व कला के पक्ष में एक बात यह कही गयी थी कि जिसके पास यह कला होती है, वह निरंकुश शासकों जैसा शक्तिशाली हो जाता है। इस सिलसिले में मख्दूनिया के शासक आर्खिलाऑस का उदाहरण दिया जाता था। उसने वैध उत्तराधिकारी को मारकर राज्य पर अधिकार किया था। गद्दी पर बैठने के बाद उसने एथेन्स के अनेक संभ्रांत नागरिकों को आमंत्रित किया। और लोग गये, सुकरात ने उसके यहाँ जाने से इन्कार कर दिया। सुकरात का कहना था, सदाचारी का जीवन अच्छा है, भले ही उसमें कष्ट सहना पड़े । जिस व्यक्ति में दुर्गुण हों और वह उनसे मुक्त न हो सके, उसका जीवन सबसे खराब मानना चाहिए।

प्लैटो की रचना **गोर्गिअस** में कलिक्लेस ने एक तर्क ऐसा दिया जिसे आधुनिक काल में फासिस्टों ने बार-बार दोहराया है। तर्क इस प्रकार है : प्रकृति कहती है, कमजोर पर हावी होना, उसकी कमजोरी से लाभ उठाना, शक्तिशाली के लिए उचित है। ऐसा "केवल पशुजगत् में नहीं होता, वरन् राज्यों में, सामूहिक रूप से मनुष्यों की नस्लों के बीच भी, जो लाभ और प्रभुत्व कमजोर पर शक्तिशाली को मिलता है, उचित उसी को माना गया है।" पर सुकरात का विचार है कि भला और सदाचारी आदमी ही सुखी होता है, दुष्ट और अन्यायी नहीं। पुराणकथाओं के अनुसार जो दुरात्मा हैं, उन्हें मृत्यु के बाद यंत्रणा दी जाती है। और इनमें आर्खिलाऑस तथा "उस जैसे अन्य निरंकुश शासक भी होंगे। इसके सिवा मेरा विचार है कि ऐसे अधिकांश उदाहरण तानाशाहों, राजाओं, सत्ताधारियों और सार्वजनिक प्रशासकों के हैं। कारण यह कि इन्हें छूट मिली होती है, इसलिए वे सबसे बड़े और जघन्य अपराध करते हैं।" अपराधकर्मी प्रशासक और नेतागण, इनकी तीखी आलोचना सुकरात के दार्शनिक चिंतन का अभिन्न अंग है।

चौथी शताब्दी ई॰पू॰ के यूनान में अभिजात वर्ग अत्यंत प्रभावशाली था। उसे अपनी जन्मगत श्रेष्ठता पर गर्व था, भूमि का स्वामित्व उसके हाथ में था, पुरोहित समुदाय उसके अधीन था या उसी में अंतर्भुक्त था और वह धार्मिक रूढ़िवाद का रक्षक था। कवि उसकी प्रशंसा में काव्य रचते थे। सुकरात कहते थे, दार्शनिक जानता है, ऐसी प्रशंसा संकुचित दृष्टिकोण का परिणाम है। "और लोग जब वंश की प्रशंसा करते हैं, कहते हैं अमुक कुलीन है क्योंकि उसकी सात पीढ़ियों के धनी पुरखे गिनाये जा सकते हैं, तब वह दार्शनिक सोचता है कि जो लोग ऐसी प्रशंसा करते हैं, उससे वे अपनी नितांत मंद और संकुचित दृष्टि का परिचय देते हैं। शिक्षा का अभाव होने से वे अपनी दृष्टि संपूर्ण पर नहीं जमा सकते, वे यह गणना नहीं कर सकते कि प्रत्येक मनुष्य के सहस्त्रों अनगिनत पुरखे और जनक हो चुके हैं जिनमें, कोई भी उदाहरण लें तो, धनी और निर्धन, राजा और दास, बर्बर और यूनानी मिलेंगे।" यूनानियों में मुख्यतः तीन वर्ण थे : अभिजात और गैर अभिजात तथा दास। सुकरात ने पुरखों में दासों को भी शामिल करके स्वाधीन नागरिकों की श्रेष्ठता के भाव पर प्रहार किया। अभिजात और गैर अभिजात, सभी यूनानी जैसे स्वयं को दासों से अलग रखते थे, वैसे ही वे गैरयूनानी जातियों को बर्बर कहकर उनसे स्वयं को अलग रखते थे। सुकरात ने पुरखों में बर्बरों को शामिल करके यूनानियों के नस्लगत श्रेष्ठता के भाव पर प्रहार किया। अभिजातों में धनी और निर्धन दोनों को शामिल करके उन्होंने कुलीनता के दंभ पर प्रहार किया।

भारत में अभिजात जन अपने कुल का संबंध जैसे किसी देवता या पुराण कथाओं के वीर पुरुष से जोड़ते हैं, वैसे ही यूनान के अभिजात जन भी अपने वंश का संबंध किसी महापुरुष से जोड़ लेते थे। इन महापुरुषों में एक थे हेराक्लेस (अंग्रेजी रूप में अधिक परिचित हर्कुलीज)। इनसे अपने वंश का संबंध जोड़ने वालों के लिए सुकरात ने कहा, "लोग जब अपने पच्चीस पुरखों की सूची बनाकर उस पर गर्व करते हैं और अपने वंशवृक्ष की जड़ टटोलते हुए अम्फित्रुओनॉस के पुत्र हेराक्लेस तक पहुँच जाते हैं, तब उनके विचारों की क्षुद्रता उसे (दार्शनिक को) उपहास योग्य जान पड़ती है। वह उन पर हँसता है क्योंकि वे यह हिसाब लगाकर अपनी मूढ़ बुद्धि को दंभ से मुक्त नहीं कर पाते कि अम्फित्रुओनॉस का पच्चीसवाँ पुरखा, या कह लो पचासवाँ पुरखा, वह था जिसे संयोग से नियति ने ऐसा बना दिया था।" यदि कोई भी व्यक्ति वंश के कारण श्रेष्ठ नहीं है तो वंश के कारण कोई व्यक्ति भूस्वामी नहीं हो सकता, भूस्वामी होने से वह अपने लिए विशेषाधिकारों का दावा नहीं कर सकता, विशेषाधिकारों के बिना वह दूसरों का श्रम नहीं हड़प सकता। अभिजात भूस्वामियों को सुकरात अपने सबसे बड़े शत्रु जान पड़े हों तो आश्चर्य नहीं।

अरिस्तोफनेस की नाटिका से सुकरात के प्रति इस वर्ग के शत्रुभाव की तीव्रता

का अनुमान हो सकता है। किसान सुकरात से तर्क-विद्या सीखने गया था, अंत में वह समझ गया कि इस विद्या के सहारे उसका पुत्र उसे मारेगा। सुकरात नास्तिक है, उसे अपने अपराध का दंड मिलना चाहिए। किसान कहता है, "मैं भी कैसा पागल था ! सुकरात के बहकाने में आ गया कि देवता नहीं हैं।···इन्हें कचहरी अदालत में ले जाने की बात सोचना बेकार था। मैं सीधे जाकर दुष्टों की पाठशाला में आग लगा देता हूँ।"[14] वह छत पर चढ़कर आग लगाता है। एक छात्र कहता है : "तुम हमें जिन्दा जला दोगे !" किसान कहता है : "मैं ठीक यही करना चाहता हूँ यदि मेरे औजारों ने दगा न की और यदि पहले ही गिरकर मैंने अपनी गर्दन न तोड़ ली।" सुकरात पूछते हैं : "तुम वहाँ छत पर, क्या कर रहे हो ?" किसान कहता है : "मैं हवा पर चल रहा हूँ और सूर्य का रहस्य भेद रहा हूँ।" उस किसान के अनुसार तत्ववादी दार्शनिक नास्तिक थे, सुकरात नास्तिक थे। इन्हें अदालत में ले जाना बेकार है। सीधे इनके घर में आग लगानी चाहिए।[15]

धुएँ में लोगों का दम घुटने लगता है, वे पाठशाला से भागने लगते हैं। किसान कहता है, "किये का फल ही पा रहे हो। जो लोग देवताओं को ठेंगा दिखाते हैं, तर्क करते हैं, चंद्रमा के दूसरी ओर क्या है, वे इसकी कीमत चुकायेंगे।" इसके बाद सुकरात के लात मारता है। फिर लोगों से कहता है, "टूट पड़ो इन पर, उठाओ पत्थर !" पत्थरों की बौछार सहते हुए सुकरात और उनके साथी भागते हैं। किसान चिल्लाता है, "बदला लो ! देवताओं के अपमान का बदला लो ! इनकी करनी को याद करो ! बदला लो।"[16]

कचहरी अदालत की जरूरत नहीं, पत्थर मारो और आग लगाओ, देवताओं के अपमान का बदला लो—अनेक युगों में अनेक प्रकार के प्रतिक्रियावादियों की ऐसी हरकतों से पाठक परिचित होंगे। विशेष रूप से नवस्वाधीन और पिछड़े हुए देशों में संप्रदायवादी नेता प्रगतिशील विचारकों के विरुद्ध ऐसा उन्माद उभारते हैं। अरिस्तोफनेस के एथेन्स में बहुत से लोग यह मानते थे कि उनकी समाजव्यवस्था दैवी विधान के अनुरूप है। समाजव्यवस्था को चुनौती देने का अर्थ है देवताओं की नुक्ताचीनी करना; देवताओं की नुक्ताचीनी करने का अर्थ है समाजव्यवस्था को चुनौती देना। **बादल** में कुतर्क और सुतर्क बहस करते हैं। कुतर्क कहता है : "तुम समझते हो न्याय है ? कहाँ है वह ?" सुतर्क का उत्तर है : "बेशक, वहाँ है जहाँ देवता हैं।" कुतर्क पूछता है : "ऐसा है तो उसने ज़ॅउस (द्यौस, देवेन्द्र) को मार क्यों नहीं डाला जब उसने पिता को जंजीरें पहनायी थीं ?"[17] पुराणकथाओं में ऐसी घटनाओं का वर्णन था। प्रबुद्ध जन इनके प्रति शंका प्रकट करने लगे थे। सुतर्क चेतावनी देता है : "तुम नौजवानों को सिखाते हो कि पढ़ने स्कूल न जायें। एक दिन एथेन्स जागेगा और समझेगा, तुम हमारे नौजवानों को क्या बनाते रहे हो।"[18] देवकथाओं पर विश्वास करो, समाज की सनातन रीति को चुनौती न दो क्योंकि,

कोरस के नेता के शब्दों में, "दैवी नियमों को मानना ही होगा।"[19]

एक देवता सुकरात के अंदर था। जब कोई काम न करना हो, तो वह उन्हें बरज देता था। बरजने के अलावा क्या करना चाहिए, इसके लिए वह प्रेरित भी करता था। **थेअइतेतॉस** में वह कहते हैं, "देवता मुझे धाय का काम करने को बाध्य करता है।" अपने भाषण में उन्होंने कहा, "भविष्यवाणियों में, स्वप्नों में, जिन सरणियों से भी दैवी इच्छा मनुष्य के सामने व्यक्त की गयी है, ईश्वर ने मुझे आज्ञा दी है कि मनुष्यों की परीक्षा करूँ।"[20] इसके लिए वह गरीबी में दिन बिताने को, हर तरह के कष्ट सहने को तैयार थे। पर उनके विरोधियों को ऐसे ईश्वर से काम न था जो सुकरात से मनुष्यों के ज्ञान की परीक्षा लेने को कहे। वे उन्हें नास्तिक ही कहते रहे। सुकरात की आस्तिकता उनके विरोधियों की आस्तिकता से मूलतः भिन्न थी। सुकरात उन रहस्यवादियों में थे जिन्होंने शास्त्रोक्त धर्म त्याग दिया था और जो उसके बदले अपने अनुभव पर विश्वास करते थे। वह उन आदि सूफियों में थे जो परमानंद की अवस्था में अपना लौकिक अस्तित्व भूल जाते थे।

एक जगह कुछ मित्र भोजन पान के लिए एकत्र हो रहे हैं। सुकरात आने वाले हैं पर आये नहीं हैं। आदमी बुलाने गया तो उन्होंने मना कर दिया। एक मित्र का कहना है, जब तक न आयें, बुलाते रहो। पर दूसरा मित्र कहता है, "नहीं, उन्हें अकेले रहने दो। यह उनका स्वभाव है। यदाकदा वह अचानक एक ओर को हो जाते हैं, कहीं भी, किसी भी समय ; और बस खड़े रहते हैं। मुझे आशा है, वह थोड़ी देर में यहाँ आ जायेंगे। इसलिए उन्हें छेड़ो मत; जैसे हैं, रहने दो।" एक बार बरफ गिर रही थी। सुकरात नंगे पाँव खुले में सबेरे-से दोपहर तक खड़े रहे। लोगों ने कहा, "सुकरात सोच में हैं, सबेरे से अब तक।" एक बार युद्धभूमि के एक साथी ने देखा, वह सारी रात "भोर होने तक चुपचाप खड़े रहे। फिर सूर्योदय हुआ। उन्होंने सूर्य से प्रार्थना की और चले गये।" क्या प्रार्थना की, पता नहीं, पर संभव है, सूर्य उनके लिए विश्वव्यापी ऊर्जा का मूर्त रूप रहा हो। एक टीकाकार डब्ल्यू आर॰एम॰ लैम्ब के अनुसार सुकरात स्वयं को हठीला प्रेमी कहते थे, इस अर्थ में कि वह "प्रकृति की महान् ऊर्जा के पुजारी थे। मनुष्यों के बीच अपनी अनेक प्रकार की गतिविधि में उसे एक सामान्य नाम दिया गया था—एरोस (काम)।" यह वेदांतियों और सूफियों के सर्वात्मवाद की ओर संकेत हो सकता है।

प्लैटो की रचनाओं में सुकरात ज्यादातर बहस करते दिखाई देते हैं पर जब वह प्रेम और सौन्दर्य की बातें करते हैं तब उनकी शैली बदल जाती है, वह स्वप्नाविष्ट कवि की तरह बोलते हैं। श्रोता उस समय उनकी वाणी सुनकर विह्वल हो जाते हैं। बूढ़ा हो या जवान, स्त्री हो या पुरुष, सबका यही हाल होता है। अल्किबिअदॅस कहते हैं, "जब मैं उन्हें सुनता हूँ, तब मेरी हालत किसी भी मदहोश से बदतर हो जाती है। उनके शब्द सुनकर मेरे आँसू बहने लगते हैं, हृदय उछलने

लगता है, और मैं देखता हूँ कि बड़ी संख्या में और बहुत से लोगों को यही अनुभव होता है।" अल्किबिअदॅस ने पेरिक्लेस समेत अनेक कुशल वक्ताओं को सुना था। वे चतुर और प्रभावशाली वक्ता थे पर उन्हें सुनने के बाद मन में ऐसी हलचल न मची थी। लेकिन सुकरात की वाणी सुनकर तो लगता था, "इस तरह और जीते रहना व्यर्थ है।" भावविह्वलता की यह दशा सुकरात को एशिया के रहस्यवादियों से जोड़ती है। मंसूर से लेकर सरमद तक अनेक देशों में रहस्यवाद धार्मिक कट्टरता से टकराया था। यह टक्कर इस्लाम और ईसाई धर्मों के जन्म से पहले यूनान में शुरू हो गयी थी।

रहस्यवादियों की भावविह्वलता के साथ सुकरात में तीक्ष्ण तर्क-बुद्धि थी। भावविह्वलता और तर्क-बुद्धि का ऐसा ही संयोग कबीर में देखा जा सकता है। सुकरात की तर्क-विद्या का आधार जीवन का सामान्य अनुभव था। यह विशेषता उन्हें एशिया और यूरुप के उन दार्शनिकों से जोड़ती है जिन्होंने शास्त्रीय रूढ़ियों की चिन्ता न करके मानव चिंतन में यथार्थवाद का विकास किया। रहस्यवाद और यथार्थवाद परस्पर विरोधी माने जाते हैं, एक हद तक हैं भी। किंतु यदि रहस्यवाद भावदशा तक सीमित रहे, लोकोत्तर ज्ञान का दावा न करे तो ऐतिहासिक रूप से, वह धार्मिक रूढ़िवाद का विरोध करता है, अतः उसकी सीमित प्रगतिशील भूमिका स्वीकार करनी होगी। यथार्थपरक तर्क-विद्या जब यथार्थपरक ज्ञान से संबद्ध हो जाती है, तब रहस्यवाद की यह सीमित प्रगतिशील भूमिका समाप्त हो जाती है।

सुकरात के रहस्यवाद और उनकी तर्क-विद्या की सामाजिक अंतर्वस्तु को पहचानना कठिन नहीं है। वह सीधे राज्यसत्ता के सूत्रधारों से टकराये थे। गरीब-अमीर के भेद पर टिकी हुई समाजव्यवस्था में न्याय के नाम पर अन्याय का चलन उन्हें असह्य था। उसकी आलोचना की कीमत उन्हें प्राण देकर चुकानी पड़ी।

3. दर्शनशास्त्र की राजनीतिक अंतर्वस्तु

जो आदमी बुद्धिमान कहे जाते हैं, वे वास्तव में बुद्धिमान हैं या नहीं, यह जानने के लिए सुकरात सबसे पहले राजनीतिज्ञ के पास ही गये। उन्होंने उसे समझाने का प्रयत्न किया पर "ऐसा करके मैंने उसे तथा और बहुत से तमाशबीनों को अपना शत्रु बना लिया।"[21] अपनी बुद्धिमानी के लिए एक अन्य राजनीतिज्ञ और अधिक प्रसिद्ध था। उससे बातचीत की तो वैसा ही नतीजा निकला। सुकरात को शीघ्र पता लगा, बुद्धिमानी का घमंड करने वालों से साधारण लोग अच्छे, उनमें ज्ञान प्राप्त करने की क्षमता अधिक है। सुकरात ने अपने भाषण में कहा, "मैंने देखा कि बुद्धिमानी के लिए जिनकी ख्याति शिखर पर है, प्रायः इन्हीं में उसका अभाव सबसे ज्यादा है। लेकिन जिन्हें जनसाधारण कहकर लोग नीची निगाह से देखते थे, वे सीखने के अधिक योग्य थे।"[22] यद्यपि एथेन्स के लोकतंत्र पर संपत्तिशाली वर्ग हावी

थे, फिर भी सुकरात को विश्वास था कि सामान्यजन ज्ञान अर्जित कर सकते हैं और राजनीतिज्ञों से अधिक बुद्धिमान साबित हो सकते हैं।

राजनीतिज्ञों के बाद सुकरात कवियों के पास गये। पता चला कि ये किसी प्राकृतिक शक्ति से, आंतरिक प्रेरणा से, भविष्यद्रष्टाओं की तरह, काव्य रचते हैं; उनका काव्य बुद्धिमानी की देन नहीं है। (इसी तरह रहस्यवादी की भावविह्वलता भी ज्ञान नहीं है।) लेकिन कवि अन्य विषयों में भी दखल देते हैं और समझते हैं, सबसे बुद्धिमान वही हैं। फिर सुकरात कारीगरों के पास गये। "मैं खूब जानता था कि कहने-सुनने लायक मेरे पास कोई ज्ञान नहीं है। मुझे विश्वास था कि मैं देखूंगा कि इन्हें बहुत-सी बढ़िया बातें मालूम हैं। और इसमें मैंने गलती नहीं की। जो बातें वे जानते थे, उन्हें मैं न जानता था। इस हद तक वे मुझसे अधिक बुद्धिमान थे। परंतु एथेन्सवासियो, मुझे लगा कि कुशल कारीगर वही गलती कर रहे हैं जो कवियों ने की थी। उनमें हर आदमी को विश्वास था कि बहुत ही महत्वपूर्ण मामलों में वह नितांत बुद्धिमान है क्योंकि वह अपनी कला में कुशल है। इस गलती के कारण उनमें जो वास्तविक बुद्धिमानी थी, वह भी धुँधलके में रह गयी।"[23] सुकरात ने कुशल कारीगरों का जिस तरह उल्लेख किया है, उससे लगता है कि एथेन्स में अकुशल कारीगरों की जमात भी थी। संभव है, ज्ञान अर्जित करने के लिए सुकरात इन्हीं को सर्वाधिक योग्य समझते रहे हों। समाज की संरचना के विचार से यह तथ्य महत्वपूर्ण है कि एथेन्स में कुशल कारीगरों का एक समुदाय विद्यमान था। सुकरात ने इन्हें अपना हुनर जानने का श्रेय दिया है; राजनीतिज्ञों को राजनीति जानने का श्रेय वह नहीं देते। सुकरात ने कारीगरों में ज्ञान की कमी बतायी होगी और इस तरह उनमें भी अपने शत्रु बना लिये होंगे। अपने तीन प्रमुख अभियोक्ताओं के लिए उन्होंने कहा था, पहला तो कवियों की आलोचना से चिढ़ा हुआ था, दूसरा कारीगरों और राजनीतिज्ञों की आलोचना से, और तीसरा वक्तृताएँ देनेवालों की आलोचना से। एथेन्स के कारीगरों में काफी लोग समृद्ध रहे होंगे, तभी वे अन्य धनी लोगों की तरह सुकरात से चिढ़ गये थे। साथ ही धनी जनों के पुत्र खास तौर से सुकरात के पीछे घूमते थे। "उनके पास काफी अवकाश रहता है; आदमियों से जिरह की जाती है तो उसे सुनने में इन्हें सहज आनंद आता है।"[24]

प्रश्न किन्हीं एक दो अभियोक्ताओं का नहीं था, सुकरात के विरुद्ध बरसों तक प्रचार अभियान चलाया गया था। लोगों के मन में उनके प्रति संदेह और द्वेषभाव पैदा किया गया था। "इनके कारण मुझ से पहले अनेक सत्पुरुषों का नाश हुआ और मेरा विचार है, आगे भी होगा। मैं उनका अंतिम शिकार हूँ, ऐसी आशंका व्यर्थ है।"[25] शहीदों की यह शृंखला आगे भी इसलिए चलने वाली थी कि संपत्तिशाली और संपत्तिहीन वर्गों का अंतर्विरोध खत्म होने को न आ रहा था। यह अंतर्विरोध एथेन्स के स्वाधीन नागरिकों में था। दास प्रथा ने उसे प्रभावित किया तो दूर से,

केवल आनुषंगिक रूप में।

सुकरात को एथेन्स की युवाशक्ति पर बड़ा विश्वास था। मृत्युदंड की घोषणा के बाद उन्होंने न्यायकर्ताओं से कहा, "तुमने सोचा है कि यह काम करके तुम अपने जीवन की कैफियत देने के दायित्व से बच जाओगे। लेकिन मैं कहता हूँ कि परिणाम इससे बहुत भिन्न होगा। और आदमी आयेंगे जो तुमसे कैफियत तलब करेंगे। इन्हें मैं रोके हुए था, तुमने इन्हें देखा नहीं था। मेरे मुकाबले में तुम्हारे लिए ये अधिक कठोर सिद्ध होंगे क्योंकि वे नौजवान होंगे और तुम उन पर और भी ज्यादा क्रुद्ध होगे। यदि तुम सोचते हो कि अपने दुष्ट जीवन के लिए लताड़े जाने से तुम लोगों को, उनकी जान लेकर, रोक लोगे, तो तुम बहुत बड़ी गलती करते हो।" एथेन्स की युवाशक्ति पर सुकरात का विश्वास निराधार नहीं था। उनकी मृत्यु के तुरत बाद उनके निकटतम शिष्य और मित्र एथेन्स छोड़कर मेगारा चले गये। हेगल कहते हैं, "एथेन्सवासियों ने सुकरात को अपराधी करार देने के लिए पश्चात्ताप किया, उनके कुछ अभियोक्ताओं को मृत्युदंड तक दिया और कुछ को निर्वासित कर दिया। कारण यह कि एथेन्स के कानून के अनुसार अभियोक्ता द्वारा लगाया हुआ आरोप झूठा साबित हो जाये तो जो सजा अपराधी को मिलती, आमतौर से वही अभियोक्ता को दी जाती थी।"[26] और भी; "जब सुकरात के विरुद्ध लगाया हुआ अभियोग वापस ले लिया गया, और उनके अभियोक्ताओं को दंड मिल चुका, तब सुकरात के कुछ अनुयायी लौट आये, और सब कुछ संतुलित हो गया।"[27]

हेगल ने सुकरात के नैतिक साहस की प्रशंसा की पर उन्होंने स्पष्ट कर दिया कि उन पर जिन्होंने अभियोग लगाया था, उन्होंने कोई गलत काम न किया था। जिन देवताओं को सारा समाज मानता है, उन्हें अमान्य ठहराकर कोई अपने मन में किसी देवता के प्रतिष्ठित होने की बात कहे तो समाजव्यवस्था किस आधार पर टिकी रहेगी ? इसी तरह परिवार में पिता का अधिकार सर्वोपरि है। यदि पुत्र उस अधिकार को चुनौती देने लगे तो क्या परिवार के सारे पवित्र बंधन ही समाप्त न हो जायेंगे ? फिर राज्यसत्ता का सवाल है। व्यक्ति की सत्ता उसके अधीन है। सुकरात अपनी व्यक्तिगत राय को इतना महत्वपूर्ण मानकर क्या राज्यसत्ता के आधार पर ही आघात न करने लगे थे ? जो दृष्टिकोण अरिस्तोफनेस का था, दो हजार साल बाद वही दृष्टिकोण हेगल का था। दोनों की समाजव्यवस्था में भूस्वामी वर्ग के विशेषाधिकारों को चुनौती दी जा रही थी; दोनों विद्वानों की सहानुभूति भूस्वामी वर्ग के प्रति थी, इस वर्ग के विरोधियों को वे धर्म, परिवार और राज्यसत्ता का शत्रु मानते थे। यूरोपियन समाज के गहरे अंतर्विरोध को समझने के लिए अरिस्तोफनेस और हेगल के सुकरात संबंधी विचारों में जो आंतरिक साम्य है, उस पर ध्यान देना शिक्षाप्रद होगा।

सुकरात का देवता उनकी अपनी चेतना में था; क्या न्याय है, क्या अन्याय

है, इसका फैसला वह इस देवता की बात सुनकर करते थे। हेगल की टिप्पणी है, "इस तरह उन्होंने उस व्यापक देवता को निरस्त कर दिया था जिससे यूनानी लोग अपने निर्णय प्राप्त करते थे।"[28] अरिस्तोफनेस के लिए समाजव्यावस्था का आधार परंपरागत देवकथाओं वाला धर्म था। सुकरात से पहले के दार्शनिकों ने इस धर्म को चुनौती देना शुरू किया था। इन दार्शनिकों से न अरिस्तोफनेस को हमदर्दी है, न हेगल को। धार्मिक रूढ़िवाद का पक्ष लेकर दोनों ने यूनानी चिंतन में निहित मानवतावाद का तिरस्कार किया। सुकरात ने अपने देवता की बात सुनी। हेगल कहते हैं, "इंसाफ की बात यह है कि उनके न्यायकर्ता इसे बरदाश्त न कर सकते थे, वे उस पर विश्वास करते हों, चाहे न करते हों। यूनानियों के यहाँ इस तरह की अभिव्यक्तियों का एक स्वरूप होता था, एक पद्धति होती थी। कह सकते हैं, वे संस्थागत भविष्यवाणियाँ होती थीं जैसे कि पुथिआ (का मंदिर), कोई वृक्ष, इत्यादि (आत्मगत नहीं)।"[29] सुकरात को अपने अंतःकरण की आवाज पर बड़ा विश्वास था। "किंतु निस्संदेह यह भीतरी निश्चयात्मकता एक नया देवता है। एथेन्सवासी जिसे अब तक देवता मानते आये थे, वैसा वह नहीं था। इस प्रकार सुकरात पर लगाया हुआ अभियोग बिल्कुल सही था।"[30] अभियोग सही इसलिए था कि हेगल के समय में धार्मिक रूढ़िवाद और दर्शनशास्त्र के बीच संघर्ष जर्मनी में भी जारी था। हेगलकृत दर्शनशास्त्र के इतिहास की विशेषता यह है कि इसमें वह ईसाई धर्म का निरंतर समर्थन करते हैं और दर्शनशास्त्र की व्याख्या को भरसक उस धर्म के अनुकूल बनाते हैं। सुकरात के रूढ़िविरोधी संघर्ष को सही ढंग से चित्रित करने का अर्थ होता स्वयं अपने इतिहास लेखन की भर्त्सना करना।

हेगल मानते हैं कि एथेन्स की विधि व्यवस्था परंपरागत विश्वासों पर आधारित थी, इसलिए उन्हें लगता था कि वह "देवताओं द्वारा स्वीकृत थी।"[31] किंतु वित्त के चलन और व्यापार के विकास के साथ पुराने संबंध बदल रहे थे, इस परिस्थिति में अनिवार्य था कि लोग विधि व्यवस्था पर फिर से विचार करें, पुराने देवताओं की जगह नये देवता प्रतिष्ठित करें या देवताओं को विधि व्यवस्था से पूरी तरह अलग कर दें। यूनानी संस्कृति की मानवतावादी धारा को नकारते हुए हेगल ने सभी एथेन्सवासियों को रूढ़िवादी मान लिया। "किंतु इस जनता की आत्मा, उसका संविधान, उसका समग्र जीवन नैतिक भूमि पर, धर्म पर, आधारित था और इस पूर्णतः सुरक्षित आधार के बिना उसका अस्तित्व संभव न था। अतः सुकरात ने आंतरिक चेतना को सत्य का आधार माना तो उन्होंने क्या सत्य और उचित है, इसे लेकर एथेन्स की जनता से संघर्ष छेड़ दिया।"[32] एक तरफ है एथेन्स का सारा नागरिक समाज, दूसरी तरफ हैं अकेले सुकरात; इस नगर समाज की सामूहिक चेतना पर सुकरात अपनी व्यक्तिगत चेतना लाद रहे थे। परिस्थिति का यह विवरण नितांत भ्रामक है। इतना ही याद कर लेना काफी है कि न्यायकर्ता सभा के 501 सदस्यों

में 220 ने सुकरात के पक्ष में मतदान किया था। एथेन्स की कोई अखंड, अविभाजित चेतना नहीं थी; उसका एक खंड दूसरे खंड से संघर्ष कर रहा था। सुकरात जिस खंड के साथ थे, वह अभी अल्पमत में था किंतु प्रगतिशील था। द्वंदवाद के आचार्य हेगल की आँखों से यूनानी चेतना का यह द्वंदत्मक विकास ओझल रहा !

किन्तु उन्होंने अरिस्तोफनेस की 'द्वंद्ववादी' समझ की प्रशंसा की है। नाटिका में किसान सुकराती द्वंदवाद (तर्क पद्धति) को गालियाँ देता हुआ अपने पुराने ढर्रे पर लौट आता है और "सुकरात के घर को जला देने से" नाटिका समाप्त होती है। "अरिस्तोफनेस के चित्रण में जिसे अतिरंजित कहा जा सकता है, वह यह है कि उसने इस द्वंदवाद को उसके कटु अंत तक पहुँचा दिया है पर यह नहीं कहा जा सकता कि इस चित्रण से सुकरात के प्रति अन्याय हुआ है। दरअसल हमें अरिस्तोफनेस की गहराई की प्रशंसा करनी चाहिए कि उसने पहचाना कि सुकरात का द्वंदवादी पक्ष निषेधात्मक है और उसने उसे इतने शक्तिशाली ढँग से, यद्यपि अपने ही ढँग से, प्रस्तुत किया। कारण यह कि सुकरात की पद्धति में निर्णय करने की शक्ति सदा व्यक्ति में, अंतःकरण में, न्यस्त होती है, लेकिन जहाँ यह दुष्ट हो, वहाँ स्त्रेप्सिअदॅस (नाटिका के किसान) की कथा अवश्य दोहरायी जायेगी।"[33] व्यक्ति और अंतःकरण की बात अतिरंजित है। सुकरात तो धाय का काम करते थे, जो दूसरे के मन में है पर जिसे वह जानता नहीं है, उसे बाहर निकलवाते थे। ज्ञानी होने का दंभ उन्हें नहीं था, जिन्हें ऐसा दंभ था, उनसे जिरह करने की बीमारी उन्हें जरूर थी। इस बीमारी को वह देवप्रेरित अवश्य मानते थे। अंतःकरण की भूमिका इतनी ही थी। जहाँ जितना भी सत्य वह उद्घाटित करते थे, वहाँ उसका आधार साधारण जनों का सामान्य अनुभव ही होता था, किसी व्यक्ति का विशिष्ट अनुभव नहीं। सुकरात की तर्कपद्धति की यह विशेषता हेगल खूब पहचानते हैं, फिर भी रूढ़िवाद का पक्ष लेते समय उसे उन्होंने भुला दिया है।

सुकरात नौजवानों को सिखाते थे कि वे भले आदमी बनें। उनकी सीख माननेवाले नौजवान उन्हें पिता से ऊँचा आसन देने लगे। सुकरात ने आश्चर्य प्रकट किया कि इसे भी लोग उनका अपराध मानते हैं। हेगल कहते हैं, सुकरात का उत्तर सही है किंतु वह पूरा उत्तर नहीं है। अभियोग का मुद्दा दूसरा है। "उनके न्यायकर्ताओं ने जिसे अन्यायपूर्ण माना था, वह माता-पिता तथा संतान के निरपेक्षतः पूर्ण संबंधों में नैतिक रूप से किसी तीसरे की दखलंदाजी थी।···बच्चों में अपने माता-पिता के प्रति एकात्म भाव होना चाहिए···माता-पिता और बच्चों के इस संबंध में जब तीसरे आदमी को प्रवेश करा दिया जाता है तब प्रवेश पाये इस नये तत्व से जो होता है, वह यह कि बच्चों को अपने ही भले के लिए माता-पिता से मन की बात कहने से रोक दिया जाता है, उन्हें यह सोचने दिया जाता है कि उनके माता-पिता बुरे आदमी हैं, वे अपने संपर्क और शिक्षण से उनका अहित करते हैं। इसलिए हमें

इससे जुगुप्सा होती है। बच्चों की नैतिकता और मानसिकता को लेकर उनके साथ जो सबसे खराब बात हो सकती है, वह यह है कि जिस बंधन को सदा पवित्र मानना चाहिए, उसमें शिथिलता आ जाये, वह टूट भी जाये और इससे नफरत, मनमुटाव और घृणा पैदा हों। जो भी यह करता है, वह नैतिकता के सबसे सच्चे रूप को हानि पहुँचाता है।...सुकरात ने जो मिसाल दी थी, उसे लें तो प्रतीत होता है कि अपनी दखलंदाजी से उन्होंने नौजवान के मन में अपनी स्थिति के प्रति असंतोष पैदा कर दिया था।...उसकी (अभियोक्ता अनुतॉस के पुत्र की) क्षमता के बारे में सुकरात ने कहा कि वह बेहतर स्थिति के योग्य था, इस तरह नौजवान में उन्होंने असंतोष का भाव जगा दिया, पिता के प्रति उसकी नापसंदगी को और मजबूत कर दिया और इस प्रकार उसकी बर्बादी का कारण बने। इसलिए माना जा सकता है कि माता-पिता और संतान के संबंध को नष्ट करने का यह अभियोग निराधार नहीं है वरन् भलीभांति स्थापित है।"[34] माता-पिता में पारिवारिक सत्ता का अधिष्ठान पिता था, माता नहीं। रोमन परिवार की तरह जर्मन परिवार में पिता निरंकुश शासक था। परिवार में वह कुछ भी करे, राज्यसत्ता या न्यायतंत्र उसमें कुछ भी दखल न दे सकता था। परिवार का यह रूप बाहर के उस टूटते हुए समाजतंत्र का प्रतिबिंब था जिसमें अभिजात भूस्वामी प्रभु अधिकारहीन प्रजा पर निरंकुश शासन करता था। स्वभावतः हेगल ने सुकरात की कार्यवाही को परिवार के साथ राज्यसत्ता के लिए भी चुनौती माना।

जर्मन समाज में जो परिवर्तन हो रहे थे, वे हेगल को पसंद नहीं थे। परिवार में बाहरी दखलंदाजी किन्हीं परिस्थितियों में मान्य थी, "पर यह दखलंदाजी सामान्य बनी रहनी चाहिए; उसे इस हद तक न बढ़ना चाहिए कि माता-पिता की आज्ञा के उल्लंघन तक जा पहुँचे। पहला अनैतिक सिद्धांत यही है। लेकिन क्या ऐसे प्रश्न अदालत के सामने आने चाहिए ? इससे सर्वप्रथम यह सवाल उठता है कि राज्यसत्ता का अधिकार क्या है। और इस बारे में अब काफी ढील दी जाती है।"[35] आशय यह है कि राज्यसत्ता को अपना अनुशासन और कठोर बनाना चाहिए। भाषण और चिंतन में बहुत अधिक आजादी देने से खतरा पैदा हो सकता है। यह खतरा है विद्रोह का ! हेगल कहते हैं, "निस्संदेह चिंतन और भाषण की आजादी की एक सीमा है जिसकी व्याख्या करना कठिन है; उसका आधार मौन सहमति है। लेकिन एक बिंदु ऐसा है जिसके आगे हमें पता लग जाता है, किस चीज की अनुमति नहीं है जैसे कि विद्रोह के लिए सीधे उकसावे की।"[36] जर्मनी में अभी औद्योगिक क्रांति संपन्न न हुई थी, वहाँ उद्योगपतियों के विरुद्ध सर्वहारा वर्ग के विद्रोह का कोई खतरा न था। खतरा था अभिजात भूस्वामी वर्ग को अपने विशेषाधिकारों की रक्षा के लिए, उसे भय था कि आजादी की हवा लगने से अधिकारहीन किसान विद्रोह कर देंगे। आजादी की, चिंतन और भाषण की आजादी की हवा सुकरात के

समय चली थी। उसका सही वृत्तान्त जर्मनी के वातावरण को–दो हजार साल बाद !–बिगाड़ सकता था !

राज्यसत्ता है क्या ? उसका जमींदारों, किसानों जैसी भौतिक हस्तियों से कोई संबंध है ? हेगल का मत है, "वास्तव में राज्यसत्ता का आधार चिंतन है और उसका अस्तित्व मनुष्य की भावनाओं पर निर्भर है क्योंकि वह आध्यात्मिक राज्य है, भौतिक राज्य नहीं है। अतः उसके पास ऐसे सूक्त और सिद्धांत होते हैं जिनसे उसका समर्थन होता है। यदि इन पर आक्रमण हो तो सरकार को दखल देना चाहिए।"[37] राज्यसत्ता के आधारभूत सिद्धांतों पर आक्रमण न होना चाहिए। आक्रमण होने पर सरकार को दखल देना चाहिए अर्थात् आजादी की हवा फैलानेवालों को दबा देना चाहिए। हेगल मानते हैं कि जर्मन राज्यसत्ता एथेन्स की राज्यसत्ता से भिन्न है। उसका आधार ऐसा व्यापक सत्य है जो अधिक सुदृढ़ है। इस कारण व्यक्तियों को अधिक छूट है "क्योंकि वे इस व्यापक सत्य के लिए उतने खतरनाक नहीं हो सकते।"[38] उतने न सही, खतरनाक तो हो ही सकते हैं ! आदमी स्वाधीन चिंतन के नाम पर धर्म के बारे में शंकाएँ करने लगे तो राज्यसत्ता का नाश होगा या नहीं ? अवश्य होगा क्योंकि इस सत्ता का आधार धर्म है, कम-से-कम एथेन्स में तो था ही। "इसलिए यह सार्वजनिक धर्म, जिसके ऊपर सारी चीजों का निर्माण हुआ था और जिसके बिना राज्यसत्ता टिकी न रह सकती थी, टूक-टूक हो जाये, तो सबसे पहले इसका मतलब होगा एथेन्स की राज्यसत्ता का अंतर्ध्वंस।"[39] हेगल का तर्क है, एथेन्स के स्थापित और सार्वजनिक जीवन में तादात्म्य था। अतः वह धर्म एथेन्स की विधिव्यवस्था का अंग था। यहाँ सुकरात एक नया देवता लेकर आ गये, व्यक्ति-चेतना को उन्होंने सिद्धांत बना डाला जिससे माता-पिता की आज्ञा का उल्लंघन हुआ। यह "अवश्य ही अपराध था। इसे लेकर एथेन्सवासियों से हमारा विवाद होना चाहिए पर हमें मानना चाहिए कि वे सुसंगत थे।"[40] अर्थात् उनके सोचने और काम करने में संगति थी। हेगल का यह कहना भी है कि एथेन्स में जर्मनी की अपेक्षा माता-पिता और संतान का संबंध अधिक दृढ़ था, वह संबंध उनके जीवन का नैतिक आधार अधिक था। जर्मनी में आत्मगत स्वाधीनता का बोलबाला है। पारिवारिक धर्माचरण एथेन्स की राज्यसत्ता का मूलभूत सूत्र था। "इस तरह दो बुनियादी मुद्दों पर (धर्म और परिवार में पिता के शासन पर) सुकरात ने एथेन्स के जीवन पर आघात किया और उसका नाश कर दिया। एथेन्सवासियों ने इसे महसूस किया और वे उसके प्रति सचेत हुए। तब क्या इसमें आश्चर्य होना चाहिए कि उन्होंने सुकरात को दोषी पाया? हम कह सकते हैं, वैसा होना ही था।"[41]

एथेन्स में जो कर्ज लेते थे, वे यूनानी थे; जो कर्ज देते थे, वे भी यूनानी थे। अरिस्तोफनेस को भय था कि सुकरात की तर्क-विद्या के सहारे कर्जदार महाजन से बहस न करने लगें, कर्ज देना बंद न कर दें। यूनानी समाज का यह आंतरिक द्वंद

नाटिका में साफ दिखाई देता है। सुकरात की तर्क-विद्या से एथेन्स का सारा यूनानी समाज नहीं, महाजन समुदाय चिंतित था। उसके साथ जमींदारों और पुरोहितों की जमात थी। इस जमात का शासन बना रहता, ऐसी कोई ऐतिहासिक अनिवार्यता नहीं थी। यूनान के देवताओं में लेन-देन होता न था। कर्ज संबंधी कानून से उनका क्या संबंध हो सकता था ? देवताओं के बच्चे भी उतने आज्ञाकारी न थे जितने आज्ञाकारी हेगल की कल्पना में एथेन्स के बच्चे हुआ करते थे। नाटिका में किसान का बेटा तो पहले से ही बिगड़ा हुआ है। घोड़ों पर पैसे बर्बाद करता है, बाप उसे रोक नहीं पाता, इसलिए कर्जदार हो गया है। पारिवारिक सदाचार का नाश पहले होता है, बाप-बेटे की भेंट सुकरात से बाद को होती है। हेगल की कल्पना में सुकरात जितने बड़े अपराधी हैं, उतने बड़े अपराधी वह अरिस्तोफनेस की नाटिका में भी नहीं हैं।

जर्मनी और यूनान के समाजों में अंतर था। यूनान की दासप्रथा जर्मनी में नहीं थी। पर इस दासप्रथा के सहारे सुकरात के मुकदमे और उनकी सजा की, उनके विरुद्ध लंबे प्रचार अभियान की, व्याख्या नहीं की जा सकती। वह व्याख्या स्वाधीन नागरिकों के अपने अंतर्विरोध के आधार पर ही संभव है। इस अंतर्विरोध के लिए दासप्रथा आनुषंगिक है। मुख्य अन्तर्विरोध भूस्वामी वर्ग तथा शेष समाज में था। ऐसा अंतर्विरोध जर्मनी में भी था। इस तरह यूनानी और जर्मन समाजों में मूलभूत समानता थी। इसी कारण अरिस्तोफनेस और हेगल के सुकरातसंबंधी विवेचन में मूलभूत समानता है। व्यापारिक पूँजीवाद के प्रसार से पुराने सामंती संबंध टूट रहे थे, इस प्रक्रिया के साथ उक्त अंतर्विरोध फूट रहे थे। सुकरात का चिंतन जहाँ नवजागरण काल के मानवतावाद से मिलता-जुलता है, वहाँ अरिस्तोफनेस और हेगल का चिंतन धर्म की दुहाई देकर निहित स्वार्थों की रक्षा करनेवाले प्रतिक्रियावाद से मिलता-जुलता है।

मार्क्स और एंगेल्स ने जिस समय **कम्युनिस्ट घोषणापत्र** लिखा, उस समय जर्मनी के किसान और मजदूर जनवादी क्रांति की मंजिल में थे, उन्हें सबसे पहले भूस्वामी वर्ग का प्रभुत्व समाप्त करना था। यह वर्ग मार्क्स से पहले के दार्शनिकों को बर्दाश्त करता रहा था। पर जैसे ही नये दार्शनिकों ने इस वर्ग के प्रभुत्व को खत्म करने का बीड़ा उठाया और इसके लिए जनता को संगठित करना शुरू किया, वैसे ही उसने जर्मनी में उनका रहना दूभर कर दिया, उन्हें जर्मनी के बाहर निर्वासित का जीवन बिताने को मजबूर किया। सुकरात यूनान के भूस्वामी वर्ग के लिए खतरा बन गये थे। उनसे पहले के दर्शनकारों को वह बर्दाश्त करता रहा था, पर यह नया दर्शनकार अपनी तर्क-विद्या साधारण जनों को, और धनी परिवारों के नौजवानों को, सिखा रहा था। सुकरात के विरुद्ध प्रचार तो बरसों से होता रहा था पर 399 ई॰ पू॰ के आसपास, ऐसा लगता है, एथेन्स के शासक वर्ग का राजनीतिक संकट बढ़

गया था। इसका संकेत सुकरात के इन शब्दों से मिलता है, "और आदमी आयेंगे जो तुमसे कैफियत तलब करेंगे। इन्हें मैं रोके हुए था, तुमने इन्हें देखा नहीं था।" न्यायकर्ताओं ने सुकरात द्वारा रोके हुए युवकों को भले न देखा हो, वे युवकों में फैले हुए राजनीतिक असंतोष से खूब परिचित थे। इस असंतोष को खत्म करने के लिए उन्होंने सुकरात पर नौजवानों को गुमराह करने का आरोप लगाया और उन्हें प्राणदंड दिया। इससे असंतोष समाप्त नहीं हो गया। सुकरात के अनुयायी समाजव्यवस्था को तो न बदल सके पर उन्होंने सुकरात के अभियोक्ताओं का शासन जरूर समाप्त कर दिया। इस तरह सुकरात की मृत्यु के बाद उनका राजनीतिक लक्ष्य आँशिक रूप से सिद्ध हुआ।

यूनानी समाज के अंतर्विरोध-2

प्लैटो

यूनानी दार्शनिक प्लैटो की रचना **रिपब्लिक (गणतंत्र)** से भारतीय इतिहास के विवेचकों को गहरी दिलचस्पी होनी चाहिए। यह ऐसी पुस्तक है जिसमें आदर्श समाजव्यवस्था कायम करने के लिए जातिप्रथा को आधार बनाया गया है। अधिकांश मार्क्सवादी विचारक मानते हैं कि जातिप्रथा के कारण भारतीय समाज का विकास अवरुद्ध हो गया था, इसके विपरीत यूनान में दासप्रथा का चलन था और इससे वहाँ का समाज गतिशील था, उसका विकास निरंतर होता रहा। इस स्थिति का परिणाम यह हुआ कि यूनान में, दर्शन और विज्ञान में, भारी प्रगति हुई; यहाँ भारत में वैसी प्रगति नहीं हुई, थोड़ी-बहुत हुई तो अपवाद के रूप में। तब इस बात की कैफियत देनी होगी कि गतिशील यूनानी समाज की समस्याएँ हल करने के लिए, एक आदर्श समाज की कल्पना के लिए, प्लैटो जैसे विद्वान् ने जातिप्रथा जैसी दकियानूस प्रथा का सहारा क्यों लिया।

पूँजी के प्रथम खंड में मार्क्स ने लिखा था कि प्लैटो के **गणतंत्र** में श्रम विभाजन की व्यवस्था मिस्र की जातिप्रथा (कास्ट सिस्टम) के आदर्श रूप के सिवा और कुछ नहीं है।[1] इससे यह निष्कर्ष निकाला जा सकता है कि प्लैटो दासप्रथा से असंतुष्ट थे और उन्होंने अपने आदर्श समाज के लिए उसे त्यागकर जातिप्रथा का सहारा लिया; इस जातिप्रथा से स्वयं यूनानी समाज का कोई संबंध नहीं था, उस समाज पर प्लैटो ने उसे आरोपित किया था। **गणतंत्र** में दासप्रथा का उल्लेख है, संक्षेप में, गौण रूप में; उसके प्रति प्लैटो के असंतोष की कहीं झलक भी नहीं है। उनकी मुख्य समस्या दासप्रथा को लेकर नहीं है; मुख्य समस्या है जातिप्रथा को लेकर। यूनानी समाज पर यह जातिप्रथा आरोपित नहीं की गयी, वह उसमें विद्यमान है, उसके बिना केवल दासप्रथा के सहारे उस समाज की व्याख्या नहीं की जा सकती। प्लैटो की समस्या यह है कि जातिप्रथा टूट रही है, समाज में अव्यवस्था

फैलने का भय है, किसान और कारीगर शासक वर्ग (भूस्वामी वर्ग) की बराबरी का दावा कर सकते हैं, उससे सत्ता छीनकर स्वयं शासनतंत्र चलाने का प्रयत्न कर सकते हैं। शासनतंत्र चलाना एक तरह की विद्या है, यह विद्या हर आदमी के पास नहीं होती। जैसे हर कारीगर अपने व्यवसाय का कौशल जानता है, वैसे ही शासनतंत्र चलाने का कौशल है, वह सीखने से आता है, और उसे सीख भी वही सकते हैं जिनमें शासक बनने की क्षमता पहले से विद्यमान हो। हर आदमी का स्वभाव अपने ढँग का होता है। स्वभाव के कारण, अपनी जन्मजात वृत्ति के कारण, कुछ लोग कारीगर का काम ही अच्छी तरह कर सकते हैं, अन्य लोग शासनतंत्र चलाने का।

समाज में उथल-पुथल की, जातिप्रथा के आधार पर उसे व्यवस्थित रखने की, समस्या केवल प्लैटो के सामने नहीं है, वह उनके शिष्य अरस्तू के सामने भी है। प्लैटो तो कल्पनाशील विचारक हैं, अरस्तू परम यथार्थवादी हैं। यदि उन्हें भी दिखायी दे कि समाज में अव्यवस्था जातिप्रथा के विघटन से पैदा होती है, उसे व्यवस्थित बनाये रखने के लिए जाति और वर्ण की मर्यादा कायम रखना जरूरी है, तो इससे साबित यह होगा कि जातिप्रथा यूनानी समाज में विद्यमान थी, कल्पनाशील प्लैटो द्वारा वह उस पर आरोपित न की गयी थी। वित्त के चलन से, व्यापारी वर्ग के अभ्युदय से, विनिमय के प्रसार से, समाज की पुरानी व्यवस्था टूट रही थी, हर जगह गरीब-अमीर का भेद फैल रहा था। प्लैटो और अरस्तू के प्रयत्नों के बावजूद यह भेद बढ़ता गया। अरस्तू के समकालीन राजनीतिज्ञ देमोस्थेनॅस ने इस भेद को गरीबों के पक्ष में हल करने का प्रयत्न किया था, प्लैटो और अरस्तू की तरह उन्होंने वर्ण-जाति के आधार पर समाज के पुनर्गठन की कल्पना न करके एथेन्स के जनतंत्र को नया लोकवादी रूप देने का प्रयत्न किया था और इसमें उन्हें आँशिक सफलता भी मिली थी। किंतु इस समय मखदूनिया के हमलावरों ने, सिकंदर के नेतृत्व में, एथेन्स समेत पूरे यूनान पर कब्जा करके उस लोकवादी जनतंत्र की हत्या कर दी। सिकंदर की मृत्यु के बाद भी दो सौ साल तक वे यूनान पर अपना अधिकार जमाये रहे। इस पराधीनता ने यूनानी समाज को पीछे ठेल दिया और उसका सहज विकास रुक गया।

(1)

प्लैटो के लिए राज्यतंत्र के पाँच रूप हैं। इनमें बादशाही या अभिजाततंत्र पहला रूप है। दोनों नाम एक ही अर्थ के सूचक हैं "क्योंकि शासन एक के हाथ में हो चाहे अनेक के, यदि शासक हमारी धारणा के अनुसार पोषित और प्रशिक्षित हुए हैं, तो राज्य के मूलभूत नियम अस्थिर न होंगे।"[2] जो अभिजात है, वह श्रेष्ठ (अरिस्तोस्) है। अंग्रेजी के नोबलमैन और नोबिलिटी की तरह यूनानी शब्द अरिस्तोस् भी श्रेष्ठता का सूचक है, कुलीनता और भूस्वामित्व का भी। खेती करनेवाले गणसमाजों में जहाँ भी भूमि का केन्द्रीकरण होता है, वहाँ बड़े भूस्वामी अभिजात बन जाते हैं; गणसमाज

के बाकी सदस्यों से, कुलीनता के आधार पर, वे स्वयं को अलग करते हैं। राज्यसत्ता का उद्भव भूमि के केन्द्रीकरण से जुड़ा हुआ है। प्लैटो के लिए ऐतिहासिक रूप से अभिजाततंत्र का जन्म ही सबसे पहले होता है। उनकी यह धारणा सही है। किंतु वह समझते हैं कि इस तंत्र में हर आदमी अपने गुण के अनुसार कर्म करता है और समाज में किसी तरह की अशांति नहीं होती। यह धारणा सही नहीं है। प्लैटो के लिए राज्यतंत्र के अन्य रूप इसी मूल रूप की विकृतियाँ हैं। किंतु अशांति न हो तो ये विकृतियाँ उत्पन्न ही क्यों हों ?

प्लैटो का आदर्श गणतंत्र पहले अस्तित्व में आ चुका है, सारे कष्ट उसकी विकृतियों से पैदा हुए हैं। कष्टों से बचना है तो विकृतियों को दूर करके अभिजाततंत्र को उसके विशुद्ध रूप में पुनः प्रतिष्ठित करना चाहिए। (यूनान में होमर से पहले तो किसी राज्यतंत्र का पता है नहीं। मान लीजिये, होमर के समय में आदर्श अभिजाततंत्र था। तब होमर के काव्य में दुःख की ऐसी गहरी अभिव्यंजना क्यों है? मान लीजिये, होमर नहीं, ईस्खुलुस जैसे नाटककारों के समय में आदर्श अभिजाततंत्र विद्यमान था; इनके नाटकों में भी दुःख की गहरी अभिव्यंजना है। सुख-शांति वाले सुव्यवस्थित समाज में इस दुःख का आधार क्या है?)

प्लैटो पता लगाते हैं, "कैसे अभिजाततंत्र (श्रेष्ठ जनों के शासन) से शूरतंत्र (मान सम्मान के शासन) का जन्म होता है।"[3] राज्यतंत्र का आदिम रूप है अभिजाततंत्र, इसकी पहली विकृति है शूरतंत्र। प्लैटो के लिए श्रेष्ठ जन वे हैं जो ज्ञानी हैं; अभिजाततंत्र इन्हीं ज्ञानियों का शासनतंत्र है। ये ज्ञानी यह जानते हैं कि किस व्यक्ति में कौन-सा गुण है, उसी गुण के अनुसार वे उसे कर्म में नियुक्त करते हैं। जिनमें शूरता का गुण है, वे उस गुण के अनुसार शूर कर्म करते हैं, ज्ञानियों की आज्ञा मानकर चलते हैं। प्लैटो ने इन्हें 'सहायक' भी कहा है। वे ज्ञानियों के सहायक हैं; जब तक उनकी आज्ञा मानकर चलते हैं, तब तक समाज में सुव्यवस्था बनी रहती है। प्लैटो कहते हैं, "जो वास्तविक शासनशक्ति है, स्पष्ट है कि उसके विभाजन से ही सारे राजनीतिक परिवर्तनों का जन्म होता है। जो शासन एकताबद्ध है, वह कितना ही छोटा हो, विचलित नहीं किया जा सकता।" जब तक ज्ञानी और शूर (ब्राह्मण और क्षत्रिय) मिलकर काम करते हैं, ज्ञानी का वर्चस्व प्रधान, शूर का वर्चस्व गौण रहता है, तब तक शासनशक्ति एकताबद्ध रहती है, तब तक शासनतंत्र में विचलन संभव नहीं होता।

प्लैटो सोचते हैं, राज्य में अव्यवस्था तभी उत्पन्न होगी जब सहायकों में आपसी मतभेद होगा, शासकों में आपसी मतभेद होगा अथवा सहायक दल और शासक दल—इन दो दलों के बीच मतभेद होगा। मतभेद पैदा होना प्राकृतिक नियम की तरह है। जिस वस्तु का भी आदि है, उसका अंत भी है। आदर्श राज्यतंत्र का संविधान भी नाशवान है। पशुओं और वनस्पतियों की तरह "आत्मा और देह

उपजाऊ और बांझ तब होती हैं जब इनमें प्रत्येक के चक्र की परिधि पूरी हो जाती है।" पशु, वनस्पति, मनुष्य—समस्त प्राणिजगत् में गति है, प्रगति नहीं है। गति वृत्ताकार है; चक्र ने परिधि पूरी की, आदि से चले थे, अंत तक पहुँच गये। किसी का जीवनचक्र छोटा होता है, किसी का बड़ा; आदि-अंत सबका है। लेकिन मानव की आत्मा और देह के उपजाऊ और बाँझ होने का ज्ञान "तुम्हारे शासक अपनी सारी बुद्धिमत्ता और शिक्षा से प्राप्त न कर सकेंगे। जिन नियमों से यह प्रक्रिया निर्धारित होती है, उनका पता इंद्रियबोध और विवेक के कैसे भी मिश्रण से न लगाया जा सकेगा।"[4] मनुष्य को संसार का ज्ञान उसकी इंद्रियों से होता है। जो देखता-सुनता है, उसकी छानबीन अपने विवेक से करता है। गोचर अनुभव से विवेक का चाहे जैसा संयोग हो, उससे मनुष्य में निहित गुण की पहचान नहीं हो सकती। जो पहले ज्ञानी थे, वे अथवा उनके पुत्र अज्ञानी हो जायें तो मानना चाहिए कि वे गोचर अनुभव और विवेक का भरोसा करने लगे। "जब तुम्हारे संरक्षकों (ज्ञानियों) को जन्मसंबंधी नियमों की पहचान न होगी और वे अनुपयुक्त अवसर पर वर तथा वधू को संयुक्त कर देंगे, तब उनकी संतान भली या सौभाग्यशाली न होगी। और यद्यपि उनमें जो श्रेष्ठ हैं, उन्हीं को उनसे पहले के लोग नियुक्त करेंगे, फिर भी वे अपने पिताओं के आसन ग्रहण करने के अयोग्य होंगे।"

उचित वर-वधू का संयोग करना पुरोहितों का काम है। जब तक इनमें मनुष्य के गुण और स्वभाव पहचानने की शक्ति होती है, तब तक वर-वधू का संयोग उचित रीति से होता है और उनकी संतान माता-पिता, तथा पुरोहितों की अपेक्षा के अनुरूप होती है। इस शक्ति के अभाव में पुराहितों के पुत्र अपने पिताओं के कर्म करते जाते हैं पर वे अपने पिताओं के आसन ग्रहण करने के अयोग्य होते हैं। पुराने आदर्श समाज में मनुष्य अपने गुण के अनुसार कर्म में नियुक्त होता था। तब अयोग्य पुत्र अपने पिता का आसन पा कैसे गया ? प्लैटो के विवेचन से इस प्रश्न का उत्तर मिल जाता है—पुरोहित का बेटा ही पुरोहिताई करता है, वह योग्य हो चाहे अयोग्य। मनुष्य का वर्ण उसके जन्म से निर्धारित होता है, गुण से नहीं।

पहले के पुरोहित योग्य थे ; उन्होंने अपने पुत्रों में जो श्रेष्ठ थे, उन्हीं को चुना। पर ये श्रेष्ठ पुत्र अयोग्य सिद्ध हुए। "अगली पीढ़ी में ऐसे शासक नियुक्त होंगे जो तुम्हारी विभिन्न नस्लों (races) की धातु को परखने की संरक्षक वाली शक्ति खो चुके हैं।"

प्राचीन कवि हेसिओद ने कहा था, इन्सान की नस्लें, सोना, चाँदी, पीतल और लोहा, इन चार धातुओं जैसी होती हैं। नस्ल की पहचान न होने से जब अयोग्य पुरोहित प्रतिकूल गुणों वाले वर-वधू का संयोग कराते हैं, तब "चाँदी में लोहा मिल जाता है, और सोने में पीतल मिल जाती है। अतः वैषम्य, असमानता और अनियमितता का जन्म होगा, और सदा, सब कहीं, घृणा और युद्ध के यही कारण रहे हैं।"

भारतीय शब्दावली में वर्णसंकरता की वृद्धि से समाज में कलह उत्पन्न होती है और व्यवस्था नष्ट हो जाती है।

पुराने कवियों ने बताया है, "जब कलह उत्पन्न हुई, तब दो नस्लें विरोधी दिशाओं में खींचतान करने लगीं। लोहा और पीतल धन, भूमि, सोना, चाँदी, भवन प्राप्त करने की दिशा में बढ़े। सोना और चाँदी वाली नस्लों को धन की चाह न थी, वास्तविक धन उनका स्वभाव था ; उनका झुकाव पुण्यमय जीवन और प्राचीन व्यवस्था की ओर था।" लोहा और पीतल वाली नस्लें धन कमाने की ओर बढ़ीं अर्थात् वैश्य और शूद्र वर्ण संपत्ति बटोरने लगे। सोना और चाँदी वाली नस्लों–ब्राह्मणों और क्षत्रियों--का वास्तविक धन उनका स्वभाव था, उनका झुकाव प्राचीन व्यवस्था की ओर था। इस व्यवस्था के कायम रहते ही वे पुण्यमय जीवन बिता सकती थीं। किंतु द्रव्य ने इस व्यवस्था में गड़बड़ी पैदा कर दी। लोग धन कमाने में लगे। गड़बड़ी से निपटने के लिए सोना और चाँदी वाली नस्लों ने समझौता कर लिया। समझौते का आधार यह था कि युद्ध के अलावा व्यवस्था को बनाये रखने का काम भी चाँदी वाली नस्ल करेगी। पहले चाँदी और सोनेवाली नस्लों के बीच विरोध और तनाव था। "अंत में उन्होंने समझौता किया। तय हुआ कि वे अपनी भूमि और भवन व्यक्तिगत स्वामियों में बाँट देंगे। उनके मित्र और परिपालक स्वाधीन नागरिक थे ; इस रूप में वे उनकी रक्षा करते रहे थे। अब उन्हें दास बनाना था, प्रजा और सेवक बनाकर उन्हें काबू में रखना था। और युद्ध का काम देखने के अलावा वे उनकी भी निगरानी करेंगे।"[5] इस तरह शूरतंत्र का जन्म हुआ। अभिजात तंत्र में शासनशक्ति अविभाजित थी, दो वर्णों के हाथ में थी। अविभाजित वह अब भी थी पर अब वह एक ही वर्ण के हाथ में थी। पहले क्षत्रिय ब्राह्मणों की रक्षा करते थे, अब उन्होंने उन्हें अपनी प्रजा बना लिया।

शूरतंत्र की विशेषता यह थी कि "योद्धावर्ग खेती, दस्तकारी और सामान्यतः व्यापार से अलग रहता था।" उस वर्ग के सदस्य सम्मिलित भोजन करते थे, व्यायाम और सैनिक प्रशिक्षण की ओर ध्यान देते थे। ये बातें वे पहले भी करते थे पर अब "सत्ता में दार्शनिकों के प्रवेश से उन्हें भय था।" इन दार्शनिकों अर्थात् ज्ञानियों में विभिन्न तत्वों का मिश्रण हो गया था। सत्ता अब उन लोगों के हाथ में थी जो सैनिक दाँवपेंच को, "निरंतर युद्ध करते रहने को" बहुत मूल्यवान समझने लगे। ऐसे आदमियों में धन की चाह होगी, "उनमें सोने और चाँदी के लिए विकट, गुप्त, तृष्णा होगी। सोना और चाँदी वे अँधेरी जगहों में संचित करेंगे; उनके अपने कोश और संग्रहस्थान होंगे जहाँ वे उन्हें सँजोयेंगे और छिपायेंगे। और उनके पास दुर्ग होंगे जो उनके अंडों के लिए घोंसले ही हैं जिनमें वे स्त्रियों पर, या जिन्हें चाहा उन पर, भारी धनराशि खर्च करेंगे।"[6]

यह सब पढ़कर ऐसा लगता है कि प्लैटो ने 'मध्यकालीन' यूरोप के सामंतवाद

का वर्णन किया है। यह 'मध्यकालीनता' यूनान के प्राचीन काल में घटित हो चुकी थी, शूरतंत्र की रूपरेखा प्लैटो की निराधार कल्पना नहीं है। इस तंत्र की आलोचना करते हुए प्लैटो ने सत्ताधारियों के लिए लिखा है, उन्हें धन का लोभ है लेकिन खुलकर उसे कमा नहीं सकते। इसलिए वे कंजूस हैं। अपनी इच्छाएँ पूरी करने के लिए वे दूसरे का धन खर्च कर देंगे। कानून उनका पिता है पर बच्चों की तरह उससे वे दूर भागते हैं और छिपकर मौज उड़ाते हैं। लोगों को समझाने-बुझाने की अपेक्षा उन्होंने बल का प्रयोग करना सीखा है। इस तंत्र में प्रतिद्वंदिता और महत्वाकांक्षा की प्रधानता रहती है। यह हमारा सुपरिचित सामंतवाद है।

सामंती व्यवस्था सामंतों की आपसी लड़ाइयों के लिए बदनाम है। इन लड़ाइयों से आर्थिक विकास में भारी रुकावट पैदा होती है। अक्सर कोई बड़ा सामंत छोटे सामंतों का दमन करके राज्य में शांति और व्यवस्था कायम करता है। यह विकास सामंती व्यवस्था के गर्भ में संपन्न होता है। प्लैटो ने राज्यतंत्र के तीसरे रूप का जो विवरण दिया है, वह वास्तव में व्यापारिक पूँजीवाद का विवरण है। इस रूप की विशेषता यह है कि "शासन का आधार संपत्ति का मूल्यांकन है ; इसमें सत्ता धनी लोगों के हाथ में होती है और निर्धन उससे वंचित रहते हैं।" प्लैटो ने सामाजिक विकास की मंजिलें ठीक पहचानी हैं किंतु उस विकास के कारण उन्होंने व्यक्तियों के चरित्र में प्रदर्शित किये हैं। लोगों के निजी कोश में धन के संग्रह से शूरतंत्र का नाश हो जाता है। धनीजन कानून को अपने पक्ष में ऐसा मोड़ लेते हैं कि धन खर्च करने के नये-नये तरीके इस्तेमाल किये जा सकें। शूरतंत्र में कानून का उल्लंघन हुआ था, इस धनिकतंत्र में भी उसका उल्लंघन होता है। "वे या उनकी पत्नियां कानून की क्या परवाह करते हैं?" प्लैटो जिस कानून की बात कह रहे हैं, वह उस आदर्श वर्णव्यवस्था का कानून (धर्म) है जिसमें प्रधानता ज्ञानियों (पुरोहितों) की थी। "और जब एक देखता है कि दूसरा धनी हुआ जा रहा है, तब वह उससे होड़ करना चाहता है और इस तरह नागरिकों का विशाल समुदाय धन का प्रेमी बन जाता है।"[7] धन कमाने से पुण्यमय जीवन बिताने का विरोध है। लोग जितना ही धन कमाने में जुटते हैं, उतना ही उस जीवन से दूर होते जाते हैं। अब धनी आदमी का आदर होता है, उसे ऊँचे पद दिये जाते हैं, "और गरीब आदमी का अनादर होता है।"[8]

धन का एक परिमाण निश्चित कर दिया जाता है। जिसके पास उतना धन हो, वही नागरिक हो सकता है, और इसके लिए कानून बना दिया जाता है। धनीजन बलपूर्वक संविधान में परिवर्तन करते हैं। जहाज का नायक गरीब आदमी न हो पायेगा, भले ही वह योग्य हो, धनी आदमी नायक बन जायेगा, भले ही वह अयोग्य हो। ऐसे में जहाज का क्या होगा ? जो हाल जहाज का होगा, वही धनिक शासन में नगर का होगा। धनिकतंत्र का दोष है—"अनिवार्य विभाजन, ऐसा राज्यतंत्र एक

नहीं, दो हैं, एक गरीबों का, दूसरा धनीजनों का। एक ही जगह रहेंगे, और सदा एक-दूसरे के विरुद्ध षड्यंत्र करते रहेंगे।"[9] प्लैटो की मूल समस्या यह है। समाज धनी और निर्धन दो समुदायों में बँटा हुआ है। दोनों समुदाय स्वाधीन यूनानियों के हैं। एक दासों का हो, दूसरा उनके स्वामियों का, ऐसा नहीं है। यूनान के अनेक राज्यों में गरीब-अमीर का ऐसा ही भेद फैल रहा था। प्लैटो ने किसी विशेष राज्य में ऐसा भेद देखकर धनिकतंत्र का विवरण न लिखा था। अपने आदर्श राज्य से अन्य नगर राज्यों की भिन्नता दिखाते हुए प्लैटो ने लिखा है, "तुम्हें दूसरे राज्यों की बात बहुवचन में करनी चाहिए। उनमें कोई भी एक नगर नहीं है। जैसाकि खेल में कहते हैं, एक में अनेक नगर हैं। प्रत्येक में कम-से-कम दो भाग होंगे, एक गरीबों का नगर, दूसरा अमीरों का। वे एक-दूसरे से युद्ध करते हैं। इनमें हर एक के भीतर बहुत-से छोटे-छोटे भाग हैं। इन्हें तुमने एक राज्य मान लिया तो सत्य से दूर जा पड़ोगे। लेकिन वे अनेक हैं, यह समझकर उनसे व्यवहार करो ; एक का धन या सत्ता या जन दूसरे को दे दो, तो तुम्हारे मित्र सदा अधिक रहेंगे, और शत्रु बहुत न होंगे।"[10] यूनान का औसत नगरराज्य ऐसा है। प्रत्येक में गरीब-अमीर का भेद है। गरीबों में कुछ कम गरीब हैं, कुछ ज्यादा हैं ; कुछ लोग ज्यादा अमीर हैं, कुछ उनसे कम हैं। इन गरीब-अमीर भागोंवाले नगर राज्यों से भिन्न कल्पित अपवाद है—प्लैटो का आदर्श गणतंत्र।

धनिक तंत्रों की कमजोरी यह है कि वे युद्ध नहीं कर सकते। "आम जनता को हथियार दें तो शत्रु से ज्यादा उन्हें उससे भय हो जाता है। युद्धकाल में यदि उसका आह्वान न करें तो वे ठहरे अल्पतंत्रवादी (ओलीगार्क)। थोड़े-से लोग शासन करते हैं, उसी हिसाब से थोड़े लोग युद्ध करते हैं। इसके साथ ही धन से उन्हें इतना प्रेम है कि वे टैक्स अदा नहीं करना चाहते।" पूँजीवादी जनतंत्र की इन विशेषताओं से आज के लोग अच्छी तरह परिचित हैं। वित्त का व्यापक चलन होने पर ये विशेषताएँ प्लैटो के समय में प्रकट होने लगी थीं और सिकंदरी आक्रमण के समय वे और भी उजागर हो गयीं। धनिक तंत्र में सबसे बड़ा दोष यह है कि "आदमी के पास जो कुछ है, उसे वह बेच सकता है और दूसरा उसकी संपत्ति खरीद सकता है। संपत्ति बेच देने के बाद वह आदमी उस नगर का अंश नहीं रह गया लेकिन वहाँ रह सकता है। वह न व्यापारी है, न कारीगर है, न अश्वारोही है, न पदातिक है। उसे मुफलिस, और दरिद्र कहा जाता है।"[11] जैसे मधुमक्खियों में कुछ के डंक होते हैं, कुछ के नहीं होते। जो बुढ़ापे में मुफलिस हो जाते हैं, वे डंकहीन वर्ग के हैं। "डंकवालों में से, जैसा कि उन्हें कहा जाता है, सारा अपराधी वर्ग पैदा होता है।" पूँजीवाद का जितना ही विकास होता है, प्लैटो की यह आलोचना उतना ही सार्थक होती जाती है। ऐसा कौन-सा पूँजीवादी समाज है जिसमें मुफलिसों की जमात न हो, जिसके शासक वर्ग में अपराधकर्मी न हों ? "तो यह स्पष्ट है

कि जब तुम राज्य में मुफलिस देखो तो समझ लो, पास-पड़ोस में चोर और गिरहकट और मंदिर लूटनेवाले और हर तरह के बदमाश छिपे होंगे।" धनिकतंत्र में "प्रायः हर व्यक्ति जो शासक नहीं है, मुफलिस है।"[12]

राज्यतंत्र का चौथा रूप जनतंत्र है, वह इसी धनिकतंत्र का प्रसार है। जिस रोग से धनिकतंत्र का नाश होता है, "स्वच्छंदता के कारण वही विशद और सघन होकर जनतंत्र को दबोच लेता है।" प्रश्न यह है—"वह अव्यवस्था कौन-सी है जो धनिकतंत्र और जनतंत्र दोनों में समान रूप से उत्पन्न होती है और दोनों का नाश करती है ?" उत्तर है, "मेरा आशय उन आलसी फिजूलखर्च लोगों के वर्ग से है जिनमें अधिक साहसी तो नेता बन जाते हैं और जो ज्यादा दब्बू हैं, वे अनुयायी बन जाते हैं। ये वही हैं जिनकी तुलना हम मधुमक्खियों से करते हैं, कुछ डंकवाले हैं, कुछ डंकविहीन हैं।" वर्गभेद यहाँ भी है, उसके साथ वर्गसंघर्ष है। "ये दो वर्ग जिस नगर में जन्मते हैं, उसमें अव्यवस्था उत्पन्न करते हैं।"[13] यद्यपि प्लैटो कहते हैं कि जनतंत्र का आविर्भाव तब होता है जब "गरीब अपने विरोधियों पर विजय पाते हैं",[14] पर वास्तव में गरीब-अमीर का भेद बना रहता है, 'अव्यवस्था' और बढ़ती है। प्लैटो के लिए जनतंत्र अव्यवस्था का ही दूसरा नाम है। जनतंत्र "शासन का आकर्षक रूप है, उसमें विविधता और अव्यवस्था है, और वह समान और असमान को, समान भाव से, एक तरह की समानता प्रदान करता है।"[15] ऊपर से देखने में नागरिक समान होते हैं, उनकी वास्तविक स्थिति में बड़ी असमानता होती है। प्लैटो की आलोचना अंशतः सही है। इस जनतंत्र में युवक दृढ़तापूर्वक किसी दिशा में नहीं बढ़ते। कभी तो सुरा और संगीत के दीवाने हो जाते हैं, कभी पानी पीकर रहते हैं और "दुबले होने का प्रयत्न करते हैं।" कभी कसरत के पीछे पड़ जाते हैं, कभी सब कुछ छोड़कर आलसी बन जाते हैं। कभी दार्शनिक तो कभी राजनीतिज्ञ, कभी योद्धा तो कभी व्यवसायी। "उनके जीवन में न विधि होती है, न व्यवस्था। इस खींचतान की जिंदगी को वे सुख, मौज और आजादी कहते हैं और इसी तरह आखिर तक जीते रहते हैं।"[16] यहाँ कुछ बातें आज के मध्य वर्ग की याद दिलाती हैं। प्लैटो के लिए सुव्यवस्थित समाज वह है जिसमें व्यक्ति जवानी से बुढ़ापे तक एक ही पेशे से चिपका रहे। वित्त के चलन से यह संभव हुआ है कि मनुष्य अपने वर्ण और जाति का पेशा त्यागकर दूसरा पेशा अपना ले। यह आजादी प्लैटो को पसंद नहीं है।

पुरानी व्यवस्था में प्रजा शासकों की आज्ञा मानती थी। अब जो उनकी आज्ञा माने, उसे लोग ऐसा गुलाम कहते हैं "जो अपनी ज़ंजीरों को गले लगाता है।" जनतंत्र चाहता है, "प्रजा शासकों की तरह हो और शासक प्रजा की तरह हों।"[17] इससे पता चलता है कि यूनानी समाज में नयी जनतांत्रिक चेतना फैल रही थी और यह सब पुरानी व्यवस्था के रक्षकों को पसंद न था। "क्रमशः यह अराजकता व्यक्ति

के परिवार में प्रवेश करेगी और अंत में वह पशुओं तक पहुँचेगी और उन्हें भी छूत लग जायेगी।" अरिस्तोफनेस ने अपने नाटक **बादल** में सुकरात के विरुद्ध जो कुछ कहा था, उसे मानो प्लैटो यहाँ दोहराना शुरू करते हैं। "पिता अपने पुत्रों के स्तर तक उतर आने का आदी हो जाता है और उनसे डरने लगता है। पुत्र पिता के स्तर पर होता है। माता-पिता में किसी के प्रति वह आदर या श्रद्धा प्रकट नहीं करता। स्वच्छंदता के बारे में उसकी ऐसी ही धारणा है। कारीगर नागरिक के बराबर है और नागरिक कारीगर के बराबर। अजनबी उतना ही अच्छा है जितना इन दोनों में कोई।" व्यवस्था कायम रखने के लिए जरूरी है कि नागरिक और कारीगर के बीच फासला रखा जाये और अजनबी नागरिक अधिकारों से वंचित रहें। जनतंत्र में, पारिवारिक संबंधों की तरह, गुरु-शिष्य के संबंध भी बदले हैं। गुरु शिष्य से डरता है, उसकी चापलूसी करता है ; शिष्य गुरु और अध्यापक से घृणा करता है। "बूढ़े-जवान सब बराबर हैं, जवान बूढ़े के स्तर पर है, वचन और कर्म में उससे होड़ करने को तैयार है।" समाज के निम्न वर्ग जब उच्च वर्गों की बराबरी करते हैं, तब इसका असर गुलामों पर भी पड़ता है। "स्वच्छंदता की पराकाष्ठा का उदाहरण तब सामने आता है जब पैसे देकर जिस गुलाम को खरीदा है, वह नर हो चाहे मादा, उतना ही आजाद होता है जितना उसे खरीदने वाला। और यहाँ नर-नारी के परस्पर संबंध में स्वच्छंदता और समानता की बात कहनी मुझे न भूलना चाहिए।"[18] स्वच्छंदता की जो हवा चली, उसका परिणाम है, गुलाम मालिकों की बराबरी करने लगे, स्त्रियाँ पुरुषों की।

अव्यवस्था फैलाने का काम मुख्य रूप से न तो गुलाम करते हैं, न स्त्रियाँ। यह काम वह वर्ग करता है जो सबसे शक्तिशाली होता है। इस वर्ग में वे लोग हैं, "जो अपने हाथ से काम करते हैं। ये राजनीतिज्ञ नहीं हैं और खाने-खरचने के लिए उनके पास बहुत कुछ होता भी नहीं है। यह वर्ग जब इकट्ठा होता है, तब वह जनतंत्र का सबसे बड़ा और सबसे शक्तिशाली वर्ग होता है।" वह इकट्ठा कब होता है ? जब उसे कुछ मिलने की आशा होती है। "उसके नेता जिस हद तक धनी लोगों की रियासतें छीन सकते हैं और उन्हें लोगों में बाँट सकते हैं, उस हद तक उसे भी हिस्सा मिलता है ; साथ ही वे इस बात का ध्यान रखते हैं कि ज्यादा बड़ा हिस्सा खुद उनके लिए सुरक्षित रहे।" यूनानी समाज का मुख्य अंतर्विरोध यह है—एक ओर रियासतें पुश्तैनी हों चाहे सूदखोरी के बल पर कमायी गयी हों, वे संपत्ति का मुख्य रूप हैं। संपत्ति का दूसरा रूप है व्यापार से कमाया हुआ धन। किसान और कारीगर लगभग संपत्तिहीन हैं। इनकी माँग है कि रियासतें जमींदारों से छीन ली जायें और उनमें बाँट दी जायें। जनवादी क्रांति के ये उभार यूनानी समाज में अनेक बार आये थे और अनेक बार उन्हें कुचलकर तानाशाही कायम की गयी थी। राज्यतंत्र के विकास की रूपरेखा में प्लैटो तानाशाही को जनतंत्र से जन्म लेते दिखाते हैं।

ऐतिहासिक रूप से उनकी यह धारणा सही है। इटली और जर्मनी में, दूसरे महायुद्ध के बाद चिली में, तानाशाही की स्थापना क्रांतिकारी जनआंदोलन को कुचलकर ही हुई थी। किन्तु गणतंत्र में तानाशाही जनवादी क्रान्ति के कार्य पूरे करती है। पूँजीवादी जनतंत्र के आगे की मंजिल है यह लोकशाही। इस दृष्टि से भी प्लैटो का ऐतिहासिक विकासक्रम सही है।

"जिन लोगों की रियासतें छीनी जाती हैं, वे जनता के सामने भाषण से, और भरसक कर्म से, अपना बचाव करने को बाध्य होते हैं।" लोग उन पर दोष लगाते हैं कि वे "जनता के खिलाफ षड्यंत्र कर रहे थे" और वे शूरतंत्र के, अर्थात् सामंतवाद के, मित्र हैं। लोगों को ठीक जानकारी नहीं होती, गलत सूचनाएँ देकर उन्हें गुमराह किया जाता है। ऐसे लोगों को अपने प्रति अन्याय करते देखकर रियासतों के भूतपूर्व मालिक सचमुच शूरतंत्रवादी बन जाते हैं। तब मुकदमे चलाये जाते हैं, दोषारोपण होते हैं, अदालतें फैसले सुनाती हैं। "जनता को हमेशा कोई-न-कोई पक्षधर मिल जाता है। उसे वह उनके ऊपर प्रतिष्ठित करती है और उसका पोषण करके उसे महान् बनाती है।" यह अधिनायक वास्तव में बलपूर्वक क्रांतिविरोधियों का दमन करता है, रियासतों के भूतपूर्व मालिकों के षड्यंत्र को विफल कर देता है। प्लैटो के लिए वह राक्षस है। यूनान की एक पुरानी कथा में देवता के सामने बलि दिये हुए पशु की आँतों में मनुष्य की आँतें मिला दी गयीं। जिस आदमी ने यह माँस खाया, वह भेड़िया बन गया। "जनता का संरक्षक उसी की तरह होता है। जनसमूह उसके पास है, वह अपने संबंधियों का रक्त बहाने में नहीं हिचकता। झूठे दोषारोपण का प्रिय तरीका अपनाकर वह उन्हें अदालत में ले आता है और उनकी हत्या कर देता है। मनुष्य की जीवनलीला समाप्त कर दी जाती है। अपने अपवित्र ओठों और जीभ से वह साथी नागरिकों का रक्त चखता है। कुछ को मारता है, कुछ को देशनिकाला देता है। इसके साथ ही वह इशारा करता जाता है, कर्ज रद्द कर दिये जायेंगे, जमीन का बँटवारा होगा।"[19] यह बात सही है कि तानाशाह जनता से झूठे वायदे करके, धोखाधड़ी से कभी-कभी उसका समर्थन प्राप्त करके, सत्ता हथियाता है। किन्तु यूनान के इतिहास में ऐसा भी हुआ है कि जनता के पक्षधर ने जमींदारों का शासन खत्म करके उनकी जमीन किसानों में बाँट दी, किसानों के कर्ज रद्द कर दिये, पुराने कानून तोड़ दिये। प्लैटो का 'तानाशाह' जनता का ऐसा ही पक्षधर है। "यही वह आदमी है जो संपत्ति के मालिकों के विरुद्ध पार्टी बनाता है।"[20] यहाँ भेद स्पष्ट हो जाता है। एक तानाशाही जनता को दबाती है, दूसरी उसके शत्रुओं का दमन करके उसकी माँगें पूरा करती है। प्लैटो नाराज इस बात से हैं कि जनता का पक्षधर संपत्ति के मालिकों के विरुद्ध पार्टी बनाता है।

(2)

मनुष्य को जीने के लिए भोजन चाहिए, पहनने को कपड़े चाहिए, रहने को घर

चाहिए। आवश्यकताएँ अनेक हैं, उनकी पूर्ति के लिए अनेक मनुष्य चाहिए। सबका लाभ इसमें है कि लोग जो कुछ पैदा करते हैं, आपस में उसका विनिमय कर लें। इस तरह राज्यतंत्र का (श्रम विभाजन के आधार पर संगठित समाज का) जन्म होता है। प्लैटो का विवरण ऐतिहासिक दृष्टि से सही है। सामूहिक श्रम और सामूहिक स्वामित्व वाली आदिम साम्यवादी व्यवस्था से इसी तरह के समाज का जन्म होता है। श्रम-विभाजन के आधार पर बना हुआ छोटे पैमाने के उत्पादन और विनिमय का यह समाज सामंती समाज है। आदिम साम्यवाद से उद्‌भव सामंती समाज का होता है, दासों के श्रम पर आधारित समाज का नहीं। प्लैटो कल्पना करते हैं, राज्यतंत्र के इस प्रारंभिक रूप में "एक आदमी किसान है, दूसरा थवई है, अन्य कोई बुनकर है", कोई मोची है या शरीर की आवश्यकताएँ पूरी करने वाला कोई और है। इस समाज में किसानी और कारीगरी के बीच श्रम-विभाजन हो चुका है। जो आदमी खेती करता है, वह आदमी घर बनाने, कपड़ा बुनने, जूता गाँठने आदि के काम नहीं करता। कारीगर किसान से अलग है, कारीगरों में भी श्रम का विशेषीकरण हो चुका है। घर, कपड़ा, जूते बनाने के काम अलग-अलग कारीगर करते हैं। मार्क्स ने सामंती उत्पादन पद्धति की जो विशेषताएँ बतायी हैं—छोटे पैमाने का उत्पादन, किसानी से कारीगरी का अलगाव और कारीगरों में श्रम का विशेषीकरण—वे सब यहाँ मौजूद हैं। इस तरह के सामंतवाद का चलन यूनान में था, भारत में था। जर्मनी और ब्रिटेन में किसानी से कारीगरी का अलगाव न हुआ था ; वहाँ का सामंतवाद भारत और यूनान के सामंतवाद से पिछड़ा हुआ था।

प्लैटो का विवेचन इसलिए भी महत्वपूर्ण है कि उसमें जोर मनुष्य की आवश्यकताओं पर है, समाजनिर्माता किसी दैवी शक्ति पर नहीं। "हम सिद्धांत रूप में एक राज्यतंत्र का निर्माण आरंभ से करें। फिर जो भी वास्तविक निर्माता है, लगता है, वह आवश्यकता है।" यह कोई विश्व में व्याप्त, अदृश्य शक्ति के समान, अमूर्त आवश्यकता नहीं है। "पहली और सबसे बड़ी आवश्यकता भोजन है ; वह जीवन और अस्तित्व की शर्त है।"[21] यहाँ तक प्लैटो भौतिकवाद के साथ हैं। पर उसके आगे कहते हैं, "हम सब एक-से नहीं हैं। हममें स्वभावों की विविधता है और ये विभिन्न पेशों के लिए उपयुक्त हैं।"[22] हर मनुष्य की अपनी एक जन्मजात प्रकृति है ; उसी के अनुरूप वह कर्म करता है। मनुष्य की प्रकृति, उसका स्वभाव, उसकी नियति है। कोई राजा है, कोई किसान है, कोई कारीगर है, सबकी अपनी-अपनी नियति है, वह उनके स्वभाव से निर्धारित है। प्रत्येक मनुष्य में जन्मजात, अपरिवर्तनशील स्वभाव की कल्पना भाववाद है। उसका उपयोग भारत में, यूनान में, वर्णव्यवस्था को चिरंतन सिद्ध करने के लिए किया गया है।

एक आदमी एक ही पेशा अपनायेगा तो काम अच्छी तरह करेगा, वह पेशा उसके स्वभाव के अनुरूप होगा। कई पेशे अपनायेगा तो कोई भी काम अच्छी तरह

न कर सकेगा। अपने-अपने पेशे में लोग जो चीजें बनायेंगे, उनके विनिमय के लिए बाजार चाहिए, विनिमय का माध्यम द्रव्य चाहिए। कुछ लोग केवल खरीद-फरोख्त का काम करेंगे। "सुव्यवस्थित राज्यों में आमतौर से यह काम वे लोग करते हैं जो शारीरिक बल में सबसे कमजोर होते हैं, इसलिए और किसी काम के लायक नहीं होते।" प्लैटो की जातिप्रथा में खुदरा माल बेचने-खरीदने का काम बनिये करते हैं, माल लेकर एक शहर से दूसरे शहर जानेवाले व्यापारी इनसे भिन्न होते हैं। युद्ध करना एक कौशल है। इस कौशल में योग्यता प्राप्त करनेवालों की अलग जमात है। सबसे महत्वपूर्ण कौशल संरक्षकों (ज्ञानियों) का है। एकांत ध्यान, सर्वाधिक दक्षता और अभ्यास इन्हीं के पेशे के लिए दरकार है।[23] आखिर व्यक्तियों को उनके गुण-स्वभाव के अनुसार कर्मविशेष में यही लोग तो नियोजित करते हैं। और इन्हें संरक्षक कर्म में कौन नियोजित करता है ? वे ज्ञानी हैं, पवित्र आचरण वाले हैं ; वे स्वयं अपना कर्तव्य पहचानते हैं। उन्हें कर्म में कौन नियोजित करेगा ? यह बात अलग है कि पिता अपने पुत्रों में सबसे योग्य को ही पुरोहिताई सौंपता है ; फिर वे भी सबसे योग्य पुत्र, पिता की तुलना में, अयोग्य सिद्ध होते हैं। संरक्षण कार्य उनके हाथ से निकल जाता है।

यद्यपि प्लैटो की वर्णव्यवस्था आदर्शरूप में मनुष्यों के जन्म पर नहीं, उनके गुण-स्वभाव पर निर्भर है, पर **गणतंत्र** में अनेक संकेत हैं जिनसे ज्ञात होता है कि व्यवहार में वर्णव्यवस्था का आधार जन्म ही था। इस व्यवस्था के आदर्शरूप में यह बंधन नहीं है कि बेटा बाप का पेशा अपनाये। समाज के लिए हर तरह का काम आवश्यक है लेकिन जो शारीरिक श्रम सबसे ज्यादा करता है, वह सबसे छोटा है। जो शारीरिक श्रम बिल्कुल नहीं करता, केवल मानसिक श्रम करता है, वह श्रेष्ठ है। **गणतंत्र** में क्या न्याय है, क्या अन्याय है, इसकी छानबीन बहुत की गयी है। उसका सारतत्व यह है कि जिस समाज में मनुष्य अपनी प्रकृति के अनुसार कर्म करता है, वह न्याय पर टिका है, जिसमें वह अपनी प्रकृति से हटकर विभिन्न कर्मों में प्रवृत्त होता है, वह अन्याय को जन्म देता है और विघटित हो जाता है। प्लैटो अपने विवेचन से सिद्ध कर देते हैं कि पुरानी व्यवस्था वित्त के चलन से, विनिमय के विकास से, विघटित हो रही है किंतु इसके लिए दोष देते हैं मनुष्य की आत्मगत प्रवृत्तियों को।

प्लैटो के नगर एथेन्स में कारीगरों को उनके श्रम के लिए पगार दी जाती थी, यह तथ्य यूनान के इतिहास और ऐतिहासिक भौतिकवाद को समझने के लिए अत्यंत महत्वपूर्ण है। "यदि कारीगर को पैसे न दिये जायें तो क्या उसे अपने कौशल से कोई लाभ होगा?" यह आदर्श गणतंत्र की बात नहीं है। व्यवहार में प्लैटो के समाज में जो कुछ हो रहा था, उसकी बात है। वैद्य का कौशल स्वास्थ्य के लिए, थवई का कौशल घर बनाने के लिए है, "इनके साथ एक अन्य कौशल, पैसा कमाने

का कौशल है।"[24] कायदे से होना यह चाहिए कि जो पैसा कमाये, वह कोई और धंधा न करे, पर यहाँ हर कारीगर का यह सामान्य धंधा है। पैसा न कमाये तो उसे अपने कौशल से लाभ क्या होगा? थवई घर बनाता है, खेती नहीं करता ; पैसा न हो तो अन्न काहे से खरीदेगा? एथेन्स में खुदरा माल की खरीद-फरोख्त होती है, थोक माल के व्यापारी एक शहर से दूसरे शहर जाते हैं। उपज की अदलाबदली का जमाना कभी का खत्म हो चुका है। यहाँ विनिमय है, श्रम का विशेषीकरण है, विनिमय के माध्यम, वित्त का व्यापक चलन है। पेशा कोई हो, पैसा कमाना सब जानते हैं।

एथेन्स में विनिमय का इतना विकास हो गया है कि मनुष्य की श्रमशक्ति भी बेची और खरीदी जाती है। सेवकों का एक वर्ग बुद्धि के लिए उल्लेखनीय नहीं है "पर उनके पास श्रम के लिए शारीरिक शक्ति खूब होती है। अतः उसे वे बेचते हैं, और मैं भूलता नहीं हूँ तो वे भृत्य कहलाते हैं क्योंकि उनके श्रम का जो मूल्य दिया जाता है, वह भृति (भाड़ा) कहलाता है।" इनका शरीर नहीं बिकता, श्रम करने की शारीरिक शक्ति बिकती है। ये गुलामों से भिन्न हैं। इनके पास उत्पादन के अपने साधन नहीं हैं। ये किसानों और कारीगरों से भिन्न हैं। ये एथेन्स के श्रमजीवी सर्वहारा हैं। वे उत्पादकों का बहुसंख्यक भाग नहीं हैं किंतु उनकी उपस्थिति यह सिद्ध करने के लिए काफी है कि सामंती गर्भ में पलनेवाले व्यापारिक पूँजीवाद के साथ, सत्रहवीं सदी के ब्रिटेन और फ्रान्स की तरह, औद्योगिक पूँजीवाद की पूर्वपरिस्थितियाँ जन्म ले रही हैं।

भाड़े के श्रमिकों से कोई भी काम लिया जा सकता है। इनका स्वभाव परखकर उन्हें विशेष कर्म में नियोजित करने की संभावना पर प्लैटो ने विचार नहीं किया। जातिप्रथा वाला श्रम-विभाजन पुराना पड़ गया है ; उसके अंतर्गत इन्हें निश्चित काम दिया नहीं जा सकता। वर्ण का स्थान वर्ग ले रहा है, श्रम करने की परिस्थितियाँ बदल रही हैं, उत्पादन और विनिमय का पुनर्गठन नये मानव-संबंधों को जन्म दे रहा है। प्लैटो का प्रयत्न है कि हर संभव उपाय से वर्णव्यवस्था कायम रखी जाये, लोग विद्रोह करें तो उनका दमन किया जाये। आदर्श गणतंत्र में योद्धावर्ग के सदस्य अपने आवासों के लिए ऐसा स्थान चुनेंगे कि बाहर से आक्रमण हो तो नगर की रक्षा कर सकें, और नगर के भीतर कोई सिर उठाये तो "विद्रोह का दमन करना सुविधाजनक हो।"[25] प्लैटो इसे तानाशाही नहीं कहते पर वास्तविक तानाशाही यही है। कारीगर धनी हो गये तो काम चौपट करेंगे, मुफलिस हो गये तो अपने कौशल के लिए आवश्यक उपकरण, औजार आदि न जुटा पायेंगे। उनको बस इतना पैसा मिलना चाहिए कि मुफलिस हुए बिना जी लगाकर काम करते रहें। कुम्हार पैसेवाला हो गया तो आलसी और बेपरवाह हो जायेगा। मुफलिस हो गया तो आवश्यक सामान न जुटा पायेगा, "और वह बेटों या शागिर्दों को सही ढँग से काम करना न सिखा पायेगा।"[26] शागिर्दों के साथ कुम्हार के बेटों का जिक्र क्यों है ?

इसलिए कि आम चलन यही है कि कुम्हार का बेटा कुम्हार का काम करेगा। ऐसा विधान नहीं है कि पहले उसके गुण स्वभाव की परख हो जाये, फिर उसे काम में लगाया जाये। शागिर्दों में कुम्हारों के बेटे हो सकते हैं, बढ़इयों और मोचियों के भी। इन सबका वर्ण एक है ; पेशा बदलें तो बहुत हानि न होगी। "मान लो बढ़ई मोची का धन्धा या मोची बढ़ई का धंधा करने लगता है ; और मान लो, वे अपने औजारों की, सामाजिक स्थिति की अदलाबदली कर लेते हैं या एक ही आदमी दोनों का काम करने लगता है", तो इससे बहुत हानि न होगी। (बढ़ई और मोची के औजार अलग हैं, उनकी सामाजिक स्थिति भी अलग है। सामाजिक स्थिति की अदलाबदली तो यहाँ भी न होनी चाहिए पर यदि हो जाये तो बहुत हानि न होगी क्योंकि सत्ता के अधिष्ठान से दोनों दूर हैं।) "लेकिन जब मोची या कोई व्यक्ति जिसे प्रकृति ने व्यापारी होने के लिए गढ़ा है, धन से या अपने अनुयायियों की संख्या अथवा शक्ति से उत्साहित होकर योद्धाओं के वर्ग में बलपूर्वक घुस आने का प्रयत्न करता है, अथवा योद्धा विधायकों और संरक्षकों के वर्ग में घुसने का प्रयत्न करता है, इस तरह की आकांक्षा उसे न होनी चाहिए। और जब वे अपने औजारों की, सामाजिक स्थिति की अदलाबदली उनसे करते हैं जो उनसे ऊपर हैं, अथवा जब कोई व्यक्ति व्यापारी, विधायक और योद्धा एक साथ होना चाहता है, तब मेरी समझ में मेरे इस कथन से तुम सहमत होगे कि इस अदलाबदली और एक-दूसरे के कामों के इस घोल-मोल से राज्य तबाह हो जायेगा।"[27] सबसे ऊपर विधायक और संरक्षक हैं। विधि के निर्माता विधायक हैं; ये शास्त्र और स्मृतियाँ रचने वाले ब्राह्मण हैं। इनके नीचे योद्धा हैं। ये क्षत्रिय हुए। वैश्य वर्ण में व्यापारी और कारीगर हैं। वैश्य वर्ण के लोग अपना पेशा बदल लें, सामाजिक स्थिति बदल लें, तो विशेष हानि नहीं है पर उन्हें ऊपर के वर्णों में घुसने का प्रयत्न न करना चाहिए।

शत्रु से मुकाबला होने पर योद्धा पंक्ति छोड़ दे, हथियार डाल दे अथवा कायरता का और कोई काम करे तो "उसे किसान या कारीगर के दर्जे पर नीचे कर देना चाहिए।"[28] योद्धा को उसके वर्ण से बाहर किया जा सकता है पर कारीगर अथवा व्यापारी को योद्धा वर्ग में शामिल नहीं किया जा सकता क्योंकि उसे शस्त्र उठाने का अवसर मिलेगा ही नहीं। कुछ पेशे ऊँचे समझे जाते हैं, कुछ नीचे; इसका कारण यह है कि प्लैटो के अनुसार पेशे चित्तवृत्तियों के अनुरूप हैं और ये वृत्तियां ऊँची या नीची हैं। मोटे तौर से मनुष्य में तीन वृत्तियाँ होती हैं। एक से वह ज्ञान अर्जित करता है। दूसरी से क्रुद्ध होता है। तीसरी भक्षणवृत्ति है; आदमी खाना और पीना, इंद्रियों के सुख भोगना चाहता है।" इसके अंतर्गत धन प्रेम भी है क्योंकि साधारणतः ऐसी इच्छाएँ धन की सहायता से ही पूरी की जाती हैं।"[29] इन तीन वृत्तियों के अनुसार "मनुष्यों में तीन मूल वर्ग होते हैं–ज्ञानप्रेमी, आनप्रेमी और धनप्रेमी।"[30] ज्ञानप्रेमी को ज्ञान से, आनप्रेमी को मान-सम्मान से और धनप्रेमी

को धन से सुख मिलता है। दर्शन (ज्ञान) बहुत-से अयोग्य व्यक्तियों के लिए आकर्षक होता है। खाली जगह देखकर "अपने पेशे के बाहर छलांग लगाते हुए दर्शन के क्षेत्र में कूद पड़ते हैं।"[31] कारण यह कि दर्शन के साथ एक गरिमा है जो अन्य कलाओं के साथ नहीं है। यह ऐसे लोगों को आकर्षित करती है, "जिनकी प्रकृति दोषपूर्ण है, जिनकी आत्मा उनकी नीचता के कारण वैसे ही क्षत-विक्षत और विकलांग है जैसे कि उनके पेशे और कौशल से उनके शरीर हैं।"[32] कारीगरों को बहुत कठोर श्रम करना पड़ता होगा, तभी उनके शरीर के क्षत-विक्षत होने का उल्लेख है। जैसा उनका शरीर है, वैसी ही उनकी आत्मा है। जो स्वभाव से नीच हैं, वे कारीगरों का काम करते हैं। उनके ऊपर उठने का सवाल नहीं है।

"दस्तकारी और नीचे दर्जे के काम को लोग निंदनीय क्यों समझते हैं ? केवल इसलिए कि उससे उच्च वृत्ति की क्षीणता का पता चलता है। परिणाम यह कि मनुष्य के मन में जो जीव-जंतु भरे हैं, उन्हें वह काबू में नहीं कर पाता ; उनके प्रति अपना आकर्षण व्यक्त करता है और उनकी बलइयां लेने के तरीकों के अलावा और कुछ सीख नहीं पाता।" अधिकांश मनुष्य अपनी इच्छओं और वासनाओं के दास होते हैं। जो भले आदमी हैं, वे इन्हें वश में किये रहते हैं। ये इच्छाएँ और वासनाएँ विवेक बुद्धि के सो जाने पर निर्लज्ज रूप में प्रकट होती हैं। "आत्मा का शेष भाग—विवेक, मानवीय और शासक शक्ति—जब सो जाता है, तब हमारे भीतर जो वन्य पशु है, माँस या मदिरा से छककर, वह उद्यत होता है, नींद को हटाकर अपनी वासनाएँ पूरी करने बाहर निकलता है। तुम जानते हो, ऐसे समय जब मनुष्य ने लज्जा और बुद्धि को तिलांजलि दे दी हो, कोई ऐसा कर्म नहीं है जिसे करने को वह तत्पर न हो जाये, क्योंकि अपनी कल्पना में वह अपनी माता से अवैध संबंध से हिचकता नहीं है, न किसी पुरुष, देवता या पशु के साथ अप्राकृतिक संयोग से, पितृहत्या से, अथवा निषिद्ध भोजन से हिचकता है। संक्षेप में यह कि कोई भी कर्म उसके लिए अति जघन्य, अति अविवेकपूर्ण नहीं है।"[33] फ्रायड से दो हज़ार साल पहले एक विशेष कोटि के उपचेतन का यह सजीव चित्र प्रस्तुत करने वाले प्लैटो की प्रशंसा करनी चाहिए । राज्यतंत्र के रूपों का विवेचन करते हुए जैसे उन्होंने ध्यान से बाहर के सामाजिक जीवन को देखा है, वैसे ही ध्यान से उन्होंने मनुष्य के अंतर्मन को भी देखा है। अपने स्वप्नों के आधार पर हो या दूसरों के अनुभव के आधार पर हो, वे इस बात से अवश्य परिचित थे कि विवेक जब तक जागता है, तब तक निषिद्ध वासना का पशु छिपा रहता है। उसके सो जाने पर वह क्रियाशील होता है, यथार्थ जीवन में जो इच्छाएँ पूरी नहीं होतीं, उन्हें वह स्वप्न में पूरी करता है।

बीज रूप में जो मनोविज्ञान **गणतंत्र** में विद्यमान है, उसे प्लैटो ने यांत्रिक ढँग से समाज पर लागू किया है। जनता वन्य पशु है, शासक वर्ग विवेक है। शासन

शिथिल हो जाये, विवेक सो जाये तो वन्य पशु निकल भागेगा, किसान और कारीगर भारी उत्पात मचायेंगे। प्लैटो वृत्तियों के अनुसार अपने समाज के वर्गों को विभाजित करते हैं। इससे आगे बढ़कर वे राष्ट्रों को भी इसी तरह वर्गों में बाँट देते हैं। भावना की प्रधानता खास तरह के व्यक्तियों में होती है; ऐसे लोगों के राज्यतंत्र में विवेक की जगह भावना की प्रधानता होती है, "उदाहरण के लिए थ्राकेवासी, शक, और आमतौर से उत्तरी जातियाँ (नेशन्स)।" जैसे भारत में अनेक आयुधजीवी गण क्षत्रिय माने गये, वैसे ही यहाँ प्लैटो ने शकों आदि को भावनाप्रधान जातियों के वर्ग में रखा। उनमें वीरता और उत्साह है पर ज्ञान का अभाव है।"ज्ञान का प्रेम, हम कह सकते हैं, संसार के हमारे भाग की अपनी विशेषता है।" यद्यपि प्लैटो के धनिक तंत्र यूनान में ही पनपे थे, किंतु यहाँ वह अपने देश को धन के मोह से मुक्त मान लेते हैं। धन का प्रेम "फिनीशिया और मिस्र के निवासियों की विशेषता माना जा सकता है।"[34] ऐतिहासिक महत्व की बात यह है कि फिनीशिया और मिस्र का आर्थिक विकास यूनान से पहले हुआ था, संस्कृति के अनेक आधारभूत तत्व यूनान ने इन देशों से प्राप्त किये थे। उनकी तरह यूनान में द्रव्य के चलन के साथ, भौतिक सभ्यता का विकास न होता, तो वहाँ दर्शन शास्त्र का विकास भी न होता।

द्रव्य सारे अनर्थों की जड़ है, यह मानकर प्लैटो शासक वर्ग के लिए व्यक्तिगत संपत्ति का निषेध करते हैं। जो संपत्ति है, वह सभी शासकों के लिए है; व्यक्तिगत खर्च के लिए उन्हें छात्रवृत्ति जैसा कुछ द्रव्य दिया जायेगा। यही प्लैटो का साम्यवाद है जिसने यूरोप के अनेक परवर्ती लेखकों को प्रभावित किया था। आदिम साम्यवाद के अवशेष यदि मार्क्स के समय में उनके जनपद में विद्यमान थे, तो वे प्लैटो के समय में यूनान के भीतर या बाहर अवश्य विद्यमान रहे होंगे। आदिम साम्यवाद की, अर्थात् गणसमाजों की, जानकारी ने या उनकी स्मृति ने प्लैटो को प्रभावित किया था। सामूहिक स्वामित्व की वह व्यवस्था उन्होंने अपने गणतंत्र के शासक वर्ग के लिए निर्धारित की थी। पर उनका यह गणतंत्र शासक और शासित—इन दो वर्गों में बँटा हुआ है। शासक वर्ग के लिए साम्यवादी व्यवस्था केवल इस कारण आवश्यक है कि वह शासितों को ज़्यादा अच्छी तरह काबू में रख सके। ज्यादा-कम संपत्ति होने से शासक आपस में लड़ने लगें तो वे शासितों को नियंत्रित कैसे करेंगे ? राज्यतंत्र टूट जायेगा। आर्थिक विकास से जो नयी समस्याएँ पैदा हुई थीं, उनसे बचने का उपाय है प्लैटो का साम्यवाद। प्लैटो के गणतंत्र में उत्पादन को बढ़ाने पर नहीं, उसे घटाने पर जोर है। इसमें मनुष्यों का उत्पादन भी शामिल है। "और वे इस बात का ध्यान रखेंगे कि उनका परिवार उनके साधनों की सीमा न लाँघे; गरीबी अथवा युद्ध को ध्यान में रखते हुए।"[35] गरीबी क्यों बढ़ती है ? इसलिए कि आबादी बढ़ती है। गरीबी बढ़ेगी तो लोग युद्ध करेंगे। कितने आधुनिक हैं प्लैटो! व्यापारिक पूँजीवाद के उस पुरातन युग में विद्वान् कहने लगे थे, गरीबी का कारण

बढ़ती हुई आबादी है। जो चीज़ें पैदा की जाती हैं, उनका वितरण गलत ढंग से होता है, इससे गरीबी का कोई संबंध नहीं है !

सादा जीवन, थोड़ी-सी आवश्यकताएँ, लोग इनसे संतुष्ट नहीं होते। उन्हें सोफा, मेज, घर का साज-सामान, स्वादिष्ट पदार्थ, सुगंधित द्रव्य, वारवनिताएँ-- ये सब चाहिए और काफी विविधता के साथ। तब कुशल कारीगर और कलाकार भी आगे आयेंगे, सोना, हाथी दाँत और अनेक प्रकार की सामग्री की जरूरत पड़ेगी। राज्य की सीमाओं को विस्तार देना होगा। उसमें विभिन्न पेशों के लोग इकट्ठे होंगे। नैसर्गिक आवश्यकताओं के लिए ये पेशे ज़रूरी नहीं हैं। एक दल शिकारियों का होगा, कुछ स्वाँग करने वाले होंगे, गायक, कवि, नर्तक, अभिनेता, स्त्रियों की शृंगार-सामग्री तैयार करने वाले, नाई, बावर्ची, हलवाई, बहुत-से सेवक, "और यदि माँस खाना है तो बहुत-से पशु भी चाहिए होंगे।" ऐसा जीवन बिताने पर वैद्यों की जरूरत भी होगी। मूल निवासियों के लिए जो भूमि काफी थी, वह कम पड़ेगी। खेती और चरी के लिए हम पड़ोसियों की भूमि हथियाना चाहेंगे, वे हमारी भूमि पर दाँत लगायेंगे, तब युद्ध होगा। "धन के असीमित संचय" का यही परिणाम होगा।[36] जो कारण युद्ध का है, वही कारण राज्यों में निजी और सार्वजनिक सभी दोषों का है।

इन सब दोषों से बचने का उपाय है, पुराने उत्पादन-विनिमय संबंधों में कोई परिवर्तन न होने दो, संपत्ति की वृद्धि को रोको, शासकों की वर्गीय एकता को सुदृढ़ करने के लिए उनमें व्यक्तिगत संपत्ति का निषेध करो। प्लैटो के साम्यवाद से किसानों, कारीगरों, दासों, शारीरिक शक्ति बेचने वाले भृत्यों को कोई लाभ होने वाला नहीं था, यह निश्चित है। जो सामंती व्यवस्था से लड़ता है, वह प्लैटो के लिए तानाशाह है। वह तरह-तरह के हथकंडों से काम लेता है। वह अपनी नेतागीरी बनाये रखने के लिए युद्ध जारी रखता है। बाहर के शत्रुओं को जीतकर या संधि द्वारा उनसे निपटकर "वह कोई-न-कोई युद्ध भड़काता रहता है जिससे कि जनता को नेता की ज़रूरत रहे।" (साम्राज्यवाद के लिए चीन, वियतनाम, क्यूबा, अंगोला, निकारागुआ, अफगानिस्तान में युद्ध भड़काने का काम सोवियत संघ की तानाशाही ने किया है।) तानाशाह जनता पर टैक्स लगाता है जिससे कि वह निर्धन हो जाये और उसके विरुद्ध षड्यंत्र न करे। (वास्तव में षड्यंत्र करना चाहते हैं बड़ी संपत्ति के मालिक जिन पर टैक्स लगाया जाता है।) उसे यदि शक होता है कि "लोगों के दिमाग में आज़ादी के ऐसे विचार हैं जिनसे कि वे उसकी सत्ता से विद्रोह कर सकते हैं" तो वह उन्हें खत्म करने का बहाना ढूँढ़ लेता है। उसकी लोकप्रियता समाप्त हो जाती है। उसके समर्थकों में उसके विरोधी पैदा हो जाते हैं। "वह अपने चारों ओर देखता है, कौन साहसी है, मनस्वी है, बुद्धिमान है, धनवान है।" वह उनका नाश करता है। नागरिक उससे ऊब उठते हैं पर उसके लगुए भगुए और भी जोरों

से उसका समर्थन करते हैं। और उसे गुलामों का समर्थन भी मिल जाता है। वह "नागरिकों से उनके दास छीनने, उन्हें आज़ाद करने और अपने अंगरक्षक दल में भर्ती करने को तैयार हो जाता है।"[37] (जब अमरीकी उपनिवेश ब्रिटेन से अपनी आज़ादी के लिए लड़े और जब गुलामों के मालिकों से राष्ट्रीय एकता के लिए अमरीकी पूँजीपति लड़े, तब अपवाद रूप में बहुत थोड़े-से गुलाम फौज में भर्ती किये गये थे।) जनवादी क्रांति के उभार के समय यूनान के दास स्वाधीन जीवन की ओर बढ़े थे।

जो गुलाम है, वह गुलामी करने के लिए ही पैदा हुआ था। उसकी जन्मजात प्रकृति उसे इसी कार्य की ओर ठेलती है। लेकिन तानाशाह ने उन्हें आज़ाद कर दिया है। "ये नये नागरिक हैं जिन्हें उसने उत्पन्न किया है। वे उसकी प्रशंसा करते हैं, उसके साथी हैं। भले आदमी उससे घृणा करते हैं और उससे दूर रहते हैं।"[38] भले आदमी वे हैं जो दासों के मालिक हैं। तानाशाह ने दासों को आज़ाद किया है, स्वभावतः भले आदमी उससे घृणा करते हैं। यूनान में दासप्रथा उतनी सुदृढ़ न थी जितनी इतिहास ग्रंथों में वह अक्सर दिखायी देती है। यूनान के अनेक मानवतावादी लेखक दासप्रथा के विरुद्ध थे। इनमें से एक नाटककार यूरीपिदेस थे। वह स्त्रियों की समानता के हामी भी थे। अरिस्तोफनेस ने सुकरात का विरोध किया था, उसने यूरीपिदेस का भी मज़ाक उड़ाया था। उसके विचारों की प्रतिध्वनि अब प्लैटो में सुनायी देती है। "तो यह अकारण नहीं है कि ट्रैजेडी बुद्धिमान की चीज़ कही जाती है और यूरीपिदेस महान् ट्रैजेडी लेखक माने जाते हैं।" प्लैटो उनकी एक पंक्ति उद्धृत करते हैं—तानाशाह बुद्धिमानों के साथ रहने से बुद्धिमान होते हैं। फिर कहते हैं, "स्पष्ट ही वह यह कहना चाहते हैं कि जिन्हें तानाशाह अपना साथी बनाते हैं, वे बुद्धिमान होते हैं।"[39] केवल यूरीपिदेस नहीं, अन्य कवियों ने भी तानाशाहों की प्रशंसा की है। इन सबके लिए प्लैटो के आदर्श गणतंत्र में स्थान नहीं है। "ट्रैजिक कवि बुद्धिमान हैं। वे तानाशाही के प्रशंसक हैं, इस कारण हम उन्हें अपने राज्य में न आने दें। तो इसके लिए वे हमें, हमारी जीवन-पद्धति अपनाने वालों को क्षमा करेंगे।"[40] भूस्वामियों और दासों के मालिकों के लिए यूनान के कवि खतरनाक बन गये थे। एक राज्य में उन्हें प्रवेश न मिले तो इससे क्या ? "वे दूसरे नगरों में पहुँचते रहेंगे और जनसमूह को आकर्षित करेंगे। मधुर, उदात्त और प्रभावशाली स्वर वाले व्यक्तियों को भाड़े पर ले आयेंगे और नगरों को तानाशाहियों और जनतंत्रों की ओर खींचते रहेंगे।"[41] यहाँ प्लैटो ने तानाशाही और जनतंत्र को एक ही कोटि में रखा है। तानाशाही खराब इसलिए नहीं है कि वह जनतंत्र का नाश करती है। वह खराब इस कारण है कि वह जनतंत्र की तरह संपत्तिशाली वर्गों के लिए संकट पैदा करती है। प्लैटो की तानाशाही वास्तव में जनतंत्र की युक्तिसंगत परिणति है, वह ऐसी क्रांतिकारी सत्ता है जो कर्ज़दारों को महाजनों के चंगुल से छुड़ाती है,

किसानों में जमींदारों की भूमि बाँटती है, गुलामों को आज़ाद करती है, स्त्रियों को पुरुषों के बराबर दर्जा देती है। यूनान के कवि एक राज्य में प्रवेश न पाने पर दूसरे राज्यों में जाते हैं, सुरीले गायक उनकी कविताएँ सुनाकर जनसमूह को मुग्ध करते हैं, इससे सिद्ध होता है कि जनवादी चेतना के प्रसार के साथ राष्ट्र को एकताबद्ध करने में यूनान के प्राचीन कवियों का योगदान महत्वपूर्ण था।

"इसके सिवा लोग उन्हें इसके लिए पैसे देते हैं, उनका सम्मान करते हैं। और उनका सबसे ज़्यादा सम्मान, जैसी कि आशा की जा सकती है, तानाशाह करते हैं। उसके बाद उनका सर्वाधिक सम्मान जनतंत्र करते हैं। लेकिन हमारे संविधान की पहाड़ी पर वे जितना ही ऊपर चढ़ते हैं, उतना ही उनकी ख्याति गिरती जाती है, और लगता है, साँस फूलने से वह आगे बढ़ नहीं पाती।"[42] प्लैटो के संविधान की पहाड़ी पर चढ़ते समय उनकी ख्याति गिरती जाती है, तो इससे परेशानी प्लैटो को होनी चाहिए, कवियों को नहीं। यूरुप के सांस्कृतिक इतिहास का यह सुपरिचित, स्वीकृत तथ्य है कि प्लैटो यूनान के महान् गद्यकार कवि हैं। उनकी ख्याति यूनान के कवियों और नाटककारों की ख्याति का अंग है। न्यायालय में सुकरात का भाषण, उनके मरणकाल का दृश्य प्लैटो की नाट्यकला के श्रेष्ठ विदर्शन हैं। उनके संवादों के नायक सुकरात सामाजिक रूढ़ियों से लड़ने वाले क्रांतिकारी योद्धा हैं। **गणतंत्र में** अपनी बातें प्लैटो सुकरात के माध्यम से ही कहते हैं पर सुकरात की भूमिका उलट गयी है। यहाँ वह सामाजिक रूढ़ियों के संरक्षक बन गये हैं।

प्लैटो के संविधान की पहाड़ी दो तरह की दासता पर टिकी हुई है। एक है कारीगरों और किसानों की दासता, दूसरी है खरीदे हुए गुलामों की दासता। तानाशाह की आन्तरिक दुष्प्रवृत्तियों का विवेचन करते हुए प्लैटो एक मनोरजंक उदाहरण देते हैं। शहर के धनी आदमियों में हर एक के पास बहुत-से गुलाम होते हैं। ये धनी आदमी निश्चिंत जीवन बिताते हैं, उन्हें अपने सेवकों की ओर से भय नहीं होता। कारण यह है कि "हर (धनी) व्यक्ति की रक्षा के लिए सारा नगर संघबद्ध रहता है।"

अब मान लीजिए पचास या अधिक दासों के स्वामी को उसके परिवार, संपत्ति और दासों सहित कोई देवता ले जाकर निर्जन स्थान में छोड़ दे, "जहाँ स्वाधीन जन उसकी सहायता को न हों तो वह डर से बेहाल न हो जायेगा कि उसके दास, उसकी पत्नी और बच्चों का वध न कर दें ?"[43] इस भयावह स्थिति में वह धनी व्यक्ति बाध्य होकर अपने कुछ दासों की खुशामद करेगा, उनसे बड़े- बड़े वादे करेगा, उन्हें आज़ाद कर देगा। अब वही देवता उसके पड़ोस में ऐसे लोगों को बसा दे, "जो किसी व्यक्ति को दूसरे का मालिक न बनने देंगे, और यदि वे अपराधी को पकड़ लें तो उसे अति कठोर दंड देंगे," तो उस धनी व्यक्ति की हालत बदतर हो जायेगी।

ऐसी समस्याओं से बचने का उपाय है भू-स्वामियों के भाईचारे को मजबूत करना। इसके लिए उनमें संपत्ति का सामूहिक स्वामित्व आवश्यक है। संपत्ति में स्त्रियाँ शमिल हैं।

(3)

पति की संपत्ति है पत्नी। शासकों की और सब संपत्ति सामान्य है, तब पत्नियाँ ही उनकी व्यक्तिगत संपत्ति कैसे रहेंगी ? प्लैटो ने प्रेम और सौंदर्य का मोहक वर्णन किया है। जहाँ भी ऐसा वर्णन है, वहाँ प्रेमियों का जोड़ा है, समूह नहीं। उदात्त चित्रण उन्होंने व्यक्तिगत प्रेम का किया है; एक नर समूह, दूसरा नारी समूह, इनके मोह का चित्रण उन्होंने नहीं किया। उनके आदर्श गणतंत्र में, कम-से-कम शासक वर्ग के लिए, व्यक्तिगत प्रेम की गुंजाइश नहीं है। जिन्हें शासन करना है, उन्हें सही ढँग की शिक्षा मिले तो वे बहुत-से मसले सुलझा लेंगे, "जैसे कि उदाहरण के लिए विवाह, स्त्रियों पर अधिकार और संतान की उत्पत्ति। इन सबके लिए सामान्य सिद्धांत वही है, जैसी कि कहावत है, मित्रों की सारी चीज़ें एक-दूसरे की, सबकी होती हैं।"[44] जैसे और सब संपत्ति है, वैसे ही स्त्रियाँ हैं। प्लैटो मानते हैं कि शासन चलाने के लिए कोई ऐसा गुण नहीं है जो केवल स्त्रियों या पुरुषों में हो। "जो कार्य पुरुष के हैं, वे सब नैसर्गिक रूप से स्त्रियों को दिये जा सकते हैं लेकिन इन सब में पुरुष से स्त्री कमजोर होती है।"[45] इस भेद को ध्यान में रखते हुए जिन स्त्रियों में दर्शन, सैन्यशास्त्र आदि के प्रति रुचि हो, उन्हें ऐसे पुरुषों का सहयोगी बनाना चाहिए जिनमें वैसे ही गुण हों। प्रत्येक वर्ग के पुरुषों को स्त्रियाँ समान गुणों वाली मिलेंगी पर इन्हें वे स्वयं ढूँढ़ लायेंगे। जो ज्ञानी दूसरों के लिए कर्म निश्चित करते हैं, वही शासकों के लिए स्त्रियाँ भी चुनेंगे। यह चयन इस ढंग से होगा कि "ये सभी स्त्रियाँ एक वर्ग के सभी पुरुषों की सामान्य पत्नियाँ होंगी, कोई भी निजी रूप से अलग न रहेंगी, इसके सिवा उनके बच्चे सबके सामान्य बच्चे होंगे, न बच्चे को मालूम होगा, उसके माता-पिता कौन हैं, न माता-पिता को मालूम होगा, उनके बच्चे कौन हैं।[46]

एक गोत्र के सारे युवक पति हैं, अन्य गोत्र की सारी युवतियाँ पत्नियाँ हैं। प्लैटो इस गोत्र विवाह की पुरानी पद्धति की ओर लौट रहे थे। एक पति और एक पत्नी वाले गृहस्थ जीवन की प्रथा समाज में विकास की महत्वपूर्ण मंज़िल थी। प्लैटो गोत्र विवाह की जिस प्रथा को फिर चलाना चाहते थे, वह पुरानी मूल प्रथा से गिरी हुई थी। संरक्षकों की देखरेख में पुरुषों से संयोग, पशुओं की तरह अच्छी नस्ल की संतान का प्रजनन, यह कार्य है स्त्रियों का। कुछ पदाधिकारियों का यह काम होगा कि अच्छे माता-पिता की संतान को अलग बाड़े में ले जाकर धायों के पास छोड़ आयेंगे, लेकिन संतान यदि विकलांग हो या अच्छे माता-पिता की न हो, "तो जैसा कि उचित है, वे उसे किसी अज्ञात रहस्यमय स्थान पर छोड़ आयेंगे।"[47] शासकों

की नस्ल को शुद्ध रखने के लिए यह सब करना आवश्यक है। उत्तम कोटि के पक्षी हों, अच्छे शिकारी कुत्ते हों या घोड़े हों, उनकी नस्ल को सुधारते रहने के लिए उनके मालिक उपयुक्त नर-मादा का संयोग कराते हैं। इसके लिए बड़ा कौशल दरकार है। "यदि यही सिद्धांत मानव जाति पर लागू होता है तो हमारे शासकों में और भी ऊँचे दर्जे का कौशल होना चाहिए !"[48] स्त्रियों का काम पशुओं की तरह अच्छी नस्ल के बच्चे पैदा करना है। अंतर यह है कि मादा पशु, कम-से-कम कुछ समय के लिए, अपनी संतान को पहचानती है, प्लैटो के गणतंत्र में नारी मातृत्व सुख से वंचित रहती है।

संरक्षकगण उत्तम कोटि के नर और नारी का संयोग बारबार होने देंगे, निम्न कोटि के नर-नारी का संयोग यथासंभव कम होने देंगे। "यदि समूह को श्रेष्ठ स्थिति में रखना है तो उन्हें एक तरह के संयोग से उत्पन्न संतति का पालन-पोषण करना चाहिए, दूसरी तरह के संयोग से उत्पन्न संतति का नहीं।"[49] नस्ल को सुधारने के साथ आबादी को नियंत्रित रखने का भी यह एक तरीका है। "कितनी शादियां होंगी, इसका फैसला शासकों पर छोड़ देना चाहिए। उनका उद्देश्य यह होगा कि संरक्षकों की कुल संख्या उतनी ही बनी रहे। युद्ध, महामारी और ऐसी ही चीज़ों को ध्यान में रखते हुए प्रयत्न यह होना चाहिए कि राज्य को न तो बहुत बड़ा होने दें, न बहुत छोटा।"[50] कोई भी पुरुष अपनी पुत्री से, पौत्री से, माता से, या नानी से ब्याह न करेगा, कोई भी स्त्री अपने पुत्र से, पिता से, पौत्र से या पितामह से ब्याह न करेगी। लेकिन इसका पता कैसे चलेगा कि कौन किसका पुत्र है, कौन किसका पिता है ? किसी एक शुभ दिन जितने विवाह हुए हैं, उसके बाद दसवें महीने में जितने बालक पैदा होंगे, वे सब वर के पुत्र होंगे, बालिकाएँ पुत्रियाँ होंगी। दादा-दादी, नाती-पोते आदि का हिसाब रखना काफी कठिन काम है। जिन यौन संबंधों को समाज निषिद्ध मानता है, उनसे प्लैटो बचना चाहते हैं। किंतु जिस विवाहप्रथा की ओर वह लौटना चाहते हैं, वह ऐसे संबंधों के लिए संभावनाएँ पैदा करती है।

स्त्री प्रलोभन की वस्तु है। उसका उपयोग पुरस्कार के रूप में हो सकता है। सैनिक अभियान में कोई युवक विशेष वीरता प्रदर्शित करता है, "यदि वह किसी को चूमना चाहे तो जब तक अभियान जारी है, चूमे जाने से कोई इन्कार न करेगा। फौज में कोई प्रेमी हो, तो प्रेम उसे चाहे युवा से हो, चाहे युवती से, इस तरह अपनी वीरता का पुरस्कार पाने को वह और भी उत्सुक रहेगा।"[51] स्त्रियों में बुद्धि का अभाव होता है। "जैसे कि स्त्रियों और बच्चों की समझ में रंगबिरंगी चीज़ें सबसे आकर्षक होती हैं...।"[52] जो कुछ अविवेकपूर्ण है, वह सब स्त्रियों का हिस्सा है। मर्दानगी सिर्फ़ मर्दों का बाना है। होमर हुए, यूनान के महान् ट्रैजेडी लेखक हुए, लोगों को बहुत प्रभावित करते हैं। नायक अपना शोक प्रकट करता है तो "हममें

जो श्रेष्ठ जन हैं, वे भी सहानुभूति से द्रवित होकर, प्रसन्न होते हैं; जो कवि हमारे भावों को उकसाता है, उसके सौष्ठव की प्रशंसा करते अघाते नहीं हैं।"[53] आत्मा का जो निम्न भाग है, वह भावों का निवास है; जो उच्च भाग है, उसमें विवेक का निवास है। अब देखिये, जीवन में क्या होता है। "जब हम स्वयं किसी शोक से पीड़ित होते हैं, तब तुम देखोगे कि हम इससे विरोधी गुण पर गर्व करते हैं। हम शांति और धैर्य से काम लेना पसंद करेंगे। मर्दानगी इसी में समझी जाती है। बाकी जो हम पाठ सुनकर प्रसन्न हुए थे, वह अब औरतों का काम समझा जाता है।"[54]

यूनान का मानवतावादी साहित्य जिस दिशा में आगे बढ़ा था, प्लैटो उससे उल्टी दिशा में चल रहे थे। यह साहित्य उस समाजव्यवस्था के लिए चुनौती था जो प्लैटो के समय में ध्वस्त हो रही थी और जिसे बचाने के लिए वह उसका आदर्श रूप गणतंत्र में प्रस्तुत कर रहे थे। मनुष्य ने बहुत दुःख सहा था, साहित्यकारों ने उसी दुःख को चित्रित किया था। प्लैटो का दर्शन इस दुःख की छानबीन नहीं करता। वह मान लेता है कि दुखी होना कुछ लोगों का स्वभाव है, उनके दुःख से दूसरे सहानुभूति प्रकट करें तो वे भी अविवेकी हैं। किंतु सुकरात को ज़हर इसलिए दिया गया था कि वह रूढ़ियों से लड़े थे, उनका अस्तित्व शासक वर्ग के लिए संकट बन गया था। उनके विषपान के समय उनके शिष्य रो रहे थे। उस दृश्य का सजीव वर्णन पढ़कर सहृदय पाठक द्रवित हो जाते हैं। अब प्लैटो इसे विवेकहीन, स्त्रैण भाव कहकर छुट्टी पा लेना चाहते हैं। यूनान के नाटकों में नारी का उदात्त चित्रण किया गया है। समाज में उसकी स्थिति दासों और कारीगरों (शूद्रों) जैसी थी, प्लैटो इसे स्वीकार कर लेते हैं।

कहते हैं, "जिनके लिए हम चिंता प्रकट करते हैं और जिनके लिए हम कहते हैं कि उन्हें अच्छे आदमी बनना चाहिए, उन्हें हम स्त्री का अनुकरण न करने देंगे, स्त्री चाहे बूढ़ी हो, चाहे जवान हो, जो पति से लड़ रही हो या अपने सुख के मद में देवताओं के विरुद्ध प्रयत्नशील हो और बड़े बोल बोलती हो, अथवा जो कष्ट में हो, दुखी हो या रो रही हो; जो बीमार हो, प्रेम में हो या बच्चा जन रही हो–निश्चय ही उसका अनुकरण न करने देंगे (and certainly not one who is in sickness, love or labour)।"[55] स्त्री के लिए प्रेम करना भी बीमारी है। जो शासक बनने वाले हैं, उन्हें ऐसा अशोभन कार्य करने वाली स्त्री का अनुकरण न करना चाहिए। विडंबना यह है कि प्लैटो की श्रेष्ठ कृति **सिम्पोज़ियम** में सुकरात को प्रेमतत्व एक स्त्री, दिओतिमा, ने ही समझाया है। किंतु यहाँ वह दासों की कोटि में है। भावी शासक न स्त्री का अनुकरण करें, न दासों का। "और उन्हें दासों का काम करने वालों, मर्द या औरत गुलामों का भी अनुकरण न करना चाहिए।"[56] स्त्री हर तरह के अवगुणों की खान है। युद्ध में मारे गये यूनानी सैनिकों की देह से हथियार आदि छीनना नीचता है और स्त्रियों का काम है। "क्या शव को लूटने में

अनुदारता और लोभ एक हद तक नीचता और स्त्रैणता नहीं है ?"[57] गणतंत्र में गुणवती स्त्रियाँ शासक और सैनिक कार्यों की शिक्षा पा सकती हैं, व्यायाम और खेल के मैदान में उन्हें नंगे पुरुषों के साथ नंगी रहना पड़ेगा। लगता है, स्त्रियाँ पुरुषों के समान हैं लेकिन शासक हो जाने पर भी पुरुष की अपेक्षा स्त्री कमज़ोर रहेगी। इसलिए गुणवती स्त्री का वास्तविक कार्य योग्य शासकों के लिए अधिक-से-अधिक बच्चे पैदा करना है।

कुछ कामों में स्त्रियाँ बहुत कुशल मानी जाती हैं। इनमें से एक काम कपड़ा बुनने का है। यह काम कुछ मर्द भी बहुत अच्छी तरह कर सकते हैं।[58] किन्तु कपड़ा बुनना जहाँ स्त्रियों का सामान्य कर्म है, वहाँ पुरुषों में वह बुनकरों का विशेष कर्म है। इसी कारण कारीगरों के साथ स्त्रियों का उल्लेख प्लैटो के लिए बहुत स्वाभाविक है। करघे पर कपड़ा बुनने का काम वे घर के भीतर करेंगी। यूनान की अधिकांश स्त्रियाँ घरों में बंद रहने को बाध्य हों तो आश्चर्य नहीं। प्लैटो का भयग्रस्त तानाशाह--"स्त्री की तरह अपने घर में छिपा हुआ रहता है।"[59] इस एक उपमा से स्त्रियों की वास्तविक स्थिति का पता चल जाता है। स्त्रियों को पुरुषों से कमज़ोर मानकर प्लैटो ने इस स्थिति को कायम रखने में सहायता की थी।

छोटे पैमाने का उत्पादन, किसानी से कारीगरी का अलगाव, कारीगरी के अंतर्गत शिल्पों का अलगाव, पीढ़ी-दर-पीढ़ी कुटुंब में एक ही पेशे का चलन, भूमि का केन्द्रीकरण, अवकाशभोगी वर्ग की श्रेष्ठता, समाज में ऊँच-नीच का भेदभाव, वर्ण और जाति-बिरादरी की स्थिरता--सामंती समाज की इन सारी विशेषताओं के साथ अभिन्न रूप से जुड़ी हुई है नारी की घरेलू दासता। प्लैटो का गणतंत्र इस सामंती व्यवस्था का विकल्प प्रस्तुत नहीं करता। इस व्यवस्था को छिन्न-भिन्न करने वाले तत्वों को हटाकर वह उसे और टिकाऊ बना देने का प्रयत्न करता है। प्लैटो के ग्रंथ का महत्व यह है कि वह यूनान की सामंती व्यवस्था का ऐसा चित्र प्रस्तुत करता है जिससे भारतीय समाज के विकास को समझने में सहायता मिलती है, वह उन शक्तियों पर ध्यान केन्द्रित करता है जिनसे यह व्यवस्था टूट रही थी। इसके सिवा यह ग्रंथ इस तथ्य को उजागर करता है कि ध्वस्त होते हुए समाज की रूढ़ियों की रक्षा के लिए दर्शन के क्षेत्र से भौतिकवाद को निकालकर उसकी जगह भाववाद को प्रतिष्ठित करना आवश्यक हो जाता है और यह भाववाद धर्म से जुड़े हुए विश्वासों, पुराणकथाओं आदि में घुल-मिल जाता है। यूनान में पुराने आर्थिक संबंधों का मुख्य आधार था भूस्वामी वर्ग। वह सामाजिक रूढ़ियों का मुख्य संरक्षक था, जनपदीय अलगाववाद का मुख्य पोषक था। इन रूढ़ियों के साथ देवी-देवताओं से संबंधित विश्वास और भाववाद यूनान के राष्ट्रीय गठन और विकास में बाधक हो रहे थे।

भूस्वामी वर्ग का सबसे शक्तिशाली केन्द्र था स्पार्ता। यहाँ के राज्यतंत्र में

कठोर अनुशासन पर बहुत जोर था। **गणतंत्र** के अनुवादक जोवेट ने अपनी भूमिका में लिखा है, प्लैटो ने शूरतंत्र के नागरिक की जो विशेषताएँ बतायी हैं, वे स्पार्ता के नागरिक हैं। प्लैटो, क्सेनोफोन जैसे प्रसिद्ध लेखकों के सिवा एथेन्स के बहुत-से साधारण आदमी भी स्पार्ता के प्रशंसक थे। "वहाँ उन्हें ऐसा सिद्धांत दिखाई देता था जो उनके अपने जनतंत्र में नहीं था। स्पार्तावासियों का ऑउकोस्मिआ उन्हें आकर्षित करता था अर्थात् उनके कानूनों की अच्छाई नहीं वरन् वफादारी और सब कुछ व्यवस्थित रखने की जो भावना फैली हुई थी, वह उन्हें आकर्षित करती थी।"[60] काव्य और संगीत को वहाँ सख्त नियंत्रण में रखा जाता था। प्लैटो कहते हैं, "संगीत और व्यायाम को उनके मूल रूप में बनाये रहना चाहिए, और कोई भी परिवर्तन न करना चाहिए, संगीत में किसी भी परिवर्तन से दूर रहना चाहिए क्योंकि उससे सारे राज्यतंत्र के लिए ख़तरा पैदा हो सकता है।"[61] आदर्श गणतंत्र के लिए अपरिवर्तनवाद का यह नमूना प्लैटो को स्पार्ता से प्राप्त हुआ था। यूनान के अनेक नगर राज्यों में जनतंत्र को खत्म करने में स्पार्ता ने भूस्वामी वर्ग की सहायता की थी। आगे चलकर इसी स्पार्ता से एथेन्स का लंबा युद्ध चला था। वह बहुत कुछ सामंतवाद और व्यापारिक पूंजीवाद की शक्तियों के बीच का युद्ध था। उस युद्ध से पहले यह तनाव यूनान में फैल रहा था। जोवेट ने बताया है, एथेन्स में स्पार्ता समर्थकों का एक दल था। ये स्पार्ता वासियों की पोशाक, तौर-तरीकों आदि की नकल करते थे।[62] व्यापारिक पूँजीवाद का विरोध करते हुए प्लैटो ने अंशतः स्पार्ता के सामंतवाद को अपना आदर्श बनाया।

एंगेल्स ने एथेन्स के शस्त्रधारी वर्ग के बारे में लिखा था, "एथेन्स में हर स्वाधीन नागरिक के लिए फौजी सेवा अनिवार्य थी। केवल कुछ सार्वजनिक पदों के अधिकारियों को और पुराने दिनों में, चतुर्थ या निर्धनतम वर्ग के स्वाधीन नागरिकों को इससे छूट मिलती थी। यह दासप्रथा पर आधारित सैन्य व्यवस्था थी।"[63] पुराने दिनों में, प्लैटो या उनसे पहले के युग में, चतुर्थ या निर्धनतम वर्ग के स्वाधीन नागरिक सैनिक सेवा से मुक्त थे। इनमें वे सब कारीगर रहे होंगे जिनके धनी हो जाने से समाज में अव्यवस्था फैलने का भय शासक वर्ग को सता रहा था। चतुर्थ श्रेणी के नागरिकों और प्रथम श्रेणी के अधिकारियों से अलग शस्त्रधारियों का वर्ग गठित हो रहा था। प्लैटो ने इस स्थिति को उचित ठहराने के लिए निसर्ग का सहारा लिया है। कुछ लोग निसर्गतः सैनिक सेवा के लिए उपयुक्त होते हैं, दूसरे लोग दर्शन और ज्ञान के लिए। किंतु सुकरात ने सैनिक सेवा के दौरान वीरता और धैर्य के लिए नाम कमाया था। दार्शनिक तो वह थे ही। **गणतंत्र** में सैनिक और दार्शनिक कार्यों के बीच स्पष्ट विभाजक रेखा नहीं है।

गणित के प्रसंग में प्लैटो कहते हैं, यह ऐसी विद्या है "जिसे युद्ध करने वाले को सीखना चाहिए", वर्ना वह सैनिकों की संख्या के अनुसार उन्हें व्यवस्थित न कर

सकेगा। इसके सिवा "दार्शनिक को" भी यह विद्या आनी चाहिए क्योंकि इसके बिना वह परिवर्तनशील संसार में परम सत्ता को पहचान न सकेगा, तर्क न कर सकेगा। विद्या एक है, उसका उपयोग दो श्रेणियों के लोग दो तरह से करते हैं। इसके आगे वह कहते हैं, "किंतु हमारा संरक्षक, योद्धा और दार्शनिक, दोनों है।" ग्रंथ में यह बात प्रश्न रूप में सुकरात द्वारा कही गयी है। श्रोता उत्तर देता है, "निश्चय ही।" यहाँ योद्धा और दार्शनिक दो अलग वर्गों में विभाजित नहीं हैं। आगे उन लोगों की बात कहीं गयी है "जो हमारे राज्य के प्रमुख व्यक्ति बनेंगे।" इन प्रमुख व्यक्तियों में योद्धा और दार्शनिक दोनों होंगे। वे गणित सीखेंगे "पर व्यापारियों या पंसारियों की तरह नहीं" क्योंकि इनका काम बेचना और खरीदना है। इनके विपरीत वे गणित विद्या "अपने सैनिक उपयोग के लिए और स्वयं आत्मा के लिए" सीखेंगे।[64]

"हमारा संरक्षक योद्धा और दार्शनिक दोनों है"—इस उक्ति से निसर्ग का सिद्धांत खंडित हो जाता है। यह सिद्धांत व्यवहार में इस तरह खंडित होता है—आज कल लोग तरुण अवस्था में ही दर्शन पढ़ना शुरू कर देते हैं "जब उन्होंने पैसा कमाना और घर का काम-काज सँभालना शुरू नहीं किया।" इस समय वे उसके सबसे कठिन अंग, तर्कशास्त्र का अध्ययन करते हैं। आगे चलकर जीवन में कभी दर्शन पर किसी का व्याख्यान सुन लेते हैं और इसकी बड़ी चर्चा करते हैं "क्योंकि वे दर्शन को अपना मुख्य धंधा नहीं समझते।" दर्शन जिनका मुख्य धंधा नहीं है, वे भी उसे पढ़ते हैं। इस तरह निसर्ग का सिद्धांत व्यवहार में खंडित हुआ। लेकिन प्लैटो अध्ययन की जो आदर्श व्यवस्था निर्धारित करते हैं, उससे भी वह खंडित होता है। उचित यह है कि युवक जो विषय "तथा दर्शन पढ़ें, वे उनकी सुकुमार वय के अनुरूप होने चाहिए।" जिस समय वे बाढ़ पर हों, उन्हें शरीर पर विशेष ध्यान देना चाहिए जिससे कि "वे दर्शन की सेवा में उसका उपयोग कर सकें।" आगे वे आत्मा के व्यायाम (बौद्धिक विकास) पर अधिक ध्यान देंगे। "लेकिन जब हमारे नागरिकों का बल क्षीण हो जायेगा और वे नागरिक तथा सैनिक सेवाओं से मुक्त होंगे," तब उन्हें दर्शन के अलावा और कोई काम न उठाना चाहिए; जब तब मन बहलाव के लिए कुछ कर लें, वह बात अलग है।[65]

जो आदमी नागरिक और सैनिक सेवा करता है वही दर्शन शास्त्र का अध्ययन भी करता है। पहले शरीर के व्यायाम पर जोर है, फिर आत्मा के व्यायाम पर। शरीर का व्यायाम कितने समय तक किया जाये, इस प्रश्न पर विचार करते हुए प्लैटो ने आगे कहा कि पाँच साल तक ऐसा व्यायाम करना चाहिए। इसके बाद "सैनिक या अन्य किसी पद पर काम करने को उन्हें बाध्य करना चाहिए जिसके लिए युवा योग्य माने जाते हैं, जिससे कि जीवन के अनुभव में वे दूसरों से पीछे न रहें।" जीवन का अनुभव एक प्रकार के निसर्ग से नहीं बँधा, उसमें विविधता है। विविधता का कारण दार्शनिक और योद्धा के कार्यों का घालमेल है। नागरिक

और सैनिक सेवा के लिए प्लैटो ने पंद्रह वर्ष का समय निर्धारित किया है। जब लोग पचास वर्ष के हो जायें, तब "उन्हें आत्मा की आँख उस विश्वव्यापी प्रकाश की ओर उठानी चाहिए जिससे समस्त पदार्थ उद्भासित हैं और परम शिवत्व (the absolute good) के दर्शन करने चाहिए।"[66] आदर्श गणतंत्र में जो यह सिद्ध कर चुके हैं कि "वे श्रेष्ठ दार्शनिक और श्रेष्ठ योद्धा दोनों है, वे उनके (प्रजागण के) राजा होंगे।"[67] इस तरह प्लैटो के विवेचन में बार-बार योद्धा और दार्शनिक एक ही वर्ग में सिमटते दिखाई देते हैं। शासक वर्ग मूलतः एक था, वह व्यापारियों, पंसारियों, कारीगरों से अलग था, और उसमें ब्राह्मण, क्षत्रिय जैसा वर्णभेद नहीं था। किंतु प्लैटो ने ऐसा भेद किया है। राज्यतंत्र के रूपों में पहला रूप वह है जिसमें ज्ञानी और योद्धा दो अलग वर्ग हैं और योद्धा (क्षत्रिय) ज्ञानी (ब्राह्मण) द्वारा नियंत्रित रहता है। प्लैटो की इस कल्पना का आधार क्या है, उसका कारण क्या है ?

भारत के बारे में यह जनश्रुति दूर-दूर तक फैली हुई थी कि यहाँ ज्ञानियों और दार्शनिकों का अलग वर्ग है, राजा के मंत्री इसी वर्ग के होते हैं, इसी वर्ग के लोग राजनीति समेत ज्ञान की समस्त शाखाओं के लिए सर्वमान्य ग्रंथ रचते हैं, राजा इनका सम्मान करते हैं और उनके निर्देशों के अनुसार राज्यतंत्र का संचालन करते हैं, इस कारण वहाँ के समाज में शांति और स्थायित्व है। **गणतंत्र** में योद्धा और दार्शनिक के भेद का आधार ऐसी जनश्रुति हो सकती है। सिकंदर के साथ आने वाले जिन यूनानियों ने भारत का वृत्तांत लिखा था, उन्होंने ब्राह्मणों का उल्लेख अनेक बार दर्शनिक के रूप में किया है। जहाँ तक शूरतंत्र का संबंध है, प्लैटो ने स्पष्ट लिखा है कि यह "क्रीट और स्पार्ता के ढंग का है" और "आम तौर से इसकी प्रशंसा की जाती है।"[68] किंतु प्लैटो इससे संतुष्ट न थे, क्योंकि इसमें दार्शनिकों की गुंजाइश न थी। जनतंत्र और धनिकतंत्र में गरीब-अमीर के भेद से समाज-व्यवस्था टूट रही थी। उससे बचने के लिए वह स्पार्ता के शूरतंत्र का सहारा लेते हैं और उसे आदर्श रूप देने के लिए दार्शनिक की भूमिका पर ज़ोर देते हैं।

प्लैटो के गणतंत्र में प्रजागण अधिकारहीन हैं। जो उन पर शासन करेंगे, वे राजा होंगे। आदर्श गणतंत्र में राजा और दार्शनिक की वृत्तियाँ एक ही व्यक्ति में घुल-मिल जायेंगी। उनकी प्रसिद्ध उक्ति है, "जब तक दार्शनिक अपने नगरों में राजा नहीं होते अथवा इस संसार के राजाओं और राजकुमारों में दर्शन की भावना और शक्ति नहीं होती, और राजनीतिक महत्ता तथा बुद्धिमत्ता एक ही व्यक्ति में मिलती नहीं हैं, और सामान्य प्रकृति के जो लोग इनमें किसी एक का ही, अन्य को त्याग कर, अनुसरण करते हैं, उन्हें एक तरफ खड़े हो जाने को बाध्य नहीं किया जाता, तब तक नगरों (अर्थात् नगर राज्यों) को अपने दोषों से मुक्ति न मिलेगी और न, जैसा कि मेरा विश्वास है, मानव जाति को मुक्ति मिलेगी; और तभी हमारे इस आदर्श राज्य का जन्म लेना और अस्तित्व में आना संभव होगा।"[69] ब्राह्मण क्षत्रिय

जैसा भेद अस्थायी कल्पना है। वास्तविकता यह है कि राज्यशक्ति भूस्वामी वर्ग के हाथ में है, ज्ञान और संस्कृति का नियामक भी वही है। इस तथ्य की पुष्टि अरस्तू की **राजनीति** से भी होती है। मूल समस्या ज्ञानी और भूस्वामी के द्वंद की नहीं है। मूल समस्या भूस्वामी और शेष जनसमाज के द्वंद की है। इस समाज में सभी लोग किसी-न-किसी पेशे से बँधे हुए हैं। जाति-प्रथा इस जनसमाज की विशेषता है। जोवेट कहते हैं कि लोगों की सामाजिक स्थिति को बदलना प्लैटो की असामान्य अवधारणा है "क्योंकि वह इतनी गैरयूनानी है और संसार के उनके युग में जो कुछ भी था, उससे इतनी ज़्यादा भिन्न है।[70] यूनान की प्रचलित रीति यह है कि व्यक्ति की सामाजिक स्थिति बदलती नहीं है। प्लैटो ने शासक बनने की शिक्षा पाने वाले के अयोग्य साबित होने पर उसे नीचा दर्जा देने की बात कही है। ऐसा उनके युग में कहीं होता नहीं था, इसलिए वह अवधारणा असामान्य है। जोवेट प्लैटो के लिए आगे कहते हैं, "उन्होंने यह संकेत भी किया है कि जातिप्रथा (the system of caste) जो प्राचीन संसार के बड़े भाग में मौजूद थी और जो आधुनिक यूरोपियन संसार में सर्वथा समाप्त नहीं हो गयी, कभी-कभी गुण के पक्ष में, एक तरफ कर देनी चाहिए।"[71] प्लैटो के गणतंत्र में जातिप्रथा का आधार यूनान का यह सामाजिक यथार्थ है।

जोवेट के अनुसार प्लैटों का गणतंत्र पिथागोरसपंथियों का संघ भी था[72] और "ऐसा संघ शायद उन्हीं राज्यों में संभव था जिन्हें दोरियन (स्पार्ता की) संस्थाओं ने तैयार किया था।"[73] **गणतंत्र** में प्लैटो ने होमर की आलोचना करते हुए स्पार्ता के राज्य का उल्लेख किया है, उसके बाद कुछ आगे चलकर उन्होंने पिथागोरस की चर्चा की है। इससे जोवेट के कथन की पुष्टि होती है। प्लैटो का प्रश्न है, क्या होमर की सहायता से कभी कोई राज्य बेहतर ढँग से शासित हुआ है ? "लकेदैमोन (स्पार्ता) की सुव्यवस्था लुकुर्गोस की देन है",[74] और यदि होमर ने कोई सार्वजनिक सेवा नहीं की तो निजी तौर पर क्या वह गुरु और शिक्षक थे ? "क्या उनके जीवन काल में उनके ऐसे मित्र थे जो उनकी संगति पसंद करते थे और जिन्होंने भावी पीढ़ियों के लिए जीवन का कोई होमर पंथ छोड़ा हो जैसा कि पिथागोरस ने छोड़ा था जिसके लिए लोग उन्हें विशेष रूप से प्यार करते थे और जिनके अनुयायी आज भी दूसरों से अलग दिखाई देते हैं, उस जीवन पद्धति के कारण जिसे वे पिथागोरसपंथ कहते हैं ?"[75] प्लैटो को यह प्रश्न सुकरात के बारे में भी करना चाहिए था।

पिथागोरस के अनुयायी शाकाहारी, अहिंसावादी थे। स्पार्ता के शासकों से उनकी एक भिन्नता तो यही है। उनका ज़ोर व्यक्ति के अनुशासित जीवन पर था। जोवेट ने उनके संदर्भ में 'कैथलिक मठवादी संघों', 'मध्यकालीन संस्थाओं' का उल्लेख उचित किया है। ऐसी संस्थाएँ त्याग, तपस्या और शुद्ध आचार-व्यवहार पर बहुत ज़ोर देती हैं। वे मुख्यतः कारीगरों, अंशतः व्यापारियों, का दृष्टिकोण प्रतिबिंबित

करती हैं। ये लोग सामंतों के वैभव और विलासमय जीवन से, पुरोहितों के व्ययसाध्य कर्मकांड से, असंतुष्ट होते हैं। अक्सर वे ऐसे विवेकवाद का प्रचार करते हैं जो मनुष्य को भरा-पूरा जीवन बिताने से रोकता है। धर्म, अर्थ, काम, मोक्ष की चौकड़ी से वे अर्थ और काम को निकाल देते हैं। द्रव्य का स्पर्श भी न करना शुद्ध आचार की पराकाष्ठा बन जाता है। मनुष्य के भावों का दमन करके, उनका अविश्वास करके, यह विवेकवाद साहित्य और कला के विकास को रोकता है। वह केवल उपयोगी कलाओं का महत्व स्वीकार करता है, हर चीज़ को उपयोगिता के तराजू पर तौलता है, संसार के हर प्रपंच को छोटे मालिक कारीगर की निगाह से देखता है। प्लैटो की चिंतनपद्धति पर इस निगाह का असर भी है।

प्रत्येक शिल्प अन्य शिल्पों से अलग है। उससे जो भलाई होती है, वह उसी में निहित है। "नौकाचालक का स्वास्थ्य समुद्र यात्रा से सुधर सकता है। पर इस कारण नौकाचालक के कौशल और वैद्य के कौशल में हम घपला नहीं करते···प्रत्येक शिल्प का शिवत्व (the good) उसी में विशेषरूप से सीमित है।[76]" सभी शिल्पों से आदमी पैसा कमाता है। पैसा कमाने का अलग शिल्प है, अन्य सभी शिल्पों से अलग हर वस्तु का अपना अलग कार्य है, उसका उपयोग ही उसका प्रयोजन है। "और एक घोड़े का, अथवा किसी चीज़ का, प्रयोजन या उपयोग (the end or use) वह होगा जो अन्य किसी वस्तु से संपन्न न होगा, अथवा उतनी अच्छी तरह संपन्न न होगा।"[77] आदमी आँख से देखता है, कान से सुनता है, देखना और सुनना इन इंद्रियों के प्रयोजन हैं। अच्छी तरह देखने-सुनने में उनकी श्रेष्ठता है। इसी तरह आत्मा का प्रयोजन, उसका कार्य, निगरानी करना, हुक्म देना, शासन करना है। इसी में उसकी श्रेष्ठता है।[78]

स्त्रियाँ नंगी होकर व्यायाम करें तो लोग उन पर हँसेंगे। यह उनका अज्ञान है। क्योंकि सबसे अच्छी उक्ति यह है : "जो उपयोगी है वह श्रेष्ठ है, जो हानिकारक है, वह हीन है।"[79] होमर की उपयोगिता क्या है ? कवि उस चित्रकार की तरह है जो "मोची का प्रतिरूप बना देगा, यद्यपि वह मोची के काम के बारे में कुछ नहीं जानता। उसी की तरह के दूसरे लोग, जो उससे ज्यादा कुछ नहीं जानते और केवल रंग और आकृतियाँ देखकर फैसला करते हैं, चित्र से संतुष्ट हो जाते हैं।"[80] चित्रकला की उपयोगिता नहीं है, उससे जीवन की आवश्यकताएँ पूरी नहीं होतीं। मोची के कौशल की उपयोगिता है, वह जीवन की आवश्यकता पूरी करता है। बढ़ई पलंग बनाता है, पलंग की धारणा (idea) उसके मन में रहती है। कोई भी कारीगर इस धारणा को नहीं बनाता। लेकिन ईश्वर ऐसा कारीगर है जो सभी कारीगरों की सभी कृतियों का निर्माता है। "यह ऐसा शिल्पी है जो हर तरह का घरेलू साज-सामान ही नहीं बना लेता वरन् धरती से जो कुछ भी उपजता है, स्वयं उस समेत सभी प्राणी, इन सबको बना लेता है। इसके सिवा वह धरती, आकाश और देवता बना

सकता है, जो चीज़ें स्वर्ग में हैं या धरती के नीचे पाताल में हैं, उन सबको बना सकता है।"[81] एक कारीगर एक ही तरह का काम अच्छी तरह कर सकता है, यह सिद्धांत यहाँ खंडित हो जाता है। धरती-आकाश बनाने के अलावा उसने अपना निर्माण भी कर लिया है। मनुष्यों के उपयोग में जितनी चीज़ें आती हैं, उनकी मूल धारणाएँ उसी शिल्पी ने बनायी हैं। मनुष्य तो उपयोगी चीज़ें अपनी आवश्यकताएँ पूरी करने को बनाते हैं, ईश्वर उनकी मूल धारणाएँ क्यों बनाता है ? "इच्छा से या आवश्यकता से ईश्वर ने प्रकृति में एक पलंग, केवल एक पलंग बनाया। ईश्वर के द्वारा ऐसे दो पलंग न तो पहले कभी बनाये गये हैं, न बनाये जायेंगे।"[82] सभी पलंगों से अलग पलंग की एक मूल धारणा है ; किसी भी श्रेणी की वस्तुओं की एक ही मूल धारणा होती है। वस्तुओं से उनकी मूल धारणा को अलग मानना भाववाद है। इन मूल धारणाओं का निर्माता ईश्वर है, यह विश्वास धर्म है। सभी वस्तुएँ एक-दूसरे से पूर्णतः भिन्न हैं, पलंग तख्त नहीं हो सकता, तख्त पलंग नहीं हो सकता, यह तर्कशास्त्र का एकांतवाद है। तीनों का गहरा संबंध छोटे मालिक कारीगरों के दृष्टिकोण से है।

आत्मा न अपने दोष से नष्ट हो सकती है, न दूसरे के दोष से। इसलिए उसे अमर होना चाहिए। यदि यह निष्कर्ष सही है तो "आत्माओं की संख्या सदा एक सी रहेगी क्योंकि यदि किसी का नाश न होगा तो उनकी संख्या में कमी न होगी।"[83] आत्मा की अमरता के साथ पूर्व जन्म है, भावी जन्म है। पिथागोरस पुनर्जन्म में विश्वास करते थे। प्लैटो कल्पना करते हैं, मनुष्य को मरने के बाद पाप-पुण्य का फल मिलेगा। जो व्यक्ति न्याय के मार्ग पर चलते हैं, वे अंत में विजयी होते हैं। "उन्हें सुकीर्ति मिलती है और मनुष्य जो पुरस्कार दे सकते हैं, वे उन्हें मिलते हैं।" जो अन्यायी हैं, वे जवानी में भले बच जायें, अंत में वे पकड़ में आ जाते हैं। उन्हें पीटा जाता है, यातना दी जाती है "और उनकी आँखें जला दी जाती हैं।" लेकिन "मृत्यु के बाद न्यायी और अन्यायी दोनों को जो फल मिलेगा", उसे देखते यह सब कुछ नहीं हैं। एर नाम का वीर युद्ध में मारा गया। दस दिन बाद जब समरभूमि से शव उठाये गये तब वे सड़ रहे थे; केवल एर का शव जैसे का तैसा था। बारहवें दिन "जब वह चिता पर लेटे थे, वह जी उठे। परलोक में उन्होंने जो कुछ देखा था, वह लोगों को बताया।" जब उनकी आत्मा ने शरीर छोड़ा तो वह एक बड़ी संगति में यात्रा पर चली। वे एक स्थान पर पहुँचे जहाँ धरती में दो विवर थे। इनके ऊपर दो विवर आकाश में थे। धरती-आकाश के बीच न्यायाधीश बैठे थे। सदाचारियों को अपना फैसला सुनाने के बाद उनसे उन्होंने दाहिनी ओर से आकाश में चढ़ने को कहा। इसी तरह दुराचारियों को फैसला सुनाने के बाद उन्होंने उनसे बायीं ओर के मार्ग से नीचे उतरने को कहा। एर का काम था, जो कुछ देखे-सुने उसे संसार के लोगों को बता दे। तब उसने देखा, "कुछ आत्माएँ धरती से ऊपर

आ रही थीं, यात्रा से धूलिधूसरित और थकी हुई; कुछ आकाश से नीचे उतर रही थीं, साफ़-सुथरी और प्रकाशमान।"[84] यहाँ हम दान्ते के परलोक में पहुँच जाते हैं।

प्लैटो से पहले के अधिकांश यूनानी दार्शनिक प्रकृतिवादी थे। वे कल्पना करते थे, मनुष्य समेत सारी प्रकृति जल, वायु अथवा अग्नि जैसे किसी आदि तत्व से बनी है। प्लैटो ने इस परंपरा से अलग हटकर भाववादी दर्शन को प्रतिष्ठित किया। यह भाववाद, दर्शन की भूमि छोड़ता हुआ, ईश्वर, स्वर्ग, नरक पुनर्जन्म की धारणाएँ लिये हुए धर्म की रूढ़ियों का समर्थक बन गया। यह सारा बौद्धिक कार्यकलाप जनता के आक्रोश से जमींदारों के वर्ग हितों की रक्षा के लिए था। प्लैटो की अनेक स्थापनाएँ दोहराते हुए यही कार्य अरस्तू ने संपन्न किया। प्लैटो और अरस्तू दोनों ही छोटे राज्यों के पक्ष में थे।

प्लैटो का कहना था, "राज्य को इतना बढ़ने की अनुमति मैं दे सकता हूँ जितना एकता से सामंजस्य रखता हो।"[85] यूनानियों में कुछ सामान्य बातें हैं जो उन्हें बर्बरों से अलग करती हैं; यह बात प्लैटो जानते थे। यूनानियों के लिए उचित है कि वे युद्ध में हारने वाले दूसरे यूनानियों को दास न बनायें। उन्हें इस ख़तरे का ध्यान रखना चाहिए कि "सारी नस्ल एक दिन बर्बरों के जुए के नीचे आ सकती है।"[86] पर इसीलिए सारी नस्ल अर्थात् सारी यूनानी जाति का बड़े राज्य में एकताबद्ध होना आवश्यक था। युद्ध में जो यूनानी मारे जायें, उनके अस्त्र-शस्त्र मंदिर में देवता को भेंट न करने चाहिए–"यदि हम दूसरे यूनानियों के साथ सद्भावना बनाये रखना चाहते हैं। और वास्तव में हमारे इस भय का कारण है कि युद्ध में रक्त संबंधियों (kinsmen) से छीनी हुई चीज़ें भेंट करना पाप है जब तक स्वयं देवता ने इसकी आज्ञा न दी हो।"[87] यूनान में आदिम साम्यवादी काल से चले आते रक्त संबंध अभी बचे हुए थे। उन्हीं संबंधों की समझ के अनुसार प्लैटो ने सभी यूनानियों को रक्त सबंधी माना है। जहाँ तक युद्ध में दूसरे यूनानियों की भूमि को उजाड़ने, उनके घरों को जलाने का प्रश्न है, "मेरी समझ में दोनों को निषिद्ध कर देना चाहिए। मैं उनकी सालभर की उपज ले लूँगा, इससे अधिक कुछ नहीं।" कारण यह है, "'नागरिक कलह' और 'युद्ध'–इन दो संज्ञाओं में भेद है। मेरी समझ में इन दो तरह के झगड़ों में भी भेद है। जो आंतरिक है, घरेलू है, एक से उसका बोध होता है जो बाहरी है, विदेशी है, दूसरी से उसका बोध होता है। आंतरिक शत्रु से वैर को कलह की संज्ञा देते हैं; विदेशी शत्रु से वैर को युद्ध की संज्ञा देते हैं।"[88] यूनानी राज्य आपस में लड़ें तो यह उनकी आंतरिक कलह है। आंतरिक–किसको देखते आंतरिक ? विदेशी शत्रु से लड़ें तो यह बाहरी कलह अथवा युद्ध है। बाहरी–किसको देखते बाहरी ? स्पष्ट ही यूनान नाम के राष्ट्र को देखते कलह का भीतरी या बाहरी स्वरूप निश्चित होता है। आगे कहते हैं, "सारी यूनानी नस्ल रक्त और मैत्री के बंधनों से संयुक्त है, बर्बरों के लिए वह गैर और अजनबी है।" अतः बर्बर और यूनानी लड़ें

तो वह युद्ध है, वे "प्रकृति से शत्रु" हैं। यूनानी यदि कभी यूनानियों से लड़ें तो वह कलह है, वे "प्रकृति से मित्र हैं।"[89]

प्लैटो के इन वाक्यों से यूनानी जनपदों में जातीय चेतना के प्रसार का बोध होता है। इन समस्त जनपदों को एक ही राज्य में संगठित करके उनके सामान्य विकास को सुगम बनाया जा सकता था। किंतु प्लैटो छोटे राज्य के पक्ष में हैं, राज्य जितना छोटे वास्तव में थे, उससे भी छोटा राज्य उनका आदर्श गणतंत्र है। उनका राजनीतिक चिंतन आर्थिक विकास के साथ आगे नहीं बढ़ता, वह उसे रोककर समाज को पीछे की ओर ठेलने का प्रयत्न करता है।

और भी : "सोचो कि लोग जिसे कलह मान चुके हैं, वह शुरू होती है और नगर विभाजित हो जाता है। यदि दोनों दल एक-दूसरे की भूमि उजाड़ने लगें और एक-दूसरे के घर जलाने लगें, तो यह लड़ाई कितनी दुष्टतापूर्ण जान पड़ेगी ! वहाँ किसी भी पक्ष में सच्चे देशभक्त नहीं हो सकते क्योंकि कोई भी देश से प्रेम करने वाला अपनी माता और धाय के टुकड़े-टुकड़े कर डालने को तत्पर न होगा।" प्लैटो का आदर्श नगर राज्य यूनानी होगा। क्या उसके नागरिक भले और सभ्य न होंगे ? "क्या वे हेलास के प्रेमी न होंगे, और हेलास को अपनी ही भूमि न समझेंगे, और अपने शत्रुओं की तरह सामान्य देवस्थानों में भागीदार न होंगे?"[90]

प्लैटो यूनान नाम की राष्ट्रीय इकाई के अस्तित्व से परिचित तो हैं ही, वह उससे प्रेम भी करते हैं। वह देशभक्त लेखक हैं, किंतु उनके देश में गरीब-अमीर का भेद फैल रहा है। परंपरागत मूल्य टूट रहे हैं। दास स्वाधीन हो जाते हैं, स्त्रियाँ पुरुषों की बराबरी करती हैं, कारीगर और किसान ऐसे अधिनायकों का समर्थन करते हैं जो अभिजातों का शासन खत्म कर देते हैं। इस अव्यवस्था से बचने के लिए वह राष्ट्र को एकताबद्ध करने के बदले उसे विघटित रखते हैं। एक आदर्श गणतंत्र बन जाये तो दूसरे नगर उसका अनुसरण करेंगे। देशप्रेम उन्हें सामाजिक क्रांति की ओर नहीं ठेलता; वह इस क्रांति से बचने के लिए वर्णव्यवस्था और जनपदों की स्वतंत्र सत्ता को बनाये रखना चाहते हैं।

यूनानी समाज के अंतर्विरोध-3

अरस्तू

(1)

राजनीति में अरस्तू ने जातिप्रथा के उद्भव और प्रसार की चर्चा की है। इससे पता चलता है कि भूमध्य सागर के द्वीपों और तटवर्ती प्रदेशों में अत्यंत प्राचीन काल से यह प्रथा दूर-दूर तक फैली हुई थी। अप्रत्यक्ष रूप से प्लैटो की आलोचना करते हुए उन्होंने लिखा था, "और राज्य का जातियों (कास्ट्स) में विभाजित होना और सैनिक वर्ग का हलवाहों से भिन्न होना आज के राजनीतिक विचारकों की खोज अथवा कुछ ही दिन पहले की खोज नहीं जान पड़ता।"[1] वह प्रथा अभी मिस्र में बनी हुई थी, (सभ्यताके प्राचीन केन्द्र, भूमध्यसागर के द्वीप) क्रीट (क्रेते) में भी थी। कहा जाता था, मिस्र में राजा सेसोस्त्रिस ने और क्रेते में राजा मिनोस ने यह प्रथा कायम की थी। इटली में इनोत्रिआ प्रदेश के राजा इतलुस ने लोगों को पशुचारण से हटा कर कृषि में लगाया। उन्हीं से उस देश का नाम इटली पड़ा। अरस्तू के अनुसार नागरिकों में सहभोज की प्रथा का चलन इटली से शुरू हुआ, "उधर नागरिक समुदाय का वंशगत जाति (hereditary caste) के आधार पर विभाजन मिस्र से आया क्योंकि सोसेसृत्रिस का शासनकाल मिनोस के शासनकाल से बहुत पहले का है।"[2] प्लैटो की तरह अरस्तू मानते हैं, जातिप्रथा का उद्भव मानव समाज की भौतिक आवश्यकताओं की पूर्ति के लिए होता है। जो चीज़ें आवश्यक हैं, "उन्हें संभवतः मनुष्य को आवश्यकता ही सिखा देती है।"[3] यहाँ इस धारणा का खंडन हो जाता है कि किसी राजा ने अपने मन में जातिप्रथा की कल्पना करके उसे समाज में चालू कर दिया होगा। मानव समाज की आवश्यकताएँ बहुत पुरानी हैं, उन्हें पूरा करने के तरीके बहुत पुराने हैं। इसलिए यह मान लेना चाहिए कि "अन्य सभी राजनीतिक तरकीबें, युगों के बीतते-बीतते, बार-बार अथवा अनंत बार खोज ली गयी हैं।"[4]

गैरयूनानी जातियाँ बर्बर हैं, यह धारणा यूनान में व्यापक रूप से, प्रचलित थी। मानव सभ्यता के विकास में मिस्र का योगदान बहुत बड़ा है, यह बात

अनेक विद्वान् जानते थे। उनका अनुसरण करते हुए अरस्तू ने स्वीकार किया है, राजनीतिक संस्थाओं की प्राचीनता का बोध मिस्र के इतिहास से हो जाता है। "मिस्रियों के लिए विख्यात है कि वे प्राचीनतम जातियों (नेशन्स) में हैं। उनके यहाँ सदा कानूनी और राजनीतिक व्यवस्था रही है।" इसलिए जब ऐसी बातों की छानबीन की जाये जो अब तक छोड़ दी गयी थीं, तब पहले की खोज के परिणामों का उपयोग करना चाहिए।[5] जो बातें छोड़ दी गयी थीं, उन्हीं में जातिप्रथा है। उसी की छानबीन के लिए वह मिस्र के इतिहास का सहारा लेने को कहते हैं। इससे जातिप्रथा की प्राचीनता और उसके व्यापक चलन का अनुमान हो जायेगा।

अरस्तू ने कहा था, राज्य का जातियों में विभाजित होना और सैनिक वर्ग का हलवाहों से भिन्न होना आज के राजनीतिक विचारकों की खोज नहीं है। यहाँ समाज दो तरह से बँटा हुआ है। एक तो वह जातियों में बँटा हुआ है, दूसरे सैनिक वर्ग और हलवाहों अर्थात् दो वर्णों, में बँटा हुआ है। जिन के पास ज़मीन है, वे शस्त्र धारण करते हैं, बाकी सब हलवाहे हैं। अरस्तू के लिए मिस्र और यूनान के समाजों में मुख्य रूप से दो वर्ण हैं, सैनिक और हलवाहे। उनका मत है, "भूमि पर स्वामित्व उनका होना चाहिए जिनके पास हथियार हैं और जो संवैधानिक अधिकारों में भागीदार हैं।"[6] 'जमीन' उनकी है, 'संविधान' उनका है, 'न्याय' की रक्षा के लिए हथियार उनके पास हैं। मुख्य बात यह है कि "जो वर्ग राज्यसत्ता के लिए युद्ध में लड़ता है, वह सबसे शक्तिशाली होता है। जिनके पास हथियार हैं, उन्हीं को शासन में प्रवेश मिलता है।"[7] यूनान के राज्यों में यह सामान्य स्थिति थी, अरस्तू ने अपने आदर्श राज्य में उसकी कल्पना कर ली थी। उन्होंने बताया है कि इन शस्त्रधारी भूस्वामियों से "हलवाहों की जाति (कास्ट) भिन्न क्यों होनी चाहिए।"[8] शासन करने के लिए अवकाश चाहिए। हलवाहे अलग समुदाय के रूप में खेती का काम न करेंगे तो भूस्वामियों को अवकाश कैसे मिलेगा ? राज्यसत्ता का गठन मानव जीवन को सुखी बनाने के लिए है, सुखी जीवन सदाचरण से ही संभव है, सदाचरण के लिए अवकाश दरकार है। भूस्वामियों और हलवाहों को दो वर्ण कहो, चाहे दो जातियाँ कहो, मुख्य बात यह है कि संपत्ति का प्रधान रूप भूमि है, वही उत्पादन का प्रमुख साधन है, इस साधन पर अधिकार उत्पादकों का नहीं है, उत्पादकों के श्रमफल को हड़प जाने वाले अवकाशभोगी भूस्वामियों का है। यूनानी समाज भूस्वामियों और हलवाहों के दो प्रमुख वर्गों में विभाजित है। इन दो वर्गों का विरोध उस समाज का मुख्य अंतर्विरोध है।

शस्त्रधारण के बल पर भूस्वामी हलवाहों पर तो शासन करते ही हैं, वे धर्माचार्यों, पुरोहितों आदि को अपने अधीन रखते हैं अथवा अपने से अलग वर्ग रूप में संगठित नहीं होने देते। ये लोग हलवाहों और कारीगरों से ऊँचे हैं पर भूस्वामीवर्ग को शास्त्र का ज्ञान कराने की क्षमता इनमें नहीं है। "जब पुरुषों के

किसी समुदाय में बल प्रयोग की क्षमता होती है और वह (अपने ऊपर) नियंत्रण का विरोध कर सकता है, तब यह असंभव है कि वह सदा शासित होना स्वीकार करे। इस दृष्टि से दोनों ही कार्य एक ही जन समुदाय के लिए निश्चित कर देने चाहिए। कारण यह है कि जिनके पास शस्त्र बल है, उन्हीं में यह तय करने की शक्ति है कि संविधान रहे या जाये।"[9] जिसके पास शस्त्र है, शास्त्र उसी की इच्छा का अनुसरण करता है। शास्त्रकार को शस्त्रधारी से भिन्न व्यक्ति न होना चाहिए, यदि हो तो उसे शस्त्रधारी के अधीन होना चाहिए। आगे उन्होंने लिखा है, "पुजारियों की नियुक्ति न तो हलवाहों में से होनी चाहिए, न कारीगरों में से, क्योंकि उचित है कि यह देवपूजा का काम नागरिक करें। नागरिक समुदाय के दो भाग हैं—एक सैनिक वर्ग, दूसरा परामर्शदाता वर्ग। उचित यह है कि आयु के कारण जो लोग इन कार्यों से छुट्टी पा जायें, वे अपना अवकाश का जीवन देवपूजा का दायित्व निबाहने में लगायें।"[10] प्लैटो के गणतंत्र में भी ऐसे परामर्शदाताओं और ज्ञानियों का समुदाय है और वह भी भूस्वामी वर्ग का अंग है। भारत और यूनान की स्थिति में अंतर स्पष्ट है। यहाँ ब्राह्मण और क्षत्रिय दो अलग वर्ण हैं, यूनान में प्रधानता एक ही वर्ण की है, और वह क्षत्रिय वर्ण है। इससे यह न समझना चाहिए कि यूनानी राज्य धर्मनिरपेक्ष थे। अरस्तू का मत है कि "धर्म से संबंधित जो भी व्यय होगा, उससे सरोकार पूरी राज्यसत्ता को होगा।"[11] जिनका नियंत्रण राज्यसत्ता पर था, उन्हीं का नियंत्रण धर्म पर था। इनकी सामाजिक स्थिति के अनुसार अन्य जनसमुदायों की सामाजिक स्थिति निर्धारित होती थी। अन्य सामंती समाजों की तरह यूनानी समाज में भी ऊँच-नीच का भेद था और यह भेद वंशगत हो गया था, पीढ़ी-दर-पीढ़ी कायम रहता था।

सबसे ऊपर हैं देवता, इनके आसपास हैं महाकाव्यों, पौराणिक उपाख्यानों के वीर पुरुष। इनमें और साधारण मनुष्यों में जितना फ़ासला है, उतना ही फ़ासला शासक वर्ग और प्रजा में है। अरस्तू इस समस्या पर विचार करते हैं कि शासक और प्रजा, इन्हें बदलना चाहिए या सदा एक ही समुदाय को शासक या प्रजा बने रहना चाहिए। कहते हैं, "जो व्यक्ति शासक हैं और प्रजा हैं, उनको सदा ऐसे ही बने रहना उचित होगा। पर ऐसी स्थिति कायम करना आसान नहीं है...इसलिए अनेक कारणों से सभी का शासन करने और शासित होने में भाग लेना जरूरी है।"[12] यहाँ सभी बारी-बारी से शासन करेंगे और शासित होंगे, इससे यह न समझना चाहिए कि हलवाहे और कारीगर भी जब तब शासन में भागीदार होंगे। अरस्तू ने इन्हें भागीदारी से वंचित कर दिया है। प्लैटो की तरह वह भूस्वामियों को युवावस्था में प्रजा बना देते हैं, वे उम्र में अपने से बड़े भूस्वामियों की आज्ञा मानते हैं। जब स्वयं बड़े हो जाते हैं, तब वे भी छोटों पर शासन करने लगते हैं। मुख्य बात यह है कि शासकों और प्रजा के बीच उतना फ़ासला होना चाहिए, जितना देवताओं

और साधारण मनुष्यों के बीच है।

यूनान में फलेअस नाम के सुधारक का कहना था कि नागरिकों की रियासतें बराबर होनी चाहिए। अरस्तू का तर्क था कि रियासतें बराबर करने के बदले उन लोगों को प्रशिक्षित करना चाहिए "जो नैसर्गिक रूप से सम्मान्य हैं" जिससे कि वे अधिक संपत्ति न बटोरें, और ऐसी तरकीब से काम लेना चाहिए कि "निम्न जन ऐसा न कर सकें।" तरकीब यह है कि "उन्हें निम्न तो बनाये रखा जाये पर उनके साथ अन्याय न किया जाये।"[13] यहाँ एक सम्मान्य जनों का वर्ग है, ये नैसर्गिक रूप से सम्मान्य हैं, इनके पास रियासतें हैं। ये और अधिक संपत्ति बटोर सकते हैं। पर इन्हें ऐसा न करना चाहिए क्योंकि इससे साधारण लोगों में असंतोष बढ़ेगा। ये लोग निम्न वर्ग के हैं, इन्हें भी संपत्ति न बटोरने देना चाहिए क्योंकि इससे निम्न और उच्च का भेद मिटने लगेगा। राजनीतिज्ञों को चाहिए कि उन्हें निम्न तो बनाये रहें पर उनके साथ अन्याय न करें। जो नैसर्गिक रूप से निम्न है, उसे निम्न बनाये रखने में कोई अन्याय नहीं है। जहाँ रियासतों के मालिक होंगे, वहाँ हलवाहे जरूर होंगे। निम्न जनों में सबसे अधिक संख्या इनकी होगी। इनके बाद कारीगर और व्यापारी हैं। "नागरिकों को कारीगर या व्यापारी का जीवन न बिताना चाहिए। (क्योंकि ऐसा जीवन निम्न कोटि का है और सदाचरण के विरुद्ध है)।"[14] ऊँच-नीच का यह भेद अरस्तू ने किसी आदर्श राज्य के लिए अपने मन से न गढ़ा था, वह यूनान में पहले से विद्यमान था और वह उसी सामाजिक यथार्थ का विवेचन कर रहे थे। अब यदि हलवाहों और कारीगरों को शूद्र कहा जाये, व्यापारियों को वैश्य, और भूस्वामियों को क्षत्रिय, तो यूनान में ये तीन वर्ण स्पष्ट दिखाई देते हैं। पुरोहितों और परामर्शदाताओं का वर्ग क्षत्रिय वर्ण के अंतर्गत है, उसी का एक अंग है या उसके अधीन है।

धनिक तंत्र या गुटतंत्र (ओलीगार्की) की विशेषता बताते हुए अरस्तू ने लिखा है कि इसमें पदाधिकारी "जन्म, संपदा और शिक्षा" के अनुसार नियुक्त होते हैं, इसके विपरीत जनतंत्र में "निम्न जन्म, गरीबी और फूहड़पन"[15] का ध्यान रखा जाता है। पहले तो निम्न जनों को नागरिक अधिकार मिलने ही न चाहिए। यदि किसी कारण मिल जायें तो यह याद रखना चाहिए कि "जन्म से जो ऊँचे हैं, वे उनकी अपेक्षा अधिक नागरिक हैं जो जन्म से नीचे हैं।"[16] प्लैटो और अरस्तू दोनों के चिंतन में वंश का बड़ा महत्व है। अच्छी नस्ल के जानवर ही अच्छे जानवर पैदा करते हैं। "यह संभव है कि अच्छे माता-पिता के बच्चे अच्छे होंगे क्योंकि अच्छे जन्म का अर्थ है नस्ल की अच्छाई (Good birth means goodness of breed)।"[17] गुण और परिमाण, ये दो चीज़ें हर राज्य में होती हैं। "मेरे लिए गुण का अर्थ है स्वतंत्रता, संपदा, शिक्षा, अच्छा जन्म;" परिमाण का अर्थ है भीड़ की संख्या। "नीचे जन्म के लोग अभिजातों से या गरीब अमीरों से, संख्या में अधिक हो सकते हैं।"[18]

इस तरह के विवेचन में अरस्तू यह मानकर चलते हैं कि उनके पाठक या श्रोता ऊँच-नीच के भेद से परिचित हैं। कुछ लोग जन्म से ऊँचे होते हैं, और लोग जन्म से नीच होते हैं। इन्हीं की भूमिका के अनुसार राज्यतंत्र के वर्ग निर्धारित होते हैं। अपने आदर्श नगर राज्य में अरस्तू ने दो प्रांगणों का विधान किया था। एक प्रांगण उस तरह का होगा जिसका "आम चलन थेसली में था।" इसे वे मुक्त प्रांगण कहते हैं। "इसे वणिज-व्यापार के सभी सामान से मुक्त रखा जायेगा और इसमें कोई कारीगर, किसान या ऐसा ही कोई अन्य व्यक्ति प्रवेश न पायेगा जब तक प्रशासक ही उसे न बुला भेजे।"[19] यह "ऊपर वाला प्रांगण" प्रशासकों के लिए होगा, वहां वे अवकाश का समय बितायेंगे।[20] इससे अलग किसी सुविधाजनक स्थान में दूसरा प्रांगण होगा जहाँ देहात और बंदरगाह से सारी सामग्री एकत्र की जायेगी। "राज्यों के निवासियों में पुरोहित और प्रशासक शामिल हैं, इसलिए पवित्र स्थानों के पास ही पुरोहितों के भोजनालय हों तो ठीक रहेगा।"[21] ऊँच-नीच के भेद के अनुसार आवासों की व्यवस्था की गयी थी। हलवाहे और कारीगर देवस्थानों में पुजारी न हो सकते थे और ऊपर वाले प्रांगण में उनका प्रवेश वर्जित था। अरस्तू के दिमाग में ऐसे प्रांगण बनाने का विचार थेसली की रीति देखकर आया था, यह उनके विवेचन से स्पष्ट है।

भूस्वामियों, पुरोहितों, व्यापारियों और हलवाहों के अतिरिक्त समाज में कारीगर हैं, इनके पेशे निर्धारित हैं और सामान्य नियम यह है कि आदमी अपना पेशा कभी छोड़ता नहीं है। समाज के लिए जो लोग कानून बनाते हैं, वे "एक ही आदमी को बाँसुरी बजाने और जूते बनाने का काम नहीं सौंपते।"[22] जो जन्म से नीचे हैं, वे अपना पेशा बदल लें तो विशेष हानि न होगी, मुख्य बात यह है कि जो शासक हैं, वे शासक ही रहेंगे। "जो मोची हैं, वे सदा मोची रहें, जो बढ़ई हैं, वे सदा बढ़ई रहें, इसके बदले मोची और बढ़ई अपने पेशे बदलते रहें तो सभी मोची बढ़ई भी हो जायेंगे। लेकिन राजनीतिक समुदाय के लिए कार्य (पेशे) का स्थायित्व बेहतर है। इससे स्पष्ट है कि संभव हो तो जो एक बार शासक बनें, उनका निरंतर शासन करते जाना बेहतर है।"[23] जो अवकाशभोगी हैं, वे जन्म से ऊँचे हैं, वे पीढ़ी-दर-पीढ़ी शासक बने रहेंगे। जो इनके लिए खाने-पीने का सामान जुटाते हैं या उनकी सेवा करते हैं, वे सब जन्म से नीच हैं। और पीढ़ी-दर-पीढ़ी अपने वंशगत पेशे से बँधे रहेंगे। यह हुई यूनान की वर्णव्यवस्था, वहां की जाति-व्यवस्था।

समाज में भूस्वामी वर्ग की स्थिति के अनुसार राज्यतंत्र के रूप निर्धारित होते हैं। आरंभ में राजा शासक होता था। अरस्तू के विचार से सभी जातियों के लोग मानते हैं कि देवताओं पर उनका राजा शासन करता था। जैसा मनुष्यों का जीवन था, वैसा ही उन्होंने देवताओं का जीवन कल्पित कर लिया था।[24] कहीं राजा निर्वाचित होते हैं, कहीं उनका पद वंशगत होता है। किसी समाज के लोगों में ऐसी नैसर्गिक

क्षमता हो कि वे राजनीतिक नेतृत्व के लिए उत्कृष्ट योग्यता वाले परिवार को जन्म दे सकें तो वहाँ बादशाही (अथवा एक व्यक्ति की शासनसत्ता) नैसर्गिक होगी। अभिजात समुदाय सहज ही ऐसे लोगों को जन्म देता है जो अपने सदाचार के कारण स्वाधीन जनों के नेता बनने के योग्य होते हैं। ऐसे लोगों में जब कोई व्यक्ति या परिवार सदाचार में औरों से आगे बढ़ जाता है, तब "उस परिवार का राजपरिवार होना अथवा उस व्यक्ति का राजा होना और सभी मामलों में प्रभुतासंपन्न होना न्यायपूर्ण है।"[25] सदाचार के लिए अवकाश चाहिए और अवकाश केवल भूस्वामियों के पास है, इसलिए उन्हीं में किसी का परिवार राजपरिवार बनेगा और उसका मुखिया राजा होगा। आरंभ में धार्मिक कर्मकांड का संचालक राजा ही होता था। स्पार्ता के राजा इस तरह के कर्मकांड के संचालक रहे हैं।[26]

बादशाही में दोष उत्पन्न होते हैं तो वह तानाशाही बन जाती है। जिस समाज में सभी लोग अच्छे हैं, उसमें बहुसंख्यक भाग का शासन उचित है।[27] यह बहुसंख्यक भाग भूस्वामी वर्ग का ही होगा। अरस्तू के अनुसार पहले लोग छोटे नगरों में रहते थे। उनमें बहुत से सदाचार में एक-दूसरे के समान होते थे। उन्होंने बादशाही की जगह गणतंत्र कायम किया।[28] यह गणतंत्र अभिजात तंत्र का ही दूसरा नाम है। बादशाही के बाद यूनानियों ने जो संविधान बनाया, वह सैनिकों का था, और सैनिकों में घुड़सवारों का था। युद्ध में घुड़सवारों का दल सबसे शक्तिशाली और व्यवस्थित होता है। "व्यवस्थित रचना के बिना भारी अस्त्र-शस्त्रवाली पैदल सेना बेकार हो जाती है।"[29] इस तरह भूस्वामी वर्ग का जो भाग सैनिक दृष्टि से सर्वाधिक शक्तिशाली था, वह अभिजात तंत्र का संचालन करता था। इस तंत्र में सम्मान्य जन मान-सम्मान का बहुत ध्यान रखते हैं। इस तरह यह अभिजात तंत्र प्लैटो के शूरतंत्र से मिलता-जुलता है।

मनुष्य मान-सम्मान के बदले धन के पीछे दौड़ने लगे। तब धनिक तंत्र का जन्म हुआ। "जब मनुष्य नीचतावश समाज से पैसा बनाने लगे," तब धन का सम्मान होने लगा और धनिक तंत्र कायम हुआ। जहाँ पदाधिकारी गुण या सदाचार के कारण नियुक्त होते हैं, वह अभिजात तंत्र है, जहाँ वे संपदा के कारण नियुक्त होते हैं, वह धनिक तंत्र है।[30] अरस्तू के लिए अभिजात तंत्र का विनाश सामाजिक ह्रास का चिह्न है। वह स्वीकार करते हैं कि राजा का शासन अभिजातों के शासन से मिलता-जुलता है। बादशाही का जन्म "जनता के विरुद्ध सम्मान्य जनों की सहायता के लिए" होता है।[31] सम्मान्य जनों से आम जनता का अंतर्विरोध बादशाही में रहता है, अभिजात तंत्र में रहता है और धनिक तंत्र में मिट नहीं जाता।

(2)

अरस्तू अपने गुरु प्लैटो की बहुत-सी बातों से असहमत हैं। आमतौर से इस असहमति का संबंध भूस्वामियों के अधिकारों से है। भूस्वामियों का वर्ग एकताबद्ध रहे, इसके

लिए प्लैटो ने यह उपाय सोचा था कि संपत्ति पर उनका स्वामित्व सामूहिक हो। अरस्तू इसके खिलाफ हैं। उनका विचार है कि "जो संपत्ति स्वामियों की अधिकतम संख्या के लिए सामान्य होती है, वह न्यूनतम ध्यान आकर्षित करती है।"[32] साम्यवाद के विरुद्ध यह तर्क पूँजीवाद के समर्थक आज भी दोहराते हैं। जिस संपत्ति पर सबका अधिकार होगा, उसके रख-रखाव की ओर कोई भी ध्यान न देगा। अरस्तू कहते हैं, संपत्ति अपनी हो तो इससे मनुष्य को सुख मिलता है। "मनुष्य में अपने प्रति ममत्व का भाव विश्वव्यापी है और अवश्य ही वह निष्प्रयोजन नहीं है, वह उसका नैसर्गिक भाव (a natural instinct) है।"[33] जो नैसर्गिक है, उसके विरुद्ध आचरण अप्राकृतिक है। किंतु अरस्तू जानते हैं, बर्बर जनों में सामान्य संपत्ति का चलन है।[34] इससे सिद्ध होता है कि अरस्तू के लिए जो भाव नैसर्गिक है, वह यूनान की अपेक्षा पिछड़े हुए समाजों के लिए नैसर्गिक नहीं है, वह सामाजिक विकास की देन है। स्वयं यूनान में स्पार्ता राज्य, बर्बर जनों की तरह, सामूहिक स्वामित्व का चलन बनाये हुए है। अरस्तू के अनुसार "स्पार्ता में लोग एक-दूसरे के गुलामों को इस तरह इस्तेमाल कर लेते हैं मानो वे उनके अपने ही हों। वे एक-दूसरे के घोड़ों और कुत्तों को भी इसी तरह इस्तेमाल करते हैं। यात्रा के लिए सामान की ज़रूरत हुई तो वे खेतों की उपज भी, सारे देश में, इसी तरह इस्तेमाल करते हैं।"[35] व्यक्तिगत स्वामित्व का भाव उतना नैसर्गिक नहीं है, जितना अरस्तू उसे दिखाना चाहते हैं।

अरस्तू कहते हैं, लोग स्वार्थपरता की निंदा उचित ही करते हैं। मित्रों की सहायता करने से बड़ा सुख मिलता है। यह सुख निजी संपदा पर निर्भर है। संपत्ति पर जहाँ मिला-जुला अधिकार होता है या उसका उपयोग मिला-जुला होता है, वहाँ झगड़े ज़्यादा होते हैं, जहाँ रियासतें अलग-अलग होती हैं वहाँ झगड़े कम होते हैं।[36] मूल समस्या इन रियासतों की मिल्कियत को बचाये रखने की है। मालिक स्वयं खेती नहीं करते, दूसरों से कराते हैं। मिल्कियत के लिए खतरा इन दूसरों से है। प्लैटो ने संरक्षक वर्ग की स्त्रियों और उनके बच्चों को सामान्य संपत्ति बना दिया था। किसानों में इस तरह की सामान्य संपत्ति का चलन हो जाये तो उनमें झगड़े होंगे, इससे मालिकों को लाभ होगा। अरस्तू कहते हैं, "संरक्षकों की तुलना में किसानों के अंदर यह पत्नियों-पुत्रों की सामुदायिकता अधिक उपयोगी होगी। कारण यह है कि उनकी स्त्रियाँ और बच्चे सामुदायिक होंगे, तो उनमें आपस की दोस्ती कम होगी। प्रजा वर्गों में दोस्ती का न होना अच्छी बात है, इस दृष्टि से कि तब वे अधिकारियों के प्रति ज़्यादा आज्ञाकारी होंगे और क्रांति न करेंगे।"[37] क्रांति से बचने के लिए अरस्तू स्त्रियों, बच्चों की सामुदायिकता मानने को तैयार हैं। इसका चलन किसानों में हो तो वे आपस में झगड़ते रहेंगे, उन्हें मालिकों से लड़ने का समय न मिलेगा। अरस्तू के अनुसार प्लैटो ने "किसानों को रियासतों का मालिक

बना दिया था, उनके लिए वे लगान देते।"[38] इसका नतीजा यह हो सकता है कि वे बँधुआ किसानों और गुलामों से ज़्यादा सरकश हो जायें।[39]

शासनतंत्र अच्छा हो, इसके लिए ज़रूरी है कि शासकों के पास फुर्सत का समय काफी हो। पर किसान उन्हें चैन न लेने देते थे। थेसली में बँधुआ किसानों ने मालिकों के खिलाफ़ बार-बार विद्रोह किया। ऐसा ही स्पार्ता के अर्ध दासों (हेलोत जनों) ने किया; "वहाँ वे शत्रु की तरह बराबर इस ताक में रहते हैं कि स्पार्तावासी कब तबाही में फँसें।" जब किसी दूसरे राज्य से युद्ध होता है, तब हलवाहों को बगावत का मौका मिलता है और शत्रु उनकी सहायता भी करता है। पड़ोसियों से थेसली का युद्ध हुआ। बँधुआ किसानों के विद्रोह की शुरूआत उस समय हुई। उनकी निगरानी का काम मुश्किल होता है, आज़ादी मिले तो "वे बदतमीज़ हो जाते हैं और मालिकों की बराबरी का दावा करते हैं। उन्हें कठिन जीवन बिताने को बाध्य किया जाये, तो वे उनसे नफ़रत करते हैं और उनके विरुद्ध षड्यंत्र करते हैं।"[40] क्रीटद्वीप में बँधुआ किसान थे। युद्ध होने पर शत्रुओं ने उनसे सहयोग न किया, क्योंकि यह उनके हित में न था; बँधुआ किसान उनके यहाँ भी थे। इसके विपरीत थेसली के पड़ोसी शत्रुओं के यहाँ बँधुआ किसान न थे, इसलिए युद्ध होने पर उन्होंने वैसा सहयोग कायम किया।

अभिजात तंत्र टूट रहा था। अरस्तू मानते हैं कि जन्म और गुण की श्रेष्ठता बहुत कम लोगों में दिखायी देती है और कर्म से श्रेष्ठ सौ आदमी भी कहीं नहीं हैं। लेकिन धनी आदमी बहुत जगह हैं।[41] सूदखोरी और व्यापार से धन कमाने वाले अभिजात वर्ग के लोग थे, गैर अभिजात भी थे। अभिजात तंत्र और धनिक तंत्र में अल्पसंख्यक गुट शासन करता है। इसलिए अरस्तू का यह कथन उचित है कि "अभिजात तंत्र भी एक तरह का धनिक तंत्र (ओलीगार्की) है क्योंकि दोनों में शासन करने वाले लोग थोड़े होते हैं।"[42] अभिजात वर्ग भीतर से यों टूटता है कि "अच्छे कुल में जन्म लेने वाले कुछ लोग बहुत निर्धन होते हैं, अन्य बहुत धनी हो जाते हैं।" युद्ध की परिस्थितियों में गरीबों की मुसीबत बढ़ जाती है। अभिजात तंत्र के गढ़ स्पार्ता में "युद्ध के कारण कुछ आदमियों ने मुसीबत में होने के कारण यह दावा पेश किया कि देश की भूमि का बँटवारा फिर से होना चाहिए।"[43] बँटवारा तो न हुआ पर स्पार्ता में भूमि के केन्द्रीकरण में प्रगति हुई। बड़े भूस्वामियों की रियासतें पहले से और बड़ी हो गयीं। अभिजात शासन और धनिक शासन में समानता दिखाते हुए अरस्तू ने लिखा, "सभी अभिजात तंत्रीय संविधानों का झुकाव धनिक तंत्र की ओर होता है। अतः सम्मान्य जन संपदा बटोरने लगते हैं (उदाहरण के लिए स्पार्ता में, रियासतें थोड़े-से लोगों के हाथ में आती जा रही हैं)।"[44]

अभिजात तंत्र के टूटने से धनिक तंत्र का जन्म होता है। जिनका दर्जा नीचा था, वे पैसा पैदा करने लगे। आनबान की जगह धन का सम्मान होने लगा। इस

तरह धनिक तंत्र का जन्म हुआ। पर इसके साथ आम जनता भी शक्तिशाली हुई। "उसने धनिकों पर हल्ला बोल दिया और जनतंत्र अस्तित्व में आया।"[45] जनतंत्र में समानता होती है, धनिक तंत्र में असमानता होती है। समानता और असमानता के समर्थक अपने-अपने पक्ष को उचित ठहराते हैं। अपनी धारणा के अनुसार उन्हें संविधान में हिस्सा नहीं मिलता, तब "वर्गयुद्ध शुरू हो जाता है।"[46] वर्गयुद्ध की धारणा कम-से-कम उतनी पुरानी है जितनी अरस्तू की राजनीति। "हर जगह असमानता दलगत संघर्ष का कारण है। वहाँ जो वर्ग असमान हैं, उन्हें अपने अनुपात से सत्ता में हिस्सा नहीं मिलता। कारण यह है कि आमतौर से दलगत संघर्ष की प्रेरणा असमानता होती है।"[47]

जनतंत्र में बहुत-से लोकप्रिय वक्ता पैदा हो जाते हैं। धनीजनों के प्रति ये असम्मानजनक व्यवहार करते हैं। "वे संपत्ति के मालिकों को एकजुट होने पर बाध्य करते हैं। ऐसा वे अंशतः उनमें कुछ पर दुर्भावना से मुकदमा चलाकर करते हैं···और अंशतः वर्ग रूप में उनके विरुद्ध आम जनता को उकसाकर करते हैं।" कोस नामक राज्य में सम्मान्य जन एकजुट हुए और उन्होंने जनतंत्र को समाप्त कर दिया। र्होद, हेरोक्लोआ, मेगारा, कूमे, अनेक राज्यों में उच्च वर्ग ने आम जनता से संघर्ष किया। कभी-कभी लोकप्रिय वक्ता सम्मान्य जनों के प्रति अन्याय इसलिए करते हैं कि साधारण लोग उनसे खुश रहें, सम्मान्य जनों पर "सार्वजनिक सेवाएँ थोपकर उनकी रियासतों या उनके राजस्व का बँटवारा करा देते हैं, और कभी-कभी उन्हें इतना बदनाम करते हैं कि उन्हें अमीरों की संपत्ति ज़ब्त करने को मिल जाये।"[48] प्लैटो की तरह अरस्तू के लिए भी जनतंत्र की परिणति तानाशाही में हो सकती है। इतिहास का हवाला देते हुए कहते हैं कि पुराने समय में यदि ऐसा व्यक्ति लोकनेता हो गया जो सेनापति भी है तो वह जनतंत्र का संविधान बदलकर उसे तानाशाही बना देता था। "पुराने दिनों के तानाशाहों में प्रायः सर्वाधिक संख्या उनकी है जो जनता के नेता बनकर उभरे थे।"[49] उस समय ऐसा इसलिए होता था कि जनता के नेता सेनापतियों में से निकलते थे और वक्तृत्वकला का विकास न हुआ था। अब इस कला का विकास हो गया है, योग्य वक्ता जनता के नेता होते हैं, उन्हें फौजी मामलों का अनुभव नहीं होता। पहले लोकनेता जनता का विश्वास प्राप्त कर लेते थे, "अमीरों के प्रति शत्रुभाव" इस विश्वास को जमाये रखता था।[50] थुरिइ में सम्मान्य जनों ने सारी भूमि खरीद ली, खूब संपदा बटोरी लेकिन "जनता को युद्ध में प्रशिक्षण मिला था, उसने रक्षक दल पर काबू पा लिया। लेकिन जिनके पास बहुत भूमि थी, वह उन्हें छोड़नी पड़ी।"[51]

सवाल पुराने जमाने का ही नहीं, अरस्तू के जमाने का है। धनिक तंत्रों में "शासकों के बेटे ऐयाश हो जाते हैं। जो फटेहाल हैं, उनके बेटे कसरत और मेहनत से प्रशिक्षित होते हैं। उनमें सुधार करने की इच्छा अधिक होती है और उन्हें करा

डालने में वे अधिक समर्थ भी होते हैं।"[52] जनतंत्र की एक विशेषता यह है कि लोग समझने लगते हैं, सार्वभौम सत्ता जनता की है, कानून उसके नीचे है।[53] गरीब जनता अमीरों की संपत्ति का बँटवारा कर सकती है। कहा जा सकता है कि यह फैसला सार्वभौम सत्ता का है, इसलिए न्यायपूर्ण है। "तब अन्याय की पराकाष्ठा किसे कहेंगे ? फिर सब लोगों को ध्यान में रखें तो मान लीजिये कि अल्पसंख्यकों की संपत्ति बहुसंख्यकों ने आपस में बाँट ली, तो यह स्पष्ट है कि वे राज्यसत्ता का नाश कर रहे हैं। किंतु निश्चय ही सदाचरण उस व्यक्ति का नाश नहीं करता जिसके पास ऐसा आचरण है। न्याय राज्यसत्ता का विनाशक नहीं है। इससे स्पष्ट हो जाता है कि यह सिद्धांत (अमीरों की संपत्ति के बँटवावरे का सिद्धांत) भी न्यायपूर्ण नहीं है।"[54] न्याय, सदाचरण का अर्थ है अमीरों की, विशेषरूप से भूस्वामियों की संपत्ति की रक्षा। व्यक्तिगत संपत्ति पर आघात राज्यसत्ता पर आघात है। धनी वर्ग का न्याय उस राज्यसत्ता की रक्षा करता है, निर्धन वर्ग का न्याय उस राज्यसत्ता का नाश करता है। अरस्तू जिसे तानाशाही कहते हैं, वह जनता की प्रभुसत्ता है। उन्होंने इस प्रसंग में बल प्रयोग की चर्चा करते हुए लिखा है, "इससे यह नतीजा भी निकलेगा कि तानाशाह ने जो काम किये हैं, वे सब न्यायपूर्ण हैं क्योंकि यह बल प्रयोग अधिक शक्ति पर निर्भर है और ऐसा ही वह दबाव है जो जनसमूह अमीरों पर डालता है।"[55] पर इसके लिए शासक वर्ग ही जनता को बाध्य करता है। भूस्वामियों के राज्यतंत्र में होता यह है कि "जो वर्ग राज्यसत्ता के लिए युद्ध में लड़ता है, वह सबसे शक्तिशाली होता है। जिनके पास हथियार हैं, उन्हीं को शासन में प्रवेश मिलता है।"[56] अब स्थिति यह है कि "हर जगह गरीब बहुत हैं, अमीर थोड़े हैं।"[57] ये गरीब हथियारबंद अमीरों की राज्यसत्ता को चुनौती दे रहे थे। न्याय क्या है, अन्याय क्या है, वर्गसंघर्ष की इन परिस्थितियों में विद्वान् इस प्रश्न पर विचार कर रहे थे।

(3)

अरस्तू का प्रश्न था, "यदि गरीब अपनी अधिक संख्या से लाभ उठाकर अमीरों की संपत्ति बाँट लें तो क्या वह अन्याय नहीं है ?"[58] एक ओर वह शासक वर्ग को प्रजा से अलग एक वर्ग के रूप में प्रतिष्ठित देखना चाहते हैं, दूसरी ओर उन्हें भय है कि प्रजा को कुछ अधिकार न मिले तो वह विद्रोह कर देगी और यह विद्रोह सारे यूनान में फैल सकता है। समानता का अर्थ है, सभी लोगों की सामाजिक स्थिति एक-सी है। लेकिन न्याय का उल्लंघन करके जो संविधान बनाया जायेगा, वह टिकाऊ न होगा। "कारण यह कि सारे देश में सभी लोग प्रजा वर्ग के साथ होकर यह चाहते हैं कि क्रांति हो (**For all the people throughout the country are ranged on the side of the subject class in wishing for a revolution**), और यह कल्पनातीत है कि जो लोग सरकार में हैं, वे संख्या में इतने हों कि इन

सभी पर काबू पा लें। लेकिन दूसरी ओर शासक प्रजा से श्रेष्ठ होने चाहिए, यह निर्विवाद है।"[59] अरस्तू इस समस्या का समाधान इस तरह करते हैं कि स्वाधीन नागरिक जवानी में प्रजा की भूमिका निबाहेंगे, उसके बाद वे शासक बनेंगे। युवावस्था और प्रौढ़ता का भेद प्रकृति ने ही कर दिया है, इसलिए उचित है, युवा शासित हों, प्रौढ़ उन पर शासन करें। इस तरह "शासक और शासित एक हैं, और एक अर्थ में अलग हैं।"[60] इससे यह न समझना चाहिए कि प्रजातंत्र में युवा खेती- किसानी करेंगे या कारीगरों और व्यापारियों का काम करेंगे। इस तरह के काम उनके लिए वर्जित हैं। आदर्श व्यवस्था यह है कि खेती गुलामों से करानी चाहिए पर वे एक ही कबीले के न होने चाहिए, न आनबान वाले होने चाहिए। "इससे वे अपने काम में लगे रहेंगे, साथ ही विद्रोह से बचे रहेंगे।"[61] अरस्तू को विद्रोह का भय पग-पग पर सताता है। वह गुलाम भी बाँटकर ऐसे रखना चाहते हैं कि उनसे विद्रोह की आशंका न रहे। पर गुलामों से खेती कराना संभव न था। इसलिए नंबर दो का आदर्श समाधान यह है कि वे गैर यूनानी बँधुआ किसान हों और इनका स्वभाव भी वैसा हो (उन गुलामों जैसा हो जिनसे विद्रोह की आशंका नहीं है)। "इन मजदूरों मैं जो निजी तौर पर काम में लगाये गये हों, वे रियासतों के मालिकों के निजी अधिकार में होने चाहिए, जो सामान्य भूमि पर काम करें, उन्हें सामान्य संपत्ति होना चाहिए।"[62] अरस्तू के बँधुआ किसानों की स्थिति गुलामों से बहुत भिन्न नहीं है।

जहाँ तक कारीगरों और व्यापारियों का संबंध है, "नागरिकों को कारीगर या व्यापारी का जीवन न बिताना चाहिए (क्योंकि ऐसा जीवन निम्न कोटि का है और सदाचरण के विरुद्ध है); और न जिन्हें श्रेष्ठ राज्य का नागरिक बनना है, उन्हें हलवाहों का काम करना चाहिए (क्योंकि सदाचरण के विकास तथा राजनीति में सक्रिय भाग लेने के लिए अवकाश ज़रूरी होता है।)"[63] नागरिक समुदाय से कारीगर, किसान और व्यापारी निकल गये, रह गया भूस्वामि वर्ग। यही वर्ग शस्त्र धारण करता है। ज्ञानियों का दल उसे नियंत्रित करे, इसकी संभावना नहीं है। जो शस्त्रधारी है, वही सदाचारी है। वही संपत्तिशाली भी है। संपत्ति के बिना उसे अवकाश न मिलेगा, अवकाश के बिना सदाचरण न होगा। "राज्य सत्ता में कारीगर वर्ग का हिस्सा न होगा, म अन्य किसी वर्ग का होगा जो सदाचारी न हो।"[64] जितने लोग भी उत्पादन और विनिमय में लगे हैं, वे सब असद् आचरण के दायरे में आ जाते हैं।

राज्यसत्ता का उद्देश्य है सदाचार, सदाचार से सुखी जीवन की प्राप्ति। जो निसर्गतः सदाचार के योग्य हैं, राज्यसत्ता के मुख्य भागीदार वही हैं। अधिकारहीन जनों के लिए क्या उचित है क्या अनुचित, इसका फैसला करने की बुद्धि इन्हीं में है।

द्रव्य और व्यापार के विकास के बारे में अरस्तू ने जो बातें कही हैं, वे उन्हें

आधुनिक अर्थशास्त्र से जोड़ती हैं, साथ ही वे उनके प्रतिक्रियावादी सामंती दृष्टिकोण का परिचय भी देती हैं। अनेक कुटुंबों के समुदाय आपस में चीज़ों की अदला-बदली करते हैं। इस तरह का विनिमय अप्राकृतिक नहीं है। वह संपदा कमाने की विद्या नहीं बना। जो नैसर्गिक आत्मनिर्भरता है, वह उसकी पूर्ति करता है। समय बीतने पर इसी से व्यवसाय विद्या का जन्म हुआ। आयात-निर्यात का धंधा होने लगा। प्राकृतिक आवश्यकताओं की चीज़ों को ढोकर ले जाना हमेशा आसान नहीं होता। लोगों ने तय किया कि लोहा, चाँदी या ऐसी कोई धातु बदले में स्वीकार कर लेंगे, जिसे देना-लेना आसान हो। पहले इसे आकार और वज़न के हिसाब से निर्धारित किया गया, फिर उस पर मुद्रा अंकित की जाने लगी जिससे कि उसे तौलना न पड़े। उस पर अंकित मुद्रा धनराशि की प्रतीक होती थी। चीजों के आवश्यक विनिमय के फलस्वरूप जब द्रव्य का आविष्कार हो गया, तब संपदा अर्जित करने के अन्य रूप—व्यापार—का अभ्युदय हुआ। पहले यह सादे ढंग का था, लेकिन जब अनुभव से विनिमय के अन्य स्रोतों और तरीकों का पता चला जिनसे खूब मुनाफा हो सकता था, तब वह और ऊँचे स्तर पर गठित हुआ। इसी से यह धारणा बनी कि संपदा अर्जित करने की विद्या का विशेष संबंध द्रव्य से है। किस स्रोत से द्रव्य बड़े परिमाण में सुलभ होगा, इसे पहचानने की कला को लोग समझने लगे। अक्सर लोग मान लेते हैं कि द्रव्य का एक विशेष परिमाण संपदा है। अन्य अवसरों पर लोग समझते हैं, द्रव्य एक रूढ़ि है, निसर्गतः वह कुछ नहीं है। मिदास की कथा में उसके पास सोना है पर भोजन नहीं है। इसलिए समृद्धि की दूसरी परिभाषा खोजना उचित है। "नैसर्गिक संपदा-अर्जन का संबंध कुटुम्ब के प्रबंध से है।"[65] उसका दूसरा रूप है व्यापार। "द्रव्य व्यापार का आदि तत्व है और वह उसकी सीमा है।"[66] संपदा अर्जन की यह कला, ओषधि विज्ञान की तरह, सीमाहीन है। संपदा अर्जन की कुटुंब-शाखा सीमित है; द्रव्य बटोरना कुटुंब के प्रबंध का कार्य नहीं है। लोग प्रयत्न करते हैं कि द्रव्य की अपरिमित वृद्धि हो। उनका ध्यान जीवन पर तो लगा होता है पर शुभ जीवन पर नहीं। सैन्य कौशल हो, ओषधि विज्ञान हो, ये लोग इनका उपयोग संपदा अर्जन के व्यवसाय के रूप में करते हैं। संपदा अर्जन की एक शाखा आवश्यक है, एक अनावश्यक। "विनिमय से संबंधित शाखा उचित ही निंदनीय मानी जाती है। (क्योंकि वह प्रकृति के अनुरूप नहीं है वरन् उसमें लोग चीज़ों का लेन-देन करते हैं।)।"[67] इसी कारण लोग सूदखोर से घृणा करते हैं जो एकदम उचित है; इसमें लाभ द्रव्य से ही उत्पन्न होता है, जिसके लिए द्रव्य का आविष्कार हुआ था, उससे नहीं। द्रव्य विनिमय के लिए है किंतु सूद से द्रव्य की मात्रा ही बढ़ती है। द्रव्य से जो द्रव्य पैदा हो, वह सूद है। व्यवसाय का यह रूप प्रकृति के एकदम विरुद्ध है।

अरस्तू आगे कहते हैं, कुटुंब के प्रबंध में यह जानना चाहिए कि घोड़ों, भेड़ों

आदि की कौन-सी नस्लें सर्वाधिक लाभकारी हैं और वे कहां मिलती हैं। ऐसे ही खेती, बागबानी, मधुमक्खी पालन आदि का ज्ञान होना चाहिए। वे सब संपदा अर्जन के प्राथमिक अंश हैं। जिस अंश का संबंध विनिमय से है, उसकी सबसे बड़ी शाखा व्यापार है। इसके तीन विभाग हैं। जहाजों का स्वामित्व, परिवहन और विपणन (बाज़ार में खरीद-फरोख्त का काम)। इनमें कुछ अधिक निरापद हैं, कुछ में लाभ अधिक होता है। दूसरी शाखा है द्रव्य का लेनदेन। तीसरी है भाड़े पर श्रम करना। इसका एक विभाग है दस्तकारी, दूसरा विभाग अकुशल मजदूरों का है जो केवल शारीरिक कार्यों के लिए उपयोगी हैं। मध्यवर्ती शाखाओं में लकड़ी काटना, अनेक प्रकार की खानों से संबंधित कार्य हैं। अनेक प्रकार की धातुएं हैं, अनेक प्रकार का खनन कार्य है। सबसे वैज्ञानिक उद्योग वे हैं जिनमें अकस्मात् का अंश सबसे कम हो; सबसे यांत्रिक उद्योग वे हैं जिनमें कर्मियों की शारीरिक दुर्दशा सबसे ज़्यादा होती है। सबसे दासत्वसूचक वे हैं जिनमें शरीर से सबसे ज्यादा काम लिये जाते हैं, सबसे निंदनीय वे हैं जहां उनके साथ सदाचरण कम-से-कम दरकार होता है। इन सब का अध्ययन भद्रजनोचित नहीं है। खेती, बागवानी आदि पर पुस्तकें हैं। "कुछ व्यक्तियों को व्यवसाय में जिन उपायों से सफलता मिली, उनके बिखरे हुए वृत्तान्तों को संकलित करना चाहिए।"[68] दार्शनिक चाहें तो धन कमा सकते हैं पर वे ऐसा करना नहीं चाहते। (यूनान के प्रथम दार्शनिक) थलेस की निर्धनता पर किसी ने व्यंग्य किया। खगोलशास्त्र से उन्होंने जान लिया, इस बार ओलिव की फसल अच्छी होगी। उन्होंने सारे कोल्हू कम भाड़े पर पहले से ही ले लिये, और कोई प्रतिद्वंदी था नहीं । जब फसल तैयार हुई तब अचानक कोल्हुओं की मांग बढ़ी। अपनी मनचाही शर्तों पर कोल्हू उठाने से उन्होंने काफी पैसा कमा लिया। दार्शनिक ने अपनी बुद्धिमानी का परिचय दे दिया। "दरअसल अवसर मिलने पर इजारा (**monopoly**— मॉनॉपोलिअन्) प्राप्त करना व्यवसाय का सार्वजनिक सिद्धान्त है।"[69]

इजारेदारी का रुझान बहुत पुराना है। अंग्रेजों की ईस्ट इंडिया कंपनी ने व्यापार में ऐसा ही इजारा कायम किया था। महाजनी पूंजीवाद के युग में इजारेदारी का चरम विकास होता है। उसके दावपेंच काफी पुराने हैं। अरस्तू बताते हैं, सिसिली द्वीप के एक आदमी के यहां कुछ धन जमा किया गया। उसने लोहे की भट्टियों से सारा लोहा खरीद लिया। जब 'व्यापारिक केन्द्रों' से सौदागर आये, तब वह एक मात्र विक्रेता था। उसने भाव बहुत ज्यादा नहीं चढ़ाया, फिर भी उसने पचास मुद्राओं की पूंजी पर सौ मुद्राओं का मुनाफा कमाया। इस तरह धन संग्रह कभी-कभी राज्य भी करते थे। धन की कमी होने पर उसे जुटाने के लिए वे "बाज़ार में बिक सकने वाले माल पर इजारा चालू कर देते हैं।" राज्यों के नेता इन तरकीबों की जानकारी को अपने लिए उपयोगी पाते हैं। बहुत-से राज्यों को वित्तीय सहायता की, और

राजस्व-प्राप्ति के ऐसे तरीकों की आवश्यकता होती है। "इसलिए कुछ राजनेता अपनी सारी राजनीतिक कार्यवाही एक मात्र वित्त को समर्पित कर देते हैं।" प्लैटो और अरस्तू का यूनान औद्योगिक क्रांति की पूर्ववेला के इंगलैण्ड से बहुत मिलता-जुलता है। दासप्रथा का चलन केवल यूनान में न था, इंग्लैण्ड ने दासों के व्यापार में इजारा कायम कर लिया था। अमरीका में दास बड़े पैमाने के उत्पादन में लगे थे, गन्ने और कपास की खेती से इंग्लैण्ड का अर्थतंत्र सीधे जुड़ा हुआ था। भाड़े पर श्रमशक्ति बेचने वालों का एक वर्ग यूनान में भी निर्मित हो रहा था। हलवाहों की इफरात के कारण जहाज़रानी के लिए मल्लाहों की कमी न पड़ सकती थी। राज्यसत्ता पर अभी बहुत कुछ भूस्वामी वर्ग हावी था, उसके विरुद्ध अनेक राज्यों में संघर्ष चल रहे थे, इंग्लैण्ड में सत्रहवीं सदी में गृहयुद्ध हुआ। अंग्रेज अपने साम्राज्य विस्तार में लगे थे ; अरस्तू का विचार था कि यूनान एकताबद्ध हो तो वह सारे संसार पर राज्य कर सकता है। भारत जैसे पराधीन देशों से अलग कनाडा और आस्ट्रेलिया अंग्रेजों के उपनिवेश थे। भूमध्यसागर के तटवर्ती प्रदेशों में इसी तरह यूनानियों के उपनिवेश फैले हुए थे। यूनान और उसके उपनिवेशों से मिलकर एक बहुत बड़ा बाज़ार निर्मित हो गया था, व्यापार के विकास से यह बाज़ार निरंतर सुसंबद्ध होता जा रहा था। इंग्लैण्ड में प्राकृतिक अर्थतंत्र वाला श्रेणी समाज (गिल्ड सिस्टम) कायम था, समाज में ऊँच-नीच का वंशगत भेदभाव बना हुआ था। इस पुरानी व्यवस्था के भीतर नये आर्थिक संबंधों का प्रसार करता हुआ व्यापारिक पूँजीवाद पुष्ट हो रहा था। यूनान के अनेक राज्यों में क्रांतिकारी आंदोलन चले और वहाँ ऐसी जनसत्ता कायम हुई जिसने बड़ी रियासतों की ज़मीन किसानों में बाँट दी। इंग्लैण्ड में ऐसा कुछ नहीं हुआ पर अठारहवीं सदी के अंतिम चरण में इससे मिलती-जुलती घटनाएँ फ्रान्स में हुईं।

वित्त के चलन और विनिमय के विकास से इंग्लैण्ड में जो आर्थिक संबंध कायम हुए, वे औद्योगिक क्रांति के बाद भी कायम रहे। फर्क यह था कि पहले उद्योग व्यापार के अधीन था, अब व्यापार उद्योग के अधीन हो गया। किंतु नयी स्थिति में वित्त और विनिमय के अध्ययन के लिए पुराना व्यापार संबंधी अनुभव बेकार नहीं हो गया। यही कारण है कि औद्योगिक क्रांति के बाद न केवल पूँजीवादी विवेचक वरन् मार्क्स अरस्तू का हवाला सकारात्मक ढँग से देते हैं। विनिमय के लिए मुद्रा से अंकित धातुओं का चलन कैसे हुआ, इसके बारे में अरस्तू ने जो कुछ लिखा था, उसे अपना आधार बनाकर ही विद्वान् अर्थशास्त्र का विकास कर सकते थे। ये विद्वान् मध्यकालीन यूरुप के किसी विचारक को अपना आधार क्यों नहीं बनाते ? न केवल अर्थशास्त्र, विज्ञान की अनेक शाखाओं में प्रारंभिक चिंतन की भूमि उन्हें यूनान में क्यों मिलती है, मध्यकालीन यूरुप में क्यों नहीं मिलती ? दास प्रथा वाले यूनानी समाज से बँधुआ किसानों वाला सामंती यूरुप यदि अधिक

प्रगतिशील था तो अरस्तू के बाद उसमें विज्ञान की शाखाओं का विकास अधिक होना चाहिए था। पर हुआ उससे उल्टा। विकास की बात दर किनार, अरस्तू के बाद यूनान का ज्ञान-विज्ञान मध्यकालीनता के सागर में डूब गया। सतह पर वह दिखायी दिया लगभग दो हजार साल बाद, यूरुप के पुनर्जागरण काल में।

(4)

अरस्तू की अनेक धारणाएँ वर्तमान समाजों के विश्लेषण में मिलेंगी। इनमें एक महत्वपूर्ण धारणा मध्य वर्ग से संबंधित है। यूनान में इतना आर्थिक विकास हो गया था कि उत्पादकों और संपत्तिशाली वर्गों के बीच एक मध्य वर्ग साफ दिखाई देने लगा था। अरस्तू कहते हैं कि सभी राज्यों में तीन तरह के लोग हैं : बहुत धनी, बहुत निर्धन और "तीसरे वे जो इन दोनों के बीच हैं।" ये विवेक की बात सुनने को सबसे ज़्यादा तैयार रहते हैं। अमीरों के लड़के स्कूल में अधिकारियों का कहना नहीं मानते। दूसरे लोग बहुत विनम्र होते हैं। जहाँ केवल दास और मालिक हैं, वहाँ राजनीतिक भागीदारी नहीं हो सकती। राज्य का आदर्श यह होना चाहिए कि जहाँ तक हो सके, लोग समान हों और एक दूसरे से मिलते-जुलते हों। "ऐसे एक दूसरे से मिलते-जुलते लोग सबसे ज्यादा मध्य वर्ग में होते हैं।" गरीब चाहते हैं कि अमीरों का माल उन्हें मिल जाये, नागरिकों का यह वर्ग ऐसा नहीं चाहता। न ये किसी के विरुद्ध षड्यंत्र करते हैं, न कोई इनके विरुद्ध षड्यंत्र करता है। उन राज्यों का शासन सबसे अच्छा होगा जिनमें मध्यवर्ग की संख्या बड़ी होगी, "अच्छा हो कि वह अन्य दो वर्गों से अधिक शक्तिशाली हो या कम-से-कम उनमें एक से तो वह अधिक शक्तिशाली हो ही।" वह अपने वज़न से समाज के संतुलन को प्रभावित करता है, दो परस्पर विरोधी, चरमपंथी समुदायों पर रोक लगाता है। बड़े राज्यों में मध्य वर्ग की संख्या अधिक है। छोटे राज्यों में हर आदमी या तो जरूरतमंद है या अमीर है। धनिक तंत्रों की अपेक्षा जनतंत्र मध्यवर्ग के नागरिकों के कारण अधिक सुरक्षित और दीर्घजीवी होते हैं। उनमें इस वर्ग के नागरिक सम्मान में अधिक भागीदार होते हैं। जहाँ गरीब बहुसंख्यक होते हैं, वहाँ वे मुसीबत में फँसते हैं और तबाह हो जाते हैं। "और इस तथ्य को महत्वपूर्ण मानना चाहिए कि जो श्रेष्ठ विधि निर्माता हुए हैं, वे मध्य वर्ग के नागरिकों में हुए हैं।" जो दो वर्ग मध्य स्थिति से हटकर हैं, वे "रियासतों के मालिक हैं या जनता हैं, समय-समय पर इनमें किसी का भी पलड़ा भारी हो जाता है।"[70]

प्लैटो ने शूरतंत्र और धनिकतंत्र में भेद किया था। राज्यतंत्रों की विषयवस्तु को ध्यान में रखकर उन्होंने वह भेद किया था। वह भेद उपयोगी था क्योंकि उससे सामंती राज्यतंत्र और व्यापार-प्रधान धनिकतंत्र के भेद का पता चलता था। अरस्तू ने राज्यतंत्रों के रूप को ध्यान में रखकर शूरतंत्र और धनिकतंत्र दोनों को अल्प-संख्यक तंत्र—ओलीगार्की—कहा था। रियासतों के मालिकों या जनता (अर्थात् उत्पादकों) दोनों में किसी का पलड़ा भारी हुआ तो सरकार गुटतंत्र या जनतंत्र की

लाइन पर चलती है। राज्य में दल बन जाते हैं और "जनता तथा अमीरों के बीच संघर्ष होता है।"[71] जो दल भी जीतता है, वह समानता के आधार पर सरकार कायम नहीं करता वरन् उसमें बड़ा भाग अपने पास रखता है। अरस्तू कहते हैं, "यूनान का नेतृत्व दो राज्यों के हाथ में रहा है। खुद उनके यहाँ जैसी सरकार थी, जनतंत्र या गुटतंत्र, वैसी ही उन्होंने नगरों में कायम की। उन्होंने नगरों के हितों का ध्यान नहीं रखा, किया वह जिसमें उनका लाभ था। इन कारणों से संविधान का माध्यमिक रूप या तो कहीं अस्तित्व में आया नहीं या बहुत कम और थोड़ी जगहों में आया।"[72] यूनान में जिन दो राज्यों का नेतृत्व था, वे स्पार्ता और एथेन्स थे। एथेन्स जनतंत्र का पक्ष लेता था, स्पार्ता गुटतंत्र का। यहां गुटतंत्र सामंती तंत्र है। अभिजात तंत्र के उल्लेख से अरस्तू उसका अलग अस्तित्व स्वीकार करते हैं। रूप के विचार से अभिजात तंत्र और धनिकतंत्र दोनों गुटतंत्र थे। इन दोनों से अलग मध्य स्थिति का तंत्र कायम नहीं होता। कारण यह है कि मध्य वर्ग न तो किसानों और कारीगरों की तरह उत्पादकों का वर्ग है, न वह भूस्वामियों और बड़े व्यापारियों की तरह उत्पादन के साधनों का मालिक है। वह कभी इधर झुकता है, कभी उधर, पर राज्यतंत्र की बागडोर सँभालना उसके भाग्य में नहीं लिखा।

जनतंत्र में किस तरह के लोग ज़्यादा हैं, इससे उसका स्वरूप निर्धारित होता है। यदि उसमें खेती से संबंधित वर्ग बड़ा हो, वह एक तरह का जनतंत्र हुआ; जिसमें "सामान्य मजदूर और पगार कमाने वाले" अधिक हों, वह दूसरी तरह का है। जनतंत्र या गुटतंत्र के लिए जो भी विधान बनाये, उसे मध्य वर्ग को ध्यान में रखना चाहिए। यदि मध्य वर्ग बहुसंख्यक हो तो संविधान सबसे अच्छा होगा। "हर जगह मध्यस्थता करने वाले पर ही लोग सर्वाधिक विश्वास करते हैं और मध्यस्थता वह करता है जो मध्य में होता है।"[73] गुटतंत्र को देखते जनतंत्र अच्छा है, उसमें आंतरिक संघर्ष कम होता है। गुटतंत्र में एक तो गुट के लोग आपस में लड़ते हैं, दूसरे गुट और जनता के बीच लड़ाई रहती है। जनतंत्र में लड़ाई जनता और गुट के बीच होती है, "जनता के विभिन्न स्तरों के बीच दलगत संघर्ष उल्लेखनीय परिभाषा में नहीं होता।"[74] मध्य वर्ग की सरकार "थोड़े-से लोगों" की अपेक्षा जनता के ज़्यादा नजदीक होती है। अरस्तू कहते हैं, अच्छा हो कि जनतंत्र और अभिजाततंत्र को मिला दिया जाये। पदाधिकार सम्मान्य जनों को दिये जायें और पदों से धन कमाना असंभव होना चाहिए। पदग्रहण से कुछ भी आमदनी न होगी, इसलिए गरीबों को उससे दिलचस्पी न होगी। उन्हें अपने काम के लिए फुर्सत रहेगी, इससे वे पैसा कमाकर मज़े में रहने लगेंगे। धनी तो धनी हैं ही, उन्हें सार्वजनिक कोश से धन लेकर अपने संसाधनों को बढ़ाने की जरूरत न होगी। सार्वजनिक संपत्ति में गोलमाल न हो, "इसलिए धनराशि का स्थानांतरण सभी नागरिकों की उपस्थिति में होना चाहिए।"[75] किंतु मुख्य बात यह है कि भूस्वामियों की रियासतें सुरक्षित रहनी चाहिए।

जनतंत्र में प्रभुसत्ता जनता की होती है; इसका अर्थ है, जनतंत्र में हर आदमी जो भी करना चाहे कर सकता है।[76] अरस्तू के लिए अराजकता का दूसरा नाम है जनतंत्र।

समाज में व्यवस्था तब कायम रहती है जब लोग अपनी नैसर्गिक प्रवृत्ति के अनुसार कार्य करते हैं। राज्यतंत्र में कुछ शासक होंगे, कुछ शासित होंगे। आत्मा शरीर पर शासन करती है, वैसे ही शासक प्रजा पर शासन करते हैं। मनुष्य का विवेक उसकी वासनाओं पर शासन करता है। आत्मा का बौद्धिक अंश उसके भावात्मक अंश पर शासन करता है।[77] वासना निसर्गतः अपरिमित होती है। "और अधिकांश मनुष्य वासना की पूर्ति के लिए जीते हैं।"[78] इससे सहज ही परिणाम यह निकलेगा कि अधिकांश मनुष्य शासित होने के लिए ही पैदा होते हैं। प्लैटो की तरह अरस्तू मनुष्य की ऐंद्रिय इच्छाओं और भावों को ख़तरनाक मानते हैं। "वासना वन्य पशु की तरह है। अच्छे-से-अच्छे व्यक्ति का शासन भावप्रवणता से विकृत हो जाता है।"[79] राजतंत्र में शासक और शासित दोनों होते हैं पर दोनों का दर्जा एक-सा नहीं होता। आत्मा और शरीर दोनों प्राणी के अंग हैं पर आत्मा उसका अंग अधिक है। इसी तरह राज्यतंत्र में जो लोग आवश्यक उपयोग की चीज़ें जुटाते हैं, वे शरीर की तरह हैं, जो लोग चिंतन करते हैं, न्याय करते हैं, सैनिक कार्य करते हैं, वे आत्मा की तरह हैं, वे राज्यतंत्र का अंग अधिक हैं।[80] बाहरी सामान शरीर के लिए होता है, दूसरी तरह का सामान आत्मा के लिए होता है। आदर्श सुखी मनुष्य वह है जिसके पास दोनों हों। सवाल अनुपात का है। बाहरी सामान किन्हीं सीमाओं के भीतर उपयोगी होता है, आत्मा का सामान अपरिमित हो सकता है। हर मनुष्य को उतना ही सुख मिलता है जितना वह सदाचार और बुद्धिमानी का काम करता है। "इसके प्रमाणस्वरूप हमारे सामने ईश्वर का उदाहरण है। वह सुखी और आनंदित है, बाहरी सामान के कारण नहीं वरन् स्वयं के कारण, अपनी प्रकृति में विशेष गुण के कारण।"[81] अरस्तू आत्मा को शरीर से, विवेक को वासना और भावों से निरपेक्ष रूप में अलग करते हैं। इस भाववाद से वह धर्म का, ईश्वर संबंधी विश्वास का, सामंजस्य स्थापित करते हैं।

सदाचरण और बुद्धिमानी के कार्यों के लिए अवकाश ज़रूरी है। अवकाश-भोगी व्यक्ति भी सक्रिय जीवन बिताता है। इसका यह अर्थ नहीं है कि वह दूसरे मनुष्यों के संपर्क में ही सक्रिय हो सकता है। कर्म से जो वस्तुएँ प्राप्त होती हैं, उन्हें लक्ष्य करके ही सक्रिय चिंतन नहीं होता, "श्रेष्ठ चिंतन वह है जिसका परिणाम उसी में निहित हो और जो स्वयं अपने लिए किया गया हो।"[82] इस तरह अरस्तू विशुद्ध चिंतन की भावभूमि पर पहुँच जाते हैं। ईश्वर और संसार की "अपनी निजी कार्यवाही के अलावा कोई बाहरी कार्यवाही नहीं होती।"[83] शासक वर्ग के सदस्य जनसाधारण से उतना ही ऊँचे हैं जितना देवता और आख्यानों के वीर हैं।[84] अब

जैसे ईश्वर सब देवताओं से बड़ा है, वैसे ही शासकों में कोई असाधरण शासक हो सकता है। सदाचरण में सर्वश्रेष्ठ व्यक्ति को प्राणदंड देना, निर्वासित करना गलत है। "उससे यह कहना भी गलत है कि वह अपनी बारी में प्रजा बनकर रहे। जो सूंपर्ण है, उसका अंश उससे बड़ा हो जाये, यह प्रकृति का नियम नहीं है। लेकिन जो मनुष्य ऐसे असाधारण रूप से श्रेष्ठ है, वह सारे समाज से बड़ा हो जाता है। इसलिए समाज के लिए एक ही काम रह जाता है कि वह ऐसे व्यक्ति की आज्ञा माने और उस व्यक्ति का यह काम होता है कि वह अपनी बारी पर नहीं वरन् निरपेक्ष रूप से प्रभुत्वसंपन्न हो।"[85] अरस्तू का यह परमश्रेष्ठ व्यक्ति प्लैटो के दार्शनिक राजा का ही नया संस्करण है। प्लैटो के लिए समाज की समस्याएँ तब सुलझेंगी जब उस पर ऐसा राजा शासन करेगा जो परम ज्ञानी हो। अरस्तू का असाधारण व्यक्ति समस्त प्रभुतासंपन्न होगा, समाज का काम उसकी आज्ञा मानना होगा। अरस्तू ने स्कूलाक्स के वृत्तांत से जाना था, भारत में सम्राट् और प्रजा में भारी अंतर था। उसी वृत्तांत के अनुरूप उन्होंने अपने परमश्रेष्ठ शासक को सारे समाज के ऊपर प्रतिष्ठित किया था, समाज का काम केवल उसकी आज्ञा मानना था।

पर अरस्तू ने यह भी लिखा था, "यह अत्यंत आश्चर्य की बात है कि राजनेता का काम यह माना जाये कि वह साम्राज्य को बनाये रहने, पड़ोसी जनों पर, वे चाहें अथवा न चाहें, प्रभुत्व कायम करने की तरकीबें निकाले। जो कार्य अवैध हो, वह राजनेता या विधिनिर्माता के योग्य कैसे हो सकता है?" फिर भी अधिकांश लोग ऐसा सोचते जान पड़ते हैं कि निरंकुश शासन राजनीतिज्ञता है। अपने प्रति जिस व्यवहार को वे अन्यायपूर्ण और हानिकारक घोषित करते हैं, उसी को दूसरों के प्रति करते उन्हें शर्म नहीं आती।[86] लेकिन कुछ लोग निसर्गतः निरंकुश ढंग से ही शासित होने के लिए हैं, अतः ऐसों पर निरंकुश शासन कायम करना गलत नहीं है।[87] एशिया के लोग तो स्वभाव से दासवृत्ति वाले होते हैं, उन पर शासन करना तो उचित होगा ही। पर सिकंदर ने यूनानियों पर अपना निरंकुश शासन कायम किया था। उस शासनकाल में ही अरस्तू एथेन्स में अपना विद्यापीठ चला सके थे। उस समय एक बार भी उन्होंने सिकंदर की निरंकुशता की आलोचना नहीं की।

अरस्तू ने शिक्षा पर बहुत जोर दिया है, प्लैटो पर शिक्षा की ओर समुचित ध्यान न देने का आरोप भी लगाया है। प्लैटो और अरस्तू दोनों की शिक्षा-व्यवस्था अभिजात वर्ग के लिए है; किसान, कारीगर, मज़दूर, व्यापारी, दास—ये सब शिक्षा-व्यवस्था से बाहर हैं। नागरिकों की शिक्षा का ध्यान बचपन से रखना चाहिए। "एक कानून ऐसा बनना चाहिए कि किसी भी विकृत अंगों वाले बच्चे का पालन-पोषण न किया जायेगा।" अर्थात् शिशु हत्या को वैध करार देना चाहिए। केवल पुष्ट शरीर वाले बच्चों को जीवित रहने का अधिकार मिलना चाहिए। अरस्तू ने स्पार्ता के संविधान की आलोचना की है, पर कमजोर शिशुओं के प्रति स्पार्तावासियों के व्यवहार से

वह प्रभावित हैं। बालकों को यथासंभव दासों से कम मिलने-जुलने देना चाहिए। उन्हें अश्लील बातें न सुननी देना चाहिए, अश्लील क्रियाओं वाले चित्र और शिल्प न देखने चाहिए। इसका अपवाद वे मंदिर हैं "जिनमें एक ऐसी श्रेणी के देवता हैं जिनके लिए अश्लीलता भी वैध मानी गयी है।"[88] युवजनों को इतना संगीत सीखना चाहिए कि अवकाश में वे उससे आनंद प्राप्त कर सकें। पर उन्हें स्वयं गायक-वादक न बनना चाहिए। विशेष रूप से उन्हें बाँसुरी न बजानी चाहिए क्योंकि "इसका प्रभाव नैतिक नहीं, उत्तेजक होता है।"[89] इसी तरह कुछ विशेष राग या थाट हैं जिन्हें सुनना उचित है, अन्य जिन्हें सुनना अनुचित है। ईरानी आक्रमणों को विफल करने के बाद यूनानी लोग मस्ती में बाँसुरी बजाने लगे। "एथेन्स में इसका ऐसा चलन हुआ कि स्वाधीन जनों में लगभग अधिकांश बाँसुरीवादन में लग गये।"[90] पर ऐसे बाजे बजाना अनुचित है। नाटिकाएँ आदि लड़कपन में देखना-सुनना ठीक नहीं है। बड़े होने पर जब शिक्षा के कारण वे इनके प्रभाव से मुक्त रह सकें, तब की बात अलग है।[91] अब रह गये करुणरस प्रधान महाकाव्य और नाटक। प्लैटो और अरस्तू दोनों के लिए ये ऐसे भाव जगाते हैं जो वीरोचित नहीं हैं। फर्क इतना ही है कि प्लैटो इन्हें प्रतिबंधित करते हैं, अरस्तू भय और दया जैसे विकारों के रेचन के लिए इनका उपयोग स्वीकार करते हैं। कुछ लोग धार्मिक संगीत सुनकर उत्तेजित हो उठते हैं, उनकी दशा ऐसी हो जाती है मानो उन्होंने ओषधि खायी हो और रेचन हुआ हो। "यही अनुभव उनका होगा जो दयालु और भीरु हैं।"[92] यहाँ संकेत ट्रैजेडी में भय और करुणा के भावों की ओर है। इनके और इन जैसे भावों के रेचन से चित शांत और प्रसन्न होता है। कहना चाहिए, विवेक पर जो घटाएँ छा गयी थीं, वे वर्षा के बाद छँट जाती हैं। प्लैटो की तरह अरस्तू का सारा चिंतन सहज मानवीय संवेदनों और भावों के प्रति अविश्वास से ग्रस्त है। इसलिए कुल मिलाकर उनकी नैतिकता साहित्य और संगीत के संवेदनात्मक भावजनित आनंद को अस्वीकार करती है। अरस्तू का रेचन सिद्धांत साहित्यकारों को भारतीय रस सिद्धांत से ठीक उल्टी दिशा में ले चलता है।

आदर्श नगरराज्य में व्यवस्था ऐसी होनी चाहिए कि आदमी अपना पेशा बदले नहीं। काम अच्छी तरह तभी होगा जब एक आदमी जीवनभर एक ही काम करता रहेगा। "विधि निर्माता एक ही आदमी को बाँसुरी बजाने और जूते बनाने का काम नहीं सौंपते।"[93] जातिप्रथा का मूल सिद्धांत यह है कि आदमी अपना पेशा मृत्यु तक छोड़ेगा नहीं। "जो मोची हैं वे सदा मोची रहें, जो बढ़ई हैं, वे सदा बढ़ई रहें, इसके बदले यदि मोची और बढ़ई अपने पेशे बदलते रहें तो सभी मोची बढ़ई भी हो जायेंगे। लेकिन राजनीतिक समुदाय के लिए कार्य (पेशे) का स्थायित्व बेहतर है, इससे स्पष्ट है कि संभव हो तो जो एक बार शासक बनें, उनका निरंतर शासन करते जाना बेहतर है।"[94] एक वर्ण शासकों का है, दूसरा वर्ण शासितों का है। इस

दूसरे वर्ण में एक बिरादरी बढ़इयों की है, दूसरी मोचियों की। कौन किस काम में नियुक्त होगा, यह तय करना विशेषज्ञों का काम है। समाज में कुछ जन्म से ऊँचे हैं, कुछ जन्म से नीचे हैं। संभावना यह है कि अच्छे माता-पिता की संतान अच्छी होगी, जो अच्छे खानदान में जन्म लेगा, वह अच्छी नस्ल का होगा।[95] मतलब यह कि शासक पीढ़ी-दर-पीढ़ी शासक बने रहेंगे, सेवक पीढ़ी-दर-पीढ़ी सेवक रहेंगे।

अरस्तू ने जातिप्रथा के विस्तार के बारे में जो कुछ कहा है, उससे भूमध्यसागर के तटवर्ती प्रदेशों और द्वीपों में दूर-दूर तक इसके प्रसार का अनुमान हो जाता है। प्लैटो ने इस प्रथा के बारे में कोई मौलिक चिंतन न किया था, यह संकेत करते हुए अरस्तू ने लिखा था, "और राज्य का जातियों (कास्ट्स) में विभाजित होना और सैनिक वर्ग का हलवाहों से भिन्न होना आज के राजनीतिक विचारकों की खोज अथवा निकट अतीत की खोज नहीं जान पड़ता। मिस्र में यह व्यवस्था अब भी बनी हुई है और वह क्रीट में भी है।"[96] कहा जाता है, मिस्र में इसका विधान सेसोस्त्रिस ने किया था, क्रीट में मिनोस ने। इटली में इनोत्रिआ प्रदेश के राजा इतलुस थे। उन्हीं से देश का नाम इटली पड़ा। उन्होंने इनोत्रिआ के लोगों को पशुचारण से हटाकर कृषि में लगाया। "वंशगत जाति (hereditary caste) के आधार पर नागरिक समुदाय का विभाजन मिस्र से आया क्योंकि सेसोसूत्रिस का शासन काल मिनोस के शासनकाल से बहुत पहले का है।"[97] अरस्तू का निष्कर्ष यह है कि युग के युग बीत गये, ऐसी सामाजिक प्रणालियाँ अनेक बार अथवा अनंत बार खोजी गयी हैं जो आवश्यक हैं, "उन्हें मनुष्य को संभवतः आवश्यकता ही सिखा देती है।"[98] यहाँ अरस्तू का आशय उसी भौतिक आवश्यकता से है जिसे प्लैटो ने श्रम विभाजन का आधार माना था। सदाचरण या श्रेष्ठ जीवन बिताने के विचार से लोग समाज (या राज्य) का निर्माण करते हैं, अरस्तू की यह भाववादी धारणा यहाँ खंडित हो जाती है।

प्लैटो का ही अनुसरण करते हुए अरस्तू कहते हैं कि आवश्यकताओं की पूर्ति हो जाने के बाद यह स्वाभाविक है कि परिष्कार और विलास की वस्तुओं का विकास हो। यही हाल राजनीतिक संस्थाओं का है। अरस्तू के अनुसार इन सबकी प्राचीनता का बोध मिस्र के इतिहास से हो जाता है। मिस्र के लिए माना जाता है, वह प्राचीनतम राष्ट्रों में है। वहाँ सदा विधितंत्र और राजनीतिक व्यवस्था रही है। जब ऐसी बातों की छानबीन की जाये जो अब तक छोड़ दी गयी हैं, तब पहले की खोज के परिणामों का उपयोग करना चाहिए।[99] पहले बताया जा चुका है कि "भूमि पर स्वामित्व उनका होना चाहिए जिनके पास हथियार हैं और जो संविधान के अधिकारों में भागीदार हैं और हलवाहों की जाति (कास्ट) इनसे भिन्न क्यों होनी चाहिए; अब भूमि के आवंटन पर विचार करना चाहिए।[100] मिस्र का हवाला देने में अरस्तू का पहला उद्देश्य यह है कि वह जातिप्रथा की प्राचीनता और विस्तार के

उल्लेख से यह जताना चाहते हैं कि यूनान के लिए वह कोई अद्‌भुत प्रथा नहीं है। दूसरा उद्देश्य यह सिद्ध करना है कि इस प्रथा को बनाये रखने से समाज उन्नति कर सकेगा। यूनान में एक ओर व्यापार के विकास से वंशगत पेशों वाली व्यवस्था टूट रही थी, दूसरी ओर इस व्यवस्था से पहले के सामूहिक स्वामित्व तथा रक्तसंबंधों वाले सामाजिक गठन भी बने हुए थे। आदिम साम्यवाद के अवशेष, श्रम-विभाजन पर आधारित जातिप्रथा और व्यापारिक विकास से जातिप्रथा का विघटन, ये तीनों प्रपंच अरस्तू के यूनान में एक साथ दिखायी देते हैं।

(5)

यूनान में एक कहावत थी : दोस्तों का माल पंचायती होता है। (उस पर किसी एक दोस्त की मिल्कियत नहीं होती, वह उनकी सामान्य संपत्ति होता है)। इसे आधार मानकर प्लैटो ने शासकों में सामान्य संपत्ति के चलन का विधान किया था। इसके विपरीत अरस्तू, "हम भूमि पर सामूहिक स्वामित्व कायम करने की बात नहीं कहते जैसे कि कुछ और लोग कह चुके हैं वरन् उसमें सहभागिता की बात कहते हैं जो उसके उपयोग द्वारा दोस्ताना ढंग से घटित होगी, और हमारा मत है कि किसी भी नागरिक को जीविका के साधनों की कमी न होगी।" (उपज तो सबकी रियासतों में अलग-अलग होगी पर वितरण में ध्यान रखा जायेगा कि किसी को भी तंगी का सामना न करना पड़े।) यहाँ अनुवादक ने पंचायती माल वाली कहावत के लिए लिखा है, इससे लगता है कि निजी भूस्वामित्व के साथ ज़मीन को जोतने और उपज को भोगने में "किसी तरह का परंपरागत साम्यवाद भी था।"[101] नागरिकों के लिए सहभोज का विधान प्लैटो और अरस्तू दोनों ने किया है, उनके विवरण से स्पष्ट है कि कई जगह इस प्रथा का चलन था। इसका स्रोत भी वही परंपरागत साम्यवाद था। अरस्तू को जनतंत्र से शिकायत थी कि उसमें लोग स्वयं को विधितंत्र से ऊपर मान लेते हैं और संपत्ति के बँटवारे की माँग करते हैं। "इसे रोकने या उसे सीमित करने का उपाय यह है कि प्रशासकों का चुनाव सामूहिक रूप से लोग न करें वरन् बिरादरियां (tribes, फ़ुलास) करें।"[102] ये बिरादरियाँ रक्तसंबंध पर आधारित थीं, इनके आधार पर लोग मतदान करेंगे तो उनमें सामूहिक चेतना का विकास न होगा, विधितंत्र सुरक्षित रहेगा। जैसे भारत में अनेक प्रकार के प्रतिक्रियावादी आज जाति-बिरादरी का उपयोग जनवादी चेतना के विघटन के लिए करते हैं, वैसे ही दो हजार साल पहले यूनान के प्रतिक्रियावादी बिरादरियों के अलगाव का उपयोग सामंती संपत्ति की रक्षा के लिए करते हैं।

सार्वजनिक संपत्ति को चुपके से राजनेता हथियायें नहीं, इसके लिए धनराशि का स्थानांतरण सबकी उपस्थिति में होना चाहिए—यह सुझाव देते हुए अरस्तू ने कहा है कि धन की सूचियों की प्रतियाँ हर बिरादरी के पास जमा कर देनी चाहिए। अनुवादक ने टिप्पणी में 'बिरादरी' की व्याख्या की है, "नागरिकों के गुट, आमतौर

से हर कबीले से तीन, जिसे (कबीले को) नातेदारी पर आधारित माना जाता था।"[103] गण (यहाँ संभवतः गोत्र) के सभी सदस्य एक-दूसरे के संबंधी होते थे। इनके प्रतिनिधियों से बिरादरियों के वे घटक बने थे जिनके पास धनराशि की सूचियाँ जमा होनी थीं। सार्वजनिक संपत्ति गणसंपत्ति का नया रूप थी। गोत्रों या बिरादरियों में संगठित जन परंपरागत ढंग से उस पर अपना अधिकार मानते थे। बिरादरी के अलावा अरस्तू ने धन की सूची हर 'कंपनी' और हर कबीले के पास जमा करने का सुझाव दिया है। 'कंपनी' के लिए अनुवादक ने लिखा है, पहले यह सैनिक, फिर नागरिक वर्गीकरण था। एंगेल्स ने बताया है कि होमर के समय में सेना की टुकड़ियाँ बिरादरियों के हिसाब से गठित होती थीं। संभवतः यही बाद में असैनिक टुकड़ियाँ बनीं। कबीले के सदस्य तो परस्पर रक्त संबंधी होते ही थे। गण, गोत्र और कुल, इनसे मिलते-जुलते सामाजिक गठन अरस्तू के यूनान में बने हुए थे।

राज्य को आत्मनिर्भर होना चाहिए। उसमें बहुत कम लोग होंगे तो वह आत्मनिर्भर न होगा। बहुत होंगे तो वह मात्र आवश्यकताएँ पूरी करने में आत्मनिर्भर होगा, उस तरह होगा जिस तरह एथ्नोस होता है। एथ्नोस के लिए अनुवाद में 'नेशन' का व्यवहार किया गया है। उसकी व्याख्या में अनुवादक ने कहा है, सामान्य अर्थ में यह अनेक ग्रामों से बना हुआ जन समुदाय है; ये नातेदारी और व्यापार द्वारा ढीलेढाले ढंग से परस्पर संबद्ध होते हैं आत्म रक्षा के लिए उनमें एका होता है पर राजनीतिक जीवन के लिए नहीं होता। यह "परस्पर संबद्ध नगरों का एथ्नोस नहीं है।"[104] इस एथ्नोस की स्थिति ऐसे जनपद की है जिसके निवासी अलग-थलग गाँवों में बिखरे होने पर भी अपना पुराना गण समाज वाला आपसी संबंध पहचानते हैं। यह जनपद नगर केन्द्रित नहीं है, इसलिए उसमें सामान्य राजनीतिक जीवन का विकास नहीं हुआ। विनिमय अत्यंत सीमित होगा, प्रत्येक ग्राम स्वायत्त और आत्मनिर्भर होगा। अरस्तू कहते हैं, यहाँ सवैधानिक शासन संभव नहीं है "क्योंकि युद्ध में उस विराट भीड़ की कमान कौन करेगा ? उसका पुरोहित (herald) कौन होगा जब तक कि उसके फेफड़े स्तेन्तोर के से न हों ?"[105] गण के सभी सदस्य शस्त्रधारी होते थे, शस्त्रधारियों का अलग वर्ग निर्मित न हुआ था। उसी परंपरा के अनुसार जनपद के सारे लोग जब युद्ध भूमि में एकत्र हो जायेंगे, तब कौन दहाड़कर उन्हें आदेश देगा या शत्रुदल से बातें करेगा ? स्तेन्तोर ट्रॉय के युद्ध में यूनानी पक्ष का उद्घोषक था। निष्कर्ष यह कि जातिप्रथा के बावजूद आदिम साम्यवाद के अवशेष अभी बने हुए थे। फलतः विनिमय का विकास भी सीमित परिमाण में हुआ था।

फलअस की आलोचना करते हुए अरस्तू ने लिखा है कि उन्होंने नागरिक समुदाय को छोटा रखा है क्योंकि "सभी कारीगर दास होंगे जिन पर सार्वजनिक स्वामित्व होगा।"[106] सामूहिक स्वामित्व अनेक रूपों में प्रचलित था, इसीलिए फलअस ने ऐसा विधान किया था। अरस्तू इससे असहमत होते हुए कहते हैं, "यदि सार्वजनिक

दास रखना उचित है तो जो मजदूर सार्वजनिक कार्यों में लगाये जाते हैं, उन्हें यह दर्जा देना उचित है (जैसे कि एपिदमूनुस के यहाँ है और जैसे कि एक बार एथेन्स में दिओफन्तुस ने करने का प्रयत्न किया था)।"[107] यूनान में दासों के सामूहिक स्वामित्व का चलन था, वैसे ही चलन का प्रयत्न एथेन्स में हुआ था। अरस्तू के अर्थशास्त्र का मूल घटक है कुटुंब। इस कुटुंब की अलग संपत्ति होनी चाहिए। वह सामूहिक संपत्ति के विरुद्ध हैं, दासों पर सामूहिक स्वामित्व उन्हें अपवादरूप में ही स्वीकार है। स्पार्ता में सबके अलग-अलग दास हैं पर एक मालिक दूसरे मालिक के दासों से भी काम ले सकता है। दोस्तों का सारा माल पंचायती है और नहीं भी है। सामूहिक स्वामित्व वाले संपत्ति के ये सारे रूप रक्तसंबंधों से जुड़े हुए हैं। वर्णव्यवस्था और जातिप्रथा वाला समाज आदिम साम्यवादी व्यवस्था के भीतर परिपक्व होता है, वर्ण और जाति-बिरादरी में वह रक्तसंबंध बनाये रहता है।

सामाजिक विकासक्रम में वर्णव्यवस्था और जातिप्रथा का चलन अनिवार्य है, दासप्रथा का चलन अनिवार्य नहीं है। जहाँ भूमि का केन्द्रीकरण होता है, वहाँ सामान्य किसानों से अलग भूस्वामियों का अभिजात वर्ण बनता है। दूसरों से अधिक संपत्ति रखने को उचित ठहराने के लिए वह स्वयं को अभिजात कहता है, अपना संबंध देवताओं, पौराणिक आख्यानों के वीरों से जोड़ता है। धार्मिक कृत्यों की देखभाल करने वाला समुदाय इसी वर्ण का अंग हो सकता है, उससे अलग भी हो सकता है। जहाँ खेती से कारीगरी का अलगाव होगा, उत्पादन से संबंधित नयी शाखाओं का विकास होगा, वहाँ पेशों के हिसाब से बिरादरियाँ बनेंगी। छोटे पैमाने के उत्पादन में दक्ष होने के लिए बाप का पेशा बेटा अपनायेगा। इस तरह पेशे वंशगत होंगे, कारीगरों से भिन्न अन्य प्रकार की सेवाएँ करने वाले लोग भी बिरादरियों के रूप में गठित होंगे। वित्त का व्यापक चलन हो, विनिमय का यथेष्ट विकास हो तो महाजनों और व्यापारियों का अलग वर्ण गठित होगा, वर्ना भूस्वामी वर्ण के सदस्य ही महाजनी और व्यापार का धंधा करेंगे। यह सारा प्रपंच भूमि के केन्द्रीकरण, श्रम-विभाजन और श्रम के विशेषीकरण, वित्त के चलन और विनिमय के विकास का परिणाम है।

सामाजिक विकास क्रम में उत्पादन और विनिमय की किसी भी आवश्यकता से दासप्रथा को नहीं जोड़ा जा सकता। इसीलिए उसका चलन अनिवार्य नहीं है।

भूमि के कन्द्रीकरण से, सूदखोरी से या धार्मिक कृत्यों पर इजारेदारी से जब समाज में संपत्तिगत भेद पैदा होगा, तब एक अवकाशभोगी वर्ग का निर्माण होगा। अवकाशभोगी वर्ग का अस्तित्व सेवक वर्ग के बिना असंभव है। सेवकों में घरेलू सेवक होंगे, अनेक कुटुंबों की सेवा करने वाले पंचायती सेवक होंगे, हलवाहे, कारीगर, अनेक प्रकार के श्रमिक होंगे। भूस्वामियों और धर्माचार्यों से यह वर्ग नीचा माना जायेगा। यह भारतीय समाज का शूद्र वर्ण है। द्विज और शूद्र का भेद, उच्च अवकाश-

भोगी वर्ग और निम्न सेवक-श्रमिक वर्ग का यह भेद यूनान में था, मध्यकालीन यूरोप में था। छोटे पैमाने के उत्पादन और विनिमय वाले समाज में जहाँ भी संपत्ति का केन्द्रीकरण होगा, वहाँ द्विज और शूद्र जैसा भेद अवश्य होगा। इस हद तक सामाजिक विकासक्रम में वर्णव्यवस्था का अभ्युदय अनिवार्य है। किंतु सेवा, कारीगरी, अनेक प्रकार के श्रम, दास ही करें यह अनिवार्य नहीं है। प्लैटो ने श्रम विभाजन के आधार पर जिस प्रारंभिक राज्यतंत्र की कल्पना की है, उसमें दास नहीं हैं। अरस्तू ने प्राचीन कवि हेसिओद का हवाला दिया है। घर, पत्नी, खेत जोतने को एक बैल–यह पुराना कुटुंब है। इस पर अरस्तू की टिप्पणी है : गरीब आदमी के यहाँ सेवक की जगह बैल काम आता है।[108] यहाँ दास नहीं हैं, सेवक हैं और सेवक का काम पशु से भी लिया जा सकता है। प्लैटो और अरस्तू दोनों ने मनुष्य की नैसर्गिक प्रवृत्ति पर बहुत जोर दिया है; किंतु प्लैटो ने इस प्रवृत्ति को मूलतः श्रम-विभाजन से जोड़ा है, अरस्तू ने उसे दास और उसके मालिक के संबंध से जोड़ा है। उनके सामने धनी किसानों और बड़े भूस्वामियों का कुटुंब था। "कुटुंब का पूर्ण विकसित रूप वह है जिसमें दास और स्वाधीन जन होते हैं।"[109] किंतु अरस्तू के ही अनुसार यूनान में बहुत जगह खेती का काम दास नहीं, बँधुआ किसान करते थे। अरस्तू के 'निसर्ग' से इनके अस्तित्व की व्याख्या नहीं होती।

इससे भी अधिक महत्वपूर्ण बात यह है कि एथेन्स समेत अनेक नगरों में कारीगरों का एक बड़ा समुदाय था। इसकी स्थिति दासों की स्थिति से भिन्न थी। इसके अस्तित्व की व्याख्या भी स्वामी और दास वाले नैसर्गिक भेद से नहीं होती, प्लैटो के श्रम-विभाजन वाले सूत्र से होती है। अरस्तू खूब अच्छी तरह जानते हैं, विनिमय का विकास क्यों होता है, वित्त का चलन कैसे होता है। वह व्यापारी का धंधा पसंद नहीं करते पर अपने निसर्ग के आधार पर उसकी व्याख्या नहीं करते। जैसा कि प्लैटो कह गये थे, बनियों, व्यापारियों का वर्ग भौतिक आवश्यकताओं की पूर्ति के लिए विनिमय के विकास से उत्पन्न होता है। अरस्तू ने अपने गुरु की यह बात दोहराई है। यूनान में दासप्रथा दो तरह की थी। एक दादापंथी समाज की दासप्रथा जहाँ दास कुटुंब का अंग होता है, वह कुटुंब के अन्य सदस्यों के साथ श्रम करता है, जहाँ उत्पादन का लक्ष्य कुटुंब या गाँव की आवश्यकताएँ पूरी करना होता है। दूसरी होती है बिकाऊ माल तैयार करने वाले समाज की दासप्रथा। यहां मालिक दास से कुटुंब की आवश्यकताएँ पूरी कराने के लिए ही श्रम नहीं कराता, वह उसके श्रम से अतिरिक्त मूल्य भी अर्जित करता है। दास जितना ही अधिक श्रम करेगा, उतना ही माल बेचकर मालिक अधिक मुनाफा कमायेगा। दो तरह के दासों में यह भेद मार्क्स ने किया था, प्लैटो और अरस्तू के यहाँ यह भेद नहीं है।

दादापंथी समाज में वित्त का चलन नहीं हुआ, या बहुत सीमित हुआ है। दास बेचे और खरीदे नहीं जाते, अक्सर युद्ध में बंदी बनाये हुए लोग दासों का काम

करने को बाध्य किये जाते हैं। पहले तो सामाजिक विकास के लिए युद्ध अनिवार्य नहीं है, दूसरे युद्ध होने पर बंदियों को दास बनाना अनिवार्य नहीं है। उत्पादन और विनिमय का विकास कबीलों के आपसी सहयोग से अधिक हुआ है, युद्ध से कम। मॉर्गन की पुस्तक के आधार पर एंगेल्स ने अमरीकी रेड इंडियन समाजों का जो विश्लेषण किया था, उसमें दास अनुपस्थित हैं। दादापंथी समाज में सेवक कुटुंब का अंग बनकर काम कर सकते हैं, उनका दास होना अनिवार्य नहीं है। वित्त का चलन और विनिमय का विकास होने पर बिकाऊ माल तैयार करने वाले कारीगरों का दास होना और भी अनिवार्य नहीं है। पैसा देकर कुशल कारीगरों से अच्छा माल तैयार कराया जा सकता है। दास अधिकतर अकुशल श्रम के ही योग्य होते हैं। लघु एशिया का यूनानी नगर मिलेतोस व्यापार का बहुत बड़ा केन्द्र था। यूनानी दर्शन का प्रारंभिक विकास वहीं हुआ। यूनानी इतिहास के विशेषज्ञ (यथा टॉमसन, फैरिंगटन) मानते हैं, वहाँ दासप्रथा का चलन न था। मिलेतोस के अलावा एथेन्स में पगार लेकर काम करने वाले कारीगरों का वर्ग था। इसके धन कमाने से प्लैटो और अरस्तू दोनों चिंतित थे। अरस्तू के अनुसार "कारीगरों का आम समुदाय भी धनी है (even the general mass of craftsmen are rich)।"[110] ये कारीगर कुटुंब और गांव की आवश्यकताएँ पूरी करने वाले दादापंथी समाज के कारीगर न थे। वे विकसित विनिमय वाले समाज से पारिश्रमिक लेकर काम करने वाले श्रमिक थे। उनका अस्तित्व यह सिद्ध करता है कि सामाजिक विकासक्रम में दासों से बिकाऊ माल तैयार कराना अनिवार्य नहीं था।

आधुनिक सभ्यता के विकास के लिए अमरीका में काले दासों की गुलामी को अनिवार्य बताते हुए मार्क्स ने 1846 में लिखा था, "प्रत्यक्ष दासप्रथा आज हमारे उद्योग की धुरी वैसे ही है जैसे मशीनें, उधार आदि हैं। दासप्रथा नहीं तो कपास नहीं; कपास नहीं तो आधुनिक उद्योग नहीं। दासप्रथा ने ही उपनिवेशों को मूल्यवान बनाया है; उपनिवेशों ने विश्वव्यापार का निर्माण किया है; बड़े पैमाने के मशीनी उद्योग की जरूरी शर्त है विश्वव्यापार। अतः नीग्रोव्यवसाय शुरू होने के पहले उपनिवेश पुरानी दुनिया को बहुत थोड़े उत्पाद भेजते थे और उन्होंने धरती की आकृति में कोई साफ दिखने वाला परिवर्तन न किया था। इसलिए दासप्रथा अत्यंत महत्व की आर्थिक कोटि है। दासप्रथा के बिना सबसे प्रगतिशील देश अमरीका दादा पंथी देश में बदल जायेगा। यदि संसार के मानचित्र से अमरीका को मिटा दिया जाये तो परिणाम होगा अराजकता, व्यापार का और आधुनिक सभ्यता का संपूर्ण ह्रास। लेकिन दासप्रथा को गायब हो जाने देने का अर्थ है संसार के मानचित्र से उत्तरी अमरीका को मिटा देना। दासप्रथा एक आर्थिक कोटि है, इसलिए संसार के आरंभ से वह प्रत्येक जाति में रही है।"[111] एक है प्रत्यक्ष दासप्रथा जिसमें श्रमशक्ति पर ही नहीं, श्रमिक के शरीर पर भी मालिक का अधिकार होता है। दूसरी है

अप्रत्यक्ष दासप्रथा जिसमें मालिक श्रमिक की श्रमशक्ति ही खरीदता है। जिस समय अमरीका में दासों से काम लिया जा रहा था, उस समय संसार में अन्यत्र स्वाधीन मजदूरों से भी काम लिया जाता था। इसलिए अमरीका और विश्वबाजार के विकास के लिए दासप्रथा को अनिवार्य नहीं माना जा सकता ।

1850 में मार्क्स और एंगेल्स ने लिखा था, "अमरीका कपास उत्पादन पर आधारित है। जैसे ही उद्योग (यूरुप का उद्योग) उस बिंदु तक विकसित हो जायेगा कि कपास पर अमरीकी इजारा उसके लिए असह्य हो उठेगा, वैसे ही दूसरे देशों में सफलतापूर्वक विशाल परिमाण में कपास पैदा की जायेगी, और यह काम अब प्रायः सर्वत्र स्वाधीन मज़दूरों से ही कराया जा सकता है।"[112] अन्य देशों को देखते अमरीका में दासों के श्रम द्वारा कपास उगाने की पद्धति अपवादरूप थी और अस्थायी थी। श्रम की उच्चतर पद्धति अन्य देशों में विद्यमान थी और उसके प्रसार से अमरीका में दासप्रथा का खात्मा निश्चित था। दासों से श्रम कराने वाला अमरीका, उसके समानांतर स्वाधीन मजदूरों से श्रम कराने वाले अन्य देश। इसी तरह प्राचीन काल में दासों से श्रम कराने वाला यूनान, उसके समानांतर पारिश्रमिक देकर कारीगरों से काम कराने वाला भारत। दासप्रथा न यूनान में अनिवार्य थी, न अमरीका में।

दासप्रथा स्वयं अमरीका के आर्थिक विकास में बाधक थी। दासों से काम लेने वाले उनके मालिक उद्योगपति नहीं थे, बड़े-बड़े जमींदार थे और वे कच्चा माल ब्रिटेन के उद्योगपतियों को सप्लाई करते थे। गृहयुद्ध छिड़ने पर इनकी क्रांतिविरोधी भूमिका स्पष्ट हो गयी। 1864 में मार्क्स ने यूरुप के मजदूर वर्ग की ओर से लिंकन को पुनः राष्ट्रपति चुने जाने पर बधाई देते हुए एक पत्र लिखा था। इसमें दिलचस्प बात यह है कि गृहयुद्ध के समय तो दासप्रथा प्रतिक्रियावादी है ही, उसके पहले भी वह प्रतिक्रियावादी दिखाई देती है। मार्क्स ने लिखा : दासों के तीन लाख मालिकों ने विश्व-इतिहास में पहली बार सशस्त्र विद्रोह की पताका पर 'गुलामी' शब्द लिखने की जुर्रत की है। अभी एक शताब्दी नहीं बीत पायी, उसी स्थल से एक महान् जनवादी प्रजातंत्र की धारणा पहली बार अंकुरित हुई थी। वहीं से मनुष्य के अधिकारों की पहली घोषणा प्रसारित की गयी थी और अठारहवीं सदी की यूरोपियन क्रांति को पहली प्रेरणा दी गयी थी। "उसी स्थल पर 'पुराने संविधान की रचना के समय जो धारणाएँ विद्यमान थीं', उन्हें निहायत व्यवस्थित ढंग से खारिज करने में क्रांतिविरोधी गर्व का अनुभव कर रहा है, और उसकी मान्यता है कि 'दासप्रथा भला करने वाली संस्था' है, दरअसल 'श्रम से पूंजी के संबंध' की महान् समस्या का एक मात्र समाधान है, और उसने हृदयहीन भाव से घोषित किया है कि इंसान के रूप में संपत्ति 'नयी इमारत की नींव का पत्थर' है।"[113] पुराने संविधान में मनुष्य के अधिकारों की घोषणा थी। दासप्रथा ने नहीं, स्वाधीनता समानता के विचारों ने फ्रान्स की राज्यक्रांति को प्रेरित किया था। गुलामों के मालिकों के रूप में, क्रांतिविरोध

ने, अमरीकी जनता की प्रगतिशील परंपरा को ठुकराया था। यह कहना कि दासप्रथा पूँजीवादी इमारत की नींव का पत्थर है, हृदयहीनता का परिचय देना है। दासप्रथा के विरुद्ध संघर्ष करने वाले अमरीकियों के प्रति यूरुप के मजदूरों की सहानुभूति स्वाभाविक थी।

लिंकन को लिखे हुए मार्क्स के इस पत्र से यह भी ज्ञापित होता है कि दास प्रथा स्वयं अमरीकी समाज के विकास में बाधक बनी थी। उन्होंने लिखा था, संयुक्त राज्य अमरीका के उत्तरी क्षेत्र की वास्तविक राजनीतिक शक्ति श्रमिक जन हैं। उन्होंने "अपने ही प्रजातंत्र को दासप्रथा से अपवित्र हो जाने दिया था।"[114] उचित था कि वे दासप्रथा का विरोध करते। ऐसा न करके उन्होंने उसे बर्दाश्त किया और अपनी मुक्ति के मार्ग में काँटे बिछाये। जिस समय नीग्रो (काले आदमी) का मालिक उसकी सहमति के विना उसका मालिक बन गया था और उसे बेचता था, उस समय श्वेत मजदूर डींग हाँकते थे कि वे स्वयं को बेच सकते हैं और अपना मालिक खुद चुन सकते हैं, उस समय "वे श्रम की वास्तविक स्वाधीनता प्राप्त नहीं कर पाये, न अपने यूरोपियन भाइयों के मुक्ति-संघर्ष में उनकी मदद कर पाये। लेकिन गृहयुद्ध के लाल सागर ने प्रगति को रोकने वाले इस अवरोध को बहाकर फेंक दिया है।"[115] अमरीका की वास्तविक राजनीतिक शक्ति वहाँ का श्रमिक वर्ग था। इस वर्ग की प्रगति की राह में दासप्रथा बाधक थी। गृहयुद्ध से ही उसे हटाया जा सका, यद्यपि हटाये जाने पर भी उसके अवशेष बने रहे।

मार्क्स और एंगेल्स ने अमरीकी दासप्रथा पर जो कुछ लिखा है, वह अत्यंत शिक्षाप्रद है। पूँजीवाद श्रम की उत्पादकता बढ़ाने के बदले उसे घटाता भी है। अमरीकी दासप्रथा का सबसे बड़ा पोषक था ब्रिटिश पूँजीवाद। वह श्वेत मजदूरों की उत्पादकता बढ़ा रहा था किंतु काले मजदूरों को दास बनाये रखकर वह उनकी उत्पादकता को घटा रहा था। साथ ही हज़ारों मजदूरों को बेकार रखकर वह उनकी उत्पादकता को नष्ट कर रहा था। यूनान में स्वाधीन कारीगर थे, अमरीका में स्वाधीन मजदूर थे। दोनों जगह दासप्रथा प्रतिक्रियावादी थी। अरस्तू का दृष्टिकोण अमरीकी जमींदारों के दृष्टिकोण से मिलता-जुलता था। ये जमींदार मानते थे, काला आदमी गोरे की तुलना में बुद्धिहीन, विवेकहीन होता है; इसलिए काले आदमियों को दास बनाना न्यायपूर्ण है। इसी तरह अरस्तू मानते थे, कुछ आदमी निसर्गतः मालिक होते हैं, कुछ दास होते हैं। दासों से काम लेना, खासतौर से एशियाइयों को गुलाम बनाना, उनपर निरकुंश ढँग से शासन करना एकदम न्यायसंगत है। किंतु दासप्रथा अमरीकी समाज के विकास में बाधक थी। **पूँजी** के प्रथम खंड में मार्क्स ने लिखा था, "संयुक्त राज्य अमरीका में जब तक प्रजातंत्र के एक अंग को दासप्रथा विकृत किये थी, तब तक मजदूरों के हर आजाद आंदोलन को लकवा मार जाता था।"[116] और 1864 में एंगेल्स ने लिखा था, "संयुक्त राज्य अमरीका के राजनीतिक और

सामाजिक विकास में एक सबसे बड़ी बाधा है दासप्रथा। जैसे ही यह ध्वस्त होगी, देश में ऐसा उभार आयेगा कि उससे अमरीका के लिए विश्व-इतिहास में एक नितांत भिन्न स्थान सुनिश्चित हो जायेगा, और युद्धकाल में (गृहयुद्ध के दौरान) जो जल-स्थल सेनाएँ निर्मित हुई हैं, उन्हें शीघ्र काम मिल जायेगा।"[117] इससे प्राचीन यूनानी इतिहास के विश्लेषण के लिए उचित निष्कर्ष निकाल लेना चाहिए। किंतु अमरीका में गृहयुद्ध के पहले तक स्वाधीन मज़दूरों की जो भूमिका थी, उससे कहीं अधिक महत्वपूर्ण भूमिका सिकंदरी हमलों से पहले यूनान में स्वाधीन कारीगरों की थी। अनेक राज्यों में किसानों के साथ मिलकर उन्होंने भूस्वामियों की राज्यसत्ता को छिन्न-भिन्न कर दिया था और दासों को आजाद कर दिया था। यूनानी संस्कृति के श्रेष्ठ प्रतिनिधि अरस्तू नहीं हैं, वे 'तानाशाह' हैं जिन्हें अरस्तू ने कोसा है पर जिन्हें किसानों और कारीगरों के अलावा दासों और स्त्रियों का समर्थन प्राप्त था। उनके रचे मानव अधिकारों के घोषणापत्र सुलभ नहीं हैं पर उन्होंने स्वामी और दास के भेद को नैसर्गिक भेद न माना था, मनुष्य को संपत्ति के रूप में स्वीकार न किया था, स्त्री को पुरुष से हीन न माना था, नागरिक अधिकार देने में देसी-परदेसी का भेद मंजूर न किया था। संयुक्त राज्य अमरीका का जन आंदोलन कहीं भी, कभी भी, इस स्तर तक नहीं पहुँचा।

(6)

अरस्तू अनेक अर्थों में आधुनिक हैं। यूरुप में अठारहवीं सदी में जो भौगोलिक नियतिवाद प्रचलित था और अपने इतिहास-चिंतन में जिसका प्रतिपादन हेगल ने किया था, उसके आदि संस्थापक अरस्तू थे। यूरुप और एशिया की भौगोलिक ऐतिहासिक स्थिति में भेद करते हुए और यूनान की मध्य स्थिति का महत्व उद्घाटित करते हुए उन्होंने लिखा था, "ठण्ढे स्थानों में रहने वाली जातियाँ तथा यूरुप की जातियाँ साहस से भरपूर होती हैं पर किसी कारण बुद्धि और कौशल में हीन होती हैं। इसलिए वे अपेक्षाकृत स्वाधीन बनी रहती हैं पर उनमें राजनीतिक संगठन और पड़ोसियों पर शासन करने की क्षमता का अभाव होता है। दूसरी ओर एशिया के लोग स्वभाव से बुद्धिमान और कुशल होते हैं पर उनमें साहस का अभाव होता है, इसलिए वे निरंतर पराधीनता और दासता में बने रहते हैं।" इस तरह एशिया की नियति थी कि वह पराजित होकर पराधीन दासों का जीवन बिताये। पर अभी इस नियति की बागडोर शीतप्रधान यूरुप की जातियों के हाथ में न थी। साहसी पर बुद्धिहीन और अकुशल, बुद्धिमान और कुशल पर साहसविहीन—यूरुप और एशिया में दो तरह के स्वभाव वाली जातियाँ हैं। "लेकिन यूनानी नस्ल (the Greek race—हॅल्लेनोन् गॅनॉस्) दोनों तरह के चरित्रों में भागीदार है, वैसे ही जैसे भौगोलिक दृष्टि से वह मध्य स्थान में बसी हुई है, क्योंकि वह साहसी और बुद्धिमान दोनों है। इसलिए वह स्वाधीन बनी हुई है और उसकी राजनीतिक संस्थाएँ बहुत अच्छी

हैं। और यदि वह संवैधानिक एकता संपन्न कर ले तो समस्त मानव जाति पर शासन करने की क्षमता उसमें है।"[118]

अरस्तू के अनुवर्तियों ने यूरुप और एशिया का भेद स्वीकार किया पर यूनान की श्रेष्ठता उन्होंने शीतप्रधान यूरुप में स्थानांतरित कर दी। एशिया की नियति का विवेचन करते समय वे यूनान की नियति के बारे में चुप रहे। अरस्तू से पहले ईरान की फौजें बहुत से यूनानी नगरों को ध्वस्त कर चुकी थीं, एथेन्स के देवस्थानों में आग लगा चुकी थीं; अरस्तू के समय में मखदूनिया की फौजों ने अनेक यूनानी नगरों का विध्वंस किया। अरस्तू के बाद रोमन, जर्मन सेनाओं ने यूनान पर अधिकार किया। ये तो यूरुप की सेनाएँ थीं, आगे चलकर एशियाई तुर्क शताब्दियों तक यूनान पर अधिकार किये रहे। एशिया की नियति के प्रसंग में विद्वान् यूनान की नियति का उल्लेख नहीं करते।

एशिया के लोग स्वभाव से दास होते हैं, वहाँ का राज्यतंत्र सहज ही निरंकुश सम्राट्तंत्र बन जाता है। इसके विपरीत यूनान की राजनीतिक संस्थाएँ बहुत अच्छी हैं, यह भेद अरस्तू ने किया था। अठारहवीं उन्नीसवीं सदियों में उनके अनुवर्तियों ने यूनान की राजनीतिक संस्थाओं की श्रेष्ठता को उत्तर-पश्चिमी यूरुप में स्थानांतरित कर दिया; ऊपर निरंकुश राज्यसत्ता, नीचे दासप्रजा, इस स्थिति को एशिया की विशेषता बताकर उन्होंने उसे इतिहास विज्ञान का आधार बना दिया।

राज्यतंत्रों के विवेचन में अरस्तू जो बातें बादशाही के बारे में कहते हैं, वे शिक्षाप्रद हैं। राज्यतंत्र शासक और शासित की भागीदारी है। दैनिक जीवन की पूर्ति के लिए यह भागीदारी परिवार में चरितार्थ होती है। "परिवार का शासनतंत्र है बादशाही (क्योंकि प्रत्येक परिवार केवल एक शासक द्वारा शासित होता है)।"[119] यूनान के नगरों में पहले राजाओं का शासन था; अरस्तू मानते हैं, विदेशी जातियों में अब भी ऐसा ही है।[120] इसके सिवा सभी जातियाँ मानती हैं कि उनके देवताओं पर राजा शासन करता है। मनुष्य देवताओं की कल्पना मानव रूप में करते हैं, इसलिए वे सोचते हैं कि उनका जीवन भी मनुष्यों जैसा रहा होगा। (अनुवादक के अनुसार यह स्थापना मूलतः क्सेनोफोन की थी।) इससे नतीजा यह निकला कि बादशाही नैसर्गिक शासन तंत्र है, उसका सहज रूप परिवार में देखा जाता है। किंतु अरस्तू यह भी जानते हैं कि आदिम परिवार तंत्र में वस्तुओं पर सबका सामान्य अधिकार होता है और वे सब उनमें भागीदार होते हैं।[121] जहाँ परिवार की संपत्ति में सब भागीदार होंगे, वहाँ शासक और शासित न होंगे क्योंकि संपत्ति किसी एक व्यक्ति की न होगी। अरस्तू जिस परिवार के शासन को बादशाही कहते हैं, वह व्यक्तिगत संपत्ति वाला परिवार है। उसमें पशु और खेती के औजार तो मुखिया की संपत्ति हैं ही, दास भी इन्हीं की तरह उसकी संपत्ति हैं। अरस्तू के लिए परिवार में दास और मालिक का यह संबंध नैसर्गिक है। कुछ लोग नैसर्गिक रूप से शासक

होते हैं, अन्य प्रजा। सुरक्षा के विचार से एक ही तंत्र में वे मिलकर काम करते हैं। अरस्तू अपने राजनीतिक शास्त्र (पॉलितिकोन्) की शुरूआत अर्थशास्त्र से करते हैं। अर्थशास्त्र (ऑइकॉ-नॉमिकेस्) के तीन विभाग हैं, (1) दास से मालिक का संबंध; (2) संतान से पिता का संबंध; और (3) पत्नी से पति का संबंध। यूनानी शब्द औइकॉ भारतीय विश का प्रतिरूप है। (वेश्म, प्रतिवेशी आदि इसी विश से संबद्ध हैं।) परिवार (ऑइकॉ) की प्रबंधव्यवस्था (नॉमिकेस्) का नाम है ऑइकॉनॉमिकेस्। अंग्रेजी रूप है इकॉनौमिक्स। परिवार से बाहर सामाजिक संबंधों की छानबीन करने वाला **अर्थशास्त्र** जैसा शब्द न ग्रीक भाषा में है, न अंग्रेजी में।

अरस्तू के अर्थशास्त्र और राजनीति शास्त्र का आधारभूत घटक है परिवार। इसके दो मूल तत्व हैं, मालिक और दास। एक है राजा, दूसरा है प्रजा। राजा और प्रजा का संबंध मालिक और दास जैसा है। यूनानी परिवार के इस संबध को अरस्तू एशिया पर आरोपित कर देते हैं। स्त्री की स्थिति दासों से कुछ भिन्न है पर है वह प्रजा ही। बादशाहत तो पुरुष की ही होती है। नर और नारी में "नर निसर्गतः श्रेष्ठ होता है और नारी हीन होती है; नर है राजा, नारी है प्रजा।"[122] नरनारी का यह 'नैसर्गिक संबंध' यूनान में टूट रहा था। अरस्तू जहाँ बँधुआ किसानों के विद्रोह की चर्चा करते हैं, वहाँ स्वभावतः उन्हें स्त्रियों का स्वच्छंद आचरण याद आता है। "संविधान के प्रयोजन और राज्य की सुख शांति, दोनों ही के लिए स्त्रियों की स्वाधीनता हानिकारक है।"[123] स्त्रियाँ विलासिनी हो जाती हैं। संपत्ति का सम्मान होने लगता है, खासतौर से यदि पुरुष स्त्रियों के प्रभाव में हों, जैसा कि "अधिकांश सैनिक और युद्धप्रिय नस्लों में होता है।"[124] और स्पार्ता में, उसके साम्राज्य के दिनों में "बहुत-सी चीजों पर स्त्रियों का नियंत्रण था।"[125] नरनारी का राजाप्रजा वाला संबंध उतना नैसर्गिक नहीं था जितना अरस्तू उसे दिखाना चाहते थे।

एशिया और यूरुप की जातियों के चरित्र में भेद करते हुए अरस्तू ने लिखा, "यूनानियों की अपेक्षा बर्बर और यूरुपवासियों की अपेक्षा एशिया के लोग स्वभाव से दासवृत्ति के होते हैं ; इसलिए वे विरोध भाव के बिना निरंकुश हुकूमत बर्दाश्त करते हैं।"[126] अब देखिये, अरस्तू के अनुसार यूनान में बादशाहत का जन्म कैसे हुआ। उसका जन्म "जनता के विरुद्ध सम्मान्य जनों की सहायता के लिए" हुआ।[127] ये सम्मान्य जन अभिजात वर्ग के भूस्वामी हैं। अभिजात गैर यूनानी जातियों में भी होते हैं। किंतु बर्बरों के अभिजात उन्हीं के देश में अभिजात माने जाते हैं, "हमारे अभिजात स्वयं को सर्वत्र अभिजात मानते हैं।"[128] इन्हीं अभिजातों में कोई व्यक्ति राजा बन जाता है। जो लोग सदाचरण में श्रेष्ठ हों, या वैसे आचरण में जो परिवार श्रेष्ठ हो, उन्हीं में से किसी को राजा बनाया जाता है। बादशाही अभिजात तंत्र से मिलती-जुलती है क्योंकि दोनों का लक्ष्य जनता के विरुद्ध भूस्वामियों की सहायता करना है। "राजा संरक्षक बनना चाहता है, वह रियासतों के मालिकों को अन्याय

से और जनता को अपमानित होने से बचाना चाहता है।"[129] जनता अपमानित होती है भूस्वामियों के व्यवहार से। किंतु जनता अपमान से बचने के लिए राजाओं की शरण में न जाकर तानाशाहों का सहारा लेती है। तानाशाहों का लक्ष्य होता है पैसा; राजाओं का लक्ष्य होता है सम्मान। अरस्तू के अनुसार तानाशाही उसे पाना चाहती है जो सुखद है; बादशाही उसे पाना चाहती है जो श्रेष्ठ है। यह तानाशाही "संपदा को अपना लक्ष्य बनाने में" धनिक तंत्र की नकल करती है। "सम्मान्य जनों के खिलाफ युद्ध छेड़ने में, खुले या गुप्त रूप से उनका नाश करने में, अपने विरुद्ध षड्यंत्र करने के नाम पर और अपने शासन में रुकावटें डालने के नाम पर उन्हें निर्वासित करने में" वह जनतंत्र की नकल करती है।[130]तानाशाही, धनिक तंत्र और जनतंत्र, ये तीनों खानदानी जमींदारों की जान को आ जाते हैं। इनमें सबसे खतरनाक है तानाशाही क्योंकि वह रियासतों की जमीन किसानों में बाँट देती है। कभी-कभी राजा भी अपमानजनक व्यवहार करने लगते हैं। ऐसा व्यवहार मखदूनिया के राजा आर्खेलाउस की हत्या का कारण बना।[131] राजा से घृणा होने पर सेनापति अर्तपनेस ने ईरान के सम्राट् को मार डाला।[132] निरकुंश शासक राजनीति से प्रजा को दूर रखने के लिए उन्हें बड़े निर्माण कार्यों में लगा देते हैं। मिस्र में उन्होंने उससे पिरामिड बनवाये, एथेन्स और समोस के तानाशाहों ने उसे विशाल मंदिर बनाने में लगाया। "इन सभी कार्यों का परिणाम एक ही होता है : प्रजागण का निरंतर काम में लगे रहना और उनका गरीब बने रहना।"[133] यहाँ अरस्तू के विवेचन में एशिया और यूरुप की विभाजक रेखा समाप्त हो जाती है। जैसी घटनाएँ एशिया में होती हैं, वैसी ही यूनान में (यद्यपि यूनान के तानाशाहों की भूमिका अन्य प्रकार की थी)।

निरकुंश शासक अपनी सत्ता की रक्षा के लिए जो हथकंडे अपनाते हैं, वे अक्सर आज के पूँजीवादी राज्यों की याद दिलाते हैं। वे "अध्ययनमंडल बनाने और वादविवाद के लिए अन्य सम्मेलन करने पर रोक लगाते हैं"।[134] बुद्धिजीवियों से पुराने शासक डरते थे, इसलिए उनके अध्ययनमंडलों, सभाओं, सम्मेलनों पर रोक लगाते थे। उनका प्रयत्न होता था कि लोग अशिक्षित रहें, एक-दूसरे से मिलें-जुलें नहीं, "क्योंकि मेल-जोल से पारस्परिक आत्मविश्वास बढ़ता है।"[135] सिराक्यूज (सुराकॉउसइ) में हिएरो नाम का शासक सभाओं में स्त्री गुप्तचरों को भेजता था। (यह स्थान यूनानी सभ्यता का एक केन्द्र था।) अरस्तू ने यूनान के क्रांतिकारी नेताओं पर जो आरोप लगाये हैं, वे बीसवीं सदी के कम्युनिस्ट-विरोधियों की याद दिलाते हैं। "तानाशाह युद्ध भड़काने वाला होता है। वह जानबूझकर लोगों को उसमें उलझाये रहता है और इस बात का ध्यान रखता है कि उन्हें एक नेता की जरूरत बनी रहे।"[136] जैसे जनतंत्र का तर्कसंगत विकास समाजवाद है, वैसे ही अरस्तू के लिए जनतंत्र की परिणति तानाशाही में होती है। "जनतंत्र के अंतिम रूप से संबंधित जो चीजें घटित होती हैं, वे सब तानाशाही के लिए अनुकूल होती हैं। परिवार में

स्त्रियों का प्रभुत्व हो जाता है जिससे कि वे बाहर पुरुषों के बारे में खबरें फैला सकें। उसी कारण दासों में अनुशासन नहीं रह जाता। स्त्रियाँ और दास तानाशाहों के विरुद्ध षड्यंत्र नहीं करते और यदि वे तानाशाही के चलते फलते-फूलते हैं, तो उसके प्रति उनमें सद्भावना होगी ही और जनतंत्र के प्रति भी होगी क्योंकि जनसाधारण भी यह चाहते हैं कि वे एक मात्र शासक हों (अर्थात् भूस्वामी वर्ग शासन में भागीदार न हो)।"[137] यूनान में जनवादी क्रांति का प्रसार हो रहा था। स्त्रियों और दासों को स्वाधीनता में साँस लेने का अवसर मिल रहा था। कमी यह थी कि नगर राज्य अलग-अलग राजनीतिक घटक बने हुए थे। जनवादी क्रांति की सफलता यूनान की राष्ट्रीय एकता पर निर्भर थी।

अरस्तू का आदर्श नगर राज्य छोटा राज्य है। आबादी ज्यादा हो तो अच्छी कानूनी सरकार काम नहीं कर सकती। कानून का मतलब है व्यवस्था, अच्छे कानून का मतलब है अच्छी व्यवस्था। "किंतु लोगों की संख्या बहुत ज्यादा हो तो वे व्यवस्था में भागीदार नहीं बन सकते।"[138] पदाधिकारी योग्यता के अनुसार नियुक्त हों, "इसके लिए आवश्यक है कि नागरिक एक दूसरे के व्यक्तिगत चरित्र से परिचित हों।"[139] शासक वर्ग ऐसा होना चाहिए जिसके सदस्य एक-दूसरे को जानते हों। दास, कारीगर, स्त्रियाँ, व्यापारी, किसान, ये सब शासक वर्ग से बाहर हैं। इन सबको नियंत्रित रखने के लिए छोटा सुगठित नागरिक समुदाय चाहिए। अरस्तू को भय है कि राज्य में जो विदेशी आकर बस गये हों, आबादी बड़ी होने पर वे नागरिकता के अधिकार हथिया लेंगे।[140] राज्य को आत्मनिर्भर होना चाहिए। "इसलिए यह स्पष्ट है कि राज्य के लिए सबसे अच्छा परिसीमन सिद्धांत यह है कि आत्मनिर्भरता को ध्यान में रखते हुए जनसंख्या का विस्तार इतना हो कि वह एक बार में दृष्टिगत हो सके।"[141] राज्य की भूमि ऐसी होनी चाहिए कि उसमें हर तरह की चीज पैदा हो क्योंकि "आत्मनिर्भरता का अर्थ है हर चीज का सुलभ होना और किसी चीज का अभाव न होना।"[142] जैसे कारीगर कोई चीज बनाता है तो उसे चारों ओर से देख सकता है, वैसे ही अरस्तू अपने नगर राज्य को सीमित आकार वाली कलाकृति का रूप देते हैं। राज्य का क्षेत्र ऐसा होना चाहिए कि "वह एक बार में भलीभांति दृष्टिगत हो सके।"[143] प्लैटो के शिष्य ने गुरु से यह कारीगर वाला दृष्टिकोण विरासत में पाया है।

आत्मनिर्भर छोटे राज्यों के बीच विनिमय सीमित होगा। अरस्तू के आदर्श नगर राज्य में तो विनिमय होना ही न चाहिए किंतु वह जानते हैं, वैसा राज्य कहीं कोई था नहीं, इसलिए उस समय के राज्यों की वास्तविक स्थिति को ध्यान में रखते हुए वह उनके बीच सीमित परिमाण में विनिमय की अनुमति देते हैं। जो वस्तुएँ अपने यहाँ न हों, उनका आयात करना, जो अतिरिक्त उपज हो, उसका निर्यात करना अनिवार्य है क्योंकि "राज्य को अपने ही हित में व्यापार में लगना चाहिए

पर विदेशी के हित में नहीं।"[144] यहाँ अरस्तू के लिए दूसरे राज्यों के यूनानी विदेशी हैं। एक नगर राज्य के हित में जितना व्यापार हो, उतना ही करना चाहिए। परस्पर लाभ के लिए अनेक नगर राज्य एक ही बाजार के अंग बन जायें, यह अरस्तू के लिए कल्पनातीत है। रियासत का प्रबंध करने में सम्मान है, उसके मुकाबले व्यापार करना हीनतासूचक है। यदि व्यापार के बढ़ने से यूनान के नगर राज्य एक ही बाजार के अंग हो जायेंगे, तो अर्थतंत्र में व्यापार की प्रधानता होगी, रियासत के प्रबंध का काम गौण होगा। भूस्वामी वर्ग का अस्तित्व, उसके दृष्टिकोण का समर्थन, अरस्तू को बाध्य करता है कि वे विनिमय के प्रसार का विरोध करें। कहते हैं, "जो लोग अपना बाजार दुनिया के लिए खुला छोड़ देते हैं, वे राजस्व के लिए ऐसा करते हैं। लेकिन जिस राज्य को इस तरह मुनाफा कमाने में लाभ नहीं लेना, उसके लिए बड़ा व्यापारिक बंदरगाह आवश्यक नहीं है।"[145] यहाँ जिस दुनिया के लिए बाजार खोलने की बात कही गयी है, वह यूनान के नगर राज्यों, उनके उपनिवेशों की दुनिया है। इसके एक ओर मिस्र है, दूसरी ओर ईरान और बैबिलोन हैं। मुख्य समस्या यूनान के भीतर व्यापारिक संबंधों के प्रसार की थी। व्यापार का प्रमुख केन्द्र था एथेन्स, भूस्वामियों का गढ़ था स्पार्ता। इनमें दीर्घकाल तक युद्ध हुआ। इस युद्ध के बारे में अरस्तू ने एक महत्वपूर्ण बात कही है : "एथेन्सवासी हर जगह अल्पसंख्यक तंत्र का दमन करते थे (यहां ओलीगार्की धनिकतंत्र नहीं है, भूस्वामी वर्ग का अल्पसंख्यक तंत्र है), स्पार्तावासी जनतंत्र का दमन करते थे।"[146] इस तरह दो राज्यों और उनके सहयोगियों का यह युद्ध पूरे देश को देखते विशाल गृहयुद्ध बन गया था। इसकी तुलना सत्रहवीं सदी में इंग्लैण्ड के गृहयुद्ध से की जा सकती है। इस युद्ध की समाप्ति के बाद व्यापार में और प्रगति हुई। इसका आभास अरस्तू के उल्लेखों से भी हो जाता है।

एथेन्सवासियों की भावना समान रूप से जनतांत्रिक नहीं है; नगर की अपेक्षा पिरिअस (पॅइरइआ) के लोग अधिक जनतांत्रिक हैं।[147] यह क्षेत्र व्यापार और जहाजरानी का केन्द्र था। व्यापारियों के एकत्र होने से आबादी बढ़ती है पर उससे सुशासन में बाधा पड़ती है।[148] अनेक नगर राज्य बंदरगाहों को कुछ फासलों पर रखते हैं, किस तरह लोग आपस में मिलें-जुलें, इसके बारे में नियम बनाते हैं। मल्लाहों की भीड़ से संबंधित आबादी बढ़ जाती है।[149] इन्हें नगर राज्यों में शामिल न करना चाहिए, न उन्हें नागरिक बनाना चाहिए। नौसैनिक स्वाधीन नागरिक होते हैं, मल्लाहों आदि को वे काबू में रखेंगे। "और जब तक गाँव वालों और खेत जोतने वालों का समुदाय बना हुआ है, तब तक मल्लाहों की कमी न पड़ेगी।"[150] हलवाहों की तरह मल्लाह नागरिकता से खारिज हैं पर मुख्य व्यापार केन्द्रों में उनकी भीड़ें तो इकट्ठा हो ही रही थीं। यदि राज्य का निर्माण सदाचार के लिए न हो वरन् पैसा कमाने के लिए हो, तो धनिकतंत्र के समर्थक जनतंत्र के विरोध में यह

कहेंगे : यदि किसी व्यवसाय में भागीदारों ने सौ मीना पूँजी लगायी हो तो एक मीना लगाने वाला यह दावा नहीं कर सकता कि मूल पूँजी या मुनाफे में उसे शेष पूँजी लगने वाले के बराबर हिस्सा मिले।[151] (अनुवादक के अनुसार सौ मीना लगभग चौबीस हजार पाउंड के हुए।) अनेक भागीदार इस तरह पूँजी मिलाकर व्यवसाय करते थे। अरस्तू ने **राजनीति** में अनेक बार राज्यसत्ता को वर्गों की भागीदारी कहा है। भागीदारी की यह धारणा उन्हें संभवतः व्यवसाय क्षेत्र से मिली थी। कम पूँजी लगाने वाला ज्यादा पूँजी लगाने वाले के बराबर मुनाफा पाने का अधिकारी नहीं हो सकता। पर वह पूँजी लगाता है, अपने विशेषाधिकार के बल पर वह मुनाफा नहीं माँगता। इसके विपरीत जमींदार अपने विशेषाधिकार के कारण ज़मीन का मालिक है। व्यापारिक होड़ में अकुशल पूँजीपति पीछे रह जाता है। इस तरह की होड़ का सामना जमींदार को नहीं करना होता, बाजार में अपनी उपज लेकर वह दूसरे जमींदार के मुकाबले नहीं खड़ा होता। उत्पादन सीमित है, नगर राज्य बहुत कुछ आत्मनिर्भर है। जमींदार राज्यसत्ता को अपनी संपत्ति समझते हैं, उसमें किसानों और कारीगरों की तो बात ही क्या, व्यापारियों को भी वे उसमें भागीदार नहीं बनाना चाहते।

वित्त के चलन से यह सामंती व्यवस्था टूट रही थी । अनेक नगर राज्यों के आपसी संपर्क से एक विशाल बाजार का निर्माण हो रहा था। इसके निर्माण में, यूनानी जाति के गठन में, सबसे बड़ी बाधा जमींदार वर्ग था। नगर राज्य छोटा हो, प्रत्येक नगर राज्य स्वतंत्र हो, यह दृष्टिकोण वास्तव में जमींदार वर्ग का था। वह लोगों को अपने वंशगत पेशों से बाँधकर रखने पर जोर देता था। जनता का नये वर्गों के रूप में संगठित होना उसे पसंद न था, वह हर कीमत पर अपने विशेषाधिकारों की रक्षा करना चाहता था. जहाँ भी जनता अपने अधिकारों के लिए लड़ती थी, वह उसका दमन करता था। एक ओर जनता में भारी असंतोष, दूसरी ओर नगर राज्यों का आपसी तनाव, इस परिस्थिति में सिकंदर को यूनान पर विजय पाने में सुविधा हुई। कुल मिलाकर जमींदार वर्ग ने सिकन्दर का समर्थन किया। अरस्तू सिकंदर के गुरु थे, वह जमींदार वर्ग के साथ थे, जनता के विद्रोह का दमन करने में वह क्रांतिविरोधियों के साथ थे। यूनान की तबाही के लिए सिकंदर के साथ वह भी जिम्मेदार हैं। बड़े जमींदारों से समस्त यूनानी जनता का अंतर्विरोध–यह सत्य अरस्तू के लेखन से उद्‌घाटित होता है। और डेढ़ हजार साल तक ऐसा ही अंतर्विरोध यूरोपियन समाज की विशेषता बना रहता है।

यूनानी समाज के अंतर्विरोध-4

टॉमसन

(1)

एथेन्स और नाटककार ऐस्खुलुस पर टॉमसन की पुस्तक सन् 1940 में छपी थी, यूनानी विज्ञान पर फैरिंगटन की पुस्तक से चार साल पहले। **प्रथम दर्शनकार** पुस्तक 1955 में छपी थी, फैरिंगटन की पुस्तक के ग्यारह साल बाद। इन दोनों पुस्तकों के आधार पर टॉमसन की मान्यताओं पर एक ही जगह विचार करना सुविधाजनक होगा। टॉमसन की पहली पुस्तक की अनेक स्थापनाएँ फैरिंगटन ने दोहरायी हैं। टॉमसन के विवेचन का सारतत्व यह है कि गणव्यवस्था के बाद श्रम-विभाजन के आधार पर सामंती व्यवस्था कायम होती है, भूमि के केन्द्रीकरण के साथ भूस्वामी अभिजात वर्ग गठित होता है, फिर इस सामंती व्यवस्था के गर्भ में वित्त के चलन और बिकाऊ माल के उत्पादन के साथ व्यापारिक संबंन्धों का विकास होता है। गणव्यवस्था के विघटन के बाद समाज दासों और उनके स्वामियों में विभाजित नहीं हो जाता। दासप्रथा का व्यापक चलन बिकाऊ माल के उत्पादन के दौर में होता है।

भारतीय इतिहास के विवेचकों के लिए शिक्षाप्रद तथ्य यह है कि यूनान में श्रम-विभाजन के आधार पर जातिप्रथा का चलन हुआ। टॉमसन ने लिखा है : गण समाज के प्रारंभिक दौर में केवल स्त्री-पुरुष के भेद के अनुसार श्रम-विभाजन हुआ था। पशुपालन, खेती और दस्तकारी के विकास के साथ "यह प्रवृत्ति पैदा हुई कि खास योग्यता वाले पेशे विशेष गोत्रों में वंशगत होने लगे।"[1] प्राचीन यूनान में बहुत से पेशे वाले गोत्रों का उल्लेख मिलता है। होमॅरिदइ–होमर के वंशज – काव्य पाठ करने वाले; अस्क्लेपिअदइ– वैद्यक के देवता अस्क्लेपिऑस के वंशज– वैद्य; इअमिदइ, ब्राङ्खिदइ और क्रोन्तिदइ इसी तरह किन्हीं विशेष पुरखों के वंशज– भविष्य-वक्ता; ॲउनॅइदइ–लूरा (अंग्रेजी रूप लायर) बजाने वाले; कॅरुकॅस और थॅओकॅरुकॅस– उद्घोषक (हेराल्ड); इत्यादि।[2] इअमिदइ भविष्यवक्ताओं के देवता

अपोलो (सूर्य) को अपना पुरखा मानते थे। कॅरुकॅस उद्‌घोषकों के देवता हॅर्मेस को अपना पूर्वज कहते थे। दइदलॉस शिल्पी था, उसके वंशज हुए दइदलिदइ; बॉउज़ुगेस के लिए कहा जाता था कि सबसे पहले उन्होंने ही पशुओं को हल में जोता। पेशे वाले गोत्रों की व्यवस्था ऐसी थी कि "जिस गोत्र में किसी व्यक्ति का जन्म हुआ हो, उसी के अनुसार जिंदगी में उसका पेशा निर्धारित होता था।"[3]

भूमि के केन्द्रीकरण के साथ भूस्वामियों का वर्ग गठित हुआ। टॉमसन के अनुसार यूनान के विभिन्न प्रदेशों में भूस्वामी वर्ग का गठन अलग-अलग ढंग से हुआ। दोरिक कबीले ने जब स्पार्ता में प्रवेश किया, तब उनका कबीलाई संगठन लगभग ज्यों का त्यों बना हुआ था। कुल आबादी में दोरिक शासक वर्ग अल्पसंख्यक था। "किसी विशेष आंतरिक परिवर्तन के बिना वह ऐसी शासक बिरादरी बन गया जो बाहर वालों को कभी उसमें घुसने न देता था। संख्या कम थी, इसलिए स्पार्ता वासी (अर्थात् दोरिक गण) अपने सैन्य संगठन को बराबर चुस्त-दुरुस्त रखकर ही बँधुआ किसानों को दबाये रख सकते थे। इस संगठन का आधार कबीलाई था।"[4] इस तरह गणव्यवस्था के बाद स्पार्ता के समाज ने सामंती व्यवस्था में प्रवेश किया। इस समाज में एक ओर अपनी विशेष बिरादरी में संगठित भूस्वामी थे, दूसरी ओर उनके लिए श्रम करने वाले बँधुआ किसान थे। गणव्यवस्था के बाद समाज दासों और उनके स्वामियों में विभाजित नहीं हुआ।

अत्तिका और इओनिआ में सामंती व्यवस्था का जन्म दूसरे ढँग से हुआ। "सातवीं सदी ई.पू. के अंत तक अत्तिक भूस्वामियों ने अपने किसानों को बँधुआ किसानों से भी बदतर हालत में डाल दिया था। लेकिन वे अपने किसानों से सामान्य संस्कृति द्वारा तथा गण और गोत्र के सामान्य संबन्धों द्वारा जुड़े हुए थे, अतः इस प्रक्रिया में बहुत समय लगा और उससे किसानों में घोर क्षोभ उत्पन्न हुआ। स्पार्ता वालों ने भूमि तलवार के बल पर जीती थी; अत्तिक अभिजातों को भूमि चुरानी पड़ी।"[5] यहाँ एक गण समाज ने दूसरे गण समाजों को जीतकर सामंती व्यवस्था कायम नहीं की; गण समाज विघटित हुआ, भूस्वामियों की तरह किसान भी उसी गण के सदस्य थे, पर वे अधिकारहीन बँधुआ किसान बने और भूस्वामी अभिजात हो गये। यहाँ भी गणव्यवस्था के बाद सामंती व्यवस्था का चलन हुआ। समाज दासों और उनके स्वामियों में विभाजित नहीं हुआ।

भूस्वामियों के साथ पुरोहितों का वर्ग भी निर्मित होता है। अत्तिका, इओनिआ आदि जनपदों में सामाजिक जीवन के विकास से पहले दक्खिनी यूनान में मिकिनी-सभ्यता का प्रसार हो चुका था। टॉमसन कहते हैं, इस सभ्यता के दौर में पुरोहित वर्ग सुसंगठित हो चुका था। मिलेतॉस में ब्राङ्खिदइ की अपनी पूजापद्धति की प्राचीनता इसका प्रमाण है। "देल्फी में अपोलो-मंदिर के पुजारी थोड़े से विशिष्ट अभिजात परिवारों से चुने जाते थे।"[6] मिलेतॉस के पुजारियों की अपनी बिरादरी थी; देल्फी

के पुजारियों की अपनी थी। देवकथाएँ गणव्यवस्था की उपज हैं, संगठित पूजा-उपासना पद्धति (धर्म) सामंती व्यवस्था की उपज है। इस पद्धति के गठन का आधार कथाएँ होती हैं पर अब उनका नया संस्करण तैयार किया जाता है, उनका उपयोग दूसरे ढँग से होता है। यह नया संस्करण भूस्वामी वर्ग के प्रभुत्व को बनाये रखने के लिए जरूरी होता है। पुरोहित वर्ग का गठन सामंती व्यवस्था से पहले हुआ जरूर, "लेकिन भूस्वामी वर्ग के आर्थिक प्रभुत्व को अतिरिक्त बल प्रदान करने के लिए सचेत रूप से धर्म का संगठन ईसा से पहले की आठवीं और सातवीं शताब्दियों में ही हुआ।"[7] ('सामंती व्यवस्था'–यह शब्दावली मेरी है, टॉमसन की नहीं।)

पुरोहित हैं, भूस्वामी हैं, बँधुआ किसान हैं–मानना चाहिए कि ईसा पूर्व आठवीं-सातवीं सदियों में यूनान के कुछ प्रदेशों में सामंतवाद का विकास हो चुका था। वित्त का चलन और व्यापार का विकास इसके बाद हुआ। यूनान में व्यापार के विकास से संबंधित समस्याओं का विवेचन करते हुए टॉमसन ने निष्कर्ष रूप में कहा है, "यूनान में ईसा से पहले की सातवीं और छठी सदियों में व्यापार का प्रसार अभियान घटित हुआ। आधुनिक मानदंडों को देखते हुए यह अल्प था, फिर भी प्राचीन समाज के विकास में एक नयी मंजिल का सूचक था। इसकी विशेषता थी व्यापारी वर्ग का अभ्युदय। इस वर्ग ने कई नगरों में सत्ता पर अधिकार किया और जनतांत्रिक संविधान स्थापित किया।"[8] व्यापार का प्रसार अभियान, व्यापारी वर्ग का अभ्युदय निश्चय ही सामाजिक विकास की नयी मंजिल है। यह मंजिल पुरोहित-भूस्वामी-बँधुआ किसान वाली मंजिल के स्थापित हो जाने पर आती है। यह सामंती व्यवस्था के गर्भ में पनपने वाली व्यापारिक पूँजीवाद की मंजिल है। ('व्यापारिक पूँजीवाद'–इस शब्दावली के प्रयोग के लिए दायित्व मेरा है।) व्यापक रूप में दास प्रथा का चलन इसके बाद होता है। "उद्योग और व्यापार दोनों की ही प्रगति में मोड़ आता है पांचवीं सदी में···'उत्पादन दासप्रथा की भरपूर गिरफ्त में आता है' इसी सदी में।"[9]

दासप्रथा की गिरफ्त में आये बिना भी उत्पादन का विकास, व्यापार का प्रसार होता है। जो उत्पादन दासप्रथा पर निर्भर हो, वह सामंती व्यवस्था में व्यापार का प्रसार हो जाने के बाद आता है। यूनान में यही हुआ था। यूनान की तरह भारत में दासप्रथा का व्यापक चलन न हुआ तो इसका यह अर्थ नहीं कि यहाँ का समाज गतिरुद्ध था, यहाँ बिकाऊ माल का उत्पादन और व्यापार का विकास न हुआ था।

व्यापारिक प्रगति के दौर में एशियाई समुद्र तटवर्ती नगरों के यूनानियों ने पूरब के देशों से नजदीकी संबंध कायम किये। उन्होंने इन देशों से संस्कृति और व्यापार से संबंधित अनेक बात सीखीं। यूनान के एशियाई पृष्ठभाग पर "फ्रूगिया, मइओनिया और, आगे चलकर, लूदिया के धनवान व्यापारिक राज्यों का बोलबाला था। और उधर इनका संपर्क बैबीलोनिया और असीरिया से था। पूरब की कला का प्रभाव

होमर के काव्य में देखा जा सकता है। इसके सिवा, जैसा कि ऑदुस्सॅउ से विदित है, फिनीशिया के व्यापारी ईजिअन समुद्र में क्रियाशील हो चुके थे। एशियाई यूनानियों ने उनसे व्यापार-कौशल सीखा और उसमें वर्णमाला का ज्ञान शामिल है।"[10]

यूनानी विज्ञान और दर्शन का विकास इओनिआ जनपद की व्यापारिक प्रगति से संबद्ध है। टॉमसन के अनुसार "इओनिआ के विज्ञान का सृजन व्यापारिक अभिजात वर्ग ने किया था।"[11] ज्यामिति का विकास कृषि और स्थापत्य की आवश्यकताएँ पूरी करने के लिए हुआ। खगोलशास्त्र का विकास "समुद्रपार व्यापार के विकास हेतु जहाजरानी के उपयुक्त कौशल की आवश्यकता" पूरी करने के लिए हुआ।[12] थलेस ने मिस्र और बाबुल से जो कुछ पाया था, उससे यूनानियों को परिचित कराने से ज्यादा कुछ नहीं किया पर वह एक तात्कालिक आवश्यकता पूरी कर रहे थे, "और इस तरह उन्होंने दर्शन की इओनिक शाखा की नींव डाली। इस कौशल से जो नतीजे निकाले गये थे, उनसे, ब्रह्मांड के उद्‌भव और उसकी वृद्धि के बारे में, एक ही वाद के अंतर्गत सामंजस्य बिठाना इस दर्शन का लक्ष्य था।"[13]

व्यापारिक प्रगति के दौरान भूस्वामी अभिजात वर्ग की शक्ति नष्ट न हो गयी थी। यह वर्ग अभी शक्तिशाली था, नयी बात यह हुई कि समाज का पुराना वर्ग-संतुलन बिगड़ गया, व्यापारी वर्ग से भूस्वामी वर्ग का अंतर्विरोध बढ़ा। टॉमसन के अनुसार सातवीं और छठी ई. पू. सदियों में व्यापारिक प्रगति, व्यापारी वर्ग के अभ्युदय और नगरों के निर्माण के साथ वित्त का व्यापक चलन हुआ। "एक नगर से दूसरे नगर में जैसे-जैसे वित्त के चलन का प्रसार हुआ, व्यापारियों ने पुराने अभिजात वर्ग के राजनीतिक विशेषाधिकारों को चुनौती दी। जन्म (अर्थात् कुल/वंश) उसकी सत्ता का, भूमि उसकी शक्ति का स्रोत था; उसकी संपत्ति का स्रोत भूमि थी··· सातवीं सदी के अंत में थ्रासुबॉउलॉस मिलेतॉस का निरंकुश शासक बना।"[14] इसी तरह का सत्ता-परिवर्तन अन्य नगरों में भी हुआ। ये निरंकुश शासक तुरान्नुस (अंग्रेजी टायरेण्ट) कहलाते थे और अक्सर व्यापारी वर्ग के होते थे। भूस्वामी वर्ग के साथ पुरोहित समुदाय भी विद्यमान था। इन दोनों से व्यापारी वर्ग का अंतर्विरोध बढ़ा। यूनानी दर्शन का उद्भव इस अंतर्विरोध की पृष्ठभूमि में हुआ।

व्यापारिक पूंजीवाद के विकास के साथ जैसे परिवर्तन मिलेतॉस में हुए, वैसे यूनानी संसार के अन्य जनपदों और नगरों में भी हुए। यथा सामॉस द्वीप में : पॉलुक्रतॅस ने भूस्वामी अभिजात वर्ग का तख्ता उलट दिया और व्यापार को जबर्दस्त बढ़ावा दिया।[15] ईरान की आक्रामक नीति के कारण जब सामॉस का व्यापारिक महत्व नष्ट हो गया, तब इटली के यूनानी नगर विकास में मार्गदर्शक बने। "पिथागोरस पंथी शासन में थोड़े समय के लिए इटली के ये नगर यूनानी भाषा बोलने वाले संसार में सबसे आगे थे।"[16] ईरान ने इओनिआ पर अधिकार किया तो एथेन्स को अपने विकास का मौका मिला। सामॉस के पॉलुक्रतॅस के समान पॅइसिसत्रतॉस ने

भूस्वामीवर्ग से सत्ता छीन ली और वह वहाँ का निरंकुश शासक बना। इसी समय ईजियन क्षेत्र में ईरान का प्रसार हुआ जिससे "वह इओनिआ की व्यापारिक प्रतिद्वंदिता से मुक्त हो गया और अपने इस सौभाग्य से उसने लाभ उठाया।"[17]

इस सारे विकास में एक बड़ी खामी यह थी कि व्यापारिक केन्द्र एक-दूसरे से होड़ करने में लगे थे, ईरान के विरुद्ध एकजुट होकर समस्त यूनानी जनपदों की रक्षा करने को अग्रसर न हुए। टॉमसन कहते हैं, "उनमें आपसी प्रतिद्वंदिता इतनी तीव्र थी कि इओनिआ पर ईरानी विजय का संगठित प्रतिरोध करने की संभावना न रही। मिलेतॉस के पतन के बाद उसके व्यापार का बड़ा भाग एथेन्स और कोरिन्थ को मिला। पॉलुक्रतॅस के शासन में सामॉस ईजियन क्षेत्र में व्यापारिक प्रभुत्व की ओर बढ़ रहा था। उस पर ईरान का अधिकार हुआ तो एथेन्स के निरकुंश शासकों के मार्ग का एक अवरोध दूर हो गया। वे भी वही उद्देश्य सिद्ध करना चाहते थे। परिणाम यह कि जब 499 ई. पू. में इओनिश्रा के यूनानियों ने विद्रोह किया तो उन्हें मुख्य भूखंड से सहायता न मिली और विद्रोह दबा दिया गया। फिर मुख्य भूखंड के यूनानियों ने देखा कि उन पर भी वही विपत्ति आने वाली है। इसके फलस्वरूप प्रत्येक राज्य के भीतरी अंतर्विरोध बढ़े।"[18]

इओनिआ पर ईरान की विजय का एक परिणाम यह हुआ कि इस जनपद में दर्शन शास्त्र का विकास सदा के लिए समाप्त हो गया । यद्यपि पिथागोरस सामॉस द्वीप से इटली गये थे पर वहां दर्शन शास्त्र की जिस धारा का विकास हुआ, वह इओनिक धारा से भिन्न थी। दूसरा परिणाम यह हुआ : होमर के महाकाव्यों से लेकर इओनिआ के दर्शनकारों तक जो इओनिक भाषा साहित्य और संस्कृति का माध्यम बनी हुई थी, वह इस पद से हटा दी गयी और यूनान की मानक भाषा का स्थान अत्तिका जनपद, उसके मुख्य नगर एथेन्स की भाषा को मिला। तीसरा परिणाम यह हुआ कि ईरानी साम्राज्य अब यूनानी राज्यों की गतिविधि को प्रभावित करने की स्थिति में हो गया । इओनिआ जनपद ने पहले ईरानी शासन के प्रति विद्रोह किया, बाद को यूनानी राज्यों के विरुद्ध उसने जहाज देकर ईरानी बेड़े की मदद की। टॉमसन के अनुसार इओनिआ का विद्रोह भी इसलिए असफल हुआ था कि वहाँ के कुछ यूनानी शत्रु-दल से जा मिले थे। एथेन्स के दो नेताओं ने, पहले क्लॅइस्थॅनॅस, फिर हिप्पिअस ने, "अपने निजी लाभ के लिए एथेन्स को बेच देने का प्रस्ताव किया था और इस प्रस्ताव को जो दबाव आगे ठेल रहा था, वह आंतरिक था।"[19] 481 ई. पू. में यूनानी राज्यों ने स्पार्ता के नेतृत्व में संयुक्त रूप से ईरान का मुकाबला करने का प्रयत्न किया। कुछ राज्य ढुलमुल थे। "थेबॅस नगर का शासक अभिजात वर्ग ईरान-समर्थक था।" आगे चलकर रोमन शासकों ने 'फूट डालो और राज करो' की जो नीति अपनाई, उसका नमूना ईरानी शासक पहले ही पेश कर चुके थे।

इओनिआ की सामाजिक, सांस्कृतिक प्रगति में ठहराव आंतरिक कारणों से आया, यह कोई नहीं कहता। आगे चलकर दासप्रथा के चलन से यूनानी समाज के भीतरी अंतर्विरोध तीव्र हुए और वह समाज आंतरिक कारणों से ध्वस्त हुआ, यह बात कुछ लोग कहते हैं। पर इओनिआ में दासप्रथा का व्यापक चलन न था। उसकी पराजय का कारण दासप्रथा से पैदा होने वाला अंतर्विरोध न था। इस संभावना से इन्कार नहीं किया जा सकता कि ईरान का आक्रमण न हुआ होता तो इओनिक दर्शन का विकास दो-एक शताब्दियों तक और होता, वह पिथागोरस और प्लैटो-अरस्तू के दर्शन से भिन्न स्तर पर होता, तब एशिया और यूरोप, भारत और यूनान के सांस्कृतिक संबंध दूसरे ढंग के होते। भारतीय इतिहास से यूनान के इतिहास को जो अनेक बातें मिलाती हैं, उनमें एक यह ईरान का आक्रमण है। भारत के उत्तर-पश्चिम सीमांत पर सिंधु नदी के तटवर्ती क्षेत्र तक ईरानी बढ़ आये थे पर वहाँ ज्यादा दिन टिक न सके। एशियाई यूनान पर उनका प्रभुत्व अधिक समय तक रहा।

ईरान ने 548-47 ई.पू. में इओनिआ पर अधिकार किया; 449 ई.पू. में सलमिस का युद्ध हुआ और उसके बाद ईरानियों और यूनानियों के बीच शांतिपूर्ण संबंध कायम हुए। लगभग सौ वर्ष तक छोटे-बड़े युद्धों में लगे रहने से यूनानियों की आर्थिक और सांस्कृतिक प्रगति में अवश्य बाधा पड़ी होगी। दासप्रथा के व्यापक चलन को युद्ध की परिस्थितियों से अलगाया नहीं जा सकता। एङ्गेल्स ने बताया है कि एथेन्स ने युवकों के लिए सैनिक सेवा अनिवार्य कर दी थी। 18 साल की आयु में हर युवक को दो साल तक यह सेवा करनी होती थी, विशेष रूप से उसे सीमांत क्षेत्रों की चौकसी करनी होती थी। राज्य के कुछ विशेष पदाधिकारी ही इस सेवा से मुक्त रखे जाते थे। आरंभ में निर्धन नागरिकों का चतुर्थ वर्ण इस सेवा से मुक्त रखा जाता था। इस वर्ण के सदस्य अधिकारहीन थे और कोई भी राजकीय पद न पा सकते थे। शेष नागरिक दो साल की प्रारंभिक सेवा के बाद साठ साल की उम्र तक युद्ध के लिए बुलाये जा सकते थे। एङ्गेल्स ने लिखा है, "ईरानी आक्रमणों के जबर्दस्त दबाव से अनिवार्य सेवा का विस्तार आवश्यक हो गया। थेरॅस जनों को, सबसे निर्धन वर्ग को, सेना में भर्ती किया गया।"[20]

टॉमसन के विवरण से प्रतीत होता है कि दासप्रथा का विस्तार ईरानी युद्धों के दौरान होने लगा था पर एथेन्स में उनका भारी जमघट इन युद्धों के बाद हुआ। उन्होंने लिखा है कि पांचवीं सदी ई.पू. में अत्तिका जनपद में कितने स्वाधीन नागरिक थे, कितने दास, इसका निश्चित विवरण नहीं मिलता। "ईरानी युद्धों के समय के लिए इतना ही कहा जा सकता है कि स्पार्ता से लड़ाई छिड़ने के समय की तुलना में नागरिकों की संख्या संभवतः कम थी और दासों तथा वहाँ रहने वाले परदेसियों की संख्या निश्चित ही काफी कम थी। अभी हाल के अनुमानों के अनुसार 431 ई.पू.

में 1 लाख 72 हजार नागरिक थे, इनमें उनकी स्त्रियाँ और बच्चे शामिल हैं। जो परदेसी वहाँ बस गये थे उनकी संख्या कम-से-कम 28 हजार 5 सौ थी। दास 1 लाख 15 हजार से अधिक न थे। इसका अर्थ यह हुआ कि दास स्वाधीन आबादी के आधे से ज्यादा अभी भी हो गये थे और वयस्क जनों की कुल संख्या के चौथाई से थोड़ा अधिक भाग को मताधिकार मिला हुआ था।"[21]

चौथी सदी के पूर्वार्ध में एथेन्स के जनतंत्र का आधार अत्यंत संकुचित हो गया था। दास तो अधिकारहीन थे ही जो, परदेसी एथेन्स में बस गये थे, वे भी गैर समझे जाते थे। वे आर्थिक जीवन में भाग लेते थे पर राजनीतिक अधिकारों से वंचित थे। टॉमसन के अनुसार वहाँ बस जाने वाले परदेसियों के हाथ में व्यापार केन्द्रित था।[22] उधर थेरॅस कहे जाने वाले चतुर्थ वर्ण के लोग भी अधिकारहीन थे। दासप्रथा के बावजूद एथेन्स में भूस्वामी अभिजात वर्ग और व्यापारी वर्ग का अंतर्विरोध बना हुआ था। भूस्वामी वर्ग का गढ़ था स्पार्ता। 464 ई. पू. में वहाँ भूकंप आया। इससे लाभ उठाकर बँधुआ किसानों ने विद्रोह कर दिया। स्पार्ता के भूस्वामियों ने एथेन्स से मदद माँगी। वहाँ पुरानपंथी दल मदद देने के पक्ष में था, गरम दल मदद देने के विरुद्ध था। पुरानपंथी मदद भेजने में सफल हुए पर इससे उनके दल की साख जाती रही। गरम दल ने पहले कुछ सुधार किये थे, उन्हें पुरानपंथियों ने खत्म कर दिया था। गरम दल ने मताधिकार से पाबंदियाँ हटा दीं। "संपत्ति के हिसाब से जो निम्नतम वर्ग था, उस एक वर्ग को छोड़कर राजकीय पद कम संपत्ति वाले वर्ग के लिए भी प्राप्य हो गये। औपचारिक रूप से निम्नतम वर्ग को मताधिकार न मिला था। व्यवहार में एक कानूनी कथा गढ़कर उसे यह अधिकार दिया गया।"[23] मताधिकार के विस्तार का विरोध करने वालों को टॉमसन ने क्रांतिविरोधी कहा है।[24] एथेन्स के यूनानी समाज में मुख्य अंतर्विरोध अभिजातों और गैरअभिजातों के बीच था। ईरान के विरोध में यूनानी राज्यों ने जो संघ कायम किया था, उसके आधार पर एथेन्स ने अपने साम्राज्य का विस्तार किया। "इसका तात्कालिक प्रभाव यह हुआ कि नागरिक आबादी में, दासों और साम्राज्य का मिलकर शोषण करने से, वर्गों का तनाव ढीला पड़ा।"[25] तनाव ढीला पड़ा पर खत्म नहीं हो गया।

दासप्रथा का भरपूर प्रसार एथेन्स के साम्राज्य-विस्तार काल में हुआ। खानों में, यातायात में, दासों की भारी संख्या काम करती थी। स्पष्ट ही इन दासों का संबंध अपेक्षाकृत बड़े पैमाने के उत्पादन और वितरण से था। दासप्रथा के व्यापक चलन का एक परिणाम यह हुआ कि गरीब नागरिक मेहनत करना अपनी शान के खिलाफ समझने लगे। उन्होंने अपने मताधिकार का उपयोग काम किये बिना राज्य से भत्ता पाते रहने के लिए किया। 430 ई. पू. में एथेन्स के बीस हजार से अधिक नागरिक इस तरह निठल्ले रहकर राज्य से भत्ता वसूल कर रहे थे।[26]

चौथी ई. पू. सदी के पूर्वार्ध में "ईरानी फौज ने अत्तिका में प्रवेश किया, गाँवों

को उजाड़ डाला, अक्रोपॉलिस (एथेन्स के दुर्ग) पर अधिकार किया और मंदिर जलाकर राख कर दिये।"[27] चौथी ई.पू. सदी के उत्तरार्ध में स्पार्ता और एथेन्स के बीच लंबी लड़ाई चली। एथेन्स के नेता "थेमिस्तॉक्लॅस ने जान लिया कि नयी परिस्थिति में एथेन्स के जनतंत्र को खतरा ईरान की शक्ति से नहीं था। वह शक्ति ध्वस्त कर दी गयी थी। खतरा स्पार्ता के जनतंत्र विरोधी शासन से था। इसलिए उसे उलटने के लिए वह पउसानिअसके प्रयत्न का समर्थन करते थे। लेकिन पुरानपंथी दल के प्रभाव से एथेन्स के नागरिक थेमिस्तॉक्लॅस की बात सुनने को तैयार न थे। इसके लिए बाद को उन्हें भारी कीमत चुकानी पड़ी जब नगर के "सिंहद्वार पर स्पार्ता की फौज खड़ी थी और खूनी प्रतिक्रांति (404 ई.पू.) में उनके जनतांत्रिक अधिकार उनसे छीन लिये गये।"[28]

सामन्तवाद का एक गढ़ यूनान के बाहर था—ईरान। सामंतवाद का एक गढ़ यूनान के भीतर था—स्पार्ता। यूनान के अनेक नगर उद्योग और विनिमय के केन्द्र थे। व्यापारिक पूंजीवाद का गढ़ था एथेन्स। इस गढ़ में पुरानपंथी अभिजात वर्ग की शक्ति कभी पूरी तरह समाप्त नहीं हुई। इसी कारण स्पार्ता की फौज आयी तो प्रतिक्रांति विजयी हुई और नागरिकों के अधिकार छीन लिये गये। अभिजातों और गैरअभिजातों का संघर्ष यूनान के सामाजिक-सांस्कृतिक विकास को निर्धारित कर रहा था। दासप्रथा के चलन से यह विकास प्रभावित हुआ पर इस विकास में दास प्रथा की भूमिका निर्णायक नहीं थी।

(2)

टॉमसन को प्राचीन यूनान के संदर्भ में 'पूँजीवाद' शब्द के व्यवहार पर आपत्ति है। उन्होंने उन लेखकों की आलोचना की है जो इतिहास के उस पुराने दौर के लिए पूँजीपति वर्ग, सर्वहारा वर्ग और समाजवाद जैसे शब्दों का व्यवहार करते हैं। इन लेखकों ने व्यापारिक पूँजीवाद और औद्योगिक पूँजीवाद में भेद नहीं किया, इसीलिए वे व्यापारिक पूँजीवाद के विकासक्रम में समाजवाद की बात करने लगे हैं। टॉमसन ने मार्क्स की इस स्थापना का उल्लेख किया है कि स्वाधीन श्रमिकों के वर्ग का अस्तित्व न होगा तो पूँजीवाद का भी अस्तित्व न होगा।[29] मार्क्स यहाँ औद्योगिक पूँजीवाद की बात कर रहे हैं, इसका यह अर्थ नहीं है कि उससे पहले व्यापारिक पूँजीवाद की मंजिल नहीं आती। वास्तव में सामाजिक विकास में व्यापारिक पूँजीवाद की मंजिल का अस्तित्व स्वीकारे बिना स्वयं टॉमसन की बहुत-सी शब्दावली निरर्थक जान पड़ेगी।

ईरानी युद्धों के बाद "पूँजीनिवेश के लिए दासों का श्रम निहायत उत्पादक क्षेत्र बन गया।"[30] पूँजी का निवेश जिस समाज में होता है, उसमें पूँजीवाद के अस्तित्व से इन्कार नहीं किया जा सकता। तूरे (Tire) नगर को टॉमसन ने व्यापारिक नगरों का नमूना कहा है, "उसकी संपदा ने व्यापारियों की पूँजी का रूप लिया।"[31]

जहाँ संपदा व्यापारियों की पूँजी का रूप ले, वहाँ व्यापारिक पूँजीवाद की बात करना युक्तिसंगत है। टॉमसन प्राचीन यूनान में जनवादी क्रांति की बात करते हैं। 'पूँजीवाद' की तरह 'जनवादी क्रांति' से भी भ्रम उत्पन्न हो सकता है। उन्होंने कैफियत दी है कि जनवादी क्रांति का यहाँ मतलब है, "भूस्वामी वर्ग के हाथ से नये व्यापारी वर्ग के हाथ में सत्ता का स्थानांतरण।"[32] वह मानते हैं कि जनवादी क्रांति शब्दावली अस्पष्ट है, उसका व्यवहार पूंजीवादी क्रांति या समाजवादी क्रांति के लिए भी हो सकता है पर वह कहते हैं कि यह बात महत्वपूर्ण नहीं है। "एङ्गेल्स ने प्राचीन यूनान के अपने विवरण में जिसे 'धनी उद्योगपतियों और व्यापारियों का नया वर्ग' कहा है, उसके लिए विशिष्ट नाम न होने से नपी-तुली शब्दावली का अभाव उत्पन्न हुआ हैं।"[33] व्यापारिक, औद्योगिक और महाजनी—पूँजीवाद की तीनों मंजिलों में व्यापार, उद्योग-धंधों और महाजनी का अस्तित्व होता है, इन मंजिलों में इनका रूप अलग-अलग होता है, इनकी भूमिका अलग-अलग होती है। एंगेल्स ने उद्योगपतियों और व्यापारियों के वर्ग की बात कही, इसे व्यापारिक पूँजीवाद के संदर्भ में देखें तो भ्रम की गुंजाइश न रहेगी।

एङ्गेल्स का हवाला देते हुए टॉमसन ने बहुत दिलचस्प दलील पेश की है : "जब हम जनवादी क्रांति की बात करते हैं, तब यह समझ लेना चाहिए कि हम प्राचीन यूनानियों की चर्चा कर रहे हैं। हम डिमोक्रैसी को अब भी उन्हीं के दिये नाम से पुकारते हैं.। यह देखते हुए प्राथमिकता पर (जनवादी क्रांति पर) आखिर उनका कुछ हक होगा ही।"[34] जैसे जनतंत्र और जनवादी क्रांति को प्राचीन यूनान के संदर्भ से जोड़कर हम उनका विशिष्ट अर्थ समझ लेते हैं, वैसे ही पूँजीवाद को उस संदर्भ से जोड़कर उसका विशिष्ट अर्थ समझ लेना चाहिए। यदि उसके पहले 'व्यापारिक' शब्द जोड़ दिया जाये तो भ्रम की गुंजाइश और भी न रहेगी।

इसी तरह 'साम्यवाद' या 'समाजवाद' शब्द का अर्थ उसके विशिष्ट संदर्भ में समझना चाहिए। या समाजवाद मार्क्स के वैज्ञानिक समाजवाद के पहले ब्रिटेन और फ्रान्स में 'कल्पनालोकी' (युटोपियन) समाजवाद काफी प्रभावशाली था। इससे भी पहले सत्रहवीं सदी के गृहयुद्ध में ब्रिटेन के 'समतावादी' (लेवलर) एक तरह के साम्यवादी थे। वे समानता के आधार पर संपत्ति के बँटवारे की माँग कर रहे थे। इससे पहले ब्रिटेन में व्यापारिक पूँजीवाद के अभ्युदय काल में टॉमस मोर ने 'युटोपिया' पुस्तक रची और उसमें उन्होंने समान संपत्ति वाले समाज का चित्र प्रस्तुत किया। टॉमस मोर यूनानी संस्कृति से प्रभावित मानवतावादी थे, वह प्लैटो के परम प्रशंसक थे। प्रसिद्ध है कि साम्यवादी समाज की कल्पना प्लैटो ने की थी जिसकी एक विशेषता पत्नियों पर पतियों का समान अधिकार था। यह मानना युक्तिसंगत होगा कि व्यापारिक पूँजीवाद के विकास से यूनानी समाज में जो अंतर्विरोध उत्पन्न हुए, प्लैटो का चिंतन उन्हें दूर करने का कल्पनालोकी प्रयास था।

मार्क्सवादी साहित्य में 'आदिम साम्यवाद' इस शब्दावली का प्रयोग खूब होता है। **साम्यवादी घोषणापत्र** के अंग्रेजी संस्करण (1888) की एक पादटिप्पणी में 'आदिम साम्यवादी समाज'—इस शब्दावली का प्रयोग स्वयं एङ्गेल्स ने किया था। आदिम साम्यवादी समाज वर्गहीन था, उसमें व्यक्तिगत संपत्ति का अभाव था, उत्पादन के साधनों पर पूरे समाज का अधिकार था, सब लोग मिलकर श्रम करते थे और आपस में श्रमफल बाँट लेते थे। औद्योगिक पूँजीवाद के युग में, उसके बाद महाजनी पूँजीवाद के युग में जो साम्यवादी दल गठित हुए, वे मानते रहे हैं कि भविष्य में वर्गहीन साम्यवादी समाज कायम होगा, इतिहास की पुनरावृत्ति होगी नये स्तर पर।

'आदिम साम्यवाद'—ये शब्द सामाजिक पिछड़ेपन के सूचक हैं। राज्यसत्ता के उद्भव पर अपनी पुस्तक में एङ्गेल्स ने इस पिछड़े हुए समाज के मानवीय गुणों—सच्चाई, साहस, भाईचारा आदि —का सकारात्मक मूल्याकंन किया था। सत्रहवीं सदी के इंग्लैन्ड में सामूहिक संपत्ति के, आदिम साम्यवाद के अवशेष कायम थे। इन अवशेषों ने, ।पुरानी साम्यवादी व्यवस्था की सामाजिक स्मृति ने, लेवलर दल को सामंतविरोधी क्रांति में आगे बढ़कर लड़ने को प्रेरित किया। कल्पनालोकी साम्यवाद जनवादी क्रांति में किसानों और कारीगरों को भाग लेने की प्रेरणा दे सकता है, यह इंग्लैण्ड के गृहयुद्ध से प्रमाणित हो गया। यह गृहयुद्ध व्यापारिक पूँजीवाद के युग में हुआ। मोर ने **युटोपिया** व्यापारिक पूँजीवाद के अभ्युदयकाल में लिखी। प्लैटो ने अपनी **गणतंत्र** पुस्तक व्यापारिक पूँजीवाद के उस दौर में लिखी जब उसका उत्कर्ष समाप्त हो रहा था। कह सकते हैं कि कल्पनालोकी साम्यवाद उन अंतर्विरोधों की प्रतिक्रिया है जो व्यापारिक पूँजीवाद के साथ जन्मते हैं और उसके विकास के साथ तीव्र होते हैं। यूनान के संदर्भ में जो इतिहासकार पूँजीवाद और समाजवाद की बात करते थे, वे एकदम गलत नहीं थे। व्यापारिक पूँजीवाद और कल्पनालोकी समाजवाद कहने से बात स्पष्ट हो जायेगी। औद्योगिक पूँजीवाद के विकास से पहले व्यापारिक पूँजीवाद की मंजिल अब तक के मानव इतिहास में अनिवार्य रही है; वैज्ञानिक समाजवाद के जन्म से पहले कल्पनालोकी समाजवाद की मंजिल आयी—यह इतिहास-सम्मत तथ्य है।

आदिम साम्यवादी व्यवस्था के अवशेष मार्क्स और एङ्गेल्स के समय में उनके देश जर्मनी में विद्यमान थे। प्लैटो के समय में उसके अवशेष तो थे ही, आसपास के क्षेत्रों में स्वयं वह व्यवस्था सजीव रूप में विद्यमान थी, इसमें संदेह की गुंजाइश नहीं है। इस व्यवस्था ने, उसके अवशेषों, उसकी स्मृति ने प्लैटो के 'साम्यवाद' को प्रेरित किया हो, यह बिल्कुल संभव है। स्वयं टॉमसन ने यूनानी समाज के विकास में आदिम साम्यवाद की प्रेरणा स्वीकार की है। "यूनानी लोग इतनी तेजी से बर्बर व्यवस्था से उभरकर बाहर आये थे कि वे सभ्यतावाली व्यवस्था में बहुत-सी कबीलाई संस्थाएँ और धारणाएँ अपने साथ लाये, और वे इनके उद्भव के प्रति पूरी तरह

सचेत थे। और इन परिस्थितियों में उन्होंने एक नयी तरह की राज्यसत्ता, जनवादी गणतंत्र का सृजन किया। इसकी विशेषता यह थी कि उत्पादन की पद्धति में जो विकास अभी हाल में हुआ था, कबीलाई संस्थाओं को उसके अनुरूप बना लिया गया। जनवादी संविधान जनता के सामने इस तरह पेश किया गया कि उसके पूर्वजों ने अनादिकाल से कबीलाई समानता के जिन सिद्धांतों का तब तक उपभोग किया था, जब तक भूस्वामी अभिजातवर्ग ने उन्हें हड़प नहीं लिया। वे सिद्धांत अब नये रूप में उसे लौटाये जा रहे थे। यह एक भ्रम था, जिसे मार्क्स और एङ्गेल्स ने 'युग का भ्रम' कहा है; और वह यथार्थ से एकदम उल्टा था। जनवादी गणतंत्र का रूपायन बिकाऊ माल के उत्पादन की वृद्धि को सुविधाएँ देने के लिए हुआ था। पर उसने ऐसी परिस्थितियाँ रचीं कि उसमें पुराने कबीलाई, रक्त संबंधों पर आधारित, परंपरागत, पितृसत्तापरक, व्यक्तिपरक संबंध दूर फेंक दिये गये।"[35]

बर्बर व्यवस्था, आदिम साम्यवाद की वह अवस्था जो सभ्यता की पूर्व बेला में प्रकट होती है, यूनानियों की स्मृति में जीवित थी। उसने उन्हें समान अधिकारों वाला जनवादी गणतंत्र रचने की प्रेरणा दी। इसे कल्पनालोकी जनवाद ही कह सकते हैं क्योंकि वह भ्रम था; समान अधिकारों के नाम पर वह असमानता के प्रसार के लिए रास्ता साफ कर रहा था। यह असमानता बिकाऊ माल के उत्पादन में वृद्धि के साथ जुड़ी हुई थी। जनवादी गणतंत्र की स्थापना से बिकाऊ माल के उत्पादन की शुरूआत नहीं हुई, उससे उसमें वृद्धि हुई। कह सकते हैं कि बिकाऊ माल के उत्पादन से जो आर्थिक विकास जुड़ा हुआ था, उसका राजनीतिक प्रतिफलन था जनवादी गणतंत्र। इस तरह के गणतंत्र से व्यापारी वर्ग को लाभ हुआ, हानि हुई विशेषाधिकारी अभिजातवर्ग की । यूनानी लोग बर्बर व्यवस्था से चाहे जितनी तेजी से उभरकर आये हों, वे इस व्यवस्था से निकलकर सीधे बिकाऊ माल के उत्पादन की मंजिल तक न पहुँच गये थे। बीच में वह मंजिल थी जिसमें भूस्वामी अभिजात वर्ग गठित हुआ था। अर्थात् व्यापारिक पूँजीवाद सामंती व्यवस्था कायम हो जाने पर ही पनपता है और सामंतवाद से व्यापारिक पूँजीवाद की टक्कर का परिणाम था जनवादी गणतंत्र।

टॉमसन ने जनवादी क्रांति की बात अपनी दूसरी पुस्तक में कही है। पहली पुस्तक में उन्होंने सोलॉन के भूमि सुधारों का जो विवेचन किया है, उससे अभिजात वर्ग के गठन, फिर व्यापारी वर्ग से उसकी टक्कर की बात स्पष्ट हो जाती है।

टॉमसन के अनुसार छठी सदी ई. पू. के प्रथम चरण में अत्तिका जनपद की स्थिति इस प्रकार थी। किसान विद्रोह करने पर उतारू होने वाले थे। सबसे निचले वर्ग के किसान अपनी उपज का छठा हिस्सा ही अपने पास रख सकते थे। महाजन उन्हें लूट रहे थे और ब्याज की दर उन्होंने 50 फीसदी तक चढ़ा रखी थी। अपनी ज़मीन, अपने बच्चों और अपने आप को बेच डालने के लिए वे मजबूर किये गये

थे। बहुत लोग समुद्र पार परदेस चले गये थे, बहुत लोग भिखारी या गुलाम बन गये थे। जहाँ कभी उनके खेत थे, वहाँ अब वे बेघर हो गये थे। ॲउपात्रिदइ (भूस्वामी कुलों की बिरादरी) ने जान लिया कि किसान-विद्रोह से बचना है तो उन्हें व्यापारियों का सहयोग प्राप्त करना चाहिए। अपनी संपत्ति के लिए खतरे से व्यापारी भी उतने ही चिंतित थे। अतः सोलॉन को तानाशाही ताकत प्रदान की गयी। वह ॲउपात्रिदइ का सदस्य था और व्यापार में सक्रिय रूप से संलग्न था।[36]

बेघर, बेज़मीन किसान, अपने जनपद छोड़कर आजीविका की खोज करने वाले परदेसी, कर्ज चुकाने के लिए संतान और स्वयं को बेचने वाले निर्धन जन, भिखमंगों की बढ़ती हुई संख्या– सौदागरी पूंजी के अभ्युदयकाल का यही 'कलियुग' है।

उल्लेखनीय है कि भारत में किसान उपज का छठा भाग ही कर रूप में देने को बाध्य था, यूनान में वह उसका उतना ही भाग अपने पास रख सकता था। बाकी सारी फसल राजा या जमींदार की होती थी। सोलॉन भूस्वामी कुल में जन्मा था पर वणिज व्यापार में संलग्न था। वर्णव्यवस्था टूट रही थी। यहाँ ध्यान देने की बात यह है कि छठी सदी के आरंभ में व्यापारी वर्ग अत्तिका जनपद में भी था। वह इस स्थिति में था कि किसानों के असंतोष से लाभ उठाकर अभिजात वर्ग को कमजोर करे और अपने विकास का रास्ता साफ करे। इसके लिए उपकरण बना सोलॉन।

टॉमसन ने आगे लिखा है : सोलॉन ने भारी कर्ज रद्द कर दिये, कर्ज की वसूली के लिए गुलाम बनाने पर पाबंदी लगा दी। लेकिन ब्याज की दरें बनी रहने दीं। निचले स्तर के किसान उपज का छठा भाग ही अपने पास रखें, इस नियम में तब्दीली न की। जमीन का नये सिरे से बँटवारा हो, किसानों की यह माँग पूरी न की। छोटे मालिक किसान के लिए खतरा बना रहा कि वह महाजन के चंगुल में फँसे, जमीन से खदेड़ा जाये। "निस्संदेह सोलॉन की इच्छा भी अंशतः ऐसी ही थी क्योंकि जब तक किसान जमीन से चिपके हुए थे, तब तक वे उद्योग के विकास के लिए सस्ते श्रम के स्रोत रूप में सुलभ न हो सकते थे। जिस समय दासों के श्रम का औद्योगिक शोषण आरंभ भी न हुआ था, उस समय व्यापारी वर्ग के लिए वह बात अत्यंत महत्वपूर्ण थी।"[37]

यहाँ टॉमसन ने जिस व्यापारी वर्ग की बात कही है, वह विशुद्ध व्यापार में लगा हुआ वर्ग नहीं है, उसका संबंध उत्पादन से भी है। इसीलिए उसे सस्ते श्रम का स्रोत चाहिए और बेघर, बेज़मीन किसान ऐसा स्रोत बनते हैं। पर उसे व्यापारी वर्ग कहना सही है क्योंकि उद्योग अभी आमतौर से व्यापारी के नियंत्रण में है। व्यापारिक पूँजीवाद की यह विशेषता है कि उद्योग कुल मिलाकर व्यापारी के नियंत्रण में रहता है। उत्पादन से जुड़े हुए व्यापारी को सस्ते श्रम का स्रोत चाहिए। मेहनत करने वाले को मेहनताना तो देना ही पड़ेगा, भले ही व्यापारी कम-से-कम मेहनताना

देने की कोशिश करे। उत्पादन में नफीस काम हुनरमंद कारीगर ही कर सकते हैं क्योंकि दासों का श्रम अभी उत्पादन का आधार नहीं बना। छोटा ही सही, इस समय यूनान में पगारजीवी कारीगरों का वर्ग जरूर रहा होगा। ये छोटे मालिक कारीगर होंगे जो अपने औजारों से उत्पादन का काम घर पर करते थे। उन्नीसवीं सदी के पूर्वार्ध में, मशीनी उत्पादन का चलन हो जाने पर भी, इंग्लैण्ड के घरेलू उद्योग में लगे हुए बिकाऊ माल तैयार करने वाले ऐसे मजदूरों की संख्या काफी थी।

टॉमसन ने उत्पादन में लगे हुए कारीगरों का उल्लेख अनेक बार किया है। मार्क्सवादी विवेचन पर दासप्रथा इस तरह छायी हुई है कि कारीगरों के अस्तित्व की ओर लोगों का ध्यान ही नहीं जाता। ये कारीगर केवल स्थानीय खपत के लिए माल तैयार नहीं करते, वे नेरे और दूर, देसी और परदेसी बाजारों में बिक्री के लिए माल जुटाते हैं। वे व्यापारिक पूँजीवाद के दौर के श्रमिक हैं।

टॉमसन कहते हैं, "कबीलाई व्यवस्था के ह्रास के बाद जनसभा निष्क्रिय हो गयी थी। सोलॉन ने इसे पुनर्जीवित करके मजदूर वर्ग (the working class) को अवसर दिया कि शासनकार्य में उसकी आवाज सुनी जाय।"[38] यहाँ जिस मजदूर वर्ग का उल्लेख है, वह कारीगरों का वर्ग है। जनसभा न्यायालय के रूप में भी काम करती थी। "उससे कारीगरों की स्थिति में काफी सुधार हुआ। वे सब अपने कानूनी झगड़े वहाँ निपटा सकते थे।"[39] मजदूर वर्ग ऐसे कारीगरों का वर्ग है जो सर्वहारा नही हैं। कौशल के उपकरण उनके अपने हैं; उनके पास हैं। टॉमसन ने यह बात स्पष्ट नहीं की पर औद्योगिक सर्वहारा से यह 'मजदूर वर्ग' इसी तरह भिन्न हो सकता है। सोलॉन ने चार सौ भद्रजनों की परिषद् बनायी; इससे "मजदूर वर्ग को बाहर रखा गया।"[40] जनसभा उन्हीं प्रस्तावों पर मतदान कर सकती थी जिन्हें परिषद् उनके सामने रखे। परिषद् की स्थापना में सोलॉन का उद्देश्य यह था कि "मजदूर वर्ग तथा अरॅओपागस की परिषद्, दोनों पर नियंत्रण बना रहे। अॅउपात्रिदइ की पुरानी परिषद् को अब यह नाम दिया गया था। अतः जिस वर्ग ने इस नये चलन से लाभ उठाया, वह नया मध्य वर्ग था।"[41] यहाँ मध्यवर्ग व्यापारी वर्ग है, मजदूर वर्ग वहीं कारीगरों का वर्ग है। (मंगल ग्रह के देवता का नाम अरॅइऑस था; पागॉस का अर्थ हुआ पर्वत। मंगल देवता के पर्वत पर भूस्वामी कुल की बैठक होती थी।) भूस्वामी बिरादरी की परिषद् 'पुरानी' थी; उसे अब नया नाम दिया गया था। 'नये चलन' से जिस वर्ग को लाभ हुआ, वह 'नया मध्य वर्ग' था। कबीलाई व्यवस्था के ह्रास के बाद पहले भूस्वामी वर्ग उभरा। उसके पश्चात् व्यापारी वर्ग आया।

अगले तीस वर्षों में निजी संपत्ति के रूप में दौलत बढ़ती रही, "अभिजात मोर्चे में दरारें पड़ने लगीं।"[42] जिस वर्ग में जन्म हुआ, उसी की रीति से आदमी काम करे, यह प्रथा टूटने लगी। "सोलॉन स्वयं भूस्वामी रह चुका था। अब वह

व्यापार की ओर उन्मुख हुआ। अब अन्य अभिजात परिवारों ने यह रास्ता अपनाया।"[43] अभिजात परिवारों के लोग व्यापार को हेठा काम समझते थे। वित्त के बढ़ते हुए चलन से उनकी अभिजात प्रतिष्ठा का आर्थिक आधार क्षीण हो रहा था। व्यापार के सैलाब से धन कमाने के नये रास्ते खुल गये थे। इन रास्तों पर अभिजात परिवारों के लोग भी बढ़ रहे थे। एथेन्स के शासक पेइसिसूत्रतॉस ने "जहाज बनाने, मिट्टी के बर्तन बनाने और धातुओं से संबंधित काम में निजी व्यवसाय की माँगों के अलावा मजदूर वर्ग को काम दिया।"[44]

यूनान में एक संप्रदाय ओर्फेउस पंथियों का था। उसे भूमिहीन किसानों और 'नये शहरी सर्वहारा' से प्रेरणा मिली थी।[45] इनसे भिन्न पिथागोरस पंथी "उन व्यापारियों, धनपतियों के प्रतिनिधि थे जो समुद्र पार के व्यापार से समृद्ध हो चुके थे और जो अधिक समृद्धि का अपना मार्ग वंशगत भूस्वामी गुट (hereditary landowning oligarchy) के विरोध से रोका जाता देख रहे थे।"[46] व्यापारी अपने वंश के भरोसे धन अर्जित नहीं कर सकता; इसके लिए उद्यम करना जरूरी होता है। लेकन अभिजात भूस्वामी जमीन का मालिक इसलिए है कि उसका जन्म अभिजात वंश में हुआ है। रक्तसंबंध पर आधारित अभिजात वंश की संपत्ति का उद्भव पुराना है; बिकाऊ माल के विनिमय पर आधारित व्यापारी वर्ग की संपत्ति का उद्भव नया है। छठी सदी ई.पू. के यूनान में नये-पुराने की यह टक्कर शुरू हो गयी थी।

(3)

पिथागोरस सामॉस से क्रोतॉन नगर पहुँचे। वहाँ वह व्यापारी वर्ग के अगुआ बने। बहुत-से विद्वान् मानते हैं कि पिथागोरस का संबंध अभिजात वर्ग से था। टॉमसन का तर्क है, इस बात की कल्पना करना कठिन है कि सामॉस द्वीप से आकर वहाँ बसने वाला यह व्यक्ति "ऐसे राज्य में वंशगत भूस्वामी गुट का अगुआ बने जिसकी स्थापना उसके वहाँ पहुँचने से लगभग 200 वर्ष पहले हुई थी।"[47]

राज्य (state) शब्द यहाँ राज्यसत्ता का सूचक भी है। पिथागोरस छठी सदी के उत्तरार्ध में क्रोतॉन पहुँचे। इससे दो सौ वर्ष पहले, आठवीं सदी ई.पू. में किसी समय, वहाँ अभिजात वर्ग गठित हो चुका था, इस वर्ग के हितों की रक्षा के लिए राज्यसत्ता की स्थापना हो चुकी थी।

अभिजात वर्ग से सत्ता छीनकर बहुत जगह व्यापारी वर्ग ने निरंकुश शासन कायम किया। टॉमसन के अनुसार निरंकुश शासनतंत्र ने अभिजात वर्ग की हुकूमत में दरार डाली, उस दरार को बनाये रखकर "उसने मध्य वर्ग को जनवादी क्रांति की आखिरी मंजिल के लिए अपनी शक्ति को सुदृढ़ कर लेने का अवसर दिया। इस आखिरी मंजिल में स्वयं उस निरंकुश शासनतंत्र का तख्ता उलटना भी शामिल था।"[48] वित्त के चलन से, नये धनी वर्ग के गठन से, पुरानी व्यवस्था टूट रही थी। कुछ कवियों ने निरंकुश शासकों के गुण गाये, कुछ ने उनकी निंदा की। जन कल्पना

में यह धारणा जम गयी कि जब कोई धन-दौलत जोड़कर बड़ा आदमी बन जाता है, तब वह भूल जाता है कि वह भी मृत्यु है (मिट्टी का पुतला है); दैवी कोप से वह आत्मविनाश की ओर बढ़ता है। "इस परंपरा के पीछे यह चेतना है कि धन की गतिशीलता विश्वासघाती है। वह जितनी तेजी से राजा को रंक बना देती है, उतनी ही तेजी से रंक को राजा बना देती है।"[49] कवि थॅओग्निस ने लिखा : "लाज शर्म मर गयी है। घमंड और उद्दंडता ने सदाचार पर विजय पायी है और धरती पर उनका राज है··· नगर अब भी नगर है लेकिन उसके निवासी बदल गये हैं। किसी समय वे नियम-कायदे कुछ न जानते थे, तन पर बकरे की खाल लपेटे रहते थे, हिरनों की तरह नगर-प्राचीरों के बाहर रहते थे। पर अब वे शरीफजादे हैं; जो कभी शरीफजादे थे, वे अब नीच हैं··· आम लोग एक ही गुण जानते हैं —दौलत। और किसी चीज का बोलबाला नहीं।···आदमी पैदा न हो, उजाला न देखे, तो सबसे अच्छा। या पैदा हो जाये तो जल्दी से मौत का दरवाजा पार कर ले और मिट्टी के ढेर के नीचे पड़ रहे।"[50]

पुरानी व्यवस्था के टूटने से क्षोभ, संसार से वैराग्य—इस तरह के भाव भी व्यापारिक पूँजीवाद की ही देन हैं।

टॉमसन भूस्वामी वर्ग की बात करते हैं, बँधुआ किसानों की बात करते हैं; लेकिन प्राचीन यूनान के संदर्भ में सामंतवाद की बात नहीं करते। वह कारीगरों की बात करते हैं; बिकाऊ माल के उत्पादन और व्यापारिक वर्ग की बात करते हैं पर व्यापारिक पूँजीवाद की बात नहीं करते। वह अपने विश्लेषण से सामाजिक विकासक्रम का यह नक्शा उलट देते हैं कि कबीलाई व्यवस्था के बाद दासप्रथा का चलन हुआ, और उसके बाद यूरोप में (रोम और यूनान की 'प्राचीनता' के बाद) सामंतवाद का जन्म हुआ। मार्क्स और एंगेल्स ने अपने ही बनाये हुए सामाजिक विकासक्रम के नक्शे को अनेक बार उलट दिया है—इस बात की ओर उनका ध्यान नहीं गया। उस नक्शे को वेदवाक्य मानकर वह खुलकर उसका अतिक्रमण नहीं करते, इसलिए अपने विश्लेषण से उचित निष्कर्ष नहीं निकालते। पर उनका विश्लेषण अत्यंत महत्वपूर्ण है और परोक्ष रूप से वह उस नक्शे को उलट देने से ही संपन्न हुआ है।

वह पूँजीवाद शब्द का व्यवहार औद्योगिक पूँजीवाद के लिए ही करना चाहते हैं, यह दूसरी बाधा है। सामाजिक विकासक्रम में हम आगे बढ़ते हैं, पीछे नहीं लौटते—यह धारणा भी नेपथ्य में विद्यमान है। यूनान में सामंतवाद का विकास हो गया था तो दासप्रथा के चलन के बाद यूरुप में दुबारा सामंतवाद का विकास कैसे होगा? इस यूरोप में यूनान और इटली भी शामिल हैं ! यह कैसे मानें कि यूनान और इटली में पहले सामंतवाद आया, फिर दासप्रथा वाली व्यवस्था कायम हुई और उसके बाद सामंतवाद फिर आ गया ! सामाजिक विकासक्रम में हम आगे ही बढ़ते

हैं, पीछे नहीं लौटते—यह धारणा तीसरी बाधा है जो टॉमसन को अपने विश्लेषण से उचित निष्कर्ष निकालने नहीं देती। पर यूनानी समाज सामंतवाद से व्यापारिक पूँजीवाद की ओर बढ़ा, और इस मंजिल से वह सामंतवाद की ओर फिर लौटा—यह निष्कर्ष अकाट्य है और भारतीय इतिहास को समझने में उसकी उपादेयता असंदिग्ध है।

वित्त का दूसरा नाम द्रव्य है। द्रव्य है, उसे द्रवणशील होना ही चाहिए। लक्ष्मी चंचला है, वित्त की देवी जो ठहरी। कवि ने कहा—**यस्यास्ति वित्तं स नरः कुलीनः**। कुलीनता वित्त के चलन से जर्जर हो रही थी। यह उसकी क्रांतिकारी भूमिका है। वर्णव्यवस्था टूट रही है, पुराने मान, पुरानी मर्यादाएँ नष्ट हो रही हैं, कलियुग आ गया है, पुराने आचारविचार मिट रहे हैं। धर्म की ग्लानि एक बार नहीं होती, बारबार होती है; इसीलिए **'संभवामि युग-युगे'**—इस आश्वासन की आवश्यकता उत्पन्न होती है। कलियुग का संबंध व्यापारिक पूँजीवाद से किस प्रकार है, इसे समझने के लिए कवि थॅओग्निस पर टॉमसन की टिप्पणी अवलोकनीय है : "चूँकि पुरानी बिरादरी व्यवस्था (the old caste system) टूट गयी है; चूँकि बँधुआ किसान (serfs) गधों की तरह बोझ लादने को तैयार नहीं हैं; और चूँकि निजी वफादारी तथा उदारता की अलिखित आचारसंहिता का रूपांतरण वित्त में हो गया है—अतः सभ्यता का नाश हो गया है। लेकिन सभ्यता थॅओग्निस की राह न देखती रही थी। सही है कि पुरानी संस्कृति छिन्न-भिन्न हो रही थी पर यह केवल इसलिए कि नयी आकांक्षाओं, नये विचारों का जीवन में स्फोट हो रहा था।"[51]

बहुत अच्छा कहा है। नये मूल्यों, नये विचारों का स्फोट हो रहा था; इसलिए हो रहा था कि पुराने वंशगत संबंधों का स्थान नये अर्थगत संबंध ले रहे थे। पुरानी आचारसंहिता टूट रही थी वित्त के चलन से। इस आचारसंहिता का गहरा संबंध था पुरानी बिरादरी व्यवस्था से। वह व्यवस्था टूटी तो आचारसंहिता भी टूटी। बिरादरी व्यवस्था व्यापारिक पूँजीवाद के विकास से किस प्रकार टूटती है, इसका सजीव वर्णन टॉमसन ने किया है। अत्तिका जनपद में पुराने गोत्रों वाले प्रमुख कुलों ने स्वयं को शासक वर्ग के रूप में गठित किया। अनेक गोत्रों से बिरादरी (फ्रात्री) बनी। अत्तिका जनपद के नागरिक अभी कबीलाई समाज ही थे; जिनका संबंध पुराने अत्तिक गोत्रों से था, वही लोग नागरिक थे। "इसी बिंदु पर कबीलाई संरचना के ऊपर दबाव सबसे ज़्यादा था और यह दबाव आया नये मध्यवर्ग की ओर से।"[52] इससे निष्कर्ष यह निकला कि जब तक व्यापारी वर्ग का दबाव नहीं पड़ता, तब तक पुराने रक्तसंबंधों के अवशेष के रूप में बिरादरी व्यवस्था कायम रहती है।

टॉमसन ने आगे बताया है कि प्रारंभ में काफी श्रमिक न मिलने से अत्तिका के औद्योगिक विकास में बाधा पड़ी। इसीलिए, किसान जमीन से हाथ धोयें तो इसे रोकने को, सोलॉन ने कुछ न किया। इसीलिए निठल्लेपन के खिलाफ उसने कानून

बनाया और परदेसी कारीगरों को आकर बसने के लिए उत्साहित किया। "लेकिन ये आप्रवासी लोग बिरादरियों में प्रवेश की अनुमति मिलने पर ही नागरिक अधिकार पा सकते थे। अतः भूस्वामी अभिजात वर्ग की नीति यह हुई कि बिरादरियों के दरवाजे बंद रखे जायें।"[53] बिरादरी प्रथा का संरक्षक है भूस्वामी वर्ग। उसकी संपत्ति और विशेषाधिकार वंशगत हैं; इनकी रक्षा वह अपनी बिरादरी को कायम रखते हुए ही कर सकता है। इसका असर समाज के उन सब स्तरों पर पड़ता है जिनका वह शासक है। अत्तिका जनपद में औद्योगिक विकास की सुविधा के लिए एक कानून बनाया गया कि "बिरादरी की सदस्यता गोत्र वालों तक सीमित न रहे।"[54] इसका अर्थ यह है कि बिरादरियाँ तो रहेंगी पर वे पेशे के हिसाब से बनेंगी, पुराने गोत्रों के आपसी संबंधों के आधार पर नहीं। "पर यह स्पष्ट है कि यह कानून बहुत कुछ बेअसर रहा।"[55] पइसिसत्रतॉस ने जब निरंकुश शासन कायम किया, तब उसके सबसे तगड़े समर्थक "वे लोग थे जो जन्मना अशुद्ध थे और जिन्हें अपनी नागरिकता खो देने का भय था। अर्थात् वे आप्रवासी कारीगरों के वंशज थे जो बिरादरियों में दाखिल किये गये थे पर जिन्हें अब खतरा था कि भूसंपत्ति वाली पार्टी (the agrarian party) उन्हें निकाल देगी। इस वर्ग के लोग निरंकुश तंत्र के कितने ऋणी थे, यह इस तथ्य से स्पष्ट होता है कि जब उसका पतन हुआ, तब इसागोरस ने पहला काम यह किया कि ऐसे काफी लोगों से जो स्वयं को शुद्ध ऐथीनियन वंश का सिद्ध न कर सके, उसने नागरिकता का अधिकार छीन लिया। कुछ ही समय बाद जब स्पार्ता के राजा ने अत्तिका में प्रवेश किया, तो थोड़े न बहुत, 700 परिवार, जो क्लॅइस्थॅनॅस के समर्थक थे, निकाल दिये गये। अतः यह स्पष्ट है कि सौदागरों और कारीगरों के तेजी से बढ़ते हुए वर्ग ने क्लॅइस्थॅनॅस के नेतृत्व में जब सत्ता हथिआयी, तब तक भी, भैयाचारी में भूस्वामियों के प्रभाव से, मतदान के अधिकार पर उसकी पकड़ अनिश्चित थी। इसलिए नये संविधान में भैयाचारी के राजनीतिक कार्य सदा के लिए निरस्त कर दिये गये।"[56]

उक्त स्थापना की पुष्टि करते हुए टॉमसन ने क्लॅइस्थॅनॅस के लिए लिखा है, "भूस्वामी गुट के तीखे विरोध का सामना करते हुए उसने कई जनतांत्रिक सुधार संपन्न किये और वहाँ बस जाने वाले सैकड़ों परदेसियों तथा दासों को मताधिकार प्रदान कर दिया।"[57] ये सुधार एथेन्स नगर में, छठी सदी के अंतिम दशक में, संपन्न हुए थे। दासों का सबसे बड़ा जमघट एथेन्स में था। यदि उक्त सुधार उतने ही क्रांतिकारी होते जितने टॉमसन के विवरण में वे प्रतीत होते हैं तो एथेन्स में दासों का जमघट कभी होता ही नहीं। लेकिन टॉमसन के ही अनुसार पाँचवीं सदी के अंतिम चरण में अत्तिका में एक लाख पंद्रह हजार दास मौजूद थे।[58] क्लॅइस्थॅनॅस के सुधार चाहे जितने क्रातिकारी रहे हों, उनसे दासप्रथा निरस्त नहीं हुई। न उनसे देसी-परदेसी का भेद मिटा। उसी पाँचवीं सदी के अंतिम चरण में अत्तिका में बस

जाने वाले परदेसी एक लाख बहत्तर हजार थे। ये परदेसी धनी थे पर अधिकारहीन थे। व्यापार इन्हीं के हाथ में था पर इनके साथ भेदभाव बरता जाता था। इन पर टैक्स लगाकर जो धन वसूल किया जाता था, वह उन निठल्ले लोगों में बाँट दिया जाता था जिन्हें कामधाम से कुछ मतलब न था लेकिन पुराने गोत्रों से संबद्ध होने के कारण जिन्हें नागरिक अधिकार प्राप्त थे। एक तरफ है रक्तसंबंधों पर आधारित बिरादरियों वाला समाज, दूसरी ओर है आर्थिक रूप में इस समाज से संबद्ध, फिर भी रूढ़ियों के कारण बहिष्कृत, व्यापारियों का वर्ग। यह स्थिति पाँचवीं सदी के अंतिम चरण में थी और वही स्थिति चौथी सदी में भी थी। टॉमसन कहते हैं, "चौथी सदी ई.पू. में यूनान का व्यापार गैरनागरिकों के हाथ में केन्द्रित था और मुख्य रूप से सूदखोरों की पूँजी पर आधारित था।"[59] समस्त आर्थिक प्रगति के बावजूद एथेन्स का व्यापारी वर्ग पुरानी बिरादरी वाली जकड़बंदी को तोड़ने में असमर्थ रहा। मान लीजिये, परदेसी व्यापारी वैश्य वर्ण में दाखिल कर लिये जाते और यह वर्ण समाज का अंग माना जाता तो इसमें संदेह नहीं कि इससे समाज सुदृढ़ होता और उसकी प्रतिरक्षा शक्ति बढ़ती। एथेन्स के जनतंत्र का आधार अत्यंत संकुचित था। न केवल दास नागरिक अधिकारों से वंचित थे, वरन् नगर का समृद्ध व्यापारी वर्ग भी उनसे वंचित था। पुराने गोत्रों से संबद्ध जो गरीब देसी लोग थे, उनके नागरिक अधिकार कब छीने गये, कब बहाल किये गये, इसका पता लगाना कठिन है।

पाँचवीं सदी के अंतिम चरण में स्पार्ता से एथेन्स का युद्ध ठन गया। एथेन्स का साम्राज्य बिखरने लगा। जनतंत्र समाप्त कर दिया गया। उसकी जगह ऐसा तंत्र कायम किया गया जिसमें राजकीय पद विशेषाधिकारी धनी लोगों को ही प्राप्त हो सकते थे। "दूसरे शब्दों में धनी लोगों का उद्देश्य यह था कि अपनी दौलत गँवाने के बदले गरीबों को मताधिकार से वंचित करके उन पर काबू पाये रहें। दासों के श्रम से प्रतिद्वंदिता में यह मताधिकार ही उनका एकमात्र कवच था।"[60] दासों से शासक वर्ग का अंतर्विरोध—एक; परदेसियों से उसका अंतर्विरोध—दो; देसी गरीबों से अंतर्विरोध—तीन; व्यापारियों से भूस्वामियों का अंतर्विरोध—चार; कारीगरों से दासों का अंतर्विरोध—पाँच; भूस्वामियों के समर्थक धर्माचार्यों से शेष जनता का अंतर्विरोध—छह; उपनिवेशों से एथेन्स का अंतर्विरोध—सात; सारे यूनान को देखते स्पार्ता से एथेन्स का अंतर्विरोध—आठ; अंतर्विरोधों के इस अष्टावक्री संसार में यूनानी दर्शन का विकास हुआ था। ये सब यूनानी संसार के भीतरी अंतर्विरोध थे; इस यूनानी संसार का एक बाहरी अंतर्विरोध था—ईरानी साम्राज्य से। अत्तिका जनपद में दासों और उनके स्वामियों का अंतर्विरोध महत्वपूर्ण था पर ये दास विभिन्न भाषाओं, संस्कृतियों से जुड़े हुए लोग थे। ये जरूर अत्तिका जनपद की भाषाएँ बोलते होंगे, उसे समझते होंगे पर उन्होंने उस जनपद की संस्कृति अपना ली होगी, इसमें संदेह

है। वास्तव में सभी जनपदों में एकरूप यूनानी संस्कृति का विकास न हुआ था और किसी एक जनपद की संस्कृति में स्थानीय विविधता थी। अतः दासों के किसी एक सामान्य संस्कृति में दीक्षित होने की संभावना कम थी। इस कारण वे संगठित इकाई न बन पाये थे। परिणाम यह कि मालिकों से उनका अंतर्विरोध घनीभूत नहीं हुआ।

इसके विपरीत जनपद के, विशेष रूप से एथेन्स के, मुफलिस नागरिक शासक वर्ग की भाषा का व्यवहार करते थे, जनपद की सामान्य संस्कृति में दीक्षित थे। इन्हें संगठित होने का अवसर अधिक था और वे शासक वर्ग पर दबाव डालकर सुविधाएँ भी प्राप्त कर लेते थे। अत्तिका जनपद के सामाजिक विकास में धनी-निर्धन का अंतर्विरोध मुख्य था। वैसे तो यूनान के नगर राज्य अक्सर आपस में लड़ा करते थे, पर इनमें एथेन्स और स्पार्ता का अंतर्विरोध मुख्य था। इसी तरह 'सभ्य' यूनान का अंतर्विरोध बाहर के समस्त 'बर्बर' जनों से था पर ईरानी साम्राज्य से उसका अंतर्विरोध मुख्य था। आगे चलकर इसका स्थान मखदूनियाई साम्राज्य से यूनान के अंतर्विरोध ने लिया। इन अंतर्विरोधों से निपटने में यूनान का व्यापारिक पूँजीवाद असफल रहा।

3

हेगल, सिकंदर और देमोस्थेनॅस

(1)

अठारहवीं सदी में जब यूरुप के जमींदार और व्यापारी एशिया में अपना राज्य विस्तार कर रहे थे, तब आर्थिक क्षेत्र में उनका मुख्य प्रतिद्वंदी भारत था। एशिया और यूरुप में जिस बिकाऊ माल की सबसे ज्यादा खपत थी, वह सूती कपड़ा था, और सूती कपड़े के उत्पादन का सबसे बड़ा केन्द्र भारत था। 1853 में मार्क्स ने लिखा था कि अत्यंत प्राचीन काल से संसार के लिए भारत "सूती उद्योग का विशाल कारखाना" रहा है।[1] जिस बाजार में भारत के सूती माल की खपत होती थी, उस पर अंग्रेजों ने अधिकार किया, सूती वस्त्र उद्योग का नाश किया और अत्यंत प्राचीन काल से जो आर्थिक प्रक्रिया चली आ रही थी, उसके इतिहास को ही उन्होंने उलट दिया; यहाँ की नगर सभ्यता के विकास को नकारते हुए उन्होंने भारत को अपरिवर्तनशील ग्रामसमाजों का देश बना दिया।

अठारहवीं सदी के उत्तरार्ध और उन्नीसवीं सदी के पूर्वार्ध में संस्कृत से परिचय प्राप्त करके यूरुप के विद्वानों ने जब अपने सामाजिक इतिहास को नये सिरे से पहचानना सीखा, तब उन्होंने अपनी भाषाई विरासत की खोज शुरू की और यहाँ भी उन्हें अपना मुख्य प्रतिद्वंदी भारत दिखाई दिया। संस्कृत और यूरुप की भाषाओं में अनेक सामान्य तत्वों को आधारभूत मानकर उन्होंने इन सबके लिए एक भाषा परिवार की कल्पना की। कुछ जर्मन विद्वानों ने भारत और जर्मनी से इस परिवार का घनिष्ठ प्राचीन संबंध सूचित करने के लिए उसे इंडो-जर्मैनिक कहा। फ्रान्स और इंग्लैण्ड के विद्वानों को भाषाई विरासत पर जर्मनी की यह इजारेदारी पसंद न थी। उन्होंने इंडो-जर्मैनिक की जगह उसे इंडोयूरोपियन कहा, परिवार के नामकरण में इंडो शब्द का व्यवहार दोनों तरह के भाषाविज्ञानियों को अपरिहार्य जान पड़ा। उन्नीसवीं सदी के पूर्वार्ध में यह धारणा काफी लोकप्रिय थी कि यूरुप की भाषाओं के मूल स्रोत भारतीय हैं। 1853 में मार्क्स ने जिस "महान् और रोचक देश" के पुनर्जीवन की भविष्यवाणी की थी, उसके लिए यह भी कहा था कि वह "हमारी भाषाओं, हमारे धर्मों का स्रोत रहा है।"[2] ईसाइयत

के अभ्युदय से पहले के धर्म, यूनानियों और रोमनों के धर्म, स्वयं ईसाई धर्म, भारतीय स्रोतों से जुड़े हुए थे, ऐसा बहुत-से लोग उस समय मानते थे। भारतवासियों और यूनानियों की बहुत-सी देवकथाएँ मिलती-जुलती थीं, बहुत-से देवताओं के नाम भी मिलते-जुलते थे। भारत से इनके संबंध को नकारना संभव नहीं था, ईसाइयत की बात जुदा थी। अनेक विशेषज्ञ यूनानी रोमन चिंतन और धार्मिक रीतियों का प्रभाव ईसाइयत के विकास में स्वीकार करते हैं। जो लोग इस चिंतन का, इन रीतियों का संबंध भारत से जोड़ते हैं, वे परोक्ष रूप से एक हद तक ईसाइयत से भारत का संबंध स्वीकार करते हैं। भाषाओं का संबंध तो स्वीकृत था ही।

उन्नीसवीं सदी के उत्तरार्ध में यूरुप, मुख्यतः जर्मनी, के भाषाविज्ञानियों ने भारत से अपने स्रोत संबंध के इतिहास को उलट दिया, उन्होंने एक आदि इंडो-जर्मैनिक अथवा आदि इंडोयूरोपियन भाषा की कल्पना की। यह भाषा किस भूखंड में बोली जाती थी, इस बारे में मतभेद था; वह भारत में न बोली जाती थी, इस बारे में सब विद्वान् एकमत थे। इन्होंने भारतीय आर्य भाषा को स्रोत के पद से हटाकर अनेक शाखाओं में उसे भी एक शाखा बना दिया। शाखा कहना भी उसे अधिक सम्मान देना था। वह हिंदी-ईरानी शाखा की प्रशाखा मात्र रह गयी !

आर्थिक और भाषाई क्षेत्रों की तरह दार्शनिक चिंतन के क्षेत्र में यूरुप के कुछ विद्वानों को अपना मुख्य प्रतिद्वंदी भारत जान पड़ता था। चौदहवीं सदी से पहले पश्चिमी यूरुप के देशों के पास अपनी कोई दार्शनिक विरासत नहीं थी। ये देश अंधकार युग से उबरकर यूनानी सभ्यता के प्रकाश में अपना रास्ता पहचान रहे थे। उन्होंने पहला काम यह किया कि यूनानियों को अपना पूर्वज मान लिया; यूनान का प्राचीन काल जर्मनी, फ्रान्स और ब्रिटेन का भी प्राचीन काल बन गया। इसके बाद आया मध्यकाल। यूनान का मध्यकाल पश्चिमी यूरुप का मध्यकाल बन गया। फिर आया पुनर्जागरण काल। इस पुनर्जागरण में यूनानी संस्कृति की भूमिका महत्वपूर्ण थी, सब मानते हैं। स्वयं यूनान में यह पुनर्जागरण हुआ अथवा नहीं, यह प्रश्न इतिहास की पुस्तकों में जरा कम विवेचित होता है। यूनान पर इस समय तुर्कों का आधिपत्य था !

सत्रहवीं-अठारहवीं सदियों में यूरुप के विद्वान् खूब अच्छी तरह जानते थे कि यूनान के धर्म की तरह वहाँ के दर्शन का भी गहरा संबंध भारत से है। अठारहवीं सदी के उत्तरार्ध में कुछ विद्वानों को इस संबंध की चर्चा खलने लगी। यूनानियों को अपना पूर्वज बनाने के बाद उन्होंने दूसरा काम यह किया कि भारत से यूनान का यह दार्शनिक चिंतन वाला संबंध विच्छिन्न कर दिया। यूनान की प्राचीन सभ्यता पश्चिमी यूरुप की प्राचीन सभ्यता बन गयी; एशियाई संपर्क से मुक्त रहकर अपने स्वतंत्र विकास की कल्पना से पश्चिमी यूरुप महिमामंडित हुआ ! पर इतने से काम न बनता था। दार्शनिक चिंतन में भारत को विश्वव्यापी ख्याति प्राप्त थी, इस ख्याति से उसे वंचित करना जरूरी था। इस ख्याति को स्वीकार करके भी अंग्रेज या उनके

यूरोपियन प्रतिद्वंदी भारत पर अधिकार जमाने का प्रयत्न कर सकते थे। बहुतों ने ऐसा किया भी, पर इनमें एक दल आधुनिक सभ्यता के प्रसार का दावा करता था, उसके सदस्य अपनी पीठ पर गोरी सभ्यता की गठरी लादे थे, वे साम्राज्य विस्तार को इसीलिए उचित ठहराते थे कि भारत समेत एशिया के असभ्य लोगों को नयी सभ्यता का पाठ पढ़ाना है। भारतीय दर्शन के महत्व को स्वीकार करने से सभ्यता के प्रसार का दावा कमज़ोर पड़ता था। इसलिए तीसरा काम उन्होंने यह किया कि दर्शन शास्त्र के इतिहास से उन्होंने भारत का नाम ही काट दिया। भारत में दर्शन का विकास हुआ ही नहीं; थोड़ा-बहुत हुआ तो वह महत्वपूर्ण न था।

1922 में प्रकाशित भारतीय दर्शन के इतिहास पर अपनी पुस्तक में सुरेन्द्रनाथ दासगुप्त ने इसी स्थिति का विवरण दिया है। "क्या यह आवश्यक है कि भारतीय दर्शन का इतिहास लिखा जाये ?" यह प्रश्न करना और उसका उत्तर देना उनके लिए स्वाभाविक था। कारण यह था : "कुछ लोग यह मानते हैं कि भारतीय कभी सीधी-सादी आस्था की मंजिल से आगे बढ़े नहीं, इसलिए सही अर्थ में उनके यहाँ दर्शन जैसी कोई चीज हो नहीं सकती।" उदाहरण के लिए कौर्नेल विश्वविद्यालय के प्रोफेसर फ्रैंक थिली ने अपनी **दर्शन शास्त्र का इतिहास** पुस्तक में लिखा है, "दर्शन शास्त्र के विश्वइतिहास में सभी जनों के दर्शन सम्मिलित होंगे। परंतु सभी जनों ने चिंतन के वास्तविक तंत्र पैदा नहीं किये, इनमें कुछ ही ऐसे हैं जिनकी वैचारिक कल्पनाओं के लिए कहा जा सके कि उनका इतिहास है। अनेक जन देवकथाओं से आगे नहीं बढ़ते। पूर्वी जनों—हिंदुओं, मिस्रियों, चीनियों—के विचार तंत्र भी मुख्यतः पौराणिक और नैतिक मान्यताएँ हैं, वे सम्यक् विचारतंत्र नहीं हैं। वे काव्य और आस्था से अनुप्राणित हैं। इसलिए हम स्वयं को पश्चिमी देशों तक सीमित रखेंगे और शुरूआत प्राचीन यूनानियों के दर्शन से करेंगे जिनकी संस्कृति अंशतः हमारी सभ्यता का आधार है।"[3] थिली ने प्राचीन यूनान से पश्चिमी यूरुप का संबंध जोड़ा, मिस्र, चीन और भारत को यूनान से अलग किया, भारत आदि में पौराणिक और नैतिक मान्यताएँ हैं, वहां सम्यक् विचार तंत्र नहीं है, इस तरह उन्होंने दर्शन शास्त्र के इतिहास से चीन और मिस्र के साथ भारत का नाम भी काट दिया। थिली की पुस्तक 1914 में प्रकाशित हुई थी। इसमें भारत यूरुप का दार्शनिक प्रतिद्वंदी नहीं है।

यूनानी दर्शन पर स्टेस की पुस्तक 1920 में प्रकाशित हुई। इसमें उन्होंने मिस्र, चीन आदि देशों की सभ्यता को महान् स्वीकारते हुए भी कहा कि इन्होंने कला और धर्म को जन्म दिया, दर्शन कही जाने योग्य वस्तु को नहीं।"भारत का मामला अधिक संदिग्ध है।"[4] दर्शन शास्त्र में मिस्र और चीन से अलग भारत यूरुप का प्रतिद्वंदी है, यह धारणा यहाँ विद्यमान है। स्टेस के अनुसार मनुष्य बुनियादी तौर से भौतिकवादी होते हैं। वे आत्मा और परमात्मा के बारे में सोचते हैं तो उनकी कल्पना भी पदार्थ रूप में करते हैं। दार्शनिक चिंतन की शुरूआत वहाँ होती है जहाँ मनुष्य अभौतिक, अतींद्रिय

स्तर पर सोचने लगता है। "अब हम यदि संसार पर चारों ओर दृष्टि डालें और प्रश्न करें कि जैसे चिंतन का हमने उल्लेख किया है, उसका विकास उच्च कोटि तक किन देशों तथा किन युगों में हुआ है, तो हम देखेंगे कि ऐसा विकास केवल प्राचीन यूनान और आधुनिक यूरोप में हुआ है।"[5] यूनान के बाद प्राचीन रोम अपनी सभ्यता के लिए विख्यात था परंतु "प्राचीन रोम ने भी संसार के दार्शनिक ज्ञान में कोई वृद्धि नहीं की।"[6] दार्शनिक चिंतन के विकास में रोम एक तरफ छूट जाता है, आधुनिक यूरुप से प्राचीन यूनान का सीधा संबंध जुड़ता है, उसी परिमाण में भारत प्रतिद्वंदी बनकर ऊपर उभरता है। थिली की तरह स्टेस का भी मत है कि "भारत में दर्शन कभी धार्मिक और व्यावहारिक आवश्यकताओं से स्वयं को अलग नहीं कर पाया।"[7] भारतीय चिंतन इंद्रियबोध से हटकर विशुद्ध चिंतन के स्तर तक नहीं पहुँचता। वह काव्यमय है, वैज्ञानिक नहीं है। उसका जो भी रूप हो, "वह मानवीय विकास की मुख्य धारा से बाहर पड़ता है।"[8] अपरिवर्तनशील ग्रामसमाजों का देश भारत मानव जाति के सामाजिक विकास की मुख्य धारा के बाहर था, तदनुरूप वह मानवजाति के दार्शनिक विकास की मुख्य धारा से भी बाहर था। ये दोनों धारणाएँ हेगल के लेखन में मौजूद थीं। स्टेस ने यूनानी दर्शन पर जब अपनी पुस्तक लिखी थी, तब वह हेगल के अनुयायी थे।

हेगल ने अपनी पुस्तक **इतिहास दर्शन** में भारत की सामाजिक जड़ता और उसके पिछड़ेपन पर विस्तार से लिखा था। उनकी धारणाओं का विवेचन मेरी पुस्तक **मार्क्स और पिछड़े हुए समाज** में है। तीन खंडों में उनका एक ग्रंथ दर्शन शास्त्र के इतिहास पर है। **इतिहास दर्शन** की एशिया संबंधी अनेक मान्यताएँ इस इतिहास में भी हैं। आंरभ में ही उन्होंने बताया है कि यह संभव है, किसी जाति की संस्कृति, कला, विज्ञान, उसकी सारी बौद्धिक कार्यवाही **ठहराव की हालत** में हो। "उदाहरण के लिए लगता है, चीन के साथ यही हुआ है। ये लोग हर दिशा में दो हजार साल पहले उतने ही बढ़े हुए हो सकते हैं जितने वे आज हैं।"[9] यह एशिया के गतिरुद्ध सामाजिक विकास का सिद्धांत है; चीन का जितना विकास दो हजार साल पहले हुआ था, उतना ही वह अब तक बना हुआ है। वास्तव में ऐसे देशों का विकास हुआ ही नहीं क्योंकि यहाँ मनुष्य प्रकृति का अंग बना रहा, उससे जुदा होकर वह अपना स्वतंत्र विकास कर ही न सका।

विश्वचेतना पहले प्रकृति से बँधी रहती है। मानव मानस "यदि दर्शन शास्त्र में प्रवेश करना चाहे तो उसे अपनी प्राकृतिक इच्छा से और भूत (matter) से अपने उलझाव को अलग करना पड़ेगा।"[10] मनुष्य जहाँ प्रकृति से बँधा है, वहाँ उसकी इच्छाएँ भी प्रकृति से ही प्रेरित होती हैं। प्रकृति है भौतिक; इस भौतिक संसार से उलझा हुआ मानव प्राणी दार्शनिक क्षेत्र में प्रवेश नहीं कर सकता। भारत के बहुत से लोग स्वयं को अध्यात्मवादी और यूरुप वालों को भौतिकवादी मानते हैं। हेगल इससे ठीक उल्टी बात कहते हैं। "मानस और प्रकृति की यह प्रत्यक्ष एकता सच्ची और पूर्ण अवस्था नहीं है, वह मुख्यतः पूर्वी जीवन संबंधी अवधारणा में मिलती है। इसलिए दर्शन शास्त्र पहले यूनानी संसार

से आरंभ होता है।"[11] सामाजिक चिंतन पद्धति के अनुसार विकास में पिछड़ा हुआ मनुष्य प्रकृति से बँधा रहता है, उसका अर्थतंत्र प्राकृतिक अर्थतंत्र होता है। चेतना का विकास प्रकृति से यह प्रत्यक्ष संबंध तोड़ने पर होता है; इस विकास से ही चेतना अपनी सच्ची और पूर्ण अवस्था को प्राप्त होती है। एशियाई जन प्रकृति के बंधनों से स्वयं को मुक्त न कर सके, अतः दर्शन शास्त्र का विकास यूनान से आरंभ हुआ।

अपरिवर्तनशील ग्रामसमाजों के साथ निरंकुश राज्यसत्ता की धारणा जुड़ी हुई है। वर्गहीन ग्रामसमाजों के देश में वर्ग उत्पीड़न के साधन 'राज्यसत्ता' का अभ्युदय कैसे होगा, इसकी व्याख्या किसी ने नहीं की पर यह धारणा दोहरायी अनेक विद्वानों ने है। हेगल ने भारतीय दर्शन के बारे में जो कुछ कहा है, उसका सीधा संबंध निरंकुश राज्यसत्ता की धारणा से है। मनुष्य यदि स्वतंत्र होना चाहता है तो उसे अपनी इच्छाओं को व्यापक सार्वजनिक नियमों के अधीन करना होगा। तभी वह मुक्त रूप से चिंतन कर सकेगा। निरंकुश राज्यसत्ता का अर्थ है शासक की निरंकुश इच्छा के प्रभुत्व के कारण मनुष्य सार्वजनिक नियमों को पहचान नहीं पाते। यद्यपि यूनान में दासप्रथा का प्रत्यक्ष चलन था, फिर भी एशिया को यूनान से अलगाते हुए, गुलामी से एशिया का विशेष संबंध जोड़ते हुए, हेगल ने कहा, "वहाँ केवल मालिक और गुलाम का संबंध होता है। निरंकुशता के इस वृत्त में भय ही प्रभुत्वशाली कोटि है।"[12] एशियाइयों के लिए संसार अनित्य है। उनके लिए संसार अनित्य क्यों है ? इसलिए अनित्य है कि वे सीमित पदार्थों से ऊपर उठकर कुछ सोच नहीं पाते। जो सीमित है, वह अनित्य होगा ही, इसीलिए जीवन को स्वीकार न करके ये लोग निषेध भावना से पीड़ित रहते हैं। "जो सीमित है, उससे इच्छाशक्ति स्वतंत्र नहीं होती, अतः उसका बोध उसी के भीतर होता है और यह दिखाया जा सकता है कि जो सीमित है, वह निषेधात्मक है। निषेध का यह संवेदन कि कोई चीज बनी न रहेगी, सीधे-सीधे भय है। स्वतंत्रता सीमित होने में नहीं है, वरन् अपने लिए होने में है, और वह पकड़ में नहीं आ सकती।"[13] अर्थात् वह ऐंद्रिय ज्ञान से परे है। हेगल की स्वतंत्रता अगोचर सत्ता है।

ईसाई धर्म मानने वाले ईश्वर से डरते हैं। हेगल के अनुसार यह डर उन्हें सीमित वस्तुओं का निषेधात्मक रूप पहचानना सिखाता है। सीमित उद्देश्यों को त्यागकर मनुष्य भय पर विजय पा सकते हैं। पूरब के लोगों की चेतना भी प्राकृतिक विषय-वस्तु से ऊपर **असीम की ओर** उठती है। "लेकिन जो शक्ति मनुष्य में भय उत्पन्न करती है, उसके संदर्भ में वह स्वयं को आनुषंगिक ही समझती है।"[14] प्रजा के कोई अधिकार नहीं हैं। उस पर शासन करने वाला राजा अच्छे काम भी करता है पर ये अच्छे काम वह किसी नियम के अधीन नहीं करता। स्वेच्छाचारी होने से कभी बुरे काम करता है, कभी अच्छे काम करता है। गुलामों की कोई स्वतंत्र इच्छा नहीं होती; उनका मालिक जिस लक्ष्य के लिए उन्हें सक्रिय करता है, उसी की ओर वे बढ़ चलते हैं। पूरब के लोगों का धर्म ऐसा है कि एक ओर घोर ऐंद्रियता में डूबने को वे ईश्वर की सेवा करना मानते हैं, दूसरी ओर

वे निहायत खोखले अमूर्त असीम की ओर उड़ान भरते हैं, सब कुछ त्यागकर वे स्वयं को मन की ऊँची अवस्था में पहुँचा हुआ मानते हैं, "भारतीयों के साथ यह स्थिति विशेष है कि वे स्वयं को यंत्रणा देते हैं और अत्यंत गंभीर अमूर्तता में प्रवेश करते हैं। भारतीय अपने सामने, सीधे, एक बार में दस वर्ष तक, देखते हैं, आसपास के लोग उन्हें भोजन देते हैं, जो अमूर्त है, उसे जानने के अतिरिक्त उनके पास कोई आध्यात्मिक विषयवस्तु नहीं होती और इस कारण यह विषयवस्तु नितांत सीमित होती है। तो यह जमीन स्वाधीनता की नहीं है।"[15] हेगल ने यह नहीं बताया कि घोर ऐंद्रियता में डूबने और अमूर्त असीम की ओर उड़ान भरने की इन विरोधी क्रियाओं का कारण क्या है। उन्होंने यहाँ की सामाजिक स्थिति की जो कल्पना की है, उस पर ध्यान देने से कारण समझ में आ जाता है। नीचे हैं ग्राम समाज, ये प्रकृति का अंग बने हुए हैं, प्रकृति का अर्थ है ऐंद्रियता। ऐंद्रियता में डूबने का कारण ये प्राकृतिक अर्थतंत्र वाले ग्राम समाज हैं। इनके ऊपर है निरंकुश राज्यसत्ता। निरंकुश है इसलिए इसकी स्वेच्छाचारिता पर कोई प्रतिबंध नहीं है। यही भारतवासियों का अमूर्त असीम है। इसके लिए मनुष्य सब कुछ त्यागते हैं, स्वयं को यंत्रणा देते हैं, उसमें स्वयं को विलीन कर देना उनकी समझ में धर्म की श्रेष्ठ उपलब्धि है। यह असीम –निराकार ब्रह्म–निषेधात्मक कल्पना मात्र है, इसके विपरीत ऐंद्रियता सीधे पशुओं की पूजा में व्यक्त होती है। नीचे ग्रामसमाज, ऊपर निरंकुश राज्यसत्ता–इस सामाजिक स्थिति के अनुरूप हेगल के लिए भारतीय चेतना के दो ध्रुव हैं : पशुपूजा और निराकार ब्रह्म।

यूरुप की भूमि दार्शनिक चिंतन के लिए बहुत उपजाऊ हो, ऐसा नहीं था। लोग प्रकृति को देखकर कहते थे, उसमें ईश्वर की बुद्धिमत्ता व्यक्त होती है। पर मनुष्य के चिंतन में उन्हें ईश्वरी बुद्धिमत्ता का आभास न होता था। वास्तव में यह दर्शन शास्त्र की उपेक्षा थी। हेगल को लगा, यह भी एक प्रकार की **प्रकृति पूजा** है। उन्होंने प्रश्न किया, "इन प्राकृतिक वस्तुओं में, जो कुछ मानवीय है, उससे भिन्न वृक्षों और पशुओं में, यह जो ईश्वर के प्रति प्रशंसा का भाव व्यक्त होता है, क्या वह प्राचीन मिस्रियों के उस धर्म से बहुत दूर है, जो ईश्वरीय सत्ता का बोध सारस पक्षी से अथवा बिल्लियों और कुत्तों से प्राप्त करता था ? अथवा क्या वह प्राचीन और आधुनिक भारतीयों की दयनीय परिस्थिति से भिन्न है जो गायों और बंदरों को पूज्य मानते थे और अब भी मानते हैं, जो मनुष्यों को भूखे रहने देंगे पर इन पशुओं को खिलाने और उन्हें पालने का बराबर ध्यान रखेंगे, उन्हें मारकर अपनी भूख मिटाना–उनके खाद्य में हिस्सा बँटाना भी–जो समझते हैं कि अपराध है ?"[16] भारत में तो पशु पूजा के भौतिक कारण यहाँ के ग्राम समाज हैं : यूरुप के समाज तो विकसित थे, वहाँ प्रकृति-पूजा का, प्रकृति के माध्यम से ईश्वरीय सत्ता के बोध का, कारण क्या था ?

जर्मनी में एक ऐसा समय आया जब पढ़े-लिखे लोग दर्शनशास्त्रियों के विवेचन से ऊब गये। उन्होंने कहा, इनके दार्शनिक विवेक के बदले हम अपनी सहज स्वस्थ बुद्धि का भरोसा करेंगे। हेगल के अनुसार यह 'ह्रासकाल' कान्ट के अभ्युदय से पहले का है।[17] आगे

हेगल ने यह मत प्रकट किया : यदि मनुष्यों की सहज स्वस्थ बुद्धि परिष्कृत हो, तब तो सही रास्ते पर चलेंगे, पर यदि वे प्रकृति के भरोसे रहे, तो उनकी हालत पशुपूजक भारतीयों और मिस्रियों जैसी होगी। "लेकिन जिसे हम स्वस्थ विवेक कहते हैं, जो मनुष्य के हृदय में प्रकृति द्वारा रोपा गया है, उसे जब मनुष्य विषयवस्तु और सिद्धांत बना लेते हैं, तब पता चलता है कि स्वस्थ मानवीय बुद्धि वही भावना और वही बोध है जिस पर प्रकृति का अधिकार है। भारतीय गाय पूजते हैं, नव जात शिशुओं को मार डालते हैं, या मरने को छोड़ देते हैं, और हर तरह के बर्बर कृत्य करते हैं, मिस्र के लोग पक्षी, मधुमक्खी आदि से प्रार्थना करते हैं, और तुर्क भी—इन सब के पास मिलती-जुलती स्वस्थ मानवीय बुद्धि है। लेकिन जब असंस्कृत और बर्बर तुर्कों की स्वस्थ मानवीय बुद्धि और नैसर्गिक भावना को मानदंड बना लिया जायेगा, तब परिणामस्वरूप विचलित करने वाले सिद्धांत सामने आयेंगे।"[18] यहाँ मिस्रियों और हिंदियों का साथ देने के लिए हेगल ने तुर्कों को और जोड़ दिया है।

सहज बोध से ईश्वर का ज्ञान न होगा, उसके लिए चिंतन और मनन जरूरी है, यह स्थापना प्रस्तुत करते हुए, जर्मनी के दार्शनिकों के प्रसंग में, हेगल ने मिस्रियों और हिंदियों को फिर याद किया; उनका साथ देने के लिए इस बार तुर्कों की जगह एस्किमो हैं। "बच्चे, एस्किमो आदि ईश्वर के बारे में कुछ नहीं जानते अथवा प्राकृतिक मानव उसके बारे में जो कुछ जानता है, वह वास्तविक ज्ञान नहीं है। उदाहरण के लिए मिस्रियों के सहज बोध ने उन्हें बताया कि ईश्वर बैल है या बिल्ली है और इस कोटि का ज्ञान भारतवासियों के पास अब भी है।"[19] बच्चे और एस्किमो ईश्वर के बारे में कुछ नहीं जानते, मिस्री और हिंदी जानते हैं कि वह पशु रूप है; दोनों में इतना ही फर्क है।

मार्क्स ने हेगल से भारतसंबंधी जो अनेक धारणाएँ ग्रहण की थीं, उनमें यह पशु-पूजा वाली धारणा भी थी। भारतीय ग्रामसमाजों को पूर्वी निरंकुशता का सुदृढ़ आधार बताते हुए मार्क्स ने 1853 में लिखा था, इस निष्क्रिय जीवनपद्धति ने विनाश की असीम शक्तियों को छूट दे दी है "और हिंदुस्तान में हत्या को भी धार्मिक कृत्य बना दिया गया है। हमें यह न भूलना चाहिए कि ये छोटे-छोटे समाज जाति-बिरादरी के भेदभाव से और गुलामी से दूषित थे, मनुष्य को ऊँचा उठाकर उसे परिस्थितियों का स्वामी बनाने के बदले उन्होंने उसे बाह्य परिस्थितियों के अधीन कर दिया। उन्होंने एक स्वतः विकासमान सामाजिक अवस्था को बदलकर उसे एक अपरिवर्तनशील प्राकृतिक नियति बना दिया और इस तरह आदमी को जानवर बना देने वाली प्रकृति पूजा को जन्म दिया। वह मनुष्य को कितना गिराने वाली थी, यह इस तथ्य से प्रकट है कि प्रकृति का स्वामी मनुष्य वानर हनुमान के और गाय सब्बला के आगे माथा टेकने लगा।"[20] ग्राम समाजों के बारे में मार्क्स की धारणा का विवेचन मैं **भारत में अंग्रेजी राज और मार्क्सवाद** में कर चुका हूँ, यहाँ उसका उल्लेख केवल

यह दिखाने के लिए है कि भारत में दर्शनशास्त्र का अभाव है, इस कल्पना का आधार अपरिवर्तनशील ग्रामसमाजों वाली धारणा है। ऐसे समाजों में पशु-पूजा संभव है, धर्म के नाम पर हत्या का चलन संभव है, पर संसार और मनुष्य के बारे में दार्शनिक चिंतन संभव नहीं है। दार्शनिक चिंतन होगा तो अपरिवर्तनशील ग्राम-समाज न होंगे, अपरिर्वतनशील समाज होंगे तो दार्शनिक चिंतन होगा। दोनों का सहअस्तित्व असंभव है।

वैसे तो हेगल के लिए सभी पूर्वी समाज पिछड़े हैं, पर जब वह भारत की तुलना मिस्र या ईरान से करते हैं, तब वह भारत को इनसे भी अधिक पिछड़ा हुआ पाते हैं। भाववादी विचारक हेगल से मार्क्सवाद ने केवल उनकी तर्क पद्धति—उनका द्वंदवाद—ग्रहण नहीं किया, उसने सामाजिक इतिहाससंबंधी अनेक मान्यताएँ भी ग्रहण कीं। इनमें भारत के सबसे पिछड़े हुए एशियाई देश होने की धारणा भी है। प्लेखानोव रूस के प्रमुख मार्क्सवादी विचारक थे। 1891 में उन्होंने हेगल की 60वीं बरसी पर एक लेख लिखा। लेख जर्मन पत्रिका **डी नॉय त्साइट** के तीन अंकों में छापा। एङ्गेल्स अभी जीवित थे। उन्होंने कौट्स्की को लिखा था, "प्लेखानोव के लेख बहुत सुंदर हैं।"[21]

(2)

पशु-पूजा का चलन भारत में था, मिस्र में था, हेगल ने दोनों देशों की पशु-पूजा में भेद किया था, यह बताने के लिए प्लेखानोव ने हेगल की **इतिहास दर्शन** पुस्तक से एक अंश उद्धृत किया : "एक ओर भारतवासी की कल्पना से प्रेम, स्वर्ग, संक्षेप में हर आध्यात्मिक चीज़, गुज़रती है, लेकिन दूसरी ओर वह जो कुछ सोचता है, वह भी उसकी इंद्रियों के सामने प्रत्यक्ष रहता है··· जो प्राकृतिक है··· उसमें वह डूब जाता है। अतः धार्मिक चीज़ें या तो कला द्वारा निर्मित भयंकर आकृतियाँ होती हैं या प्राकृतिक वस्तुएँ होती हैं। हर पक्षी, हर वानर, प्रत्यक्ष देवता है, परम व्यापक सत्ता है। कारण यह कि भारतवासी किसी भी पदार्थ को, उसकी विवेकपूर्ण व्याख्या के अनुसार, ग्रहण करने में असमर्थ हैं। इसके लिए चिंतन दरकार है।"[22] इसके बाद प्लेखानोव ने लिखा, "इस विशेषता के आधार पर हेगल ने विचार किया कि **भारतीय जनता** की चेतना **विश्व चेतना** के विकास की निचली **अवस्थाओं** में एक है। प्राचीन ईरानी प्रकाश को, और 'सूर्य, चंद्र और पाँच अन्य ग्रहों' को देवता मानते थे, उन्हें 'ओर्मुज़्द की पूज्य प्रतिमाएँ' कहते थे।"[23] हेगल ने उन्हें भारतवासियों से ऊँचा स्थान दिया। लेकिन अब देखिये, वही हेगल प्राचीन मिस्रियों की पशु-पूजा के बारे में क्या कहते हैं।

प्लेखानोव ने मिस्रियों की पशु-पूजा के बारे में हेगल से यह अंश उद्धृत किया : "धार्मिक आधार में मुख्यतः पशु-पूजा है···पशु-पूजा से हमें घिन छूटती है। हम स्वयं को आकाश से प्रार्थना करने का अभ्यासी बना सकते हैं लेकिन पशुओं की पूजा करना हमारे बस से बाहर की बात है।···फिर भी यह निश्चित है कि जो लोग सूर्य तथा आकाश के अन्य ग्रहों को पूजते हैं; वे पशुपूजकों से किसी तरह ऊँचे नहीं हैं। बात इससे उल्टी है

क्योंकि मिस्रियों ने पशुजगत् में उसे देखा जो अंतःस्थ है और अगोचर है।"[24] यहाँ मिस्री ईरानी तो बराबर हो गये लेकिन भारतवासी फिर भी नीचे रहे। प्लेखानोव ने कैफियत इस प्रकार दी : "हेगल जब भारतवासियों या मिस्रियों के बारे में लिखते हैं तब एक ही चीज़ –पशु पूजा– का मूल्यांकन एकदम भिन्न प्रकार से करते हैं। ऐसा क्यों ? क्या भारतवासी पशुओं की पूजा अलग ढँग पर करते थे ? नहीं। बात यह है कि मिस्रियों की 'चेतना' यूनानियों की चेतना की ओर **'संक्रमण'** की अवस्था में थी और हेगल के वर्गीकरण में उसे अपेक्षाकृत ऊंचा दर्जा मिला। इसीलिए हेगल को यह मानने में संकोच है कि जो खामियाँ उन्होंने भारतीय जनता की चेतना में देखी हैं, वे उसमें (मिस्रियों की चेतना में) हैं । उन्होंने उसे (भारतीय जनता की चेतना को) नीचा दर्जा दिया है।"[25] सबसे नीचे भारत, उसके ऊपर मिस्र, तिस पर यूनान और यूनान के ऊपर जर्मनी– हेगल ने विश्वमानवता के सामाजिक सांस्कृतिक विकास का यह नक्शा बनाया था। प्लेखानोव ने उसे स्वीकार किया था, यह उनके लेख से स्पष्ट है। हेगल ने पशु-पूजा के साथ-साथ निराकार ब्रह्म का उल्लेख भी किया था। भारत संबंधी मार्क्सवादी लेखन में जितनी चर्चा पशु पूजा की है, उतनी ब्रह्म की नहीं। हेगल का मूल सूत्र यह है कि निरंकुश राज्यसत्ता के सामने किसी के व्यक्तित्व का विकास नहीं हो पाता, इसलिए ब्रह्म की कल्पना का सारतत्व यह है कि मनुष्य अपने व्यक्तित्व का नाश करके उसमें विलीन हो जाये। भारतवासियों ने ब्रह्मा, विष्णु, महेश–इन तीन देवताओं की कल्पना की "लेकिन चूँकि स्वतंत्रता का अभाव है, इसलिए (इनकी) व्यक्तिमत्ता वास्तविक नहीं है, केवल सतही है।"[26] बात यहाँ तक पहुँचती है कि जब हम समझते हैं कि सरोकार मानवीय रूप से है तब वह रूप तिरोहित हो जाता है "और असीम में प्रसारित हो जाता है।"[27] ब्रह्मा, विष्णु, महेश–एक ही आदि शक्ति के तीन रूप हैं। हेगल के विवेचन में यूनान बहु देवोपासक देश है, भारत एक देवोपासक है। न चाहते हुए भी हेगल ने भारतीय चिंतन की प्रशंसा की है। समस्त देवता, समस्त मनुष्य एक आदि अथवा अनादि शक्ति के अंश हैं जिससे उनका उद्‌भव है, उसी में उनका अवसान है।

पूरब के धर्मों की विशेषता बतलाते हुए हेगल ने कहा कि इनमें केवल एक तत्व को सत्य माना जाता है। इस परम तत्व के आगे व्यक्ति का न तो कोई मूल्य होता है, न ऐसा मूल्य वह अर्जित कर सकता है। "वह सच्चा मूल्य तभी प्राप्त कर सकता है जब वह इस तत्व से एक रूप हो जाये; तब उसकी आत्मगत सत्ता का अंत हो जाता है और वह अचेतन में विलीन हो जाता है।"[28] यहाँ हेगल ने ब्रह्म की धारणा को तोड़-मरोड़ कर पेश किया है। जो ब्रह्म में लीन होना चाहता है, वह उसे अचेतन नहीं चेतन मानता है, व्यक्तिरूप में जो चेतना सीमित है, वही ब्रह्म रूप में असीम है । हेगल ने चीनियों के लिए लिखा है कि उनकी समझ में जो सर्वोच्च है, जो सभी पदार्थों का उद्‌भव है, वह असत् है, शून्य है, एकदम अव्यक्त है, एक अमूर्त व्याप्ति है, "और इसे ताओ अथवा विवेक भी कहा जाता है।"[29] हेगल ने इस शून्य को ब्रह्म पर आरोपित कर दिया है किंतु

उनके वाक्य से ही स्पष्ट है कि शून्य का भी अर्थ पूर्ण अभाव नहीं है। उसे ताओ अथवा विवेक इसीलिए कहते हैं कि वह निरपेक्ष रूप में असत् नहीं है।

मनुष्य संसार की निरंतरता की अमूर्त कल्पनाएँ कैसे करते हैं, यह बताने के लिए हेगल ने **तर्कविज्ञान** में ब्रह्म का स्मरण किया है, "बाहर से अचंचल, संवेदन, वासना, कल्पना आदि के प्रति उदासीन, भारतवासी बरसों तक नाक की नोक पर ध्यान लगाये रहता है, **ओम् ओम् ओम्** जपता रहता है या कुछ नहीं बोलता। इन सभी धारणाओं के लिए एक शब्द है ब्रह्म। चेतना रूप में ग्रहण किये जाने पर यह खाली-खाली उनींदी-सी चेतना सत् है।"[30] यहाँ ब्रह्म पूर्ण रूप से शून्य, अभाव, अचेतन नहीं है। तंद्रा में खोया-सा वह अर्धचेतन या अवचेतन है। ब्रह्म चाहे खाली हो चाहे भरा, सोता हो चाहे जागता, उसकी ऐतिहासिक भूमिका अस्वीकार नहीं की जा सकती। हेगल कहते हैं, "पूर्वी दर्शन—यह शब्दावली खास तौर से उस दौर के संदर्भ में इस्तेमाल की जाती है जिसमें इस महान् व्यापक पूर्वी अवधारणा ने उस पूरब को जगाया जो सीमा निर्धारण का और हदबंदी का क्षेत्र है, जहाँ आत्मगत भावना का राज है। विशेष रूप से ईसाइयत की प्रारंभिक शताब्दियों में, उस महत्वपूर्ण कालखंड में, इन महान् पूर्वी विचारों ने इटली में प्रवेश किया, और रहस्यवादी (ग्रॉस्टिक) दर्शन में वे पश्चिमी मानस में, असीम का विचार पैठाने लगे। अंत में चर्च (संघबद्ध ईसाइयत) के भीतर उसे (असीम के विचार को) वर्चस्व प्राप्त करने में, अतः जो ईश्वरीय है, उसे दृढ़ता से प्रतिष्ठित करने में सफलता मिली।"[31] ब्रह्म ने पूरब को जगाया, फिर वह इटली पहुँचा, वहाँ रहस्यवादियों की साधना का आधार बना, फिर व्यक्ति रूप ईश्वर से अलग हटकर, व्यापक सत्ता के रूप में उसने ईसाई चर्च के भीतर ईश्वर को प्रतिष्ठित किया। मार्क्स ने भारत को यूरोप के धर्मों का स्रोत कहा था तो कुछ बेजा न कहा था।

ब्रह्म ने यूनान में प्रवेश किया। हेगल के अनुसार सही अर्थ में दर्शन की शुरूआत पर्मेनिदेस से होती है।[32] इनका कहना था, "सत्य है केवल 'अस्ति'। किसी से इसका जन्म नहीं होता, वह नाशवान नहीं है, पूर्ण है, अपने वर्ग में एक ही है, अचल है और अनंत है। वह न अतीत है, न भविष्य है, सार्वकालिक अस्ति है।"[33] ब्रह्म ने जर्मनी में प्रवेश किया। स्पिनोज़ा ने दर्शन शास्त्र से द्वैतवाद को हटाया। "उनके दर्शन ने यूरोप में जो अभिव्यक्ति पायी, उसमें गहरी (आंतरिक) एकता है। उनके लिए चिति (स्पिरिट), सीमित और असीम के एकरूप होने पर, ईश्वर में व्यक्त होती है; ईश्वर उनसे अलग कोई तीसरा नहीं होता। यह सब पूर्वी देशों की प्रतिध्वनि है। स्पिनोज़ा इस निरपेक्ष एकरूपता (सीमित और असीम की एकरूपता) के सिद्धांत को और भी सीधे-सीधे पहले यूरोप की चिंतनधारा के समानांतर ले आये, फिर यूरोप के और देकार्त के दर्शन के समानांतर ले आये जहाँ उसे शीघ्र ही स्थान मिल गया।"[34] इस तरह ब्रह्म की धारणा ने जर्मनी तथा शेष यूरोप को प्रभावित किया। देकार्त फ्रान्स के दार्शनिक थे, उनके यहाँ द्वैतवाद मौजूद था। "देकार्त के विचारतंत्र

में द्वैतवाद था, उसे यहूदी स्पिनोज़ा ने एकदम अलग हटा दिया।"[35] भाववादी दर्शन में अनेक धाराएँ हैं, इनमें सबसे शक्तिशाली धारा अद्वैतवादी है। भौतिकवादी दर्शन में अनेक धाराएँ हैं, इनमें सबसे शक्तिशाली धारा अद्वैतवादी है। स्पिनोज़ा ने भाववादी दर्शन में अद्वैत मत प्रतिष्ठित किया, इस मत ने भौतिकवादी दर्शन में अद्वैतवाद को पुष्ट किया। स्वयं हेगल भाववादी थे और भाववादियों में अद्वैतवादी थे। उनके अद्वैतवाद ने भौतिकवादियों की इतिहाससंबंधी अद्वैत धारणा को पुष्ट किया।

भौतिकवादी विचारक प्लेखानोव हेगल के परम प्रशंसक थे। उन्होंने एक पुस्तक लिखी थी—**अद्वैतवादी इतिहास दृष्टि का विकास**। अद्वैतवाद का विकास पहले भाववाद में हुआ या भौतिकवाद में ? प्लेखानोव कहते हैं : "हमारी शताब्दी के पूर्वार्ध में दर्शन शास्त्र पर प्रभुत्व **भाववादी** अद्वैतवाद का था। उसके उत्तरार्ध में **भौतिकवादी** अद्वैतवाद की विजय **विज्ञान** में हुई। इस बीच **दर्शनशास्त्र** विज्ञान में पूरी तरह घुलमिल गया था। जो अद्वैतवाद सदा सुसंगत और खुले रूप में हो, उससे यह **भौतिकवादी** अद्वैतवाद दूर था।"[36] प्लेखानोव यह सब उन्नीसवीं शताब्दी में लिख रहे थे। स्पिनोज़ा ने अपने अद्वैत दर्शन की रचना सत्रहवीं शताब्दी में की थी। उन्नीसवीं शताब्दी में विज्ञान ने अभूतपूर्व प्रगति की, फिर भी भौतिकवादी दर्शन में खुले और सुसंगत रूप वाले भौतिकवाद की प्रतिष्ठा न हो सकी थी। क्या अद्वैतवाद को लेकर भौतिकवाद और भाववाद में कोई समानता है ? इस प्रश्न का उत्तर प्लेखानोव ने इस प्रकार दिया है, "दार्शनिक चिंतन की सबसे महत्वपूर्ण धाराएँ भौतिकवाद और भाववाद में सिमट आती हैं। यह सही है कि इनके साथ-साथ, प्रायः सदा ही, एक-न-एक प्रकार के **द्वैतवादी** तंत्र कायम रहे हैं। ये **चेतना** (स्पिरिट) और **भूत** (मैटर) को पृथक् और स्वतंत्र तत्व मानते हैं। **द्वैतवाद** कभी इस अनिवार्य प्रश्न का संतोषजनक उत्तर नहीं दे सका, ये दो पृथक तत्व हैं, इनमें कुछ भी सामान्य नहीं है, तब वे एक-दूसरे को प्रभावित कैसे कर सकते थे ? इसलिए जो सबसे सुसंगत और सबसे गंभीर विचारक थे, वे सदा **अद्वैतवाद** की ओर उन्मुख हुए अर्थात् वे **किसी एक मुख्य सिद्धांत** के आधार पर (यूनानी भाषा में **मोनोस्** का अर्थ है 'एक') प्रपंचों की व्याख्या करना चाहते थे। हर सुसंगत **भाववादी** उसी हद तक अद्वैतवादी होता है, जिस हद तक हर सुसंगत **भौतिकवादी** होता है। **इस** पहलू से, उदाहरणतः, बर्कले(ब्रिटिश भाववादी) और होलूबाख़ (फ्रान्सीसी भौतिकवादी) में कोई अंतर नहीं है। इनमें एक सुसंगत **भाववादी** थे, दूसरे वैसे ही सुसंगत **भौतिकवादी** थे, लेकिन दोनों ही समानरूप से **अद्वैतवादी थे**, ये दोनों ही समान रूप से **द्वैतवादी विश्वदृष्टि** की व्यर्थता समझते थे, अब तक भी शायद सर्वाधिक प्रसार इसी (द्वैतवादी विश्वदृष्टि) का है।"[36] इससे दार्शनिक चिंतन के विकास में अद्वैतवादी धारणा के उद्भव, विकास और प्रसार का ऐतिहासिक महत्व समझा जा सकता है। सत्रहवीं सदी के विचारक स्पिनोज़ा के अद्वैतवाद में पूरब की प्रतिध्वनियाँ कैसे सुनाई देने लगीं ? प्रकृति से अविच्छिन्न रूप में बँधे हुए, ऐंद्रियता में निमग्न पशुपूजक पूर्व में अद्वैत मत का अभ्युदय

कैसे हुआ ? यदि इस अद्वैतमत का ब्रह्म अचेतन अथवा अर्धचेतन है, शून्य है या शून्यवत् है, तो वह भारत में अपने अभ्युदय के दो हजार साल बाद महान् विचारक स्पिनोज़ा को प्रभावित कैसे करने लगा ? पशु-पूजा और अविचल ग्रामसमाजों की धारणा में कहीं-न-कहीं खोट ज़रूर होनी चाहिए।

मार्क्स और प्लेखानोव की तुलना में हेगल भारतीय दर्शन से ज़्यादा अच्छी तरह परिचित थे। वह वैदिक और पौराणिक मतों का अंतर समझते थे।" हमें वेदों की काफी जानकारी है," उन्होंने घोषणा की थी।[37] फिर भी उन्होंने वैदिक और पौराणिक मतों को मिलाकर एक कर दिया था। वे जानते थे कि भारत में बौद्ध मत जैसे अवैदिक मतों का प्रसार भी हुआ पर वह पशु-पूजा और ब्रह्म के संदर्भ में बौद्धमत का उल्लेख अलग से नहीं करते। यह संभव है कि वह भारत में भौतिकवाद के अस्तित्व से भी अनभिज्ञ न रहे हों। उनका एक दिलचस्प वाक्य है, "भारत के नास्तिक दर्शनों का आधार भी वेद हैं।"[38] इसी के बाद लिखा है, कुछ दर्शन वेदों के अनुगामी हैं, अन्य नहीं हैं। इन दूसरी कोटि के दर्शनों में सांख्य और न्याय मुख्य हैं। वे यह भी जानते हैं कि आस्तिक और नास्तिक सांख्य के दो रूप हैं।[39] हेगल यूनानी विचारक अरस्तू का बहुत आदर करते थे। उनका मत था कि "अब तक जितनी वैज्ञानिक प्रतिभाएँ प्रकट हुई हैं, उनमें सबसे अधिक गहरी और सबसे अधिक समृद्ध इनकी प्रतिभा है।"[40] ऐसे अरस्तू के तर्कशास्त्र को उन्होंने भारतीय न्याय दर्शन के प्रसंग में याद किया तो इसे उनकी मौन प्रशंसा ही मानना चाहिए। "न्याय सर्वाधिक विकसित है। विशेष रूप से वह वाद-विवाद के नियम बतलाता है और उसकी तुलना अरस्तू के तर्कशास्त्र से की जा सकती है।"[41] जहाँ धार्मिक आस्था और विश्वास से बाहर चिन्तन का विकास हुआ ही न हो, वहाँ वाद-विवाद की गुंजाइश हो कैसे सकती थी ? हो भी तो इस वाद-विवाद के नियम बताने वाले शास्त्र की तुलना अरस्तू जैसे अद्वितीय वैज्ञानिक प्रतिभा की रचना से कैसे की जा सकती थी ? अविचल ग्रामसमाजों वाले पशुपूजक भारत के आधार पर इस तर्कशास्त्रीय अधिरचना की व्याख्या असंभव है।

हेगल के अनुयायी स्टेस ने भारतवासियों के ब्रह्म को याद करते हुए लिखा, यह अद्वैतवादी प्रवृत्ति केवल धर्म और दर्शन में नहीं है, वरन् "विज्ञान में भी देखी जा सकती है।"[42] और भी :"तो चिंतन की यह अद्वैतवादी प्रवृत्ति हमें दर्शन में, धर्म में, और विज्ञान में मिलती है।"[43] वह मानते हैं, भारत में विकास की धारणा मौजूद थी लेकिन यहाँ सब कुछ मानो कुहरे में दिखाई देता है। वस्तुओं के पृथक् आकार-प्रकार खो जाते हैं। "यही कारण है कि पूर्वी चिंतन में प्रायः सभी दार्शनिक विचार किसी-न-किसी रूप में मौजूद हैं लेकिन उसकी पकड़ में एक भी नहीं हैं, किसी पर भी उसकी पकड़ मजबूत नहीं है। वस्तु हाथ में आती है पर थुलथुल पकड़ ढीली पड़ती है और वस्तु निकल जाती है। आधुनिक विज्ञान की तरह हिंदू

मत के पास उसका विकास-सिद्धांत है। लेकिन उसके पास कोई विकास का दर्शन नहीं है।"[44] स्टेस ने भारतीय चिंतन के सिलसिले में दो बार विज्ञान को याद किया। भारतीय चिंतन से विज्ञान को जोड़ने वाली एक चीज़ है अद्वैतवादी प्रवृत्ति। प्लेखानोव ने अद्वैतवाद के बारे में जो कुछ कहा है, उससे इस प्रवृत्ति का– विज्ञान के लिए भारतीय चिंतन का–महत्व स्पष्ट हो जायेगा। भारतीय चिंतन से विज्ञान को जोड़ने वाली दूसरी चीज़ है विकास सिद्धांत। स्पिनोज़ा के अद्वैतवाद में इस विकास सिद्धांत का अभाव था। सत्रहवीं सदी के इंग्लैन्ड में और अठारहवीं सदी के फ्रान्स में जिस भौतिकवाद का निर्माण हुआ, उसमें भी इस विकास सिद्धांत का अभाव था। प्रमाण हैं प्लेखानोव। "प्रकृति में या इतिहास में जब भी विकास की समस्याएँ सामने आयीं, तब फ्रान्सीसी भौतिकवाद ने ऐसा काँचूपन दिखाया कि वह आश्चर्यजनक है और आज तो उस पर विश्वास करना कठिन है।"[45] "प्रकृति में और इतिहास में विकास की समस्याओं का सामना होने पर फ्रान्सीसी भौतिकवाद ने जो नपुंसकता दिखायी, उससे उसकी दार्शनिक विषयवस्तु अत्यंत दरिद्र हो गयी।"[46] अठारहवीं सदी के फ्रान्सीसी भौतिकवाद के पास विकास सिद्धांत नहीं था, भारतीय दर्शन में कम-से-कम दो हजार साल पहले यह विकास सिद्धांत मौजूद था। यह उस दर्शन की बहुत बड़ी उपलब्धि है।

फ्रान्सीसी भाववाद की कमज़ोरी से लाभ उठाया जर्मन भाववाद ने। प्लेखानोव के अनुसार हेगल के दर्शन की विशेषता यह है कि वह प्रपंचों का अध्ययन "उनके विकास में" करता है।[47] इस विकास सिद्धांत से मार्क्सवाद का सीधा संबंध है। मार्क्स भौतिकवादी थे पर उनका भौतिकवाद इंग्लैन्ड और फ्रान्स के पुराने भौतिकवाद से भिन्न था। भाववाद ने जिस विकास सिद्धांत को पुष्पित और पल्लवित किया था, उससे मार्क्स ने भौतिकवाद को समृद्ध किया। प्लेखानोव कहते हैं,"भाववाद की समस्त उपलब्धियों से समृद्ध होकर भौतिकवाद फिर उठ खड़ा हुआ। इन उपलब्धियों में सबसे महत्वपूर्ण थी **द्वंदात्मक पद्धति,** प्रपंचों के विकास को देखते हुए, उनके उद्भव और विनाश को देखते हुए, उनका परीक्षण, चिंतन की इस नयी दिशा का प्रतिनिधित्व जिस प्रतिभा ने किया, वह कार्ल मार्क्स की थी।"[48]

यह नहीं कहा जा सकता कि हेगल भारतीय दर्शन के विकास सिद्धांत से अपरिचित थे। भारत में यह सिद्धांत भाववाद के टेढ़े-मेढ़े रास्ते से होकर भौतिकवाद तक पहुँचा हो, ऐसा भी नहीं था। आरंभ से ही उसका सीधा संबंध भौतिकवाद से था। पहले प्रकृति, फिर मनुष्य और उसकी बुद्धि–विकास का यह क्रम है। हेगल ने सांख्य के पच्चीस सिद्धांतों का विवरण देते हुए लिखा : "1. हर चीज़ का उद्गम है प्रकृति। उसके लिए कहा गया है कि वह सार्वदेशिक, भौतिक कारण है। वह शाश्वत भूत है, अभेद और निर्विशेष है, अविभाजित, उत्पादक किंतु उत्पादनविहीन, वह परम तत्त्व है। 2. प्रकृति का पहला उत्पाद है बुद्धि और वह स्वयं अन्य सिद्धांतों

(अथवा धर्मों) का उत्पादन करती है। ये सिद्धांत तीन गुणों–सत्व, रजस् और तमस्– के कारण तीन देवों के रूप में पहचाने जाते हैं। वे तीनों मिलकर एक पुरुष हैं, और ब्रह्मा, विष्णु और महेश्वर तीन देव हैं।"[49]

फ्रान्सीसी भौतिकवाद ने जहाँ कांचूपन दिखाया था, वहाँ सांख्य ने दृढ़ता से यह सिद्धांत प्रस्तुत किया– मूल कारण है प्रकृति। बुद्धि इसी का उत्पाद है। हेगल जहाँ विश्वचेतना, शुद्ध विचार आदि को मूल तत्व मानते हैं, वहाँ सांख्य प्रकृति को मूल तत्व मानता है। यह जानते हुए कि सांख्य का एक रूप ईश्वरवादी है, हेगल ने उसका निरीश्वरवादी, सुसंगत भौतिकवादी रूप प्रस्तुत किया है। भाववाद चेतना को मूल, भूत को गौण मानता है। भाववाद की सीमाएँ न पहचानकर हेगल ने सांख्य पर दोष लगाया है कि उसमें सिद्धांतों के "सही अनुक्रम का अभाव है।"[50] अर्थात् पहले चेतना, फिर भूत–यह अनुक्रम होना चाहिए। किंतु हेगल के इस अनुक्रम को मार्क्स ने उलट दिया था। उनके द्वारा उलटा हुआ अनुक्रम वही था जो सांख्य में पहले से मौजूद था। दर्शन शास्त्र की मूल समस्या के संदर्भ में मार्क्स सीधे सांख्य परंपरा में हैं।

हेगल से यह छिपा न था कि त्रिगुणात्मिका प्रकृति निराकार, एकरूप, अपरिवर्तनशील ब्रह्म नहीं है। इस प्रकृति को परम तत्व मानने वाला व्यक्ति आत्महत्या को धर्म न कहेगा, यह निष्कर्ष निकालना उनके लिए कठिन न था। जिस मनुष्य में चिंतन की क्षमता न हो, जो प्रकृति से इस तरह जुड़ा हो कि पशु और मनुष्य में भेद न कर सकता हो अथवा पशु को मनुष्य से बड़ा मानकर उसे देव रूप में पूजता हो, वह परम तत्व के रूप में विकासमान प्रकृति की कल्पना न कर सकता था। पूरब के आदमी प्रकृतिबद्ध, चिंतनशून्य, जड़ प्राणी हैं, इस धारणा को क्या कहा जाये ? हेगल कहते हैं, यह धारणा सतही है, उल्टी मति वाली है। हेगल की धारणा का खंडन हेगल ही करते हैं। एक हेगल हैं यांत्रिक भौतिकवादी। यांत्रिकता अठारहवीं सदी के फ्रान्सीसी भौतिकवादी की विशेषता है। उन्होंने अंग्रेजों के भारत संबंधी विवरणों में अपरिवर्तनशील ग्राम समाज़ों की बात पढ़ी। उसे उन्होंने भारतीयों के अविकसित मानस का आधार मान लिया, उससे भारतीयों की प्रकृतिबद्धता, पशुपूजा आदि के बारे में निष्कर्ष निकाल लिये। एक अन्य हेगल हैं द्वंदात्मक भाववादी। उन्होंने सांख्य की आदि कारण प्रकृति के बारे में पढ़ा। उन्होंने हेगल नंबर एक की धारणा का खंडन किया।

हेगल ने लिखा, "जो मत यह मानता है कि पूरब के लोग प्रकृति से एकताबद्ध होकर रहते आये हैं, वह सतही और उल्टा-पल्टा है। निस्संदेह अपनी क्रियाशीलता में आत्मा, मानस, यथार्थ ही प्रकृति से संबंधित है, प्रकृति-सत्य से एकता कायम किये है। किंतु प्रकृति अपनी प्रत्यक्षता में जैसी है, उसके निषेध का क्षण भी इस वास्तविक एकता में विद्यमान है। ऐसी प्रत्यक्ष एकता केवल पशुओं का जीवन होती

है, इन्द्रियों का बोध और जीवन होती है। इस तरह भारतीयों के सामने जो विचार है, वह सचमुच ही प्रकृति की और आत्मा की एकता है, लेकिन जो चैतन्य है, वह प्रकृति से एकात्म वहीं तक है जहाँ तक वह अपने भीतर स्वयं है, और इसके साथ प्राकृतिक को निषेधात्मक रूप में व्यंजित करता है।"("The view is superficial and perverted which maintains the Easterners to have lived in unity with nature···".[51]) हेगल ने यहाँ भारतीय मानस को प्रकृतिबद्धता—अर्थात् जड़ता—के आरोप से मुक्त कर दिया किंतु वह स्वयं भाववादी जड़ता से बँधे हुए थे, इसका बोध उन्हें न था। विकास सिद्धांत तभी सार्थक है जब मनुष्य को प्रकृति का अंग माना जाये, वनस्पति और समस्त जीवों से उसकी भिन्नता के साथ एकरूपता को पहचाना जाये। हेगल के लिए प्रकृति जड़ है, वह गतिशील है किंतु उसमें विकास नहीं होता। प्रकृति का **द्वंदवाद** में एंगेल्स ने बताया था कि यूनानी दार्शनिकों के लिए यह संसार अव्यक्त अवस्था से उभरकर अस्तित्व में आया था। इसका विकास हुआ था। इसके विपरीत अठारहवीं सदी के प्रकृतिविज्ञानियों के लिए प्रकृति अपरिवर्तनशील थी। इसका कारण यह था कि "विज्ञान अभी धर्मशास्त्र में गहरे उलझा था।"[52] ईसाई धर्मशास्त्र से हेगल का भाववाद भी एक हद तक ग्रस्त था। **लुडविग फायरबाख** में एंगेल्स ने लिखा था कि अठारहवीं सदी के दार्शनिकों को दोष देना उचित नहीं क्योंकि वही चीज़ हेगल के यहाँ भी है। "उनके अनुसार प्रकृति विचार का 'अलगाव' मात्र है, उसमें कालगत विकास की क्षमता नहीं है, उसमें केवल अपनी विविधता के देशगत प्रसार की क्षमता है। नतीजा यह कि उसमें विकास की जितनी मंज़िलें हैं, वे सब एक ही समय पर समानांतर प्रदर्शित होती हैं, वह उन्हीं प्रक्रियाओं की अनंत आवृत्ति करने को बाध्य है। समस्त विकास की बुनियादी शर्त है काल। ऐसा विकास जो देशगत हो पर कालगत न हो, यह बेसिर-पैर की धारणा हेगल ने प्रकृति पर ठीक उस समय आरोपित की जब··· विज्ञान की नयी शाखाओं के आधार पर आगे के विकास सिद्धांत के चमत्कारी पूर्वानुमान प्रकट हो रहे थे।"[53]

विकास देशगत होता है, कालगत होता है। प्रकृति में अपरिवर्तन के साथ परिवर्तन भी होता है, जीवजगत् का विकास प्रकृति का विकास है। इस विकास के संदर्भ में, हेगल के द्वंदवाद के बावजूद, मार्क्सवाद हिंदी-यूनानी दर्शन के ज़्यादा नजदीक है। जो लोग एशिया में सभ्यता के प्रसार के नाम पर साम्राज्य का विस्तार कर रहे थे या करना चाहते थे, वे दर्शनशास्त्र में भारत को अपना मुख्य प्रतिद्वंदी मानते थे तो इसमें कोई आश्चर्य की बात नहीं थी।

(3)

भारतीय चिंतक सीमित से बँधा हो तो वह स्वाधीन नहीं है, यदि असीम की ओर उड़ता है तो स्वाधीन नहीं है। प्रजा स्वाधीन नहीं है क्योंकि उस पर निरंकुश राजा

शासन करता है। निरंकुश राजा स्वाधीन नहीं है क्योंकि उसकी इच्छाएँ किसी व्यापक मानवीय नियम के अधीन नहीं हैं। इस तरह एशिया में, विशेष रूप से भारत में, दर्शनशास्त्र का विकास असंभव हो जाता है।

हेगल की स्वाधीनता बहुत कुछ भौगोलिक परिस्थितियों की देन है। जो लोग समुद्र के किनारे रहते हैं, वे असीम की धारणा से प्रेरित होते हैं, जो मैदानी इलाकों में रहते हैं, वे सीमित पदार्थों की धारणा से बँधे रहते हैं। **इतिहास दर्शन** में उन्होंने लिखा है, "समुद्र को देखकर हमारे मन में असीम, अनंत अपरिमित का विचार पैदा होता है। उस अनंत के भीतर स्वयं अपने अनंत का बोध करके मनुष्य को उस साहस और प्रेरणा की प्राप्ति होती है जिससे वह सीमाओं के पार आगे बढ़े। समुद्र मनुष्य को विजय के लिए आमंत्रित करता है, वह लूटपाट के लिए आमंत्रित करता है, पर इसके साथ ईमानदारी से मुनाफा कमाने और व्यापार करने के लिए भी आमंत्रित करता है। स्थल, घाटियों वाले विशुद्ध मैदानी इलाके, आदमी को धरती से जोड़ देते हैं—वह पराधीनता की असंख्य कोटियों में फँस जाता है किंतु समुद्र विचार और कर्म के इन सीमित दायरों से उसे बाहर ले जाता है।"[54]

यद्यपि यूरुप और एशिया का भेद समुद्र तट की भूमि और समुद्र से दूर की भूमि का भेद नहीं है, फिर भी हेगल ने यूरुप को एशिया से अलग किया। उनके मन में यूरुप की वे जातियाँ रही होंगी जिन्होंने जहाज़रानी में विशेष प्रगति की थी। वे लूट-मार करती थीं तो इससे क्या, दूसरी जातियाँ ईमानदारी से व्यापार भी करती थीं ! **इतिहास दर्शन** से स्पष्ट है कि हेगल के मत से केवल जर्मन जाति ईमानदारी से व्यापार करती थी। अमरीका में बसे हुए अंग्रेज़ व्यवसाय में बेईमानी करते थे, इसलिए वे जर्मन प्रोटेस्टेंटों से पीछे थे। प्राचीन काल के यूनानियों ने भी व्यापार में प्रगति की थी लेकिन उनके प्रारंभिक व्यापार-केन्द्र एशिया में थे, यूरुप में नहीं; और ये व्यापार-केन्द्र दार्शनिक चिंतन के केन्द्र भी थे। यूनानी दर्शन का प्रारंभिक विकास एशिया की धरती पर हुआ। हेगल के लिए इसका एक ही परिणाम हो सकता था : यह दर्शन हीन कोटि का था। हेगल ने बताया : दर्शनशास्त्र का विकास पहले इओनिआ जनपद और बृहत्तर यूनान में हुआ। (वह जनपद लघु एशिया में था। बृहत्तर यूनान यूरुप के बाहर था, पर इसका एक अंश दक्खिनी इटली था।) प्रारंभिक यूनानी दर्शन दो भागों में बँटा हुआ था : पूरब में लघु एशिया का दर्शन और पश्चिम में इटली के यूनानी भाग का दर्शन। लघु एशिया का यूनानी दर्शन ऐंद्रियता से ग्रस्त है, इटली का यूनानी दर्शन उससे अपेक्षाकृत मुक्त है। "भौगोलिक भेद का आविर्भाव चिंतन की अभिव्यक्ति में होता है, इस तथ्य में होता है कि पूरब वालों के यहाँ ऐंद्रिय, भौतिक पक्ष प्रधान होता है; इसके विपरीत पश्चिम में चिंतन की प्रधानता होती है क्योंकि वह चिंतन के रूप में सिद्धांत बन जाता है। जो दार्शनिक पूरब की ओर उन्मुख थे, वे परम सत्ता (absolute) को प्रकृति की

वास्तविक अभिव्यंजना (determination) के अंतर्गत देखते थे; उधर इटली की ओर परम सत्ता की चिंतनशील (ideal) अभिव्यंजना है।"[55] एशिया और यूरुप का भेद यहाँ भौतिकवाद और भाववाद का भेद बन गया है। और भौतिकवाद से श्रेष्ठ है भाववाद !

एशियाई विचारकों में एक थे अनक्सागोरस। वह एशियाई भूमि छोड़कर एथेन्स में आ बसे थे। इससे उनके दार्शनिक चिंतन की स्थिति बदल गयी। "दोनों पराकाष्ठाओं के बीच उनके विज्ञान की माध्यमिक स्थिति है।"[56] लेकिन सभी दार्शनिक इस भौगोलिक साँचे में फिट न हो रहे थे। हेगल ने स्वीकार किया कि सिसिली द्वीप के एम्पेदोक्लेस एक हद तक 'प्राकृतिक दर्शनकार' थे, लेकिन वहीं के गोर्गिअस चिंतनशील पक्ष के समर्थक बने रहे। जो प्रकृति का अध्ययन करता है, वह प्राकृतिक दर्शनकार है, वह भौतिकता से बँधा है, वह भौतिकवादी है। जो इस प्रकृति से ध्यान हटाकर विशुद्ध चिंतन के संसार में विचरता है, वह सही चिंतनशील दर्शनकार है, अतः भाववादी ही सही अर्थ में दार्शनिक माने जा सकते हैं। जिसे नीचा साबित करना हो, उसे एशिया से जोड़ दो। प्रकृति से बँधे रहना एशियाई चेतना की विशेषता है, प्रकृति से अलग हटकर भौतिकवाद का विकास हो नहीं सकता, अतः भौतिकवाद एशियाई किस्म का दर्शन हुआ। प्रकृति और चिंतनशीलता दो विरोधी कोटियाँ हैं। एक का संबंध है एशियाई विचारधारा से, दूसरी का यूरोपियन दर्शन से। वास्तविक यूरोपियन दर्शन है भाववाद। लेकिन भौतिकवाद का विकास यूनानियों ने भी किया। हेगल ने उसका तिरस्कार किया, यूनानी दर्शन के एक महत्वपूर्ण भाग को उन्होंने काटकर अलग फेंक दिया।

जर्मनी में भाववादी दर्शन का विशेष रूप से विकास हुआ। जर्मनी का आर्थिक और राजनीतिक पिछड़ापन भाववादी दर्शन के इस उभार में खूब प्रकट हुआ। भौतिकवाद का विकास ब्रिटेन और फ्रान्स में हुआ। पुनर्जागरण काल के अंग्रेज विचारक बेकन भौतिकवाद के संस्थापक थे। हेगल ने कहा, अंग्रेज जिसे दर्शन कहते हैं, उसके आगे वे बढ़े नहीं। बेकन को दार्शनिक अंग्रेज ही मान सकते हैं क्योंकि "ये लोग यूरुप का ऐसा जनसमुदाय हैं जो वास्तविकता की समझ तक सीमित है। राज्य के दूकानदारों और कारीगरों के वर्ग की तरह उसकी नियति है कि वह सदा पदार्थ (matter) में गर्क रहे; लक्ष्य रूप में उसके सामने वास्तविकता हो, विवेक न हो।"[57] बेकन प्रकृति से अलग हटकर चिंतन नहीं करते, इसलिए वास्तविकता से बँधे रहते हैं। हेगल ने जहाँ अपने देश के रहस्यवादी चिंतक बोएमॅ का ज़िक्र किया है, वहाँ वास्तविकता से बँधे रहने का अर्थ स्पष्ट हो जाता है। "अब हम इस अंग्रेज लॉर्ड चान्सलर को—दर्शनशास्त्र में बाहरी, इन्द्रियबोध वाली पद्धति के नेता को—छोड़कर उस जर्मन मोची की ओर चलते हैं…।"[58] बेकन का दोष यह है कि वह बाहरी, इंद्रियबोध वाली पद्धति को छोड़ नहीं सकते। यही पदार्थ में गर्क रहना

है, वास्तविकता से बँधे रहना है।

अब यदि यूनान में भाववादी दर्शन का विकास हुआ तो उस पर असली हक जर्मनी का है, ब्रिटेन और फ्रान्स का नहीं। वैसे तो "यूनान का नाम यूरुप के पढ़े-लिखे लोगों के हृदय में झंकार पैदा करता है" लेकिन "खास तौर से यह बात हम जर्मनों के साथ होती है।" परिणाम यह कि "कुल मिलाकर हमारे पास दो दर्शन हैं, यूनानी और जर्मन।" लेकिन यूनानी दर्शन जर्मन दर्शन का मुकाबला नहीं कर सकता क्योंकि उसकी रचना ईसाई धर्म से पहले हुई थी।[59]

दर्शनशास्त्र स्वाधीनता के वातावरण में पनपता है। एथेन्स और रोम के नागरिक समझते थे कि वे स्वाधीन हैं, "लेकिन मनुष्य अपने में और अपने लिए स्वाधीन है, अपने तत्वरूप में और मनुष्य के रूप में स्वाधीन है, स्वाधीन पैदा हुआ है, यह बात न प्लैटो को मालूम थी, न अरस्तू को, न सिसरो और रोमन विधायकों को, यद्यपि यही अवधारणा कानून का स्रोत है।"[60] मनुष्य को अपनी वास्तविक स्वाधीनता का ज्ञान ईसाइयत के द्वारा हुआ। "ईसाइयत में पहली बार किसी एक का, व्यक्ति का, मानस वास्तविक, असीम और निरपेक्ष मूल्य का बनता है। ईश्वर की यह इच्छा होती है कि सभी मनुष्यों का उद्धार हो।"[61] लेकिन उद्धार सभी ईसाइयों का न होगा। रोमन कैथलिकों का तो निश्चय न होगा, प्रोटेस्टेन्टों में भी जर्मनों की तुलना में अंग्रेज़ बेईमान हैं। जर्मन प्रोटेस्टेन्ट चर्च ही श्रेष्ठ है। दर्शन शास्त्र के इतिहास का विवेचन करते हुए हेगल कहते हैं, "मैं लूथर का अनुयायी हूँ और वही रहूँगा।"[62]

सबसे नीचे पूरब, उसके ऊपर यूनान, उसके ऊपर जर्मनी—दार्शनिक इतिहास के विवेचन का सारतत्व यह है। "पूरब में केवल एक व्यक्ति स्वाधीन होता है—निरंकुश राजा; यूनान में थोड़े-से लोग स्वाधीन हैं ; जर्मन संसार में यह कहावत चरितार्थ होती है कि सभी लोग स्वाधीन हैं अर्थात् मनुष्य, इस नाते कि वह मनुष्य है, स्वाधीन है।"[63]

सिकंदर जर्मन नहीं था, यूनानी नहीं था, ईसाई नहीं था, फिर भी उसे मनुष्य की आंतरिक स्वाधीनता का ज्ञान हो गया! इसी ज्ञान के बल पर उसने एशिया की विजययात्रा आरंभ की थी। दर्शनशास्त्र के इतिहास को साम्राज्य विस्तार की आकांक्षाएँ कैसे प्रभावित करती हैं, इसका उदाहरण हेगल की सिकंदर संबंधी चर्चा है।

दर्शनशास्त्र के इतिहास में भूमिका वाला अंश समाप्त करने के बाद हेगल ने शुरूआत पूरब के दर्शन से की। उन्होंने स्पष्ट कर दिया, यह दर्शन वास्तविक दर्शनशास्त्र के इतिहास से बाहर है, वह इस इतिहास की प्रारंभिक अवस्था का सूचक मात्र है, "उसकी चर्चा केवल यह बताने के लिए है कि उसका विवेचन और विस्तार से क्यों नहीं किया गया।"[64] जैसे यूरुप केन्द्रित सामाजिक इतिहास से एशिया बाहर था, वैसे ही यूरुप केन्द्रित दर्शन के इतिहास से एशिया बाहर था। पर हेगल जानते थे कि यूनानी दर्शन का विकास सबसे पहले एशिया की धरती

पर हुआ। उस दर्शन पर इस संपर्क का दूषित प्रभाव पड़े बिना कैसे रह सकता था ?

यूनानी दर्शन के दो केन्द्र थे–लघु एशिया और इटली। इन केन्द्रों का भौगोलिक अंतर उनमें विकसित होने वाले चिंतन का दार्शनिक अंतर बन गया। "चिंतन की अभिव्यक्ति में भौगोलिक भेद का आविर्भाव होता है, इस तथ्य में होता है कि पुरबियों के यहाँ ऐंद्रिय, भौतिक पक्ष प्रधान होता है; इसके विपरीत पश्चिम में चिंतन की प्रधानता होती है क्योंकि वह विचार के रूप में सिद्धांत बन जाता है।"[65] पश्चिम में चिंतन के कारण पर विचार नहीं करना, यहाँ इस भेद पर ध्यान देना है कि जो पूरब का है, वह ऐंद्रियता से बँधा हुआ है, उसमें विशुद्ध चिंतन की क्षमता नहीं है। यह क्षमता है पश्चिम के विचारक में। यद्यपि दक्षिण इटली और जर्मनी के जलवायु में बहुत फर्क है लेकिन हेगल के लिए यूरोप भौगोलिक इकाई है और एशिया के विरुद्ध वैचारिक इकाई भी है। एशियाई धरती के संस्पर्श का परिणाम यह हुआ कि आदिकालीन यूनानी दार्शनिक स्वयं को भौतिकता के पाश से मुक्त न कर सके। बड़े भाग्यशाली थे अनक्सागोरस जो एथेन्स आये थे। भूगोल बदलते ही दर्शन में बदलाव आया। "एथेन्स आने वालों में प्रथम व्यक्ति थे अनक्सागोरस। इस प्रकार दो पराकाष्ठाओं के बीच उनके विज्ञान की माध्यमिक स्थिति है और उसका केन्द्र बना एथेन्स।"[66]

इस भौगोलिक नियतिवाद का विकास 18वीं सदी में फ्रान्सीसी चिंतक मोंतेस्क्यू ने किया था, उसे दर्शनशास्त्र के इतिहास पर लागू किया हेगल ने। यूरुप की गोरी नस्ल श्रेष्ठ है, बाकी सब नस्लें हेच हैं, इस नस्लवादी दुराग्रह का प्रतिरूप था यह भौगोलिक नियतिवाद। साम्राज्य विस्तार की आकांक्षा से इस सबका संबंध पहचानना कठिन नहीं है।

हेगल ने चीनियों को शून्यवादी कहकर प्रतिद्वंदिता से हटा दिया। चीनियों के लिए परम तत्व क्या है ? संसार के उद्भव का कारण क्या है? एक शब्द में उत्तर है शून्य। ऐसे दर्शन पर विचार ही क्या करना ! भारत की स्थिति इससे भिन्न थी। यूनानी भारत के ज्ञान-विज्ञान का आदर करते थे। "हम जानते हैं, कैसे इस देश की प्राचीन गरिमा को यूनानियों ने भी सर्वोच्च स्थान दिया था।"[67] यूनानियों ने और सब तो अच्छा किया था, भारत के ज्ञान-विज्ञान का आदर करने में ही गलती कर गये थे। "भारतीय संस्कृति ऊँचे दर्जे तक विकसित है और वह भव्य है पर उसके दर्शन का उसके धर्म से तादात्म्य है।"[68] वैसे तो हेगल का चिंतन स्वयं को ईसाइयत की लपेट से बचा नहीं सका पर उनके मन में ईसाई धर्म श्रेष्ठ है। अन्य धर्म हेच हैं। इस धर्म का उद्भव एशिया की धरती पर हुआ, फिर भी वह श्रेष्ठ बना रहा, यह आश्चर्य की बात है। यूनानियों का अपना धर्म था पर वह गैर-ईसाई था! उसकी श्रेष्ठता का सवाल ही पैदा नहीं होता। यूनान के काफी दार्शनिक

अपने धर्म पर विश्वास करते थे, फिर भी वे उच्च कोटि के दार्शनिक थे, यह कम आश्चर्य की बात नहीं है।

हेगल के सूत्र को पल्लवित करते हुए अंग्रेज़ लेखक स्टेस ने यूनानी दर्शन पर अपनी पुस्तक में भारत विषयक कुछ दिलचस्प बातें कही हैं। दर्शन शास्त्र की शुरूआत, स्टेस के अनुसार, तब होती है जब हम इंद्रियबोध से मुक्त होकर सोचने का प्रयास करते हैं। "अब यदि हम दुनिया पर निगाह डालें और पूछें कि वे कौन-से देश हैं और कौन-से युग हैं जिनमें पूर्वोल्लिखित किस्म का चिंतन बहुत ऊँची विकास-अवस्था को पहुँचा है तो हमें विदित होगा कि ऐसा विकास केवल प्राचीन यूनान और आधुनिक यूरोप में हुआ है।"[69] बेशक मिस्र, चीन आदि में सभ्यता का विकास हुआ पर उन्होंने धर्म और कला को जन्म दिया, दर्शन को नहीं। भारत का मामला संदिग्ध है। "भारत में दर्शन ने स्वयं को धार्मिक और व्यावहारिक आवश्यकताओं से कभी पृथक् नहीं किया।"[70] स्टेस यह भी कहते हैं कि दर्शन को धर्म से पृथक् करना गलत है। "दरअसल वे मूलतः एक-दूसरे से संबंधित हैं।"[71] ईसाइयत से दर्शन को पृथक् करना गलत है, हिंदू धर्म से दर्शन को पृथक् करना सही है। इसका यही कारण हो सकता है कि ईसाई धर्म हिंदू धर्म से श्रेष्ठ है। हिंदू कहते हैं, सब कुछ ब्रह्म से उत्पन्न हुआ है। ईसाई कहते हैं ईश्वर प्रेम है, शक्ति है, अच्छाई है, बुद्धिमत्ता है। इनसे हम इतना तो समझ सकते हैं कि "शून्यता मात्र से किसी चीज़ का उद्भव नहीं हो सकता। दुनिया की तुलना में जो निम्न और क्षुद्र हो, उससे दुनिया का उद्‌भव नहीं हो सकता—जो न्यून है, उसका उद्‌भव अधिक से हो सकता है, अधिक का उद्‌भव न्यून से नहीं हो सकता।"[72]

इस तर्कपद्धति पर यहाँ ज़्यादा कुछ कहने की जरूरत नहीं है। हेगल की तरह स्टेस भी सांप्रदायिक दुराग्रह से ग्रस्त हैं। उन्हें सिद्ध यह करना है कि यूनानी दर्शन "अपने मूलाधार तक यूरोपियन और गैरपूर्वी है।"[73] यदि धर्म और दर्शन एक दूसरे से संबंधित हैं तो यूनानियों का धर्म भी उनके दर्शन से संबंधित रहा होगा। गैर-ईसाई धर्म पर आस्था रखने वाले यूनानियों ने श्रेष्ठ दर्शन का विकास कैसे किया? मध्यकाल के ईसाई विचारकों ने यूनानियों से आगे बढ़कर दर्शन का विकास क्यों नहीं किया? इन प्रश्नों का उत्तर स्टेस ने नहीं दिया। यूरोपियन पूँजीवाद ने साम्राज्यवाद से सम्बद्ध जिस संस्कृति का विकास किया, उसके दो अभिन्न घटक हैं—नस्लवाद और संप्रदायवाद। मध्यकालीनता की इस विरासत को पुष्पित और पल्लवित करके उसने विश्व पैमाने पर उसका उपयोग किया।

यूनान की प्राचीन संस्कृति पर अपना दावा जताने के लिए अब तक चली आयी इतिहास की परंपरा को मिटाना जरूरी था। धर्म और दर्शन के संबंध की चर्चा करते हुए हेगल ने लिखा था, "चूँकि इन दोनों का ऐसा नज़दीकी संबंध है, इसलिए दर्शनशास्त्र के इतिहास में यह पुरानी परंपरा है कि ईरानी, भारतीय या

अन्य ऐसे ही किसी दर्शन में दर्शन शास्त्र का उद्भव देखें। अंशतः इस रीति का निर्वाह दर्शन शास्त्र के सभी इतिहासों में अब भी होता है। यही कारण है कि इस दंतकथा पर सार्वजनिक विश्वास जमा हुआ है कि उदाहरणतः पिथागोरस (पुथागोरस) को अपना दर्शन भारत और मिस्र से प्राप्त हुआ था। इन लोगों की बुद्धिमत्ता की ख्याति पुरानी है और दर्शन भी उसी बुद्धिमत्ता के अंतर्गत माना जाता था। रोमन साम्राज्य के समय तक समग्र पश्चिम में पूरब के जिन विचारों तथा वहाँ की जिस धार्मिक उपासना का बोलबाला था, उन्हें भी पूरब का दर्शन कहा जाता था।"[74] हेगल ने जिसे बुद्धिमत्ता कहा है, वह धार्मिक उपासना से भिन्न वस्तु है। यूनान और रोम की धार्मिक उपासना पूरब की है, इस धारणा पर हेगल को विशेष आपत्ति नहीं है, उन्हें आपत्ति है पूरब के ज्ञान-विज्ञान में यूरोपियन दर्शन के उद्भव को खोजने पर।

आगे हेगल यूनानियों कें बारे में कहते हैं, "अपने धर्म, अपनी संस्कृति, भाईचारे के सामान्य संबंधों के प्रारंभिक तत्व यथेष्ट परिमाण में, निस्संदेह उन्हें एशिया, शाम (सीरिया) और मिस्र से प्राप्त हुए थे। लेकिन इस उद्भव की विदेश प्रकृति को उन्होंने इतना अधिक मिटा दिया है और वह (उद्‌भव) इतना बदल दिया गया है, घुमाया-फिराया गया है, उस पर इतना काम किया गया है और कुल मिलाकर उसे इतना भिन्न बनाया गया है कि उसमें जिसे वे और उन्हीं की तरह जिसे हम जानते-पहचानते हैं, मूल्यवान समझते हैं और प्यार करते हैं, वह तत्वतः उन्हीं का है।"[75] यहाँ धर्म के अलावा व्यापक रूप में संस्कृति की बात कही गयी है। इस संस्कृति में दार्शनिक विचार भी शामिल होंगे। यूनानियों ने यथेष्ट परिमाण में ज्ञान-विज्ञान के प्रारंभिक तत्व पूरब से पाये, यह ऐतिहासिक तथ्य हेगल ने स्वीकार किया है। पर उनकी समझ में उन्होंने उन तत्वों का विदेशीपन मिटा दिया, उन्हें एकदम यूनानी बना लिया। और अब यूरुप के लोग यूनान की जिस प्राचीन संस्कृति को प्यार करते हैं, वह तत्वतः यूनानी है।

साम्राज्य विस्तार के लिए यूरुप के जमींदार और पूँजीपति एक ओर जहाँ एशिया की जनता से लड़ रहे थे, वहाँ दूसरी ओर वे आपस में भी लड़ रहे थे। इस विस्तारवादी नीति के अनुरूप एक ओर जहाँ वे यूनान से एशिया के संबंध को नगण्य ठहरा रहे थे, वहाँ दूसरी ओर वे अपने देश से यूनान के संबंध को विशेष महत्व दे रहे थे। साम्राज्य विस्तार की दौड़ में ब्रिटेन आगे था, जर्मनी पिछड़ रहा था। ब्रिटेन के प्रति जर्मनी में स्पर्धाभाव होना स्वाभाविक था। यह स्पर्धाभाव दर्शन शास्त्र में, उसके मूल्यांकन और इतिहास में भी व्यक्त हुआ।

पुनर्जागरण के अंग्रेज विचारक वेकन के बारे में हेगल की यह युक्ति ध्यान देने योग्य है, "चूँकि बेकन को सदा ऐसे व्यक्ति के रूप में प्रतिष्ठा मिली है जिसने ज्ञान को उसके सही स्रोत की ओर, अनुभव की ओर, निर्देशित किया, इसलिए

इंगलैन्ड में जिसे दर्शन कहा जाता है और जिसके आगे अंग्रेज़ अभी तक बढ़े नहीं हैं, दरअसल उसके वह विशेष नेता और प्रतिनिधि हैं। कारण यह कि ये लोग यूरुप का ऐसा जनसमुदाय हैं, वास्तविकता जिसकी पहुँच को समझने तक है, अतः जिसकी नियति है कि राज्य के दूकानदारों और कारीगरों के वर्ग की तरह हमेशा पदार्थ (matter) में गर्क रहे और लक्ष्य रूप में वास्तविकता तो हो, विवेक न हो।"[76] हेगल ने जिस तरह दूकानदारों और कारीगरों के वर्ग से अंग्रेज़ों की तुलना की है, उससे एक ओर तो इस वर्ग के प्रति जमींदारों वाली घृणा प्रकट होती है। दूसरी ओर अंग्रेज़ नाम के जनसमुदाय के प्रति पूँजीपतियों वाला स्पर्धाभाव भी प्रकट होता है। हेगल के विचार से अंग्रेज़ों ने भौतिकता और वास्तविकता को विवेचन का लक्ष्य बनाया, मनुष्य के शुद्ध विवेक को नहीं। उनकी नियति यह थी कि वास्तविकता की समझ से वे आगे बढ़े ही नहीं। इसी को वे दर्शन कहते हैं। पर जहाँ शुद्ध विवेक का विवेचन न हो, वह भी कोई दर्शन है! निष्कर्षत : दर्शनशास्त्र का विकास जर्मनी में हुआ, इंगलैन्ड में नहीं।

ग्रीक-लैटिन भाषाओं के विद्वान् बेकन के पश्चात् जर्मनी के रहस्यवादी चिंतक बोएमॅ की ओर हेगल का मंथर, आश्वस्त संक्रमण देखते ही बनता है। कहते हैं : "अब हम इस अंग्रेज़ लॉर्ड चांसलर को, दर्शन शास्त्र में बाहरी इंद्रियबोध वाली पद्धति के नेता को छोड़कर लुसाटिया के उस जर्मन मोची की ओर चलते हैं, फिलोसोफुस टॅउटो निकुस (जर्मन दार्शनिक) की ओर, जिसे इस नाम से जाना जाता है और जिससे लजाने का हमारे लिए कोई कारण नहीं है।"[77] बोएमॅ कारीगर थे, पर जर्मन तो थे। रहस्यवादी थे तो क्या हुआ? अगोचर संसार तो देख आये थे ! बेकन तो बाहरी इंद्रियबोध पद्धति से ही बँधे रह गये थे।

हेगल ने दर्शन शास्त्र पर व्याख्यान 1805 से 1830 की अवधि में दिये थे। इंगलैन्ड ने इस अवधि में तेजी से औद्योगिक विकास किया था और यूरुप के प्रतिद्वंदियों को परास्त करते हुए विश्व इतिहास में सबसे बड़े साम्राज्य को सुदृढ़ किया था। इंगलैन्ड के दर्शन के प्रति इसी अवधि में हेगल का स्पर्धाभाव व्यक्त हुआ था। यूरुप में दर्शन का विकास सबसे पहले यूनान में हुआ। यूनान के दर्शन से जर्मन जाति का विशेष संबंध होना ही चाहिए। "यूनान का नाम यूरुप के पढ़े-लिखे लोगों के हृदय में एक झंकार पैदा करता है और खास तौर से यह बात हम जर्मनों के साथ होती है।"[78] यूनानियों की विशेषता यह थी कि जो कुछ सामान्य जीवन से परे है, उसे पाने की उन्हें चाह न थी। "सामान्य जीवन में हमें वे आदमी सबसे ज़्यादा अच्छे लगते हैं जो सीधे-सादे और स्वयं से संतुष्ट होते हैं; जो कुछ उनसे बाहर है और ऊपर है, उसे पाने की चाह उनमें नहीं होती। यही हाल यूनानियों का था।"[79] इस हिसाब से यूनानियों के सही उत्तराधिकारी होना चाहिए था अंग्रेजों को क्योंकि वास्तविकता से परे न देख पाना उन्हीं की नियति थी, पर हेगल की

अदालत में सही उत्तराधिकारी घोषित किये गये जर्मन!

दार्शनिक चिंतन के उद्देश्य का विवेचन करते हुए हेगल ने सहज भाव से कहा, "इस प्रकार कुल मिलाकर हमारे पास दो दर्शन हैं, यूनानी और जर्मन।"[80] इन दोनों के बीच लंबा अंतराल है। यही यूरोपियन संस्कृति का मध्यकाल है। "अतः दर्शन शास्त्र के इतिहास के तीन काल हुए—यूनानी दर्शन, मध्यकालीन दर्शन और आधुनिक दर्शन के काल।"[81] यहाँ आधुनिक दर्शन वास्तव में जर्मन दर्शन का पर्याय है। दर्शन शास्त्र का इतिहास मूलतः ग्रीक-जर्मन दर्शन शास्त्र का इतिहास है।

इस प्रसंग में ऐतिहासिक भाषाविज्ञान का 'इंडोजर्मैनिक' शब्द स्मरणीय है। यद्यपि इंडोजर्मैनिक परिवार में ग्रीक, लैटिन, स्लाव, केल्त भाषा समुदायों को बराबरी का दर्जा प्राप्त था पर उसका नाम इंडोग्रीक, इंडोस्लाव जैसा नहीं रखा गया। इंडो के साथ जर्मैनिक जोड़ने का काम जर्मनों ने ही किया था। वह नाम चला नहीं, ब्रिटेन और फ्रान्स को खास तौर से बहुत अखरता था। तब इंडोयूरोपियन शब्द का चलन हुआ। पर जो रिक्थ दूसरों का भी था, उस पर अपना एकाधिकार कायम करने का आग्रह इंडोजर्मैनिक शब्द से अवश्य प्रकट होता था। यही आग्रह हेगल के दर्शनसंबंधी काल-विभाजन में दिखाई देता है। फर्क यह है कि भाषाई इतिहास में वे 'इंडो' शब्द खारिज न कर सकते थे, दर्शन के इतिहास में इसे खारिज करना सुगम जान पड़ा।

हेगल यह मानते थे कि दर्शन शास्त्र के विकास का कार्य जर्मन जाति अथवा जातियों को ईश्वर ने ही सौंपा था। अपनी व्याख्यानमाला के आरंभ में ही दर्शन शास्त्र के इतिहास की भूमिका बाँधते हुए हेगल ने कहा, "संसार का कार्य उसकी समग्रता को देखते हुए, मन (चेतना) के प्रति सामंजस्य पैदा करना है, स्वयं को उसमें पहचानना है, और यह कार्य जर्मन संसार को सौंपा गया है।"[82] किस तरह के दर्शन का विकास कार्य जर्मनों को सौंपा गया है, इससे यहाँ बहस नहीं हैं। मूल बात यह है कि जो काम दूसरी जातियाँ नहीं कर सकतीं, वह जर्मन जाति को सौंपा गया है।

कई साल बाद, यूनानी दर्शन का विस्तृत विवेचन समाप्त कर लेने के बाद, हेगल ने मध्यकालीन दर्शन के संदर्भ में कहा, "विश्वात्मा ने जर्मन जातियों पर यह कार्यभार डाला है कि वे एक भ्रूण का विचारशील मानव के रूप में विकास करें।"[83] बहस इस बात से नहीं है कि यूनानियों ने दर्शन शास्त्र का उतना विकास कर लिया था, फिर भी वह (दर्शन) जर्मन जाति के अभ्युदय के पहले भ्रूण ही बना हुआ था। मूल बात यह है कि दर्शन शास्त्र का वास्तविक विकास जर्मनों ने किया, उन्हें यह काम विश्वात्मा ने सौंपा था, ठीक वैसे ही जैसे विश्वसाम्राज्य स्थापित करके पिछड़ी हुई जातियों को सभ्य बनाने का काम विश्वात्मा ने अंग्रेज़ों को सौंपा था।

साम्राज्य विस्तार में तीन जातियाँ आगे हैं—अंग्रेज, फ्रान्सीसी और जर्मन। दर्शन शास्त्र में होड़ भी इन्हीं तीनों में है। सत्य का भौतिक और सीमित रूप अंग्रेज़ों

के हाथ आया, फ्रान्सीसी लोग (अपने सौंदर्य प्रेम के कारण) उसका रूप निहारते रहे, उसका सारतत्व ग्रहण किया जर्मनों ने। हेगल का एक पारिभाषिक जर्मन शब्द है बेग्रिफ़, अंग्रेज़ी में उसके लिए 'नोशन' (Notion) शब्द का प्रयोग होता है। हम उसके लिए धारणा शब्द का व्यवहार करेंगे। मान लीजिये, सत्य का ज्ञान धारणा की जाँच-पड़ताल से होता है। धारणा के तीन पहलू हैं। "सभ्य संसार में केवल तीन जातियों की भूमिका निर्णायक है। उनमें ये पहलू बँटे हुए हैं। अंग्रेज़ों के हिस्से में धारणा का अनुभववादी और पूर्णतः सीमित रूप है, फ्रान्सीसियों के हिस्से में उसका रूप है जो हर वस्तु के प्रति प्रयत्नशील है, जो अपनी यथार्थता में स्वयं को स्थापित करता है, सभी सीमांकन निरस्त करता है और इस कारण विश्वजनीन, असीम, शुद्ध आत्मचेतना है; और अंत में जर्मनों के हिस्से में है इस अंतर्निहितत्व का स्वयं में प्रवेश, निरपेक्ष धारणा का विचार।" फ्रान्सीसियों और जर्मनों के हिस्से में धारणा के जो पहलू आये, उनका ठीक-ठीक अर्थ क्या है, इस पर सोच-विचार की जरूरत यहाँ नहीं है। मुख्य बात यह है कि ब्रिटेन, फ्रान्स और जर्मनी में दार्शनिक सत्य का बँटवारा इस भौतिक संसार के साम्राज्यवादी बँटवारे से बहुत मिलता-जुलता है।

स्वभावतः यूनानी दर्शन से एशिया का संबंध तुच्छ और नगण्य है, उस दर्शन की वारिस पश्चिमी यूरुप की तीन जातियाँ हैं और इन तीन में भी उस दर्शन पर खास हक है जर्मन जाति का ।

(4)

आंतरिक स्वाधीनता का ज्ञान केवल सिकंदर को नहीं था, उसके बाप फिलिप को भी था। सिकंदर ने, हेगल के अनुसार, अलग-अलग राज्यों की विशेष व्यक्तिमत्ता हटाकर उन्हें सामान्य व्यवहार के स्तर तक ऊँचे उठाया। "इस तरह सिकंदर उस योजना को अमल में लाये जिसकी अवधारणा उनके पिता पहले ही कर चुके थे। योजना यह थी कि यूनान की अगुवाई करके एशिया से यूरुप का बदला लिया जाये और एशिया को यूनान के अधीन किया जाये।"[84] यद्यपि उस समय दक्षिणी यूरुप का बहुत थोड़ा-सा भाग सभ्यता की परिधि में आया था, पर हेगल ने उसे विस्तार देकर सारे यूरुप को सिकंदर की योजना से जोड़ दिया। भाव यह कि जैसे सिकंदर ने एशिया को जीता था, वैसे ही यूरुप की जातियाँ एशिया को जीतेंगी। ये जातियाँ जब किसी देश पर आक्रमण करती हैं, तब किसी अन्याय का बदला लेने के लिए ही ऐसा करती हैं। हेगल के अनुसार एक यूनानी राज्य का शासक हर्मिआस ईरान के अधीन था, ईरान के शाह ने उसे सूली पर चढ़ा दिया था। यदि हर्मिआस निरपराध था, तो भी बदला ईरान के शाह से लेना था, न कि एशिया से। हेगल ने ईरान को एशिया का प्रतीक बनाया और दूसरे देशों को गुलाम बनाने की नीति का समर्थन किया।

पर यदि एशियाई देश यूनान के गुलाम बनते हैं, तो वे सभ्यता का प्रकाश

देखते हैं, वे स्वाधीनता का नया अर्थ समझने लगते हैं जिससे पहले वे अपरिचित थे। सिकंदर ने हर्मिआस का बदला लेने के अतिरिक्त "एशिया में यूनानी संस्कृति का प्रसार किया जिससे कि नितांत बर्बरता की इस आपाधापी वाली मंडली को ऊपर उठाकर उसे यूनानी संसार का रूप दिया जाये। यह मंडली केवल विनाश में प्रवृत्त थी, आंतरिक मतभेदों से विघटित थी, ये प्रदेश आलस्य, निषेधात्मकता और आध्यामित्क ह्रास में पूरी तरह डूबे हुए थे।"[85] एशिया के देशों को बर्बरता की अवस्था से निकालकर सभ्यता के संसार में ले आना है, उन्नीसवीं सदी के साम्राज्यवादियों का यह दावा हेगल ने सिकंदर पर आरोपित कर दिया। भारत में अंग्रेज़ी राज की प्रगतिशील भूमिका के बारे में जो बातें कही जाती हैं वे हेगल के सिकन्दर-संबंधी विवेचन में मौजूद हैं।

क्या सिकंदर को अपने लक्ष्य तक पहुँचने में सफलता मिली ? उसकी मृत्यु के बाद उसका साम्राज्य विघटित हो गया। हेगल कहते हैं, उसने अपने परिवार के लिए विशाल राज्य कायम न किया था, "उसने एशिया के ऊपर यूनानी जाति का राज कायम किया था। कारण यह कि उसके समय से वहाँ यूनानी संस्कृति और विज्ञान की जड़ जम गयी है। लघु एशिया के यूनानी राज्य, ख़ास तौर से मिस्र, शताब्दियों तक विज्ञान की भूमि बने रहे। और संभव है कि उनका प्रभाव दूर भारत और चीन तक फैल गया हो। निस्संदेह हम निश्चित रूप से यह नहीं जानते कि भारतीयों के विज्ञानों में जो कुछ श्रेष्ठ है, उसे उन्होंने इस तरह पाया था या नहीं। लेकिन यह संभव है कि भारतीय खगोल शास्त्र में जो तथ्यपरक अंश है, वह यूनान से वहाँ पहुँचा था।"[86] एशिया के देश बर्बरता में डूबे हुए थे तो विज्ञान का विकास वे कर ही कैसे सकते थे? हेगल जिसे पहले संभावना कहते हैं, वह शीघ्र ही निश्चय में बदल जाती है। "शाम (सीरिया) के राज्य से, लघु एशिया में फैलकर दूर बैक्ट्रिया के राज्य तक पहुँचते हुए, निस्संदेह भारत और चीन के भीतर, वहाँ के आप्रवासी यूनानी उपनिवेशों द्वारा, वह थोड़ा-सा वैज्ञानिक बोध पहुँचा जो परंपरा के रूप में टिमटिमाता रहा लेकिन उद्दीप्त कभी नहीं हुआ।"[87]

हेगल ने चीन की मिसाल दी है जो शिक्षाप्रद है। चीनी अपना पंचांग स्वयं बना सकें, या स्वयं कोई बात सोच सकें, इतना कौशल उनमें नहीं है। फिर भी उनके यहाँ ऐसे उपकरण मिले हैं जिनका कोई उपयोग, हेगल के अनुसार, वहाँ न था। इससे तुरंत कल्पना में यह बात आती है कि वहाँ वे उपकरण बैक्ट्रिया से पहुँचे थे। "अतः भारतीयों और चीनियों के विज्ञानों के बारे में लोगों ने जो ऊँची धारणा बना रखी थी, वह मिथ्या है।"[88] एशिया के इतिहास को झुठलाकर इस तरह पूँजीवादी लेखक साम्राज्य विस्तार को जायज़ ठहराते थे।

हेगल ने इस बात पर बहुत जोर दिया है कि दार्शनिक चिंतन के विकास के लिए स्वाधीन सामाजिक संस्थाएँ जरूरी हैं। सिकंदर राजा था। जनतंत्र से, स्वाधीन

सामाजिक संस्थाओं से उसे कुछ भी लेना-देना नहीं था। फिर भी हेगल ने उसे आंतरिक स्वाधीनता का अधिष्ठान बना दिया है। अरस्तू उसके गुरु थे। अतः उसके कारनामों से गुरु के दर्शन शास्त्र की उपयोगिता भी सिद्ध हुई। हेगल ने अरस्तू और सिकंदर के संयुक्त संदर्भ में जो कुछ कहा है, उससे यह भी ज्ञात होता है कि विशुद्ध चिंतन के आकाश में विचरने वाले हेगल की निगाह भौतिक स्वार्थों पर बराबर जमी रहती थी। अरस्तू ने सिकंदर को दर्शन शास्त्र का ज्ञान कराया, उससे "उसकी मानसिक प्रवृत्ति की अंतर्निहित महत्ता, अर्जित आंतरिक स्वाधीनता भी, ऊपर उठकर पूर्ण, आत्मचेतन स्वाधीनता बन गयी, जिसे हम उसके उद्देश्यों और कर्मों में देखते हैं।"[89] दर्शन शास्त्र का फल—एशिया पर यूरुप की विजय !

हेगल ने बड़े सहजभाव से सिकंदर की तुलना आधुनिक यूरोपियन विजेताओं से की है। "ठीक जैसे कि आधुनिक काल में हमारी भेंट फिर एक बार उन योद्धाओं से होती है जो अपने अभियानों में विज्ञान और कला का ध्यान रखते थे, वैसे ही हम सिकंदर को भी देखते हैं कि उसने इस बात का प्रबंध कर दिया था कि एशिया में जो भी नये पशु और पेड़-पौधे मिलें, वे अरस्तू के पास भेज दिये जायें अथवा उनके रेखाचित्र और विवरण भेज दिये जायें।"[90] इस तरह एशिया पर सिकंदर की विजय का सुफल यूरुप को यह मिला कि यूनान में विज्ञान का विकास हुआ। लेकिन सिकंदर के मरते ही उसके गुरु, यूनान में वैज्ञानिक विकास के संयोजक, अरस्तू की हालत खस्ता हो गयी। वह तेरह साल से एथेन्स में विद्यादान कर रहे थे, "लेकिन सिकंदर की मृत्यु के बाद एक तूफान फट पड़ा। लगता है सिकंदर के भय से दीर्घकाल तक यह तूफान रुका रहा था।"[91] यह जनता के आक्रोश का तूफान था और सिकंदर की सैन्य शक्ति उसे अब तक रोके हुए थी। उसके मरते ही वह शक्ति बिखर गयी और एथेन्स के नागरिक उसके सहयोगियों से बदला लेने को उठ खड़े हुए। तूफान आता देखकर अरस्तू भागे; यूबॉइआ के नगर खाल्किस में उन्हें शरण मिली। फिर वह एथेन्स लौटकर नहीं आये, वहीं अगले वर्ष उनका देहांत हो गया।

दर्शन और विज्ञान के लिए स्वतंत्र सामाजिक संस्थाएँ चाहिए। यदि सिकंदर ने ऐसी संस्थाओं का विकास किया होता तो उसके भय से किसी तूफान के रुके रहने की नौबत न आती। यदि स्वयं अरस्तू ने ऐसी संस्थाओं का समर्थन किया होता तो एथेन्स से उनके भागने की नौबत न आती। ऐसी संस्थाओं के अभाव में यूनान का दर्शन विज्ञान ऊपर के थोड़े-से लोगों तक सीमित रह सकता था; यूनानी जनता को उसके अस्तित्व का पता भी न था। अपनी विजय-यात्रा के दौरान सिकंदर ने सुना, अरस्तू ने अपने कुछ उच्च दार्शनिक सिद्धांत लिपिबद्ध कर दिये हैं; तो उसने उन्हें फटकार बताते हुए पत्र लिखा। इसमें उसने कहा कि "उन दोनों ने मिलकर जो कुछ संपन्न किया था, उसे आम जनता को न बताना चाहिए था।

अरस्तू ने इसका यह उत्तर दिया कि यद्यपि वे प्रकाशित हो चुके हैं, पर वास्तव में वे पहले की ही तरह अप्रकाशित हैं।"[92] यूनानी जनता से ज्ञान को छिपाये रहने की यह बात स्वयं हेगल ने लिखी है। और भी, "अपने जीवनकाल में अरस्तू ने अपनी पांडुलिपियों की जानकारी कम-से-कम होने दी। अपने बाकी विशाल पुस्तकालय के साथ वे उन्हें भी अपने उत्तराधिकारी थेओफ्रास्तुस के पास छोड़ गये।"[93] सिकंदर चाहता था कि अरस्तू का सारा ज्ञान केवल उसके लिए हो; यूनानी जनता उस ज्ञान से लाभ उठाये, इसका वह सख्त विरोधी था। कल्पना कीजिये कि यह सिकंदर एशिया में विज्ञान के अंकुर जमाने आया था !

वास्तव में अरस्तू उतने ही एकतंत्रवादी थे जितना सिकंदर था। दोनों को ही जनतंत्र से कोई सरोकार न था। जो श्रेष्ठ है, वह देवतुल्य है; सामान्य जन उससे बराबरी का दावा नहीं कर सकते। "गुणों में और राजनीतिक योग्यता में अपने से हीन लोगों के साथ, समता के आधार पर, यदि श्रेष्ठ जनों को परखा जायेगा, तो यह उनके प्रति अन्याय होगा। कारण यह कि श्रीमान् व्यक्ति मनुष्यों में देवता के समान होता है।"[94] अरस्तू के इस कथन पर हेगल की टिप्पणी है, "यहाँ निस्संदेह अरस्तू के मन में सिकंदर है जिसे ऐसे शासन करना है मानो वह देवता हो, जिस पर कोई भी, कानून भी, अपनी प्रभुसत्ता बनाये नहीं रह सकता।"[95] हेगल पुनः अरस्तू को उद्धृत करते हैं, "उसके लिए कोई कानून नहीं है क्योंकि वह स्वयं कानून है। ऐसे व्यक्ति को शायद राज्य से तो निकाला जा सके पर उसे नियंत्रण के अधीन वैसे ही नहीं किया जा सकता जैसे जुपिटर को। तमाम लोगों के लिए इसके सिवा और कुछ नहीं रह जाता कि वे चुपचाप उसकी अधीनता स्वीकारें और यह उनके लिए नैसर्गिक है—और उस जैसे पुरुषों को पूर्णतः और सदा के लिए राज्यों का बादशाह बनने दें।" इस पर हेगल की टिप्पणी : "यूनानी जनतंत्र का पूरी तरह ह्रास हो गया था। इसलिए अरस्तू अब उसके किसी गुण का उल्लेख न कर सकते थे।"[96]

यूनानी जनतंत्र के ह्रास की उपज हैं अरस्तू। निरंकुश बादशाही के अलावा राज्यतंत्र का और कोई आदर्श रूप उनके सामने नहीं है। अरस्तू के प्रशंसक निरंकुश राज्यसत्ता का ख़ास संबंध एशिया से जोड़ते हैं किंतु स्वयं अरस्तू ने निरंकुश बादशाही का जो समर्थन किया है, उसके बारे में वे चुप रहते हैं। जनतांत्रिक संस्थाएँ कायम रखने से न तो अरस्तू के दर्शन शास्त्र का कोई संबंध था, न सिकंदर के विजय अभियान का। निरंकुश बादशाही मखदूनिया में पनप रही थी। इससे अरस्तू का पुश्तैनी संबंध था। उनके पिता सिकंदर के दादा अमुन्तास के यहाँ राजवैद्य थे। जब सिकंदर पंद्रह साल का हुआ, तब उसके बाप फिलिप ने अरस्तू को उसका शिक्षक नियुक्त किया। सिकंदर अरस्तू से शिक्षा पाने किसी गुरुकुल में भर्ती न हुआ था; राजकुमार को शिक्षा देने के लिए स्वयं गुरुजी राजदरबार में हाज़िर होते थे।

अरस्तू अपने गुरु प्लैटो के सान्निध्य में बीस साल तक रह चुके थे, पर उन्हें प्लैटो की मृत्यु के बाद शिक्षा संस्थान में आचार्य का पद न मिला। प्लैटो ने अन्य विद्वान् को अपना उत्तराधिकारी घोषित कर दिया था। इससे रुष्ट होकर अरस्तू मुसिआ जनपद चले गये और वहाँ निरंकुश शासक हर्मिआस की सेवा में तीन साल रहे। उसकी पुत्री से उन्होंने विवाह किया। जब वह ईरानियों की गिरफ्त में आ गया, तब अरस्तू सपत्नीक भागकर मितुलेनॅ पहुँचे। वहीं से वह सिकंदर के शिक्षक बनकर फिलिप की सेवा में पहुँचे थे। सिकंदर ने जब एथेन्स पर अधिकार किया, तभी अरस्तू वहाँ आचार्य रूप में काम कर सके। जितने दिन सिकंदर अपने लूट-मार अभियान में सफल होता रहा, उतने दिन अरस्तू एथेन्स में बने रहे। उसके बाद, सिकंदर के संसार से विदा होते ही, अरस्तू को एथेन्स छोड़कर भागना पड़ा। उसने और उसके बाप फिलिप ने यूनान के साथ व्यवहार ही ऐसा किया था। यूनानियों के लिए फिलिप बर्बर और असभ्य था, उसने उनकी स्वाधीनता का अपहरण आरंभ कर दिया था। यह योजना फिलिप की थी कि एशिया को जीतने से पहले यूनान को जीता जाये। उसकी असमय हत्या कर दी गयी, वर्ना संभव है, सिकंदर का काम वह स्वयं ही कर जाता। एथेन्स के महान् राजनीतिज्ञ, लोकतंत्रवादी देश-भक्त, प्रभावशाली वक्ता देमोस्थेनॅस ने फिलिप के समय से ही यूनानियों को मखदूनिया के राजा की अन्यायपूर्ण नीति के प्रति सचेत करना आरंभ कर दिया था।

देमोस्थेनॅस महान् राजनीतिज्ञ थे, यह बात हेगल ने भी स्वीकार की है। थलेस आदि यूनान के प्रारंभिक सात विचारकों के प्रसंग में हेगल ने कहा था, "मिल्तिआदॅस, थेमिस्तोक्लॅस, पेरिक्लॅस और देमोस्थेनॅस यूनान की इन महान् हस्तियों जैसे राजनीतिज्ञ वे नहीं थे···।"[97] हेगल ने यह नहीं बताया कि देमोस्थेनॅस क्यों महान् थे। कह सकते हैं, इसकी जरूरत न थी क्योंकि वह दर्शनशास्त्री न थे और हेगल दर्शन शास्त्र का इतिहास लिख रहे थे। पर यदि सिकंदर के महत्त्व प्रतिपादन से इतिहास लेखन में बाधा न पड़ती थी, तो देमोस्थेनॅस पर वह दो पंक्तियाँ अवश्य लिख सकते थे। फिलिप और सिकंदर का विरोध करने के कारण ही देमोस्थेनॅस महान् राजनीतिज्ञ कहलाये थे। अन्य प्रसंग में तो हेगल ने उन्हें महान् राजनीतिज्ञों में गिन लिया पर जहाँ फिलिप और सिकंदर के प्रसंग से उनका सीधा संबंध था, वहाँ चुप रहे। सिकंदर राष्ट्रनिर्माता था, यूनानी संस्कृति का प्रसारक था, इस तरह के समस्त प्रचार को ध्वस्त करने के लिए देमोस्थेनॅस का नाम लेना पर्याप्त है।

एथेन्स की लोकसभा में देमोस्थेनॅस ने कहा, "क्या फिलिप हमारा शत्रु नहीं है ? और बर्बर नहीं है ? उसे जो भी कहा जाये, क्या वह कम न होगा ?"[98] एथेन्स के निवासियो ! तुम्हारे पूर्वजों ने पैंतालीस वर्ष तक "यूनानियों के स्वेच्छित आज्ञापालन पर अधिकार जमाये रखा था।"[99] मखदूनिया का राजा उनकी प्रजा था

"जैसा कि एक बर्बर के लिए उचित है कि यूनानियों की प्रजा हो।"[100]

देमोस्थेनॅस के शब्दों से स्पष्ट है कि मखदूनिया की स्थिति यूनान के बाहर थी। यूनानी भाषा में बर्बरॉस् शब्द उन लोगों के लिए प्रयुक्त होता था जो यूनानी नहीं थे। देमोस्थेनॅस जब फिलिप को बर्बर कहते थे, तब वह एथेन्सवासियों को याद दिलाते थे कि वह यूनानी नहीं है।

यूनान राजनीतिक रूप से एकताबद्ध नहीं था। देमोस्थेनॅस उसे एकताबद्ध करने के पक्ष में थे। वह जानते थे कि फिलिप किसी एक यूनानी राज्य को अपना गुलाम नहीं बनाना चाहता, वह सभी यूनानी राज्यों को दासता के बंधन में जकड़ लेना चाहता है। देमोस्थेनॅस ने कहा, एथेन्स ने स्पार्ता का मुकाबला किया था, "हेलास के अधिकारों की रक्षा के लिए।"[101] (हेलास अर्थात् पूरे यूनान के अधिकारों की रक्षा का प्रश्न है, केवल एथेन्स के अधिकारों का नहीं।) "अभियान के लिए खाद्य सामग्री की कमी है, इसीलिए फिलिप यूनानी नगरों (अर्थात् नगर राज्यों) को गुलाम बना ले," यह लज्जा की बात है।[102] फिलिप "समस्त यूनान के विरुद्ध षड्यंत्र रच रहा है।"[103] यह जानता है कि थेबेस तथा आर्गोस के निवासी "यूनानियों के सामान्य हितों की चिंता न करके निजी हित साधने में लगे रहेंगे।"[104] चौथी सदी ई.पू. में यूनान का इतना आर्थिक विकास हो चुका था कि वहाँ के राजनीतिज्ञ अपने जनपदों के दायरे से बाहर निकलकर यूनानियों के सामान्य हितों की बात सोचें। यूनान के जनपदों में सामान्य जातीयता का विकास हो रहा था; जातीय एकीकरण की इस प्रक्रिया के विरुद्ध फिलिप जातीय विघटन की प्रकिया को बढ़ावा दे रहा था। देमोस्थेनॅस ने कहा, आर्गोस आदि जनपदों के शासक एथेन्स के विरोधी हैं; फिलिप उन्हें घूस देकर फोड़ रहा है और भाड़े के सैनिक भेज रहा है।[105] यूनान के जातीय एकीकरण का लक्ष्य न तो फिलिप के सामने था, न सिकंदर के सामने। इनके सामने हो भी न सकता था क्योंकि यूनान के सबसे पिछड़े हुए जनपदों की तुलना में भी मखदूनिया आर्थिक और सांस्कृतिक दृष्टि से अधिक पिछड़ा हुआ था। यूनानी जनपदों में अत्तिका जनपद सबसे ज़्यादा विकसित था। उसका केन्द्रीय नगर एथेन्स दूर-दूर तक विख्यात था; मखदूनिया का केन्द्रीय नगर कौन था, कोई था भी या नहीं, इसका पता शोधकर्ताओं को ही हो सकता है।

देमोस्थेनॅस यूनानी जाति के एकीकरण में अपने जनपद की भूमिका पहचानते थे। अन्य जनपदों से लोकतांत्रिक आधार पर संबंध मज़बूत करने की नीति उन्होंने अपनायी। इसके लिए उन्होंने आवश्यक समझा कि स्वयं एथेन्स के लोकतंत्र में जो दोष थे, उन्हें दूर किया जाये, लोकतंत्र का संचालन धनी वर्ग के हित में नहीं, जनसाधारण के हित में किया जाये। देमोस्थेनॅस जिस लोकतंत्र की आलोचना कर रहे थे, वह पूँजीवादी जनतंत्र था। थोड़े से आदमियों के हाथ में धन केन्द्रित होने से जनतंत्र में जिस तरह के दोष उत्पन्न होते हैं, वे एथेन्स में दिखाई देने लगे थे।

इस कारण देमोस्थेनॅस ने उसकी जो आलोचना की, वह एशिया और यूरुप के आधुनिक समाजों के लिए अत्यंत प्रासंगिक है।

देमोस्थेनॅस ने कहा, "एथेन्स के लोगो, अन्याय, दगाबाज़ी और झूठ के ज़रिये स्थायी शक्ति प्राप्त करना असंभव है।··· कर्म के बिना सारे शब्द बेकार और खोखले जान पड़ते हैं, विशेष रूप से जब वे एथेन्सवासियों के मुँह से निकलते हैं। बातें बनाने में जितनी ही हमारी ख्याति बढ़ती है, उतनी ही उससे हमारे प्रति सभी लोगों में अविश्वास की भावना पनपती है।"[106] कथनी और करनी में भेद रखने के लिए पूँजीवादी जनतंत्र बदनाम हैं। जितना ही संपदा केन्द्रित होती है, उतना ही इस तरह का भेद बढ़ता है। उसी अनुपात में इस जनतंत्र के भीतर अन्याय और भ्रष्टाचार में वृद्धि होती है। देमोस्थेनॅस ने कहा, सैन्य संगठन के लिए धन संग्रह करो, स्थायी सेना बनाओ, "तब यह स्थिति न होगी कि हमेशा एक ही सवाल पर बहस करते रहो और प्रगति कुछ भी न कर सको।"[107] पूँजीवादी संसद् बदनाम हैं कि उनमें बातें बहुत होती हैं, काम नहीं के बराबर होता है। देमोस्थेनॅस ने इसी खामी की आलोचना की थी।

देमोस्थेनॅस ने जनता के हितों की उपेक्षा करके धन बटोरने वालों की ओर एथेन्स के नागरिकों का ध्यान आकर्षित किया। उन्होंने कहा, कुछ लोगों की समझ में विदेश नीति असफल हुई तो क्या, घरेलू नीति सफल हुई है, साफ-सुथरी सड़कें, सुंदर भवन, जल संस्थान आदि सामने हैं। "जिनके राजनीतिक कौशल ने यह सब किया है, जरा उनकी तरफ देखिये। इनमें कुछ निर्धन थे, अब वे धनी हो गये हैं; कुछ अज्ञात नाम थे, अब वे सरनाम हैं, कुछ ने निजी आवास बनाये हैं जो सार्वजनिक भवनों से अधिक भव्य हैं; नगर का भाग्य जितना ही नीचे गिरता गया, उतना ही इनकी किस्मत बुलंदियों तक पहुँचती गयी।"[108] पूँजीवादी जनतंत्र में देश सेवा के नाम पर इसी तरह राजनीतिज्ञ लाभ उठाते हैं।

देमोस्थेनॅस विदेश नीति और गृहनीति का संबंध समझते थे। इनमें एक प्रगतिशील है, दूसरी प्रतिक्रियावादी, ऐसा वह न मानते थे। एथेन्स ने अंतरजनपदीय मामलों में अपनी भूमिका न निबाही, इसलिए फिलिप शक्तिशाली बनता गया। "हमने इस शक्तिशाली प्रतिद्वंदी के लिए प्रशिक्षण भूमि की व्यवस्था कर दी है। यदि ऐसा नहीं है तो कोई आगे आये और मुझे बताये कि हमारे अलावा और कौन है जिसने फिलिप को शक्तिशाली बनाया है?"[109] एथेन्स के धनीवर्ग की विदेश नीति के फलस्वरूप जितना ही फिलिप शक्तिशाली बना था, उतना ही नगर की जनता अशक्त हो गयी थी। पहले जब धन का इतना केन्द्रीकरण न हुआ था, तब जनता शक्तिशाली थी। एथेन्सवासियों को उन दिनों की याद दिलाते हुए देमोस्थेनॅस ने कहा,"उस समय जनता में काम करने और लड़ने का साहस था, राजनीतिज्ञों को वह अपने नियंत्रण में रखती थी, सभी पुरस्कारों को देने वाली वह स्वयं थी।

बाकी सभी लोग जनता के हाथ से सम्मान, अधिकार और पुरस्कार पाकर खूब संतुष्ट रहते थे। इसके विपरीत आज थैली राजनीतिज्ञों के हाथ में है और वही सब प्रबंध करते हैं। और तुम जो जनता हो, दमखम गँवा बैठे हो, तुम्हारा धन और तुम्हारे सहयोगी हर लिये गये हैं, तुम गिरकर चाटुकारों और मुसाहबों की सतह पर आ गये हो, सार्वजनिक निधि से राजनीतिज्ञ तुम्हें कुछ दान कर दें तो तुम संतोष कर लेते हो।"[110]

यह सब कहने के लिए नैतिक साहस दरकार था। धनी वर्ग के समर्थकों, देमोस्थेनॅस के विरोधियों की कमी न थी। फिलिप का कुछ न बिगाड़ पाने पर वे अपना गुस्सा उन पर उतारने को तैयार रहते थे। पूँजीवादी जनतंत्र में भाषण की स्वाधीनता खतरे में थी। देमोस्थेनॅस ने कहा, "इन दोषों के लिए जो ज़िम्मेदार हैं, उनकी तुलना में मुझसे, इन दोषों को दिखाने वाले से तुम ज़्यादा कठोर व्यवहार करो, तो मुझे आश्चर्य न होगा। कारण यह कि प्रजा में हर व्यक्ति को तुम भाषण की स्वाधीनता नहीं देते, और दरअसल मुझे अचंभा है कि इस समय तुमने वह स्वाधीनता मुझे दी है।"[111]

कुछ धनी व्यक्ति, उनके पिछलगुए राजनीतिज्ञ, इनका अनुसरण करनेवाली जनता, पूँजीवादी जनतंत्र की यह हालत थी। देमोस्थेनॅस ने बार-बार इस बात पर ज़ोर दिया कि राजनीतिज्ञों पर जनता का नियंत्रण होना चाहिए, सत्ताधारी वह स्वयं है, इसी के अनुरूप उसे काम करना चाहिए। देमोस्थेनॅस ने साथी नागरिकों से कहा, "एक बार तुम्हें फिर अपने मालिक बनना है। तुम्हें सबको समान रूप से बोलने, सलाह देने और काम करने का अवसर देना चाहिए। लेकिन यदि तुम लोगों के एक वर्ग को यह अधिकार देते हो कि निरंकुश बादशाहों की तरह वे आदेश जारी करते रहें और दूसरे वर्ग को बाध्य करते हो कि वह जहाज़ों को सुसज्जित करे, लड़ाई का टैक्स भरे और मैदान में जाकर लड़े, और तीसरा वर्ग ऐसा हो जो उस पर (उक्त दूसरे वर्ग पर) यह सितम ढाने के लिए वोट देता रहे, इसके अलावा और कोई सार्वजनिक दायित्व न निभाये, तो तुम कभी भी उचित समय पर कोई ढँग का काम न कर पाओगे। अपने प्रति अन्याय की शिकायत करने वाला एक वर्ग बना रहेगा, वह हमेशा तुम्हारा साथ न देगा, तब तुम्हारा यह विशेषाधिकार होगा कि शत्रु के बदले तुम उसे दंड दो।"[112]

एथेन्स के समाज में किस तरह का वर्ग भेद था, यहाँ देखा जा सकता है। दास इस समाज के बाहर हैं, वे अंत्यज हैं। जो यूनानी हैं, स्वाधीन नागरिक हैं, उनमें यह वर्गभेद है। सत्ता धनी वर्ग के हाथ में है। निर्धन वर्ग का काम युद्ध के लिए साज-सामान जुटाना और युद्धभूमि में लड़ना भी है। इनके बीच में तीसरा वर्ग है जो वोट देकर धनी वर्ग को सत्ताधारी बनाये रहता है, निर्धन वर्ग पर सितम ढाने में धनी वर्ग की मदद करता है। देमोस्थेनॅस मूलतः निर्धन वर्ग का आह्वान

करते हैं कि वह अपनी शक्ति पहचाने और अपने पुरखों की तरह राजनीतिज्ञों पर नियंत्रण रखे। जनतंत्र को सुधारना है, जातीय एकता को सुदृढ़ करना है, फिलिप का जमकर मुकाबला करना है, सैन्यदल को नयी तरह से संगठित करना है, देमोस्थेनॅस के लिए ये सारे कार्य आपस में संबद्ध थे। इन्हें संपन्न करने के लिए उन्होंने एथेन्सवासियों को उनकी जातीय विरासत की याद दिलायी, उन्हें उस पर गर्व करना सिखाया, देश और जनतंत्र की रक्षा के लिए उन्होंने इस विरासत के भाव को महान् प्रेरक शक्ति बना दिया। कहाँ देशभक्त देमोस्थेनॅस, कहाँ लुटेरा फिलिप और उसका बेटा सिकंदर !

(5)

पुराने योद्धाओं के साहस, देशभक्ति और रचनाशक्ति की प्रशंसा करते हुए देमोस्थेनॅस ने कहा, "मानव जाति में केवल उन्होंने अपने कार्यों से ऐसी कीर्ति छोड़ी है जो समस्त निंदाचार से बढ़कर है। हेलास की दुनिया में उनका दर्जा ऐसा ही था।" राजकीय संपदा से उन्होंने ऐसी सुंदर वस्तुओं का निर्माण किया कि "हम जो उनके बाद आये हैं, मन मारकर ही रह जायेंगे कि इनसे बढ़कर कुछ बना पायेंगे।" पर वे इतने विनम्र थे कि विख्यात पुरुषों के आवास उनके पड़ोसियों के घरों से रत्तीभर अधिक भव्य नहीं थे। "उनके राजनीतिक कौशल में स्वार्थी लोभ के लिए स्थान न था। उनमें प्रत्येक जन यही सोचता था कि सामान्य सुख-सुविधा को बढ़ाना उसका कर्तव्य है। इस तरह अपने साथी यूनानियों के प्रति दृढ़ निष्ठा से, देवताओं के प्रति धर्माचरण से और आपस में अपनी समानता से वे महान् समृद्धि के योग्य थे और वह उन्हें प्राप्त हुई।"[113]

देमोस्थेनॅस के सामने सारा देश था, सारे देशवासी थे। जातीय एकता का आधार ऐसा जनतंत्र था जिसमें सभी नागरिकों के अधिकार समान थे। स्थापत्य, शिल्प और साहित्य की महान् उपलब्धियाँ उस समय की थीं जब संपत्ति का अतिशय केन्द्रीकरण न हुआ था। जब धनी और निर्धन का भेद तीव्र न हुआ था। संपत्ति के केन्द्रीकरण का एक परिणाम यह हुआ कि लोकसभा के वक्तागण अपनी वक्तृत्व कला का उपयोग लोकहित के लिए नहीं, धनी संरक्षकों की प्रसन्नता के लिए करने लगे। देमोस्थेनॅस ने कहा, "एन्थेस के लोगो, जिन्हें तुम्हारे पुरखों के ज़माने की श्रेष्ठ उपलब्धियाँ कहा जा सकता है, उनके बारे में सोचो और जो तुम्हारे समय की हैं, उनके बारे में सोचो।" उनके वक्ता चाटुकार नहीं थे, वे खुशामद न करते थे।[114] हमारे कुछ भाषणकर्ता लोगों में वाहवाही लूटने के पीछे दौड़ते हैं। हमारी आज की दुरवस्था इसी का परिणाम है।[115]

संपत्ति के हिसाब से एथेन्स के नागरिक चार वर्गों में बँटे हुए थे। जो सबसे धनी थे, वे युद्ध के लिए खर्च का हिसाब तैयार करते थे और उसे उनसे वसूल करते थे जो कम धनी थे। लोकसभा में प्रत्येक दल का एक भाषणकर्ता होता था,

उसका कृपापात्र कोई विशेष सेनापति होता था। और भाषण के समय जय-जय करने वालों का दल होता था। स्वभावतः सैन्यदलों में भ्रष्टाचार फैला हुआ था। देमोस्थेनॅस ने नागरिकों से कहा, तुम जितने भी सेनापति भेजते हो, वे युद्ध को अपने आप जैसे चले, वैसे चलने को छोड़ देते हैं और अपने छोटे-मोटे युद्ध चलाने में व्यस्त हो जाते हैं। सेनानायक अपने विजयी अभियानों की कथा कहते हैं, तुम उन्हें निर्दोष मान लेते हो। परिणाम यह कि तुम खुद आपस में झगड़ने लगते हो और राज्य के हितों की हानि होती है।[116]

देमोस्थेनॅस ने प्रस्ताव किया, "सभी लोग न्यायपूर्ण ढँग से धन दें, हर व्यक्ति अपने साधनों के अनुरूप दे, सब लोग बारी-बारी से यों सैनिक कार्य करें कि अभियाान में सभी हिस्सा ले चुके हों। जो लोग भी तुम्हारे सामने बोलना चाहें, उन्हें निर्बाध बोलने दिया जाये। जो सबसे अच्छी सलाह दे, उसकी बात मानो। यह नहीं कि जिस-तिस ने मन में जो आया सो कह दिया और तुमने उसे मान लिया। यदि तुम यह करोगे तो भाषणकर्ता को तुरंत बधाई दोगे और आगे जाति के उद्देश्य को जब फलते-फूलते देखोगे, तब स्वयं को बधाई दोगे।"[117]

एथेन्स के धनी वर्ग के लिए, स्वयं लड़ने के बदले, भाड़े पर सैनिक जुटाना ज़्यादा आसान था। इस तरह शत्रु से देश की रक्षा न की जा सकती थी। देमोस्थेनॅस ने नगरवासियों को समझाया—जिस युद्ध के लिए तुम उन्हें पैसा देकर बुलाते हो, उसे एक बार उपेक्षा से देखकर अपने जहाज़ों में वे किसी और के पास चल देते है; सेनानायक आमतौर से उनका अनुसरण करता है। वह उन्हें वेतन नहीं दे पाता, इसलिए उन पर हुकुम भी नहीं चला सकता। तुम सेनानायक निर्वाचित करते हो, जो मोर्चे पर गया, उस एक को छोड़कर बाकी सब तुम्हारे जलूसों की शोभा बढ़ाते हैं। धन संग्रह के जो स्रोत हैं, उनका उपयोग करो।[118] "जब-तब की फौजी भर्ती से हमें संतोष न करना चाहिए, वर्ना हर काम के लिए बहुत देर हो जा्येगी। हमें एक नियमित स्थायी सेना का भरोसा करना चाहिए। पहले धन संग्रह करो, फिर सैनिकों, जहाजों, घुड़सवारों को उनकी सज्जा प्रदान करो, जब तक युद्ध चले, तब तक सेवाकार्य के लिए कानून द्वारा उन्हें प्रतिबंधित करो। निधि से धन का व्यय तुम स्वयं करो, अपने सेनानायक से उसके अभियान का विवरण प्राप्त करो।"[119] युद्ध का सारा प्रबंध बिगड़ा हुआ है। बेवक्त की मधुर शब्दावली वास्तव में अभिशाप है। यदि हम खुद को धोखा दें, काम का वक्त यों ही निकल जाने दें, यदि हम यह सबक न सीखें कि युद्ध का सही प्रबंध करने के लिए तुम्हें घटनाओं के रुख का अनुसरण नहीं करना वरन् पहले से उनके लिए तैयार रहना है, तो यह शर्म की बात होगी। राजनीतिज्ञों को अपनी नीति अमल में लानी है तो उन्हें परिस्थितियों का संचालन करना चाहिए। यह नहीं कि अचानक जो कुछ हो गया, उसके पीछे दौड़ पड़े। फिलिप कहाँ गया, क्या कर रहा है, यह सुनकर तुम अपनी मुहीमें

आयोजित करते हो। कूच का हुकुम तुम्हें उससे मिलता है। तुम्हारी अपनी कोई योजना नहीं है। उसने जो कुछ हथिया लिया है, उससे वह संतोष कर ले तो तुम में से कुछ लोग भी उस स्थिति से बिल्कुल संतुष्ट हो जायेंगे "जिससे हमें घोर लज्जा में डूबना होगा और कायरों की जाति के रूप में कलंकित होना पड़ेगा। लेकिन सदा कुछ नया कर डालने के प्रयत्न से, सदा और भी शक्ति बटोरते जाने से वह तुम्हें भी झकझोर देगा यदि तुमने एकदम आशा त्याग ही न दी होगी।" शुरू में हमारा लक्ष्य था—फिलिप को सज़ा दें; आखिर में लक्ष्य रह गया—किसी तरह उसकी मार से बच जायें।[120]

दूसरे महायुद्ध से पहले फ्रान्स की स्थिति का स्मरण करना यहाँ उचित होगा। फ्रान्स के धनी वर्ग के पास साधनों की कमी न थी पर वह युद्ध के लिए उनका उपयोग न करना चाहता था। वह सोचता था, हिटलर ने उधर जितना ले लिया, लिये रहे, इधर न आये। तुष्टीकरण की यह नीति फ्रान्स को बहुत महँगी पड़ी।

पूँजीवादी जनतंत्र जितना ही तानाशाही को तुष्ट करता था, उतना ही वह शक्तिशाली होती जाती थी। लेकिन इस पूँजीवादी जनतंत्र में घुन लगा हुआ था, धनी और निर्धन के भेद से वह कमजोर हो गया था। इस स्थिति में कुछ लोग सोचते थे, जनतंत्र से कुछ न होगा, तानाशाही को स्वीकारने से ही देश का उद्धार होगा। तानाशाही का समर्थक एक दल जैसे फ्रान्स में था, वैसे ही बहुत दिन पहले यूनान में भी था। देमोस्थेनॅस उसके विरोधी थे। तानाशाही के सामने आत्मसमर्पण का सवाल न था। साथ ही जनतंत्र जैसा था, वैसा ही रहे तो उससे काम चलने वाला न था। धनी वर्ग का आधिपत्य खत्म करके उसे वास्तविक जनतंत्र बनाना था, पूँजीवादी के बदले उसे लोकवादी बनाना था। देमोस्थेनॅस ने जो कुछ कहा, उसका सारतत्व यही था। इस जनतंत्र को सुधार कर ही जाति को एकताबद्ध किया जा सकता था, जातीय स्वाधीनता की रक्षा की जा सकती थी।

हिटलर का नात्सीदल संस्कृति का शत्रु है, फासिस्टवाद के हमले से अपनी सांस्कृतिक विरासत की रक्षा करनी है— यह बात आज चाहे लोग भूल गये हों, चालीस-पचास साल पहले वह उन्हें खूब याद थी। दूसरे महायुद्ध के दौरान सांस्कृतिक विरासत पर गर्व करने का भाव फासिस्ट हमलावरों से लड़ने में महान् प्रेरणा बन गया। फिलिप और सिकंदर का विरोध करके देमोस्थेनॅस स्वयं इस विरासत का मूल्यवान अंश बन गये। यूनान पर जब रोमन भूस्वामी शासन कर रहे थे, तब 'उदात्त' पर अपने विख्यात निबंध में लोंगिनुस ने देमोस्थेनॅस के भाषणों से अनेक उद्धरण देकर यूनानियों को उनके पूर्वजों के वीर कर्मों की याद दिलायी। उदात्त के श्रेष्ठ उदाहरण उन्होंने देमोस्थेनॅस के गद्य में देखे। उदात्त के निदर्शन के लिए उन्होंने होमर और प्लैटो के साथ देमोस्थेनॅस को उद्धृत किया। फ्रान्स जैसे देशों के सामने जो कार्य नात्सी आक्रमण की पूर्व वेला में था, वह भारत जैसे देशों के सामने

साम्राज्यवादी दबाव के पुराने और नये दौरों में बराबर बना रहा। पूँजीवादी जनतंत्र को लोकवादी जनतंत्र बनाने का सवाल फ्रान्स और प्राचीन यूनान के सामने था, वह भारत के सामने भी है।

देमोस्थेनॅस के सामने नयी राजनीति थी, उसी के अनुरूप नयी समर नीति थी। उस पर अमल करने में तो बाधाएँ थीं ही, उस पर भाषण करने में भी बाधाएँ थीं। पूंजीवादी जनतंत्रों के इतिहास में ऐसी स्थिति अनेक बार उत्पन्न हुई है कि इन जनतंत्रों को तानाशाही का मुकाबला करना है पर जो लोग तानाशाही का सुसंगत रूप से विरोध करते हैं, वे उन्हीं के भाषण पर प्रतिबंध लगाते हैं। कुछ ऐसी ही स्थिति देमोस्थेनॅस के सामने थी। इसीलिए अनेक बार उन्होंने जोर दिया था कि जो बोलना चाहे, उसे इसके लिए अवसर देना चाहिए। एक ओर थी फिलिप की तानाशाही, दूसरी ओर था एथेन्स का जनतंत्र। तानाशाही का मुकाबला करो, जनतंत्र को लोकवादी रूप दो, जनता को आधार बनाकर नयी समर नीति लागू करो। यह थी नयी क्रांतिकारी नीति।

देमोस्थेनॅस ने कहा, फिलिपि को युद्ध से जो यश मिलता है, उसमें प्रजा का हिस्सा नहीं है। हर लड़ाई का सारा यश वह अपने लिए चाहता है। उसके अनेक दोषों में कभी न तृप्त होने वाली महत्वाकांक्षा है। यदि कोई भला, ईमानदार आदमी उसके दैनिक जीवन की विलासिता, मद्यपान और नग्न नृत्यलीला सहन न कर पाये तो उसे बेकार समझकर एक ओर धकिया दिया जाता है। एक आदमी जो वहाँ रह चुका था और जिसे झूठ बोलना आता ही नहीं, कहता था,"उसके दरबार में बाकी सब लोग डाकू और चापलूस हैं।" उत्तर और दक्खिन के इन अभियानों से प्रजा त्राहि-त्राहि करती रहती है। व्यवसाय के लिए, पैदावार को यथास्थान पहुँचाने के लिए उसे समय नहीं मिलता क्योंकि "युद्ध ने उसके देश की सभी मंडियों को बंद कर रखा है।"[121] फिलिपि की युद्धनीति से वणिज व्यापार की भारी क्षति हो रही थी किंतु महान् विजेता कहलाने की महत्वाकांक्षा के आगे उसे इस सब की चिंता न थी। देमोस्थेनॅस शांति चाहते थे पर तानाशाही के गुलाम बनकर नहीं। फिलिप ने अपनी शक्ति के प्रदर्शन के लिए अनेक उपाधियाँ अपने नाम के साथ जोड़ ली थीं। देमोस्थनॅस ने कहा, स्वतंत्रता से इन उपाधियों का मेल नहीं है। "कारण यह कि हर बादशाह निरंकुश होता है, कानून और स्वतंत्रता का पक्का दुश्मन होता है। सावधान ! ऐसा न हो कि युद्ध से बचने के फेर में तुम किसी को अपना मालिक बना लो।"[122] (देमोस्थेनॅस ने यह बात मेसेनिया के निवासियों से कही थी।) तानाशाही के संदर्भ में कानून का उल्लेख ध्यान देने योग्य है। तानाशाह निरंकुश होता है, वह स्वयं को कानून से परे मानता है। गैरकानूनी हिंसा– तानाशाही का यह सारतत्व है। हिंसा–राज्यसत्ता की दंडनीति– पूँजीवादी जनतंत्र में भी होती है पर वह कानून द्वारा नियंत्रित होती है, तानाशाही की हिंसा अनियंत्रित होती है, वह

नागरिक स्वतंत्रता का नाश कर डालती है।

देमोस्थेनॅस ने प्रस्ताव किया : सैनिक सेवा के लिए वेतन निश्चित करो। सब के लिए एक-सी व्यवस्था का विधान करो जिससे कि "प्रत्येक नागरिक सार्वजनिक निधि से अपना आवंटित भाग पाये, राज्य की सेवा के लिए अपने उपयुक्त स्थान पर काम करे। आयु और अवसर के अनुरूप हर आदमी को उसका कार्य सौंपना चाहिए।"[123] एक सैन्यदल तैयार करो। दस-बीस हज़ार भाड़े के सैनिक—कागज़ पर ऐसी सेना बहुत शक्तिशाली जान पड़ती है। ऐसी नहीं। वह वास्तव में एथेन्स का सैन्यदल हो। अपने सेनानायक की आज्ञा माने, जिसे भी तुमने इस पद के लिए नियुक्त किया हो। उसके दाना पानी की व्यवस्था करो। शुरूआत छोटे पैमाने से करो। कुल दो हज़ार आदमी हों, इनमें पाँच सौ एथेन्स के नागरिक हों। निश्चित अवधि के लिए बारी-बारी से वे सैनिक सेवा करें। मैं इस आकार के दल का प्रस्ताव इसलिए कर रहा हूँ कि एक जगह उससे (फिलिप से) जमकर लड़ने के लिए जैसा दल उपयुक्त है, वैसा दल तैयार करना हमारी शक्ति से बाहर है।

"शुरू में हमें छापेमार युद्धनीति (पॉलॅमॉउ ख्रीस्थइ—guerilla tactics) अपनानी चाहिए।"[124]

छापेमार युद्ध इससे पहले भी हुआ होगा पर लोकवादी राजनीति के साथ समरनीति के रूप में उसका सचेत उल्लेख संभवतः यहाँ पहली बार हुआ है। देमोस्थेनॅस यूनान की वास्तविक स्थिति से भली भाँति परिचित थे। सैन्य संगठन की लंबी-चौड़ी योजनाएँ प्रस्तुत न करके साधनों के अनुरूप उन्होंने छोटे सैन्यदल से शुरूआत करने को कहा। उन्होंने छापेमार युद्धनीति अपनाने को कहा और यह नीति जनता के भरोसे ही अमल में लायी जा सकती थी। देमोस्थेनॅस ने एक बात और कही कि युद्ध लगातार चलाया जाये जिससे फिलिप कभी चैन से न बैठ सके।[125] औरंगजेब के विरुद्ध शिवाजी ने जिस ढंग से छापेमार लड़ाई चलायी, उससे साबित हो गया कि जनता का समर्थन मिलने पर अपने से अधिक शक्तिशाली शत्रु से सफलतापूर्वक युद्ध किया जा सकता है।

देमोस्थेनॅस ने गतिशील युद्ध का समर्थन किया था। किसी एक जगह जमकर लड़ना, इसके लिए शत्रुदल के अनुपात से उपयुक्त संख्या वाली सुसज्जित सेना चाहिए। पर जब तक यह न हो, तब तक क्या करना चाहिए ? देमोस्थेनॅस ने कहा, शुरूआत छापेमार युद्ध से करो। इसका अर्थ यह था कि अवसर आने पर बड़ी सेना तैयार करो और स्थानबद्ध लड़ाइयाँ भी लड़ो। एक महत्वपूर्ण बात यह कि घर में बैठे रहकर शत्रु के आने की राह न देखनी चाहिए। फिलिप थ्राके जनपद में घुसा हुआ था। एथेन्स से वह अभी दूर था। लेकिन देमोस्थेनॅस ने कहा, हमें थ्राके पहुँचकर उससे युद्ध करना चाहिए। यह व्यक्ति बरसों से हमें लूटता और अपमानित करता रहा है। भविष्य हमारे हाथ में है। "यदि हम अभी थ्राके में लड़ना मंजूर नहीं

करते, तो संभव है, हम उससे यहाँ अपने घर में लड़ने को बाध्य हों।"[126] देमोस्थेनॅस की आशंका सही साबित हुई। फिलिप ने नहीं तो सिकंदर ने एथेन्स पर अधिकार किया। थेबेस नगर लड़ा। सिकंदर ने पूरे नगर को ध्वस्त कर दिया। एथेन्स के धनी वर्ग ने देमोस्थेनॅस को नगर से निर्वासित कर दिया और सिकंदर की प्रभुता स्वीकार कर ली।

यूनान के स्वाधीनता संग्राम में देमोस्थेनॅस के योगदान का महत्व सिकन्दर के प्रशंसक भी स्वीकार करते हैं। इनमें इतिहासकार ब्यूरी हैं। उनके दिये हुए कुछ रोचक तथ्य इस प्रकार हैं : फिलिप ने एथेन्स में कुछ लोगों को घूस देकर अपने समर्थक तैयार किये थे। इनका नेता ऐस्खिनॅस था। देमोस्थेनॅस ने उस पर महाभियोग लगाया था कि वह घूस लेता है। जो लोग फिलिप से लड़ने के विरोधी थे, उनका नेता फिलोक्रतेस था। उस पर हुपॅरइडॅस नाम के वक्ता ने विश्वासघाती होने का अभियोग लगाया। फिलोक्रतेस को मृत्युदंड दिया गया और वह एथेन्स छोड़कर भाग गया।[127] स्पार्ता में फिलिप का प्रभाव निरस्त करने के लिए देमोस्थेनॅस ने वहाँ के नगरों का दौरा किया। उन्होंने मखदूनियाई हमलावर के विरुद्ध अखिल यूनानी संघ बनाने का आह्वान किया। वह इतने प्रभावशाली थे कि "धनी वर्ग के तीव्र विरोध के बावजूद" वह ऐसा कानून बनवा सके कि जहाज़ सुसज्जित करने का खर्च नागरिक अपनी संपत्ति के अनुपात से दें।[128] एथेन्सवासियों को उन्होंने समझा-बुझाकर राज़ी कर लिया कि वे अपनी उत्सवनिधि का उपयोग युद्ध के लिए करें।

फिलिप ने बाइज़ैन्टिअम (बुज़ान्तिऑन—भविष्य में कुस्तुन्तुनिया नाम से प्रसिद्ध) का घेरा डाला। इसके बाद देमोस्थेनॅस का प्रभाव तेजी से बढ़ा और वह एथेन्स की नीति के निर्देशक बन गये। "उनकी ऊर्जा, उनका कौशल आश्चर्यजनक थे।"[129] बाइज़ैन्टिअम नगर एथेन्स द्वारा गठित संघ में शामिल हुआ, फिलिप को नगर का घेरा उठा लेना पड़ा। देमोस्थेनॅस थेबेस नगर राज्य को एथेन्स का सहयोगी बना सके, यह उनकी सबसे बड़ी सफलता थी।[130] "यूनान में मखदूनिया को बाहरी ताकत माना जाता था।"[131] एथेन्स, स्पार्ता, कोरिन्थ, आर्गोस, थेबेस—इनका "सामान्य अंतर्जातीय (वास्तव में सामान्य अंतर्जनपदीय) इतिहास था। मखदूनिया का प्रभुत्व उन्हें ऐसा लगता था जैसे कोई उचक्का भीतर घुस आया हो।" यह प्रभुत्व उनके लिए "स्वाधीन लोकराज्यों पर निरंकुश पातशाही की विजय" ("the triumph of an absolute monarchy over free commonwealths") भी था।[132] फिलिप ने यूनान के राज्यों से प्रतिनिधि बुलाकर सभा की और एशिया पर हमला करने की योजना बनायी। इस योजना को अमल में लाने के लिए अखिल यूनानी प्रयत्न न किया गया, उसके लिए कोई उत्साह न था। "मखदूनिया के प्रति सभी में सामान्य परनिर्भरता थी किंतु मखदूनियाई शक्ति के उद्देश्यों के प्रति कोई उत्साह न था, यूनान के नेता और पथदर्शक के रूप में उसके प्रति आस्था न थी।"[133] एशियाई

समुद्र तटवर्ती द्वीपों ने विचार किया कि जलमार्गों पर फिलिप का अधिकार हो गया तो वह उनके व्यापार पर टैक्स लगायेगा, इसके सिवा वह उनके जहाज़ हथियाकर मखदूनियाई बेड़े का निर्माण आरंभ करेगा।

ब्यूरी के उक्त विवरण से ज्ञात होता है कि सिकंदर ईरान के विरुद्ध यूनानी बेड़े का उपयोग क्यों न कर सका। यूनान के व्यापारियों को भय था कि सिकंदर उनका व्यवसाय तबाह कर देगा। लघु एशिया का प्रसिद्ध नगर मिलेतॉस बहुत बड़ा व्यापार केन्द्र था और बंदरगाह था। ईरानी बेड़ा नजदीक था। इससे लाभ उठाकर मिलेतॉस ने सिकंदर का विरोध किया। सिकंदर ने अपना बेड़ा भंग कर दिया और घोषणा की कि वह स्थल युद्ध में ईरानी बेड़े को हरायेगा। आशय यह कि जहाज़ों का भरोसा न करके वह स्थल सेना के द्वारा तटवर्ती नगरों का घेरा डालेगा और उन्हें परास्त करेगा। यूनान के लोग सारे भूमध्यसागरीय क्षेत्र में जहाज़रानी के लिए प्रसिद्ध थे। स्पार्ता से लंबे संघर्ष में एथेन्स ने जहाज़ों के बल पर अपनी रक्षा की थी। ईरानी शासक यूनान पर अधिकार नहीं कर सके तो इसका भी एक महत्वपूर्ण कारण उसकी जहाज़ी शक्ति थी। इस शक्ति का उपयोग सिकंदर ईरान के विरुद्ध नहीं कर सका। यही नहीं, यूनान के अनेक जलसेना नायक इस समय अपने शत्रु के शत्रु अर्थात् ईरान से जा मिले। ईरानी जलसेना का नायक मेमूनॉन यूनानी था। उसकी अचानक मृत्यु हो जाने से सिकंदर का मार्ग अवश्य सुगम हो गया। लेकिन हजारों यूनानी ईरान की स्थल सेना के साथ मिलकर सिकंदर से लड़े। 334 ई.पू. की गर्मियों में जब ईरानी सेना से सिकंदर की पहली टक्कर हुई तब हज़ारों यूनानी उससे वीरतापूर्वक लड़े। सिकंदर इनमें से दो हजार को बंदी बनाने में सफल हुआ। जंजीरें डालकर इन्हें सिकन्दर ने मखदूनिया भेज दिया। दो साल बाद ईरान का बादशाह दारिउस जब पीछे हट रहा था, तब भी यूनानी सैनिक उसके साथ थे। दारिउस के एक संबंधी ने विश्वासघात करके जब उसे मार डाला, तब यूनानी सैनिक उत्तर की ओर पहाड़ों में चले गये।[134] इतिहासकार इन्हें भाड़े के सैनिक कहते हैं पर यूनान के लोग सिकंदर के विरुद्ध अपनी स्वाधीनता के लिए लड़े, इस तथ्य को झुठलाया नहीं जा सकता।

सिकंदर के पिता फिलिप की हत्या कर दी गयी थी। यूनान में इस हत्या की जो प्रतिक्रिया हुई, वह शिक्षाप्रद है। इतिहासकार ब्यूरी के अनुसार थ्राके और इल्लीरिआ के जनपद, कोरिन्थ के नेतृत्व वाले संघ के सदस्य, फिलिप की मृत्यु से लाभ उठा कर, उसके किये-धरे पर पानी फेरने को उठ खड़े हुए। "एथेन्स ने अपनी प्रसन्नता छिपाये बिना फिलिप की मृत्यु के समाचार का स्वागत किया। देमोस्थेनॅस के कहने से फिलिप को मारने वाले (पउसानिअस) का सम्मान करते हुए एथेन्स ने एक आदेशपत्र जारी किया। रणभेरी बजा दी गयी, अत्तलुस (फिलिप की दूसरी पत्नी के पिता) और ईरान के पास दूत दौड़ाये गये और यूनान को उत्तेजित किया गया कि

वह मखदूनियाई जुआ उतार फेंके।"[135] मखदूनियाई जुआ उतार फेंकने के लिए दूत ईरान के पास भेजे गये, यह तथ्य ध्यान देने योग्य है। दारिउस के यहाँ यूनान से जो दूत पहुंचे, उनमें एक स्पार्ता का था, एक एथेन्स का और दो थेबेस के। "यूनान... गुप्त रूप से यूनान के साथ मिलकर षड्यंत्र कर रहा था।"[136] दो-चार षड्यंत्रकारियों का सवाल नहीं था, पूरा ईरान षड्यंत्र कर रहा था। दारिउस की ओर से तीस हजार यूनानी सैनिक लड़े थे। ये भाड़े के सैनिक नहीं थे, इसका प्रमाण ब्यूरी की यह उक्ति है : "जब पता चला कि दारिउस फरात नदी पार कर रहा है, तब एथेन्स में लोग आशा कर रहे थे और दुआ माँग रहे थे कि ईरानी फौज मखदूनियाइयों को कुचल डाले।"[137] जो लड़ न सकते थे, वे दुआ माँग रहे थे; जो लड़ सकते थे, वे ईरानी फौज के साथ मिलकर सिकंदर से लड़ रहे थे।

लघु एशिया के नगरों को जीतने में सिकंदर की फौज को दो साल लगे। इसका एक कारण यह था कि बहुत जगह ईरानी और यूनानी मिलकर सिकंदर से लड़े। मिलेतॉस नगर में ईरानी सैनिक दस्ते का नायक एक यूनानी था। सिकंदर ने समुद्री लड़ाई से बचने का फैसला किया क्योंकि "यूनान से सक्रिय सहायता मिलेगी, इस ओर से वह निराश हो गया था।"[138] ईरानी जलसेना नायक मेम्नॉन अपने अभियान में बहुत जगह सफल हुआ, तब सिकंदर के लिए खतरा पैदा हुआ कि "इन सफलताओं से यूनानियों को विद्रोह के लिए प्रोत्साहन मिल सकता है।"[139] स्पार्ता के राजा अगिस ने जब समुद्र तट के पास ईरानी बेड़ा देखा, तब वह उसके नायकों से मिलने गया। उसने उनसे आर्थिक और सैनिक सहायता माँगी जिससे कि मखदूनिया के विरुद्ध वह विद्रोह संगठित कर सके।[140] ईरान को अपने बेड़े के लिए काफी जहाज़ फिनीशिया से प्राप्त हुए थे।[141] फिनीशिया, मिस्र, यूनान, बाबुल, ईरान, भारत— प्राचीन सभ्यता के ये प्रमुख केन्द्र थे। पश्चिम में कार्थेज और पूर्व में चीन—ये दो केन्द्र सिकंदर के आक्रमण से बचे थे। इन केन्द्रों से सिकंदर की टक्कर वास्तव में सभ्य संसार से बर्बरता की टक्कर थी। इतिहासकारों ने इसे असभ्य एशिया से सभ्य यूरोप की टक्कर बना दिया; इस टक्कर के वृत्तांत में यूनान के सिकंदर-विरोधी स्वाधीनता-संग्राम का इतिहास लुप्त हो गया।

ब्यूरी का मत है कि थेबेस के पतन के बाद से सिकंदर की मृत्यु तक बारह वर्षों में एन्थेस खूब फला-फूला।[142] इस बीच देमोस्थेनॅस एक-दो भाषणों के अलावा शांत रहे। स्पार्ता के राजा ने मखदूनियाई शासन के विरुद्ध लड़ाई शुरू की; इस लड़ाई में उसने वीरगति प्राप्त की। स्पार्ता की हार से उत्साहित होकर सिकंदर समर्थक दल के नेता ऐस्खिनॅस ने देमोस्थेनॅस पर आरोप लगाया कि वह गद्दार है और एथेन्स की सारी मुसीबतों की जड़ है। न्यायाधीशमंडल के सामने विवाद पेश हुआ। "देमोस्थेनॅस का भाषण भव्य वक्तृत्व कला का श्रेष्ठ नमूना था। न्यायाधीश उस पर मोहित हो गये। ऐस्खिनॅस को उनके मतों का पंचमांश भी प्राप्त न हुआ।

वह एथेन्स छोड़कर चला गया और राजनीति में उसका लोप हो गया।[143] यह देमोस्थेनॅस की बहुत बड़ी विजय थी। इससे सिद्ध हो गया कि एथेन्स के लोग सिकंदर का समर्थन न कर रहे थे, वह थेबेस की तरह अपने शहर को मिट्टी में मिलाया जाता न देखना चाहते थे। पर उन्हें सहानुभूति सिकंदर के विरोधी दल से थी। देमोस्थेनॅस ने देखा कि सार्वजनिक रूप से वह जो भी करेंगे, उसका कुछ भी फल न निकलेगा। "लेकिन शायद वह गुप्त रूप से काम करते रहे (but perhaps he worked underground)।"[144]

देमोस्थेनॅस नये ढंग के राजनीतिज्ञ थे। उन्होंने धनी वर्ग के बदले लोकतंत्र में आम जनता की भूमिका पर जोर दिया था। शत्रु की सैन्य शक्ति बड़ी हो तो छापेमार लड़ाई चलाने का प्रस्ताव उन्होंने एथेन्सवासियों के सामने रखा था। वह सार्वजनिक भाषण से जनता को संघर्ष के लिए प्रेरित करते थे और गुप्त रूप से काम भी करते थे। सिकंदर को बराबर भय बना था कि एथेन्स में उसके विरुद्ध षड्यंत्र रचा जा रहा है, इसलिए ब्यूरी की धारणा सही जान पड़ती है कि देमोस्थेनॅस गुप्त रूप से काम करते रहे थे। एक अभियोग में उन्हें जेल में डाल दिया गया था "लेकिन शीघ्र ही वहाँ से वह भाग निकले।"[145] गुप्त रूप से काम करने के आदी थे, इसलिए जेल से निकल भागने में सफल हुए। इस अभियोग का इतिहास दिलचस्प है; उसका संबंध सिकंदर के कोषाध्यक्ष हर्पलुस से है। हर्पलुस पाँच सहस्र स्वर्ण मुद्राओं के अलावा अपने साथ तीस जहाज़ और सैन्यदल भी लाया था। "वह अपने मालिक के विरुद्ध विद्रोह भड़काने आया था।" तैनरोन अंतरीप में जहाज़ और सैन्यदल छोड़कर वह 700 मुद्राएँ लिये एथेन्स आया। सिकन्दर ने उसे लौटाने की मांग की। इस पर एथेन्सवासियों ने उसे गिरफ्तार कर लिया और सिकंदर के पास संदेशा कहलाया कि जब वह स्वयं अपने अफसर उसे ले जाने के लिए भेजेगा, तब वे उसे लौटा देंगे। "हर्पलुस को बच निकलने में अधिक समय न लगा।"[146] ब्यूरी ने लिखा है कि देमोस्थेनॅस के सुझाव पर एथेन्सवासियों ने "चतुराई की एक तरकीब निकाली थी।"[147] देमोस्थेनॅस कूटनीति में दक्ष थे। उन्होंने सिकन्दर से सीधी टक्कर बचाते हुए हर्पलुस को बच निकलने का अवसर दिया। हर्पलुस तैनरोन पहुँच गया पर दुर्भाग्य से वहाँ उसके एक साथी ने विश्वासघात करके उसकी हत्या कर दी।

हर्पलुस की 700 मुद्राएँ एथेन्स के दुर्ग में, विशेष आयुक्तों की देखरेख में, जमा कर दी गयीं। इन आयुक्तों में देमोस्थेनॅस भी थे। गिनने पर पता चला कि 350 मुद्राएँ ही हैं, बाकी का हिसाब नहीं है। अदालत ने जाँच करके कहा कि कई प्रमुख राजनीतिज्ञों ने काफी रकमें ली हैं, देमोस्थेनॅस को बीस स्वर्ण मुद्राएँ प्राप्त हुईं। "इसमें संदेह नहीं कि देमोस्थेनॅस ने यह धनराशि अपने व्यक्तिगत लाभ के लिए नहीं, अपनी पार्टी की भलाई के लिए ली थी।"[148] देमोस्थेनॅस पर पचास स्वर्ण

मुद्राएँ जुर्माना हुआ। इतना धन उनके पास था नहीं, अतः उन्हें जेल जाना पड़ा। ब्यूरी की निगाह में यूनानियों की नैतिकता नीचे स्तर की थी। कोई राजनीतिज्ञ घूस ले तो वे उसे क्षम्य मानते थे, बशर्ते कि उसने देश को हानि पहुँचाने के लिए ऐसा न किया हो। "जनमत के सामने इस चक्करदार सौदे से देमोस्थेनॅस के नैतिक चरित्र पर धब्बा नहीं लगा।"[149]

इस घटना से तुलनीय है एक और घटना जिसमें देमोस्थेनॅस ने सार्वजनिक हित में अपनी गाँठ से पैसा खर्च किया था। "फिलिप की मृत्यु से कुछ ही पहले क्तेसिफोन ने प्रस्ताव किया था कि देमोस्थेनॅस का सम्मान किया जाये। राज्य की जो सेवाएँ उन्होंने आमतौर से की थीं, और विशेष रूप से नगरप्राचीरों की मरम्मत के लिए अपनी निजी राशि से उदारतापूर्वक जो धन दिया था, उसके लिए रंगशाला में सार्वजनिक रूप से उन्हें स्वर्णमुकुट पहनाया जाये।"[150] समिति में यह प्रस्ताव पारित हो गया, सभा में ऐस्खिनॅस के विरोध करने पर गिर गया। कुछ समय बाद यह मामला फिर उठाया गया, उस सब का ब्यौरा देना जरूरी नहीं है। यहाँ इस बात की ओर ध्यान दिलाना है कि देमोस्थेनॅस ने एथेन्स की रक्षा पर अपनी गाँठ से धन खर्च किया था। उनकी देशभक्ति इस उदारता से प्रमाणित होती है। सिकंदर की लूट का एक छोटा-सा हिस्सा हर्पलुस लेकर भागा था; उसका उद्देश्य यूनान में विद्रोह संगठित करना था। वह सात सौ मुद्राएँ एथेन्स में विद्रोह संगठित करने के लिए ही छोड़ गया था। उसमें से कुल बीस मुद्राएँ देमोस्थेनॅस ने 'पार्टी की भलाई' के लिए खर्च कर दीं तो यह कोई अपराध नहीं था। 'पार्टी की भलाई' का अर्थ यहाँ मखदूनियाई शासन को निरस्त करने का प्रयत्न है।

एथेन्स में सिकंदर की मृत्यु का समाचार पहुँचा तो लोगों को उस पर विश्वास न हुआ। देमादॅस नाम के भाषणकर्ता ने कहा, "वह सचमुच मरा होता तो उसके शव की गंध सारी दुनिया में फैल जाती।"[151] ब्यूरी ने देशभक्त शब्द का सही उपयोग करते हुए लिखा है, "देशभक्त किसी दुर्घटना की फीकी आशा का भरोसा किये बैठे थे और अब यह सबसे बड़ी दुर्घटना घटित हो चुकी थी।"[152] पुनः स्वाधीनता शब्द का सही प्रयोग करते हुए ब्यूरी ने आगे लिखा है, "सिकंदर की शक्ति को चुनौती देना पागलपन माना गया था; पर उसकी मृत्यु के बाद की अस्थिर हालत में स्वाधीनता के लिए शस्त्र उठाना उतावलापन प्रतीत न होता था।"[153] सिकंदर के शासन में यूनानी गुलाम थे। जो उस शासन के विरुद्ध लड़े, वे देशभक्त थे, वे देश की स्वाधीनता के लिए लड़े। यूनान और मखदूनिया दो अलग इकाइयाँ थीं, "एथेन्स ने मखदूनिया के विरुद्ध विद्रोह कर दिया।"[154] उत्तरी यूनान के अन्य राज्य उसके साथ हो गये। सिकंदर की फौज से लौटे हुए आठ हजार यूनानी सैनिकों ने अपने देशवासियों का साथ दिया। एक बार तो मखदूनिया के सेनापतियों को यूनान छोड़कर अपने देश लौटना पड़ा पर यह देश अब भी शक्तिशाली था। पूरब से मखदूनियाई

सेना वापस आयी, तब वे सेनापति फिर अपने देश से बाहर आये और एक तरह से उन्होंने नये सिरे से यूनान पर अधिकार जमाना आरंभ किया। यूनानियों का योग्य सेनापति लॅऑस्थेनॅस मारा गया। उसकी मृत्यु पर हुपेरॅइदॅस ने अपने भाषण में कहा था, परलोक में हमारे वे वीर पूर्वज उसका स्वागत करेंगे "जिन्होंने अपने नामों को गौरव प्रदान करते हुए यूनान को स्वाधीन किया था।"[155] यहाँ भी यूनानियों की जातीय चेतना स्पष्ट है। जो ईरान से लड़े थे, वे सारे देश की स्वाधीनता के लिए लड़े थे, जो अब मखदूनिया से लड़े, वे भी देश की स्वाधीनता के लिए लड़े थे।

मखदूनियाई सेनापति अन्तिपतेर ने एथेन्स को बाध्य किया कि वह अपना लोकतांत्रिक संविधान भंग कर दे। केवल संपत्तिशाली जनों को नागरिक अधिकार प्राप्त होंगे। बहुत-से निर्धन लोग घर छोड़ चले और दूसरे जनपदों में बस गये। एथेन्स पर मखदूनियाई सेना का अधिकार होते ही देमोस्थेनॅस तथा अन्य देशभक्त नेता वहाँ से भागे। हुपेरॅइदॅस ने अपने दो साथियों समेत ऐगीना के एक मंदिर में शरण ली पर अन्तिपतेर ने उन्हें वहाँ से पकड़ मँगाया और वे मार डाले गये। देमोस्थेनॅस भागकर कलैरिआ के एक मंदिर में पहुँचे। "जब अन्तिपतेर के दूत आये और उन्होंने उनसे निकलने को कहा तो उन्होंने ज़हर खा लिया, जिसे एक विवरण के अनुसार, उन्होंने कलम में छिपा रखा था और इस तरह जल्लाद के हाथों में पड़ने से बच गये।"[156] इस तरह वक्तृत्व कला के धनी, महान् देशभक्त देमोस्थेनॅस का अंत हुआ।

4

सिकंदर का विश्वजयी अभियान और भारत से पलायन

(1)

सिकंदर ने अपने सांस्कृतिक अभियान की शुरूआत यूनान से की। थेबेस नगर ने उसकी अधीनता अस्वीकार की, सिकंदर ने नगरवासियों के घर गिराकर धूल में मिला दिये, छह हजार नागरिकों का वध किया· जो बचे उन्हें उसने दासों के रूप में बेच दिया। ईरान में उसने राजप्रासाद को भस्म कर दिया; यह तो ईरान से बदला लेना हुआ। थेबेस का अपराध क्या था ? केवल यह कि उसके यूनानी नागरिक बर्बर मखदूनियाइयों का प्रभुत्व स्वीकार न कर रहे थे। हजारों यूनानी ईरानियों के साथ मिलकर सिकंदर से लड़े। पाश्चात्य इतिहासकार इन्हें भाड़े के सैनिक कहते हैं। दिलचस्प बात है कि जो यूनानी सैनिक सिकंदर की ओर से लड़े, उन्हें अनेक यूनानी लेखकों ने भाड़े के सैनिक कहा है। अर्रिअन ने लिखा है कि भारतीय सीमांत के राजा जब सिकंदर से मिलने आये, तब उसके (सिकंदर के) घुड़सवार दल में भाड़े के यूनानी सैनिक थे("cavalry of the Grecian mercen aries")।[1] भारतीय सीमांत से लौटते समय सिकंदर ने भाड़े के उन यूनानी सैनिकों को एक नगर में बसा दिया जो सैनिक सेवा के अयोग्य थे। अभियान के इस दौर में उसके साथ भाड़े के यूनानी पैदल सैनिक भी थे।

यूनानी स्रोतों के आधार पर कुछ रोमन इतिहासकारों ने सिकंदर के अभियान का वृत्तांत लिखा था। इनमें एक थे कुर्तिउस् रूफुस्। इनके अनुसार जब सिकंदर के सैनिकों ने भारत में आगे बढ़ने से इन्कार कर दिया, तब सिकंदर ने एशियाई देशों के नाम गिनाते हुए कहा, यहाँ के सैनिक हमारे पास हैं पर इनका भरोसा नहीं। "मखदूनियाइयो ! भरोसा मुझे तुम्हारे बाहुबल का है।"[2] फिर उन्हें उत्साहित करते हुए उसने कहा, जितना खतरा है, उससे कहीं ज़्यादा माल मिलने वाला है। आगे जो इलाका है, वह संपदा से भरा पड़ा है। इसके सिवा उसकी सुरक्षा का

प्रबंध भी कमजोर है। "तो अब मैं तुम्हारी अगुवाई करता हूँ, इतना नाम कमाने के लिए नहीं, जितना लूट का माल पाने के लिए। (So then I lead you not so much to glory as to plunder.)"।[3] सिकंदर ने अपने सांस्कृतिक अभियान का उद्देश्य यहाँ बहुत स्पष्ट शब्दों में प्रकट कर दिया था।

लूट के लोभ से बहुत-से एशियाई सिकंदर के साथ हो लिये थे, इसी तरह बहुत-से यूनानी भी उसकी फौज में भर्ती हो गये थे। पर थे वे सब भाड़े के सैनिक। मौका मिलते ही वे विद्रोह करने से भी न चूकते थे। बक्त्र प्रदेश के यूनानी सैनिकों ने विद्रोह कर दिया; जो सिकंदर के प्रति वफादार थे, उन्हें मार डाला और "बर्बरों को भी अपने दल में शामिल हो जाने को बाध्य किया"[4] अर्थात् एशियाई सैनिकों ने यूनानियों का साथ दिया और दोनों सिकंदर की प्रभुसत्ता के विरुद्ध लड़े। उक्त इतिहासकार रूफुस् ने एक रोचक घटना का उल्लेख किया है जिससे पता चलता है कि यूनानियों और मखदूनियाइयों में कैसा स्पर्धाभाव था। होर्रातुस नाम के मखदूनियाई सैनिक ने एथेन्स के योद्धा दिओखिप्पुस को ललकारा कि तलवार लेकर उससे लड़े। सिकंदर ने लड़ने की अनुमति दे दी और झुंड-के-झुंड सैनिक तमाशा देखने को खड़े हो गये। इनमें "यूनानी भी थे जो दिओखिप्पुस को उत्साहित कर रहे थे।" होर्रातुस भाला, बर्छा, ढाल, तलवार लिये था, दिओखिप्पुस के हाथ में एक मजबूत लाठी थी। होर्रातुस ने बरछा फेंका, दिओखिप्पुस ने झुककर वार बचाया। होर्रातुस अब बायें हाथ का भाला दायें में ले रहा था तभी दिओखिप्पुस ने झपटकर लाठी से वार किया और भाला टूटकर दो टुकड़े हो गया। अब होर्रातुस तलवार खींचने जा रहा था कि दिओखिप्पुस ने अखाड़े वाला दाँव मारा और होर्रातुस जमीन पर आ गया, दिओखिप्पुस ने उसकी तलवार छीन ली, गर्दन पर पैर रखकर लाठी से उसकी खोपड़ी फोड़ने को था कि तभी सिकंदर ने उसे रोक दिया।

एक यूनानी से सिकंदर का हमवतन हार गया, यह तमाशा यूनानी सैनिक देख रहे थे, उनके साथ एशियाई सैनिक भी देख रहे थे। इतिहासकार रूफुस् के अनुसार "दंगल के नतीजे से मखदूनियाइयों का ही नहीं, सिकंदर का दिल भी बैठ गया। बड़ी बेचैनी से उसने देखा कि मखदूनियाइयों की जिस बहादुरी का डंका पीटा जाता था, वह बर्बर लोगों के सामने हास्यास्पद हो गयी है क्योंकि तमाशा देखने वालों में वे भी थे।"[5]

सिकंदर चाहता था कि लोग उसे देवपुत्र समझें। वह देवपुत्र होगा तो उसके कबीले के लोग साधारण मनुष्यों से बढ़कर होंगे ही। इसी श्रेष्ठता के कारण उन्होंने यूनान पर विजय पायी थी और अब एशिया को परास्त कर रहे थे। दंगल के नतीजे से इस श्रेष्ठता के भाव को गहरा धक्का लगा। सिकंदर ने इसका बदला लिया। एक भोज में सोने का मदिरा पात्र उड़ा दिया गया, चोरी लगायी गयी दिओखिप्पुस को। लोगों की निगाहें उसी को चोर-चोर कह रही हैं, यह देखकर उसका मन ग्लानि

से भर गया। उसने सिकंदर को पत्र लिखा, फिर आत्महत्या कर ली। रूफुस् के अनुसार उसकी मृत्यु से सिकंदर को बड़ा दुःख हुआ क्योंकि उस पर झूठा आरोप लगाया गया था।[6]

देपोपम सिकंदर ने ऐसा नीच काम न तो पहली बार किया था, न अंतिम बार। एक बार जब सिकंदर अपनी वीरता की डींग हाँक रहा था, मखदूनियाई योद्धा क्लितुस ने उसे टोका। "उसने कहा कि सिकंदर की जीतों का श्रेय मखदूनियाइयों को, परमोनिओ और फिलोतास जैसे लोगों को है। ग्रानिकुस में उसने खुद सिकंदर की जान बचायी थी।"[7] उसने नाटककार यूरिपिदॅस की ये पंक्तियां उद्धृत कीं कि काम सेना करती है, श्रेय मिलता है सेनापति को। सिकंदर इस पर ताव खा गया, उसने भाले से क्लितुस को छेद डाला, उसकी जान ले ली। क्लितुस और सिकंदर को एक ही धाय ने पाला था; जिसे उसने मारा, वह उसका दूधभाई था। परमेनिओ अनुभवी सेनानायक था, फिलोतास उसका पुत्र था। सिकंदर ने उस पर षड्यंत्र करने का आरोप लगाया और उसे मरवा दिया। परमेनिओ को मरवाने के लिए उसने गुप्त रूप से क्लेअन्दर के पास दूत भेजा। यह व्यक्ति परमेनिओ के अधीन उपसेनानायक था। सिकंदर से निर्देश मिलने पर उसने अपने सेनानायक की हत्या कर दी। "इस निर्दय कार्यवाही से चारों ओर हाहाकार मच गया पर जो सिकंदर के आलोचक थे और जिन्हें वह अपने पिता के आदमी समझता था, उनको देखते उसकी स्थिति मजबूत हो गयी। परमेनिओ के सभी अनुयायी रास्ते से हटा दिये गये और सिकंदर के नज़दीकी लोगों को ऊँचे पदों पर नियुक्त कर दिया गया।"[8] सिकंदर को जब मखदूनियाई सेनानायकों की हत्या करा देने में संकोच न था, तब उसे एक यूनानी सैनिक की आत्महत्या से क्या दुःख होने वाला था ?

हेगल का कहना था कि एशिया विजय की योजना फिलिप ने बनायी थी, उसे सिकंदर ने कार्यरूप में परिणत किया। पर सिकंदर को अपने पिता के आदमियों का भरोसा न था, वह चुन-चुनकर उन्हें अपने रास्ते से हटा रहा था। फिलिप ने सिकंदर की माँ को छोड़कर दूसरा ब्याह किया था। कानाफूसी यह होती थी कि सिकंदर फिलिप का पुत्र नहीं है। दूसरा ब्याह के भोज में अत्तलुस नाम के सरदार ने अन्य सरदारों से कहा, प्रार्थना करो, इस बार जो वारिस पैदा होगा, वह जायज़ होगा। सिकंदर ने अपना मदिरापात्र फेंककर उसके मुँह पर मारा। "फिलिप उठा और तलवार खींचकर बेटे को छेदने चला पर लड़खड़ाया और गिर पड़ा। सिकंदर ने खिल्ली उड़ाते हुए कहा, 'देखिये ज़रा इस आदमी को, यह यूरोप से एशिया पहुँचेगा ! एक पलंग से दूसरे पलंग तक पहुंचने में ही फिसल पड़ा !' "[9] इसके बाद सिकंदर अपनी माँ को लेकर वहाँ से भागा और अपने मामा के यहाँ पहुँचा। बाद में बाप-बेटे के बीच सुलह हो गयी "पर वारिस के रूप में उसकी स्थिति खटाई में पड़ गयी।"[10] परखानिअस ने जब फिलिप की हत्या कर दी तब सिकंदर ने बाप

की हत्या का बदला लेने के नाम पर विरासत के सभी हकदारों का सफाया कर दिया। "उसने तुरंत लुनूकेस्तिस के राजकुमारों को मरवा डाला। कहा गया था कि फिलिप की हत्या कराने में उनका हाथ था। इनके साथ जो भी उसके प्रतिद्वंदी हो सकते थे, उनको तथा जो गुट उसका विरोधी था, उस सारे गुट को, उसने मरवा दिया।"[11]

सिकंदर अपनी माँ को लेकर एपिरुस चला आया था। वहाँ वह पति के विरुद्ध षड्यंत्र करती रही। फिलिप का संबंध तो अनेक स्त्रियों से था ही, उसकी पत्नी के चरित्र पर भी लोगों को संदेह था। इसीलिए यह कानाफूसी शुरू हुई थी कि सिकंदर फिलिप का पुत्र नहीं है। एपिरुस का राजा शक्तिशाली था; फिलिप ने उसे अपनी बेटी ब्याहने की योजना बनायी। ओलिम्पिआ ने पाउसानिअस नाम के व्यक्ति को साधा। इस व्यक्ति को शिकायत थी कि अत्तलुस ने उसके साथ अन्याय किया है और फिलिप ने इस पर कुछ नहीं किया। ब्याह के दिन फिलिपि ने जब शोभायात्रा के आगे-आगे रंगशाला में प्रवेश किया तब पउसानिअस ने झपट कर हमला किया और कटार भोंककर फिलिप को मार डाला। हत्यारे को लोगों ने पकड़ लिया और उसका वध कर दिया। "पर असली हत्यारिन तो ओलिम्पिआ थी।" सवाल यह है, क्या फिलिप की हत्या में सिकंदर का हाथ था ? क्लिओपात्रा के लड़का हुआ तो सिकंदर को भय हुआ कि फिलिप उसे अपना उत्तराधिकारी न बना दे। फिलिप को हटा दिया जाये तो उत्तराधिकारी का प्रश्न आसानी से हल हो जायेगा। अपराध ओलिम्पिआ ने किया, "अपराध से लाभ उठाया सिकंदर ने।" उसने पिता की हत्या कराई, यह कानाफूसी हुई पर उसके विरुद्ध कोई स्पष्ट प्रमाण नहीं था। "फिर भी यह मान लेना कि वह निश्चित रूप से निर्दोष था, जल्दबाज़ी होगी।"[12]

सिकंदर ने विरासत के सभी हकदारों का सफाया कर दिया। जो भी उसके प्रतिद्वंदी हो सकते थे, उन्हें उसने मरवा दिया। जो गुट उसका विरोधी था, उसका सफाया कर दिया। ओलिम्पिआ ने सौत की गोद में उसके बच्चे का वध कराया; सौत को उसके कमरबंद से ही फाँसी लगाकर मरने को बाध्य किया।[13]

सिकंदर के साथ जिन लोगों ने ईरानी साम्राज्य और भारत पर आक्रमण किया था, उनमें अनेक ने उस सैनिक अभियान का वृत्तांत लिखा था। वह सारा वृत्तांत नष्ट हो गया है। यह आश्चर्य की बात है क्योंकि सिकंदर चाहता था कि उसके वीरतापूर्ण कृत्यों का विवरण लिखा जाये और वह भावी पीढ़ियों के लिए सुरक्षित रहे। स्वंयं अरस्तू का भतीजा कलिस्थनॅस आधिकारिक रूप से इतिहास लेखन के लिए नियुक्त था। अर्रिअन ने कलिस्थनॅस के बारे में लिखा है, "वह घोषित किया करते थे कि वह अपने लिए मान-सम्मान पाने की आशा में नहीं आये; वह सारी दुनिया में सिकंदर का अंश फैलाने के लिए ही आये थे। इसमें यह और जोड़ देते थे यदि सिकंदर के भाग्य में देवत्व का अंश प्राप्त करना लिखा है तो ऐसा उसके

जन्म के बारे में ओलिम्पिआ (सिकंदर की मां) द्वारा फैलाई हुई बेसिर-पैर की कहानियों के कारण न होगा वरन् उससे संबंधित वृत्तांत के कारण होगा जिसे वह स्वयं अपने इतिहास में प्रकाशित करेंगे।"[14]

सिकंदर स्वयं को देवपुत्र घोषित करता था। इस कार्य में उसकी माँ सहायक थी। उसने एक कहानी यह फैलायी कि ब्याहे जाने से एक दिन पहले उसने सपना देखा : आकाश में जोरों से बादल गरजे और उसके गर्भस्थान पर वज्र गिरा; इसके बाद चारों ओर एक भारी लपट का प्रकाश कुछ क्षणों को फैल गया (वज्र देवराज ज़ॅउस का अस्त्र था; आशय यह कि ओलिम्पिआ का गर्भस्थान उनके लिए सुरक्षित था।) फिर ब्याह के कुछ दिन बाद स्वयं उसके पति ने स्वप्न देखा कि उसने अपनी पत्नी का गर्भद्वार बंद करके उस पर मुहर लगा दी है और मुहर पर सिंह अंकित है। एक भड्डुरी ने स्वप्न विचारा और कहा; लोग रिक्त स्थान पर मुहर नहीं लगाते; ओलिम्पिआ गर्भवती है और जो पुत्र जनेगी, वह स्वभाव से सिंह जैसा होगा।

ओलिम्पिआ के बारे में कहा जाता था कि वह दिऑनिसॉस देव की उपासना करती थी। मद पीकर वह देव के वश में हो जाती थी। अन्य उपासिकाओं से कुछ अधिक ही नाचती-कूदती वह टोकरियों से बड़े-बड़े पालतू साँप छोड़ देती थी। उनके फन उठाते ही पुरुष वर्ग भाग खड़ा होता था। सर्प दिऑनिसॉस देव का प्रतिनिधि था। कथा प्रचारित हुई कि एक रात ओलिम्पिआ की बगल में साँप सोया हुआ था। फिलिप ने देल्फी के प्रसिद्ध अपोलो मंदिर में देवता से स्वप्न का अर्थ पूछा। भविष्य वाणी हुई : ज़ॅउस अम्मॉन (मिस्र के देवता) को सब देवों से श्रेष्ठ मान; बलि देकर उनकी पूजा कर। और सावधान हो जा, द्वार की फाँक से तेरी जिस आँख ने सर्प के रूप में देवता को अपनी पत्नी के साथ सोते देखा है, वह नष्ट हो जायेगी।[15]

ओलिम्पिआ ने पुत्र को भी उसके गर्भ में आने का रहस्य बताया और सैनिक अभियान पर चलने से पहले उससे कहा स्वयं को अपने दैवी जन्म के योग्य सिद्ध करना।[16]

ओलिम्पिआ के बारे में प्रवाद था कि सिकंदर उसके पति फिलिप की संतान नहीं है। फिलिप के कई रानियाँ थीं और वे निरंतर आपस में लड़ती रहती थीं। इससे फिलिप का परिवार और उसके साथ सारा राज्य प्रभावित होता था। प्लूतार्ख ने लिखा है :"अंतःपुर की कलह की चपेट में सारा राज्य आ गया था और पिता-पुत्र के बीच कटु संघर्ष और दोषारोपण की नौबत आ गयी। इस खाई को ओलिम्पिआ ने और चौड़ा किया। वह ईर्ष्यालु और प्रतिहिंसात्मक स्वभाव की स्त्री थी। पिता का विरोध करने के लिए वह सिकंदर को उकसाती रहती थी। क्लिओपात्रा नाम की लड़की फिलिप से उम्र में बहुत कम थी पर फिलिप को उससे प्रेम हो गया और उसने उससे ब्याह करने की ठान ली। तब फिलिप और क्लिओपात्रा की कलह

ने प्रचंड रूप धारण किया। क्लिओपात्रा के चाचा अत्तलुस ने दावत में बहुत पी ली थी। उसने मखदूनों से कहा : देवताओं से प्रार्थना करो, फिलिपि और क्लिओपात्रा के गठबंधन से राज्य का वैध उत्तराधिकारी उत्पन्न हो। सिकंदर क्रोध से पागल हो गया; चिल्लाकर बोला, 'कमीने, क्या तू समझता है, मैं हरामजोदा हूँ ?' इस पर फिलिप उठ खड़ा हुआ और अपने पुत्र के विरुद्ध उसने तलवार खींच ली। दोनों के सौभाग्य से वह नशे और क्रोध से बेहाल था और लड़खड़ाकर ज़मीन पर गिर पड़ा। सिकंदर ने उसकी खिल्ली उड़ाते हुए कहा, "इस मर्द को देखो। यह यूरोप से एशिया जाने के मंसूबे बाँध रहा था। लड़खड़ाये बिना वह एक मेज़ से दूसरी मेज़ तक नहीं जा सकता।"[17] इसके बाद सिकंदर अपनी माँ के साथ बाहर चला गया।

कलिस्थनॅस को यह सब मालूम था। वह अपने इतिहास में सिकंदर को देवपुत्र के रूप में चित्रित करने को तैयार न था। जब सिकंदर मिस्र में था, तब वह अम्मॉन के मंदिर गया। यूनानी लोग इस देवता को ज़ॅउस के बराबर स्थान देकर उसका सम्मान करते थे और भविष्य जानने के लिए उसके मंदिर पहुँचते थे। प्लूतार्ख के अनुसार अम्मॉन के पुजारी ने देवता की ओर से सिकंदर का वैसा ही स्वागत किया जैसे कोई पिता अपने पुत्र का करता है।[18] ओलिम्पिआ की बगल में साँप सो रहा है, फिलिप का यह स्वप्न विचारते हुए देल्फी के भविष्यवक्ता पुजारी ने कहा था कि वह उसे सब देवों से बड़ा मानकर उसकी पूजा करे। सिकंदर ने अम्मॉन से पुत्र योग्य स्वागत पाकर मानो फिलिप के स्वप्न की पुष्टि करा ली।

अम्मॉन का मंदिर रेगिस्तान में था। चारों तरफ रेत, मंदिर के आसपास हरियाली थी। वहाँ तक जाना और लौट आना कठिन था। प्लूतार्ख ने कलिस्थनॅस का हवाला देते हुए लिखा है कि सिकंदर और उसके साथियों को रास्ता कुछ कौओं ने दिखाया।[19] अर्रिअन ने प्तोलमी का हवाला देते हुए लिखा है कि दो साँप सिकंदर की फौज के आगे-आगे चले; मंदिर तक पहुँचा कर उसे वापस भी ले आये।[20] स्वयं कर्रिअन को पूर्ण विश्वास था कि सिकंदर को किसी-न-किसी रूप में दैवी सहायता मिली थी; किस रूप में मिली थी, यह निश्चयपूर्वक न कहा जा सकता था क्योंकि दस्तावेजों में विवरण अलग-अलग तरह के थे।

फिलिप ने सपना देखा था कि पत्नी की बगल में साँप सो रहा है। ओलिम्पिआ दिओनिसॉस के पूजा उत्सव में टोकरियों से साँप निकालती थी। इसलिए संभावना यह है कि साँपों वाली कथा सिकंदर ने फैलायी थी। कलिस्थनॅस को इस पर विश्वास नहीं था और उसने कौओं वाली कहानी गढ़ी। अंधविश्वासी वह भी रहा होगा पर वह सिकंदर को देवपुत्र न मानता था। सिकंदर अपने जन्म के बारे में माँ की और अपनी गढ़ी हुई जो कथाएँ प्रचारित कर रहा था, वे अरस्तू तक अवश्य पहुँची होंगी। एशिआई अभियान से पहले अरस्तू और सिकंदर के आपसी संबंध बहुत अच्छे थे। फिर ये संबंध बिगड़ गये। प्लूतार्ख ने लिखा है, पहले तो पिता से भी बढ़कर अरस्तू

से सिकंदर का स्नेह संबंध था, "लेकिन बाद को वह उन्हें शक की निगाह से देखने लगा।"[21] अरस्तू के अनुयाइयों का एक पूरा संप्रदाय था; विशेष रूप से कलिस्थनॅस के मारे जाने के बाद वह सिकंदर से रुष्ट हो गया। इसका प्रभाव सिकंदर संबंधी इतिहास लेखन पर पड़ा। रोमन काल में संयमी और प्रजापालक शासक को आदर्श माना जाता था। सिकंदर का चरित्र इसके विपरीत था। परिणाम यह कि सिकंदर स्वयं को जिस विश्व विजेतादेवपुत्र के रूप में देखता था, उसी रूप में उसका चित्रण इतिहासकार प्राचीनकाल में न कर सकते थे।

सिकंदर की मृत्यु के चार सौ साल बाद अर्रिअन ने विस्तार से, प्लूतार्ख ने संक्षेप में, सिकंदर की जीवन-कथा लिखी। ये दोनों रोमन साम्राज्य का वैभव देख चुके थे, वे उससे प्रभावित थे और उनकी समझ में सिकंदर उसी तरह के साम्राज्य का पूर्व निर्माता था। अर्रिअन के पिता को रोमन नागरिकता प्रदान की गयी थी, अतः अर्रिअन स्वयं जन्म से रोमन था। वह रोमन शासकों का विश्वासपात्र था, रोम और एथेन्स जैसे महानगरों में उसे मुख्य प्रशासक बनाया गया था, दीर्घकाल तक वह रोमन साम्राज्य के एक सीमांत प्रदेश का शासक भी रहा था।[22] रोमन सेना में भी उसने महत्वपूर्ण पदों पर काम किया था।[23] अंतिम दिनों में वह एथेन्स में रहने लगा और वहाँ का नागरिक बन गया था। यूनान पर पहले मखदूनों का आधिपत्य था, फिर रोमनों का हुआ। इस आधिपत्य के विरुद्ध जो यूनानी देशभक्त लड़े थे, अर्रिअन का दृष्टिकोण उनसे प्रभावित नहीं था।

प्लूतार्ख सिकंदर के प्रशंसक थे पर उनमें यूनानी जातीयता का भाव मरा नहीं था। वह जानते थे कि सिकंदर के पिता फिलिप ने यूनान को गुलाम बनाने के लिए युद्ध किया था और जो लड़े उन्होंने अच्छा किया। किंतु सिकंदर ने यूनान के साथ जो कुछ किया उस पर वह लीपापोती करते हैं। उन्होंने प्रसिद्ध यूनानियों और रोमनों के संक्षिप्त जीवनचरित्र लिखे थे; उनमें देमोस्थेनॅस की जीवनी भी है। देमोस्थेनॅस जब तक फिलिप के विरुद्ध यूनानी राज्यों को संगठित करते हैं, तब तक प्लूतार्ख उनकी चर्चा प्रशंसात्मक भाव से करते हैं। सिकंदर वाले दौर में उन्हें उनके चरित्र में बहुत-सी कमजोरियाँ दिखायी देने लगती हैं। स्वाधीनता के लिए लड़ने वाले योद्धा का चित्र धूमिल हो जाता है। किंतु सिकंदर की मृत्यु के बाद देमोस्थेनॅस की आनबान मानो फिर लौट आती है और मखदूनों के विरुद्ध यूनानियों को फिर संगठित करते हैं। मखदून जीते, यूनानी हारे, "कुनोन के युद्ध में यूनान के लक्ष्य (Greek cause) को पराजय का मुँह देखना पड़ा।"[24]

यूनान के जिस लक्ष्य ने पराजय का मुँह देखा, वह राष्ट्रीय स्वाधीनता का लक्ष्य था। प्लूतार्ख यह बात भूले नहीं। यद्यपि अर्रिअन की तरह वह भी सिकंदर के क्रूर कर्मों को इस तरह पेश करते हैं कि उसके प्रति पाठक के मन में आक्रोश न उभरे, फिर भी वह कई ऐसी बातों का उल्लेख करते हैं जिनके बारे में अर्रिअन

चुप रहते हैं या गोल-मोलं ढंग से लिखते हैं। प्रबुद्ध यूनानी और रोमन सिकंदर के प्रशंसक नहीं थे। फुलर ने इसकी कैफियत देते हुए कहा है : अधिकांश विवरण अरस्तूपंथियों और स्तोइक मतवादियों ने लिखे हैं। सिकंदर ने अरस्तू के निकट संबंधी कलिस्थनॅस को मरवा दिया था, इसलिए अरस्तू पंथी उससे नाराज़ थे और स्तोइक मतवादी उसकी निरंकुशता के कारण उससे घृणा करते थे।[25] पिछड़े हुए एशियाई देशों में सिकंदर यूरुप की सभ्यता का प्रकाश फैला रहा है—यह कल्पना बहुत बाद की है।

सिकंदर संबंधी इतिहासग्रंथों पर बर्न ने एक टिप्पणी में लिखा है : "लगभग 1920 तक इतिहासकार उसकी महत्ता की अनदेखी न करते हुए भी उसके प्रति आलोचनात्मक दृष्टिकोण अपनाते हैं। बाद के लेखकों में उसके प्रति अक्सर पूजाभाव बहुत रहता है। यह ऐसा तथ्य है जो शायद सामाजिक महत्व से खारिज नहीं है।"[26] जैसे-जैसे ब्रिटिश साम्राज्य सुगठित हुआ, वैसे-वैसे सिकंदर के प्रति पूजाभाव बढ़ा। फुलर ने नये-पुराने इतिहासों का यह भेद बहुत स्पष्ट देखा है। लिखा है : "इन पूर्वाग्रही इतिहासों ने सिकंदर की ख्याति को झूठ और मनगढंत के कुहरे में शताब्दियों तक ढँके रखा। अभी कुछ ही दिन पहले, अधिकतर सर विलियम टार्न के प्रयत्न से, यह कुहरा छिन्न-भिन्न हुआ है।"[27] कुछ लेखक यह स्पष्ट भी कर देते हैं कि सिकंदर और उसके उत्तराधिकारियों ने जो राज्य कायम किये, वे ब्रिटिश उपनिवेशों से मिलते-जुलते हैं।

साइमन प्राइस ने लिखा है, "सिकंदर के विजय अभियान के पीछे जो राज्य कायम हुए, वे यूनानी संसार का विस्तार थे। राजाओं ने नये शहरों की नींव रखी। इनसे देशी संस्कृतियों पर यूनानी संस्कृतियों का प्रभुत्व सुनिश्चित हुआ। यहाँ राजनीतिक शक्ति और सांस्कृतिक प्रभुत्व में जो संबंध दिखायी देता है, उससे हमारे उपनिवेशों में यूरोपियन संस्कृति के प्रसार की दिलचस्प समानता है।"[28]

(2)

लोगों को शारीरिक यातना देकर उनसे झूठी गवाही प्राप्त करने में सिकंदर को संकोच न था। कलिस्थनॅस को फँसाने के लिए सेवकों को शारीरिक यंत्रणा दी गयी। दो लेखकों के अनुसार यंत्रणा पाने पर सेवकों ने कहा कि कलिस्थनॅस ने उन्हें भड़काया था "पर कहा जाता है कि सिकंदर ने एक पत्र में लिखा था कि यंत्रणा देने पर उनके किसी सहयोगी के नाम की जानकारी न हो पायी।"[29] इसी तरह ईरान के मग पुरोहितों को यंत्रणा दी गयी। वे सम्राट कुरुस की समाधि के रक्षक थे। किसी ने उस समाधि को खोलकर वहाँ का खजाना चुरा लिया। सिकंदर ने पुरोहितों को यंत्रणा दी पर उनसे किसी अपराधी के नाम का पता न लगा।[30] सिकंदर का मित्र हेफैस्तिऑन बीमार हुआ और मर गया। जो हकीम अपने इलाज से उसे बचा न सका, उसे सिकंदर ने सूली दे दी।[31]

हेफैस्तिऑन का शव दाह-क्रिया के लिए बाबुल भेज दिया गया। सिकंदर ने बाबुल के लिए प्रस्थान किया तो रास्ते में उसने पशुओं की जगह मनुष्यों का शिकार खेला। लूरिस्तान में कोसाएन नाम के पहाड़ी लोग रहते थे। रास्ते में उसने कोसाएन लोगों का शिकार खेलकर अपना दुःख कम किया। इसे हेफैस्तिऑन की आत्मा के लिए पिंडदान कहा गया। इस जघन्य कर्म को उचित ठहराने के लिए इन पहाड़ी लोगों को डाकू कह देना काफी है।[32]

आतंक के ज़रिये दूसरों की भूमि पर कब्ज़ा करना, उनकी संपत्ति लूटना, उन पर राज करना—सिकंदर की यही नीति थी। उसने थेबेस नगर को गिराकर धूल में इसलिए मिला दिया था कि दूसरे यूनानी नगर त्रस्त होकर हथियार डाल दें। उसके सामने आत्मसमर्पण करके ही एथेन्स बर्बाद होने से बचा था। नगरवासियों की संपत्ति लूटने के अलावा वह स्त्रियों, बच्चों समेत उन्हें गुलामों के रूप में बेच देता था। इसमें अलग मुनाफा था। फिनीशिया के लोग जहाज़रानी और व्यापार में बहुत कुशल थे, अपनी संस्कृति से उन्होंने यूनानियों को प्रभावित किया था। उनका नगर तायर (अथवा तूरे) व्यापार का समृद्ध केन्द्र था। सिकंदर ने यहाँ भयंकर नरसंहार किया, अधिकांश पुरुष मारे गये, स्त्रियों और बच्चों को उसने दासों के रूप में बेच डाला।

आतंक के अलावा वह अंधविश्वास उभारता था और इनके सहारे सैनिकों में स्वामिभक्ति सुदृढ़ करता था। मिस्र में उसने पुरोहितों को मिलाया। जिस वृषभ देवता को हेगल मिस्रियों के पिछड़े होने का प्रतीक मानते थे, उसके सामने उसने बलि दी। मिस्र के सम्राटों के समान उसने राजमुकुट धारण किया। मिस्रियों के अम्मान देवता भविष्यवाणी के लिए विख्यात थे। सिकंदर उनके मंदिर गया और अपने अभियान की सफलता के बारे में उसने पूछा। देवता ने जो उत्तर दिया, सिकंदर ने उसे किसी को बताया नहीं। इसका कारण यही हो सकता है कि देवता की ओर से बोलने वाले किसी पुजारी के मन में थोड़ी-बहुत राष्ट्रीय आत्मसम्मान की भावना बची हुई थी; मिस्र के शत्रु को उसने दिग्विजय का आश्वासन नहीं दिया। मिस्र का सम्राट् अम्मान का पुत्र माना जाता था, उसी सम्राट् की तरह अम्मान के मंदिर में सिकंदर का सम्मान किया गया, फिर उसके चाटुकारों ने प्रचार किया कि वह यूनानी देवताओं के राजा ज़्यूस का पुत्र है।

भारत के सीमांत प्रदेश में एक नगर निसा (अथवा नुसा) नाम का था। उसके बारे में कहा गया कि उसे यूनानी देवता दिओनिसुस ने बसाया था। सिकंदर ने इस धारणा का प्रचार कराया। अर्रिअन के अनुसार "उसने यह भी सोचा था कि यदि वह और आगे बढ़ा तो मखदूनियाई सैनिक उसका साथ देने में पीछे न रहेंगे क्योंकि वे दिओनिसुस के कारनामों से कुछ और बढ़कर करना चाहेंगे।"[33] सिकंदर अपने सैनिकों के अंधविश्वासों से लाभ उठाना चाहता था; वे उससे अधिक बुद्धिमान

निकले, यह अलग बात है। भारत से विदा होते समय यहाँ की नदियों को बलि देकर तुष्ट करना वह न भूला।

सिकंदर ईरान से बदला लेने चला था, हेगल के अनुसार वह एशिया में यूनानी संस्कृति का प्रसार कर रहा था। इस संस्कृति-प्रसार का भंडाफोड़ तो इसी बात से हो जाता है कि वह ईरान पहुँचकर वहाँ के शाही रीति-रिवाज की नकल करने लगा था। उसकी और उसके सैनिकों की वैज्ञानिक जानकारी का यह हाल था कि भारत से लौटते समय जब रेगिस्तान में कहीं मार्गचिन्ह दिखाई न देते थे, तब वह दिन में सूर्य को देखकर, रात में तारे देखकर दिशाबोध न कर पाता था। अर्रिअन ने लिखा है, "रात में तारे या दिन में सूरज देखकर अपना मार्ग पहचानने की कला का अभ्यास भी उन्होंने न किया था जैसे कि नाविक किसी एक ऋक्ष (तारामंडल) को देखकर करते हैं– फिनीशियाई जन लघु ऋक्ष को तथा अन्य जन बृहत् ऋक्ष को।"[34] सिकंदर ने जिन्हें जीता था, वे मखदूनियाइयों से अधिक सभ्य थे; साम्राज्य विस्तार के लिए उनके विज्ञान और कौशल से उसने लाभ उठाया। पर इस विज्ञान और कौशल से स्वयं उसका और उसके मखदूनियाई सैनिकों का नाता बहुत दूर का था। साम्राज्य विस्तार में भी उसका आदर्श भूमध्य सागर के तटवर्ती प्रदेशों में दूर-दूर तक फैला हुआ बृहत्तर यूनान नहीं था, उसका आदर्श नील नदी से लेकर सिंधु नदी तक फैला हुआ ईरानी साम्राज्य था। वह अनुकरण यूनान के प्रसिद्ध राजनेता पेरिक्लॅस का न कर रहा था वरन् ईरान के बादशाहों का कर रहा था।

एशिया में, भारत और चीन तक, यूनानी संस्कृति के प्रसार की गाथा, हेगल ने अपने पूर्वाग्रहों के आधार पर रची। उस संस्कृति का प्रकाश भारत और चीन में फैल गया, स्वयं यूनान में क्या हुआ ? मखदूनियाई बर्बरों से आक्रान्त यूनान अंधकार में डूब गया। देमोस्थेनॅस के लिए उनके भाषणों के अनुवादक विन्स ने लिखा है, "वह रंगमंच पर कैसे भरपूर छाये हुए थे, इसका निर्णय इस तथ्य से हो सकता है कि उनकी मृत्यु होने पर यूनान के इतिहास से सामान्य पाठकों की दिलचस्पी समाप्त हो जाती है। कारण यह कि मखदूनिया की विजय यूनान की चेतना (spirit) के लिए उतना ही घातक थी जितना इटली पर स्पेन की पकड़, सोलहवीं सदी से उसके उद्धार के दिन तक, थी।"[35] 323 ई० पू० में सिकंदर मरा, सालभर बाद 322 ई० पू० में देमोस्थेनॅस का देहांत हुआ। यूनानी इतिहास के प्रति सामान्य पाठकों की दिलचस्पी देमोस्थेनॅस की मृत्यु के साथ समाप्त हो गयी क्योंकि मखदूनिया की विजय यूनान की चेतना के लिए घातक थी। सिकंदर की मृत्यु से यूनान की स्थिति में कोई अंतर न पड़ा; उस पर मखदूनिया का शिकंजा पहले की तरह बना रहाँ

हेगल ने यूनानी दर्शन के इतिहास को तीन भागों में बाँटा। थलेस से अरस्तू तक–पहला भाग; उसके बाद "रोमन संसार में यूनानी दर्शन"–दूसरा भाग; नव्य

प्लैटोपंथी दर्शन—तीसरा भाग। सिकंदर की मृत्यु के बाद अरस्तू एथेन्स छोड़कर भागे थे; उस घटना के बाद उनका दार्शनिक चिंतन और लेखन समाप्त हो गया। 322 ई. पू. में देमोस्थेनॅस की मृत्यु हुई; उसी वर्ष अरस्तू भी परलोक सिधारे। यूनानी दर्शन का एक युग अरस्तू के साथ समाप्त हुआ, यह बात हेगल भी मानते हैं। उन्होंने सिकंदर को अरस्तू के योग्य शिष्य के रूप में चित्रित किया है; यूनान पर मखदूनिया के आधिपत्य से दर्शनशास्त्र के विकास में जो बाधा पड़ी, उसके बारे में उन्होंने चुप्पी साध ली।

हेगल के ब्रिटिश अनुयायी स्टेस ने इस संदर्भ में अधिक स्पष्टता से लिखा है : "यद्यपि सिकंदर का विशाल साम्राज्य विजेता की मृत्यु के बाद बिखर गया, इस घटना से यूनानी राज्यों को अपने उत्पीड़कों का जुआ उतार फेंकने में किसी भी तरह की सहायता न मिली। एक स्पार्ता का अपवाद छोड़कर—वह हठपूर्वक मुकाबले में डटा रहा—वे सभी व्यवहारतः मखदूनियाई प्रभुता के अधीन हो गये। यही नहीं कि पशुबल ने एक सुंदर और सुकुमार सभ्यता को दबोच लिया था, वह सभ्यता स्वयं भी ह्रास की दशा में थी। यूनानी अब एक महान् और स्वाधीन जन-समुदाय न रह गये थे। उनकी प्राणशक्ति उतार पर थी। यह विजेता नहीं तो कोई और विजेता होता। वे अब बुढ़ा रहे थे। उन्हें अब अपने से जवान और मजबूत नस्लों के आगे मैदान छोड़ना ही था।"[36] इन जवान और मजबूत नस्लों में एक तो मखदूनिया की थी। इस नस्ल के लोगों ने अरस्तू के बाद दर्शनशास्त्र का विकास किया हो, इसका उल्लेख तो कहीं मिलता नहीं है; स्टेस ने जो पते की बात कही है, वह यह कि सिकंदर के साम्राज्य के बिखर जाने से यूनानी राज्यों को अपने उत्पीड़कों का जुआ उतार फेंकने में किसी भी तरह की सहायता न मिली। मखदूनिया के शासक यूनानी जनता के उत्पीड़क थे, इन्हीं का नेता सिकंदर था। सिकंदर और उसके उत्तराधिकारी शासक यूनान को अंधकार युग की ओर ठेल रहे थे, वे एशिया में क्या प्रकाश फैलाते ?

हेगल की तरह विज्ञानवेत्ता बर्नाल मानते हैं कि सिकंदर के अभियान से एशिया में यूनानी संस्कृति का प्रकाश फैला। पर हेगल की तरह वह भी मानते हैं कि अरस्तू के बाद स्वयं यूनान में दर्शनशास्त्र का सूर्य अस्त हो गया। लिखा है : "दर्शनशास्त्र में देमोक्रितुस, प्लैटो या अरस्तू की परिपाटियों के कोई वास्तविक उत्तराधिकारी नहीं हुए। वास्तव में दर्शन पहले ही विज्ञान से अलग हो चुका था, सिकंदर के समय से अब वह लगभग पूर्णतः नैतिक रह गया। नागरिक अब धनी बन सकता था पर अब वह राज्य के शासन में भागीदार न रह गया था, दरबार की कृपा से हो जाये तो यह अपवाद की बात थी। युद्धग्रस्त तथा आर्थिक रूप से असुरक्षित संसार में दर्शनशास्त्र का काम यह रह गया कि वह राजनीतिक रूप से नपुंसक व्यक्तियों का समझौता जीवन की अनिश्चितताओं से कराये।"[37]

यूनान के नागरिक राज्य के शासन में भागीदार न थे, वे राजनीतिक रूप से नपुंसक हो गये थे। उनका संसार युद्धग्रस्त और असुरक्षित था। यदि सिकंदर के अभियान के फलस्वरूप ऐसी स्थिति यूनान में पैदा हुई थी तो कल्पना की जा सकती है कि दर्शन और विज्ञान के विकास के लिए उसने अपनी ओर से एशिया में ऐसी स्थिति पैदा करने में कुछ उठा न रखा होगा। इतिहासकार यूनान में सिकंदरी अभियान के घातक प्रभाव की अनदेखी क्यों करते हैं, यह समझना कठिन नहीं है। ब्रिटेन तथा यूरोप के अन्य देशों ने एशिया में अपने साम्राज्य कायम किये। उन्हें अपना यह काम जायज ठहराना था। वे पिछड़े हुए देशों में सभ्यता का प्रसार कर रहे थे, इस बहाने उनकी लूट-मार की कार्रवाई जायज़ ही नहीं, ऐतिहासिक रूप से अनिदार्य बतायी गयी। इतिहास में ऐसी अनिवार्यता की मिसाल मौजूद थी—एशिया पर सिकंदर की विजय, उस विजय द्वारा भारत और चीन तक यूनानी संस्कृति का प्रसार। अब यदि वे कहें कि सिकंदर के अभियान से यूनान की सभ्यता तबाह हो गयी थी, तो अपने देशवासियों की लूट-मार को जायज़ ठहराने के लिए उन्होंने इतिहास से जो नज़ीर पेश की थी, वह निरस्त हो जाये ! लोग सिकंदर के लूट-मार अभियान का रहस्य समझने लगें और सिकंदर के आधुनिक वारिसों के सभ्यता प्रसार अभियान का रहस्य भी छिपा न रहे। बर्नाल ने एक ओर सिकंदरी अभियान के फलस्वरूप भारत और चीन तक यूनानी संस्कृति का प्रसार देखा है, दूसरी ओर उन्होंने यूनान में जनतंत्र के विनाश से दर्शनशास्त्र का ह्रास होते भी देखा है। अपनी स्थापनाओं के अंतर्विरोध के प्रति वे सचेत नहीं हैं।

साम्राज्य विस्तार को उचित और अनिवार्य ठहराने के लिए इतिहासकारों ने एक गाथा और रची—मुट्ठीभर गोरे सैनिक एशियाइयों के टिड्डी दल को आसानी से तितर-बितर कर देते हैं। सिकंदर की दिग्विजय गोरी जातियों के साहस और शौर्य की प्रतीक बन गयी। जैसे अपने श्रेष्ठ सैनिक-संगठन और रणकौशल से सिकंदर ने एशियाइयों को परास्त किया, वैसे ही आधुनिक काल में यूरोप के अल्पसंख्यक गोरे एशिया के बहुसंख्यक काले-पीले लोगों को परास्त कर रहे थे। रूस के लोग अर्धएशियाई थे, फौजें खूब बड़ी-बड़ी जमा कर रखी थीं; हिटलर को उन्हें मॉस्को और स्तालिनग्राद तक खदेड़ते देर न लगी। यह बात अलग है कि वहाँ से बर्लिन तक वापस आने में जर्मन फौजों को काफी कठिनाई हुई। हिटलर से पहले तुर्कों ने यूरोप के काफी हिस्से पर कब्जा कर लिया था। लगभग चार शताब्दियों तक वे यूनान पर शासन करते रहे। इस तथ्य को एशियाई सैन्यविज्ञान की श्रेष्ठता का प्रमाण क्यों न माना जाये ? यदि यूनान पर सिकंदर की विजय अनिवार्य थी तो उसी यूनान पर तुर्कों की विजय अनिवार्य क्यों नहीं थी ? जिसकी लाठी उसकी भैंस। इतिहासकारों का काम है, लाठीवाला जब भैंस पर कब्जा जमा ले, तब वे सिद्ध करें कि ऐसा होना ऐतिहासिक रूप से अनिवार्य था !

हेगल ने लिखा था कि, "बारह-चौदह साल तक का समय सिकंदर ने एशिया में बिताया था"[38] (यहाँ एशिया में मिस्र भी शामिल है) इतना समय एशिया में बिताने का कारण क्या था? कारण यह था कि एशियाई फौजों को मार भगाना उतना आसान न था जितना इतिहासकारों के विवरण में वह दिखाई देता है।

सबसे कम समय यूनान को जीतने में लगा। 336 ई॰ पू. में सिकंदर को राजगद्दी मिली, 335 में उसने यूनान की विजय यात्रा आरंभ की, 338 में उसने एशिया में प्रवेश किया। यूनान को जीतने में उसे बहुत कम समय लगा, इसका कारण यह था कि यह काम बहुत पहले उसके बाप फिलिप ने शुरू कर दिया था। देमोस्थेनॅस ने फिलिप के विरुद्ध अपना पहला व्याख्यान 351 में दिया था। सिकंदर ने थेबेस नगर का विध्वंस 335 में किया। इस पूरी अवधि पर ध्यान दें तो विदित होगा कि मखदूनियाइयों को यूनान पर अधिकार करने में सत्रह साल लगे थे। सिकंदर को लघु एशिया के नगरों पर अधिकार करने में दो साल लग गये। थेबेस की तरह उसने तायर नगर का विध्वंस किया पर इससे पहले सात महीने तक नगर उसकी घेराबंदी का मुकाबला करता रहा था। और बहुत-से नगरों ने भी जमकर सिकंदर का मुकाबला किया। पर यह युद्ध का एक रूप था। दूसरा रूप वह था जहाँ गांवों के लोग संगठित होकर सिकंदर की फौज पर हमला करते थे। वह उनके गाँव जला देता था पर वे जंगलों में भाग जाते थे और अवसर मिलते ही फिर हमला करते थे। सिकंदर को खाने-पीने का सामान न मिले, इसके लिए वे कभी-कभी स्वयं ही उसमें आग लगा देते थे।

326 ई.पू. में सिकंदर ने बलख से भारत की ओर कूच किया। 326 में वह तक्षशिला पहुँचा। उसी साल उसने वापसी कूच भी शुरू किया। एशियाई देशों में वह सबसे कम समय तक भारत में रहाँ लेकिन यूनानी संस्कृति के प्रभाव की चर्चा में ईरान का नाम कम लिया जाता है, भारत का अधिक ! 334 से 326 ई॰ पू॰ तक सिकंदर को एशियाई प्रतिरोध का जो सामना करना पड़ा था, उसने अवश्य उसके भारत प्रवास की अवधि को सीमित कर दिया था।

सिकंदर साहसी सेनानायक था और उसने बहुत-सी लड़ाइयाँ जीतीं पर इसके लिए उसे भारी कीमत चुकानी पड़ी और अंत में वह युद्ध हार गया। उसकी रणनीति गलत थी, इसलिए वह युद्ध हारा। विश्वासघात, नृशंसता, छोटी लड़ाइयों के दाँव-पेंच में वह कुशल था। इसलिए वह अनेक लड़ाइयाँ जीत सका। पिता फिलिप ने यूनान के अनेक नगर राज्यों में अपने सर्मथक पंचमाँगी तैयार किये थे, इसके लिए उसने काफी पैसा खर्च किया था। सिकंदर ने इन पंचमाँगियों की सहायता से लाभ उठाया पर इससे यूनान के सारे देशभक्त उसके विरुद्ध हो गये। पंचमाँगियों ने इन देशभक्तों को निर्वासित किया। ऐसे सैकड़ों निर्वासित देशभक्त दूसरे राज्यों में जाकर रहने को बाध्य हुए और वहाँ वे सिकंदर के विरुद्ध राजनीतिक प्रचारक बन गये। ईरान के

बादशाहों ने जो यूनानी क्षेत्र जीते थे, वे यूनानियों के मनपसंद शासन तंत्र में रहते आये थे। ईरानी प्रभुत्व के नीचे यूनानी नगर बहुत जगह अपने जनतंत्र कायम किये रहे। इसके विपरीत सिकंदर जनतंत्र को पनपने न देता था, वह छोटे-छोटे भूस्वामी गुटों से शासनतंत्र का संचालन कराता था। इसलिए यूनान के लोग मखदूनिया को ईरान की तुलना में अधिक भयावह शत्रु मानते थे। सिकंदर के पास यूनानियों को दबाये रखने का मुख्य अस्त्र आतंक था। थेबेस का विध्वंस इस आतंक का नमूना था। दूसरे नगरों ने भय के मारे आत्मसमर्पण तो कर दिया पर इससे वे सिकंदर के भक्त न बन गये। अपने एशियाई अभियान में सिकंदर को बराबर यह आशंका बनी रहती थी कि यूनान में विद्रोह न फूट पड़े। संभावित विद्रोह को दबाने के लिए सिकंदर ने यूनानी नगरों में मखदूनियाई सैनिक चौकियाँ कायम की थीं। साम्राज्य में भागीदार मखदूनियाई सैनिक थे, यूनानी लोग नहीं। इसलिए उन्हें दबाये रखने के लिए सिकंदर अपने देशवासी सैनिकों का भरोसा ही कर सकता था। पर इससे उसके संचार साधन इतनी दूर तक फैल गये कि उनकी रक्षा करना कठिन हो गया।

पर वह सदा मखदूनियाइयों का भरोसा भी न कर सकता था। भारत से लौटने पर विवश होकर ईरान से उसने दस हज़ार असंतुष्ट मखदूनियाई सैनिक वापस भेजे। इसी साल उसने यह आदेश भी निकाला कि जितने भी यूनानी अपने राज्यों से निर्वासित किये गये हैं, वे सब वापस ले लिये जायेंगे ! केवल थेबेस के नागरिक वापस न लिये जायेंगे! भारत में राजा पुरु के साथ सिकंदर ने वैसा व्यवहार किया जैसा एक राजा को दूसरे राजा के साथ करना चाहिए। थेबेस नगरवासियों के प्रति उसने कैसा व्यवहार किया? वैसा ही जैसा सभ्य जातियों के प्रति बर्बर हमलावर करते हैं। और यह नीति युद्ध हारने का एक कारण बनी। मखदूनियाई सैनिक असंतुष्ट, यूनानी लोग विद्रोह के लिए अवसर की ताक में, एशियाई जातियाँ सिकंदर की फौज के आगे बढ़ने के समय और उसके पीछे हटने के समय लगातार उस पर हमला करती हुईं, हज़ारों सैनिक केवल संचार साधनों की रक्षा के लिए तैनात और इस कारण युद्ध के लिए बेकार—यह स्थिति सिकंदर की रणनीति के फलस्वरूप पैदा हुई थी। उसकी फौज में भाड़े के सैनिकों की भरमार थी, लूटमार के लालच से ये लोग फौज में भर्ती होते थे और इनका भरोसा सबसे कम किया जा सकता था। फिलिप ने पेशेवर सैनिकों की स्थायी सेना का निर्माण किया था, युद्ध में उसका भरोसा किया जा सकता था; सिकंदर की एशियाई सेना गुणात्मक रूप से भिन्न थी।

(3)

भारत से लौटने पर सिकंदर ने ईरानी साम्राज्य के प्रशासकीय केन्द्र सूसा में डेरा डाला। यहाँ पता चला कि उसका कोषाध्यक्ष पाँच हजार स्वर्णमुद्राएँ और छह हजार भाड़े के सैनिक लेकर यूनान भाग गया। एथेन्स में वह पकड़ा गया लेकिन फिर

बचकर भागा। अंत में क्रीट (अथवा क्रेते) द्वीप में उसकी हत्या कर दी गयी। सिकंदर ईरान से बदला लेने चला था लेकिन सूसा में उसने अस्सी उच्च सेनानायकों सहित ईरानी लड़कियों से ब्याह किया। उसके दस हजार सैनिकों ने भी ईरानी पत्नियाँ प्राप्त कीं। सिकंदर के दरबार में और फौज में ईरानी वर्चस्व बढ़ते देखकर संभव है, मखदूनियाई सरदारों में ईर्ष्याभाव पैदा हुआ हो। इतिहासकार ईर्ष्याभाव मखदूनियाइयों में बढ़ते दिखाते हैं, यूनानियों में नहीं—यह उल्लेखनीय है। सिकंदर की फौज में ऊँचा दर्जा मखदूनियाइयों का था, यूनानी उनसे नीचे थे। मखदूनियाइयों के असंतोष के और भी कारण रहे होंगे, वर्ना विद्रोह की नौबत न आती। सिकंदर के अपने अंगरक्षकों को छोड़कर शेष सभी सैनिकों ने विद्रोह कर दिया। इस पर सिकंदर ने फौज को भंग करके ईरानियों को भर्ती कर लेने की धमकी दी। इस पर विद्रोह ठंढा हो गया, सिकंदर ने समझौता हो जाने की खुशी में नौ हजार मेहमानों को विशाल भोज दिया। लेकिन इसके बाद ही उसने दस हजार मखदूनियाई सैनिक वापस भेजे थे। स्पष्ट है कि उनका असंतोष शान्त न हुआ था।

सिकंदर की तुलना में उसके सैनिक अधिक बुद्धिमान थे। अर्रिअन के अनुसार सिकंदर ने सुना कि भारत में आगे बढ़ने पर और भी लंबे-तगड़े, बहादुर आदमी मिलेंगे, उसके मन में इच्छा जागी कि इन्हें भी परास्त करके नाम कमाये "लेकिन मखदूनियाइयों का दिल अब डूबा जा रहा था।"[39] उन्होंने देखा कि राजा (सिकंदर) एक के बाद दूसरी मुहिम में उन्हें घसीटता ही जा रहा है। पूरी फौज में सैनिकों ने सभाएँ कीं। जो सबसे नरम मिजाज के थे, वे अपने भाग्य को दोष देने लगे लेकिन "औरों ने दृढ़ता से घोषणा की, अब आगे वे सिकंदर का साथ न देंगे चाहे वह खुद ही उन्हें रास्ता दिखाता चले।"[40] सिकंदर ने सेनानायकों की समिति से कहा कि अब तक की मुहिमें तुम्हारी समझ में व्यर्थ गयीं तो मुझे कुछ नहीं कहना। पर यदि इन मुहिमों के फलस्वरूप हमारे राज्य में वे सब जातियाँ हैं जिन पर ईरानियों ने शासन किया था और वे भी हैं जिन पर उन्होंने शासन न किया था और सिंधु नदी अब हमारे राज्य में बहती है, तो तुम "मखदूनिया की सत्ता के नीचे, अपनी सत्ता के नीचे" आगे की जातियों को भी ले आने में क्यों हिचकते हो?[41] लौटने पर हो सकता है कि जातियाँ विद्रोह कर दें, कमजोर वफादारी वाली जातियों को दूसरी जातियाँ भड़कायें जो परास्त नहीं हुईं। जो मेहनत तुम्हें पड़ती है, वही मुझे पड़ती है। खुली प्रतिद्वंदिता में पुरस्कार पाने का अधिकार सभी को है। ज़्यादा पैसा तो तुम्हीं को मिलता है।[42]

इस पर सब लोग देर तक चुप रहे। फिर सेनानायक कॉअॅनुस ने कहा, मुहिमों की संख्या जितना ही बढ़ती है, उतना ही उन्हें समाप्त कर देने में लाभ है। "तुम खुद देख सकते हो कि जब तुम चले थे, तब कितने मखदूनियाई और यूनानी तुम्हारे साथ थे और अब हममें कितने लोग रह गये हैं।"[43] थेसली के लोगों को तुमने

बल्ख से वापस भेज दिया। अच्छा किया क्योंकि आगे और बढ़ने को उनका मन न करता था। दूसरे यूनानियों को तुमने अपने बसाये नगरों में रहने को कहाँ "वे हैं वहाँ पर लेकिन सदा स्वेच्छा से नहीं।"[44] दूसरे मखदूनियाई और यूनानी सैनिक जो तुम्हारे साथ आगे बढ़े, वे या तो लड़ाइयों में मारे गये, या अपने घावों के कारण लड़ने के योग्य नहीं रहे, या एशिया के विभिन्न स्थानों में छोड़ दिये गये। लेकिन ज़्यादा लोग तो बीमारी से मरे। नतीजा यह कि पहले जहाँ बहुत थे, वहाँ अब थोड़े ही रह गये हैं। "और ये लोग अब शरीर से मजबूत नहीं हैं और दिल तो उनका पस्त हो चुका है।"[45] घर जाकर वे अपने माँ-बाप और बीबी-बच्चों को, अपने देश को देखना चाहते हैं। उनकी यह लालसा क्षम्य है। चले थे, तब छोटे आदमी थे, अब वे बड़े आदमी हो गये हैं, गरीब रहने के बदले धनी हो गये हैं। तुम भी अपने देश जाओ, माँ को देखो, यूनान में राजकाज व्यवस्थित करो। फिर मन करे तो इन पूरब की तरफ रहने वाले भारतीयों के विरुद्ध नया अभियान शुरू करो। ताजे और जवान आदमी तुम्हारा साथ देंगे। "उन्हें युद्ध से कोई भय नहीं है क्योंकि अभी तक उन्हें उसका कोई अनुभव नहीं है।"[46]

कॉअॅनुस के भाषण पर खूब तालियाँ बजीं, कुछ की आँखों से तो आँसू बहने लगे। सिकंदर ने समिति की बैठक भंग कर दी। "कॉअॅनुस ने जिस आज़ादी से भाषण किया था, उससे वह रुष्ट हुआ।"[47] दूसरे दिन उसने फिर लोगों को बुलाया। गुस्से में उसने कहा, जिसे जाना हो जाये, जाये और लोगों को बताये कि वह अपने राजा का साथ छोड़कर आया है। मैं तो आगे बढूँगा। फिर वह अपने तंबू में चला गया। तीन दिन तक फौज के सारे पड़ाव में एकदम खामोशी छायी रही। स्पष्ट ही उसके गुस्सा होने से सैनिक नाखुश हुए, विचार उनके रत्तीभर न बदले।

एक विवरण के अनुसार सिकंदर ने देखा कि लगभग आठ साल तक लगातार लड़ते रहने से फौज की हालत खस्ता हो गयी है। "उसकी सफें मौत से तबाह हो गयी थीं। उसकी लड़ाइयाँ कभी खत्म होंगी, इसकी कोई आशा न रह गयी थी।"[48] घोड़ों के सुम घिस गये थे, हथियार पुराने पड़ चुके थे, फौजी पोशाक तारतार हो गयी थी। शत्रु के देश में हर तरह की सामग्री भरी पड़ी थी। सिकंदर ने उसे लूटने की अनुमति दे दी। सैनिक बहुत-सा माल लूट लाये पर आगे बढ़ने से उन्होंने फिर भी इन्कार किया।

सिकंदर को सिखाया गया था कि एशियाई लोग स्वभाव से ही दासवृत्ति के होते हैं। उन्हें लूटना उन पर राज करना उसका धर्म है। ब्यूरी ने लिखा है, "जो भी यूनानी और मखदूनियाई सिकंदर के साथ चल रहे थे, समझते थे उनमें बुद्धि और वीरता ज्यादा है, इसलिए पूरब की दुनिया उनकी लूट-खसोट के लिए है। पूरब के लोग उनसे हेठे हैं, वे उनके गुलाम बनें, ऐसा उद्देश्य प्रकृति का ही है। सिकंदर के गुरु स्वयं अरस्तू की राजनीतिक बुद्धिमानी को लगा, ये 'प्रकृति से ही दास'

हैं।"[49] यहाँ आकर सिकंदर और उसकी सेना को दूसरा ही अनुभव हुआ। वह ईरानियों को दबाकर नहीं रख सकता, यह जानकर उसने ब्याह वाली नातेदारी कायम की थी। ईरानियों की तुलना में भारत के लोग और भी वीरता से लड़ते हैं, इस तरह का प्रचार उसकी सेना में फैल गया था।

अर्रिअन के अनुसार भारत में सिकंदर और उसकी सेना को पता लगा कि यहाँ के लोग ऊँचे कद के हैं, उतने ऊँचे जितने एशिया में और कहीं के लोग भी हैं। इथिओपिया को छोड़कर और देशों के लोगों से वे ज़्यादा काले हैं। "उस समय एशिया में जितनी नस्लें रहती थीं, लड़ने में ये उन सबसे कहीं ज़्यादा बहादुर थे।"[50] राजा पुरु की अधिकांश सेना जब मारी जा चुकी थी, तब "महान् सम्राट् दारिउस् की तरह वह भागे नहीं कि अपने आदमियों के सामने भाग खड़े होने का नमूना पेश करें। जब तक भारतीयों का कोई भी दल संगठित बना रहा, उन्होंने संघर्ष जारी रखा।"[51] जब सिकंदर उनसे मिला तो "उसे आश्चर्य हुआ कि वह मन से पस्त न दिखाई देते थे। वह उससे मिलने को ऐसे आगे बढ़े जैसे एक वीर दूसरे राजा के विरुद्ध अपने राज्य की सुरक्षा के लिए साहसपूर्वक लड़ चुकने के बाद अन्य वीर से मिलता है।"[52] प्लूतार्ख के अनुसार "पुरु से युद्ध करने पर मखदूनियाइयों के हौसले पस्त हो गये। इस कारण भारत में और आगे बढ़ने की इच्छा उन्हें बिल्कुल न थी।"[53]

सिकंदर ने भारतवासियों की राष्ट्रीय चेतना को समझने में भारी गलती की थी। सिकंदर को महान् कहने वाले अधिकांश इतिहासकारों ने यह गलती दोहरायी है। पश्चिमोत्तर प्रदेश में अनेक राजा राज करते थे, इससे उन्होंने नतीजा निकाला कि उनमें राष्ट्रीय चेतना का अभाव था। सिकंदर जब इस क्षेत्र पर अपना आधिपत्य कायम कर रहा था, तब वहाँ के राजाओं की सहायता के लिए बहुत-से सैनिक नीचे के मैदानों से पहुँचे थे। इतिहासकार विन्सेन्ट स्मिथ के अनुसार मसागा नामक पहाड़ी स्थान की सुरक्षा के लिए सात हजार सैनिक भारत के मैदानों से आये थे। वहाँ के राजा के मारे जाने पर सिकंदर ने उनसे समझौता किया कि वे मखदूनियाई शिविर से नौ मील दूर एक पहाड़ी के पास पड़ाव डाल लें। स्मिथ ने इन्हें भाड़े के सैनिक कहा है जिन्होंने सिकंदर की ओर से लड़ना मंजूर किया था।

आगे लिखा है, "उनकी इच्छा न थी कि अपने देशवासियों पर विदेशी का प्रभुत्व कायम करने में मदद दें, इसलिए जो अनचाहा दायित्व उन्होंने मंजूर कर लिया था, उससे बचना चाहते थे। उन्होंने सोचा कि रात को खिसक जायें और घर लौट चलें।" यदि वे भाड़े के सैनिक थे, तो भी देशी-विदेशी का भेद जानते थे। वे मैदानों से आये थे, पहाड़ों के निवासियों को अपने देशवासियों के रूप में देखते थे। इसलिए रात में खिसक जाना चाहते थे। सिकंदर को उनके इरादे का पता लग गया और उसने अचानक हमला करके मार-काट मचा दी। स्मिथ के अनुसार,

"प्राचीन और आधुनिक, विभिन्न लेखकों ने इस घटना को सिकंदर द्वारा शर्मनाक वचन भंग कहकर उसकी तीव्र निन्दा की है।"[54] स्मिथ इस निंदा से सिकंदर की रक्षा करते हुए कहते हैं कि वचन भंग तो वे भाड़े के सैनिक करना चाहते थे, सिकंदर ने पहल करके उन्हें इसका उचित दंड दिया। "सात हजार वीर और अनुशासनबद्ध सैनिक सिकंदर की छोटी फौज में आ मिलते तो यह बढ़ती स्वागत योग्य होती, पर ऐसे दल के मैदानों में शत्रु से मिल जाने पर उसके आगे बढ़ने में भारी बाधा पड़ती।"[55] असली कारण यह था कि सिकंदर जानता था, वे यहाँ से निकलकर दूसरी जगह फिर उसका मुकाबला करेंगे। वह उन्हें छलबल से वहीं खत्म कर देना चाहता था।

सिकंदर को कैसे मालूम हुआ कि वे रात में चुपचाप खिसकना चाहते हैं ? वैसे ही जैसे उसे यह मालूम हुआ कि परमॅनिओ और उसका पुत्र उसके विरुद्ध षड्यंत्र कर रहे हैं, अरस्तू का नाती कलिस्थनॅस उसके विरुद्ध विद्रोह की आग सुलगा रहा है, इसलिए उसने उन्हें पहले ही मरवा दिया! जब विश्वस्त मखदूनियाई सेनानायकों तथा अपने गुरु के नाती को वह मरवा सकता था, तब इन सात हज़ार भारतीय सैनिकों से विश्वासघात करने में उसे क्या आगा-पीछा होता? अधिक संभावना इस बात की है कि सिकंदर ने उन्हें फुसलाया, दुर्ग से सकुशल निकल जाने का आश्वासन दिया और जब वे सैनिक निश्चिंत होकर विश्राम कर रहे थे, तब उसने उन पर हमला कर दिया। सिकंदर ने अपना वादा तोड़ा था, इस बारे में आधुनिक और प्राचीन इतिहासकारों को संदेह न था। इसीलिए उन्होंने सिकंदर के इस कारनामे की तीव्र निंदा की थी। किंतु सिकंदर को आदर्श यूरोपियन विजेता के रूप में प्रस्तुत करना था, इसलिए दगाबाज़ी वाले कलंक को धोना जरूरी था। भारतीय सैनिक वादा तोड़कर भागना चाहते थे, उनका यह कल्पित इरादा ऐतिहासिक तथ्य बन गया।

उनके इस इरादे की बात पहले अर्रिअन ने कही थी। उन्होंने रात में भागने का विचार इसलिए किया था कि "वे अन्य भारतवासियों के विरुद्ध हथियार उठाना न चाहते थे।"[56] लेकिन इसी कारण इसकी संभावना बहुत कम है कि उन्होंने सिकंदर की ओर से लड़ने का वादा किया होगा। मसागा की लड़ाई में बहुत-से मखदूनियाई मारे गये थे और सिकंदर स्वयं घायल हो गया था। "किले की दीवार में जहाँ सेंध हो गयी थी, वहाँ मखदूनियाई सैनिक भीतर घुसने का रास्ता बनाना चाहते थे। लेकिन भारतीय उन्हें इतनी वीरता से पीछे ठेलते रहे कि सिकंदर ने उस दिन के लिए लड़ाई बंद करने का आदेश दिया"[57] दूसरे दिन उसने लकड़ी की मीनार खड़ी की, वहाँ से उसके सैनिक भारतीयों पर तीर बरसाने लगे। इस दिन भी सफलता न मिली। तीसरे दिन उसने एक काष्ठयंत्र और दीवाल की सेंध के बीच पुल बनाया और वहाँ से उसने किले में सैनिक उतारने का प्रयत्न किया। लेकिन सैनिकों का बोझ पड़ने से पुल टूट गया। उनके नीचे गिरने पर तीर, पत्थर

जो कुछ मिला, भारतीय उन पर बरसाते रहे। बुर्जों के बीच जो छोटे द्वार थे, उनसे निकलकर अन्य भारतीयों ने उन सैनिकों को मारा जो पुल से गिरने पर हक्के-बक्के रह गये थे। चौथे दिन काष्ठयंत्र से फेंके हुए अस्त्र से राजा मारा गया। तब सिकंदर ने ऐलान कराया कि मैदानी सैनिक निकल आयें, उसकी ओर से लड़ें तो उनकी जान बख्श दी जायेगी। मान लीजिये, भारतीय सैनिक अपना वादा तोड़ना चाहते थे, इसलिए सिकंदर ने घात लगाकर हमला किया। पर इससे पहले चितराल नदी के किनारे एक नगर के बंदी बनाये हुए सैनिकों ने क्या किया था ? सिकंदर घायल हो गया था, स्मिथ के अनुसार "इस घटना से सैनिक इतना उत्तेजित हुए कि उन्होंने जितनों को बंदी बनाया था, उन सबको मार डाला और नगर का विध्वंस करके उसे धूल में मिला दिया।"[58] यहाँ तो सिकंदर घायल हो गया था, थेबेस नगर का अपराध क्या था ? यही कि वह सिकंदर के आगे आत्मसमर्पण करने को तैयार न था।

दिओदोरुस सिकुलुस का मत था कि मसागा के किले से निकलने वाले मैदानी सैनिकों पर सिकंदर ने हमला इसलिए किया था कि "वह भाड़े के सैनिकों के प्रति घोर शत्रु भाव से प्रेरित था"।[59] चार दिन तक मसागा के घेरे में सिकंदर की जो दुर्दशा हुई थी, उससे दुर्गरक्षकों के प्रति उसके मन में किसी दूसरी तरह का भाव हो न सकता था। जिन्होंने उसे इतना छकाया था, उनसे वह बदला लेना चाहता था। लेकिन छल से। वीर की तरह ललकारकर सामने से हमला करने का साहस उसमें नहीं था। अनेक यूनानी इतिहासकार छल की बात जानते थे और उन्होंने सिकंदर की कपटनीति की भर्त्सना की है, उन्होंने इसके लिए सिकंदर की निंदा भी की है। वे यह भी जानते थे कि सिकंदर 'भाड़े के सैनिकों' से क्यों रुष्ट था। प्लूतार्ख ने लिखा था, "भाड़े के सैनिकों में वे सबसे अच्छे सैनिक थे जो भारत में सुलभ थे। सिकंदर जिन शहरों पर हमला कर रहा था, उनमें वे सब आकर इकट्ठे हो जाते थे। वे उनकी रक्षा बड़ी वीरता से करते थे, इस प्रकार उसे भारी हानि सहनी पड़ती थी। फलतः उसने उनके साथ संधि कर ली। लेकिन बाद को, जब वे जा रहे थे, वह उन पर टूट पड़ा और उसने उन सबको मार डाला। उसकी सैनिक ख्याति पर यह एक काला धब्बा है क्योंकि अन्य अवसरों पर उसने सभ्य युद्ध के नियमों का ध्यान रखा था।"[60]

प्लूतार्ख ने सिकंदर के रोष का कारण यहाँ बहुत स्पष्ट शब्दों में लिख दिया है। 'भाड़े के सैनिक' बड़ी वीरता से लड़ते थे, इसलिए सिकंदर को भारी हानि सहनी पड़ती थी। इस हानि से बचने के लिए आवश्यक हो गया कि वह छल करके उन पर हमला करे। मसागा के युद्ध में भारी हानि सहने के बाद उसने छल करके भारतीय सैनिकों पर हमला किया, किंतु इस तरह हमला करने पर भी उसे विजय आसानी से प्राप्त नहीं हुई।

भारतीय वीर विकट संकट में फँसकर भयभीत नहीं हुए। उन्होंने अपनी पंक्तियों

को नजदीक लाकर एक चक्र बनाया। इसके भीतर उन्होंने स्त्रियों और बच्चों को रखा। दुस्साहस और वीरता के कृत्यों से उन्होंने शत्रु के लिए उस संघर्ष को कटु बना दिया। मखदूनियाई हमलावर भारतीय ढालों को भेदने वाले भालों से वार करते, भारतीय वीर शत्रु दल की घनी पंक्तियों पर बरछों से प्रहार करते। "जब बहुत-से (भारतीय वीर) इस तरह घायल हुए, जो मारे गये, वे भी थोड़े न थे, तब स्त्रियों ने गिरे हुए लोगों के हथियार उठा लिये और पुरुषों के साथ कंधे से कंधा मिलाकर लड़ीं।" जिन्हें हथियार मिल गये थे, उन्होंने भरसक ढालों की आड़ करके पतियों को बचाने का प्रयत्न किया। जिन्हें हथियार न मिले थे, उन्होंने शत्रु पर टूटकर उसकी ढालें छीन लीं। "अपनी आत्मरक्षा के लिए लड़ने वाले वीर जान हथेली लेकर पत्नियों के साथ लड़े लेकिन अंत में अधिक संख्या वाले उन पर हावी उन्हें गौरवशाली मृत्यु प्राप्त हुई। ऐसी मृत्यु के बदले अपमानित जीवन की ओर वे आँख उठाकर देखते भी नहीं।" भारतीय वीरों की प्रशंसा में ये शब्द दिओदोरुस सिकुलुस ने कहे थे।

कोई आश्चर्य नहीं, मखदूनियाई सैनिक सिकंदर के साथ आगे बढ़ने को तैयार न हुए। स्वयं सिकंदर जिस मार्ग से भारत में घुसा था, उसी से लौटना उसने उचित न समझा।

(4)

सिकंदर की सेना ने जब आगे बढ़ने से इन्कार किया, तब उसने सैनिकों से कहा, "तुमने एशिया को जनशून्य बना दिया है। शत्रुदल में कितने लोग हैं ? उनकी गिनती के लिए बहुत विलंब हो चुका है।"[61] एशिया को जनशून्य करने में उसने कुछ उठा न रखा था; जनशून्य कर न पाया, वह अलग बात है। आतंक के ज़रिये वह प्रतिरोध करने वालों को त्रस्त कर देना चाहता था। शहरों को जलाना, घरों को गिराकर धूल में मिला देना, युद्ध के बंदियों को मार डालना—ये सारी क्रियाएँ आतंक फैलाने के लिए थीं। पर लोग आतंकित हुए नहीं। वे उसका मुकाबला करते रहे, बहुसंख्यक शत्रुदल से घिर जाने पर भी वह शहर के गली कूचों में लड़े या स्वयं शहर में आग लगाकर जंगल में भाग गये। जिन्हें इतिहास में अगलासिअन कहा गया है, उन्होंने नगर के बाहर युद्ध किया। बहुत-से मारे गये, कुछ को गुलाम बना लिया गया, "लेकिन भारतीयों ने तंग गलियों में अवरोध खड़े किये, मकानों से बड़े साहस के साथ लड़े। नतीजा यह कि सिकंदर ने हमला जारी रखा तो काफी मखदूनियाई मारे गये। इससे वह बहुत क्रुद्ध हुआ और उसने शहर में आग लगा दी, शहर के साथ उसके बहुत-से रक्षक भी भस्म हो गये।"[62]

जिन्हें कथाइअन कहा गया है (संभवतः कठ गण), उनके सबसे बड़े नगर का घेरा डालने पर सिकंदर को तीव्र प्रतिरोध का सामना करना पड़ा। "उस पर कब्ज़ा करने में उसे बहुत जोखिम उठानी पड़ी थी। इसका बदला लेने के लिए उसने उसे जलाकर धूल

में मिला दिया।"[63] सीमांत प्रदेश के लोग सिकंदर की युद्धनीति से इतने परिचित हो गये थे कि वे स्वयं ही कभी-कभी अपने नगर में आग लगाकर भाग जाते थे। जिन्हें अस्पासिअन कहा गया है, उन्होंने "नगर में आग लगा दी और पहाड़ों में भाग गये।"[64] सिकंदर ने सिबि जनपद को तहस-नहस कर दिया, राजधानी पर अधिकार किया, जो युद्ध कर सकते थे, उन सबको मार डाला, बाकी को गुलाम बनाकर बेच दिया।[65] दूसरे नगर का घेरा डाला तो नगरवासियों ने हताश होकर "अपने घरों में आग लगा दी, अपनी स्त्रियों और बच्चों समेत लपटों में कूद पड़े।"[66]

पंजाब में सिकंदर की फौज ने आगे बढ़ने से इन्कार किया, तब उसने कहा, "पिछले दिनों इस देश के लोग तरह-तरह की अफवाहें फैलाते रहे हैं जिनका स्पष्ट उद्देश्य होता है तुम्हें डरा देना।"[67] स्वयं सिकंदर ने पता लगाया, आगे एक बहुत बड़ा राजा है उसकी सेना में बीस हज़ार घुड़सवार हैं, दो लाख पैदल हैं, चार पहियों वाले दो हज़ार रथ हैं, तीन हज़ार हाथी हैं। सिकंदर ने पुरु से पूछताछ की। उन्होंने कहा, इसमें अतिशयोक्ति नहीं है लेकिन वर्तमान राजा नाई का लड़का है और प्रजा उसे पसंद नहीं करती।[68] यह नंद की फौज थी जिसकी शक्ति के बारे में सिकंदर ने सुन रखा था। इस फौज को लेकर पंजाब में अफवाहें फैलायी जायें, यह तथ्य भारत के विभिन्न प्रदेशों की मैत्री का सूचक है। पर ये केवल अफवाहें नहीं थीं। प्लूतार्ख ने पूरब की सेनाओं की भारी संख्या के प्रसंग में लिखा है, "इसमें अत्युक्ति नहीं थी क्योंकि थोड़े ही समय बाद जब सन्द्रोकोत्तस (चंद्रगुप्त) गद्दी पर बैठा, तब उसने सेल्यूकस को 500 हाथी भेंट किये और छह लाख सेना लेकर वह सारे भारत पर चढ़ दौड़ा और उसने उसे अपने अधीन कर लिया।"[69] नंद का साम्राज्य, इस साम्राज्य का सैन्यदल, सिकंदर के मार्ग में बहुत बड़ी बाधा थे, इसमें संदेह नहीं। मखदूनियाई सैनिक उनसे लड़ने को तैयार न थे।

राष्ट्रीय एकता का भाव भारत के उस भाग में भी था जो नंद साम्राज्य में नहीं था और जहाँ सिकंदर पहुँचा था। इसका एक प्रमाण यह है कि "सिकंदर के मरने के बाद उसके प्रशासक मार डाले गये। मानो भारत ने अपनी गर्दन से दासता का जुआ उतार फेंका हो। उसकी स्वाधीनता जिसने प्राप्त की, वह नेता सन्द्रोकोत्तस (चंद्रगुप्त) था। लेकिन अपनी विजय के बाद उसने अपने अत्याचार के कारण उद्धारक की पदवी गँवा दी क्योंकि जिनका उद्धार किया था, उन्हीं को दासता में डालकर उसने उत्पीड़ित किया था।"[70] छोटे-छोटे जनपद किसी बड़े राष्ट्र के रूप में गठित होंगे, तब उनकी स्वाधीनता अवश्य नियंत्रित होगी। पर यदि यह मान लिया जाये कि चंद्रगुप्त इन जनपदों का उत्पीड़क था, तो भी एक बार यह दृश्य उपस्थित हुआ "मानो भारत ने अपनी गर्दन से दासता का जुआ उतार फेंका हो"। अरस्तू का सामाजिक दर्शन यह था कि एशियाई लोग स्वभाव से दासवृत्ति वाले होते हैं। यहाँ उल्टा था। वे स्वाधीनताप्रेमी थे और जैसे ही अवसर मिला, उन्होंने दासता का जुआ

उतार फेंका।

सिकंदर ने अपने सैनिकों से जो कहा था, इस देश के लोग तुम्हारे डराने के लिए अफवाहें फैलाते हैं, उसमें आंशिक सत्य था। उत्तर भारत में विभिन्न जनपदों के प्रतिरोध को संगठित करने के लिए अनेक प्रचारक काम कर रहे थे। उन्होंने इन जनपदों के शासकों को यह आश्वासन दिया होगा कि गंगा के मैदानों में लाखों पैदल सैनिक और हज़ारों घुड़सवार सिकंदर का मुकाबला करने को तैयार हैं, उसका हारना और देश से निकाला जाना अनिवार्य है। किंतु उनका मुख्य काम जनपदों को लड़ने के लिए तैयार करना था। सिकंदर जितना सैनिकों के प्रतिरोध से क्षुब्ध था, उतना ही वह इन प्रचारकों की भाषण कला से क्रुद्ध था। हाथ आने पर वह तुरंत उन्हें मरवा डालता था। प्लूतार्ख ने जहाँ मैदानी सैनिकों की वीरता से सिकंदर को क्षुब्ध होते बताया है, वहीं लिखा है, "दार्शनिकों ने उसे भाड़े के सैनिकों से कम कष्ट नहीं दिया। कारण यह कि जो राजा उसकी ओर होने की घोषणा करते थे, उनकी वे निंदा करते थे और स्वाधीन राज्यों को प्रोत्साहित करते थे कि उसकी प्रभुता के विरुद्ध विद्रोह करें। इस कारण उसने उनमें से बहुतों को फाँसी दे दी थी।"[71] प्लूतार्ख ने जिन्हें दार्शनिक कहा है, वे उस समय के बुद्धिजीवी थे। पराधीनता स्वीकारने वाले राजाओं की निंदा करते हुए वे स्वाधीनचेता शासकों को सिकंदर से लड़ने के लिए उत्साहित करते थे।

सम्बुस(शंभु?) नाम के राजा ने विद्रोह किया। सिकंदर ने दस प्रचारक पकड़ लिये। प्लूतार्ख के अनुसार इन्होंने संबुस को विद्रोह के लिए तैयार किया था,"इसके अलावा भी उन्होंने मखदूनियाइयों को बड़ी क्षति पहुँचायी थी।"[72] सिकंदर ने एक से पूछा कि उसने संबुस को विद्रोह के लिए क्यों राजी किया। उसने उत्तर दिया, "इसलिए कि मैं चाहता था कि वह जिये तो सम्मान से जिये, या फिर सम्मान से मर जाय।"[73] अर्रिअन ने लिखा है, संबुस के नगर पर अधिकार करने के बाद सिकंदर ने दूसरे शहर पर हल्ला बोला। इसने भी विद्रोह किया था; "जितने ब्राह्मणों ने विद्रोह उकसाया था, उन सब को उसने मार डाला।"[74] ब्राह्मणों की व्याख्या करते हुए बताया है, "ये लोग भारतीयों के दार्शनिक हैं।"[75] आगे मुसिकानुस राजा का ज़िक्र किया है। उसके कुछ नगरों को उसने ध्वस्त कर दिया, "नगरवासियों को गुलाम बना डाला।" मुसिकानुस पकड़े गये। उसने उन्हें "और उनके साथ, जितने भी ब्राह्मणों ने उन्हें विद्रोह के लिए उकसाया था, उन सबको" फाँसी का हुक्म दिया।[76]

अर्रिअन ने अनेक जनपदों का नाम लिया है जिन्होंने मिलकर सिकंदर से युद्ध किया। सिकंदर ने सुना कि कठ जन "और स्वाधीन भारतीयों के कुछ अन्य गणसमाजों ने" तैयारी की थी कि वह उनकी भूमि तक आया तो वे युद्ध करेंगे।[77] उसने यह भी सुना कि जो अन्य गणसमाज उन्हीं की तरह स्वाधीन थे, समान

उद्देश्यों वाले उन सभी गणसमाजों को वे इस मुहिम के लिए आमंत्रित कर रहे थे। अरिअन ने इन गणसमाजों को 'स्वाधीन' संभवतः इसलिए कहा है कि वे गणतंत्र थे, उन पर किसी राजा का शासन न था। उसके विवरण से स्पष्ट है कि कठ, मल्ल, क्षुद्रक आदि जनों ने मिलकर सिकंदर से युद्ध किया था। कोई आश्चर्य नहीं; मखदूनियाई सैनिक एक युद्ध समाप्त नहीं हुआ कि दूसरा सामने है, इस स्थिति से तंग आ गये थे। स्त्राबो के अनुसार जब वे समझते थे कि सारे संकट पार कर आये हैं, तभी एक नया युद्ध उनके सामने होता। "उसमें सारे भारत की सबसे युद्ध कुशल जातियाँ उनका विरोध करेंगी। तब वे अप्रत्याशित भय से त्रस्त हो उठे और राजा को राजद्रोह की भाषा में भला-बुरा कहने लगे।"[78]

सिकंदर पीछे हटना न चाहता था। वह समझता था कि "पीछे हटना हार मानने के बराबर है।"[79] प्लूतार्ख के विवरण से सिकंदर के अभियान की वास्तविक स्थिति का ज्ञान हो जाता है। अभियान समाप्त न हुआ था। अनेक जनपद अपराजित थे, जो पराजित हो गये थे, वे कब विद्रोह कर देंगे, कुछ कहा न जा सकता था। यह उस सीमांत की दशा थी जिसमें उसका प्रवेश हो गया था; आगे विशाल देश में पैठने के बाद लौट आना असंभव था, विजय पाना तो दूर की बात थी। इसलिए उसके सैनिक कह रहे थे, अभी पीछे हटने का समय है, वापस लौट चलो; बाद में भगोड़ों की तरह भागे तो बड़ी बेइज़्ज़ती होगी। इतिहासकारों ने एशियाई सेनाओं की भगदड़ के चित्र खींचकर यूरोपियन वीरता को बहुत सराहा है। सिकंदर का पीछे हटना हारने के बराबर था, सीमांत प्रदेश के जबर्दस्त प्रतिरोध से और आगे असाधारण प्रतिरोध की आशंका से उसका पीछे हटना अनिवार्य हो गया था, इस तथ्य की ओर वे जरा कम ध्यान देते हैं।

लघु एशिया में प्रवेश करते समय सिकंदर ने कहा था कि वह जहाजी बेड़े के बिना ही स्थल पर ईरान को पराजित करेगा। किंतु भारत से लौटते समय उसने सेना की सुरक्षा के लिए जहाज़ी बेड़े से काम लेना ज़रूरी समझा। फौज जहाज़ों पर सवार हुई और सिंधु नदी के मार्ग से समुद्र की ओर चली। इन जहाज़ों के चालक—मिस्त्री, फिनीशियाई आदि—अधिकतर अफ्रीकी-एशियाई देशों के थे। सिकंदर स्वयं जहाज़ पर था। घोड़े नावों पर चढ़ाये गये। कुछ सेना नदी के दायें-बायें तटों के पास से चली। उसके साथ हाथी भी थे। सिकंदर को भय था कि स्थल मार्ग से लौटने पर भारी ख़तरों का सामना करना पड़ेगा, इसलिए उसने जलमार्ग से लौटना उचित समझा। तटवर्ती प्रदेशों से हमले की आशंका थी, इसलिए उसने कुछ सेना नदी किनारे चलने के लिए छोड़ दी।

सामान लादने के जहाज़ गोलाकार थे। एक जगह नदी की भँवरों में फँसकर इन्होंने खूब चकरघिन्नी खायी। अरिअन के अनुसार मल्लाहों के डाँड़ टूट गये। दो जहाज़ आपस में टकराकर नष्ट हो गये, उनमें सवार बहुत-से लोग मारे गये।[80]

आगे नदी का पाट चौड़ा था और भँवरों से छुट्टी मिली। लेकिन इस इलाके में मल्लों ने सिकंदर को परेशान करना शुरू किया। सिकंदर ने उनके शहरों का घेरा डाला; वे भागकर जंगलों में चले गये। नदी किनारे जंगलों की कमी न थी। एक बार घुड़सवारों का दल लेकर सिकंदर ने उनका पीछा किया। यह देखकर कि केवल घुड़सवार हैं, "वे लौट पड़े और जमकर लड़े"।[81] इन्हीं मल्लों के एक दुर्ग पर हमला करते हुए सिकंदर घायल हो गया। छाती की रक्षा के लिए जो कवच वह पहने था, एक तीर उसे भेदकर भीतर धँस गया और वहाँ से इतना खून बहा कि वह बेहोश होकर गिर पड़ा। मखदूनियाइयों ने जो भी मिला उसे मारा, "स्त्रियों और बच्चों को भी नहीं बख्शा।"[82] यह सब उनकी वीरता का नहीं, उनकी निराशा का द्योतक था। उन्हें चिंता यह थी, घर कैसे पहुँचेंगे जब "वे इतनी युद्ध कुशल जातियों से एकदम घिरे हुए हैं। इनमें कुछ ने अधीनता स्वीकार न की थी। उनका विचार था कि वे अपनी स्वाधीनता के लिए प्राणों की बाज़ी लगाकर लड़ेंगे।"[83] सिकंदर मर गया तो अधीन जातियाँ भी विद्रोह कर देंगी। वे दुर्गम नदियों के बीच में फँसे हुए हैं। सिकंदर घायल होने के बाद अच्छा हो गया है, उन्हें विश्वास न था। सिकंदर को शंका हुई, सेना विद्रोह न कर दे। उसने तय किया कि सेना उसे जहाज़ पर खड़े हुए देख ले। सैनिकों ने उसे देखा, पर उन्होंने कहा, यह उसका शव तो नहीं खड़ा किया गया। तब सिकंदर ने हाथ फैलाया और सैनिकों ने जय-जयकार किया।

लौटते समय भी नगरों को ध्वस्त करने और प्रतिरोध करने वालों का संहार करने या उन्हें गुलाम बनाने की नीति पर सिकंदर चलता रहा। कुछ ने अधीनता स्वीकार की, औरों ने लड़कर वीरगति प्राप्त की। सिकंदर जब सिंधु नदी के मुहाने के पास पाताल नगर पहुँचा तो उसने देखा कि नगर खाली है। नदी में आगे के लिए कोई मार्गदर्शक न मिला। भयानक तूफान आया और उसमें बहुत-से जहाज़ टूट-फूट गये। कुछ जहाज़ ऊँची तटवर्ती भूमि से टकराकर भुरकुस हो गये। यहाँ समुद्र के देवता को प्रसन्न करने के लिए सिकंदर ने बैलों की बलि दी और सोने के पानपात्र जल में विसर्जित किये।

सिंधु नदी की यात्रा समाप्त होने के बाद सिकंदर मुख्य सैन्यदल लेकर स्थल मार्ग से चला, शेष दल जहाज़ों पर नेआर्खुस के नेतृत्त्व में चला। जहाज़ी बेड़ा समुद्र तट के निकट होकर चला जिससे उसे खाद्य सामग्री आवश्यकता होने पर मिल सके। इस तरह की सामग्री की निश्चय ही कमी थी। एक जगह अन्न के भंडार दिखे तो सिकंदर ने उन पर कब्ज़ा किया और जहाज़ों को सामान भेजा। सैनिक भूखे थे। अनुशासन की चिंता न करके उन्होंने उसे बाँटकर ठिकाने लगा दिया। अर्रिअन ने लिखा है, "सिकंदर का इतिहास लिखने वाले सभी यह स्वीकार करते हैं कि उसकी सेना ने एशिया में जितने कष्ट सहे थे, उनकी तुलना उन मुसीबतों से नहीं की जा सकती जो उसे यहाँ सहनी पड़ीं। नेआर्खुस एक मात्र लेखक है जो कहता है कि

"सिकंदर ने यह मार्ग इसलिए न चुना था कि वह उसकी कठिनाइयों से अपरिचित था। जब उसने सुना कि कोई भी सेना लेकर इस मार्ग से न गया था, एक रानी सेमीरामिस को छोड़कर जब वह भारत से भागी थी, तब उसने वह मार्ग चुना। उस देश के लोग कहते हैं कि अपनी सेना के कुल बीस आदमियों के साथ वह बच निकली थी। (ईरान के राजा) कम्बुसेस का पुत्र कुरुस तक केवल सात आदमियों के साथ बच निकला था। लोग कहते हैं कि भारत पर आक्रमण करने के लिए कुरुस सचमुच ही इस प्रदेश में आया था लेकिन रेगिस्तान में कूच करते समय जो कठिनाइयाँ झेलनी पड़ीं, उनसे उसकी अधिकांश सेना वहाँ पहुँचने से पहले ही नष्ट हो गयी थी।"[84] इस राह से और हमलावर भी पहले आये थे, पर जब लौटे, तब थोड़े से ही आदमी उनके साथ रह गये थे। इनके मुकाबले सिकंदर को कुछ बहुत ज़्यादा सफलता नहीं मिली। कहा जाता था कि जो और न कर सके, वह सिकंदर करना चाहता था। लेकिन नेआर्खुस की यह बात ज़्यादा सही है कि जहाज़ों को रसद पहुँचाते रहने के विचार से उसने समुद्र तट के पास वाला मार्ग अपनाया था।

जो दुर्गति रूस के बर्फीले मैदानों में नैपोलियन की फौज की हुई, वही दुर्गति सिंधु नदी के पास पश्चिमी रेगिस्तान में सिकंदर की फौज की हुई। अर्रिअन ने लिखा है : "चिलचिलाती धूप और पानी की कमी से उसकी अधिकांश सेना नष्ट हो गयी। खास तौर से माल ढोने वाले पशु रेत में धँस जाने से, आग की लपटों जैसी गर्मी से, मर गये, बहुत से प्यास के कारण मरे। उन्हें गहरी रेत के टीले मिले, ये कसे हुए और कठोर नहीं थे वरन् इतने भुसभुसे थे कि जिन्होंने उन पर कदम रखा, वे उनमें समा गये मानो कीचड़ में अथवा अछूती बरफ में धँस गये हों। इन पर चढ़ते उतरते घोड़ों और खच्चरों की और भी मुसीबत थी क्योंकि मार्ग समतल तो था नहीं, साथ में सुदृढ़ भी नहीं था।"।[85] पानी की कमी के करण पड़ाव देर में आता था, सेना को सामान्य रूप में जितना चलना होता था, उससे अब बहुत ज़्यादा चलना पड़ता था। रातभर चलने के बाद सबेरे पानी के दर्शन हो जायें तो थोड़ी देर को राहत मिल जाती थी। "किंतु मंजिल दूर हुई और दिन चढ़ने पर चलते ही रहने की नौबत आयी तो उन्हें भारी कष्ट होता था, एक तरफ भयानक गर्मी सताये दूसरी तरफ प्यास जो कभी बुझे नहीं।"[86]

प्यास के अलावा भूख का सवाल भी था। सैनिक अपने जानवरों को मारकर खा जाते थे और "कह देते थे कि ये प्यासे मर गये हैं और गर्मी से खत्म हुए हैं।"[87] सिकंदर को सब मालूम था पर वह दिखाता यह था कि उसे कुछ नहीं मालूम। "जो सैनिक बीमारी से जूझ रहे थे या थकान से चलने में पिछड़ गये थे, उन्हें ढोकर साथ ले चलना अब आसान नहीं था। एक तो भारवाही पशुओं की कमी थी, दूसरे गहरी रेत के कारण जब सैनिक स्वयं गाड़ियाँ न खींच पाते थे तो उन्हें नष्ट कर देते थे। उन्होंने यह काम पहले की मंजिलों में भी किया था। सबब यह कि गाड़ियों के कारण वे कम दूरी वाली राहों से न जा सकते थे; जो रास्ते गाड़ियों के लिए सबसे

सुगम थे, उनसे उन्हें जाना पड़ता था।"[88] बीमारी या थकान से जो पीछे छूट गये सो छूट गये, न तो उन्हें सहारा देकर कोई आगे ले जाने वाला था, न पीछे रहकर उनकी देखभाल करने वाला था। "फौज को अपनी सुरक्षा का ध्यान था, इसलिए वह आगे बढ़ती गयी; व्यक्तियों की देखभाल न हो, यह अनिवार्य था।"[89] ज़्यादातर रात में चलना होता था; नींद से बेहाल होकर कुछ लोग पीछे रह जाते थे। आँख खुलने पर कुछ शक्ति रही तो सेना के आसपास पहुँचने को फिर चल देते थे। बहुतों में कुछ ने उस तक पहुँचकर अपने प्राण बचा लिये, अधिकांश ने बेसहारा उस रेत के सागर में प्राण दिये।

वैसे तो पानी की कमी रहती थी पर एकाध बार उसकी अतिशयता से भी हानि हुई। सेना ने एक छोटी नदी के किनारे पड़ाव डाला। पहाड़ों पर वर्षा होने से उसमें अचानक बाढ़ आ गयी। "बाढ़ का पानी इतनी तेज़ी से आया कि खेमाबरदारों के अधिकांश बच्चों और स्त्रियों को बहा ले गया। सारा शाही माल-असबाब बह गया, जो काम लायक भारवाही पशु बचे थे, वे भी नष्ट हो गये। स्वयं सैनिक बड़े संघर्ष के बाद अपनी जान बचा सके। उनके बहुत थोड़े हथियार ही बचाये जा सके।"[90] इसके विपरीत कड़ी धूप में चलते-चलते कभी पानी के दर्शन होते तो लोग उस पर टूट पड़ते और उनमें कुछ एकबारगी बहुत पानी पी जाने से मर जाते। एक साथ बहुत लोग पानी पीने दौड़ते, इससे पानी गंदा हो जाता। आदमी और जानवर एक साथ पानी की तरफ न दौड़ें, इसके लिए सिकंदर फौज का पड़ाव पानी से कुछ दूर पर डालता था।[91]

जानवरों के अभाव में लूट का माल ढोकर ले जाना बहुत कठिन था। स्त्राबो के अनुसार मखदूनियाइयों को रेगिस्तान में "लूट का वह कीमती माल जला देना पड़ा जिसे पाने को वे धुर पूरब में कूच करते हुए आये थे।"[92] प्लूतार्ख के अनुसार सिकंदर के इतने आदमी मारे गये कि "वह मुश्किल से अपनी सेना का चौथाई हिस्सा लेकर भारत से लौटा यद्यपि एक लाख बीस हजार पैदल और पंद्रह हजार घुड़सवार सैनिकों के साथ उसने वहाँ प्रवेश किया था।"[93] सिकंदर भारत से तीन चौथाई सेना गँवाकर लौटा, इसे सैन्यविज्ञान की सफलता का उदाहरण तो नहीं माना जा सकता।

नेआर्खुस की समुद्री यात्रा के वृत्तांत से एक अंश अर्रिअन ने उद्धृत किया था। अनेक इतिहासकार इसे जाली मानते हैं। किंतु 1797 ई॰ में विलियम विन्सेन्ट नाम के अंग्रेज विवेचक ने जिस तरह इस यात्रा का महत्व प्रतिपादित किया है, वह शिक्षाप्रद है। उसका कहना था, इस यात्रा से एशिया के सुदूर देशों से यूरुप का संचार संबंध कायम हुआ। आगे चलकर पुर्तगालियों ने जो नये जलमार्गों का पता लगाया, उसकी शुरूआत यहाँ से हुई थी; "संसार में जो सबसे बड़ी व्यापारिक व्यवस्था कायम हुई, यह उसकी बुनियाद थी; फलतः भारत में वह ब्रिटिश अड्डों

का प्राथमिक कारण थी, यह कारण कितना ही दूरगामी क्यों न हो।"[94] अंग्रेज साम्राज्यवादी सिकंदर के अभियान से अपना संबंध कैसे जोड़ रहे थे, उसकी यह बहुत अच्छी मिसाल है।

वैसे सिकंदर से दो सौ साल पहले पश्चिमी एशिया के जल मार्गों की खोज ईरान के सम्राट् दारिउस ने कराई थी। यूनान के आदि इतिहासकार हेरोदोतुस ने लिखा था कि एशिया के एक बड़े भाग की जाँच-पड़ताल का आदेश दारिउस ने दिया था। सिंधु नदी समुद्र में कहाँ मिलती है, यह जानने के लिए उसने जहाज़ भेजे और कारिआ क्षेत्र के यूनानी नाविक स्कूलाख को भी साथ भेजा।[95] हेरोदोतुस स्वयं इसी क्षेत्र के थे और उस समय लघु एशिया के इस भाग पर ईरान का आधिपत्य था। पश्चिमी एशिया के जलमार्गों की खोज सिकंदर से बहुत पहले दारिउस ने करायी थी, इस तथ्य की पुष्टि करते हुए एक आधुनिक विवेचक डोनाल्ड लैच ने लिखा है कि दारिउस ने 515 ई॰ पू॰ के लगभग सिंधु घाटी को अपने राज्य में मिला लिया था। उसने ईरान के सबसे पूर्वी प्रांत की जाँच-पड़ताल के लिए कारिआ के यूनानी नाविक स्कूलाख को भेजा। "स्कूलाख ने समूची सिंधु नदी और अरब देश के समुद्र तट की जल यात्रा की थी।"[96] अतः पश्चिमी एशिया के जलमार्गों की प्रारंभिक खोज कराने का श्रेय सिकंदर को नहीं दिया जा सकता। 1916 में एक अंग्रेज और भी दूर की कौड़ी लाया। लंदन के 'टाइम्स' पत्र में पूरब-पश्चिम के बीच का अवरोध तोड़ देने का श्रेय सिकंदर को देते हुए उसने लिखा, "इस तरह कहा जा सकता है कि वह ईसाइयत के मुख्य आदि प्रचारकों में एक हैं।"[97] साम्राज्य प्रसार की आकांक्षा के साथ सांप्रदायिक आग्रह कैसे जुड़ा हुआ था, उसका यह उदाहरण है। अंग्रेज भारत का आर्थिक शोषण ही न करना चाहते थे, वे उसे ईसाई भी बनाना चाहते थे। सिकंदर एशिया को जीतने वाला आदि यूरोपियन था, स्वभावतः वह एशिया में ईसाइयत का आदि प्रचारक भी बन गया। ईसा मसीह के जन्म को अभी तीन शताब्दियाँ बाकी थीं, उनका जन्म एशिया में हुआ था, एशिया के अनेक भागों में ईसाइयत का प्रसार अंग्रेज जाति के जन्म से बहुत पहले हुआ था, इन तथ्यों से उस अंग्रेज विद्वान् को कोई सरोकार न था।

भारत के प्राचीन इतिहास पर अपने ग्रंथ में विन्सेन्ट स्मिथ ने उक्त अंग्रेज को उद्धृत किया है पर सिकंदरी अभियान की दूरगामी सफलताओं के बारे में वह स्वयं अधिक सतर्क हैं। अप्रत्यक्ष रूप से उन्होंने स्वीकार किया है कि सिकंदर के सैनिक उससे अधिक बुद्धिमान थे। लिखा है, "सैनिकों ने यदि उसे और भीतर धँसने दिया होता तो यह संभव है कि वह अपने यूरोपियन अड्डे के साथ संचार व्यवस्था कायम किये न रह पाता—उसकी सुरक्षा इसी अड्डे पर निर्भर थी, और उसके शत्रु केवल अपनी संख्या के बल पर उसके छोटे-से अलग-थलग पड़े सैन्यदल को दबोच लेते। कॉइनॉस को, और सिकंदर का विरोध करने वाले उसके अन्य

सहयोगियों को श्रेय दिया जा सकता है कि उन्होंने मखदूनियाई फौज को विनाश से बचा लिया।"[98] सिकंदर की बात मानी जाती तो सेना का नाश हो जाता, यह स्थापना सेनापति के रूप में उसकी विफलता का प्रमाण है।

स्मिथ के अनुसार क्रतेरोस सीस्तान होता हुआ सिन्ध से ईरान तक अपने सैन्य दल के साथ निर्विरोध चला गया; इससे यूरुप तक पहुँचने के लिए सुगम स्थल मार्ग की समस्या हल हो गयी[99]। किंतु इससे बहुत पहले यूनान पर अनेक बार आक्रमण करके ईरान के शासक इस तरह की समस्याएँ हल कर चुके थे। सिकंदर के सैनिक नेतृत्व की प्रशंसा करते हुए स्मिथ ने दिखाया है कि भारत से लौटते समय भी वह अपने उद्देश्य में विफल नहीं हुआ क्योंकि "रेगिस्तान पार करने पर फौज एक संगठित और अनुशासित दल बनी हुई थी।"[100] स्मिथ ने अनुशासनहीनता से संबंधित तथ्यों की अनदेखी कर दी है पर फौज को "भारी क्षति सहनी पड़ी" वह मानते हैं।[101] क्षति का कारण यह बताया कि सिकंदर को इस मार्ग के बारे में पर्याप्त जानकारी न थी। पर्याप्त जानकारी प्राप्त किये बिना सेनापति पूरी सेना को विनाश की ओर ठेल दे तो इसमें भी दोष सेनापति का है। सिकंदर पुराने मार्ग से भी लौट सकता था पर वह जानता था कि उस मार्ग से जाने पर किस तरह के प्रतिरोध से उसका सामना होगा। नया मार्ग रेगिस्तान से होकर जाता है, यह उसे अवश्य मालूम था। उसने आशा की होगी कि इस रास्ते में प्रतिरोध न होगा या कम होगा पर यह दुराशा मात्र थी। उसे थोड़ी-थोड़ी दूर पर प्रतिरोध का सामना करना ही पड़ा, रही सही कसर धूप और रेगिस्तान ने पूरी कर दी। इसीलिए तीन चौथाई फौज की छँटनी हो गयी।

स्मिथ की राय है कि यूरुप के रणकौशल के सामने एशिया की बड़ी-बड़ी फौजें कमजोर साबित हुईं। सच ही ऐसा था तो भारत में सिकंदर का राज़ टिकाऊ होना चाहिए था, थोड़ी-सी फौजी चौकियाँ संभावित विद्रोह को दबाने के लिए काफी थीं। पर ऐसा हुआ नहीं। स्वयं स्मिथ के अनुसार "उसके जाने के बाद तीन साल के भीतर उसके हाकिम निकाल दिये गये, उसकी फौजी चौकियाँ नष्ट कर दी गयीं और उसके शासन के प्रायः सभी चिह्न मिट गये।"[102] यूरुप की श्रेष्ठता प्रतिपादित करते हुए इतिहासकार भारतीय प्रतिरोध को हमेशा कम करके आँकते हैं। वे स्वयं जो तथ्य देते हैं, उनसे वाजिब निष्कर्ष वे नहीं निकालते । स्मिथ कहते हैं, "सिकंदर ने अन्य एशियाई प्रांतों में उपनिवेश कायम किये थे; उनसे भिन्न उसने जो उपनिवेश भारत में कायम किये, उनकी जड़ न जमी।"[103] क्यों न जमी ? इसलिए कि भारत की धरती अन्य एशियाई प्रांतों की तरह सिकंदरी उपनिवेशवाद के अनुकूल न थी। सिकंदर की मुख्य गलती राजनीतिक थी। उसे भारतीय प्रतिरोध की गहराई का पता न था। "अभियान की तैयारी बड़ी सावधानी से स्थायी विजय की प्राप्ति के लिए की गयी थी, वास्तविकता यह कि वह अभियान एक चमक-दमक वाला, बड़े पैमाने

का, सफल धावा मात्र बनकर रह गया। रक्तरंजित युद्ध के भयानक घावों के अतिरिक्त भारत पर उसका कोई चिह्न न रह गया।"[104] इस तरह जिस उद्देश्य से सिकंदर ने अभियान की तैयारी की थी, वह सिद्ध नहीं हुआ।

सिकंदर जल्दी मर गया। कुछ दिन और जीता रहता तो शायद भारत में उसका राज कायम रहता। "उसकी सारी कार्यवाही निश्चित रूप से सिद्ध करती है कि वह इन प्रांतों को अपने साम्राज्य में स्थायी रूप से मिला लेना चाहता था और इस उद्देश्य के लिए उसने जो कदम उठाये, वे सफलता को सुनिश्चित करने को पर्याप्त जान पड़ते हैं । किंतु सिकंदर की अकाल मृत्यु ने उसकी सुनियोजित और कामयाब मुहिम के फलों का नाश कर दिया।"[105] अकाल मृत्यु ने भारत में सिकंदरी मुहिम के फलों का नाश कर दिया, उसने यूनान में इन फलों का नाश क्यों न किया ? रोमन साम्राज्य का प्रांत बनने से पहले यूनान दो सौ साल तक मखदूनिया के अधीन रहा। यूनान और भारत के प्रतिरोध में अंतर था। भौगोलिक रूप से निकट होने के कारण निस्संदेह मखदूनिया को यूनान पर अपना प्रभुत्व बनाये रखने में सुविधा हुई। किंतु अगली शताब्दियों में तुर्क यूनान में शासक बनकर जमे रहे। वे भारत में भी घुस आये थे पर अपना तुर्कपन खोकर वे यहाँ के समाज में विलीन हो गये। शेली और बायरन जैसे कवियों ने तुर्कों के ही विरुद्ध यूनानी जनता के स्वाधीनता संग्राम का समर्थन किया था।

5

यूनान और पश्चिमी यूरुप

(1)

भारत और यूनान—प्राचीन काल में दर्शनशास्त्र के ये दो मुख्य केन्द्र थे। इन केन्द्रों से दार्शनिक चिंतन का जो प्रसार हुआ, उसने मानव संस्कृति के समस्त विकास को प्रभावित किया। इन दोनों केन्द्रों के आपसी संबंधों की जानकारी मानव संस्कृति के इतिहास-विवेचन के लिए आवश्यक है।

मशीनी उत्पादन वाली क्रांति इंगलैन्ड में हुई, इंगलैन्ड औद्योगिक पूँजीवाद का गढ़ बना। जर्मनी और फ्रान्स जैसे देशों से इंगलैन्ड के संबंधों की जानकारी के बिना यूरुप के औद्योगिक इतिहास का विवेचन असंभव है। और भी। पूँजी के अध्ययन के लिए मार्क्स ने जिस देश के पूँजीवाद को आदर्शवत् आधार बनाया, वह इंगलैन्ड था।

मज़दूर वर्ग के नेतृत्व में पहली जनक्रांति रूस में हुई। इस क्रांति से चीन, वियतनाम, क्यूबा, निकारागुआ आदि देशों की क्रांतियों के संबंधों की जानकारी के बिना एशिया, अफ्रीका और लातिनी अमरीका के आधुनिक सामाजिक इतिहास का विवेचन असंभव है। मार्क्स की तरह लेनिन भी अंतरराष्ट्रीयतावादी थे। लेकिन मार्क्स के पूँजी-संबंधी विवेचन में केन्द्रीय स्थान पर जैसे इंगलैन्ड है, वैसे ही लेनिन के क्रांति संबंधी विवेचन में केन्द्रीय स्थान पर रूस है।

मानव जाति के इतिहास में केन्द्रों का ऐसा ही महत्व है। विश्व मानवता के दार्शनिक चिंतन के विकास में केन्द्रीय स्थान पर भारत और यूनान हैं। मार्क्सवादी और गैर-मार्क्सवादी, दर्शनशास्त्र के प्रायः सभी इतिहासकार यूनान का केन्द्रीय महत्व स्वीकार करते हैं। दर्शनशास्त्र के इतिहास पर हेगल के व्याख्यानों की पुस्तक तीन खंडों में है। इसमें यूनानी दर्शन पर 792 पृष्ठ है, 'आधुनिक' दर्शन पर 398। यूरुप के पुनर्जागरण काल से लेकर हेगल के समय तक यूरुप का दर्शन 'आधुनिक' है। आधुनिक के लिए लगभग 400, प्राचीन के लिए लगभग 800, पृष्ठ संख्या के इस भेद से भी यूनानी दर्शन का महत्व विज्ञापित हो जायेगा।

प्राचीन काल के यूनानियों में भारत अपनी दार्शनिक उपलब्धियों के लिए

विख्यात था। उसकी यह ख्याति यूरुप के विद्वानों में हेगल के समय तक विद्यमान थी। इस ख्याति के ह्रास और विनाश में निर्णायक भूमिका हेगल की थी। हेगल भाववादी विचारक थे, भौतिक परिस्थितियों से अलग हटकर विशुद्ध चिंतन की प्रभुसत्ता के संस्थापक थे। उनके रचे दर्शनशास्त्र के इतिहास ने क्या भाववादी और क्या भौतिकवादी, दोनों तरह के विवेचकों के भारत संबंधी चिंतन को प्रभावित किया। हेगल के बाद यूरुप और अमरीका के अनेक विद्वानों ने भारतीय दर्शन का महत्व प्रतिपादित किया पर इनके विवेचन में धर्म और दर्शन घुलमिल गये हैं। जो लोग भारत को जगद्गुरु कहते हैं, उनका दृष्टिकोण भी कुछ ऐसा ही है। भारत धर्मप्राण देश है, धर्म के बिना दर्शन निष्प्राण है। जो लोग भारतीय दर्शन के महत्व को ही नहीं, उसके अस्तित्व को भी नकारते हैं, वे भी यही कहते हैं : भारत में धार्मिक विश्वास है, दार्शनिक चिंतन नहीं है। थोड़े-से ही विद्वान् ऐसे हैं जो धार्मिक मतवादों को अलग हटाकर भारतीय दर्शन का विवेचन करते हैं, वे उसका महत्व भी स्वीकार करते हैं, पर विश्वदर्शन के विकास में यूनान के साथ भारत को भी केन्द्रीय स्थान पर प्रतिष्ठित करते हैं, ऐसा अभी देखने-सुनने में नहीं आया।

पंद्रहवीं सदी से यूरुप में जिस पुनर्जागरण की शुरूआत हुई, उसकी एक शक्ति यूनान की प्राचीन संस्कृति थी। इस संस्कृति का बहुत मूल्यवान तत्व उसका दर्शन था। इस दौर में भारतीय संस्कृति के भी कुछ तत्व यूरुप पहुँचे थे। ये तत्व कहीं अरबों के माध्यम से पहुँचे थे और कहीं बाइजेन्टाइन साम्राज्य के यूनानियों के माध्यम से। यूरुप के पुनर्जागरण काल की पूर्व वेला में भारत से यूनानियों, अरबों और ईरानियों के संबंध मानव संस्कृति के विकास की महत्वपूर्ण कड़ी हैं। अठारहवीं सदी में पूँजीवादी विकास के साथ भारतीय संस्कृति के अध्ययन का नया दौर शुरू हुआ। दर्शनशास्त्र के अध्ययन में अन्य देश पीछे छूट गये ! यूरोपियन विद्वानों की निगाह के सामने रह गया भारत । पूरब के दर्शन का अध्ययन मुख्य रूप से भारतीय दर्शन का अध्ययन बन गया। इंगलैन्ड की औद्योगिक क्रांति के दौरान स्वयं इंगलैन्ड तथा जर्मनी और फ्रान्स में भारतीय दर्शन के अध्ययन का जबर्दस्त प्रसार हुआ।

विज्ञान के विकास पर अपनी पुस्तक में अंग्रेज़ विद्वान् बर्नाल नें यूनानी विज्ञान के इतिहास की चार मंजिलें निर्धारित की हैं–(1) आयोनियन (600-480 ई॰पू॰), (2) ऐथीनियन (480-330ई॰ पू॰), (3) अलेग्जैन्ड्राइन (330-200 ई॰पू॰), (4) रोमन (200 ई॰पू॰-400 ई॰)। यूनानी दर्शन के विकास की मंजिलें भी यही हैं। इओन (संस्कृत यवन) जनपद लघु एशिया (वर्तमान तुर्की) में था; वहाँ जो दर्शन विकसित हुआ, वह आयोनियन कहलाया। यूनान के अत्तिका जनपद का मुख्य नगर एथेन्स था, वहाँ जो दर्शन विकसित हुआ, वह ऐथीनियन कहलाया। 330 ई॰ पू॰ तक सिकंदर ने यूनान पर अधिकार कर लिया। यूनानी दर्शन का मुख्य केन्द्र अब यूनान के बाहर मिस्र का अलेग्जैन्ड्रिया (सिकन्दरिया) नगर था। वहाँ जो दर्शन विकसित हुआ, वह अलेग्जैन्ड्राइन कहलाया। दूसरी

सदी ईसा पूर्व से लेकर चौथी सदी ईसवी तक यूनान पर रोमन आधिपत्य था। इस अवधि के यूनानी दर्शन को रोमन संज्ञा दी गयी।

पाँचवीं सदी में जर्मन कबीलों ने रोमन साम्राज्य पर अधिकार कर लिया। यूनानी विद्वान् अब कौन्स्टैन्टिनोपल (कुस्तुन्तुनिया) में सिमट आये। यह नगर पूर्वी रोमन साम्राज्य की राजधानी बना। इस नगर का यूनानी नाम बुज़ान्तिओन था, अंग्रेजी में बाइज़ैन्टिअम। साम्राज्य की मुख्य भूमि लघु एशिया में थी। कहने को यह रोमन साम्राज्य था किंतु आर्थिक, प्रशासनिक आदि क्षेत्रों में प्रधानता यूनानियों की थी। छठी से पंद्रहवीं सदी तक बाइज़ैन्टिअम की यूनानी सभ्यता फलती-फूलती रही।

पंद्रहवीं सदी में तुर्कों ने कुस्तुन्तुनिया पर अधिकार किया। यूनानी विद्वानों ने भागकर इटली के नगरों में शरण ली। उनके संपर्क से वहाँ यूनानी भाषा और साहित्य के अध्ययन को नयी प्रेरणा मिली। यूरुप का 'पुनर्जागरण' आरंभ हुआ। यह पुनर्जागरणकाल यूरोपियन जातियों के अमरीका-अफ्रीका-एशिया में उपनिवेश निर्माण और साम्राज्य विस्तार का युग भी है। यूनान की प्राचीन संस्कृति से प्रेरित होकर यूरुप में जब पुनर्जागरण का प्रकाश फैल रहा था, तब यूनान अंधकार में डूबा हुआ था। यूनान पर वुडहाउस की पुस्तक के एक अध्याय का शीर्षक है— यूनान का अंधकार युग (1453-1800)। इस समय यूनान पर तुर्कों का शासन था। 1821 में यूनान स्वतंत्र हुआ पर अब वह ब्रिटेन के प्रभाव क्षेत्र में आ गया। दूसरे महायुद्ध के बाद ब्रिटेन को पीछे ठेलते हुए उसे अब अमरीका ने अपने प्रभाव क्षेत्र में खींच लिया।

ढाई हज़ार साल के इतिहास में यूनान की जनता पूरी तरह स्वाधीन केवल 600 से 330 ई॰ पू॰ तक रही। दर्शन और साहित्य में उसकी सबसे शानदार उपलब्धियों का समय भी वही है। उसके बाद उस पर मखदूनिया, जर्मनी, तुर्की, ब्रिटेन, अमरीका आदि किसी-न-किसी देश का कम या ज़्यादा प्रभुत्व बना रहा। 330 ई॰पू॰ के बाद उसकी सभ्यता के प्रमुख केन्द्र यूनान के बाहर कायम हुए। पूरी तरह उसका राष्ट्रीय एकीकरण आज तक नहीं हुआ।

यूरुप का पुनर्जागरणकाल वहाँ के सभी देशों का पुनर्जागरणकाल नहीं था। यूनान तुर्क पराधीनता के अंधकार में डूबा हुआ था; उसका पुनर्जागरणकाल निश्चय ही अभी न आया था। रोमन सभ्यता के विनाश के बाद इटली में लंबा मध्यकाल आया; उसके लिए वास्तव में यह पुनर्जागरण का समय था। पर इटली का प्राचीन काल तब शुरू हुआ जब यूनान का प्राचीनकाल समाप्त हो रहा था। यूरुप के मध्यकाल से यूनान और इटली की प्राचीनता का फासला एक-सा नहीं था।

पश्चिमी यूरुप में फ्रान्स रोमन सभ्यता से सर्वाधिक प्रभावित हुआ था। अंशतः उसके लिए भी पुनर्जागरणकाल की बात कही जा सकती थी। पर ब्रिटेन और जर्मनी ? इनका प्राचीनकाल कौन सा था? उसके बाद मध्यकाल कहाँ से आ गया ? इनके देशों के नव जागरण की बात कही जा. सकती है पर वह पुनर्जागरण कैसे

हो गया? पाँचवीं सदी में जर्मन कबीले रोमन सभ्यता का नाश कर रहे थे, उसी समय ऐङ्ग.ल सैक्सन नाम के जर्मन कबीले यही काम ब्रिटेन में कर रहे थे। उन्होंने न केवल रोमन सभ्यता के अवशेष खत्म किये वरन् वहाँ की समृद्ध केल्त सभ्यता का भी नाश किया । यूनानियों ने अपनी लिपि सामी भाषा बोलने वाले फिनीशियन जनों से प्राप्त की थी। यूनानियों की लिपि में थोड़ा-सा फेर-बदल करके रोमनों ने अपनी लिपि चलायी। केल्त जनों की अपनी लिपि थी, वह यूनानी, रोमन लिपियों से भिन्न थी। उसमें अंकित प्राचीन अभिलेख आयलैण्ड में अब भी सुरक्षित हैं। यह एक तथ्य केल्त सभ्यता का महत्व दर्शाने के लिए काफी है। अंग्रेजों ने ब्रिटेन की केल्त सभ्यता के युग को तो अपना प्राचीन काल न कहा पर इटली और यूनान की सभ्यता से नाता जोड़ लिया।

बारहवीं सदी से सोलहवीं सदी तक लगातार युद्ध करके इंगलैन्ड ने आयर्लैण्ड, स्कॉटलैण्ड और वेल्स पर अधिकार किया। इस अवधि में उसने फ्रान्स पर भी कब्ज़ा जमाने की कोशिश की पर सफलता न मिली। यूरुप के जमींदारों और व्यापारियों ने अमरीकी आदिवासियों की भूमि पर अधिकार किया, उनका सोना-चाँदी लूटा, बड़े पैमाने पर जनसंहार किया, अफ्रीका के निवासियों को पकड़कर दासों का व्यापार चलाया, एशिया में व्यापारी बनकर आये और फिर ज़मीन हथियाते हुए राजा बन गये। पुनर्जागरणकाल का एक पक्ष है यूनान प्रेरित ज्ञान का प्रकाश, दूसरा पक्ष है युद्ध, दासों का व्यापार और साम्राज्यविस्तार। जो लोग सारी दुनिया में लूट-मार मचाये हुए थे, उन्हें यूनान के इतिहास पर कब्ज़ा जमाते क्या देर लगती थी ? यूनान का प्राचीनकाल जर्मनी, ब्रिटेन, फ्रान्स का प्राचीन काल बन गया ! यूरुप के शासक जब भारत, चीन, ईरान की प्राचीन सभ्यता से परिचित हुए, तब उन्हें यह बात और भी खली कि उनकी अपनी कोई कहने-सुनने लायक प्राचीन सभ्यता नहीं है। यह कमी वे यूनान की सभ्यता को ही अपनी बताकर पूरी कर सकते थे।

उन्नीसवीं सदी में यह सांस्कृतिक लूट-मार बहुत ही ठोस, भौतिक रूप में प्रकट हुई। लॉर्ड टॉमस एल्गिन ने 1801-03 में एथेन्स के प्राचीन स्थापत्य और शिल्प के नमूने, संगमरमर के स्तंभ, प्राचीरखंड, मूर्तियाँ आदि बटोरीं और उन्हें इंगलैन्ड भेजा। पहली बार जो सामग्री भेजी, वह समुद्र में डूब गयी। दूसरी बार की सामग्री बच गयी; उसे एल्गिन ने ब्रिटिश म्यूज़ियम के हाथ पैंतीस हजार पाउंड में बेचा। एल्गिन एथेन्स में ब्रिटेन का राजदूत था। भारत में ईस्ट इंडिया कंपनी के अंग्रेज़ कारिंदों की तरह सरकारी काम की तनखाह अलग, निजी आमदनी अलग, एल्गिन ने यूनानियों की शिल्पसंपदा को निजी संपत्ति बना लिया और उसे अपनी सरकार के हाथ बेच दिया! इसी का बेटा जेम्स एल्गिन भारत का गवर्नर जनरल बनकर आया था। एथेन्स की एक पहाड़ी पर बने दुर्ग (अक्रोपोलिस) और मंदिर (पार्थेनोन) के शिल्प तथा स्थापत्य को ईरानियों, इटालियनों और तुर्कों ने भी क्षति

पहुँचाई थी पर इस तरह उनमें किसी ने वहाँ की शिल्प संपदा न लूटी थी। इसके लिए यूनानियों ने अंग्रेज़ों को कभी क्षमा नहीं किया। अंग्रेज़ों की समझ में यह नहीं आता कि यूनानियों ने असभ्य और अर्धसभ्य हमलावरों को तो माफ कर दिया, सभ्य अंग्रेज़ों ने तो उनकी संपत्ति की रक्षा की, उन्हें क्यों नहीं माफ किया !

एनसाइक्लोपीडिया ब्रिटानिका में 'एथेन्स' का विवरण लिखने वाले के अनुसार "यूनानियों ने वेनिस के इंजिनियरों के भोंड़ेपन, उसके गोलंदाज़ों की सही निशानेबाज़ी और तुर्कों की विध्वंस लीला को माफ़ कर दिया है पर एल्गिन के प्रति आक्रोश का भाव अब भी पाले हुए हैं।" शायद जब कोहेनूर लंदन से दिल्ली आयेगा, तब वे प्रस्तर खंड भी एथेन्स पहुँचा दिये जायेंगे।

औद्योगिक विकास में मशीनों की भूमिका पर विचार करते हुए मार्क्स ने लिखा था, "दूसरों के विज्ञान को पूँजीपति वैसे ही हथिया लेता है जैसे दूसरों के श्रम को।"[1] पूँजीपति वर्ग का यह स्वभाव जैसा यूनान के संदर्भ में व्यक्त हुआ है, वैसा शायद ही और कहीं व्यक्त हुआ हो। पश्चिमी यूरुप के पूँजीपतियों को यूनान का प्राचीन इतिहास खरीदने में धेला भी खर्च करना नहीं पड़ा, उन्होंने बस उस इतिहास को अपना प्राचीन इतिहास कह दिया, जो उनका अपना वास्तविक प्राचीन इतिहास था, वह मध्यकालीन इतिहास बन गया और उसके बाद आधुनिक युग का इतिहास आरंभ हो गया।

यूनान का प्राचीन इतिहास सामाजिक विकास की तीन मंज़िलों का इतिहास है, इसलिए वह इन तीन मंज़िलों में समान रूप से प्राचीन नहीं है। पहली मंज़िल कबीलाई समाजों की है; ये समाज रक्तसंबंधों के आधार पर गठित हैं, सामूहिक श्रम इनकी विशेषता है। यूनान की प्रसिद्ध देवकथाएँ अपने मूल रूप में इस मंज़िल में रची गयी थीं। दूसरी मंज़िल सामंती समाजों की है। इस मंज़िल में रक्तसंबंध टूटते हैं, समाज मुख्य रूप से अभिजात और गैर अभिजात हिस्सों में बँट जाता है, सामूहिक श्रम की जगह कुटुंबगत श्रम का चलन होता है, कुल संपत्ति को लेकर समाज में भेद पैदा होता है और बढ़ता है। पितृसत्तात्मक व्यवस्था और सुदृढ़ होती है, इस व्यवस्था के अनुरूप पुरानी देवकथाओं का संस्कार होता है, होमर के काव्यों में जो मनोहर देवकथाएं हैं, वे इसी व्यवस्था के अभ्युदयकाल की उपलब्धि हैं। इनके आधार पर अब धर्म की रचना होती है, धार्मिक संस्थानों के संचालन के लिए समाज का एक विशिष्ट भाग पुरोहित समुदाय के रूप में गठित होता है, वह अभिजात वर्ग का अंग होता है, स्वयं भूस्वामी होता है अथवा भूस्वामी वर्ग के अधीन होता है।

तीसरी मंज़िल व्यापारिक पूँजीवाद की है। श्रम-विभाजन और उत्पादन की नयी शाखाओं का विकास, वित्त का चलन, साहूकार और कर्ज़दार का भेद, बिकाऊ माल का उत्पादन, विनिमय के क्षेत्रों का विस्तार, दूर-दूर तक नये उपनिवेशों की स्थापना– ये सब इस मंज़िल की विशेषताएँ हैं। बिकाऊ माल तैयार करने का काम कारीगर करते थे, वे

अभिजात वर्ग से नीचे माने जाते थे, फिर भी वे स्वाधीन नागरिक थे। उपनिवेशों के प्रसार और उनकी सुरक्षा की आवश्यकताओं के कारण यूनान के कुछ राज्यों ने स्वाधीन नागरिकों के लिए सैनिक सेवा अनिवार्य कर दी। कारीगरों की संख्या में जो कमी हुई, उसे उन्होंने गुलामों के ज़रिये पूरा किया। युद्ध में शत्रुदल के सैनिकों को बंदी बनाकर उनसे गुलामों की तरह काम लिया जाता था, गुलाम बाज़ार से खरीदकर भी प्राप्त किये जाते थे। ये गुलाम अधिकतर शहरों में काम करते थे, खेती का काम आज़ाद किसान करते थे, कुछ राज्यों में यह काम बँधुआ किसान करते थे। मार्क्स और एंगेल्स जब **प्राचीनता** का उल्लेख करते हैं, तब उनके सामने यह दासों के श्रम वाला यूनान होता है। किंतु एंगेल्स ने परिवार, व्यक्तिगत संपत्ति और राज्यसत्ता के अभ्युदय पर जो पुस्तक लिखी है, उसमें ऊपर बतायी हुई तीनों मंज़िलों का विवरण है, केवल दासप्रथा वाले यूनान का विवरण हो, ऐसा नहीं है।

मार्क्स और एंगेल्स की **प्राचीनता** के अंतर्गत रोमन समाज भी था। इस समाज में दासप्रथा का चलन था, स्वाधीन नागरिकों के लिए यहाँ भी सैनिक सेवा अनिवार्य थी। रोमन समाज के दास बड़ी-बड़ी ज़मींदारियों में काम करते थे, उनका संबंध मुख्यरूप में खेती से था, यूनानी समाज के दास खानों या शहरी कारखानों में काम करते थे, उनका संबंध मुख्यरूप में उद्योग से था। दोनों समाजों की दासप्रथा में यह अंतर था। बिकाऊ माल उद्योग से प्राप्त होता था, खेती से भी। जब दास प्रथा की चर्चा होती है, तब आशय बिकाऊ माल पैदा करने वाले दासों की प्रथा से होता है। मार्क्स ने **पूँजी** के प्रथम खंड में स्पष्ट किया है कि इनसे अलग जो दास बिकाऊ माल पैदा नहीं करते, वे अधिकतर कुटुंब में सेवक जैसे होते हैं और उनके साथ उनके मालिक भी काम करते हैं। एंगेल्स ने अपनी उपर्युक्त पुस्तक में बताया है कि वे परिवार का अंग माने जाते थे। दासप्रथा का व्यापक चलन बिकाऊ माल के उत्पादन से संबद्ध है। व्यापारिक पूँजीवाद वाले समाज में ही यूनान के दर्शन का अभ्युदय और विकास हुआ था।

व्यापारिक पूँजीवाद सामंती व्यवस्था के खोल के भीतर पनपता है; वह उसे तोड़ता है, एक हद तक उससे जुड़ा भी रहता है। धर्म से अलग दर्शन, पुरानी व्यवस्था के खोल के भीतर, पनपता है; वह उसे तोड़ता है, एक हद तक उससे जुड़ा भी रहता है। यूनान के जिस दर्शन ने आधुनिक यूरुप को प्रभावित किया, वह इसी व्यापारिक पूँजीवाद वाले यूनान की देन है। फिर इस यूनान का ह्रास हुआ, बिकाऊ माल के उत्पादन और विनिमय के केन्द्र नष्ट हो गये। यूनान का 'मध्यकाल' आरंभ हुआ, बिकाऊ माल का उत्पादक न होकर यूनान एक पिछड़ा हुआ खेतिहर देश बन गया। उस पर मखदूनिया वालों ने, फिर रोमनों और तुर्कों ने शासन किया। लंबे संघर्ष के बाद यूनान आज़ाद हुआ, सामंती खोल के भीतर एक बार फिर पूँजीवादी संबंधों का विकास हुआ। सामंती व्यवस्था से पूँजीवाद की ओर संक्रमण—

यह प्रक्रिया यूनान में दो बार संपन्न हुई, मानो एक कल्प जो पहले आ चुका था, उसका आविर्भाव दुबारा हुआ । इटली के इतिहास में यह प्रक्रिया और भी स्पष्ट है। पहले कबीलाई जीवन, फिर सामंती व्यवस्था, उसके बाद व्यापारिक पूँजीवाद—पहला कल्प पूरा हुआ। जर्मन कबीलों के आक्रमण, रोमन साम्राज्य का विध्वंस, खेतिहर इटली का 'मध्यकाल', पुनः पूँजीवाद का अभ्युदय और विकास, पुनर्जागरण काल के इटली की महान् सांस्कृतिक उपलब्धियाँ—यह दूसरा कल्प हुआ।

पश्चिमी यूरुप के पूँजीपतियों ने यूनान की प्राचीनता को अपनी प्राचीनता बना लिया, इससे इतिहास के विवेचन में भारी गोलमाल पैदा हुआ। सामाजिक विकास की तीन मंजिलें प्राचीनता की एक ही मंज़िल में सिमट आयीं, इससे यूनान और इटली के इतिहास का सही विवेचन न हो सकता था। इसी तरह पश्चिमी यूरुप के इतिहास की दो मंज़िले—कबीलाई और सामंती—एक ही मध्यकालीनता में सिमट आयीं। यूनान और इटली के इतिहास में दो मंज़िलों की—सामंतवाद और व्यापारिक पूँजीवाद की—आवृत्ति हुई है, यह सत्य आँखों से ओझल हो गया। पुनर्जागरणकाल में पश्चिमी यूरुप ने शुरुआत लगभग वहाँ से की जहाँ से दो हज़ार साल पहले यूनान ने की थी, यह सत्य भी आँखों से ओझल रहा। अर्थात् चौदहवीं सदी में इटली, सोलहवीं सदी में इंगलैन्ड, जितना आधुनिक था, प्रायः उतना ही आधुनिक छठी सदी ईसा पूर्व में एशियाई यूनान, पाँचवीं सदी ईसा पूर्व में यूरोपियन यूनान था। 'प्राचीन' यूनान की सभ्यता व्यापारिक पूंजीवाद के युग की सभ्यता थी, 'पुनर्जागरणकाल' के ब्रिटेन-फ्रान्स-जर्मनी की सभ्यता भी व्यापारिक पूँजीवाद के युग की सभ्यता थी। पुनर्जागरण शब्द भ्रामक था। यूनान और इटली के लिए इस शब्द का प्रयोग सार्थक हो सकता था। ये देश सामंतवाद से आगे व्यापारिक पूँजीवाद की मंज़िल तक आये थे; फिर इनका देहातीकरण हुआ, नगर सभ्यता नष्ट हुई, वे 'अंधकार युग' में सो गये। चौदहवीं सदी में या उसके बाद जब वे जागे, वह उनका 'पुनर्जागरण' था। पर ब्रिटेन-फ्रान्स-जर्मनी के लिए तो—वे जब भी जागे हों—यह 'नवजागरण' था। जहाँ नगर सभ्यता का प्रकाश पहले फैला ही न था, वहाँ 'पुनर्जागरण' का सवाल ही न था।

पश्चिमी यूरुप के इतिहासकारों ने अपने लिए प्राचीन, मध्य और आधुनिक—इन तीन कालों का जो साँचा बनाया था, उसे उन्होंने भारत पर भी आरोपित कर दिया। इससे बहुत बड़ा लाभ यह हुआ कि जो समय उनके पुनर्जागरण का था, वह हमारे यहाँ मध्यकाल बना, इस मध्यकालीन निद्रा से भारत को जगाने का श्रेय मिला अंग्रेजों को! जिन्होंने उसे लूटा और गुलाम बनाया, वे उसके जागरण के अग्रदूत बने। भारत की पराधीनता आधुनिकता बोध की अनिवार्य शर्त बन गयी।

जो इतिहासकार उत्पादन की पद्धति को अपने विवेचन का आधार बनाते थे, और मानते थे कि यूरुप की प्राचीनता का आधार दासप्रथा थी, वे इस प्रथा की

खोज भारत में करने लगे। उन्हें यहाँ दास तो मिले पर दासप्रथा न मिली, इससे कुछ भारतीय विवेचक बहुत निराश हुए क्योंकि दासप्रथा सामाजिक प्रगति का चिह्न थी ! वास्तव में यूनान और रोम की-सी दासप्रथा का चलन न तो यूरुप के किसी अन्य देश में हुआ था न एशिया के किसी देश में।

व्यापारिक पूँजीवाद के युग में पश्चिमी यूरुप के देशों पर राजनीतिक प्रभुत्व पूंजीपतियों का नहीं भूस्वामी वर्ग का था। सत्रहवीं सदी में इस वर्ग के अत्याचारों से त्रस्त होकर प्रजा ने विद्रोह कर दिया और क्रामवेल के नेतृत्व में उसने पादशाही खत्म करके गणतंत्र स्थापित किया। सामंतविरोधी क्रांति के सबसे प्रभावशाली समर्थक महाकवि मिल्टन थे। वह उस समय ग्रीक और लैटिन भाषाओं के सबसे बड़े विद्वान् माने जाते थे, कवि होने के अलावा वह साहसी प्रचारक और सशक्त गद्य लेखक भी थे। यूरुप के प्रतिक्रियावादी शासकों की सहायता से इंगलैन्ड के भूस्वामी वर्ग ने गणतंत्र का नाश कर दिया और पादशाही को बहाल किया। मिल्टन की आँखों की ज्योति जाती रही थी; इस कठिन स्थिति में शत्रुदल से घिरे हुए मिल्टन ने अपना अमर काव्य **पैराडाइज़ लॉस्ट** रचा। यूनानी संस्कृति की धारा कैसे साहित्य और समाज में आमूल परिवर्तनों की जातीय धारा में घुल-मिल गयी, इसकी मिसाल मिल्टन हैं। इंगलैन्ड में कोई भी क्रांतिकारी विचारक और साहित्यकार ऐसा नहीं हुआ जो मिल्टन से किसी-न-किसी रूप में प्रभावित न हुआ हो।

यूनान की प्राचीनता पर अपना हक जमाने में भूस्वामी वर्ग पूंजीपतियों से पीछे नहीं था पर उसकी यह मंशा बिलकुल न थी कि यूनान की प्राचीन संस्कृति आम जनता को सामाजिक परिवर्तन के लिए प्रेरित करे। वास्तव में यूनानियों की अपेक्षा उसे अपरिवर्तनवादी रोमन भूस्वामियों की संस्कृति ज़्यादा पसंद थी। पादशाही की बहाली के बाद पूँजीपति वर्ग ने भूस्वामियों से समझौता कर लिया, उसने तय कर लिया कि उनसे जो रियायतें मिल जायें, वे ठीक, लड़ने-भिड़ने से उसे सरोकार नहीं।

(2)

अठारहवीं सदी के उत्तरार्ध में इंगलैन्ड में औद्योगिक क्रांति आरंभ हुई। रोमन भूस्वामी जैसे गुलामों से काम कराते थे, वैसे ही इंगलैण्ड के पूँजीपति मज़दूरों से काम कराते थे। बच्चों और स्त्रियों से अंग्रेज़ पूँजीपति जिस तरह काम कराते थे, उस तरह रोमन भूस्वामी अपने गुलामों से भी न कराते थे। मज़दूरों ने अपनी दशा सुधारने के लिए संगठित होना और संघर्ष करना आरंभ किया। भूस्वामियों ने राज्यसत्ता का उपयोग मजदूरों को संगठित होने से रोकने के लिए, शस्त्रबल से उनके संघर्ष को दबाने के लिए किया। पूँजीपतियों ने मज़दूरों के संघर्ष से लाभ उठाकर अपने लिए रियायतें हासिल कीं, साथ ही दमनकारी राज्यसत्ता की छत्रछाया में अपना अमानवीय शोषण तंत्र जारी रखा। शेली और बायरन, इंगलैन्ड के इन दो महान् कवियों ने

मज़दूरों का पक्ष लिया और देश में जनतंत्र की स्थापना के लिए लड़े। इन दोनों कवियों पर यूनान के दर्शन और साहित्य का गहरा असर था। एक बार यूनान की प्राचीन संस्कृति फिर निरंकुश शासक वर्ग के विरुद्ध जनता के संघर्ष की प्रेरक शक्ति बनी। किंतु इस समय प्रश्न केवल यूनान के प्राचीन गौरव की रक्षा करने, उससे अपने सामाजिक संघर्ष के लिए प्रेरित होने का न था, प्रश्न समकालीन यूनान को तुर्कों की दासता से मुक्त कराने का भी था। शेली और बायरन ने यूनानी जनता के स्वाधीनता संग्राम का भरपूर समर्थन किया, बायरन ने यूनान जाकर प्रत्यक्ष रूप से उस संग्राम में भाग लिया।

इंगलैन्ड के पूँजीपति और जमींदार इस बात की राह देख रहे थे कि तुर्क हटें तो हम भीतर घुसें। लॉर्ड एल्गिन की कारगुजारी से यूनान की बहुत-सी शिल्पसंपदा लंदन के ब्रिटिश म्यूज़ियम में सिमट आयी। इस समय मिस्र और भारत की भी बहुत सी सांस्कृतिक संपदा ढो-ढोकर ब्रिटिश म्यूजियम पहुँचा दी गयी, कुछ सामग्री जर्मनी और फ्रान्स के म्यूज़ियमों के हाथ आयी। इतिहास की विडंबना ! तुर्कों ने कुस्तुन्तुनिया पर अधिकार किया तो यूनानी वहाँ से अपने ग्रंथ लिये इटली और उत्तरी यूरुप की ओर भागे। इनके संपर्क से यूरुप के बुद्धिजीवी यूनानी भाषा और साहित्य से परिचित हुए, यूरुप के नवजागरण में यूनान के प्रवासी विद्वान् सहायक हुए पर स्वयं उनका देश तुर्क शासन के अंतर्गत 'मध्यकालीन' अंधकार में डूब गया।

क्राइमिया की लड़ाई (1853-56) में तुर्कों के साथ मिलकर अंग्रेज और फ्रान्सीसी रूसियों से लड़े। अपने जहाज़ी बेड़े की ताकत से लाभ उठाकर अंग्रेज़ों ने यूनानियों को बाध्य किया कि वे रूस से अपनी मैत्री को निरस्त कर दें। इस समय उन्होंने यूनानी द्वीपों को मुख्य भूखंड से मिलने से रोका।[2] रूसी क्रांति के बाद यूनानी राजनीतिज्ञ वेनीज़ेलोस ने स्वयं को लायड जॉर्ज के "बहकावे में आ जाने दिया; उसने रूस में कम्युनिस्टों के विरुद्ध अभियान में भाग लेने के लिए यूनानी सेना भेजी और उसे वहाँ भारी क्षति सहनी पड़ी।"[3] दूसरे महायुद्ध के बाद यूनान उत्तर अटलान्टिक संधि संगठन का सदस्य बना। वुडहाउस के अनुसार पश्चिमी देशों से मैत्री कायम करने में यूनान की पूर्ण स्वाधीनता में कुछ कमी आयी पर यह कमी यूनानियों की इच्छा से की गयी और वैसी कमी यूनान के मित्रों ने भी की। "पर इससे पहले यूनान ने संरक्षक शक्तियों के सामने जैसी अधीनता सहन की थी, उससे यह स्थिति भिन्न थी।"[4] क्राइमिया की लड़ाई के बाद अपने ताकतवर बेड़े के कारण ब्रिटेन यूनान का प्रधान संरक्षक बना। इस संरक्षण में यूनान ब्रिटेन के अधीन था, यह बात वुडहाउस ने स्वीकार की है। ब्रिटेन, और उसके बाद अमरीका, ने यूनान को अर्ध उपनिवेश का दर्जा दिया। खास बात यह कि इन्होंने यूनानी जनता के राष्ट्रीय एकीकरण में बराबर बाधा डाली। साइप्रस द्वीप में तुर्क फौजें जमी हुई हैं और साइप्रस यूनान से अलग है। एकीकरण के लिए यूनान की सरकार अंग्रेज़ों से अपनी मैत्री का भरोसा करती थी लेकिन "जब अमरीकी प्रभाव ने ब्रिटिश प्रभाव का स्थान ले लिया तब एनोसिस

(राष्ट्रीय एकीकरण) के लिए वाशिंगटन में सहानुभूति का कोई चिह्न न था।"[5] ब्रिटेन और अमरीका जैसे देश जिस यूनान को पश्चिमी सभ्यता को आधारभूमि कहते हैं, उसी के साथ वे ऐसा व्यवहार करते हैं मानो वह उनका मातहत देश हो।

वुडहाउस का एक वाक्य बहुत सारगर्भित है। दूसरे महायुद्ध के बाद यूनान की राजनीतिक-सांस्कृतिक स्थिति में मौलिक परिवर्तन हुआ। "शताब्दियों के अलगाव के बाद यूनान फिर पूरी तरह पश्चिमी सभ्यता का अंग बन गया।"[6] पश्चिमी सभ्यता ने यूनान को अपनाया उसे सैनिक गुटबंदी में शामिल करके। पर यूनान इस गुटबंदी का बहुत ही अनमना सदस्य है। अमरीकियों को भरोसा तुर्की का है, यूनान का नहीं। मार्के की बात यह है कि पश्चिमी सभ्यता से यूनान का अलगाव शताब्दियों तक रहा है। अंधकार युग के बाद पश्चिमी यूरुप के देशों ने यूनान की प्राचीन संस्कृति से बहुत कुछ सीखा और अपनी सभ्यता का विकास किया। पर यूनान की सभ्यता तो उससे बहुत पुरानी है। जब संसार में पश्चिमी सभ्यता जैसी चीज़ का अस्तित्व न था, तब यूनान की सभ्यता अकेले खड़ी थी या उसके समानांतर अन्य सभ्यताएँ भी थीं, उन सभ्यताओं से उसका संपर्क भी था ? मिस्र, फिनीशिया, बाबुल(बैबिलोन), ईरान और भारत को याद कर लेना काफी है। यूनान की सभ्यता अकेले न खड़ी थी, वह एक विशाल अफ्रीकी एशियाई सभ्यता का अंग थी। यूरुप और अमरीका की पश्चिमी सभ्यता का आधार यूनान की यह प्राचीन अफ्रीकी एशियाई सभ्यता है।

पश्चिमी यूरुप के शासक वर्ग ने एक ओर यूनान की प्राचीन संस्कृति को अपनी सभ्यता का आधार घोषित किया, दूसरी ओर इस संस्कृति से जिन मानवतावादी साहित्यकारों और विचारकों ने प्रेरणा ग्रहण की, उनके काम में उसने बाधा डाली और उनका जीना दूभर कर दिया। यूनान का दर्शन और साहित्य विद्वानों के लिए केवल अध्ययन और चिंतन का विषय नहीं था, वह उन्हें समाज को बदलने का रास्ता भी दिखाता था। दर्शन और साहित्य के अलावा यूनानियों की, विशेषरूप से एथेन्सवासियों की, जीवनपद्धति से भी वे प्रभावित थे। धार्मिक रूढ़ियों और सामाजिक विषमताओं से मुक्त होने की प्रेरणा उन्हें प्राचीन यूनान से बराबर मिलती रही।

सन् 1515-16 में ग्रीक और लैटिन भाषाओं के श्रेष्ठ विद्वान् टॉमस मोर ने **युटोपिया** नामक ग्रंथ लिखा। इसमें उन्होंने परलोक में सुख-प्राप्ति का खंडन किया, सुख-प्राप्ति को मनुष्य जीवन का ध्येय बताया, व्यक्तिगत संपत्ति बटोरने की निंदा की, श्रम करना सभी नागरिकों के लिए आवश्यक माना, श्रमकाल की सीमा नौ घंटे निर्धारित की। इंगलैन्ड में चोरी के अपराध के लिए कठोर दंड की व्यवस्था थी। मोर का विचार था कि सब लोग श्रम करेंगे तो चोरी करने की नौबत आयेगी ही नहीं, इसलिए कठोर दंड व्यवस्था भी अनावश्यक हो जायेगी। युद्ध करना, मनुष्यों को मारना, वीरता और गौरव का चिह्न है, इस धारणा का उन्होंने खंडन किया।

1534 में उन्हें कारागार में डाला गया और अगले साल उन्हें प्राणदंड दिया गया।

इंगलैन्ड के राजा हेनरी अष्टम ने रानी कैथराइन को तलाक देकर ऐन बोलीन से विवाह किया। ऐन बोलीन की संतान राज्य की उत्तराधिकारी हो, पोप और टॉमस मोर ने इसका विरोध किया। ऊपर से देखने में लगता है, राजा की आज्ञा न मानने के कारण मोर को प्राणदंड मिला। पर यह स्पष्ट है कि इंगलैन्ड के शासक वर्ग को मोर की **युटोपिया** पसंद नहीं थी। 1516 में यह पुस्तक इंगलैन्ड में नहीं, फ्रान्स के लूवैं नगर में प्रकाशित हुई थी। मूल लैटिन से इसका जर्मन अनुवाद 1524 में प्रकाशित हुआ। फ्रान्सीसी और इटालियन अनुवाद क्रमशः 1530 और 1548 में प्रकाशित हुए और इन सबके बाद 1551 में अंग्रेजी अनुवाद की बारी आयी। मूल पुस्तक की तरह अंग्रेज़ी अनुवाद भी लूवैं में प्रकाशित हुआ। अंग्रेज़ी साहित्य के इतिहासकार वार्ड के अनुसार "उस समय भी इंगलैन्ड में उस पर प्रतिबंध लगा दिया गया था क्योंकि मोर को अब भी गद्दार और उनकी पुस्तक को द्रोहात्मक व्यंग्य रचना कहा जाता था।"[7] राजा हेनरी अष्टम का देहांत 1547 में हुआ था। पुस्तक को प्रतिबंधित इसके चार साल बाद किया गया था।

टॉमस मोर इंगलैन्ड के पहले और मिल्टन उसके अंतिम मानवतावादी हैं। यहाँ बात पुनर्जागरणकाल के मानवतावाद की है। सत्रहवीं सदी तक सामंती अवशेषों से इंगलैन्ड की जनता के अंतर्विरोध बहुत तीव्र हो गये और इनका परिणाम था गृहयुद्ध। 1642 में पादशाही के विरुद्ध संग्राम आरंभ हुआ, 1649 में गणतंत्र की स्थापना हुई। ग्यारह साल तक गणतंत्र कायम रहा, 1660 में देशी-विदेशी प्रतिक्रिया वादियों की सहायता से पादशाही बहाल हुई। इंगलैन्ड जिस विकास पथ पर आगे बढ़ रहा था, उस पर वह एक शताब्दी के लिए पीछे ठेल दिया गया। जिस तरह के अंतर्विरोधों से इंगलैन्ड में गृहयुद्ध शुरू हुआ था, उस तरह के और उनसे भी तीव्र अंतर्विरोधों के कारण फ्रान्स में राज्यक्रांति हुई। सारे यूरुप के साथ इंगलैन्ड की जनता और उसके बुद्धिजीवियों पर उसका गहरा असर पड़ा। उन्नीसवीं सदी के प्रथम तीन दशकों में इंगलैन्ड के कवियों ने मिल्टन का महत्व नये सिरे से पहचाना। इस समय इंगलैन्ड औद्योगिक पूँजीवाद की मंजिल पार कर रहा था।

ऊपर से देखने में लगता है, इंगलैन्ड में गृहयुद्ध ईसाई धर्म के अंतर्गत विभिन्न मतवादों के आपसी झगड़ों के कारण हुआ था, उनसे मिल्टन की अनेक खंडन-मंडन की पुस्तिकाओं का संबंध स्पष्ट है। इसके सिवा मिल्टन ने अपने महाकाव्य **पैराडाइज़ लॉस्ट** का उद्देश्य ही यह बताया था कि बाइबिल के अनुसार आदम के पाप के लिए ईश्वर ने समस्त मानव जाति को दंड दिया था, वह कार्य न्यायपूर्ण था। फिर यूनानी संस्कृति से उनका संबंध जोड़ना कैसे उचित हो सकता है ?

इंगलैन्ड का पूँजीपति वर्ग समकालीन अभिजात वर्ग की तुलना में मतवादों से अधिक ग्रस्त था। फ्रान्स की राज्य-क्रांति का राजनीतिक स्वरूप बहुत साफ-सुथरा

था, इसका कारण दोनों देशों के पूँजीपति वर्गों के चरित्र की भिन्नता थी। पर इंगलैन्ड के गृहयुद्ध में गणराज्य कायम हो या पादशाही—यह राजनीतिक मुद्दा बहुत स्पष्ट था। इस मुद्दे को लेकर सारे यूरुप में विवाद छिड़ा हुआ था। मिल्टन ने इस विवाद में गणराज्य का पक्ष लिया था। गद्य और पद्य में मिल्टन ने प्राचीन देवकथाओं और काव्यों के जो संदर्भ दिये हैं, यूनानी संस्कृति से, हेलेनिज़्म से, उनका प्रेम इन संदर्भों तक सीमित नहीं है। यूनान, हेलास, से जो मूल प्रेरणा उन्होंने ग्रहण की थी, वह स्वाधीनता की प्रेरणा थी। शिक्षा-पद्धति, विवाह-संबंध, लेखन-प्रकाशन की स्वाधीनता, शासनतंत्र—इन सब पर उन्होंने जो कुछ लिखा है, उसमें वह मूल प्रेरणा देखी जा सकती है।

उल्लेखनीय है कि तलाकप्रथा पर उनकी पुस्तिकाएँ—गणराज्य कायम हो जाने के बाद भी—गुप्त रूप से ही छापी जा सकी थीं। बहुत पढ़ने और बहुत अधिक काम करने से आँखों की ज्योति जाती रही थी। इस अंध अवस्था में उन्होंने अपना अमर महाकाव्य रचा था। इंगलैन्ड में अनेक महाकवि हुए हैं पर मिल्टन की-सी ऊर्जा अन्य किसी में नहीं है। 1660 में पादशाही कायम होने पर उनका जीवन खतरे में था। मित्रों की सहायता से वह बच गये। उन्होंने एक पुस्तिका भी लिखी कि इंगलैन्ड में गणतंत्र कैसे बहाल किया जाये।

अंग्रेजी साहित्य के प्रसिद्ध फ्रान्सीसी विवेचक लेगुई ने लिखा है कि मिल्टन के कागज-पत्रों में ईसाई मत पर उनका एक लेख लैटिन में था (De Doctrina Christiana)। "यहाँ उन्होंने अपना आरिअन रूप दिखाया है, ईसा के देवत्व सिद्धांत के प्रति विरोध भाव है (hostile to the divinity of Christ), और उन्होंने बहुविवाह (polygamy) का समर्थन किया है।"[8] मिल्टन का बहुविवाह पुरुषों के लिए है, स्त्रियों के लिए नहीं। एक पुरुष अनेक पत्नियाँ रख सकता है, स्त्री अनेक पति नहीं रख सकती। पर उनके मतवाद-मुक्त स्वाधीन चिंतन का सबसे बड़ा प्रमाण है ईसा के देवत्व-सिद्धांत के प्रति विरोध भाव। इसके लिए हेलेनिज़्म को छोड़कर उन्हें और कहाँ से प्रेरणा मिल सकती थी ? चौथी सदी ईसवी में सिकंदरिया के यूनानी विचारक आरिओस ईसा का देवत्व अस्वीकारते थे। उनके अनुयायी हुए आरिअन। लेगुई के वाक्य की ध्वनि यह है कि मिल्टन प्रच्छन्न आरिअन थे, अपने विचार प्रकाशित न किये थे, पर अपने वास्तविक मत के बारे में एक लेख लैटिन में लिखकर छोड़ गये थे। इस स्वाधीन चिंतन की अगली कड़ी हैं शेली।

पादशाही की बहाली के बाद इंगलैन्ड के शासक वर्ग ने और उससे जुड़े हुए बुद्धिजीवियों ने मिल्टन को भुला दिया, मिल्टन ही नहीं, पुनर्जागरणकाल के अन्य मानवतावादियों को भी भुला दिया। इंगलैन्ड की जातीय प्रतिभा का चमत्कार इन्हीं की रचनाओं में देखने को मिला था। लेगुई ने लिखा है, "उनकी प्रतिष्ठा ऐसी थी कि अभिरुचि में उलट-फेर से और नये सिद्धांतों के आविर्भाव से भी उनका प्रभुत्व

बहुत समय के लिए अथवा गहराई से डिगा नहीं। पादशाही के बहाल होने के बाद वाले दौर में, सच है कि कुछ अपवाद छोड़कर, लोग या तो उन्हें जानते न थे या उन्हें तुच्छ गिनते थे। उनकी स्मृति ने समूची अठारहवीं सदी में कल्पना से समृद्ध उस नवीकरण का पथ प्रशस्त किया जो अंततः रोमान्टिसिज़्म तक ले गया।"[9]

इंगलैन्ड के शासक और उनसे जुड़े हुए बुद्धिजीवी जिस समय पुनर्जागरणकाल के मानवतावादियों को भूल रहे थे या उन्हें तुच्छ समझ रहे थे, उसी समय अंग्रेज़ व्यापारी और जमींदार भारत में पैर फैलाते जा रहे थे। उनका दावा था कि वे भारत को अंधकार युग से बाहर निकाल रहे हैं, वहाँ यूरुप की नयी सभ्यता का प्रकाश फैला रहे हैं। इस नयी सभ्यता का आधार है यूनान की प्राचीन संस्कृति। और इस प्राचीन संस्कृति से अनुप्राणित अपने देश के मानवतावादियों का तिरस्कार भी कर रहे थे ! तिरस्कार तो उन्होंने पुनर्जागरण काल के बहुत से लेखकों का किया पर जैसी उत्कट घृणा उनके मन में मिल्टन के प्रति थी, वैसी अन्य किसी के लिए नहीं। मिल्टन ने पादशाही के विरुद्ध जनता के हथियारबंद संघर्ष का समर्थन किया था, राजा के वध को उचित ठहराया था, गणतंत्र के प्रति निष्ठा अंत समय तक न छोड़ी थी। उनका नाम क्रांतिकारी जातीय चेतना का प्रतीक बन गया था।

कीट्स की मृत्यु पर अपनी कविता में शेली ने मिल्टन की स्थिति का वर्णन इस तरह किया था—

"वह नहीं रहा,
वह जो अमर संगीत का जनक था,
अंध, वृद्ध और एकाकी, जब उसके देश के अभिमान को
पुरोहित, दास और स्वाधीनता के हत्यारे ने
रौंदा, भोग और रक्त में सने घृणित कर्मकांड से
उसका उपहास किया; निर्भय, उसने मृत्यु के गह्वर में
प्रवेश किया; पर उसकी उज्ज्वल आत्मा का प्रकाश
अब भी धरती पर फैला है; वह जो सूर्य के पुत्रों में तीसरा था।"

यूनान के अंध कवि होमर प्रथम सूर्यपुत्र थे, इटली में पुनर्जागरण के वैतालिक दान्ते दूसरे। मिल्टन की स्मृति ने जिस नवीकरण का पथ प्रशस्त किया था, वह अंग्रेजी कविता को अंततः शेली की रोमान्टिसिज़्म तक ले गया।

यह रोमान्टिसिज़्म वास्तव में मानववाद का दूसरा दौर था। इंगलैन्ड व्यापारिक पूंजीवाद की मंज़िल से आगे अब औद्योगिक पूँजीवाद की मंज़िल में था। अभिजात राज्यसत्ता और चर्च के रूढ़िवाद के खिलाफ़ इंगलैन्ड के प्रगतिशील बुद्धिजीवी पूँजीवादी जनतंत्र के लिए नहीं, नये जनतंत्र के लिए लड़ रहे थे जिसमें मज़दूर वर्ग की अग्रणी भूमिका हो। क्रॉमवेल ने आयर्लैन्ड के स्वाधीनता संग्राम का दमन किया था, शेली ने आयर्लैन्ड की स्वाधीनता का समर्थन किया। उन्होंने और उनके साथ बायरन ने

भारत की स्वाधीनता का समर्थन किया। मिल्टन के विवाहसंबंधी विचार पुरुष-केन्द्रित थे, शेली पुरुष के समान स्त्री को भी पूर्णतः स्वतंत्र मानते थे। यह मानवतावाद पुनर्जागरणकाल के मानवतावाद से गुणात्मक रूप में भिन्न था। यूनान की प्राचीन संस्कृति अब भी उसकी प्रेरक शक्ति बनी हुई थी। वास्तव में यह प्रेरक शक्ति अब नये स्तर पर क्रियाशील थी। शेली और बायरन यूनान की प्राचीन गरिमा की ही रक्षा न कर रहे थे, वे नये स्वाधीन यूनान के लिए भी लड़ रहे थे।

ग्रीक और लैटिन दोनों भाषाओं का साहित्य क्लासिकल साहित्य कहलाता था। पर इन भाषाओं के साहित्य में काफी अंतर था। लैटिन साहित्य बहुत कुछ यथास्थितिवादी था, परिवर्तन की प्रेरणा मूलतः ग्रीक साहित्य से मिलती थी। दार्शनिक समृद्धि इसी साहित्य में थी। टॉमस मोर ने इस बात पर जोर दिया था कि ग्रीक दर्शन लैटिन दर्शन से श्रेष्ठ है। ग्रीक दर्शन ने शेली को नये ढंग से प्रभावित किया। ग्रीक दार्शनिकों में भी अरस्तू यथास्थितिवादियों को प्रिय थे, परिवर्तनवादियों के प्रिय दार्शनिक थे प्लैटो। यूरुप के अंधकार युग में अरस्तू का दर्शन चर्च के रूढ़िवाद की आधारशिला था। वह आधारशिला हिल तो रही थी बहुत दिनों से पर टूटकर बिखरी वह शेली के जमाने में। मोर ने अपनी यूटोपिया लैटिन में लिखी थी, मिल्टन ने अपना बहुत-सा गद्य, कुछ पद्य भी लैटिन में रचा था। मिल्टन की काव्य शैली पर भी लैटिन का गहरा असर था। अंग्रेजी भाषा अब लैटिन की जकड़बंदी से मुक्त हुई। उसका जातीय स्वरूप निखरा और यूनानी संस्कृति के मूल तत्वों को उसके साहित्यकारों ने रचनात्मक ढंग से आत्मसात् किया। मिल्टन में प्यूरिटन मतवाद के प्रति काफी आग्रह था, शेली धर्म से संबंधित इस तरह के मतवाद से पूर्णतः मुक्त थे। उन्होंने अपनी साहित्यिक यात्रा आरंभ की थी 'नास्तिकता की आवश्यकता' नाम के लेख से। सचमुच यह इंगलैन्ड के, और उसके साथ यूरुप के, साहित्य में नये युग की शुरूआत थी।

1816 में मैनूचेस्टर के एक मैदान में मज़दूरों की भारी सभा पर हथियारबंद घुड़सवारों ने हमला किया। सभा में मज़दूरों की स्त्रियाँ और बच्चे भी थे। दो स्त्रियों समेत ग्यारह व्यक्ति मारे गये, सैकड़ों घायल हुए जिनमें सौ स्त्रियाँ थीं। शेली ने मज़दूरों का आह्वान किया—"सोते में जो ज़ंजीरें तुम पर आ पड़ी थीं, ओस की बूँदों की तरह झटककर उन्हें जमीन पर गिरा दो। तुम अनगिनत हो, वे मुट्ठीभर हैं।" शेली ने मज़दूरों से अहिंसात्मक प्रतिरोध करने को ही कहा था पर उनके मित्र ली हंट ने उनकी कविता अपने पत्र 'इग्ज़ैमिनर' में न छापी। बाद में उन्होंने 1832 में कविता प्रकाशित करते हुए यह कैफियत दी कि उस समय कविता छापने से उपद्रव बढ़ जाता। हत्याकांड 1816 में हुआ था; शेली इटली में थे, उन्हें समाचार विलंब से मिला। कविता ('मास्क ऑफ अॅनार्की') उन्होंने 1818 में लिखी थी। तीन साल तो वैसे भी बीत गये थे। अवांछित राजनीतिक कविताएँ लिखने के लिए ली हंट

को एक बार जेल की सज़ा हो चुकी थी, दुबारा भी हो सकती थी। शेली ने यह भी कहा था, मज़दूर अडिग खड़े रहें, सैनिक उनसे आ मिलेंगे। यह विशुद्ध राज्यद्रोह ही था !

1821 में शेली ने **हेलास** नाम का नाटक लिखा। इसकी भूमिका में यूनान के स्वाधीनता संग्राम का समर्थन करते हुए शेली ने यूरुप की जनता से कहा कि जैसे उसके उत्पीड़कों ने एका कर लिया है, वैसे ही उसे भी उनके विरुद्ध अपना एका कायम करना चाहिए।

यूरुप के शासक वर्ग को यूनानी जनता के स्वाधीनता संग्राम से कोई दिलचस्पी न थी। शेली ने **हेलास** की भूमिका में लिखा था, "सभ्य संसार के शासक अपनी सभ्यता के लिए जिस जाति के ऋणी हैं, उसकी संतान मानो अपने विध्वंस की राख से फिर उठ खड़ी हुई है। इस चकित करने वाली स्थिति के प्रति उनकी (शासकों की) उपेक्षा मृत्युलोक के दृश्यों के किसी भी दर्शक मात्र के लिए पूर्णतः व्याख्या से परे है। हम सब यूनानी हैं। हमारे कानून, हमारे साहित्य, हमारे धर्म, हमारी कलाओं की जड़ें यूनान में हैं। यूनान के बिना रोम–शिक्षक, विजेता अथवा हमारे पुरखों का महानगर–अपने शस्त्रबल से कोई भी प्रकाश न फैलाता, हम अब भी लकड़ी-पत्थर के देवता पूजते और असभ्य बने रहते; अथवा इससे भी बदतर यह कि हम सामाजिक तंत्र की ऐसी गतिरुद्ध और दयनीय अवस्था को पहुँच गये होते जैसी कि चीन और जापान की है।"

ब्रिटेन का शासक वर्ग यूनान को अपनी सभ्यता की आधारभूमि मानता था पर उस भूमि की स्वाधीनता के लिए कुछ करने को तैयार न था। कुछ करना-धरना दरकिनार, उल्टा वह यूनान के शत्रुओं की मदद कर रहा था। शेली ने **हेलास** की भूमिका में इंगलैन्ड के सामान्य जनों को लक्ष्य करके लिखा, "अंग्रेज़ों के उत्पीड़कों (अर्थात् शासकों) की सहज सहानुभूति तुर्क अत्याचारी के प्रति है। वे अंग्रेज उन्हें उस सहानुभूति के अनुसार काम करने की छूट देते हैं, अपने नाम पर उन्हें यह अमिट कलंक लगाने देते हैं कि उन्होंने सभ्यता, ईसाइयत और पारिवारिक सुख-शांति के शत्रुओं के साथ गठबंधन किया है।" शेली ने जैसे मज़दूरों से नये जनतंत्र के लिए लड़ने को कहा था, वैसे ही वह इंगलैन्ड के सभी सामान्य जनों से नयी विदेश नीति–स्वाधीनता आन्दोलनों की समर्थक नीति–के लिए लड़ने को कह रहे थे।

(3)

पन्द्रहवीं सदी के अंतिम दशक में यूरुप के जमींदारों और व्यापारियों ने अमरीका की नयी दुनिया का पता लगा लिया था और इसी समय दक्खिनी अफ्रीका का चक्कर लगाते हुए उन्होंने भारत तक पहुँचने का जल मार्ग भी ढूँढ़ लिया था। उत्तरी और दक्खिनी अमरीका में आदिवासियों का सामूहिक संहार कर के जो बचे, उन्हें जंगली, बंजर इलाकों में खदेड़कर, उन्होंने वहाँ की धरती पर अपने उपनिवेश आबाद

किये। अफ़्रीका को उन्होंने हब्शी गुलामों की प्राप्ति का मुख्य स्रोत बनाया। उपनिवेश यहाँ भी आबाद किये पर अमरीकी महाद्वीपों की तुलना में कम। अफ़्रीका की अधिकांश भूमि उसके मूल निवासियों के अधिकार में रही। एशिया में राजाओं, बादशाहों की खुशामद करके उन्होंने पहले व्यापार के लिए सुविधाएँ प्राप्त कीं, फिर क्रमशः यहाँ राज्यविस्तार करने लगे; राजा बनने के बाद जिस बाज़ार से पहले भारतीय उद्योगों की उपज खरीदते थे, उसमें वे अब अपने उद्योगों की उपज बेचने लगे। जो काम वे अमरीका में कर सके, वह अफ़्रीका में न कर सके, जो अफ़्रीका में कर सके, वह एशिया में न कर सके। इसका कारण यह था कि इन महाद्वीपों में रहने वाली जातियाँ सामाजिक विकास की अलग-अलग मंज़िलों में थीं, विदेशी घुसपैठियों के विरुद्ध उनके प्रतिरोध की मंज़िलें अलग-अलग थीं।

पंद्रहवीं सदी के उत्तरार्ध से लेकर अठारहवीं सदी के पूर्वार्ध तक स्वयं यूरुप की जातियाँ सामाजिक विकास की उसी मंज़िल तक पहुँची थीं जिस तक भारत पहुँचा था। यह मंज़िल सामंती व्यवस्था के भीतर विकसित होने वाले व्यापारिक पूँजीवाद की थी। अठारहवीं सदी के मध्य तक व्यापारिक होड़ में इंगलैन्ड यूरुप की जातियों से आगे निकल गया और उसने मशीनी उद्योगों वाली, औद्योगिक पूँजीवाद की, मंज़िल में प्रवेश किया। व्यापारिक पूँजीवाद के प्रांरभिक दौर में यूरुप के यात्री, सौदागार, बुद्धिजीवी आदि भारत की समृद्धि का बड़ा लुभावना वर्णन करते थे। जब वे यहाँ की गरीबी का उल्लेख करते थे, तब भी उसका प्रसार सीमित दिखाते थे; धन संपदा के उत्पादन और नगरों में उसके केन्द्रीकरण की भव्यता में कमी न आने देते थे। औद्योगिक पूँजीवाद की पूर्व वेला में उनका रुख बदलने लगा। भारत में उत्पादन का तरीका निहायत पिछड़ा हुआ, उद्योग धंधे नाम मात्र को, धन-संपदा का एक मात्र स्रोत खेती, किसानों की थोड़ी-सी अतिरिक्त उपज को उनसे छीनकर धन बटोरने वाली निरंकुश राज्य सत्ता—भारत का यह चित्र अधिक उभरने लगा। औद्योगिक पूँजीवाद के दौर में अंग्रेज़ों ने भारत की लूट-खसोट में भारी वृद्धि की, उद्योग-धंधों को तबाह करके उन्होंने भारत को खेतिहर देश बना डाला, किसानों के भयानक शोषण के कारण साल-दर-साल यहाँ अकाल पड़ने लगे और लाखों आदमियों ने बेबस इनमें जान गँवाईं। इस दौर में अपनी राज्यव्यवस्था को न्यायपूर्ण साबित करने के लिए अंग्रेज़ यहाँ की पहले से चली आती गरीबी को खूब बढ़ा-चढ़ाकर दिखाने लगे। भारत की धन-दौलत को नकारना तो असंभव था पर उसके स्रोत को बदलना उन्हें सरल जान पड़ा। उद्योग और व्यापार की प्रगति से धन-संपदा की वृद्धि का संबंध उन्होंने खारिज कर दिया; उसका एक मात्र स्रोत रह गयी खेती। भारत को खेतीहर देश बनाया अंग्रेज़ों ने; फिर इस खेतिहार देश का मानचित्र उन्होंने आरोपित कर दिया भारत के इतिहास पर !

विश्वव्यापी लूट के अभियान में यूरुप के ज़मींदार और व्यापारी इस धारणा

का निरंतर प्रचार करते थे कि सारा संसार असभ्य और पिछड़ा हुआ है, उसे सभ्य बनाने की जिम्मेदारी इतिहास ने यूरुप की गोरी जातियों पर डाली है। उनके इस प्रचार में नस्लपंथी दुराग्रह आरंभ से ही देखा जा सकता है। दुनिया को सभ्य बनाने की होड़ में इन गोरी जातियों के शासक निरंतर एक-दूसरे से युद्ध ठाने हुए थे। यूरुप, भारत, उत्तरी अमरीका, उत्तरी अफ्रीका–हर जगह फ्रान्स और ब्रिटेन साम्राज्य विस्तार के लिए लड़े। विश्व बाज़ार कायम होने के साथ-साथ विश्वयुद्धों का सिलसिला शुरू हो गया। दुनिया को सभ्य बनाने की ज़िम्मेदारी सभी गोरी जातियाँ समान रूप से न निभा सकती थीं। इतिहास ने कुछ पर जिम्मेदारी ज़्यादा डाली थी, कुछ पर कम। स्वभावतः सभ्यता के प्रसारकों ने माना कि कुछ गोरी जातियाँ श्रेष्ठ थीं, कुछ निकृष्ट। यूरुप के दो भाग किये गये–पूर्वी और पश्चिमी। पूर्वी यूरुप अर्ध एशियाई माना गया; वहाँ की गोरी जातियाँ निकृष्ट थीं। पश्चिमी युरोप ही वास्तविक यूरुप बना, यहाँ की गोरी जातियाँ श्रेष्ठ थीं पर सभी नहीं। पुर्तगाल और स्पेन की जातियों को ब्रिटेन, फ्रान्स और जर्मनी की जातियों से नीचा दर्जा मिला। इनमें सबसे नीचा स्थान मिला आइरिश जाति को। आयर्लैन्ड के लोग भले ही गोरे हों पर थे तो अंग्रेजों के गुलाम। पराधीन जाति दूसरों को सभ्य बनाने का दावा कैसे कर सकती थी ? वास्तव में गोरी जातियों के लिए श्रेष्ठता की कसौटी थी साम्राज्य विस्तार की क्षमता। यद्यपि जर्मन अभी राष्ट्र के रूप में एकताबद्ध न हो पाये थे, पर वहाँ के ज़मींदार और व्यापारी पूर्वी यूरुप में पैर फैला रहे थे और यह काम कुछ और बड़े पैमाने पर करने को इच्छुक थे। रूस, बल्गारिया आदि देशों की जातियाँ उन्हें अर्ध एशियाई जान पड़ती थीं तो इसमें आश्चर्य नहीं। नस्लपंथी आग्रह के साथ संकीर्ण राष्ट्रवादी दुराग्रह और जुड़ गया।

अपनी जनता के सामने युद्ध, अत्याचार और हर तरह के अन्याय को जायज़ ठहराने के लिए गोरी जातियों के ज़मींदारों और व्यापारियों ने ईसाइयत का झंडा ऊँचा किया। और सभी धर्म हेठे हैं, बर्बर समाजों की उपज हैं, ईसाई धर्म ही श्रेष्ठ है। ईसाइयत के प्रसार के बिना सभ्यता का प्रसार असंभव है। एशिया के पिछड़े हुए समाजों में इस श्रेष्ठ धर्म का जन्म कैसे हुआ, इसकी कैफियत उन्होंने नहीं दी। पर जैसे यूरुप की सब गोरी जातियाँ समान रूप से श्रेष्ठ नहीं थीं, वैसे ही सब ईसाई समान रूप से धर्मज्ञानी नहीं थे। सबसे नीचे थे सनातन धर्मी, इनके सबसे बड़े गुरु थे पोप। लेकिन पूर्वी यूरुप के ईसाई इन्हें अपना गुरु न मानते थे। इसी तरह जर्मनी और ब्रिटेन के नवीनतावादी ईसाई विभिन्न संप्रदायों में संगठित थे। साम्राज्य विस्तार के साथ ईसाइयत का प्रचार करनेवाले पादरी अपने चर्च विशेष के हितों का ध्यान बराबर रखते थे। उन्होंने नस्लपंथी संकीर्ण राष्ट्रवाद पर अपनी साम्प्रदायिकता का गहरा रंग चढ़ाया।

यद्यपि पश्चिमी यूरुप की तुलना में सारा संसार पिछड़ा हुआ था, फिर भी

पिछड़ेपन की व्यंजना के लिए जो महत्व 'एशियाई' शब्द को प्राप्त हुआ, वह 'अमरीकी' या 'अफ्रीकी' शब्द को नहीं हुआ। रूस पिछड़ा हुआ है, 'अर्ध एशियाई' है, 'अर्ध अमरीकी' या 'अर्ध अफ्रीकी' नहीं है। व्यापार में यूरुप का प्रतिद्वंदी एशिया था, अमरीका (आदिवासी रेड इंडियनों का अमरीका) नहीं, अफ्रीका नहीं। एशिया में उसका मुख्य प्रतिद्वंदी भारत था, इसलिए पिछड़ेपन के नमूने के तौर पर उसे बारबार आगे पेश किया गया। एशियाई समाज गतिरुद्ध समाज है, यह धारणा अठारहवीं सदी में काफी लोकप्रिय हुई। गतिरुद्ध समाजों को गतिशील बनाने का काम किया गोरे शासकों ने ! उत्तरी अमरीका में ब्रिटेन के प्रवासी ही जाकर बसे थे पर इनके औद्योगिक विकास में अंग्रेज़ों ने बाधा डाली। वे चाहते थे कि अमरीकी गोरे उन्हें कच्चा माल भेजते रहें और अपने यहाँ ब्रिटेन का तैयार माल खरीदते रहें। अमरीकी उपनिवेशों ने अंग्रेज़ों से लड़कर भारी रक्तपात के बाद स्वाधीनता प्राप्त की। आयर्लैन्ड और अमरीका की तुलना करते ही मालूम हो जायेगा कि पराधीन देशों के औद्योगिक विकास के प्रति अंग्रेज़ कितना चिंतित थे !

यूनानी दर्शन का विकास पहले एशिया की धरती पर हुआ, उसके बाद उस यूनान में जो यूरुप का हिस्सा है। यह विकास बिकाऊ माल के उत्पादन और विनिमय के विकास से जुड़ा हुआ था। हेगल इन दोनों तथ्यों से परिचित थे। जिस भूखंड में अब तुर्की राष्ट्र है, वहाँ पहले यूनानी रहते थे। ये लोग यूरुप से आकर यहाँ बसे या एशिया के किसी प्रदेश से आये अथवा वहीं के मूल निवासी थे, ये प्रश्न प्रस्तुत संदर्भ में गौण हैं। मूल बात यह है कि ईसा पूर्व पहली शताब्दी में मिस्र तथा अनेक एशियाई देश यूरोपियन यूनान की तुलना में अधिक विकसित थे, इनके संपर्क से एशियाई यूनान के समाजों ने आर्थिक क्षेत्र में विकास किया और इसके साथ दार्शनिक चिंतन में प्रगति की।

यूनानी दर्शन का विवेचन आरंभ करते हुए हेगल ने लिखा, "यूनानी जीवन में सर्वाधिक क्रियाशीलता हम लघु एशिया के समुद्र तटों पर, यूनानी द्वीपों में, और फिर बृहत्तर यूनान के पश्चिम की ओर होते देखते हैं। हम इन जनों में उनकी आंतरिक राजनीतिक कार्यवाही और विदेशियों से उनके समागम के फलस्वरूप उनके (सामाजिक) संबंधों में विविधता और अनेकरूपता पाते हैं। इससे उनके दृष्टिपथ से संकीर्णता दूर होती है, उसके स्थान पर सार्वदेशिकता का उदय होता है। इस प्रकार ईओनिआ (ईऑन भारतीय यवन) और बृहत्तर यूनान ऐसे दो प्रदेश हैं जहाँ दर्शन के इतिहास के प्रथम कालखंड की भूमिका घटित होती है। ऐसा तब तक होता है जब तक इस कालखंड के समाप्त होने पर खास यूनान में दर्शन अपनी जड़ नहीं जमा लेता और वहाँ बस नहीं जाता। वे प्रदेश आरंभिक व्यापार और आरंभिक संस्कृति की पीठ भी थे। जहाँ तक इनका (व्यापार और संस्कृति का) संबंध है, यूनान ने बाद में अनुगमन किया।"[10]

दार्शनिक चिंतन का विकास पहले एशिया में होता है या यूरुप में, यह सामाजिक परिस्थितियों पर निर्भर था। व्यापार का विकास पहले एशियाई यूनान में हुआ, उसके साथ दार्शनिक चिंतन का विकास भी इसी एशियाई भूखंड में हुआ। यूनान के दार्शनिकों पर अपनी पुस्तक में जर्मन विवेचक गोम्पेर्त्स ने लिखा था, "लघु एशिया का पश्चिमी समुद्र तट यूनान की बौद्धिक सभ्यता का मूल आश्रयस्थल था।"[11] गोम्पेर्त्स ने इस सभ्यता के विकास का सीधा संबंध यूनानियों की औपनिवेशिक व्यवस्था से जोड़ा है। धनी अभिजात निर्धन यूनानियों को जनपद से बाहर निकाल देते थे। इन्होंने भूमध्यसागर के तट पर दूर-दूर तक अपने उपनिवेश बसाये। उद्योग धंधों में उन्नति की, समुद्री व्यापार को उन्होंने समृद्ध किया। जनसंख्या की वृद्धि के साथ आवयश्यक हुआ कि वे व्यापार की स्थायी मंडियां कायम करें। कच्चा माल और खाद्यसामग्री मँगाने के लिए उन्होंने सुरक्षित जलमार्ग कायम किये। व्यवसाय के लिए जो सबसे सुविधाजनक स्थान थे, वहाँ उन्होंने उपनिवेश कायम किये। विदेशी सभ्यताओं से संपर्क होने पर उनका मानस क्षितिज विस्तृत हुआ।[12]

प्राचीन संसार में ऐसा विकास करने वाले यूनानी अकेले नहीं थे। मिस्र, फिनीशिया आदि पहले से विकसित देशों से उन्होंने बहुत कुछ पाया। हेगल ने यूनानियों के बाह्य संपर्क की बात सूत्र रूप में कही थी, ज़्यादा ज़ोर उनकी विशिष्ट प्रतिभा पर था। क्रमशः इस धारणा का प्रचार बढ़ रहा था कि यूनानियों ने किसी से कुछ लिया नहीं है, उनका सारा विकास उनकी जन्मजात प्रतिभा का फल है। इस प्रचार को ध्यान में रखकर गोम्पेर्त्स ने लिखा था : बहुत से प्राचीन विद्याविशारद "इसे यूनानियों की शान के खिलाफ समझते हैं कि कोई कहे कि उन्होंने पुरानी सभ्य जातियों की पाठशालाओं में शिक्षा पायी थी।"[13] किंतु यह "संकीर्ण हठवादिता" निराधार है।[14] "आज कोई भी इसे अस्वीकारने का शायद ही प्रयत्न करे कि भौतिक सभ्यता के तत्वों के लिए और अपनी कला की शुरूआत के लिए यूनानी पूरब के ऋणी हैं हालांकि लगभग बीस साल पहले लोग इतने ही आत्मविश्वास और जोर-शोर से इस स्थापना का विरोध करते थे। यही मत (कि यूनानी पूरब के ऋणी हैं) विज्ञान और धर्म के क्षेत्रों में सही माना जाता यदि पहले की पीढ़ियों के जल्दबाज़ी में किये गये अधूरे और अव्यवस्थित प्रयत्नों से उसकी स्वीकृति रोक न दी गयी होती।"[15]

यूनानी एक खास नस्ल के लोग हैं, इसलिए दूसरी घाटिया नस्ल के लोगों से श्रेष्ठ हैं, यह धारणा भी उन्नीसवीं सदी के यूरोपियन विचारकों में जड़ जमाती जा रही थी। गोम्पेर्त्स ने इस धारणा का खंडन करते हुए लिखा था कि उन्होंने गैर-यूनानी समाजों से विवाह संबंध कायम किये थे।[16] पूरब के देशों से यूनान के संबंध का उल्लेख करते हुए यूनानी विज्ञान पर अपनी पुस्तक में फैरिंगटन ने लिखा, "समूची यूनानी सभ्यता की तरह यूनानी विज्ञान भी निकट पूर्व की प्राचीन सभ्यताओं का अत्यंत ऋणी है। यह भी इतना ही निश्चित है कि यूनानी विज्ञान ने अपने लिए

नये रास्ते बनाये।…लोगों का विश्वास था, और यह मामला खत्म होने को नहीं आ रहा, कि यूनानी लोग विवेकसम्मत चिंतन की क्षमता के कारण प्राचीन काल के अन्य सभी जनों से भिन्न थे।…सर टॉमस हीथ का कहना है—'प्राचीन काल के अन्य सभी जनों की अपेक्षा यूनानियों को ज्ञान था, ज्ञान के लिए ही, प्रेम था…और भी बुनियादी बात यह है कि यूनानी विचारकों की नस्ल थे।' यह मत हमें अब आग्रह्य है। यह अंशतः इसलिए है कि मानसिक विशेषताओं की व्याख्या नस्ल के आधार पर करने से हमें अरुचि हो, यह हमने सीख लिया है। (फैरिंगटन की पुस्तक का यह भाग फासिस्ट विरोधी संग्राम के दौरान प्रकाशित हुआ था)। और इसलिए भी कि आखिर यूनानी किसी एक नस्ल के नहीं थे, वे मिश्रित जन थे।"[17]

हिटलर ने जर्मन आर्यों को पड़ोसी स्लाव जनों से श्रेष्ठ तो घोषित किया ही था, उसने उन्हें अंग्रेजों से भी श्रेष्ठ कहा था क्योंकि इनके पूर्वजों, ऐंगल और सैक्सन नाम के जर्मन कबीलों का शुद्ध आर्य रक्त ब्रिटेन में दूषित हो गया था। स्वयं अंग्रेज़ों ने एशियाइयों के विरुद्ध जिस नस्लवादी घृणा का प्रसार किया था, उसी का नया संस्करण हिटलर का आर्यवाद था। एशिया में साम्राज्य विस्तार से जुड़ी नस्ल की धारणा को इतिहासकारों ने यूनानियों पर आरोपित किया था। यदि यूनानियों को एशियाई सभ्यता से कुछ सीखते हुए दिखाया जाये तो इससे उनकी नस्ली श्रेष्ठता में बट्टा लगता था। अतः इस श्रेष्ठता को बरकरार रखने के लिए यूनान को एशिया से अलगाना जरूरी था।

एशियाई भूखंड पर यूनानियों ने जिन सामाजिक परिस्थितियों में दर्शनशास्त्र का विकास आरंभ किया, उनका संक्षेप में बड़ा सटीक वर्णन फैरिंगटन ने किया है। इन परिस्थितियों में पहली है व्यापारिक पूँजीवाद का विकास, दूसरी है दासप्रथा का सीमित प्रसार। लघु एशिया के समुद्रतटवर्ती इओनिआ—यवन प्रदेश—में "सत्ता व्यापारिक अभिजात वर्ग के हाथ में थी। यह व्यापारिक अभिजात वर्ग कौशल के द्रुत विकास को आगे बढ़ाने में लगा था; इसी पर उसकी समृद्धि निर्भर थी। दासप्रथा का चलन इस हद तक न हुआ था कि शासक वर्ग कौशल को घृणा की दृष्टि से देखता। ज्ञान अभी व्यावहारिक और फलदायक था। यूनानी संसार का सबसे आगे बढ़ा हुआ नगर मिलेतुस था, वहीं प्राकृतिक दर्शन का जन्म हुआ था। यहीं से निकलकर लोगों ने कृष्णसागर के तट पर ढेरों उपनिवेश बसाये थे। भूमध्यसागर में दूर-दूर तक उसका व्यापार फैला हुआ था, इससे वह अन्य देशों के माल से अपने उत्पादों का विनिमय करता था। वह मेसोपोतामिया (पश्चिमी एशिया के दोआब) से स्थल मार्गों द्वारा और मिस्र से जलमार्गों द्वारा संपर्क में था। इनकी सभ्यता अभी फल-फूल रही थी।"[18]

फैरिंगटन ने व्यापारिक अभिजात वर्ग की बात कही है। यह वर्ग दासों, कारीगरों और किसानों की तुलना में अभिजात था, भूस्वामी अभिजातों की तुलना में वह निम्न था। आभिजात्य की धारणा का मूल आधार था भूमि पर उसके स्वामियों का

वंशगत अधिकार। जब तक संपत्ति-संचय का मूल स्रोत भूमि रहती है, तब तक कुलीनता का भौतिक आधार सुदृढ़ रहता है। वित्त का चलन होने पर यह आधार डगमगाने लगता है ; **यस्यास्ति वित्तं स नरः कुलीनः**—यह नियम हो जाता है। भूमि का केन्द्रीकरण होने पर बड़ी-बड़ी जमींदारियों के मालिक तो हल चलाते नहीं हैं, खेती का काम प्रजा करती है। श्रमफल का बड़ा भाग भूस्वामी हड़प जाते हैं, उसका कुछ अंश वे अपने समर्थक पुरोहितों में बाँट देते हैं। धार्मिक अंधविश्वासों और रूढ़ियों को पालने-पोसने और उन्हें रखने का भौतिक आधार भूस्वामियों द्वारा प्रजा के श्रमफल का अपहरण है। इलहाम पर जहाँ बहुत ज़ोर हो, समझना चाहिए वहाँ सामंती बंधन कठोर हैं। जब आदमी कहता है, सत्य वह है जो प्रमाण से सिद्ध हो, तब वह रूढ़ियों को, और उनके भौतिक सामंती आधार को चुनौती देता है। यही कारण है कि व्यापारिक पूंजीवाद के प्रसार के साथ दार्शनिक चिंतन का विकास जुड़ा हुआ है।

हेगल शुद्ध चिंतन, भौतिकता के स्पर्श से बचकर रहने वाले शुद्ध दर्शन, के प्रबल हामी थे। पर उन्होंने भी यूनानी दर्शन के अभ्युदय से व्यापारिक उन्नति का संबंध जोड़ा था। उन्होंने यह कार्य उन्नीसवीं सदी के आरंभ में किया था। गोम्पेर्त्स ने उन्नीसवीं सदी के अंत में उसी तथ्य की व्याख्या की थी। बीसवीं सदी के मध्य में फैरिंगटन ने उस तथ्य की पुष्टि की। उन्होंने नगर सभ्यता से दर्शनशास्त्र के संबंध की ओर भी संकेत किया। लघु एशिया के प्राचीन यूनानी दार्शनिकों के बारे में उन्होंने लिखा, उनके "दर्शन की नवीनता इस बात में थी कि जब उन्होंने संसार की गतिविधि के बारे में सोचना शुरू किया तो पुराणकथाओं की ओर ध्यान दिये बिना उन्होंने ऐसा दैनिक अनुभव के प्रकाश में किया। पुराण कथाओं में जो व्याख्या दी गयी थी, उस पर निर्भर रहने से वे मुक्त थे। कारण यह था कि अभ्युदयशील नगरों का राजनीतिक ढाँचा अपेक्षाकृत सीधा-सादा था। पुराने साम्राज्यों की तरह उसने शासक वर्ग पर यह आवश्यकता न लादी थी कि वह अंधविश्वासों के सहारे शासन करे।"[19] यूनान की नगर सभ्यता का विरोध एक ओर ग्रामसमाजों पर केन्द्रित सामंती और अर्धसामंती राज्यों से था, दूसरी ओर उसका विरोध उस सामंती व्यवस्था से था जो स्वयं यूनान के भीतर कायम थी। व्यापारिक पूँजीवाद का विकास सामंती व्यवस्था के भीतर होता है। यूनानी सभ्यता के इतिहास में यह व्यवस्था कभी पूरी तरह छिन्नभिन्न नहीं हुई। स्पार्ता और एथेन्स मोटे तौर पर प्राचीन यूनान में सामंतवाद और व्यापारिक पूँजीवाद के दो केन्द्र थे, इनमें लंबा संघर्ष चला और यूनानी सभ्यता के ह्रास का वह भी एक कारण था। किंतु जिस अत्तिका जनपद का मुख्य नगर एथेन्स था, उसमें भी सामंती व्यवस्था कायम थी। और वह एथेन्स की सभ्यता को प्रभावित करती थी। भौतिकवाद और उसके साथ भाववाद, इन दोनों की अनेक धाराएँ, इनके बीच दार्शनिक चिंतन की अस्पष्ट-सी भूमि, दर्शन के

साथ धर्मशास्त्र, पुराण कथाओं आदि का अस्तित्व, इस विविधता का मूल भौतिक कारण है सामंती व्यवस्था के खोल में व्यापारिक पूँजीवादी का विकास। सामाजिक विकास के बारे में प्रचलित धारणा यह है कि पुरानी व्यवस्था पूरी तरह खत्म हो जाती है, तब नयी व्यवस्था आती है। खासतौर से पूँजीवाद के बारे में आदमी सोचता है, एक बार आ गया तो फिर जाने का नहीं। इसलिए पुराने जमाने में वह एशिया अथवा यूरुप में सामंतवाद देखता है तो फैसला कर लेता है कि उससे पहले या उसके समानांतर पूँजीवाद तो कहीं रहा न होगा। समाज अपने परिवर्तनक्रम में आगे बढ़ता है, पीछे नहीं हटता—यह धारणा बद्धमूल है। पूँजीवादी शब्द एक खास तरह के पूँजीवाद—मशीनी उत्पादन वाले पूँजीवाद—के साथ जुड़ गया है, इसलिए ब्रिटेन की औद्योगिक क्रांति से पहले पूँजीवाद की कल्पना करना कठिन हो जाता है। लेकिन ब्रिटेन और फ्रान्स में जो पुनर्जागरण काल आया, वह पूँजीवाद के साथ ही आया। यह पूँजीवाद सामंती खोल में पनपा था, इसलिए उससे टकराने पर ब्रिटेन में गृह युद्ध हुआ, फ्रान्स में राज्यक्रांति हुई। यूनानी समाज व्यवस्था दासप्रथा पर आधारित थी—यह स्थापना निरपेक्ष रूप में ग्रहण की जाये तो वह यूनानी समाज की सामंती विशेषताओं के विवेचन में बाधक होती है। प्राचीन यूनान और पुनर्जागरण काल के ब्रिटेन के व्यापारिक पूँजीवाद में जो समानताएँ हैं, उनकी पहचान में वह स्थापना बाधक होती है। औद्योगिक क्रांति से पहले, यूरुप के अन्य देशों को एक ओर ठेलकर, ब्रिटेन दासों के व्यापार में सबसे आगे बढ़ गया था—इस तथ्य को लोग आमतौर से भूल जाते हैं।

गोम्पेर्त्स ने आधुनिक यूरुप के अभ्युदय काल से यूनान के प्राचीन काल की समानता पहचानी थी। उन्होंने लिखा था कि यूनान के इतिहास का एक दौर "हमारे अपने मध्य युग" के अवसान से बहुत मिलता-जुलता था।[20] आधुनिक यूरुप के अभ्युदय से पहले लोगों ने दूर-दूर के और नये देशों का पता लगाया। इसी तरह ईसा पूर्व आठवीं सदी में यूनानियों की जानकारी का विस्तार हुआ। मिलेतुसवासियों ने कृष्णसागर के पूर्वी तट पर उपनिवेश बनाये। फिर यूबोइया और कोरिन्थ नगरों के लोग सिसिली द्वीप में जाकर बसे। बाबुल (बावेरु, बैबिलोन), मिस्र के सौदागर विनिमय के लिए सोने-चाँदी का व्यापार करते थे। इओनिआ के व्यापारियों ने सिक्कों का व्यवहार लूदिआ (Lydia) से सीखा। अब वर्गों की स्थिति यह बनी, "पुरानी सामंतशाही (Squrie archy) के समानांतर एक तगड़ा मध्यवर्ग आगे आने लगा, अभिजात प्रभुओं का जुआ धारण करने में वह अधिकाधिक बेसब्री दिखाने लगा। लेकिन जैसे अन्यत्र, वैसे यहाँ, शक्ति की वास्तविक परिस्थितियों तथा विशेषाधिकारी कानून के प्रति दायित्व के बीच विरोध सामाजिक संघर्ष का कारण बना। वर्गों के बीच युद्ध ठन गया। वह किसानों में फैल गया। उनसे लगातार दुर्व्यवहार किया गया, बंधुआ किसान प्रथा का चलना भी विरल न था; इससे उनमें विद्रोह के बीज बो दिये गये थे।"[21] गोम्पेर्त्स ने पूँजीपतियों के लिए यहाँ 'मध्यवर्ग' शब्द का व्यवहार वैसे

ही किया है जैसे मार्क्स-एंगेल्स समेत उन्नीसवीं सदी के अनेक समाजशास्त्रियों ने किया था। एक ओर भूस्वामी अभिजात वर्ग, दूसरी ओर व्यापारी, कारीगर और किसान—यूनानी समाज का यह मूल अंतर्विरोध उनके दर्शन में, और उनके समस्त सांस्कृतिक इतिहास में प्रतिबिंबित हुआ है।

अनेक इतिहासकारों के लिए दार्शनिक चिंतन का मूल क्षेत्र और एकमात्र क्षेत्र था यूनान, आज का यूनान नहीं, प्राचीन काल का यूनान। दर्शन और विज्ञान के ऐतिहासिक विवेचन में आज के यूनान की चर्चा ज़रा कम होती है। भारत तो गतिरुद्ध ग्राम समाजों का देश है, यूनान में व्यक्तिगत संपत्ति का विकास हुआ, लोकतांत्रिक संस्थाएँ कायम हुईं, साहित्य कला, दर्शन और विज्ञान में भारी प्रगति हुई, फिर पता नहीं, क्या हो गया! रोमन सभ्यता के ह्रास के बाद इटली तो एक बार फिर उठ खड़ा हुआ, पंद्रहवीं, सोलहवीं सदियों के उसके कलात्मक वैभव ने संसार को चकित कर दिया, पर यूनान बेचारा फिर न उठ पाया। यूनान की प्राचीन संस्कृति के सहारे यूरुप में पुनर्जागरण का प्रकाश फैला, पर स्वयं यूनान के भीतर अंधकार छाया रहा! इंगलैन्ड में जब औद्योगिक क्रांति हो रही थी, तब यूनान में औद्योगिक और व्यापारिक केन्द्र ध्वस्त पड़े हुए थे। गतिरुद्ध समाजों की कहानी में यूनान का ज़िक्र क्यों नहीं होता? इसलिए नहीं होता कि यूनान के पिछड़ेपन के लिए मूलतः पश्चिमी यूरुप के जमींदार और व्यापारी ज़िम्मेदार थे।

यूनान पर तुर्कों ने हमला किया। पश्चिमी यूरुप के राजाओं और पादरियों ने क्रूसेड आयोजित किये। ईसाई धर्म की रक्षा के लिए उन्होंने ऐसा युद्ध किया कि यूनानी त्राहि-त्राहि करने लगे। सदियों तक यूनान तुर्कों का गुलाम रहा। उन्नीसवीं सदी में जब तुर्कों से रूस लड़ा, तब ब्रिटेन और फ्रान्स ने तुर्कों का साथ दिया। बीसवीं सदी में दूसरे विश्वयुद्ध के बाद यूनान अटलाण्टिक संधि संगठन से बँधा रहा है; इस संगठन में अमरीकियों को भरोसा तुर्की पर है, और तुर्क सेना यूनानी द्वीप साइप्रस के आधे भाग पर कब्ज़ा किये है। यूनानी समाज गतिरुद्ध नहीं था, उसके सहज विकास को रोका है साम्राज्यवादियों ने।

1854 में क्राइमिया का युद्ध शुरू हुआ तो ब्रिटेन और फ्रान्स ने तुर्की का साथ दिया; रूस तुर्की से लड़ रहा था। **हेलास** की भूमिका में शेली ने रूस के बारे में लिखा था, "रूस यूनान को आजाद नहीं करना चाहता, उस पर अधिकार करना चाहता है। तुर्क उसके सहज शत्रु हैं, यूनानी उसके आकांक्षित दास हैं। वह आराम से उन्हें एक दूसरे को क्षीण करते देखना चाहता है जब तक कि उनमें से एक या दोनों ही उसके जाल में न गिर पड़ें। इंगलैन्ड के लिए उदारता और बुद्धिमानी की नीति यह होती कि वह यूनान की स्वाधीनता की स्थापना करता और तुर्कों तथा रूस दोनों के विरुद्ध उसे बनाये रहता—लेकिन उत्पीड़क उदार और न्यायी कब रहा है ?" शेली ने रूस के जिन उद्देश्यों का उल्लेख किया था, उन्हें सिद्ध किया इंगलैन्ड ने। अपने जहाजी बेड़े की शक्ति से उसने लाभ उठाया, एथेन्स नगर के बंदरगाह पिरिअस पर अधिकार किया, यूनान के राजा को बाध्य किया कि वह रूस

के साथ अपना तुर्कविरोधी गँठबंधन भंग कर दे। 1858 और 1866 में क्रीट द्वीप की यूनानी जनता ने तुर्क शासन के प्रति विद्रोह किया और यूनान से एकीकरण की माँग की। इंगलैन्ड ने एकीकरण का विरोध किया। 1877 के युद्ध में रूसी सेना कुस्तुन्तुनिया में प्रवेश करने को थी। सी. एम. वुडहाउस ने आधुनिक यूनान पर अपनी पुस्तक में लिखा है, "ब्रिटेन ने धमकी दी, यदि रूस ने तुर्क राजधानी पर अधिकार किया तो वह उसके विरुद्ध लड़ाई छेड़ देगा।"[22] युद्ध के बाद जब संधि हुई तो अंग्रेज़ तुर्कों के संरक्षक बने। उन्होंने तुर्क सुल्तान से समझौता किया जिसके अनुसार साइप्रस में फौजी अड्डा बनेगा "जहाँ से किन्हीं विशेष परिस्थितियों में ब्रिटेन, रूसी हमले से, तुर्की के एशियाई राज्य की रक्षा कर सकेगा।"[23]

प्रथम विश्वयुद्ध में ब्रिटेन, फ्रान्स और रूस एक ही शिविर में थे। मित्र देशों ने यूनान पर दबाव डालकर वहाँ के राजा को गद्दी से उतार दिया। लेनिन ने 1917 में लिखा, "यह 'दबाव' कैसा था और है, सभी जानते हैं। यह दबाव **भूखों मार डालने** का था। अंग्रेज़, फ्रान्सीसी और रूसी साम्राज्यवादियों के युद्धपोतों ने यूनान की नाकेबंदी कर ली। यूनान में **अन्न का अकाल हो** गया।" इसके सिवा वेनीज़ेलौस नाम के मंत्री को फोड़कर अंग्रेज़ों ने यूनानी सेना को विभाजित करा दिया। लेनिन के अनुसार वेनीज़ेलौस "ब्रिटिश पूँजीपतियों की सेवा में आ गया था।"[24]

ब्रिटेन के साम्राज्य विस्तार से यूनान की स्थिति का संबंध जोड़ते हुए लेनिन ने 1918 में लिखा, "ब्रिटिश साम्राज्यवादी डाकू 'उपनिवेशी गुलामों' की संख्या को देखते सबसे तगड़े थे। ब्रिटिश पूँजीपतियों ने 'अपने' राज्य की ज़मीन (अर्थात् जो ज़मीन वह शताब्दियों से हथियाते रहे हैं) एक इंच भी नहीं खोयी, पर उन्होंने अफ्रीका के सभी जर्मन उपनिवेश हथिया लिये हैं, मेसोपोटामिया और पैलेस्टाइन पर हाथ साफ़ किया है, उन्होंने यूनान का गला घोंट दिया है, और रूस को लूटना शुरू कर दिया है।"[25] रूसी क्रांति के बाद अंग्रेज़ सोवियत सत्ता को गिराने का हर संभव प्रयत्न कर रहे थे। इसके लिए उन्होंने यूनानियों को भी बलि का बकरा बनाया। वुडहाउस ने ब्रिटिश पूँजीपतियों से वेनीज़ेलौस के संबंध को छिपाते हुए लिखा है कि उसने स्वयं को लायड जॉर्ज के "बहकावे में आ जाने दिया, उसने रूस में कम्युनिस्टों के विरुद्ध अभियान में भाग लेने के लिए यूनानी सेना भेजी और उसे वहाँ भारी क्षति सहनी पड़ी।"[26]

दूसरे महायुद्ध के बाद अंग्रेज़ों को धकियाते हुए यूनान में अमरीकियों ने प्रवेश किया। यूनानी जनता के राष्ट्रीय एकीकरण से अंग्रेज़ों को दिलचस्पी न थी। "जब ब्रिटिश प्रभाव का स्थान अमरीकी प्रभाव ने लिया तब राष्ट्रीय एकीकरण के लिए वाशिंगटन में सहानुभूति का कोई चिह्न न था।"[27] अमरीकी छत्रछाया में अनेक बार यूनान में फौजी तानाशाही कायम हुई। इस तानाशाही का एक सदस्य था इओअन्निदिस। वुडहाउस ने लिखा है कि वह ऐसा आदमी था जो "गेस्टापो के काम एकदम अपने अनुकूल पाता।"[28] यूनान की फौजी तानाशाही देशभक्तों को शारीरिक यातना देने के लिए बदनाम थी।

तानाशाही के एक सदस्य कर्नल पपादुपुलोस ने "सी. आई. ए. की ट्रेनिंग से लाभ उठाया था।"[29] गेस्टापो का स्थान लिया सी. आई. ए. ने, विश्व साम्राज्य का सपना देखने वाले नात्सियों का स्थान लिया अमरीकी साम्राज्यवादियों ने।

1974 में तुर्क फौजों ने साइप्रस के द्वीप में प्रवेश किया, "हजारों यूनानी परिवारों को विस्थापित करके उन्होंने द्वीप के लगभग 40 फीसदी भाग पर कब्ज़ा कर लिया।"[30] तब से तुर्क वहाँ जमे हैं। नाटो गठबंधन में भरोसे का सदस्य तुर्की है। साइप्रस (ब्रिटिश) कामनवेल्थ में है, यूनान से जुदा है। वुडहाउस का विचार है कि पश्चिमी देशों से मैत्री करने में यूनान को अपनी पूर्ण स्वाधीनता में कुछ कमी करनी पड़ी है पर यह कमी उसने अपनी इच्छा से की है। फिर वैसी कमी यूनान के मित्रों ने भी की है। "पर इससे पहले यूनान ने संरक्षक शक्तियों के सामने जैसी अधीनता सहन की थी, उससे यह स्थिति भिन्न थी।"[31] बड़ी सारगर्भित उक्ति है। अंग्रेज़ों के संरक्षण का मतलब था यूनान की पराधीनता ! और यह पराधीनता अमरीकियों की अधीनता से बदतर थी ! पर यह सब बहुत ज़रूरी था कम्युनिज़्म से यूनान की स्वाधीनता को बचाये रखने के लिए !

उत्तरी अटलांटिक संधि संगठन में पूर्वी भूमध्य सागर के देश यूनान को शामिल करके अमरीका ने एक काम और किया, उसने उसे पूरब की धारा से खींचकर पश्चिम की धारा का अंग बना लिया। वुडहाउस की एक परम सारगर्भित उक्ति यह है, "शताब्दियों के अलगाव के बाद यूनान फिर पूरी तरह पश्चिमी सभ्यता का अंग बन गया।"[32] जो देश पश्चिमी सभ्यता की आधारशिला था, वह उससे अलग कैसे हो गया था ? क्या तुर्की के अधीन होने के कारण ? उसे तुर्कों के अधीन बनाये रखने में प्रमुख भूमिका तो इन्हीं सभ्य पश्चिमी देशों की थी। तुर्कों के अधीन रहते हुए यूनानियों ने अपनी भाषा और जातीय संस्कृति की रक्षा की। पराधीनता के कारण उनकी सभ्यता पश्चिमी से बदलकर पूर्वी न हो गयी थी। लेकिन पश्चिमी सभ्यता के महान् रक्षक इस नाटो गंठबंधन में पूरब का देश तुर्की कैसे शामिल कर लिया गया? या गँठबंधन का सदस्य होने से उसका पूरबीपन खत्म हो गया और वह भी पश्चिमी सभ्यता का अंग बन गया?

पूरब का अर्थ चाहे एशिया हो, चाहे पूर्वी यूरुप हो, यूनान का संबंध इसी पूरब से रहा है, पश्चिमी यूरुप से नहीं। छठी सदी ई. पू. में जब यूनानी दर्शन का विकास आरंभ हुआ, तब यूनान के एशियाई संबंधों के बारे में किसी को संदेह नहीं था। जब एथेन्स केन्द्रित यूनानी सभ्यता का विकास हुआ, तब उसका घनिष्ठ संबंध उत्तरी अफ्रीका और पश्चिमी एशिया से था, पश्चिमी यूरुप से नहीं। पश्चिमी यूरुप अभी बर्बरता के अंधकार में डूबा हुआ था, संबंध कायम करने को वहाँ विशेष कुछ था नहीं। कुस्तुन्तुनिया पर तुर्कों ने अधिकार कर लिया तब यूनानी विद्वान् पूरब से ही भागकर यूरुप पहुंचे थे और वहाँ अपने ज्ञान से उन्होंने पुनर्जागरण को सशक्त प्रेरणा

दी थी। छठी सदी ई. पू. से लेकर पंद्रहवीं सदी ईसवी के मध्य तक, दो हज़ार साल से ऊपर की दीर्घ अवधि में, यूनान के यूरोपियन और एशियाई भाग एक संयुक्त सांस्कृतिक इकाई रहे हैं। तुर्कों ने लघु एशिया पर अधिकार करके इस पुरातन संबंध को छिन्न-भिन्न कर दिया। इससे पुराना इतिहास न बदल जायेगा।

एशियाई सभ्यता से स्पर्धा करने वाले यूरुप के पूँजीपतियों ने यूरुप की प्राचीनता को अपनी प्राचीनता बना लिया पर यह कहते हुए शर्माते थे कि यूनान की सभ्यता पूरब की है, पश्चिम की नहीं। पूरब के देशों को वे गुलाम बना रहे थे उन्हें सभ्य बनाने के नाम पर। फिर कैसे कहें, इसी पूरब की एक सभ्यता उनकी आधुनिक पश्चिमी सभ्यता की आधारशिला है ? पूरब से यूनान के संबंध को काटना था, पूरी तरह न काटा जा सके तो यथासंभव उसे तुच्छ और नगण्य बना देना था। एशिया में साम्राज्यविस्तार, घर में जनतंत्र के लिए लड़ने वालों का उत्पीड़न, यूनान को अपने उपनिवेश बनाने का प्रयास, पूरब से प्राचीन यूनान के संबंध का अवमूल्यन—ये सब एक ही सामाजिक-सांस्कृतिक प्रक्रिया के अलग-अलग पहलू थे।

6

इतिहास दर्शन और राहुल सांकृत्यायन

राहुल जी के लेखन की मूल प्रेरणाएँ दो हैं : एक, समाज को बदलना, और दूसरी हिंदी को समृद्ध करना। ये दोनों प्रेरणाएँ सही हैं। समाज को बदलने के लिए उन्होंने इतिहास का अध्ययन किया, इतिहास पर पुस्तकें लिखीं, इतिहास को लेकर कहानियाँ लिखीं। इसके साथ ही उन्होंने मार्क्सवादी दृष्टिकोण अपनाया। हिंदी को समृद्ध करने के लिए उन्होंने बहुत तरह का साहित्य लिखा। उसमें कथा साहित्य भी शामिल है। उन्होंने बहुत-सा यात्रा साहित्य लिखा, अपनी जीवन यात्रा (आत्मकथा) लिखी। आत्मकथा का पहला खंड उनकी सबसे सशक्त रचना है। उसमें उनके समय का, उनके जीवन का जैसा चित्र उभरकर आता है, वैसा उनकी अन्य रचनाओं में कम हुआ है। वह समाजवाद के प्रचारक थे और उन्होंने सोवियत संघ पर अनेक पुस्तकें लिखीं। समाजवादी नेताओं पर, माओ त्से तुंग, स्तालिन, और भारत के कम्युनिस्ट नेताओं पर उन्होंने पुस्तकें लिखीं। उनका मुख्य कार्य दर्शन और इतिहास के क्षेत्र में है। समाज को बदलने की इच्छा बहुत अच्छी चीज़ है लेकिन इस इच्छा को पूरा करने में मनुष्य से गलतियाँ भी हो सकती हैं। और भारत का इतिहास बहुत पेचीदा चीज़ है। इसी तरह उसके दर्शन का इतिहास बहुत लंबा है और उसमें अनेक धाराएँ हैं। इन सबको बहुत सरल ढंग से पेश करने में गलतियाँ हो सकती हैं। यदि गलतियाँ गंभीर हों और मार्क्सवादी दृष्टि को अपनाने में गलतियाँ हुई हों तो समाज को बदलने के बदले हम उसको प्रतिक्रियावाद की ओर ठेल सकते हैं, पुरानी रूढ़ियों को अपनी गलतियों से सुदृढ़ कर सकते हैं। इसलिए राहुल जी का पुनर्मूल्यांकन आवश्यक है। यहाँ मैं उनके दो क्षेत्रों पर ध्यान केन्द्रित करूँगा, एक है दर्शन और दूसरा है इतिहास।

भारतीय दर्शन में यथार्थवाद और भाववाद

(1)

दर्शन और इतिहास की पुस्तकों में **दर्शन-दिग्दर्शन** ग्रंथ मेरी समझ में सबसे महत्वपूर्ण

है। इसकी भूमिका के आरंभ में राहुल जी ने राधाकृष्णन् का यह वाक्य उद्धृत किया है—"प्राचीन भारत में दर्शन किसी भी दूसरी साइंस या कला का लग्गू-भग्गू न हो, सदा एक स्वतंत्र स्थान रखता रहा है।" यह वाक्य उद्धृत करने के बाद राहुल जी कहते हैं, "भारतीय साइंस या कला का लग्गू-भग्गू न रहा हो किंतु धर्म का लग्गू-भग्गू तो वह सदा से चला आता है और धर्म की गुलामी से बदतर गुलामी और क्या हो सकती है ?" पश्चिमी लेखक अक्सर भारत में दर्शन का अस्तित्व अस्वीकार करते हैं। उनका तर्क होता है, भारत में धर्म तो है लेकिन विवेकसम्मत दर्शन नहीं है। राहुल जी ने उन्हीं की बात अपने शब्दों में दोहरायी है। यदि भारतीय दर्शन धर्म का पिछलग्गू बना रहा तो इसमें बौद्ध दर्शन भी शामिल होगा। यदि धर्म की गुलामी से बतदर और कोई गुलामी नहीं है, तो इस गुलामी के शिकार स्वयं राहुल सांकृत्यायन भी थे। इसलिए कि वह बौद्ध धर्म और बौद्ध दर्शन में सदा फर्क नहीं करते। बौद्ध दर्शन ही नहीं, बौद्ध धर्म के प्रति उनका आग्रह कभी-कभी विवेक की सीमा पार कर जाता है। राहुल जी में अनेक अंतर्विरोध हैं। इन अंतर्विरोधों को ध्यान में रखते हुए उनका मूल्यांकन करना चाहिए। **दर्शन-दिग्दर्शन** में जो बात सबसे पहले उभरकर सामने आती है वह यह है कि बौद्ध धर्म के उद्भव से पहले यहाँ एक शानदार दार्शनिक परंपरा थी और उसे हम धर्मनिरपेक्ष कह सकते हैं। उसमें उपासना का अभाव नहीं है किंतु स्वतंत्र चिंतन उसकी विशेषता है। वह दर्शन रूढ़िबद्ध नहीं है। उसमें अनेक धाराएँ हैं। विशेष बात यह कि वह संसार को सत्य मानता है। उसे हम यथार्थवादी दर्शन कह सकते हैं। राहुल जी ने 'बुद्ध के पहिले के दार्शनिक' शीर्षक देकर सबसे पहले चार्वाक का नाम लिया है। उनकी विचारधारा का सारांश यह बताया है : "ईश्वर नहीं, आत्मा नहीं, पुनर्जन्म और परलोक नहीं जीवन के भोग त्याज्य नहीं ग्राह्य हैं। तजर्बे (अनुभव) और बुद्धि को हमें सत्य के अन्वेषण के लिए अपना मार्गदर्शक बनाना चाहिए।" (पृष्ठ 485)। यहाँ कोई ऐसी चीज़ नहीं है, जिसका विरोध किसी यथार्थवादी दार्शनिक से हो। यह भौतिकवादी दर्शन है और इसकी बुनियाद, राहुल जी के अनुसार, बुद्ध से पहले डाली जा चुकी है। चार्वाक से और पहले भी यहाँ दार्शनिक परम्पराएँ थीं। सबसे पहले यहाँ **ऋग्वेद** की दार्शनिक परंपरा है। देखना चाहिए राहुल जी **ऋग्वेद** के दर्शन के बारे में क्या कहते हैं।

कहते हैं, "जिसे हम दर्शन कहते हैं, वह वैदिक काल में दिखलाई नहीं पड़ता।" (पृष्ठ 389)। इस तरह **ऋग्वेद** में यदि कोई दर्शन था तो उसका सफाया हो गया। किंतु उसी पृष्ठ पर वह **ऋग्वेद** के प्रसिद्ध नासदीय सूक्त से लंबा उद्धरण देते हैं। और उद्धरण के बाद कहते हैं, "यहाँ हम उन प्रश्नों को उठते हुए देखते हैं, जिनके उत्तर आगे चलकर दर्शन की बुनियाद कायम करते हैं। विश्व पहले क्या था ? इसका उत्तर किसी ने सत् अर्थात् वह सदा से ऐसा ही मौजूद रहा—दिया। किसी

ने कहा कि वह असत्, नहीं मौजूद, अर्थात् सृष्टि से पहिले कुछ नहीं था। इस सूक्त के ऋषि ने पहिले वाद के प्रतिवाद का प्रतिवाद (प्रतिषेध) करके–'नहीं सत् था नहीं असत्–,' द्वारा अपने संवाद को पेश किया।" (पृष्ठ 390)। यदि **ऋग्वेद** में वे बुनियादी प्रश्न प्रस्तुत किये गये हैं, जिनसे आगे का दर्शन विकसित होता है तो यह भी **ऋग्वेद** का दर्शनिक महत्व है। यह नहीं कहा जा सकता कि उसमें दर्शन का नितांत अभाव है। इसके सिवा तर्क पद्धति में यह बात ध्यान देने की है कि पहले स्थापना है, फिर प्रतिस्थापना है; दोनों के बाद एक नयी संस्थापना है। राहुल जी ने इसी को प्रतिवाद का प्रतिवाद कहा है और अंत में जो निष्कर्ष निकलता है, उसे संवाद कहा है। इसका अर्थ यह है कि जिसे डायेक्टिक्स या द्वंदवाद कहते हैं, उसकी शुरूआत **ऋग्वेद** में हो चुकी है। यह **ऋग्वेद** का असाधारण महत्व है।

उपनिषदों के बारे में राहुल जी का विचार है कि इनमें भाववादी दर्शन है अथवा पुरानी शब्दावली में यहाँ विज्ञानवाद है। विज्ञान का अर्थ है चेतना अर्थात् यह अभौतिकवादी दर्शन है। भौतिक सत्ता को उपनिषद् स्वीकार नहीं करते, चेतना को ही सर्वोपरि मानते हैं। चेतना के प्रतीक रूप में ये ब्रह्म का निरूपण करते हैं। राहुलजी इन्हें ब्राह्मणवाद और वर्ण-व्यवस्था का समर्थक भी मानते हैं। किंतु वह स्वीकार करते हैं कि उपनिषदों में पुरोहितों के कर्मकांड का तीव्र विरोध किया गया है। कहते हैं : "उपनिषद्कार स्वयं, यज्ञों के व्यर्थ के लंबे-चौड़े विधिविधान के विरुद्ध एक नयी धारा निकालने वाले थे।" (पृष्ठ 395)। **मुंडक** उपनिषद् के लिए कहते हैं : "ब्राह्मणों के याज्ञिक कर्मकांड से, मुंडक को खास चिढ़ मालूम होती है।" (पृष्ठ 425)। यज्ञोंवाला कर्मकांड मुंडक उपनिषद् को पसंद नहीं है।

इससे साबित होता है कि यह उपनिषद् खासतौर से कर्मकांड का विरोध करता है। यह उसकी प्रगतिशील भूमिका हुई। उपनिषदों में शुद्ध चेतनावाद के संदर्भ में राहुल जी आरुणि और याज्ञवल्क्य का उल्लेख करते हैं। उपनिषद्कारों के बारे में कहते हैं : "उनमें कुछ आरुणि और उसके शिष्य याज्ञवल्क्य की भाँति एक तरह के अद्वैती विज्ञानवाद पर ज़ोर देते हैं।" (पृष्ठ 392)। लेकिन आगे चलकर इन्हीं का उल्लेख करते हुए वह कहते हैं, "खुद मन भौतिक उपज है। याज्ञवल्क्य के गुरु उद्दालक आरुणि ने भी साफ स्वीकार किया था कि मन अन्नमय है। खाये हुए अन्न का जो सूक्ष्मांश ऊपर जाता है वही मन है।" (पृष्ठ 536)। दर्शनशास्त्र के लिए मुख्य समस्या यह है कि मनुष्य का मन और उसकी चेतना भौतिक है या नहीं। यदि आरुणि विज्ञानवादी हैं, तो वहाँ वह मन को अभौतिक मानते हैं। किंतु आगे चलकर राहुल जी ने स्वयं स्वीकार किया है कि उनके लिए मन भौतक उपज है, वह अन्नमय है। अन्न का जो सूक्ष्म अंश ऊपर जाता है, वही मन कहलाता है।

इस तरह आरुणि भौतिकवादी हुए। उपनिषदों में जो यथार्थवादी दर्शन की धारा है, वह कहीं-कहीं राहुल जी के विवेचन में झलक दिखाती है। किंतु उसका सांगोपांग विवेचन उन्होंने नहीं किया क्योंकि उन्होंने पहले से ही यह धारणा बना ली है कि इनमें धर्म का प्रतिपादन है, संसार को त्यागने, उसे मिथ्या मानने की धारणा है। राहुलजी के लिए उपनिषद्कार विज्ञानवादी हैं यद्यपि, विज्ञानवाद का विस्तार बौद्धों ने अधिक किया था, उपनिषदों में वह कम है।

राहुल जी ने बुद्ध से पहले और उनके समय के अनेक भौतिकवादी दार्शनिकों का उल्लेख किया है। इनमें चार्वाक की चर्चा पहले हो चुकी है। एक अन्य दार्शनिक थे अजित केशकम्बल। इनके चिंतन का सारांश राहुल जी के शब्दों में इस प्रकार है, "आदमी चार महाभूतों का बना है। जब (वह) मरता है, (शरीर की) पृथ्वी पृथ्वी में, पानी पानी में, आग आग में, वायु वायु में मिल जाते हैं। इंद्रियाँ आकाश में चली जाती हैं। मूर्ख हों चाहे पंडित, शरीर छोड़ने पर (सभी) उच्छिन्न हो जाते हैं, वे नष्ट हो जाते हैं, मरने के बाद (कुछ) नहीं रहता।" (पृष्ठ 488)। मनुष्य का शरीर पाँच तत्वों से बना है। मरने पर ये तत्व बाहर के तत्वों में आकर मिल जाते हैं। यह धारणा ऋग्वेद में मौजूद है और उपनिषदों में भी दोहरायी गयी है। यह यथार्थपरक धारणा है। इसे भाववाद या विज्ञानवाद नहीं कहा जा सकता। राहुल जी समझते हैं कि उपनिषदों में विज्ञानवाद है, इसलिए अजित केशकम्बल के लिए कहते हैं, "अजित ने अपने दर्शन में, मालूम होता है, उपनिषद् के तत्वज्ञान की अच्छी खबर ली थी।" (पृष्ठ 488)।

अगर यह मान लिया जाय कि अजित केशकम्बल ने उपनिषदों के तत्वज्ञान का विरोध किया था और वह तत्वज्ञान यथार्थ विरोधी था, तो इससे अजित केशकम्बल की प्रगतिशील भूमिका ही सिद्ध होती है। उनके बारे में राहुल जी कहते हैं : "एक जन्म के पाप-पुण्य को आदमी दूसरे जन्म में इसी लोक में अथवा परलोक में भोगता है, इसका भी खंडन किया।" (पृष्ठ 488)। यह परलोकवाद अनेक दार्शनिक और धार्मिक मतों पर छाया रहा है। इसलिए अजित केशकम्बल ने उसका विरोध किया तो यह बहुत ही महत्वपूर्ण कार्य था। आगे स्वयं राहुल जी ने बताया है कि यह परलोकवाद किसी-न-किसी तरह बौद्ध दर्शन में भी आ घुसा था। एक दार्शनिक थे लौहित्य। यह भी भौतिकवादी थे। इनके लिए राहुल जी ने लिखा है : "बुद्ध के समय कोसल देश की सालविका नगरी में लौहित्य नामक एक ब्राह्मण सामंत रहता था। (उसके दर्शन का निचोड़ यह है) संसार में (कोई ऐसा) श्रमण (संन्यासी) या ब्राह्मण नहीं है जो अच्छे धर्म को जानकर दूसरे को समझायेगा। नये-नये धर्म क्या हैं, जैसे कि एक पुराने बंधन को काटकर एक दूसरे नये बंधन का डालना।"(पृष्ठ 520-21)। यहाँ धर्म को संकुचित अर्थ में लिया गया है। और इस संकुचित अर्थ वाले धर्म का खंडन लौहित्य ने किया है। वह धर्माचार्यों पर

विश्वास नहीं करते, यह नहीं मानते कि इनको जीवन का वास्तविक महत्व मालूम है। वे मनुष्य को बंधनों में बाँध देते हैं। सारा भारतीय दर्शन धर्म के बंधनों में बँधा हुआ है, यह धारणा यहाँ खंडित हो जाती है।

कोसल देश में ही एक दूसरे सामंत थे पायासी। उनके चिंतन का सारा तत्व राहुल जी ने यह दिया है, "यह भी नहीं है, परलोक भी नहीं है। जीव मरने के बाद (फिर) नहीं पैदा होते, और अच्छे-बुरे कर्मों का कोई फल नहीं होता।" (पृष्ठ 521)। यहाँ भी परलोकवाद का विरोध किया गया है। लौहित्य और पायासी की तरह के बहुत-से विचारक थे जो परलोकवाद को अस्वीकार करते थे। शासक वर्ग के लिए आवश्यक था, इस परलोकवाद को किसी तरह दर्शनशास्त्र में प्रवेश कराया जाय। यह कार्य उन्होंने बौद्ध दर्शन के द्वारा कराया।

(2)

राहुल जी बौद्ध दर्शन को क्रांतिकारी मानते हैं। लेकिन उसका जो विश्लेषण स्वयं करते हैं, उससे उसका क्रांतिकारी होना साबित नहीं होता। पहले कहते हैं : "बुद्ध का दर्शन अपने मौलिक रूप—प्रतीत्य समुत्पाद (क्षणिकवाद)—में भारी क्रांतिकारी था।" (पृष्ठ 538)। फिर यह क्रांतिकारीपन कैसे नष्ट हो गया ? इसकी कैफियत स्वयं उसी पृष्ठ पर देते हुए कहते हैं : "तो भी इस क्रांतिकारी दर्शन ने अपने भीतर से उन तत्वों (धर्म) को हटाया नहीं था जो समाज की प्रगति को रोकने का काम देते हैं।" ये तत्व कौन-से थे जिन्हें बौद्ध धर्म ने स्वीकार किया ? एक है पुनर्जन्म। "पुनर्जन्म को यद्यपि बुद्ध ने नित्य आत्मा का एक शरीर से दूसरे शरीर में आवागमन के रूप में मानने से इन्कार किया था, तो भी दूसरे रूप में परलोक और पुनर्जन्म को माना था।" (पृष्ठ 538-39)।

पुनर्जन्म को मानने का जो पुराना ढँग था, बुद्ध ने उसे अस्वीकार किया था। इसलिए कि भौतिकवादी विचारक उसका तीव्र विरोध कर रहे थे। इन भौतकवादियों से निपटने के लिए गौतम बुद्ध ने एक दार्शनिक तरकीब निकाली। उन्होंने दूसरे दरवाजे से इस पुनर्जन्म के सिद्धांत को दर्शनशास्त्र में प्रवेश कराया। राहुल जी इस दूसरे दरवाजे की व्याख्या यों करते हैं : "जैसे इस शरीर में 'जीवन' विच्छिन्न प्रवाह (नष्ट-उत्पत्ति-नष्ट-उत्पत्ति) के रूप में एक तरह की एकता स्थापित किये हुए है, उसी तरह वह शरीरांत में भी जारी रहेगा। पुनर्जन्म के दार्शनिक पहलू को और मजबूत करते हुए बुद्ध ने पुनर्जन्म का पुनर्जन्म प्रतिसंधि के रूप में किया—अर्थात् नाश और उत्पत्ति की संधि (शृंखला) से जुड़कर जैसे जीवनप्रवाह इस शरीर में चल रहा है, उसी तरह उसकी प्रतिसंधि (जुड़ना) एक शरीर से अगले शरीर में होती है।" (पृष्ठ 539)। नष्ट होने और जीवित होने का क्रम बराबर चलता है। लेकिन जहाँ नाश और निर्माण जुड़ते हैं, उस संधिरेखा पर पूर्व जन्म के संस्कार अगले जीवन के संस्कारों में बदल जाते हैं। इसी तरह एक जन्म का सिलसिला दूसरे जन्म

में चलता रहता है। कर्म के बंधन, कर्म द्वारा निर्मित संस्कार, एक जीवन में समाप्त नहीं होते। वे दूसरे जीवन में भी चले जाते हैं। इसलिए राहुल जी ने कहा कि पुनर्जन्म के पहलू को और अधिक मजबूत करते हुए बुद्ध ने उसकी नयी व्याख्या की। होना यह चाहिए था कि वह उसे कमजोर करते, लेकिन उसे कमजोर न करके उन्होंने उसे और मजबूत किया। और मजबूत करने का कारण यह था कि उनको मुकाबला करना था भौतिकवादियों का। आत्मा यदि अभौतिक है तो इसमें भौतिक जीवन के संस्कारों के लिए स्थान नहीं। इसलिए जो ब्रह्मवादी है, उसके लिए भी पुनर्जन्म को स्वीकार करना कठिन है। इस कठिनाई से निकलने का मार्ग गौतम बुद्ध ने बनाया। यदि शुद्ध आत्मवाद स्वीकार किया जाय तो उसमें पुनर्जन्म और परलोकवाद की गुंजाइश नहीं है। यह गुंजाइश पैदा की गौतम बुद्ध ने। राहुल जी बताते हैं : "अविकारी ठोस आत्मा में पहिले के संस्कारों को रखने का स्थान नहीं था, किंतु क्षण-परिवर्तनशील तरल विज्ञान (जीवन) में उसके वासना या संस्कार के रूप में अपना अंग बनकर चलने में कोई दिक्कत न थी। क्षणिकता सृष्टि की व्याख्या के लिए पर्याप्त थी, किंतु ईश्वर का काम संसार में व्यवस्था, समाज में व्यवस्था (शोषितों को विद्रोह से रोकने की चेष्टा) कायम रखना भी है। इसके लिए बुद्ध ने कर्म के सिद्धांत को और मजबूत किया। आवागमन, धनी-निर्धन का भेद उसी कर्म के कारण है, जिसके कर्ता कभी तुम खुद थे, यद्यपि आज वह कर्म तुम्हारे लिए हाथ से निकला तीर है।" (पृष्ठ 539)। राहुल जी ने दोहराया है, बुद्ध ने कर्म के सिद्धांत को और मजबूत किया है। जो साक्षी रूप आत्मा है, वह निर्विकार है। उसमें संस्कारों के लिए जगह नहीं है। इसलिए जो नया सिद्धान्त था, प्रतिसंधि वाला सिद्धांत, उसके अनुसार शरीर और विनाश की संधिरेखा पर संस्कार एक शरीर से दूसरे शरीर में चले जाते हैं। यह सिद्धांत पुनर्जन्म और परलोक के लिए दरवाजा खोल देता था। बौद्ध धर्म में भले ही ईश्वर न हो, पर ईश्वर से जो काम पुरोहित लेते हैं, वही काम बौद्ध धर्म में कर्म सिद्धांत और परलोकवाद से लिया गया है।

राहुल जी आगे कहते हैं : "इस प्रकार बुद्ध के प्रतीत्य समुत्पाद को देखने पर जहाँ तत्काल प्रभुवर्ग भयभीत हो उठता, वहाँ प्रतिसंधि और कर्म का सिद्धांत उन्हें बिल्कुल निश्चिंत कर देता था। यही वजह थी कि बुद्ध के झंडे के नीचे हम बड़े-बड़े राजाओं, सम्राटों, सेठ-साहूकारों को आते देखते हैं और भारत से बाहर लंका, चीन, जापान, तिब्बत में तो उनके धर्म को फैलाने में राजा सबसे पहिले आगे बढ़े।" (पृष्ठ 539)। यहाँ राहुल जी ने बौद्ध धर्म के वर्ग आधार को स्पष्ट किया है। सामान्यतः सभी धर्म सामंतकाल की उपज होते हैं। जहाँ वे लोकधर्म से भिन्न हैं, वहाँ उनकी भूमिका सामंतों के हितों की रक्षा करना होता है। भारत की परिस्थितियों में धर्म का उद्भव और विकास दर्शनशास्त्र के विरोध में हुआ। विशेष

रूप से बौद्ध धर्म के बारे में यह बात कही जा सकती है। और इसके लिए प्रमाण हैं राहुल सांकृत्यायन। वह बताते हैं कि जो काम पुराने दर्शन से संभव नहीं था, उसे बौद्ध धर्म ने किया। उससे सामंतवर्ग डरता नहीं था बल्कि निश्चिंत हो गया था कि अब प्रजा इस धर्म के चलते हमसे विद्रोह न करेगी। राहुल जी का निष्कर्ष है : "वर्ग-दृष्टि से देखने पर बौद्ध धर्म शासक वर्ग के एजेंट की मध्यस्थता जैसा था, वर्ग के मौलिक स्वार्थ को बिना हटाये वह अपने को न्याय-पक्षपाती दिखलाना चाहता था।" (पृष्ठ 540)। ऊपर से देखने में वह न्याय का पक्ष लेता है, वास्तव में वह शासक वर्ग के एजेंट का काम कर रहा था।

निःसंदेह गौतम बुद्ध के समय में वर्ग संघर्ष तेज हो रहा था, गरीब-अमीर का भेद बढ़ रहा था। गौतम बुद्ध दुःख की बात करते थे, दुःख से मुक्ति पाने की बात भी करते थे। लेकिन राहुल जी कहते हैं कि "बुद्ध ने दरिद्रता और दासता को उठाना अपने प्रोगाम का अंग नहीं बनाया था।" (पृष्ठ 541)। जो भी दुःख है, वह बहुत कुछ आधिभौतिक कारणों से है, अभौतिक कारणों से है अथवा मानसिक कारणों से है। मनुष्य के जीवन की भौतिक परिस्थितियों से या सामाजिक परिस्थितियों से उसका कोई संबंध नहीं है। इसलिए समाज में जो दरिद्र हैं, दास हैं, उनकी मुक्ति के लिए कोई रास्ता गौतम बुद्ध के पास नहीं है। बहुत से लोग कर्ज़दार थे। कर्ज न चुकाने पर उनको गुलाम बना लिया जाता था। बौद्ध मत इनकी सहायता कर सकता था। राहुल जी कहते हैं : "लेकिन जब महाजनों के विरोधी हो जाने का खतरा सामने आया, तो बुद्ध ने घोषित किया--ऋणी को प्रव्रज्या (संन्यास) नहीं देनी चाहिए।" (पृष्ठ 541)। इस तरह उन्होंने कर्जदारों को अपने भिक्षु संघ से बाहर कर दिया। ऐसे ही दास भिक्षु बनना चाहते थे, लेकिन उनके मालिकों ने विरोध किया तो बुद्ध ने घोषित किया : "दास को प्रव्रज्या नहीं देनी चाहिए।" (पृष्ठ 541)। बहुत से सैनिक राजाओं के लिए युद्ध करने पर विवश किये जाते थे। ये सैनिक भी बुद्ध की शरण में आना चाहते थे। लेकिन गौतम बुद्ध ने घोषित किया : "भिक्षुओं, राजसैनिकों को प्रव्रज्या नहीं देनी चाहिए।" (पृष्ठ 542)। समाज में जो भी उत्पीड़ित जन थे, उन्हें गौतम बुद्ध ने अपने संघ से बाहर रखा। इस तरह उन्होंने जो दुःख का विवेचन किया, उससे सामंतों के हितों पर जरा भी आँच आने वाली नहीं थी।

(3)

बुद्ध के समय में और उनके बाद भारतीय दर्शन की यथार्थवादी धाराएँ अनेक रूपों में यहाँ जारी रहीं। इनमें एक रूप था कपिल का सांख्य दर्शन। सांख्य दर्शन में प्रकृति ही प्रधान है, यह बात राहुल जी स्वीकार करते हैं। कहते हैं : "चेतन पुरुष के अतिरिक्त जड़ प्रकृति कपिल के मत में मुख्य तत्व है, इसीलिए प्रकृति का दूसरा नाम प्रधान है। प्रकृति नित्य है, जगत् की सारी वस्तुएँ उसी की विकार हैं।" (पृष्ठ

544)। यह भौतिकवाद की बुनियादी मान्यता है। प्रकृति नित्य है, संसार में जितने पदार्थ हैं, वे सब उसी के विकार हैं। इसलिए कपिल बुनियादी तौर से भौतिकवादी हैं। यदि उनके यहाँ अनेक चेतन पुरुषों का उल्लेख है अथवा आत्मा की नित्यता का उल्लेख है, तो विचार करना चाहिए, यह वास्तव में अंतर्विरोध है, या किसी ने इस अंश को प्रक्षिप्त किया है। इस प्रक्षेपण वाली बात पर राहुल जी ने स्वयं अन्य दर्शन के प्रसंग में विचार किया है।

एक बहुत महत्वपूर्ण दर्शन था वैशेषिक। वह संसार के प्रपंचों का विश्लेषण करता था। राहुल जी उसके रचनाकार कणाद के बारे में कहते हैं : "यद्यपि कणाद ने द्रव्य, गुण, कर्म, प्रत्यक्ष, अनुमान जैसी संसारी वस्तुओं पर ही एक बुद्धिवादी दृष्टि से विवेचना की है, तो भी उस विवेचना का मुख्य लक्ष्य है, धर्म के प्रति होती शंकाओं को युक्तियों से दूर कर फिर से धर्म की धाक स्थापित करना।" (पृष्ठ 585)। यहाँ दो बातें कही गयी हैं। पहली यह कि वैशेषिक दर्शन का लक्ष्य संसारी वस्तुओं का विश्लेषण करना है, उन्हें समझना है, और इन सब चीजों को बुद्धिवादी दृष्टि से समझना है, दिव्य दृष्टि से समझना नहीं है। साथ ही राहुल जी दूसरी बात कहते हैं कि इस सब का उद्देश्य धर्म को फिर से प्रतिष्ठित करना है, जो धर्म खत्म हो रहा था, उसकी धाक फिर से कायम करनी है। यदि यही मुख्य लक्ष्य होता तो दर्शनकार कोई और रास्ता चुन सकते थे। संसारी वस्तुओं पर ध्यान केन्द्रित करने की जरूरत नहीं थी। अगर इसे सत्य भी माना जाय तो स्वीकार करना होगा कि वैशेषिक दर्शन में भौतिकवाद और भाववाद का तीव्र विरोध है। पुराने विचारक ऐसा न मानते थे। वे समझते थे कि धर्म का उल्लेख मात्र कर दिया गया है, धर्म की कोई भूमिका वैशेषिक दर्शन में नहीं है। स्वयं राहुल जी कहते हैं : "इस तरह कणाद ने धर्म के पुष्ट करने की प्रतिज्ञा पूरी करने की चेष्टा जरूर की है, किंतु सारे ग्रंथ में उसकी मात्रा इतनी कम और दलीलें इतनी निर्बल हैं कि किसी ब्राह्मण को यह कहना ही पड़ा—धर्म की व्याख्या की इच्छा रखने वाले (कणाद) का छै पदार्थों का वर्णन वैसा ही है, जैसा हिमालय जाने वाले का समुद्र की ओर आना।" (पृष्ठ 586)। यानी धर्म और वैशेषिक एक दूसरे से इतनी दूर हैं जितनी दूर हिमालय समुद्र से है।

पुराने लोग जानते थे कि वैशेषिक दर्शन में धर्म और ईश्वर का प्रतिपादन नहीं किया गया है, उनका किसी तरह उल्लेख मात्र कर दिया गया है। जो मुख्य धारा है, वह सांसारिक प्रपंचों को समझने और उनका विश्लेषण करने की है। राहुल जी इस दर्शन के बारे में आगे कहते हैं : "कणाद ने नौ द्रव्य माने हैं।" इन नौ द्रव्यों में आत्मा और मन भी हैं। (पृष्ठ 587)। सारा झगड़ा आत्मा और मन की सत्ता को लेकर होता है। यदि ये अभौतिक हैं, तो मनुष्य भाववादी खेमे में चला जाता है। यदि वह उनको द्रव्य मानता है, पृथ्वी, जल, अग्नि के साथ आत्मा

और मन का उल्लेख करता है, तो उसे भौतिकवादी मानना चाहिए। इस तरह भौतिकवादी विचाराधारा का अस्तित्व स्वयं राहुल जी के विवरण के अनुसार वैशेषिक दर्शन में मौजूद है।

वैशेषिक दर्शन से मिलता-जुलता न्याय दर्शन है। दोनों में परमाणुवाद को स्वीकार किया गया है। राहुल जी ने परमाणुवाद का महत्व कम करके आँका है और उसे यूनानियों की देन बताया है। यदि उसे यूनानियों की देन मान लिया जाय, तो भी इस बात पर विचार करना चाहिए, कि बौद्ध दार्शनिक शताब्दियों तक परमाणुवाद का खंडन क्यों करते रहे। खंडन करने का कारण यह था कि वे भाववादी थे और परमाणु कभी नष्ट नहीं होता। वह ऊर्जा का केन्द्र है। जो प्रकृति की नित्यता है, वह इस परमाणुवाद से प्रमाणित होती है। बौद्धों का सारा चिंतन अनित्यवाद पर निर्भर था। राहुल जी ने न्याय दर्शन के बारे में लिखा है : "ऊपर जो मन को आत्मा का साधन कहा है, उससे भी यही साबित होता है कि आत्मा से उनका मतलब जीव से है। (उनका अर्थात् न्याय के रचनाकार अक्षपाद का) अपने सारे दर्शन में अक्षपाद का ईश्वर पर कोई जोर नहीं है, और न ईश्वर वाले प्रकरण को हटा देने से इनके दर्शन में कोई कमी रह जाती है। ऐसी अवस्था में न्याय-सूत्रों में यदि क्षेपक हुए हैं, तो हम इन तीन सूत्रों को ले सकते हैं, जिनमें ईश्वर की सत्ता सिद्ध की गयी है।" (पृष्ठ 633)। यहाँ राहुल जी स्पष्ट रूप से स्वीकार करते हैं कि कुछ दर्शन ऐसे हैं, जिनमें प्रक्षिप्त अंश मौजूद हैं। और ये प्रक्षिप्त अंश धर्म और ईश्वर से संबंधित हैं, जिनका दर्शन की मूल विषयवस्तु से कोई संबंध नहीं है। यह बात उन्होंने न्याय के बारे में कही है। वही बात वैशेषिक और सांख्य के बारे में भी कही जा सकती है।

भारतीय दर्शन की यथार्थवादी धारा के विरोध में नागार्जुन आदि ने अपने भाववाद का विस्तार किया है। नागार्जुन बौद्ध दार्शनिकों में सबसे बड़े माने जाते हैं। उनके लिए राहुल जी का कहना है, "नागार्जुन का दर्शन—शून्यवाद—वास्तविकता का अपलाप करता है। दुनिया को शून्य मानकर उसकी समस्याओं के अस्तित्व से इन्कार करने के लिए इससे बढ़कर दर्शन नहीं मिलेगा। इसीलिए आश्चर्य नहीं, यदि ऐसा दार्शनिक सम्राट् यज्ञश्री गौतमीपुत्र का घनिष्ठ मित्र था।" (पृष्ठ 578-79)। यानी समाज की समस्याओं को अस्वीकार करना हो तो इसके लिए नागार्जुन के दर्शन से बढ़कर कोई दूसरा दर्शन नहीं है। यह बौद्ध दर्शन का तीव्र खंडन है। इस खंडन के अलावा एक खास बात ध्यान देने की है कि यह सारा विकास भौतिकवाद के विरोध में हो रहा था। भौतिकवाद की महत्ता को कम करके दिखाने वाली बौद्ध दर्शन की जो भाववादी धारा है, उसे पहचानते हुए भी उसे क्रांतिकारी कहना, यह राहुल जी के लेखन का अंतर्विरोध है। इस पर ध्यान देकर ही हम भारतीय दर्शन के विकास को समझ सकते हैं।

(4)

राहुल जी ने वेदांत को सुसंगत रूप से अध्यात्मवादी दर्शन माना है। इस सिलसिले में उन्होंने वादरायण के सूत्रों का उल्लेख किया है। वादरायण के बारे में उन्होंने जो कुछ कहा है, उससे भारतीय दर्शन के विकास को, और वेदांत की यथार्थवादी धारा को, समझने में सहायता मिलती है। वेदांत के बारे में ही नहीं, वरन् उपनिषदों के बारे में भी जानकारी होती है कि वहाँ सर्वत्र अध्यात्मवाद नहीं है। वादरायण की भूमिका यह है कि उन्होंने "उपनिषद् के भीतरी विरोधों का परिहार करना चाहा है।" (पृष्ठ 666)। भीतरी विरोधों के उल्लेख से स्पष्ट है कि एक ही विचाराधारा उपनिषदों में नहीं है। अधिकतर लोग, और राहुल जी स्वयं, यह मानते हैं कि उपनिषदों में अध्यात्मवाद है। परंतु यदि सभी उपनिषदों में अध्यात्मवाद हो तो भीतरी विरोध का प्रश्न ही न उठेगा। इसका प्रमाण अगले पृष्ठ पर मिल जाता है। उपनिषद् क्या करना चाहते हैं ? वे जगत् के मूल कारण को जानना चाहते हैं। राहुल जी कहते हैं : "उपनिषद् के ऋषियों ने जगत् के मूल कारण को ढूँढ़ने का प्रयास किया था, और सभी एक ही राय पर नहीं पहुँचे। उदाहरणार्थ, सयुग्वा रैक्व जल (आप) को मूल कारण मानता था। पिछले उपनिषदों में जितने भी ऋषि माने गये हैं, वह प्रधान को मूल कारण मानते थे।" (पृष्ठ 667)। यहाँ दो उदाहरण हैं। एक ऋषि मानते हैं कि सारी सृष्टि जल से हुई है। दूसरे ऋषि मानते हैं कि संसार का आदि कारण प्रधान यानी प्रकृति है। यह प्रकृतिवाद भी भारतीय दर्शन में रहा है। कपिल को उपनिषदों की धारा में माना जाय या उन्हें उससे अलग किया जाय ? रैक्व निश्चित रूप से उपनिषदों की भौतिकवादी धारा में आये हैं और वह जल को मूल तत्व मानते हैं। जल को जो मूल तत्व मानता है, वह भौतिकवाद का विरोधी नहीं है। इसी तरह कपिल जिन्हें ऋषि माना गया, वह प्रधान को मूल कारण मानते थे। और प्रधान है प्रकृति। जो प्रकृति को मूल कारण मानता है, उसे भौतिकवाद का विरोधी नहीं कहा जा सकता।

एक दिलचस्प बात यह है कि ब्रह्म और धर्म की मीमांसा में भेद है। यह दर्शन और धर्म का भेद है। राहुल जी कहते हैं : "वेदांत का प्रथम सूत्र है 'अब यहाँ से ब्रह्म से जिज्ञासा शुरू होती है' "(पृष्ठ 666)। आगे कहते हैं : "इसकी तुलना कीजिए मीमांसा के प्रथम सूत्र 'अब यहाँ से धर्म की जिज्ञासा शुरू होती है' से (उप.)"। एक जगह है धर्म की जिज्ञासा, दूसरी जगह है ब्रह्म की जिज्ञासा। यदि ब्रह्मवाद धर्म का ही रूप है तो धर्म को ब्रह्म से अलग करने की कोई आवश्यकता नहीं है। सारे दर्शन को धर्म बना देना पुरोहितों का काम है। विवेचक को इससे बचना चाहिए। ब्रह्म संसार का आदिकारण है। इसकी व्याख्या करते हुए राहुल जी कहते हैं : "जैसे मिट्टी घड़े आदि का उपादान कारण है, वैसे ही विश्व का (निमित्त ही नहीं उपादान) कारण भी ब्रह्म है।" (पृष्ठ 673)। यहाँ किसी भौतिकवादी को

आपत्ति नहीं हो सकती। जो उदाहरण दिया गया है, उसमें मिट्टी से घड़ा बनता है। मिट्टी को घड़े से अलग नहीं कर सकते। उसी तरह जिस तत्व से यह संसार बना है, उसे संसार से अलग नहीं कर सकते। जैसे संसार की सत्ता है, वैसे ही आदिकारण की यथार्थ सत्ता है। आगे चलकर कार्य और कारण में भेद को स्वीकार करने वाले वादरायण की तर्कपद्धति की एक विशेषता लक्षित होती है। जैसे मार्क्सवाद में गुणात्मक परिवर्तन का सिद्धांत स्वीकार किया जाता है, वैसे ही वादरायण के यहाँ यह सिद्धांत स्वीकार किया गया है। ब्रह्म और संसार, दोनों एक हैं और अलग भी। कार्यकरण में यह भिन्नता कैसे है ? वादरायण के तर्क की व्याख्या करते हुए राहुल जी कहते हैं : "मक्खियाँ और तितलियाँ अपने अंडों से जिन कीड़ों को पैदा करती हैं, वह अपनी मातृ व्यक्ति से बिलकुल ही विलक्षण होते हैं। और इन कीड़ों से जो फिर मक्खी या तितली पैदा होती है, वे अपने मातृ स्थानीय कीड़ों से विलक्षण होती हैं। (देखिए, वैज्ञानिक भौतिकवाद का गुणात्मक परिवर्तन कैसे स्वीकारा जा रहा है !)" (पृष्ठ 674)। भले ही वादरायण ब्रह्मवादी हों, भाववादी हों, परंतु यदि वह भौतिकवाद का गुणात्मक परिवर्तन सिद्धांत स्वीकार करते हैं, तो उनकी तरफ दृष्टिकोण सकारात्मक होना चाहिए।

ब्रह्म सत्य है, और उससे सृष्टि हुई है, यह सिद्धांत बहुत से लोग मानते हैं। परंतु ऋग्वेद में कहा गया है कि असत् से सत् उत्पन्न हुआ है। यह स्थापना उपनिषदों में भी दोहरायी गयी है। इसकी जो व्याख्या वादरायण ने की है, वह उल्लेखनीय है। राहुल जी कहते हैं : "सृष्टि से पहिले उसका असद् होना जो कहा है, वह सर्वथा अभाव के अर्थ में नहीं है, बल्कि जिस रूप में कार्यरूप जगत् है, उसका प्रतिषेध करके कार्य से कारण की विलक्षणता को ही यह पुष्ट करता है।" (पृष्ठ 674)। यह बहुत महत्वपूर्ण वाक्य है। जो असत् है, वह नितांत अभाव नहीं है। जिसे असत् कहा गया है, वह अव्यक्त है। अव्यक्त प्रकृति से व्यक्त जगत् का विकास होता है। असत् से सत् उत्पन्न हुआ है, यह विकासवादी दृष्टि है। कार्यकारण में भिन्नता हो सकती है; यही नहीं, कार्यकारण का संबंध ऐसा हो सकता है कि संसार में प्रपंचों की आवृत्ति मात्र नहीं होती, वरन् विकास होता है। अव्यक्त प्रकृति से व्यक्त प्रकृति की ओर आना विकास का लक्षण है। और यह विकास इस तरह होता है कि जो पूर्व प्रपंच है, उसका निषेध होता है। निषेध के बाद जो नया प्रपंच आता है, वह विलक्षण होता है और उससे विकास-क्रम आगे बढ़ता है।

वेदांत के बारे में सामान्य धारणा यह है कि वह ब्रह्म को सत्य और संसार को मिथ्या मानता है। वादरामयण वेदांती हैं पर वह संसार को असत्य नहीं मानते। राहुल जी की यह घोषणा अत्यंत महत्वपूर्ण है : "वादरायण ने कहीं भी जगत् को माया या काल्पनिक नहीं माना है, और न उनके दर्शन से इसकी गंध भी मिलती है कि ब्रह्म सत्य है, जगत् मिथ्या है।" (पृष्ठ 676)। इससे प्रचलित धारणा का

खडन होना चाहिए कि वेदांत मात्र संसार को मिथ्या मानता है। वेदांत का पूर्व रूप यह है कि संसार सत्य है और संसार की सच्चाई को जानने के लिए इसकी कल्पना की गयी है। ब्रह्म उसका आदिकारण है। यह संसार विकासमान है, यह राहुल जी की उस उक्ति से सिद्ध होता है। इसी पृष्ठ पर कहते हैं : "जगत् उत्पत्तिमान् है, पृथ्वी, जल, तेज, वायु ही नहीं आकाश भी उत्पत्तिमान् है।" (उप.) उत्पत्तिमान् का अर्थ है विकासमान। ये जो पाँच तत्व हैं, वे सब विकासमान हैं, उत्पत्तिमान् हैं। सदा से उनका अस्तित्व नहीं रहा। और इनमें आकाश भी उत्पत्तिमान् है। कोई तत्व ऐसा नहीं है जिसे कहा जा सके कि वह परिवर्तन तथा विकास से परे है।

अब प्रकृति को आदिकारण मानने वाले कैसे ब्रह्म के साथ उसका सामंजस्य स्थापित करते हैं, यह देखना चाहिए। इस बारे में राहुल जी कहते हैं : "प्रधान या परमाणु को जगत् का कारण मानकर जो बातें देखी जाती हैं, वह अधिक पूरे निर्दोष रूप में सिद्ध हो सकती हैं, यदि ब्रह्म को ही एक मात्र निमित्त-उपादान कारण माना जाये।" (पृष्ठ 676)। संसार का विकास अव्यक्त प्रकृति से हुआ है, परमाणुओं से हुआ है, यह धारणा ब्रह्मवाद को खंडित नहीं करती। यदि ब्रह्म को ही एक मात्र निमित्त-उपादान कारण माना जाय तो इन सबमें सामंजस्य स्थापित किया जा सकता है। अर्थात् ब्रह्म परमाणु से परे नहीं है, वह प्रकृति से परे नहीं है। वह उसमें अंतर्निहित है। उसके द्वारा प्रकृति की यथार्थपरक व्याख्या की जा सकती है। आगे राहुल जी कहते हैं : "वादरायण जगत्, जीव, ब्रह्म को एक ऐसा शरीर मानते हैं, जो तीनों से मिलकर पूर्ण होता है।" (उप.)। जो तीनों से मिलकर पूर्ण होता है, उसे संसार से परे नहीं कहा जा सकता। वह अतींद्रिय सत्ता नहीं है। जो यथार्थ सत्ता है, उसमें संसार शामिल है, जीव और ब्रह्म, ये भी शामिल हैं। यह वादरायण के चिंतन का सकारात्मक पक्ष है। वह एक पूर्णता में विश्वास करते हैं। उस पूर्णता में ब्रह्म, जगत् और जीव तीनों हैं। यदि मनुष्य का शरीर पाँच तत्वों से बना है तो मृत्यु के पश्चात् उसके शरीर के तत्व चारों ओर विद्यमान पाँचों तत्वों में मिल जायेंगे। लगता है, वादरायण का विश्वास भी यही था। राहुल जी जैवलि का स्मरण करते हुए कहते हैं : "प्रवाहण जैवलि के पानी के पुरुष रूप धारण करने के उपदेशों को सामने रख वादरायण कहते हैं–जब जीव शरीर छोड़ता है, तो सूक्ष्म भूतों (सूक्ष्म शरीर) के साथ जाता है।" (पृष्ठ 680)। प्रवाहण जैवलि मानते थे कि जल से पुरुष की उत्पत्ति होती है। इन्हीं उपदेशों को सामने रखकर वादरायण कहते हैं कि जीव शरीर छोड़ने पर सूक्ष्म भूतों के साथ जाता है। यहाँ अभौतिक आत्मा की बात नहीं, वरन् मनुष्य के सूक्ष्म शरीर की बात है। जो उसके शरीर में पाँच भूत पहले से विद्यमान थे, वे बाहर के भौतिक पदार्थों में, पंच महाभूतों में जाकर मिल जाते हैं।

वेदांत की महत्वपूर्ण भूमिका यह है कि वह कर्मकांड के विरोध में स्थापित

हुआ था। और कर्मकाण्ड के प्रबल समर्थक थे जैमिनि। जैमिनि कहते थे कि जो ब्रह्म जानने वाले हैं, वे भी यज्ञ आदि करते हैं। किंतु वादरायण इससे सहमत नहीं थे। वह जैमिनि से मतभेद प्रकट करते हुए कहते हैं : "(स्वर्ग से कहीं) अधिक (ब्रह्म के) उपदेश से (विद्या से ही) वैसा (मोक्ष मिलता है)। ब्रह्मवेत्ता के लिए यागादि कर्म कराना सर्वत्र नहीं देखा जाता।" (पृष्ठ 691)। कर्मकांडी जैमिनि और वेदांती वादरायण में महत्वपूर्ण भेद है। जैमिनि के लिए यज्ञ आदि कर्म अत्यंत महत्वपूर्ण हैं। वादरायण कहते हैं कि जो ब्रह्म को जानता है, उसके लिए कर्मकांड का वैसा महत्व नहीं है और व्यवहार में यह देखा जाता है कि जो ब्रह्मज्ञानी हैं, वे सदा यज्ञ आदि नहीं करते।

बुद्ध के क्षणिकवाद का स्रोत **ऋग्वेद** हो सकता है। उषा **पुनः पुनर्जायमाना** है, वह प्रतिदिन जन्म लेती है। (1.92.10)। इस तरह संसार प्रतिदिन बदलता है, जो संसार आज हम देखते हैं, वह कल वाला नहीं है। शेष मंत्र के अभिप्राय से इस अंश को अलग कर लिया जाये तो क्षणिकवाद का मूलसूत्र मिल जायेगा। पर यह संसार को देखने का एकांतवादी दृष्टिकोण होगा। वह द्वंद्वात्मक भौतिकवाद का विरोधी है। दुनिया प्रतिक्षण बदल रही है तो तुम उसमें क्या बदलोगे ? बदलने के लिए तुम्हारे पास बचेगा क्या ?

अनेकांतवादी दृष्टि यह है : **पुनः पुनर्जायमाना पुराणी समानं वर्णं अभिशुम्भ माना**—वह प्रतिदिन जन्म लेती है, फिर भी पुरातन है, समानवर्ण से शोभित होती है। नित्य नया जन्म लेना और पुरातन होना दो परस्पर विरोधी बातें हैं। संसार में ऐसी ही विरोधी बातों की एकता देखी जाती है। दुनिया बदलती है और बहुत-सी पुरानी चीज़ें कायम रखती है, इसीलिए उसे बदलना जरूरी है। यह अनेकांतवाद है, द्वंद्वात्मक तर्कपद्धति है। **सिंह सेनापति** उपन्यास में राहुल जी अनेकांतवाद को एक जगह स्वीकार करते दिखायी देते हैं। अहिंसा की व्याख्या करते हुए महावीर कहते हैं : "किसी बात पर एकांततया विश्वास रखने को निगंठ ज्ञातृपुत्र नहीं कहते क्योंकि हर बात एकांत रूप में नहीं, मिश्रित रूप में ही मिलती है। इसीलिए अहिंसा भी एकांत शुद्ध रूप में न पायी जाती और न बर्ती जाती है।" (पृ.138.39)। इसका खंडन करने के लिए सिंह के पास कोई तर्क नहीं है। वह कुछ समय के लिए महावीर का अनुयायी हो जाता है, फिर उन्हें छोड़कर बुद्ध की शरण में जाता है।

जय यौधेय में यूनानी दार्शनिक देमोक्रितुस संसार को परिवर्तनशील मानते हैं पर जिन परमाणुओं से यह संसार बना है, उन्हें वह अपरिवर्तनशील मानते हैं, इस तरह उन्होंने "स्थिरता और अस्थिरता दोनों जगह में मानी।" (पृष्ठ 65)। यहाँ क्षणिकवाद खंडित हो जाता है। राहुल जी ने क्षणिकवाद का संबंध हेराक्लितुस से जोड़ा है। "हेराक्लितुस यवन देश में उसी सिद्धांत का प्रचार कर रहा था, जिसे हम बुद्ध के दर्शन में पाते हैं। वह कहता था, दुनिया में कोई चीज़ स्थिर नहीं, परिवर्तन

दुनिया का सार है।" (उप.)। वास्तव में हेराक्लितुस क्षणिकवादी नहीं थे। वह उन दार्शनिकों में थे जो संसार को किसी मूलतत्व से बना हुआ मानते थे। **दर्शन दिग्दर्शन** में स्वयं राहुल जी कहते हैं : "युनिक (**Ionic** इओनिक) दार्शनिकों की भाँति हेराक्लितु भी एक अंतिम तत्व अग्नि की बात करता है, लेकिन उसका जोर परिवर्तन या परिणामवाद पर बहुत ज़्यादा है।" (पृ. 9)। कितना भी जोर हो, उससे अंतिम तत्व की बात खंडित नहीं होती। हेराक्लितुस पर एकांतवाद आरोपित करना गलत है।

जय यौधेय में राहुल जी देमोक्रितुस के परमाणुवाद के मुकाबले प्लैटो के भाववाद को खड़ा करते हैं। "प्लातो जड़ परमाणुओं को विश्व की सूक्ष्मतम ईंटें नहीं मानता। वह कहता है अंतिम ईंट है, विज्ञान (,) चेतना···हाँ हमारे अग्रज असंग प्लातो की इस बात से सहमत हैं कि विश्व का मूल कारण विज्ञान है। लेकिन, साथ ही वह बुद्ध के सर्वअनित्य को भी स्वीकार करते हैं।" (पृष्ठ 65)। संसार की अनित्यता और चेतना की नित्यता में कोई विरोध नहीं है। वेदांत के भाववादी संस्करण में संसार की अनित्यता और चेतना की नित्यता का ही प्रतिपादन है। लक्ष्य करने की बात यह है कि **जय यौधेय** में राहुल जी भौतिकवाद के विरोध में असंग और प्लैटो के भाववाद का समर्थन करते दिखायी देते हैं।

इसी उपन्यास में चार्वाक मत का जोरदार समर्थन भी किया गया है। चार्वाक मत को उसके विरोधियों ने चरम भोगवाद के रूप में प्रस्तुत किया है : "हमें यह जीवन फिर मिलने वाला नहीं, इसलिए जितना हो सके, उतना खाओ-पियो, मौज करो, ऋण लो, घी पियो। मरने के बाद कौन पूछने वाला है?" (पृ. 117)। उसका सही रूप यह है : "चार्वाक ने ईश्वर मानने से इन्कार कर दिया, इसलिए कि मनुष्य अपने भाग्य का स्वयं विधाता हो, किसी के हाथ की कठपुतली न बने। चार्वाक ने जीवन को एक अजर-अमर स्वतंत्र तत्व नहीं माना, इसीलिए कि मनुष्य को हर क्षण नया बनने का अवसर मिले। चार्वाक ने परलोक और पुनर्जन्म से इन्कार कर दिया, इसीलिए कि जिन चीजों को हम परलोक में देखते हैं, उन्हें इसी लोक में पैदा करें···भोग सब के सम्मिलित प्रयत्न का फल है। इसलिए अकेले भोगने का हमें कोई हक नहीं है। दुनिया को सारे भोगों से समृद्ध तभी करना संभव है जब कि सभी सम्मिलित प्रयत्न करें।" (पृष्ठ 117-18)।

इससे बौद्ध मत का खंडन भी हो जाता है क्योंकि बुद्ध ने "दूसरे रूप में परलोक और पुनर्जन्म को माना था;" उन्होंने ईश्वर को नहीं माना पर ईश्वर का काम समाज में व्यवस्था कायम करना भी है, "इसके लिए बुद्ध ने कर्म के सिद्धांत को और मजबूत किया। आवागमन, धनी-निर्धन का भेद उसी कर्म के कारण है, जिसके कर्ता कभी तुम खुद थे, यद्यपि आज वह कर्म तुम्हारे लिए हाथ से निकला तीर है।" (**दर्शन-दिग्दर्शन,** पृष्ठ 539)।

सिंह सेनापति में राहुल जी यह सब भूल जाते हैं। उसमें बुद्ध हैं, महावीर हैं,

भौतिकवादी विचारक एक भी नहीं है। महावीर के "विशाल पिंगल नेत्रों से जान पड़ता था, अनवरत करुणा की धारा बरस रही है।" (पृष्ठ 138)। और बुद्ध के "सुदीप्त मुख से जान पड़ता था, प्रभा निकल रही है। उनके अभिनील नेत्र मालूम होते थे, दिशाओं में मैत्री और करुणा फैला रहे हैं।" (पृष्ठ 171)।

इसलिए परलोक, पुनर्जन्म, कर्मसिद्धांत। सब स्वीकार। "मैं बुद्ध धर्म-संघ की शरण में आता हूँ···।" (उप.)।

जैन और बौद्ध धर्मों के प्रसार के साथ संन्यास का महत्व बढ़ गया। घर छोड़ना, जंगल या गुफाओं में रहना, परम सत्य का चिंतन करना, यह बहुत से विद्वानों का लक्ष्य बन गया था। भारत में जो भक्त और संत हुए हैं, उनमें बहुत से गृहस्थ आश्रम में रहते हुए ब्रह्म अथवा सत्य की साधना करते थे। इसकी शुरुआत वादरायण से होती है। राहुल जी के अनुसार "आश्रम (गृहस्थ आदि) के कर्तव्य (धर्म) को ब्रह्मज्ञानी के लिए भी ब्रह्मविद्या के सहकारी के तौर पर कर्तव्य मानते हैं।" (पृष्ठ 68)। यह वादरायण के लिए कहा गया है कि वह गृहस्थ आदि के आश्रम को स्वीकार करते हैं। गृहस्थ का जो कर्तव्य है वह ब्रह्मज्ञानी के लिए भी आवश्यक है। ब्रह्मविद्या से उसका विरोध नहीं है, वरन् वह उसका सहकारी है। उसे भी स्वीकार करना चाहिए। यह क्रांतिकारी धारणा थी जो साधारण गृहस्थों को ज्ञान के क्षेत्र में आमंत्रित करती थी और उन्हें वहाँ स्वीकार करती थी।

जो कर्मकांडी थे, वे वेद को अपौरुषेय मानते थे। वादरायण ने वेद को नित्य कहा किंतु अपौरुषेय नहीं माना। राहुल जी के शब्दों में "वादरायण जैमिनि की भांति वेद को अपौरुषेय (किसी भी पुरुष, जीव या ब्रह्म, द्वारा न बनाया) नहीं मानते।" (पृष्ठ 685)। जो अपौरुषेय है, उसे तो निरपेक्ष रूप में नित्य कहा जा सकता है। किंतु जो पौरुषेय है, जो मनुष्य द्वारा रचा गया है, उसे नित्य केवल सापेक्ष अर्थ में ही कहा जा सकता है। वादरायण ने जो वेद को नित्य कहा, राहुल जी ने उस पर बहुत जोर दिया है। किंतु यदि वह वेद को नित्य उसी तरह मानते जिस तरह जैमिनि मानते थे, तो वह भी उसे अपौरुषेय कहते। वह उसे अपौरुषेय नहीं मानते, इससे यह संकेत मिलता है कि नित्य शब्द का प्रयोग उन्होंने वैसे ही किया है जैसे हम साहित्य में स्थायी मूल्यों की बात करते हैं जो सदा सापेक्ष होते हैं। वादरायण वर्णाश्रम धर्म स्वीकार करते थे, द्विज और शूद्र का भेद स्वीकार करते थे। इसके विपरीत उपनिषदों की धारा इस वर्णभेद को मिटाने की ओर अग्रसर थी। राहुल ही ने वादरायण से उपनिषदों की जो भिन्नता दिखायी है, उससे ऐसा ही संकेत मिलता है। लिखा है : "वादरायण ब्रह्मविद्या पर कलम उठा रहे थे। वह याज्ञवल्क्य के अंतर्यामी ब्रह्म, शारीरिक ब्रह्म के द.ार्शनिक विचार का प्रचार करना चाह रहे थे। ऐसी अवस्था में भारतीय मानवों में नीच समझे जाने वालों के प्रति अधिक सहानुभूति की आशा की जा सकती थी।" (पृष्ठ 686)। क्यों अधिक

सहानुभूति की आशा की जा सकती थी। इसलिए कि ब्रह्म सभी में है, इसलिए सभी मनुष्य समान हैं। यह विचारधारा उपनिषदों की मूल विचारधारा है। यहाँ अप्रत्यक्ष रूप से राहुल जी ने स्वीकार किया है कि उपनिषदों में मानव-समानता का विचार विद्यमान है। इसीलिए वह कहते हैं कि जब वादरायण उपनिषदों पर लिख रहे थे, तब उनसे अपेक्षा की जा सकती थी कि सभी मनुष्यों के प्रति सहानुभूति प्रदर्शित करें। यदि नहीं प्रदर्शित करते तो इसका अर्थ यह है कि वह उपनिषदों की मूल धारा के विरोध में चल रहे हैं। उपनिषदों में द्विजों को ही नहीं, शूद्रों को भी ब्रह्मज्ञान देने का विधान है। यह रैक्व के उदाहरण से जाना जाता है। राहुल जी ने रैक्व के बारे में कहा है : "रैक्व के पास भारी भेंट के साथ ब्रह्मविद्या सीखने के लिए आने पर जनश्रुति पौत्रायण को गाड़ी वाले रैक्व ने पहिले 'हटा रे शूद्र ! इन सबको' कहा, फिर पौत्रायण को ब्रह्मविद्या भी बतलाई, जिससे जान पड़ता है, शूद्र को भी ब्रह्मविद्या का अधिकार है" (पृष्ठ 687)। राहुल जी रैक्व के उदाहरण से जो निष्कर्ष निकालते हैं, वह बहुत स्पष्ट शब्दों में यह है कि शूद्र को भी ब्रह्मविद्या का अधिकार है। यज्ञ करने का अधिकार उसे भले न हो पर ब्रह्मविद्या वह प्राप्त कर सकता है। यही उपनिषदों की क्रांतिकारी भूमिका है। वे कर्मकांड को निरस्त करके, ज्ञान के बल पर, साधना के बल पर, सभी मनुष्यों को एक स्थान पर संगठित होने का निमंत्रण देते हैं।

(5)

शूद्रों की उत्पत्ति कैसे हुई, यह बताने के लिए राहुल जी नस्ल का सिद्धांत लागू करते हैं। आर्यों ने भारत को जीता। यहाँ जो आदिवासी थे, उनको उन्होंने अपना दास बनाया। यही लोग शूद्र बने, आर्य द्विज बनकर इन पर अत्याचार करते रहे। कहते हैं : "भारत में आर्य आये, उन्होंने पहिले के निवासियों को पराजित किया। फिर रंग और परतंत्रता के बहाने से उन्हें दबाया और समाज में नीचा स्थान स्वीकार करने के लिए मजबूर किया। ज्यादा समय तक रह जाने पर रंग-मिश्रण (वर्ण संकरता) बढ़ने लगा।" (पृष्ठ 686)। राहुल जी के अनुसार भारत में जब आर्य आये, तब उन्होंने काफी हद तक अपने वर्ण को बचाने का प्रयत्न किया। गोरे रहे होंगे तो उन्हें अपने गोरेपन पर गर्व था, और वे काले आदमियों के साथ मिश्रित न होना चाहते थे। लेकिन मिश्रण तो हुआ। और उसका परिणाम यह निकला कि जो मिश्रित रक्त के लोग थे, वे ऋषियों की, विद्वानों की श्रेणी में आने लगे। शूद्रों की व्याख्या करते हुए राहुल जी कहते हैं : "किसी समय स्वतंत्र फिर आर्य-समाज-बहिष्कृत पराजित दास और तब कितने ही वादरायणों की नसों में अपना खून तक दौड़ाने वाले", शूद्रों पर अत्याचार किया गया। (पृष्ठ 689)। ये शूद्र ऐसे थे जिनमें वही रक्त था जो वादरायणों की नसों में दौड़ रहा था। यदि यह बात सही है तो वादरायण आर्यत्व की रक्षा न कर रहे थे, वह सामाजिक परिस्थितियों

के कारण एक वर्ग विशेष के हितों की रक्षा कर रहे थे। नस्लों का मिश्रण हुआ तो उससे आर्य अपने को बचा नहीं पाये। और वादरायण जैसे लोग, जो शूद्रों पर अत्याचार का पक्ष ले रहे थे, वास्तव में उसी श्रेणी के व्यक्ति थे, नस्ल के विचार से वैसे ही लोग थे, जैसे शूद्र थे। बाहर से गोरी जातियों के आने का सिलसिला वैदिक काल से समाप्त नहीं हो गया। उसका संबंध वादरायण के काल से है। राहुल जी कहते हैं "ई.पू. चौथी सदी से यवन, शक, जहट, गुर्जर, आभीर, जैसी कितनी ही विदेशी गोरी जातियाँ भारत में आकर बस गयीं।" (पृष्ठ 686)।

उल्लेखनीय है कि बाहर से आने वाली जातियाँ सदा गोरी होती हैं। वे यहाँ कुछ दिन तक अपना वर्ण बनाये रखती हैं, फिर शायद रक्त-मिश्रण हो जाता है। मुख्य बात यह है कि जो गोरी जातियाँ आयीं, उन्हें बौद्धों ने मिलाने की कोशिश की। उन्होंने इन पर अपना प्रभाव डालना घाहा लेकिन जो ब्राह्मण थे, वे बौद्धों को हटाकर इन लोगों को अपनी ओर ले आये। "जादू अंत में ब्राह्मणों का ही जबर्दस्त निकला।" (पृष्ठ 687)। यह जादू क्या था ? कैसे ब्राह्मणों ने इनको अपने समाज में दाखिल करा लिया ? कहते हैं : "एक ओर इन आगंतुकों को क्षत्रिय, कुछ को ब्राह्मण भी बनाया गया, दूसरी ओर अपनी उच्चवर्ण-भक्ति को और पक्का साबित करने के लिए शूद्रों के लिए अत्याचार और अपमान की मात्रा और बढ़ा दी। ऐसे समय के ऋषियों में हैं, ये प्रातःस्मरणीय वेदांतसूत्रकार भगवान् वादरायण। (पृष्ठ 687)।

शूद्रों पर अत्याचार का जो समर्थन किया, उस पर बाद में विचार करें। पहले यह देखना है कि बाहर की जातियों को अपने समाज में न मिलाया जाता तो इसका नतीजा क्या होता। बहुत से लोग अधिकारहीन होकर इस देश में रहते होते। पुराने यूनानी और रोमन समाजों में अनेक अंतर्विरोध थे। एक ओर साधारण श्रमिक जनता और उनके साथ गुलाम और दूसरी ओर स्वाधीन नागरिक, यह एक अंतर्विरोध था। इसके साथ ही एक ओर सभी नागरिक, दूसरी ओर बाहर के लोग, वे चाहे एथेन्स में आये हों चाहे रोम में, उनको नागरिकता के अधिकार न मिलते थे। यह दूसरा अंतर्विरोध था। भारत में बाहर से आने वाली जातियों को यहाँ के पुरोहितों ने अपने समाज में दाखिल कराया। राहुल जी के अनुसार उन्होंने इन आगंतुकों में कुछ को क्षत्रिय ही नहीं बनाया, कुछ को ब्राह्मण भी बनाया। इसका अर्थ यह है कि वर्ण स्थिर नहीं था जैसा कि लोगों की कल्पना है। बाहर के लोगों का वंश कुछ भी हो, उन्हें किसी एक वर्ण में दाखिल किया जा सकता था। इस तरह वर्ण की शुद्धता का विचार खंडित हो जाता है। न तो क्षत्रिय वर्ण पूर्णतः शुद्ध है, न ब्राह्मण वर्ण ही पूर्णतः शुद्ध है। ब्राह्मणों में बाहर की जातियों के लोग आकर मिले हैं और क्षत्रियों में भी मिले हैं। यह कल्पना करना बहुत कठिन नहीं है कि उनमें बहुत से लोग वैश्य भी बने होंगे और शूद्र भी बने होंगे। यदि यहाँ के वेदांतियों ने अथवा पुरोहितों ने बाहर की जातियों को अपने समाज में स्वीकार किया, उन्हें

वर्ण में दाखिल किया तो यह उनका प्रगतिशील कार्य था, उसकी प्रशंसा करनी चाहिए, उसकी निंदा करने का तो सवाल ही नहीं है।

वादरायण के प्रसंग में राहुल जी ने रामानुज का नाम लिया है। कहा है, उनके सिद्धांतों के सबसे समीप यदि किसी का वेदांत है तो वह रामानुज का है। (पृष्ठ 673)। रामानुज के बाद ही रामानंद का समय आता है। और रामानंद के प्रसिद्ध शिष्य कबीर थे। वादरायण, रामानुज, रामानंद, कबीर, यह क्रम इतिहास में बनता है। राहुल जी ने प्रसंगवश रामानुज का उल्लेख किया है। **दर्शन-दिग्दर्शन** का अंतिम अध्याय गौडपाद और शंकर के दर्शन पर है। रामानंद का उल्लेख करना राहुल जी ने आवश्यक नहीं समझा। हम कह सकते हैं कि उन्होंने अपने **दर्शन-दिग्दर्शन** के इतिहास की सीमा बाँध ली थी आठवीं, नौवीं सदी से आगे न बढ़ेंगे। लेकिन वह प्रसंगवश यह बता सकते थे कि आगे चलकर जो समाज सुधारक हुए, जो बहुत सारे शूद्र कवि बने, जिन्होंने समाज में महत्वपूर्ण स्थान प्राप्त किया, वे वेदांत से प्रभावित थे। राहुल जी ने वेदांत के बारे में जो कुछ लिखा है, उससे कहीं भी यह संकेत नहीं मिलता कि वेदांत से समाज सुधारक भी प्रभावित हुए होंगे। कबीर से लेकर राजा राममोहन राय और सूर्यकान्त त्रिपाठी निराला तक बहुत से समाज सुधारक हुए हैं जो वेदांत से प्रभावित थे। राहुल जी मानते हैं कि वेदांत की व्याख्या अनेक प्रकार से की गयी है। यह विविधता भी उसकी एक बहुत बड़ी उपलब्धि है। यह समझना कि वेदांत सदा वर्णाश्रम धर्म का समर्थक है अथवा वह अध्यात्मवाद का ही समर्थन करता है, संसार को मिथ्या मानता है, सही न होगा। भारतीय साहित्य में यथार्थवाद का विकास उन भक्त कवियों द्वारा किया गया जो वेदांत से प्रभावित थे। यह माना जा सकता है कि **दर्शन-दिग्दर्शन** की सीमा थी, इसमें राहुल जी ने रामानंद और भक्त कवियों के बारे में नहीं लिखा। किंतु उन्होंने बहुत सी कहानियाँ लिखीं, उपन्यास लिखे, इनमें वह चाहते तो भक्त कवियों पर लिख सकते थे। विचारणीय है कि शूद्रों से इतनी सहानुभूति रखने वाले, शूद्रों पर अत्याचारों की निंदा करने वाले, शूद्रों पर अत्याचारों के लिए वादरायण आदि को दोषी ठहराने वाले राहुल जी शूद्र कवियों पर कोई कहानी नहीं लिखते, उन पर उपन्यास नहीं लिखते, कहीं उनके मूल्यांकन का संकेत नहीं करते। इसका एक बहुत बड़ा कारण यह है कि यदि वे इन पर कहानियाँ लिखें, इनका उल्लेख करें, तो अप्रत्यक्ष रूप से वेदांत का समर्थन करना पड़ेगा। मानना पड़ेगा कि वेदांत एक सकारात्मक दर्शन है जिसने ऊँच-नीच का भेद मिटाने में यहाँ के सुधारकों की सहायता की थी। जो भी समाज सुधारक हुए, जहाँ भी वर्णयुक्त समाज से निकलने का रास्ता दिखाई दिया, राहुल जी उसका श्रेय केवल बौद्ध धर्म को देना चाहते हैं, वहाँ से हटकर वेदांत को ऐसा काम करते नहीं दिखाना चाहते। यह एक तरह का दुराग्रह है। इसी कारण राहुल जी भारतीय दर्शन के विकास के प्रति न्याय नहीं कर पाये।

रामानुज और रामानंद में भेद बताते हुए शुक्ल जी ने हिंदी साहित्य के इतिहास में लिखा है, "रामानुज संप्रदाय में दीक्षा केवल द्विजातियों को दी जाती थी, पर स्वामी रामानंद ने राम-भक्ति का द्वार सब जातियों के लिए खोल दिया और एक उत्साही विरक्त दल का संघटन किया जो आज भी 'वैरागी' के नाम से प्रसिद्ध है।" (पृष्ठ 143)। शुक्ल जी का विचार है कि केवल उपासना के क्षेत्र में स्वामी रामानंद ने मनुष्य मात्र की समानता स्वीकार की थी। व्यवहार में वह वर्ण-व्यवस्था के समर्थक थे। यदि यह बात सही हो तो भी कहना होगा कि रामानंद के शिष्य उनसे आगे बढ़ गये। वैसे मैं समझता हूँ कि यह बात सही नहीं है। धर्म का मामला ज़्यादा नाजुक होता है। धर्म के मामले में शूद्र और द्विज बराबर एक आसन पर बैठें और व्यवहार में ऊँच-नीच का भेद बना रहे, यह बात समझ में नहीं आती। जो भी हो, कबीर क्रांतिकारी थे, इस बारे में किसी को संदेह नहीं है। और कबीर ने वेदांत का दर्शन गुरु रामानंद से पाया था। जैसा कि शुक्ल जी ने कहा है, "ज्ञान मार्ग की जिन बातों की चर्चा कबीर करते हैं, उनका संचय उन्होंने रामानंद के उपदेशों से किया था।" (पृष्ठ 95)। उदाहरणस्वरूप ये दो पंक्तियाँ देखें :

तत्वमसी इनके उपदेसा ई उपनीषद कहैं संदेसा
जागबलिक औ जनक सँबादा दत्तात्रेय वहै रस स्वादा।। (उप.)

यहाँ सीधे उपनिषदों का उल्लेख है। उपनिषदों से जो ज्ञान रामानंद ने प्राप्त किया, वह उपनिषदों को पढ़े बिना कबीर ने प्राप्त किया। वेदांत को व्यवहार क्षेत्र में लागू करके कबीर ने ऊँच-नीच का भेद मिटाने का विशद प्रयत्न किया। इससे वेदांत की क्रांतिकारी भूमिका स्पष्ट होती है। रामानंद के अनेक शिष्य थे। उनमें कबीर और रैदास का नाम अधिक लिया जाता है। कबीर की बात हम कह चुके हैं। रामानंद के शिष्य रैदास भी वेदांती थे। अपना वेदांत ज्ञान वह इन पंक्तियों में व्यक्त करते हैं :

जब हम होते तब तू नाहीं, अब तू ही मैं नाहीं।
अतल-अगम जैसे लहरिमइ उदधि जल केवल जल माहीं। (उप.)

यह वेदांत रैदास ने रामानंद से प्राप्त किया। इसका फल यह हुआ कि वह संत रूप में प्रसिद्ध हुए। उपासना और व्यवहार का भेद इस तरह मिटा कि जो बड़े पंडित थे, वो भी आकर उनको प्रणाम करते थे। स्वयं शुक्ल जी ने उनकी चार पंक्तियाँ उद्धृत की हैं :

जाके कुटुंब सब ढोर ढोवंत
फिरहिं अजहुँ बानारसी आस पासा।
आचार सहित विप्र करहिं दंडउति
तन तनै रविदास दासानुदासा।। (उप., पृष्ठ 99)

यह साधारण क्रांति नहीं थी। जिनको सब लोग पूज्य मानते थे, जो अपने

को पृथ्वी के देवता कहते थे, वे एक निम्न वर्ण के संत को आकर प्रणाम करते थे। समाज में जो बहुत बड़ा परिवर्तन हो रहा था, यह उसकी सूचना है। और स्वयं शुक्ल जी ने ये पंक्तियाँ अपने साहित्य के इतिहास में उद्धृत की हैं। रामानुज तक आकर आगे न बढ़ना, रामानंद का उल्लेख न करना, शूद्रों पर अत्याचार की बात तो कहना किंतु शूद्रों ने स्वयं वेदांत के द्वारा अपनी मुक्ति के लिए जो प्रयत्न किया, जिसमें उनको काफी सफलता मिली, उसका उल्लेख न करना साहित्य और इतिहास का सही चित्र प्रस्तुत नहीं करता। हम मान लेते हैं कि **दर्शन-दिग्दर्शन** की सीमाओं के कारण राहुल जी शंकराचार्य से आगे नहीं बढ़ पाये पर जहाँ वे पाश्चात्य दर्शन का विवरण देते हैं, वहाँ वे बीसवीं सदी तक आ जाते हैं। यूरुप के दर्शन की चर्चा बीसवीं सदी तक, भारतीय दर्शन की चर्चा आठवीं, नौवीं सदी से समाप्त, यह दो तरह की नीति है। कहा जा सकता है कि शंकराचार्य के बाद दर्शन का कोई विशेष विकास नहीं हुआ। किंतु राहुल जी ने जब शूद्र का प्रश्न उठाया तो यह उचित था कि शंकराचार्य की परंपरा में उनसे भिन्न मार्ग अपनाते हुए जहाँ व्यवहार में यहाँ के कवियों और सुधारकों ने द्विज और शूद्र का भेद मिटाया, उसका उल्लेख करते।

राहुल जी यूरुप के दर्शन को बीसवीं सदी तक ले आये, भारतीय दर्शन को आठवीं, नौवीं सदी तक लाकर रुक गये। भारतीय दर्शन का विभाजन उन्होंने धर्म के अनुसार किया है, यूरुप के दर्शन को धर्म से अलग रखा है। चौदहवें अध्याय में उन्होंने वेद, उपनिषद् आदि का जिक्र किया है, उसका शीर्षक है 'प्राचीन ब्राह्मण दर्शन'। इस तरह उन्होंने सारे दर्शन को ब्राह्मण वर्ण से जोड़ दिया है। यूरुप के दर्शन का विवेचन इस तरह नहीं करते कि यह ईसाई दर्शन है अथवा प्रोटेस्टेन्ट दर्शन है या कैथलिक दर्शन है। जिस अध्याय में उन्होंने भारतीय दर्शन का चरम उत्कर्ष दिखाया है, उसके शीर्षक में बौद्ध धर्म का उल्लेख नहीं है। किंतु जितने दार्शनिक हैं, वे सब बौद्ध हैं। इसलिए शीर्षक न देने से भी स्पष्ट है कि जिसे बौद्ध दर्शन कहा जाता है, वह उसी का विवेचन कर रहे हैं। सोलहवें अध्याय का शीर्षक है अनीश्वरवादी दर्शन। इसके अंतर्गत 'अनात्म अभौतिकवादी बौद्ध दर्शन, बौद्ध धार्मिक सम्प्रदाय,' 'बौद्ध दार्शनिक सम्प्रदाय', इनका विवेचन है। आगे 'अनेकांतवादी जैन दर्शन' का विवेचन है। ब्राह्मण दर्शन, बौद्ध दर्शन, जैन दर्शन, इस तरह दर्शन अनेक धर्मों के साथ जुड़ा हुआ है। और हिंदू दर्शन नहीं, बल्कि हिंदुओं में जो एक वर्ण विशेष है, उसके साथ उन्होंने पूरे दर्शन को जोड़ दिया है। वह स्वयं कई जगह स्वीकार करते हैं कि भारतीय दर्शन में क्षत्रियों का भी योगदान है। इसलिए भी उसे ब्राह्मणों तक सीमित रखना गलत है। **दर्शन-दिग्दर्शन** में एक अध्याय का शीर्षक है 'इस्लामी दर्शन'। इस्लाम धर्म मानने वाले अनेक देश हैं। इन देशों की दार्शनिक मान्यताएँ अलग-अलग हैं। इनकी संस्कृतियाँ भिन्न हैं। जो लोग सर्व इस्लामवाद में

विश्वास करते हैं, इस्लामी संस्कृति, इस्लामी दर्शन की बात करते हैं इस्लाम मानने वाली पर भिन्न भाषाएँ बोलने वाली अनेक जातियाँ हैं, उनके अस्तित्व को वे महत्व नहीं देते। राहुल जी ने उसी पथ का अनुसरण किया है। इस्लामी दर्शन का परिचय देते हुए वह काफी स्थान इस्लाम धर्म को देते हैं। कहाँ धर्म समाप्त होता है और दर्शन आरंभ होता है, यह स्पष्ट नहीं होता।

(6)

दर्शन-दिग्दर्शन में पहला अध्याय यूनानी दर्शन पर है। भारत में दार्शनिक चिंतन की शुरूआत यूनान में दार्शनिकों के जन्म से बहुत पहले हुई थी। राहुल जी पाश्चात्य लेखकों के विचारों से, उनकी चिंतनपद्धति से बहुत प्रभावित हैं। इसलिए पहला अध्याय प्राचीन भारतीय दर्शन पर न लिखकर वह यूनानी दर्शन पर लिखते हैं। यूनानी दर्शन को धर्म के साथ बाँधना कठिन काम था। इसलिए यहाँ धर्म का पक्ष छोड़ दिया है। लेकिन जो इंगलैन्ड का दर्शन है और जिसमें बर्कले जैसे लोग खुलेआम धर्म का प्रचार करते थे और व्यवसाय से धर्मगुरु थे, वहाँ भी राहुल जी ने कहीं धर्म के आधार पर उनके दर्शन का विवेचन नहीं किया। बर्कले, कांट आदि के ऊपर उन्होंने शीर्षक दिया है '18वीं सदी के दार्शनिक'। यहाँ ईसाई धर्म का कोई उल्लेख नहीं है। धर्म के आधार पर दर्शन को विभाजित करने का काम राहुल जी ने नहीं शुरू किया। यह काम यहाँ पहले से चला आ रहा था। वास्तव में यह पुरोहितों का कार्य है जो दर्शन की लोकप्रियता से लाभ उठाकर उसे धर्म के दायरे में खींच लाना चाहते थे। यह काम केवल एक धर्म के पुरोहितों ने नहीं किया, सभी धर्मों के पुरोहितों ने यह कार्य किया है। इस परंपरा को आगे चलकर पाश्चात्य विचारकों ने, खासतौर पर अंग्रेज़ों ने विकसित किया। केवल दर्शन के क्षेत्र में नहीं वरन् कला के क्षेत्र में भी बौद्ध स्थापत्य, मुगल स्थापत्य, आदि नामकरण उन्होंने प्रचलित किये। उसी क्रम में यह धर्म आधारित दर्शन का विभाजन है।

राहुल जी मार्क्सवादी थे। इसलिए उनसे यह अपेक्षा की जा सकती थी कि जिस कसौटी पर यूरुप के दर्शन को परखते हैं, उसी कसौटी पर वह भारत के दर्शन को परखेंगे। यहाँ धर्मांधता अधिक हो, यूरुप में धर्मांधता कम हो, यह स्थिति नहीं थी। यूरुप में जिस तरह प्रोटेस्टेन्टों ने रोमन कैथलिकों को, रोमन कैथलिकों ने प्रोटेस्टेन्टों को जलाया, उस तरह का कार्य तो यहाँ नहीं हुआ। यदि हम यह मानें कि मुसलमानों ने अपने शासन काल में हिंदुओं पर बहुत अत्याचार किया, तो भी हिंदुओं ने हिंदुओं पर कहाँ अत्याचार किया अथवा बौद्धों ने बौद्धों पर कहाँ अत्याचार किया जैसा अत्याचार एक ही धर्म के मानने वाले यूरुप में करते रहे? वैसा उदाहरण भारत में नहीं है। इसलिए यूरुप के दर्शन को धार्मिक विभाजन से मुक्त रखना और भारतीय दर्शन को धार्मिक विभाजन के अंतर्गत ले आना सही नीति नहीं है।

इस विभाजन का एक परिणाम यह हुआ है कि भारतीय दर्शन की विभिन्न धाराओं का पूरा इतिहास अपने वैभव के साथ हमारे सामने नहीं आया। जैसे भाववादी दर्शन को लें। एक ओर शंकराचार्य का वेदांत है, दूसरी ओर नागार्जुन का शून्यवाद है। शून्यवाद और वेदांत में काफी घनिष्ठता है। यह तो राहुल जी ने देखा है। शून्यवाद और वेदांत का विवेचन एक साथ किया जाय तो उससे भारतीय भाववाद की विशदता सामने आयेगी और तब यूरोप के भाववाद से उसकी तुलना करने में सहूलियत होगी। इसी तरह यदि भौतिकवाद को लिया जाय तो न केवल यहाँ चार्वाक मत है वरन् सांख्य भी एक भौतिकवादी दर्शन है। लोकायत भौतिकवादी दर्शन है। पुरोहितों ने लोकायत को सांख्य से अलग कर दिया। भारतीय भौतिकवाद का जो पूर्ण विकास है, उसकी जो विभिन्न शाखाएँ हैं, सोचने के जो अलग-अलग तरीके हैं, उन सबकी पूरी तस्वीर पाठकों के सामने नहीं आती। इसी तरह अनेकांतवाद जैन धर्म के साथ जोड़ दिया गया। न्यायशास्त्र हिंदू धर्म के साथ जोड़ा गया। यदि तर्कशास्त्र का पूरा वैभव देखना है तो न्याय और अनेकांतवाद दोनों को मिलाकर देखना चाहिए। मार्क्सवादी लेखकों से हम यह अपेक्षा करते हैं कि धर्म के विभाजन को मिटाकर जो विचारधाराएँ हैं, चाहे भाववादी हों, चाहे भौतिकवादी हों, और चाहे दर्शन की बात हो, चाहे तर्कशास्त्र की बात हो, वे एक समग्र चित्र लोगों के सामने प्रस्तुत करेंगे। राहुल जी में क्षमता थी कि यह काम करें किंतु दुर्भाग्य से नहीं कर पाये। इसका एक बहुत बड़ा कारण यह है कि बौद्ध धर्म के प्रति उनके मन में बहुत बड़ा आग्रह था। शंकराचार्य ने बौद्ध धर्म का खंडन किया था, यह एक बहुत बड़ा कारण है जिससे राहुल जी वेदांत का विरोध करते हैं। उनके विचार से "शंकर की सफलता ने बतला दिया, कि ब्राह्मण (हिंदू) धर्मी किसी संप्रदाय को यदि सफलता प्राप्त करनी है, तो उसे शंकर के रास्ते का अनुकरण करना चाहिए।" (पृष्ठ 663)। इस वाक्य से पहली बात तो यह मालूम होती है कि शंकर अपने अभियान में सफल हुए और वेदांत का व्यापक प्रभाव पड़ा। उस वेदांत की व्याख्या लोगों ने अलग-अलग तरह से की। सबकी व्याख्या एक तरह की नहीं थी। मजेदार बात यह है कि स्वयं शंकर शैव सम्प्रदाय के हैं और रामानुज, निंबार्क, माध्व, राधावल्लभ वैष्णव संप्रदाय के हैं। (पृष्ठ 664)। तो यहाँ भी वेदांत संप्रदायों में विभाजित हो गया है।

अनीश्वरवादी दर्शन की चर्चा आरम्भ करते हुए राहुल जी कहते हैं : "मगध की राजनीतिक प्रधानता के साथ वहाँ के सर्वप्रिय धर्म—बौद्ध धर्म—ने भी अपने प्रभाव का विस्तार किया।" (पृष्ठ 559)। बौद्ध धर्म सर्वप्रिय धर्म हैं। बाकी जितने धर्म हैं, विशेष रूप से हिंदू धर्म या ब्राह्मण धर्म, ये शोषकों के धर्म हैं। एक धर्म अच्छा है, बाकी धर्म बुरे हैं, यह धारणा **दर्शन-दिग्दर्शन** में जगह-जगह देखने को मिलती है। गौतम बुद्ध के ही प्रसंग में राहुल जी वैदिक धर्म को याद करते हैं।

वैदिक धर्म से अलग कहीं वैदिक दर्शन की चर्चा नहीं है। जो वैदिक दर्शन है, वही वैदिक धर्म है। जो वैदिक धर्म है, वही वैदिक दर्शन है। राहुल जी कहते हैं : "समाज में वैदिक धर्म स्थिति-स्थापक था और वह संपत्ति वाले वर्ग की रक्षा और श्रमिक—दास, कर्मकर—वर्ग पर अंकुश रखने के लिए, खूनी हाथों से जनता को कुचलकर स्थापित हुए राज्य (शासन) की मदद करना चाहता था।" (पृष्ठ 537)। यह वैदिक धर्म कब शुरू होता है, कब समाप्त होता है, इसका उल्लेख नहीं है। मानना होगा कि ऋग्वेद के रचना-काल में भी वैदिक धर्म था। और उस समय जनता को कुचलकर एक राज्यसत्ता स्थापित की गयी थी जनता का शोषण करने के लिए। आगे चलकर यह व्यापार निरंतर बढ़ता गया, जनता का शोषण बढ़ता गया।

जनता के शोषण के बारे में राहुल जी क्या सोचते हैं, यह देखना उचित होगा। सोलहवें अध्याय का शीर्षक है 'अनीश्वरवादी दर्शन'। यह दर्शन का नया युग है। दूसरी सदी से लेकर चौथी सदी तक वह चलता है। इस युग की सामाजिक परिस्थितियाँ राहुल जी ने बतायी हैं। सबसे ऊपर एक छोटी सी संख्या देशीय या देशीय बन गये राजाओं, उनके दरबारियों की है जो शारीरिक श्रम के तथा उत्पादन के काम को घृणा की दृष्टि से देखते हैं। (पृष्ठ 561)। यह सामंत वर्ग हुआ, राजाओं का वर्ग हुआ। इसके बाद राहुल जी कहते हैं, दूसरी जमात धर्माचार्यों, भांडों और धूर्तों की है जिसका काम था सामाजिक व्यवस्था को विशृंखलित होने से रोकना। "तीसरी जमात व्यापारियों की थी जो कारीगरों के माल को कम दाम पर खरीदते और ज़्यादा दाम पर बेचते, देश-विदेश में जल-स्थल मार्ग से व्यापार करते थे, सूद पर रुपया लगाते थे और जिनकी करोड़ों की संपत्ति को देखकर राजा भी रश्क करते थे।" (पृष्ठ 561)। इनके अलावा "एक और जमात 'संसार-त्यागियों' की थी जो अपने को वर्गों से ऊपर निष्पक्ष, निर्लोभ सत्यान्वेषी समझते थे। इनसे उस बहुसंख्यक कर्मी वर्ग को क्या मिलता था? संसार झूठा है, संसार की वस्तुएँ झूठी हैं, इसकी समस्याएँ झूठी हैं, इनकी ओर से आँख मूँदना ही अच्छा है, अथवा धनी गरीब भगवान् के बनाये हैं, कर्म के सँवारे हैं, उनके भोगों के लिए ईर्ष्या करने की जरूरत नहीं; संतोष और धैर्य से काम लो, जिंदगीभर तो दुःख है।" (पृष्ठ 562)। जो काम करने वाले लोग थे, राहुल जी के अनुसार, "उनमें काफी संख्या ऐसे स्त्री-पुरुषों की थी जिनकी अवस्था पशुओं से बेहतर न थी। दूसरे सौदों की भाँति उनकी खरीद-फरोख्त होती थी। ये दास-दासी मनुष्य से पशु होते तो ही बेहतर था, क्योंकि उस वक्त इनका अनुभव भी तो पशुओं जैसा होता।"(उप.)। तो ये वर्ग थे जिनमें दर्शन का नया युग शुरू होता है। दर्शन के नये युग की विशेषता है अनीश्वरवाद। अद्भुत बात है। परिस्थितियों से कहीं पता नहीं चलता कि अनीश्वरवाद का विकास क्यों हुआ ? वह कौन-सा सामाजिक आधार था जिसने

अनीश्वरवादी दर्शन को आगे बढ़ाया ? इसी क्रम में राहुल जी आगे अनात्म भौतिकवादी चार्वाक दर्शन की चर्चा करते हैं। और चार्वाक पंथ का यह सिद्धांत प्रस्तुत करते हैं, "न स्वर्ग है, न अपवर्ग; न परलोक में जाने वाला आत्मा। वर्ण और आश्रम आदि की (सारी) क्रियाएँ निष्फल हैं। अग्निहोत्र, तीनों वेद, बुद्धि और पौरुष से जो हीन हैं, उन लोगों की जीविका है।" (पृष्ठ 565)। राहुल जी ने जो वर्ग बताये हैं, उनसे कहीं भी इस दृष्टिकोण का समर्थन नहीं होता। जो बातें चार्वाक पंथी कह रहे थे, उनसे इन सभी वर्गों का अहित होता था। इन चार्वाकपंथियों का सामाजिक आधार क्या था, यह कहीं भी इस अध्याय में स्पष्ट नहीं होता।

दार्शनिक ही नहीं, इस प्रसंग में राहुल जी ने सम्राट् कनिष्क का उल्लेख किया है। जैसे उन्होंने बौद्ध धर्म को सर्वप्रिय धर्म बताया है, वैसे ही कनिष्क को भारत का महान् सम्राट् कहा है। (पृष्ठ 562)। आगे अश्वघोष का उल्लेख है। "अश्वघोष संस्कृत काव्य-गगन में एक महान् कवि और नाट्यकार के रूप में आते हैं।" (पृष्ठ 563)। इनका किस वर्ग से संबंध है ? ये कैसे इतने बड़े नाटककार बन गये जबकि सारे वर्ग ऐसे हैं जो कला और स्वतंत्र चिंतन के विरोधी जान पड़ते हैं? इसी पृष्ठ पर आगे कहते हैं : "दर्शन का नया युग नागार्जुन से आरंभ होता है।" कैसे आरंभ होता है ? नागार्जुन किस वर्ग के साथ थे? यदि वह यही सिखाते हैं कि संसार झूठा है, संसार की वस्तुएँ झूठी हैं, तो इससे दर्शन का नया युग कैसे आरंभ हुआ? ये बहुत सारे प्रश्न हैं जिनका उत्तर **दर्शन-दिग्दर्शन** में नहीं है।

राहुल जी ने कारीगरों का उल्लेख किया है, कर्मकरों का उल्लेख किया है। एक बात की चर्चा उन्होंने नहीं की। इन कारीगरों से डंडे के जोर पर काम कराया जाता था, या इन्हें अपने काम के लिए पारिश्रमिक मिलता था? कौटिल्य के **अर्थशास्त्र** से लेकर **आईने अकबरी** तक कारीगरों को पगार देने की व्यवस्था है। यों तो राहुल जी शूद्रों पर अत्याचार की अतिरंजित कहानियाँ प्रस्तुत करते हैं, अंग्रेज़ी राज्य में उनकी दशा को प्राचीन काल पर आरोपित करते हैं, पर वह इस सत्य को छिपाते हैं कि वहाँ व्यापार का बहुत विकास हुआ, वह इस कारण नहीं हुआ कि शूद्रों से जबरदस्ती काम कराया जाता था वरन् इसलिए हुआ कि उन्हें अच्छी-खासी पगार दी जाती थी। भारत में बड़े-बड़े नगर थे। ये नगर व्यापार की मंडियाँ थे। नगरों का विकास कैसे हुआ ? जब तक नगरों के विकास को न पकड़ेंगे, तब तक भारत में दर्शन के विकास को हम नहीं समझ सकते। भारत यदि छोटे-छोटे ग्राम-समाजों का देश है, तो यहाँ धार्मिक अंधविश्वास हो सकते हैं, दर्शन का स्वतंत्र विकास असंभव है। चाहे भारत हो, चाहे यूनान, जहाँ भी विनिमय का विकास हुआ है, नगर सभ्यता विकसित हुई है, वहाँ उसके साथ मनुष्य का स्वतंत्र चिंतन भी विकसित हुआ है, दर्शनशास्त्र का विकास हुआ है। एक बात जो राहुल जी ने नहीं बतायी,

वह यह है कि शूद्र निम्न अवश्य समझे जाते थे, और कारीगरों को शूद्र ही माना जाता था, लेकिन उनको अपने काम के लिए पारिश्रमिक दिया जाता था। यह बात महत्वपूर्ण है।

दूसरी बात यह है कि जो किसान शहरों के लिए अनाज उत्पन्न करते थे, उसके लिए उन्हें कोई मुआवजा मिलता था या नहीं या जो पैदा करते थे, राजा उनसे छीन लेता था और शहर के लोगों में बाँट देता था। अर्थात् गाँव और नगर के बीच विनिमय का विकास हुआ था या नहीं ? निश्चय ही विनिमय सीमित था लेकिन गाँव की उपज नगरों में न पहुँचे तो शहर के लोग जीवित नहीं रह सकते। शहर और गाँव के बीच विनिमय का विकास हुआ, राहुल जी ने इसका उल्लेख नहीं किया। इसके साथ ही महत्वपूर्ण प्रश्न यह है : अंग्रेजी राज से पहले भारत के किसान अपनी भूमि के मालिक थे या नहीं थे? वे अपनी भूमि पर राजा को भाड़ा देते थे या कर देते थे? यदि भूमि राजा की थी तो वे उसको भाड़ा देते थे जैसा कि अंग्रेजी राज में वे ज़मीदारों को देते थे। किंतु यदि जमीन उनकी है तो वे भूमि के ऊपर राजा को टैक्स देंगे। उसको भाड़ा न देंगे। यहाँ के स्मृति ग्रंथों में बारबार इस बात का उल्लेख है कि किसान राजा को अपनी उपज का इतना अंश देंगे। जो अंश दिया जाता है, वह कर रूप में दिया जाता है, बलि रूप में दिया जाता है, भाड़े के रूप में नहीं दिया जाता। अंग्रेजी राज के कायम होने से पहले किसान गरीब होते हुए भी—और सभी किसान गरीब नहीं थे—अपनी संपत्ति के स्वामी थे। यह बात भी कहनी चाहिए थी। यदि पगारजीवी कारीगर को ध्यान में रखें और अपनी जमीन के मालिक किसान को ध्यान में रखें, तो यह बात बहुत अच्छी तरह से समझ में आ जाती है, यहाँ भौतिकवादी दर्शन का सामाजिक आधार क्या था। कौन-से लोग थे, किन वर्गों के हित में वे पुरोहितों से लड़ रहे थे, स्वर्ग-नरक की कल्पनाओं को ध्वस्त कर रहे थे, यह समझ में आ जाता है। यर्थाथवादी दार्शनिक इस आम जनता के हित में ये सारे काम कर रहे थे। राहुल जी के दिमाग में जो सामंती भारत का चित्र है, उसमें विनिमय का, व्यापार का विकास नहीं होता। कुछ लोग धनी हैं, वे कैसे धनी हो गये, यह बात स्पष्ट नहीं होती। कारीगरों से उनका क्या संबंध था, इसका कहीं उल्लेख नहीं है। किसान जो फसल पैदा करते हैं, उसके लिए उनको क्या मूल्य मिलता है, कैसे यह उपज शहर तक पहुँचती है, इसका भी उल्लेख नहीं है। इसलिए प्रसंगवश सामाजिक परिस्थितियों का जो विवरण राहुल जी देते हैं, वह एकांगी है, अधूरा है। उससे दर्शनशास्त्र की पृष्ठभूमि समझने में जरा भी मदद नहीं मिलती।

भारतीय इतिहास में आर्य, द्रविड़, किरात

(1)

राहुल जी ने भारत से संबंधित इतिहास चिंतन की जो विशाल इमारत खड़ी की है, उसमें नींव का पत्थर है भारत पर आर्यों के आक्रमण का सिद्धांत। वे गोरी नस्ल के लोग हैं, यहाँ आकर वे अपने से अधिक विकसित सभ्यता का नाश करते हैं। भारत का समस्त सामाजिक-सांस्कृतिक विकास आर्यों की विजय से प्रभावित होता है।

रोमन साम्राज्य का विध्वंस करने वाले बर्बर जर्मन कबीलों से वैदिक आर्यों की तुलना करते हुए राहुल जी ने **दर्शन-दिग्दर्शन** में लिखा है :

"असभ्य लड़ाकू जनयुगीन जर्मनों ने जैसे सभ्य संस्कृत रोमनों और उनके विशाल साम्राज्य को ईसा की चौथी शताब्दी में परास्त कर दिया, उसी तरह सर जान मार्शल के मतानुसार इन आर्यों ने कसंधु उपत्यका के नागरिकों को परास्त कर वहाँ अपना प्रभुत्व 1800 ई॰ पू॰ के आसपास जमाया।" (पृष्ठ 380)। यहाँ राहुल जी ने मार्शल का हवाला दिया है। वास्तव में सिंधु सभ्यता के विनाश के लिए मार्शल ने आर्यों को उत्तरदायी न ठहराया था। यह कल्पना सबसे पहले बंगाल के विद्वान् रामप्रसाद चंद ने प्रस्तुत की थी। उनका लेख 1926 में प्रकाशित हुआ था। उसे देवीप्रसाद चट्टोपाध्याय ने **धर्म और सामज** नाम की अपनी पुस्तक में उद्धृत किया था। यह पुस्तक 1981 में प्रकाशित हुई थी। देवीप्रसाद चट्टोपाध्याय ने व्हीलर और पिगॉट पर आरोप लगाया है कि उन्होंने रामप्रसाद चंद की स्थापना उधार ले ली परंतु उनका ऋण स्वीकार नहीं किया। राहुल जी संभवतः रामप्रसाद चंद के लेख से परिचित न थे। इसलिए उनकी कल्पना उतनी ही मौलिक है जितनी रामप्रसाद चंद की।

व्हीलर से काफी पहले राहुल जी ने लिखा था कि सिंधु घाटी की सभ्यता का नाश आक्रमणकारी आर्यों ने किया था। किंतु इसके लिए उन्होंने मार्शल का नाम लेना जरूरी समझा। मार्शल ने 1924 में जो लेख लिखा था, उसमें यह बताया था कि सिंधु घाटी की सभ्यता का नाश तुरंत नहीं हो गया वरन् वह शताब्दियों तक जीवित रही। इस लेख में उन्होंने कहा था कि अभी इतना ही कहा जा सकता है कि सिंधु घाटी में यह संस्कृति फली-फूली और वह शताब्दियों तक बनी रही होगी और उसका अंत तीसरी सदी ई॰ पू॰ में मौर्य सत्ता के अभ्युदय के पहले हुआ होगा। इस तरह मार्शल हजार साल से ऊपर तक सिंधु घाटी की सभ्यता के जीवित रहने की बात करते हैं। नगर नष्ट हो गये, किंतु उस सभ्यता का जो प्रसार छोटे कस्बों

और गाँवों में था, वह बहुत दिनों तक बना रहा। इससे मिलती-जुलती स्थापना उन्होंने 1931 में प्रकाशित सिंधु सभ्यता पर अपने ग्रंथ में दोहरायी। इसमें उन्होंने प्रश्न किया है कि क्या हम यह मानें कि वैदिक आर्य सिंधु घाटी की सभ्यता के बाद तुरंत ही पंजाब में आये या दोनों के बीच में अंतराल था। इन प्रश्नों से पता चलता है कि वह सिंधु घाटी की सभ्यता के विनाश के लिए आर्यों को दोषी न मानते थे। या तो आर्य सिंधु घाटी की सभ्यता के ह्रास के बाद आये, या दोनों के बीच एक अंतराल था।

आगे फिर कहते हैं : वेदों में जो चित्र हमें दिखाई देता है, आर्यों से पहले की जनता का जो चित्र दिखायी देता है, "उससे मुझे यह विश्वास होता है कि उस समय सिंधु घाटी की सभ्यता छाया मात्र रह गयी होगी। इसका पूर्व रूप समाप्त हो चुका होगा।" (पृष्ठ 112)। यहाँ भी उन्होंने कहा है कि आर्यों के प्रवेश के समय **ऋग्वेद** में जहाँ-तहाँ आर्येतर सभ्यता के जो चिह्न मिलते हैं, वे सिंधु घाटी की समृद्ध सभ्यता के चिह्न नहीं हैं। अगर उन चित्रों का कोई संबंध सिंधु घाटी की सभ्यता से है, तो वह सभ्यता छाया मात्र रह गयी है। उसे निष्प्राण करने का दायित्व इन वैदिक आर्यों का नहीं है।

ऋग्वेदिक आर्य पुस्तक में राहुल जी ने व्हीलर का हवाला देते हुए लिखा, "आर्यों का सप्त सिंधु में छा जाना शांतिपूर्वक नहीं हुआ। अपने से अधिक सभ्य तथा नागरिक होने से अपेक्षाकृत मृदुल प्रकृति वाले प्रतिद्वंदियों से उनका खूनी संघर्ष 1500 ई॰ पू॰ के आसपास हुआ था। हड़प्पा की खुदाई में ऐसे निर्मम हत्याकांड का प्रमाण मिला है जिसका उल्लेख व्हीलर ने अपनी पुस्तक **इन्डस सिविलाइज़ेशन** में किया है।" (पृष्ठ 13)। यहाँ राहुल जी ने व्हीलर का हवाला उचित दिया है। किंतु व्हीलर ने जो बातें कही थीं, वे सही नहीं थीं। उनका खंडन अमरीकी पुरातत्वज्ञ डेल्स ने किया था। डेल्स ने अपना लेख 'मोहेञ्जोदड़ो का कल्पित हत्याकांड' 1964 में प्रकाशित किया था। उसके प्रकाशन के दो साल बाद 1966 में व्हीलर की पुस्तक का नया संस्करण निकला। उस पुस्तक में डेल्स के तर्कों का उत्तर न दे पाने के कारण उन्होंने पीछे हटते हुए लिखा : "एक विशेष संदर्भ में, जिसे दूसरे लेखकों ने बढ़ा-चढ़ा कर दिखाया था, अथवा औचित्य से परे उसे हीन बना दिया था, मैंने कभी हल्के-फुल्के ढँग से इस प्रपंच के लिए इंद्र और उनके आर्यों को दोषी ठहराया था।" आर्यों के आक्रमण और हत्याकांड की बात के लिए उन्होंने कहा कि मैंने तो यह मजाक में कहा था, हल्के-फुल्के ढंग से कहा था। फिर आगे कुछ अधिक गंभीर होकर उन्होंने लिखा : "वर्षों पहले मैंने सुझाया था कि उप महाद्वीप के उत्तर-पश्चिम पर आक्रमण करने वाले आर्य विनाश के अंतिम उपादान थे। इसे सिद्ध नहीं किया जा सकता और संभव है, वह बिल्कुल गलत हो। पर वह असंभव नहीं है।" उन्होंने यहाँ पर अपनी

बात को पूरी तरह वापस नहीं लिया, साथ ही यह भी कहा है कि इसे प्रमाणित नहीं किया जा सकता कि आर्यों ने सिंधु घाटी की सभ्यता का नाश किया था। इसलिए यह मान लेना कि व्हीलर के अनुसार आर्यों ने सिंधु घाटी की सभ्यता का नाश किया था, सही नहीं है।

1966 में पुस्तक का नया संस्करण निकला, उसे देखने को राहुल जी नहीं थे। पर दूसरे लोग जो उन्हें सलाह देते थे, जो उनकी पुस्तकों के संशोधित संस्करण निकालते थे, उन्हें इस बात का उल्लेख पुस्तक की भूमिका में कर देना चाहिए था। व्हीलर ने सिंधु सभ्यता के विनाश के बारे में जो कुछ कहा था, राहुल जी ने अपनी कल्पना से उसमें इजाफा किया। उनकी एक मौलिक सूझ यह है : "मोहनजोदड़ो, हड़प्पा और ऐसे कितने नगरों के संहार के बाद सप्त-सिंधु की विजित भूमि को पशुपाल आर्य जनों ने आपस में बाँटकर उसे गोचर भूमि में परिणत कर दिया।" (पृष्ठ 17)। राहुल जी का मत है कि आर्यों ने नगरों का पूरी तरह नाश कर दिया। वे पशु पालन के अभ्यस्त थे, इसलिए अपनी गायों को चराने के लिए वहाँ उन्होंने चरागाह बना लिये। यदि यह बात सही हो तो प्रश्न यह है कि मार्शल तथा अन्य पुरातत्वज्ञों ने मोहेञ्जोदड़ो, हड़प्पा आदि नगरों के जो अवशेष खोद निकाले, वे उन्हें मिले कैसे। वहाँ दीवारें सुरक्षित थीं, स्नानागार, छोटे कमरे, बड़े कमरे, गलियाँ, ये सब खोदकर निकाली गयीं। नगर निर्माण की योजना में मोहेञ्जोदड़ो के लोग बहुत आगे बढ़े हुए थे, यह बात सामने आयी। यदि यहाँ चारगाह बना लिये जाते तो अवशेष मिलते ही नहीं।

एक प्रश्न वह करते हैं कि मोहेञ्जोदड़ो महत्वपूर्ण नगर था; यदि आर्यों ने उसका नाश किया था तो उसका नाम **ऋग्वेद** में कहीं आना चाहिए था। लेकिन उनका तर्क यह है : "मोहेञ्जोदड़ो की भूमि किसी अल्प परिचित आर्यजन ने सँभाली, इसीलिए उसका नाम **ऋग्वेद** में नहीं मिलता।" (पृष्ठ 17)। तर्क यह है कि आर्यों का कोई ऐसा कबीला था जो प्रसिद्ध नहीं था। उसने सिंधु घाटी के सबसे प्रसिद्ध नगर को बर्बाद किया और वहाँ की जमीन उसने सँभाली। वह नामी नहीं था, इसलिए उस नगर का नाम भी **ऋग्वेद** में नहीं आया। आगे राहुल जी कहते हैं कि मुख्य संघर्ष सिंधु घाटी के मैदानों में नहीं हुआ। मुख्य संघर्ष पहाड़ों में हुआ और वह द्रविड़ों से नहीं हुआ बल्कि किरातों से हुआ। कहते हैं : "ऋग्वेदिक ऋषि अपने जिन भयंकर प्रतिद्वंदियों का उल्लेख करते हैं, वे मैदान के सिंधु-संस्कृति वाले—द्रविड़—नहीं थे, बल्कि वे पहाड़ों में रहते थे। उनके किले (पुर) पत्थरों के बने (अश्मनूमय) होते थे। इन किलों के तोड़ने में आर्यों को लोहे के चने चबाने पड़े।" (पृष्ठ 76)। और भी : "सिंधु-जाति के लोगों की मुठभेड़ आर्यों के साथ पहले हुई। यह निश्चय है कि लोगों ने आसानी से हथियाार नहीं रखा होगा। पर, ऋग्वेद के काल में ये मुख्य प्रतिद्वंदी नहीं थे।"

(पृष्ठ 77)। राहुल जी पहाड़ों में रहने वाले किरातों को आर्यों का मुख्य शत्रु मानते हैं। सिंधु सभ्यता का नाश उन्होंने आसानी से कर लिया और उसके बाद लोहे के चने चबाने पड़े जब वे पहाड़ों पर गये। यह राहुल जी की मौलिक सूझ है। व्हीलर आदि की कल्पना किरातों तक न पहुँची थी।

राहुल जी ने वह क्षेत्र बता दिया है जहाँ यह संघर्ष हुआ था और कितने दिन हुआ था, यह भी उन्होंने बताया है। कहते हैं, "शंबर बृहत् पर्वत के भीतर रहता था।" (पृष्ठ 102)। यह शंबर किरातों का नेता है और वह आर्यों से संघर्ष करता है। जिस क्षेत्र में रहता है, वह हिमालय का क्षेत्र है। बृहत् पर्वत उस समय हिमालय को कहा जाता था। इस तरह शंबर हिमालय के भीतर रहता था। "सिवालिक का छोटा पर्वत उसी से मिला हुआ था, जिसे अब भी अलग नहीं समझा जाता। छोटे पर्वत में नहीं, बल्कि बृहत् पर्वत में शंबर के होने की बात यह बतलाती है कि उसके पुर सिवालिक के पीछे वाले बड़े पहाड़ों में थे। 19वीं शताब्दी के आरंभ तक अजेय माने जाने वाला किला-काँगड़ा उसी में पड़ता है। कोई आश्चर्य नहीं, यदि इस पहाड़ी ने शंबर के पुर का भी काम दिया हो।" (पृष्ठ 103)। इस तरह हम उस स्थान की जानकारी प्राप्त करते हैं जहाँ हज़ारों साल पहले किरातों से आर्यों का संग्राम हुआ था। वह किला बहुत दिन तक बना रहा; यह संभव है कि शंबर ने वहीं आर्यों से लोहा लिया हो। यहाँ भूकंप आया और उससे पुरातत्व की बहुत-सी सामग्री नष्ट हो गयी, नहीं तो मोहेञ्जोदड़ो की तरह यहाँ भी आर्यों की विनाशलीला के प्रमाण मिल जाते। पर किला-काँगड़ा में जो पुरातात्विक सामग्री थी, उसमें से "अधिकांश को भूकंप ने ध्वस्त कर दिया है", "इसलिए शंबर की अश्मन्मयी किसी अजेय पुरी के अवशेष के पाने की आशा नहीं रखी जा सकती।" (पृष्ठ 103)।

राहुल जी की कल्पना में शंबर पहले मोहेञ्जोदड़ो में ही रहता था, किला-काँगड़ा वह बाद में पहुँचा। **ऋग्वेदिक आर्य** पुस्तक उन्होंने 1956 में लिखी थी, इससे पहले 1942 में उनका कहानी संग्रह **वोल्गा से गंगा** प्रकाशित हुआ था। इसमें एक कहानी है 'अंगिरा'। इसमें दो युवा मित्र शंबर और उसके सिंधु तटवर्ती नगरों की चर्चा इस प्रकार करते हैं :

"सुनते हैं, असुर अब भी आर्यों से लड़ रहे हैं।

"सिर्फ समुद्र तट पर उनका एक नगर बच रहा था···

"असुरों के मकान ईंटों—आग में पकाई चौकोर, किंतु लंबी अधिक—के होते हैं। उनके नगरों को जिस दीवार से घेरा गया रहता है, वह भी ईंट की होती है···

"और शंबर के पराक्रम की भी तो बड़ी-बड़ी कथाएँ सुनी जाती हैं, उसका समुद्र में घर था, उसका रथ आकाश में चलता था।

"शंबर को मरे दो सौ साल हो गये, किंतु मुझे विश्वास है, उसके पास अश्वरथ

भी न रहा होगा···

"तो शंबर यदि इतना साधारण शत्रु था, तो उसके जीतने से हमारे इंद्र की इतनी महिमा क्यों हुई?

"क्योंकि शंबर बहुत वीर था। उसके स्वर्ण खचित लौह कवच को मैंने सौवीर पुर में देखा है, वह बहुत ही दृढ़ और विशाल है। असुर आम तौर से कद में छोटे होते हैं। किंतु शंबर बहुत बड़ा था, बहुत लंबा-चौड़ा और शायद कुछ अधिक मोटा और हमारा मघवा इंद्र—पतला, छरहरा जवान। सिंधु के तट पर अब भी असुरों के पुरदुर्ग देखने को मिलते हैं।" (**वोल्गा से गंगा**, पृष्ठ 62-63)।

'अंगिरा' कहानी में असुरों के रंग का उल्लेख भी उन्हीं मित्रों की बातचीत में किया गया है।

"असुर मंगुर के चमड़े या ताँबे जैसे वर्ण के होते हैं। पूरब में एक और तरह के लोग रहते हैं जिन्हें कोल कहते हैं, बिल्कुल कोयले जैसे काले होते हैं।" (पृष्ठ 65)।

अनेक विद्वान् मानते हैं कि सिंधु घाटी की सभ्यता द्रविड़ सभ्यता थी और **ऋग्वेद** में जिन्हें कृष्णयोनि आदि कहा गया है, वे द्रविड़ थे। 'अंगिरा' कहानी में ये द्रविड़ असुर हैं और 'ताँबे के रंग के हैं'। **ऋग्वेदिक आर्य** में ताँबे के रंग वालों का जिक्र नहीं है, एक वाक्य में संकेत यह किया गया है कि द्रविड़ काले थे। आर्य काले-पीले रंगों में भेद न कर पाते थे, इसलिए—"द्रविड़ और किरात दोनों में **ऋग्वेद** ने कोई भेद नहीं किया और दोनों ही को कृष्ण-चर्म, कृष्णयोनि या कृष्णवर्ण कहा है। यद्यपि किरात कृष्ण नहीं, बल्कि पांडुवर्ण मंगोलायित थे।" (पृष्ठ 29)। यानी द्रविड़ काले, किरात पीले, आर्यों को दोनों काले नज़र आये।

'अंगिरा' में शंबर असुर है और ताँबे के रंग का है, **ऋग्वेदिक आर्य** में वह किरात है और पीले रंग का है। 'अंगिरा' में किरातों का पता नहीं है, **ऋग्वेदिक आर्य** में कोलों का पता नहीं है। आर्यों के शत्रु बदलते रहते हैं; उनका रंग बदलता रहता है, प्रतिरोध का स्थान बदलता रहता है। इसी तरह भारत में आर्यों के प्रवेश का समय बदलता रहता है, **ऋग्वेद** की रचना का स्थान बदलता रहता है।

मानव-समाज में : "ई.पू. 2000 में जब हिंदी आर्य सिंधु तट तक पहुँचे, तो उन्हें लोहा मालूम न था।" (पृष्ठ 51)।

ऋग्वेदिक आर्य में : "आर्यों का भारत में प्रवेश ई.पू. 1500 से पहले नहीं मालूम होता।" (पृष्ठ 4)।

यह तो हुआ काल-परिवर्तन। इसी तरह स्थान-परिवर्तन।

मानव-समाज में : "गंगा की उपत्यका में 1500 ई.पू. के करीब वेद रचे जा रहे थे··· ऋग्वेद में पंजाब की नदियों का ज़िक्र है, किंतु शुद्ध पंजाबी राजा का वहाँ कोई ज़िक्र नहीं है।" (पृष्ठ 39)।

ऋग्वेदिक आर्य में : "यह तो निश्चित है, कि ऋग्वेद के ऋषि (सबसे पिछले भी) गंगा के पूर्व के किसी भूभाग या नदी का परिचय नहीं रखते। जिस तरह महमूद गजनवी के समय से मुस्लिम शासक पंजाब को लेकर वहीं जम गये और प्रायः दो सदियों तक पूर्व में नहीं बढ़ सके, वही बात कुछ सदियों के लिए सप्तसिंधु के आर्यों की हुई। इस प्रकार पश्चिम में खैबर से पूर्व में यमुना के किनारे तक आर्यों का प्रभाव फैला हुआ था।" (पृष्ठ 10-11)। ज़ाहिर है **ऋग्वेद** की रचना यहीं हुई थी, और गंगा की उपत्यका यहाँ से दूर है। किंतु **सिंह सेनापति** में : "उदीची (पंजाब) के आर्यों ने वेद नहीं बनाया, इसलिए आज भी वहाँ गये ब्राह्मण जरूर मिल सकते हैं। कुरु पंचाल में अष्टक, वामदेव आदि नहीं मिलते—प्राची ने वेद बनाये और वहीं आर्यों के भीतर यह ब्राह्मण-क्षत्रिय भेद जबर्दस्त पाया जाता है।" (पृ॰ 157)। (गये ब्राह्मण—अर्थात् पंजाब में वही ब्राह्मण हैं जो वहाँ बाहर से पहुँच गये हैं।)

आर्यों के विरोधियों की संस्कृति इस तरह की थी : "उच्च वर्ग के असुर चाहे जितने चतुर हों, किंतु उनमें कायर अधिक पाये जाते हैं। यह अपने अधीनस्थ भटों और दासों के बल पर शत्रु से मुकाबला करना चाहते हैं। सबल शत्रु के सामने ऐसी सेना ठहर नहीं सकती। असुरों के शासक—राजा, सामंत—अपने जीवन का एक मात्र उद्देश्य भोग-विलास समझते थे। हरेक सामंत की सैकड़ों स्त्रियाँ और दासियाँ होती थीं। स्त्रियों को भी वह दासियों की भाँति रखते थे।" (**वोल्गा से गंगा**, पृष्ठ 57)। इस तरह इतिहास ने आर्यों की भारत विजय को अनिवार्य बना दिया था।

वोल्गा से गंगा (1942) में शंबर सिंधु-घाटी के असुरों का नेता है। **ऋग्वेदिक आर्य** (1957) में हिमालय के किरातों का नेता है। **दिवोदास** (1963) लेखन काल (1961) में वह फिर असुरों का नेता हो जाता है अथवा यह कहना उचित होगा कि यहाँ किरात ही असुर बन गये हैं :

"जब तक शंबर जीवित था, तब तक मायावी असुर जीवित थे।" (पृष्ठ 136)।

"किरात असुर अपने को आर्यों से किसी तरह कम नहीं समझते थे।" (पृष्ठ 138)।

"दिन-दिन असुरों की मृत्यु संख्या बढ़ती जाती थी और उसकी सूचना शंबर को मिलती थी।" (पृष्ठ 142)।

"शंबर और दिवोदास का युद्ध समाप्त हुआ···असुर युद्ध क्षेत्र छोड़ कर भागे··· कुछ ही दिनों में सारी पर्वत की निम्नस्थली असुरों से शून्य हो गयी।" (पृष्ठ 194)।

इसमें संदेह नहीं कि राहुल जी यहाँ किरातों को ही असुर कह रहे हैं। किला-काँगड़ा यहाँ भी है। "शंबर ने यह अजेय स्थान चुना था··· संभवतः वह स्थान वर्तमान काँगड़ा हो, जिसका किला 19वीं सदी के आरंभ तक अजेय समझा जाता

रहा।" (पृष्ठ 139)। शंबर का मुख्य सहायक शुष्ण था। "शुष्ण पीले वर्ण का था अर्थात् सोने की तरह का।" (पृष्ठ 135)। यहाँ असुरों और आर्यों के रंग में भेद मिट गया है। वैसे यहाँ नस्लों का समीकरण बदल गया है : "यद्यपि असुरों के मुख्य शत्रु आर्य थे। वही उनकी पुरियों पर लालचभरी निगाह डालते थे। पर पणि (प्राग् द्रविड़) और निषाद (भील आदि अत्यंत काले पुरुष) आर्यों को सहायता देते थे।" (पृष्ठ 138)।

संसार की नस्लों के रंग अलग-अलग तरह के क्यों हैं? **दिवोदास** में शिष्य भुज्यु पूछता है : "हमारे केश सुनहले, हमारी आँखें नीली या सुनहली हैं··· पर दूसरों के वर्ण भिन्न क्यों हैं?" (पृष्ठ 603)। गुरु भरद्वाज उत्तर देते हैं : "यह भी इन्द्र ही का काम है। उन्होंने पणियों की मदगुर छवि (माँगुर के रंग का) बनायी, निषादों को कोयले की तरह काला और किलातों को अनास (चिपटी नाकवाला) श्रमुश्रुविहीन। इन्द्र की यह इच्छा थी कि वर्ण द्वारा भक्तों और अभक्तों को पृथक् कर दिया जाये।"(उप.)।

वोल्गा से गंगा में "असुर मंगुर के चमड़े या ताँबे जैसे वर्ण के होते हैं।" (पृष्ठ 65)। यही लोग **दिवोदास** में पणि हैं। **ऋग्वेदिक आर्य** में पणि स्पष्ट रूप में द्रविड़ हैं। "पणि जिस जाति—द्रविड़—के थे···।" (पृष्ठ 37)। इनके साथ आर्यों ने दो तरह का व्यवहार किया। मोहेञ्जोदड़ो, हड़प्पा आदि नगरों को तबाह करने के बाद आर्यों ने उस क्षेत्र को "गोचर भूमि में परिणत कर दिया।" (पृष्ठ 17)। इसी पुस्तक में आर्य पणियों के व्यापार के रक्षक भी हैं। "यदि सर्वस्व-हरण कर लिया जाता, तो व्यापार हो ही नहीं सकता था। इसीलिए आर्य पणियों की पूँजी और उनके व्यवसाय के साधनों का हरण करना नहीं चाहते थे। उन्हें सोने की जरूरत थी। मणि और रत्न की भी कदर उनमें बढ़ी थी। ये चीज़ें पणियों द्वारा ही मिल सकती थीं। इसलिए पणियों की रक्षा करना भी वह अपना कर्तव्य समझते थे। पणि भी उदारतापूर्वक आर्य ऋषियों को दान देते थे, यह भी हम देखेंगे।" (पृष्ठ 37)। दूसरे पणि आर्यों की कृपा पर निर्भर रह कर कृषक या शिल्पी का जीवन बिताने लगे। "कितने ही आर्यों के दास-दासी बने थे।" (उप.)।

एक ही पुस्तक में पणियों को लेकर दो तरह की स्थापनाएँ हैं। एक के अनुसार आर्यों ने उनके नगर बर्बाद करके वहाँ चरागाह बना डाले; दूसरी के अनुसार उन्होंने उनके व्यापार की रक्षा की।

राहुल जी ने शंबर को बारबार याद किया है, उसके बारे में दो शब्द कह देना उचित है। शंबर मनुष्य नहीं था, दानव था। राहुल जी ने **ऋग्वेद** की एक ऋचा का अनुवाद किया और नीचे एक पादटिप्पणी दी है। वह इस प्रसंग में अवलोकनीय है।

ऋचा यह है : "जिसने पर्वत में रहते **शंबर** को चालीसवीं शरद में जा धरा। जिसने ओजायमान हो सोते हुए दानव अहि को मारा। हे लोगो, वह इन्द्र है।" (2.12.11)।

अहि शब्द पर नीचे टिप्पणी है : "सर्प, नमुचि, वृत्र, शंबर के लिए यह नाम।" (**ऋग्वेदिक आर्य**, पृष्ठ 311)।

सर्प, नमुचि, वृत्र, शंबर--ये सब एक ही श्रेणी के जीव हैं। ऋचा के अनुवाद में अहि के पहले दानव शब्द है। दानव वैदिक कवियों की कल्पना में सर्पाकार होते थे। इसलिए उन्हें अनास कहा गया। इंद्र ने अनास दस्युओं को मारा (5.29.10), यहाँ अनास का अर्थ चपटी नाक वाले मनुष्य नहीं, सर्प है, जिसकी नाक दिखायी नहीं देती। साँप के हाथ-पैर नहीं होते, इसलिए वृत्र को अपात्, अहस्त कहा गया है। (1.32.7)। सर्पाकार दानव नदियों का प्रवाह रोकते हैं, इसीलिए उन्हें मारना आवश्यक होता है। **वृत्रं जघन्वाँ असृजद् वि सिन्धून्**। इंद्र ने वृत्र को मारा और नदियों को प्रवाहित किया। (4.19.8)।

राहुल जी ने शुष्ण को शंबर का प्रधान सहायक कहा है। जैसा कि मैकडनल ने लक्ष्य किया है, शुष्ण सूखे का प्रतीक है। वह भी सर्प है क्योंकि इंद्र **शुष्णस्य अण्डानि भेदति** शुष्ण के अंडों को फोड़ता है। (8.40.10)। शंबर के समान शुष्ण के पास भी दुर्ग हैं पर वे धरती पर नहीं आकाश में हैं। इंद्र ने **शुष्णस्थ चरिष्णवं** पुरं शुष्ण के गतिशील दुर्ग को तोड़ा। (8.1.28)। बादल में बैठा हुआ शुष्ण उसके पानी को रोके हुए है। इंद्र उसे मारकर धरती पर 'गतिशील दुर्ग' का जल गिराते हैं।

किरातों या द्रविड़ों से संबंध न तो शंबर का है, न शुष्ण का।

(2)

ऋग्वेदिक आर्य में राहुल जी पहले कहते हैं : "ऋग्वेद में आर्यों के वर्ण का सविवरण निर्देश नहीं है।" (पृष्ठ 30)। फिर अगले पृष्ठ पर बताते हैं : "वसिष्ठ के कथनानुसार आर्यों का रंग श्वेत था।" और भी : "पिशंग हिरण्य या हरित वर्ण को ही (पिंगल) भी कहते हैं। गृत्समद ने पुत्र की कामना करते हुए कहा है–'त्वष्टा हमें पिशंगरूप सुभर आयुष्मान् क्षिप्रकारी देव-भक्त वीर संतान दें।' " आर्यों का यह रंग बहुत दिन तक बना रहा। "बुद्ध के रंग को सुवर्ण-वर्ण और आँखों के रंग को अलसी के फूल के रंग का अभिनील बतलाया गया है।" (पृष्ठ 30)। इसलिए आर्य वोल्गा से चले और गंगा तक पहुँचे।

अब वाल्मीकि रामायण में पिंगल वर्ण का उल्लेख देखें। जब रावण सीता को लिये जा रहा था, तब पर्वत शिखर पर बैठे हुए पाँच वानरों को देखकर सीता ने एक वस्त्र में बाँधकर अपने कुछ आभूषण गिरा दिये। **पिङ्गाक्षाः** पीली आँखों वाले, वे वानर रोती हुई सीता को निर्निमेष देखते रहे। (अरण्य/54.4)।

सुग्रीव बालि से लड़ने गया, बालि ने **सुग्रीवं हेमपिङ्गलम्** स्वर्ण के समान पिंगलवर्ण सुग्रीव को देखा। (किष्किंधा, 16.15)। राम ने बालि को मारा, तब उन्होंने **दीप्तास्यं हरलोचनम्** दीप्त मुखमंडल और पीले नेत्र वाले बालि को देखा और उसके पास गये। (उप॰, 17.12)। रावण भी पिंगलाक्ष है। सीता ने उसे फटकारा तो **क्रुद्धस्य हरिपर्यन्ते रक्ते नेत्रे बभूवतुः**—क्रोध से उसके पीले नेत्र लाल हो गये। (अरण्य, 49.5)। भागवत में दैत्य राज हिरण्याक्ष की आँखें तो पीली होंगी ही, उसके केश भी पीले हैं। **हिरण्यकेशो द्विरदं यथा झषः** उस हिरण्यकेश ने जल से निकलते हुए वराह रूप विष्णु का वैसे ही पीछा किया जैसे ग्राह गज का पीछा करता है। (3.18.7)। उसका जुड़वाँ भाई हिरण्यकशिपु तपस्या करता है, तब **जटादीधितिभी रेजे संवर्तार्क इवांशुभि :** उसकी जटाएँ ऐसे चमक रही थीं जैसे प्रलय काल के सूर्य की किरणें। (7.3.3)।

यहाँ पिंगलाक्ष और पिंगलकेशी जनों की कमी न थी। दैत्य मनुष्य ही थे, यह प्रह्लाद के उदाहरण से स्पष्ट हो जायेगा। राक्षस मनुष्य थे, यह रावण के पुरखों को याद करने से मालूम होगा। वह पुलस्त्य के वंश में पैदा हुआ था, विश्रवा का पुत्र था। पुलस्त्य और विश्रवा वेदपाठी ब्राह्मण थे। (उत्तर, 12.15;2.33)। विभीषण जब रावण के भवन में गये, तब उन्हें वेदमंत्रों की ध्वनि सुनायी दी। (युद्ध., 10.8.9)। रावण के पूर्वजों ने वेद रचे भी हों तो क्या आश्चर्य ! वानर मनुष्य थे, यह जानने के लिए सुग्रीव की पत्नी तारा को याद कर लेना काफी होगा। सुग्रीव भोगविलास में सीता का पता लगाना भूल गया, तब लक्ष्मण उसके भवन में पहुँचे, वहाँ नूपुरों और काञ्ची की ध्वनि सुनकर लज्जित हुए। फिर उन्होंने जोर से धनुष के रोदे को टंकारा। (किष्किन्धा., 33.25.26)। तब सुग्रीव के कहने से तारा लक्ष्मण के सामने आयी। मद्यपान से उसकी आँखें विह्वल थीं, पैर लड़खड़ा रहे थे, हार और करधनी की लड़ें ढीली होकर इधर-उधर लटक रही थीं। (उप॰, 33.38)।

सुग्रीव के सचिव हुनमान जब राम से मिलने गये, तब वह (राम) इनके संस्कृत ज्ञान से बहुत प्रभावित हुए। उन्होंने लक्ष्मण से कहा : ऋग्वेद, यजुर्वेद और सामवेद को जाने बिना कोई इस तरह बातें नहीं कर सकता। इन्हें व्याकरण का ज्ञान है, व्याकरण विरुद्ध इन्होंने एक शब्द भी नहीं कहा। (किष्किन्धा., 3.28-29)। इनकी माता के लिए कहा गया है :

अप्सराप्सरसां श्रेष्ठा विख्याता पुञ्जिकस्थला।
अञ्जनेति परिख्याता पत्नी केसरिणो हरेः।।

वह अप्सराओं में श्रेष्ठ अप्सरा थी, वह पुञ्जिकस्थला नाम से विख्यात थी और अञ्जना नाम से भी जानी जाती थी। (किष्किन्धा, 66.8)। **ऋग्वेद** के वसिष्ठ ऐसी ही एक अप्सरा के पुत्र थे।

राहुल जी ने गौतम बुद्ध और पतंजलि का हवाला देकर कहा है, ऋग्वेदिक आर्यों से छह शताब्दी बाद हुए बुद्ध और हजार वर्ष बाद हुए महाभाष्यकार पतंजलि। **ऋग्वेद** और बुद्ध-पतंजलि के बीच जितना फासला है, उससे कम फासला **ऋग्वेद** और **अथर्ववेद** के बीच होगा। **अथर्ववेद** के कई सूक्तों में ओषधियों को लेकर मंत्र रचे गये हैं। कुछ ओषधियाँ बालों को बढ़ाती हैं, उन्हें मजबूत करती हैं। एक मंत्र में उस ओषधि का उल्लेख है जो बालों को काला रखती है। कहा है, **केशा नडा इव वर्धतां शीष्णास्ते असिताः परि** तेरे सिर पर काले केश नरकट घास के समान बढ़ें। (सातवलेकर, 6.137.2)। इससे स्पष्ट है कि **अथर्ववेद** के समय में कम से कम कुछ ऋषि ऐसे थे जिनके बाल काले थे, और इन बालों का कालापन वे बहुत दिनों तक बनाये रखना चाहते थे। काले बालों वाले आर्यों की परंपरा **अथर्ववेद** से समाप्त नहीं हुई। जैसा कि सभी लोग जानते हैं, वाल्मीकि **रामायण** के चरितनायक राम श्याम वर्ण के थे। और **महाभारत** के प्रमुख पात्र कृष्ण तो साँवले रंग के थे ही। गोरे और साँवले रंग वैदिक काल से महाकाव्यों के समय नक चले आ रहे हैं।

राहुल जी के अनुसार आर्यों का रंग "जरूर कपिल, केश पीले (पिंगल) और आँखों का रंग प्रायः बुद्ध की तरह अभिनील रहा होगा।" (**ऋग्वेदिक आर्य,** **पृष्ठ** 30)। **बुद्धचरित** के लेखक अश्वघोष राहुल जी से लगभग दो हजार वर्ष पहले पैदा हुए थे। **बुद्धचरित** में बुद्ध के बालों का वर्णन इस प्रकार किया गया है : **महोर्मिमन्तो मृदवो सिताः शुभाः** उनके बाल घुँघराले हैं, कोमल हैं, **असिताः** काले हैं, और **शुभाः** अच्छे लगते हैं। (8.52)। जांस्टन ने इसका अनुवाद करते हुए लिखा है : (hairs which were soft black and glossy) बाल मुलायम और काले हैं। पीले केशों का कहीं उल्लेख नहीं है। अन्यत्र गौतम बुद्ध की भौंहों का उल्लेख है। जांस्टन के अनुवाद में इन्हें (very long black eyelashes) बहुत लंबी काली भौंहें कहा गया है। **बुद्धचरित** की प्रतियाँ खंडित हैं। और उनमें पहले सर्ग का यह अड़तीसवाँ श्लोक नहीं है। जांस्टन ने तिब्बती अनुवाद के आधार पर अंग्रेजी में उसका अनुवाद किया था। चाहे सर के बाल हों, चाहे भौंहों के बाल हों, दोनों जगह उनका काला होना लिखा मिलता है। ऐसा लगता है कि राहुल जी ने यह धारणा बना ली थी कि आर्य लोग वोल्गा से गंगा की ओर आये हैं, इसलिए उनका कल्पित वर्ण, केशों का रंग आदि उन्होंने गौतम बुद्ध पर आरोपित किया। यह कल्पना उतनी ही निराधार है जितनी वोल्गा से या कहीं और से आर्यों का भारत में आना और यहाँ के आदिवासियों को पराजित करना।

वसिष्ठ के पिता के लिए तो मित्र और वरुण का नाम लिया गया है। उनकी माता उर्वशी है। कहा है **उर्वश्यां मनसोऽधिजातः** (7.33.11)। वह उर्वशी के मन से

उत्पन्न हुए थे। आगे उसी सूक्त में कहा है : **अप्सरसः परिजज्ञे वसिष्ठः** वसिष्ठ अप्सरा से उत्पन्न हुए। (7.33-12)।

अप्सरा शब्द महत्वपूर्ण है। जैसा कि शब्द से पता चलता है, इन स्त्रियों का संबंध जल से था। यहाँ एक जाति के लोग रहते थे जो अपने घर नदी के किनारे अथवा जल के भीतर बनाते थे। इन्हें नाग कहा जाता था। रामायण में जो पम्पा सरोवर है, उस पम्पा का मूल अर्थ नाग है। दक्षिण की भाषाओं में पाम्बु नाग के लिए प्रयुक्त होता है। हिंदी का बाँबी शब्द इसी पाम्बु से संबद्ध है। सर्पों के बारे में यह धारणा थी कि वे जल में रहते हैं, पाताललोक में रहते हैं। इसलिए जो मनुष्य जल के किनारे या जल में रहते थे, उनको भी नाग संज्ञा दी गयी। इनकी स्त्रियाँ जल में क्रीड़ा करती थीं, उनको अप्सरा कहा गया। अप्सराएँ सदा सुंदर होती हैं और ऋषियों से उनके संबंध हो जाते हैं। **भागवत** में कंस, हिरणयाक्ष, हिरणकश्यप, जरासंध आदि के जनपदों पर ध्यान दें तो इनका संबंध मगध से प्रतीत होता है। मगध के लोग गौर वर्ण के या पीले रंग के होते थे। रावण, वानर आदि पीले रंग के हैं, मानना चाहिए कि वे सब पुराने मगध के निवासी थे। उनके गणों को हम मग या मगध कह सकते हैं। मग शब्द जनवाचक तमिल भाषा में अब भी है। मक्कज़ अर्थात् जनगण। मग शब्द गणवाचक है। मगध के लोग गोरे और पीले रंग के होते थे, इन्हीं की स्त्रियों को अप्सरा कहा गया है। वसिष्ठ अप्सरा से उत्पन्न हुए थे। इसका अर्थ यह करना चाहिए कि उनकी माँ मगध की थीं और उन्हीं से अपना श्वेत वर्ण अथवा पीला रंग उन्होंने पाया था। राहुल जी ने जिस रक्त सम्मिश्रण की बात कही है, वह छठी सदी या गुप्त काल से बहुत पहले आरंभ हो गया था। **अथर्ववेद** के समय में यहाँ काले बालों वाले ऋषि होते थे। वसिष्ठ आदि को लेकर जो उदाहरण राहुल जी ने दिये हैं, उनसे यह निष्कर्ष न निकालना चाहिए कि सभी ऋषि इसी वर्ण के होते थे। मार्शल ने बहुत सावधानी से यह बात कही है कि संभव है कि आर्य लोग अनेक नस्लों के हों, यह बात सही साबित होती है। साहित्य में इस बात के प्रमाण हैं कि रंग में सब आर्य एक ही तरह के नहीं थे। **महाभारत** में पांडु पीले रंग के हैं, इसलिए नाम पांडु है। उनसे पांडव उत्पन्न हुए। यह माना जा सकता है कि ये उसी तरह के लोग थे जैसे रावण, बालि, सुग्रीव, हनुमान आदि थे अर्थात् मगध के लोग थे। मगध या मग जन, उत्तर भारत में कुरुक्षेत्र तक फैले हुए थे। इसका संकेत मेरठ शब्द से मिलता है। यह मयराष्ट्र है जिससे मेरठ शब्द बना है। मय मग का प्राकृत रूप है। मगध के लोग प्राचीन काल से ही निर्माण कला में प्रवीण थे। इसलिए मय दानव की कहानी प्रचलित थी कि वह बहुत अच्छा स्थपति था और ऐसे मकान बनाता था जहाँ लोगों को स्थल देखकर जल का भ्रम हो जाता था। इन लोगों का संबंध

तंत्र-मंत्र से भी रहा है। इसीलिए माया शब्द मय से सम्बद्ध है। राक्षसों को बड़ा मायावी कहा गया है। अर्थात् जिनसे कोसल के लोगों का युद्ध हुआ, वे तंत्र विद्या में प्रवीण थे। **महाभारत** में पांडु और पांडव हैं, और कृष्ण हैं। **महाभारत** की प्रधान नारी द्रौपदी कृष्णा थीं। यह कल्पना सही नहीं है कि सौंदर्य का मापदंड गोरी स्त्री ही हो सकती है। राहुल जी का विचार है, जैसे आर्य गोरे थे, बाद में आने वाली जातियाँ भी गोरी थीं। आर्यों के रंग वाला सौंदर्य भारत में सौंदर्य का मानदंड बन गया।

ऋग्वेदिक आर्य में उन्होंने लिखा है : "हमारे देश में ऐतिहासिक काल में यवन (ग्रीक), शक, श्वेत-हूण आये। उनके प्रति आरंभ में कुछ भेदभाव जरूर रक्खा गया, लेकिन रंग का सवाल नहीं उठ सकता था। क्योंकि नवागंतुक वर्ण-संपत्ति में आदिम आर्यों जैसे थे, जिनके रूप-रंग, नख-शिख को हमारे यहाँ बराबर सौंदर्य की कसौटी माना जाता रहा।" (पृष्ठ 39)। जो लोग आये, वे भी गौर वर्ण के थे, और शुरू में जो आर्य आये, वे तो गौर वर्ण के थे ही। समस्त विकास काल में नख-सिख का आदर्श आर्यों वाला ही रहा। **महाभारत** की द्रौपदी की ओर ध्यान दें तो यह धारणा खंडित हो जाती है। कालिदास सौंदर्य के प्रसिद्ध कवि हैं। **मेघदूत** में यक्ष की नायिका तन्वी श्यामा शिखरिदशना आदि है। उसका रंग साँवला न हो तो श्यामा शब्द भी व्यर्थ होगा।

रामायण में राम कोसल के हैं और साँवले हैं। सीता मिथिला की हैं और गोरी हैं। इससे यह संकेत मिलता है कि कोसल के लोग साँवले और मगध के लोग गोरे थे।

यह संभव है कि कुछ ऋषियों को पीला रंग पसंद हो, और वे देवताओं से प्रार्थना करते हों कि उनका पुत्र सुवर्ण के रंग का हो। इसके साथ यह भी संभव है कि कुछ ऋषियों को पीला रंग पसंद न हो, और वे सुनहले रंग वाले व्यक्तियों को कपटी और छली मानते हों। राहुल जी ने पिशंग शब्द के संदर्भ में ठीक लिखा है कि इसका अर्थ सुनहला या पीला रंग है। **ऋग्वेद** के एक मंत्र में **पिशाचि** का उल्लेख है और उसे पिशङ्गभृष्टि कहा गया है। सुनहले शस्त्र धारण करने वाले विशालकाय पिशाचि को, हे इंद्र, नष्ट करो। पिशाचि का संबंध नरमांसाहारी राक्षस से नहीं है वरन् सुनहले रंग वाले जीव से है। जिन ऋषियों को यह रंग पसंद नहीं था, वे इस रंग के लोगों को पिशाच या राक्षस की संज्ञा देते थे। इसी मंत्र में आगे कहा गया है—सभी राक्षसों को मारो। पिशाचि के बाद ही जो राक्षसों का उल्लेख है, इससे यह संकेत मिलता है कि राक्षस भी पिंगलवर्ण के थे।

यहाँ राहुल जी का किया हुआ इसी ऋचा का अनुवाद देखें। "हे इंद्र, चिल्लाने वाले पिशंग (पीले) रंगवाले पिशाच का नाश करो, सारे राक्षसों को खतम करो।" (1.133.5) (ए.206)। पीले रंग से पिशाचों का संबंध स्पष्ट है। यह मंत्र किसी पीले

रंगवाले ऋषि ने तो रचा न होगा।

जिस शब्द मूल से पिशंग और पिशाच रूप बने हैं, उसी से पिशुन बना है। ऋषि इंद्र के लिए कहते हैं : **शिशीते शक्रः पिशुनेभ्यो वधम्** शक्र, इंद्र पिशुनों, कपटी जनों को मारने के लिए अपने अस्त्र को तीक्ष्ण करते हैं। (7.104.20)। इसी मंत्र में आगे इंद्र के लिए कहा गया है कि वह यातुमद्भ्यः जादूगर-राक्षसों पर वज्र फेंकता है। अगले मंत्र में **शक्रः सतः रक्षसः अभिएति,** जो राक्षस सामने आते हैं, इंद्र उनका नाश करता है। और **यातूनामभवत पराशरः**—जादूगरों को दूर करता है। यहाँ **यातूनाम् और राक्षसः** ये दोनों शब्द ध्यान देने योग्य हैं। जहाँ पिशुनों का, उनके पिशंग अस्त्रों का उल्लेख है, वहाँ जादूगरों का, राक्षसों का उल्लेख है। ऐसा लगता है कि ये सब पीले वर्ण के लोग थे, मगध के लोग थे, अपने तंत्र-मंत्र के कारण वे जादूगर माने जाते थे।

(3)

यहाँ मोहेञ्जोदड़ो में प्राप्त नरकंकालों का उल्लेख करना उचित होगा। मार्शल के सहयोगी दो विशेषज्ञों, डॉ॰ गुहा और कर्नल सीवेल, ने उनका परीक्षण किया था। उनका कहना था कि वहाँ एक नहीं चार नस्लों के आकार-प्रकार मिलते हैं। इनके नाम उन्होंने दिये थे : प्रोटो-औस्ट्रोलायट, मेडीटरेनियन, ऐलूपाइन स्टॉक की मंगोलियन शाखा और ऐलूपाइन। चार नरवंशों के कंकाल वहाँ मौजूद थे। इससे मार्शल ने यह निष्कर्ष निकाला कि मेसोपोटामिया की तरह सिंधु घाटी भी मानवता के अत्यंत भिन्न आकार-प्रकार के नमूनों के मिलने की जगह थी। इनमें कौन-सी नस्ल वहाँ की रहने वाली थी, यह कहना कठिन है। उन्होंने कहा कि संभावना यह है कि वह सभ्यता किसी एक नस्ल की उपज नहीं थी बल्कि कई नस्लों ने मिलकर इसे बनाया था। "शायद वे इस धरती से ही जन्मे थे। नदियों का पानी पीकर जो नस्लें यहाँ पनपी थीं, उन्होंने ही इस सभ्यता का विकास किया था। जहाँ तक हम इतिहास में पीछे की ओर जाते हैं, सिंधु और पंजाब की आबादी हमेशा ही विभिन्न तत्वों की बनी हुई मिलती है। और यह मानने का कोई कारण नहीं है कि प्राचीन काल में, जिससे यहाँ सरोकार है इससे भिन्न स्थिति थी।" **(मोहेञ्जोदरो ऐन्ड दि इंडस सिविलाइज़ेशन)** (पृष्ठ 108-9)।

जिन लोगों ने कंकालों का परीक्षण किया था, उनका कहना था कि यहाँ एक नस्ल के लोग नहीं, अनेक नस्लों के लोग रहते थे। व्यापार की मंडी में ऐसा होना बिल्कुल स्वाभाविक था। राहुल जी ने उनको एक खास नस्ल से जोड़ दिया और आर्यों द्वारा उसके विनाश का विवरण प्रस्तुत किया। जहाँ तक द्रविड़ों की नस्ल का संबंध है, मार्शल कहते हैं कि आजकल जो द्रविड़ नस्ल है, उसके बारे में बताया जाता है कि कद में लोग छोटे होते हैं, उनका रंग बहुत ही काला होता है, लगभग कोयले जैसा, बाल घने होते हैं, कहीं-कहीं घुँघराले होते

हैं, आँखें काली होती हैं, सिर लंबा होता है, नाक चौड़ी होती है, कभी-कभी दबी हुई होती है, जहाँ से वह शुरू होती है, लेकिन इतनी दबी नहीं कि चेहरा चपटा दिखाई दे। जो द्रविड़ नस्ल में विश्वास करते थे, यह उनका वर्णन है। आगे मार्शल कहते हैं कि यह कल्पना करना भी बेबुनियाद होगा कि यह टाइप पाँच हजार साल पहले द्रविडियन टाइप था और सिंधु घाटी में मौजूद था। बलूचिस्तान में ब्रहुइ बोलने वाले द्रविड़ रहते हैं। उन्होंने अपनी द्रविड़ भाषा सुरक्षित रखी है। लेकिन उनकी नस्ल का रूप बिल्कुल बदल गया है। बाहर से आकर लोग उनमें मिलते रहे हैं और इस प्रकार वे पूरी तरह, अथवा मुख्य रूप से, ईरानी हो गये हैं। इसके अलावा दक्षिण में जो द्रविड़ रहते हैं, वे भी बहुत कुछ आदिवासियों से मिलने के कारण, प्रोटो औस्ट्रोलायड नस्ल के लोगों से तथा दूसरे तत्वों से मिलने के कारण, बहुत बदल गये हैं। (उप॰, पृष्ठ 109)। तो दक्षिण भारत के द्रविड़ जन एक ही नस्ल के नहीं हैं। इस नस्ल को पाँच हजार साल पीछे ले जाना और समझना कि उस समय ऐसे ही लोग रहते थे, मार्शल के अनुसार, यह बेसिर-पैर की बात है।

जहाँ तक आर्यों का संबंध है, मार्शल कहते हैं : उत्तर भारत का जो इंडो आर्यन है, उसे आम तौर से ऊँचे कद का, गोरे रंग का, काली आँखों वाला, चेहरे पर घने बालों वाला, लंबे सिर वाला बताया जाता है। नाक पतली और नुकीली लेकिन खास तौर से लंबी नहीं। यह तो टाइप है जो विशेषज्ञ बताते हैं। मार्शल कहते हैं कि हो सकता है, इस तरह के लोग ऋग्वैदिक काल में रहे हों और उनका वैषम्य आदिवासियों से **ऋग्वेद** में दिखाया गया हो। आगे कहते हैं : यह भी संभव है कि अपनी जाति-बिरादरी को सुरक्षित रखने के लिए उन्होंने अपने आकार-प्रकार को बचाये रखा हो। यानी नस्ल बची रही हो। लेकिन फिर कहते हैं : ऐसा हो, तो भी हम इस बारे में निश्चित राय नहीं दे सकते कि उनका टाइप शताब्दियों के बीच कभी परिवर्तित नहीं हुआ। जब तक उस समय के नरकंकाल न मिलें, तब तक हम विश्वासपूर्वक यह नहीं कह सकते कि वे किस नस्ल या नस्लों के थे, किन नस्लों से उनका संबंध था। यह अभी बहस की बात है कि वे गोरे रंग के नौर्डिक थे, या भूरे रंग के मेडीटरेनियन थे, या चौड़ी खोपड़ी वाले अल्पाइन थे, हालाँकि यह बहुत कम संभव है, अथवा शायद इन सबका मिश्रण थे। (उप॰, पृष्ठ 110)। द्रविड़ों की तरह आर्यों की नस्ल या नस्लों का पता लगाना बहुत कठिन था। जहाँ तक सिंधु घाटी की सभ्यता का संबंध है, वहाँ तो नरकंकाल मिले भी लेकिन वैदिक सभ्यता के समय के नरकंकाल तो मिलते नहीं। और मार्शल का कहना है कि नरकंकालों के बिना यह बताना बहुत कठिन है कि वे लोग एक ही नस्ल के थे या अनेक नस्लों के थे। समाजशास्त्र की दृष्टि से विचार करें तो नस्ल कभी भी किसी सामाजिक संगठन

का आधार नहीं रही। पुराने कबीलों में एक आम चलन रहा है कि दूसरे कबीलों से वे स्त्रियों को भगा लाते थे। उन्हें अपने कबीले में शामिल कर लेते थे। जिसको रक्त सम्मिश्रण कहा जाता है, वह तो अनादि काल से चला आता है। इसलिए रक्त की शुद्धता, नस्ल की शुद्धता काल्पनिक बातें हैं। वास्तविकता से इनका कोई संबंध नहीं है। राहुल जी मानते हैं कि वैदिक आर्य अपना वर्ण सुरक्षित रखने की ओर बहुत सावधान थे। इसकी तुलना उन्होंने दक्षिणी अफ्रीका के गोरों की नीति से की है। आर्यों ने काले आदमियों पर विजय पायी थी, इसलिए उनको अपने से अलग रखना वैसे ही जरूरी था जैसे दक्षिण अफ्रीका में गोरों के लिए जरूरी रहा है। लिखा है :"किसी भी विजेता जाति को, यदि वह विजित को अपना साझीदार नहीं बनाती तो, वर्णभेद कायम रखना पड़ता है। आज दक्षिणी अफ्रीका में विशेष तौर से और अफ्रीका के दूसरे भागों में सामान्य तौर से यह वर्णभेद देखा जा रहा है। आज के वैज्ञानिक और जनजागृति के युग में यदि यह अंधेरखाता चल सकता है, तो आज से सवा तीन हजार वर्ष पहले के बारे में कहना ही क्या है।" (**ऋग्वेदिक आर्य,** पृष्ठ 20-30)।

राहुल जी आज की स्थिति को पुराने इतिहास पर लागू करते हैं। स्थिति इस देश की नहीं, दूसरे देश की है, जहाँ साम्राज्यवादियों ने बाहर से आकर देश की जनता का दमन किया था और रंगभेद की नीति चलायी थी। वैदिक आर्यों के लिए इससे अधिक अपमानजनक और कोई बात नहीं हो सकती कि उन्हें दक्षिण अफ्रीका के गोरों की रंगभेद-नीति का समर्थक माना जाये।

रंगभेद की नीति अमरीका में भी चालू रही है। आगे अमरीका का हवाला देते हुए राहुल जी ने लिखा है : "आर्यों को रक्त सम्मिश्रण का डर कितना था, इसका अंदाज हमें अमरीका के नीग्रो और श्वेतांगों से लग सकता है। अमरीका सारी दुनिया में स्वतंत्रता और समानता का ढोल पीटता है, पर वहाँ चिराग के तले अँधेरा है। विश्वविद्यालयों में काले छात्र गोरों के साथ पढ़ नहीं सकते। किसी गोरी तरुणी का संबंध यदि नीग्रो से हुआ समझा जाता, तो गोरे स्वयं कानून को हाथ में लेकर उसे जला देते हैं। ऐसे खूनी कांड वहाँ हर साल हुआ करते हैं। दक्षिणी अफ्रीका के गोरे तो इस बात में और भी निर्लज्ज तथा क्रूर हैं। अपने से चौगुनी-पँचगुनी संख्या वाले अफ्रीकियों को वह मनुष्य रूपी पशु मानते हैं। उनको अपने घरों और बस्तियों के पास नहीं रहने देना चाहते। रेलों और सवारियों में कालों को अलग रखते हैं, जीविका के साधनों को कम से कम देकर उन्हें अछूत बनाये हुए हैं। वर्ण-भेद के यह दो रूप हमारे सामने संयुक्त-राष्ट्र अमेरिका और दक्षिणी अफ्रीका में मौजूद हैं। आर्यों ने वर्णभेद की खाई को सुदृढ़ रखने की कोशिश की।" (उप॰, पृष्ठ 38)।

जो बात अमरीका में हो रही है और जो बात अफ्रीका में हो रही है, वही

बात हजारों साल पहले उत्तर भारत में हुई होगी। यह राहुल जी की तर्कपद्धति है। जिसे वह अंधेरखाता कहते हैं, वह सामाजिक विकास का नियम हो गया है। जहाँ भी कोई जाति दूसरी जाति को जीतती है, वहाँ इस तरह की स्थिति उत्पन्न होती है। पहले तो आर्यों ने भारत को जीता, यह स्वयं विवादास्पद प्रश्न है। लेकिन यदि मान लिया जाय कि उन्होंने भारत को जीता, तो वही स्थिति यहाँ रही होगी जो आज अफ्रीका और अमरीका में है, इसका क्या प्रमाण है? स्वयं राहुल जी अपनी धारणा का खंडन करते हुए आगे कहते हैं, "यद्यपि वर्ण-रंग का इस तरह का भेदभाव हमारी जातियों में आज बिल्कुल नहीं मिलता। ब्राह्मण भी कोयले से काले मिलते हैं, और शूद्र या अछूत अच्छे-खासे गोरे। एक-सा साफ-सुथरा कपड़ा पहनाकर ब्राह्मण, क्षत्रिय, वैश्य, शूद्र के लड़कों को खड़ा कर दिया जाये, तो कोई उन्हें नहीं बतला सकता।" (उप०, पृष्ठ 38)।

यह भी आज की स्थिति है। इस स्थिति को अफ्रीका और अमरीका पर लागू करना कितना युक्तिसंगत होगा ? यहाँ बहुत-सी नस्लों के लोग आकर मिलते-जुलते रहे हैं और उनमें फर्क करना बहुत ही कठिन है। वर्णों और जाति-बिरादरियों से तो नस्लों का कोई संबंध ही नहीं रह गया। राहुल जी ने बिल्कुल ठीक लिखा है कि विभिन्न वर्णों के लोग ऊपर की जातियों में मिलेंगे और नीचे की जातियों में मिलेंगे। आज भारत में यह स्थिति है, यह स्थिति अफ्रीका और अमरीका में नहीं है। लेकिन भारत की जो स्थिति आज है, उसे राहुल जी ने पाँच-छह हजार साल पहले के भारत पर लागू नहीं किया। जो स्थिति आज अफ्रीका और अमरीका में है, उसे उन्होंने वैदिक भारत पर लागू किया है।

राहुल जी की बात पर विश्वास करें तो भारत में रंगभेद की नीति को खत्म करने के लिए सचेत प्रयास बहुत पहले शुरू कर दिया गया था। बुद्ध के समय में या उससे कुछ पहले यह प्रयास आरंभ होता है। **मानव समाज** में राहुल जी ने लिखा है :"बौद्ध, जैन तथा दूसरे धार्मिक संप्रदायों ने ईसा पूर्व छठी सदी से जो रंग-वर्ग-समन्वय का आंदोलन शुरू किया, वह धीरे-धीरे इतना प्रबल हो गया कि पुराने पुरोहित (ब्राह्मण) वर्ग को अपना अस्तित्व खतरे में दिखाई देने लगा।" (पृष्ठ 114)। यह तो स्थिति है छठी सदी ई०पू० के आसपास की। तब बौद्ध धर्म दूर-दूर तक न फैला था। जिन लोगों ने आंदोलन चलाया, उनमें बौद्ध-जैन तो बाद में आये होंगे, इतर जन ही अधिक रहे होंगे।

आगे गुप्तकाल के बारे में राहुल जी ने लिखा है : "चौथी सदी ई०पू० में गुप्त साम्राज्य की स्थापना के साथ (ब्राह्मणों ने) सर्वसमन्वय का रास्ता अख्तियार किया। पुनरुज्जीवित ब्राह्मण या हिंदू धर्म की यह विशेषता थी, जिसने उसकी हिलती इमारत को बचा लिया। वर्गों में रंग के प्रश्न को ही हटा दिया—पिछले दो-ढाई हजार वर्षों में रक्त सम्मिश्रण इतना हो चुका था कि गोरा होना सिर्फ ब्राह्मण के लिए ही नहीं

रह गया था। जहाँ बुद्ध के समय (500 ई॰ पू॰) हम सोण दंड ब्राह्मण को ब्राह्मण बनाने वाली बातों में गौर वर्ण होने की प्रधानता स्वीकार करते देखते हैं, वहाँ अब वह गुण, कर्म, स्वभाव पर आश्रित माना जाने लगा और रंग को बिल्कुल हटा दिया गया।" (पृष्ठ 114)।

बुद्ध का समय 500 ई॰पू॰। जैनों के साथ बौद्धों ने रंग विरोधी आंदोलन चलाया छठी सदी ई॰ पू॰ में ! चौथी ईसवी सदी से दो-ढाई हजार साल पीछे चलिये। **ऋग्वेद** के रचना-काल में पहुँच गये या नहीं? रक्त सम्मिश्रण तब शुरू हो गया था।

भारतीय समाज कभी भी नस्ल के आधार पर संगठित नहीं हुआ। और पूरे समाज की बात अलग, उसके अंदर जो वर्ण या वर्ग थे, वे भी रंग के आधार पर संगठित नहीं हुए। इससे पता चलता है कि अफ्रीका और अमरीका में जो नीति अपनायी गयी, वह भारत से बिल्कुल भिन्न थी। भारतीय संस्कृति की यह बहुत बड़ी उपलब्धि है कि उसने नस्ल के सवाल को कभी महत्वपूर्ण नहीं माना। बहुत तरह के लोग यहाँ आये और घुलमिलकर एक समाज के सदस्य हो गये। भारत में एक बहुत बड़ा क्षेत्र है जहाँ द्रविड़ भाषाएँ बोली जाती हैं। आर्य भाषा परिवार से अलग अन्य भाषा परिवार भी हैं। यदि इस बात को ध्यान से हटा दिया जाय कि यहाँ अलग-अलग नस्लों के लोग घुलते-मिलते रहे हैं और यह समस्या उठायी जाये कि एक नस्ल के लोगों ने दूसरी नस्ल के लोगों को दबाया, तो इसके तात्कालिक राजनीतिक परिणाम होते हैं। जैसा कि लोग जानते हैं, दक्षिण भारत में ऐसे काफी लोग हैं जो कहते हैं, आर्यों ने द्रविड़ों को जीता, दक्षिण भारत में जो ब्राह्मण हैं, वे सब आर्य हैं, वे आर्येतर वर्णों को सताते हैं, इसलिए द्रविड़ भारत को शेष भारत से अलग होना चाहिए। इस तरह की विचारधारा दक्षिण भारत में समान रूप से सर्वत्र नहीं फैली हुई है। कहीं अधिक है, कहीं कम है। परंतु अंग्रेज इस नीति से लाभ उठाते रहे हैं। इसलिए वैदिक काल का, उस समय के समाज का, विश्लेषण करते हुए बिना किसी पुष्ट आधार के कहना कि यहाँ पर गोरे आदमियों ने आकर काले आदमियों को दबाया और उनकी नीति वैसी ही थी जैसी दक्षिण अफ्रीका की रही है, जो अमरीका में अभी भी गोरों की नीति है, यह बहुत ही घातक प्रचार है। इसके बहुत-से अशुभ परिणाम हो सकते हैं। उत्तरी अमरीका में जो आदिवासी हैं, उनका अपना कोई राज्य नहीं है, उनकी भाषा शिक्षा का माध्यम नहीं है। वे पिछड़े हुए इलाकों में रहते हैं, उनको नागरिकता के अधिकार प्राप्त नहीं हैं। उनसे यहाँ के द्रविड़ जनों की तुलना करनी चाहिए थी। भारत में तमिलनाडु एक सुसंस्कृत भाषा-क्षेत्र है। उसकी सभ्यता शताब्दियों से चली आ रही है। जिस तरह द्रविड़ भाषाएँ यहाँ फल-फूल रही हैं, उस तरह रेड इंडियनों की भाषाएँ अमरीका में

क्यों नहीं फल-फूल रही हैं? वे उतनी ही प्राचीन हैं जितनी यहाँ की द्रविड़ भाषाएँ। इससे अमरीका और भारत की रंगसंबंधी नीति का भेद स्पष्ट हो जायेगा।

(4)

वोल्गा से गंगा की पहली कहानी 'निशा' का समय 6000 ई. पू. है। वोल्गा के किनारे एक जाति रहती है, उसे राहुल जी ने हिंदी यूरोपीय संज्ञा दी है। इस कहानी में एक बूढ़ी स्त्री है जिसकी पुतलियाँ हलके नीले रंग की हैं। (पृष्ठ 2)। जो बच्चा है, उसकी पुतलियाँ घनी नीली हैं और उसके केश पांडु श्वेत हैं। (पृष्ठ 2)। इसके बाद ढाई हजार साल का समय लाँघकर राहुल जी मध्य वोल्गा तट पर पहुँचते हैं। यहाँ एक तरुणी है जिसके लंबे सुनहले केश हैं। और तरुण है, उसके भी वैसे ही सुनहले केश हैं। (पृष्ठ 12)। कुरु नामक प्रसिद्ध गण इस समय तक निर्मित हो गया है। तरुणी कहती है, "मैं कुरु जन की हूँ।" (पृष्ठ 21)। कहानी के अंत में राहुल जी ने बताया है कि भारत, ईरान और रूस की श्वेत जातियों की एक जाति हिंदी स्लाव उस समय थी। (पृष्ठ 23)। ये श्वेत जातियाँ अश्वेत निवासियों पर, आदिवासियों पर, विजय प्राप्त करती हैं। फिर वह 3000 ई. पू. तक पहुँचते हैं। हिंदी-यूरोपीय परिवार की हिंदी-ईरानी शाखा पामीर में आ गयी है। इसको राहुल जी ने उत्तर कुरु कहा है। यहाँ जो तरुण है, वह पिंगल केश वाला है। (पृष्ठ 24)। खास बात यह है कि ये लोग इस समय भाँग पीना सीख गये हैं। (पृष्ठ 25)। जिसे सोम कहा गया है, राहुल जी उसे भाँग मानते हैं। फिर 2500 ई. पू. में हिंदी-ईरानी शाखा ताजिकिस्तान पहुँचती है। यहाँ तरुण लंबे चमकीले पिंग केश वाला है। (पृष्ठ 36)। उसका रंग भी पिंगल है। (पृष्ठ 37)। इसके बाद हिंदी-ईरानी शाखा आर्य बनती है। 2000 ई. पू. में वह अफगानिस्तान पहुँचती है। यहाँ आर्य घुड़सवार पीले बालों और नीली आँखों वाले हैं। (पृष्ठ 56)। सुंदरियाँ स्वर्ण केश वाली हैं। (पृष्ठ 58)। फिर हिंदी-आर्य 1800 ई. पू. में दिखायी देते हैं। यहाँ तरुण दीर्घ चमकीले लंबे केश वाला है। (पृष्ठ 61)।

आगे 1500 ई.पू. में वैदिक आर्य सामने आते हैं। तरुण सुदास् भूरे केशों वाला है। और तरुणी स्वर्ण केशों पर कुमारियों की सज्जा बनाये हुए है। (पृष्ठ 73)। दोनों के नेत्र नीले हैं। (पृष्ठ 80)। 700 ईसा पूर्व में ये लोग पंचाल प्रदेश (पुराना युक्तप्रांत) पहुँच जाते हैं। यहाँ तरुणी लोपा पिंगल आँखों वाली है और उसके कोमल केश भी पिंगल हैं। (पृष्ठ 87)।

लोपा ने बचपन में प्रवाहण को देखा था। उसे याद है उसके पीत कुंचित केश, चमकीली नीली बड़ी आँखें, तप्त सुवर्ण गात्र। (पृष्ठ 88)। यह हुलिया प्रवाहण का है। 490 ईसा पूर्व में मल्लों के क्षेत्र में पहुँच जाते हैं। यहाँ तरुणी के अरुण गौर मुख पर दीर्घ कुंचित नील केश बिखरे हैं। (पृष्ठ 100)। शायद यह एक मात्र स्थान है जहाँ स्वर्ण केशों की जगह नील केश आ गये हैं। 335 ई.पू. में

तक्षशिला में विष्णुगुप्त चाणक्य और वैद्य नागदत्त एक साथ देखे जाते हैं। वैद्य की आँखें नीली हैं, और लगता है, उनसे किरणें निकल रही हैं। (पृष्ठ 118)। आगे फिर जहाँ वह क्षत्रप से मिलता है, उसके नीले नेत्र क्षत्रप को आकर्षित करते हैं। (पृष्ठ 120)।

'प्रभा' कहानी का समय 50 ई॰पू॰ है। लेकिन पुष्यमित्र, पतंजलि और मिनान्दर के समय से कथाकार 200 साल और पीछे जाते हैं। (पृष्ठ 133)। कहानी का स्थान साकेत है। वहाँ ब्राह्मण धनी हैं। उनमें एक धन-विद्या-संपन्न कुल था। उसकी स्वामिनी का नाम सुवर्णा था। जैसा नाम था, वैसे ही उसके नेत्र पीले थे। राहुल जी यह बताना नहीं भूलते कि "उस वक्त पीले-नीले नेत्र ब्राह्मणों और क्षत्रियों के आम तौर पर पाये जाते थे। और पीली आँखों का होना दोष नहीं समझा जाता था।" (पृ. 133)। ब्राह्मण और क्षत्रिय बाहर के लोग हैं। यहाँ उच्चवर्णों में दाखिल हो गये हैं। यह पुष्यमित्र से दो सौ साल पहले की बात हो सकती है। आगे राहुल जी सरयू के किनारे जिस तैराकी का वर्णन करते हैं, वह संभवतः 50 ईसवी की बात है। यहाँ जो तरुण और तरुणी इकट्ठे होते हैं, उनमें बहुत-सी तरुणियाँ कर्पूरश्वेत हैं। यूनान की स्त्रियाँ हैं। उनके पिंगल या पांडु केश बड़े सुंदर मालूम होते हैं। इनके समानांतर जो भारतीय ब्राह्मण कुमारियाँ हैं, वे भी कम सुंदर नहीं हैं। राहुल जी कहते हैं : "कितनी ही नील या पीत केश धारिणी सुवर्णाक्षी ब्राह्मण कुमारियाँ थीं जो सौंदर्य में यूनानियों से पीछे न थीं।" (उप॰)। साथ ही भिन्नता दिखाने के लिए यहाँ "कितनी ही घन कृष्ण केशी गोधूमवर्णा वैश्य तरुणियाँ थीं, जिनका अचिरस्थायी मादक तारुण्य कम आकर्षक न था।" (उप॰)। कोसल में पहुँचने पर काले बालों के दर्शन होने लगते हैं। 'सुपर्णयौधेय' कथा का समय 420 ई॰ है। सुपर्ण का जन्म मालवे में हुआ था। उसकी माँ के बाल भूरे थे। (पृष्ठ 155)। वह यौधेय का सदस्य रहा है। मालवे के ब्राह्मण उसे जुझवा कहकर उसका मजाक उड़ाते थे। इस बारे में वह अपने दादा से बातचीत करता है। और वह उसे समझाते हैं—"यौधेय हमारे कुल का नाम है। इसी को लेकर लोग हमें जुझवा कहते हैं।" लड़का पूछता है : "यौधेय ब्राह्मण थे दादा?" और दादा उत्तर देते हैं : "ब्राह्मणों से अधिक शुद्ध आर्य।" (पृष्ठ 158)। किसमें कितना अधिक शुद्ध आर्य रक्त है, यह नोट करना राहुल जी के लिए बहुत महत्वपूर्ण है। 1200 ई॰ तक पहुँचते-पहुँचते निवासियों का रंगरूप बदल जाता है। जयचंद की रानियों के बाल काले हैं। (पृष्ठ 183)। यह पतन का समय है। बाहर से आक्रमण होने वाले हैं और राजा भोग विलास में डूबा बाहर वालों का मुकाबला करने लिए बिल्कुल तैयार नहीं है। आगे की घटनाएँ 'सुमेर' नाम की कहानी में हैं। सुमेर का कथाकाल 1942 है। इसमें सुमेर एक ब्राह्मण पंडित से कहता है : "मुझे देखिए, ओझा जी, मेरा रंग गेहुँआ,

नाक ज्यादा पतली, ऊँची और आपका रंग काला, नाक बिलकुल चपटी। इसका क्या अर्थ है? मेरे में आर्य रक्त अधिक है। आप में मेरे पूर्वजों का रक्त अधिक है।" (पृष्ठ 267)। इस तरह रक्त सम्मिश्रण हुआ। जो शूद्र थे, उनमें आर्यों का रक्त अधिक था, जो अपने को ब्राह्मण कहते थे, उनमें द्रविड़ दासों का रक्त अधिक था। रक्त के हिसाब से शूद्र श्रेष्ठ हुए।

यह मानते हुए कि नस्लों का मिश्रण इतना हुआ है कि लोगों में अब पहचानना कठिन है कि कौन आदमी किस नस्ल का है अथवा किस नस्ल के तत्व इस आदमी में कितने हैं, राहुल जी ने उत्तर भारत के लोगों में नस्ली तत्वों को पहचानने का प्रयत्न किया है। लिखा है : "पंजाब और राजपूताने से हम आर्य रक्त की मात्रा कम देखते हैं।" (**विविध प्रसंग,** पृष्ठ 64)।

कहीं आर्य रक्त ज़्यादा है, कहीं वह कम है। पंजाब और राजपूताने में वह कम है, बिहार की तरफ ज़्यादा है। लिखा है : "यह रक्त सम्मिश्रण सभी जातियों में एक सा नहीं है।" यहाँ जातियों का मतलब है बिरादरियाँ। "उदाहरणार्थ, पूर्वी युक्तप्रांत और बिहार की अहीर जाति को ले लीजिये। उसमें, और जातियों की अपेक्षा, आप अधिक, गोरे रंग और भूरे बालों को पायेंगे। व्यवस्थित अभिव्यंजनों—लंबाई, कपाल और नासिका के मानों—को भी देखने से आपको मालूम होगा कि उन प्रदेशों में यही एक जाति है, जिसमें सबसे अधिक आर्य रुधिर है।" (उप॰, पृष्ठ 14)। किसी एक बिरादरी के अंदर इस तरह से कम या ज़्यादा आर्य रुधिर देखने का परिणाम क्या होगा? लोगों में रंग के आधार पर ऊँच-नीच का भेद फैलेगा। पढ़े-लिखे लोग सामाजिक समस्याएँ हल करने के बदले जनता में आर्य रक्त और द्रविड़ रक्त तलाशते रहेंगे। राहुल जी वर्गों की बात बहुत कम करते हैं। जितना जोर वह नस्ल पर देते हैं, उतना जोर वर्गों के निर्माण, वर्गों के संगठन, और वर्गों के संघर्ष पर नहीं देते। इस तरह की विचारधारा सामाजिक प्रगति में बाधक होती है।

ऋग्वेद के देवता प्रकाश से संबद्ध हैं। विशेष रूप से इंद्र और अग्नि का संबंध प्रकाश से बराबर बना रहता है। देव शब्द प्रकाश सूचक है। देवताओं के रंग-रूप का वर्णन किया जायेगा तो प्रकाश से मिलता-जुलता होगा। उसके काले होने का प्रश्न ही नहीं। इसलिए यह सोचना कि देवताओं के रंग-रूप में ऋषियों ने अपने रंग-रूप का वर्णन किया है, सही न होगा।

आर्य भारत में बाहर से आये, आर्य भारत में बाहर से नहीं आये—ये दो विरोधी स्थापनाएँ भी राहुल जी प्रस्तुत कर सकते थे। आर्य बाहर से आये, यह स्थापना तो उन्होंने बार-बार दोहरायी है। दूसरी स्थापना की ओर महत्वपूर्ण संकेत **ऋग्वेदिक आर्य** में है। इस प्रकार : "आर्य भारत में बाहर से आये, यदि यह न माना जाय, तो आर्यों की भाषा पश्चिम की जिन भाषा वालों से अपना एक

पारिवारिक संबंध बतालती है, उन्हें भी भारत से गया मानना होगा। इसके कारण और अनेक समस्याएँ उठ खड़ी होंगी, जिनका समाधान अति कठिन है।" (पृष्ठ 3-4)।

यदि यह माना जाये कि आर्य बाहर से नहीं आये तो अनेक समस्याएँ उठ खड़ी होंगी जिनका समाधान अति कठिन है। इस कठिनाई से बचने के लिए मान लेना चाहिए कि आर्य बाहर से आये। राहुल जी को मजबूरी में स्वीकार करना पड़ा कि भारत में आर्य बाहर से आये। मजबूरी क्यों है? इसलिए है कि भारत में भाषाएँ बाहर से आ सकती हैं, यहाँ से बाहर नहीं जा सकतीं !

मजबूरी का दूसरा कारण यह है कि आर्य यदि बाहर से आते हैं तो भारत में उनका इतिहास 1500 ई॰पू॰ से शुरू हो जायेगा। यदि उनकी भाषा यहाँ से बाहर जाती है तो वह इतिहास हजार दो हजार साल और पीछे चला जाये, जो यूरुप के प्रति सरासर अन्याय होगा। कैफियत देते हुए कहते हैं : "अधिकतर यह ख्याल आर्य और हिंदी-यूरुपीय भाषाओं एवं तत्संबंधी दूसरी सामग्री की ओर पर्याप्त ध्यान न देने के कारण ही होता है। उसी के कारण हमारे इतिहासवेत्ता कलियुग और महाभारत काल की धारणा बनाकर इतिहास को हजारों वर्ष पीछे ले जाने की कोशिश करते हैं।"(पृष्ठ 4)।

स्वयं राहुल जी क्या करते हैं? वह हिंदी-यूरुपीय जाति का इतिहास वोल्गा तट पर 6000 ई॰पू॰ में शुरू करते हैं ! 6000 ई॰पू॰ वोल्गा तट के लिए सही है, गंगातट के लिए गलत है !

आर्य और हिंदी यूरुपीय भाषाओं एवं तत्संबंधी दूसरी सामग्री की ओर ध्यान न देने की बात सही है। थोड़ा-सा भी ध्यान देने से 1500 ई॰पू॰ के आसपास पश्चिमी एशिया में पग-पग पर भारतीय आर्य भाषा के चिह्न दिखायी देंगे।

ईसा मसीह के जन्म से पहले दूसरी सहस्राब्दी भारत, यूरुप तथा एशिया के इतिहास की महत्वपूर्ण सहस्राब्दी है। इस समय भारत से आर्यों के दल के दल पश्चिमी एशिया की ओर गये हैं। इनका अस्तित्व वहाँ दूसरी सहस्राब्दी में था, यह तो बहुत से विद्वान् स्वीकार करते हैं। बहस इस बात पर हो सकती है कि वे वहाँ से भारत आ रहे थे या भारत से बाहर की ओर जा रहे थे। सबसे पहले इस बात पर जोर देना है कि दूसरी सहस्राब्दी ईसा पूर्व के मध्य में, पश्चिमी एशिया के भूखंड में, बहुत-से भारतीय आर्य बसे हुए थे अथवा अभियान की स्थिति में थे। इनका काफी विस्तृत विवरण बरो ने संस्कृत भाषा पर अपनी पुस्तक में दिया है। इस पुस्तक का पहला संस्करण 1955 में निकला था। उसमें उन्होंने मितन्नी राज्य पर ध्यान केन्द्रित किया है। वर्तमान ईराक के उत्तरी भाग में मितन्नी राज्य था। यह राज्य की 1500 ई॰पू॰ से 1300 ई॰पू॰ कायम था। यहाँ बहुत से राजाओं के और

अभिजातों के नाम मिले हैं। बरो ने इन नामों को उद्धृत करते हुए बताया है कि ये नाम आर्य भाषा परिवार के हैं। वह मानते हैं कि आर्य लोग अभी पश्चिमी एशिया में हैं, उन्होंने भारत में प्रवेश नहीं किया परंतु ये नाम भारतीय आर्य हैं, यह बात वह स्वीकारते हैं।

प्रथम महायुद्ध के दौरान तुर्की के एक गाँव बोगाज़ कुइ में पुराने अभिलेख मिले थे। इन अभिलेखों में वैदिक देवताओं के नाम थे। चेकोस्लोवाकिया के विद्वान् हौज्नी ने इन अभिलेखों को पढ़ा था। सबसे पहले अंग्रेज विद्वान् पार्जिटर ने कहा था कि वैदिक देवों के नामों से यह बिल्कुल सिद्ध हो जाता है कि भारतीय आर्य पश्चिम एशिया में आ रहे थे, वे पश्चिम एशिया से भारत की ओर प्रयाण न कर रहे थे। इन अभिलेखों में मितन्नी राजाओं और हित्ती राजाओं के बीच एक संधि का विवरण है। जहाँ आज तुर्की है, उसके पश्चिमी छोर पर हित्ती राज था। इस संधि का समय लगभग 1350 ई॰ पू॰ है। इसमें मित्र, वरुण, इंद्र और दोनों नासत्य, ये चार वैदिक देवताओं के नाम आये हैं। पार्जिटर ने कहा था कि यदि किसी एक देवता का नाम होता तो लोग उसे हँसकर उड़ा देते। यहाँ चार-चार देवताओं के नाम हैं, इसलिए इस पर ध्यान तो देना ही होगा। दुर्भाग्य से अन्य विद्वानों ने यही मान्यता कायम रखी कि आर्य लोग वहाँ से अभी भारत की ओर आ रहे हैं। ये सारे नाम किसी अन्य इंडोयूरोपियन भाषा में क्यों नहीं मिलते, इसके बारे में उन्होंने कोई कैफियत नहीं दी। बरो यह भी बताते हैं कि उस समय आर्य नाम बेबिलोन में मिलते हैं। और पश्चिमी एशिया में सीरिया और फलस्तीन तक इन नामों का प्रसार देखा जाता है। उन्होंने निष्कर्ष निकाला कि दूसरी सहस्राब्दी ई॰पू॰ के मध्य में आर्य लोग पश्चिम एशिया में फैले हुए थे, इसमें कोई संदेह नहीं रह जाता।

अमरीकी विद्वान् जेम्स बी॰ प्रिचार्ड ने अपनी पुस्तक **एन्शेन्ट निअर ईस्टर्न टेक्स्ट्स** 1950 में प्रकाशित की थी। बाइबिल की पृष्ठभूमि का अध्ययन करने के लिए उन्होंने सुमेर, मिस्र, हित्ती आदि राज्यों के पुराने अभिलेखों का संकलन तैयार किया था। इसके दूसरे खंड में उन्होंने उस समय के प्राचीन मंदिरों, समाधि भवनों आदि के चित्र दिये थे। पहले खंड में उन्होंने उन बहुत-से पत्रों का उल्लेख किया है जो फलस्तीन और सीरिया के सामंतों ने मिस्र के सम्राट् को लिखे थे। इनमें भारतीय नाम हैं। नीचे पादटिप्पणी में प्रिचार्ड ने इनको बार-बार इंडो-आर्यन अर्थात् भारतीय आर्य नाम कहा है। इन्हीं में एक नाम इन्द्रोत है। इसका वैदिक रूप है इन्द्रौत और यह शब्द **ऋग्वेद** में आता है। बरो और प्रिचार्ड, इन दो लेखकों का साक्ष्य यह सिद्ध करने के लिए काफी है कि दूसरी सहस्राब्दी के मध्य में भारतीय आर्य पश्चिमी एशिया में फैले हुए थे।

अब ये वहाँ से भारत आ रहे हैं या भारत से बाहर जा रहे हैं, इस समस्या

को हल करने के लिए अनेक सूत्र हैं। एक महत्वपूर्ण सूत्र गूर्ने ने प्रस्तुत किया है। उन्होंने हित्तियों पर अपनी पुस्तक 1961 में प्रकाशित की थी। सूत्र है भारतीय रथ का। भारतीय रथ का विवरण अनेक बार ऋग्वेद में आया है। इस रथ की विशेषता यह है कि इसमें अरा लगे हुए हैं। अरायुक्त रथ युद्ध के समय इस्तेमाल किया जाता था। प्राचीनकाल में इससे स्पर्धा करने वाला केवल सुमेर का रथ है। गूर्ने ने बताया है कि सुमेर का रथ भारी होता था, उसके पहिये ठोस होते थे। उनमें अरा न लगे होते थे। इसलिए जहाँ-जहाँ अरायुक्त रथ पहुँचा है, वहाँ-वहाँ आर्य प्रभाव पहुँचा है, यह बात गूर्ने स्वीकार करते हैं। सुमेरी रथ को जंगली गदहे खींचते थे। अरायुक्त रथ हल्का होता था, उसे घोड़े खींचते थे। उस पर चढ़कर योद्धा शत्रुदल पर आक्रमण करते थे। इससे युद्ध में क्रांतिकारी परिवर्तन हुआ और वह आर्यों के प्रसार का बहुत बड़ा कारण था।

गूर्ने ने और भी तथ्य दिये हैं जैसे राजाओं द्वारा सूर्य के बिंब का प्रयोग। यह वैदिक बिंब था जिसे पश्चिम एशिया और मिस्र के राजाओं ने स्वीकार किया था। गूर्ने उन लेखकों में हैं जो स्वीकार करते हैं कि दूसरी सहस्राब्दी ई॰पू॰ के मध्य में भारतीय आर्य देश से निकलकर पश्चिमी एशिया की ओर आये थे। और उनके अनेक प्रमाणों में एक रथ वाला प्रमाण है। एक अन्य पुरातत्त्वज्ञ हैं पिगॉट। इन्होंने भारत के प्राचीन इतिहास पर एक ग्रंथ लिखा है। उनका कहना है कि मितन्नी राज्य एक ऐसा केन्द्र था जहाँ से ये अरायुक्त रथ बाहर को निर्यात किये जाते थे। जिन देशों को निर्यात किये जाते थे, उनमें मिस्र भी था। पिगॉट यह मानते हैं कि आर्यों ने भारत में बाहर से आकर प्रवेश किया लेकिन रथ के संबंध में वह जो तथ्य देते हैं उनसे उल्टी बात सिद्ध होती है। रथ के निर्यात की समय सारणी बहुत दिलचस्प है। 1500 ई॰पू॰ में यह रथ यूनान पहुँचता है। उससे पचास वर्ष पहले वह मिस्र पहुँचता है। यूनान से बहुत धीरे-धीरे चलते हुए वह मध्य और उत्तरी यूरुप पहुँचता है 5वीं सदी ई॰पू॰ में। यानी 1550 से लेकर 5वीं सदी तक, लगभग एक हजार साल में भारतीय रथ इराक से चलता हुआ, मिस्र और यूनान होता हुआ, उत्तरी यूरुप पहुँचता है। इस रथ की मंजिलों का विवरण बताता है किस तरह आर्य प्रभाव क्रमशः पश्चिमी एशिया से दक्षिणी यूरुप और वहाँ से उत्तरी यूरुप में फैला है।

अब प्रश्न यह है कि भारतीय आर्य दूसरी सहस्राब्दी के मध्य में भारत से बाहर क्यों जा रहे थे। इस प्रश्न का उत्तर देने के लिए सरस्वती के मार्ग-परिवर्तन पर ध्यान देना आवश्यक है। हड़प्पा सभ्यता सबसे पहले सरस्वती के किनारे विकसित हुई थी। इसकी सबसे सघन बस्तियाँ सारस्वत क्षेत्र में हैं। उसी क्षेत्र में वैदिक सभ्यता का विकास हुआ था। यह नदी अंबाला से चलकर कुरुक्षेत्र पार करती हुई, पूर्वी पंजाब के नीचे से बहती हुई, उत्तरी राजस्थान को सींचती हुई, दक्षिण की

ओर घूमकर, सिंध प्रदेश को घेरकर समुद्र में मिल जाती थी। सिंध प्रदेश एक ओर सिंधु, दूसरी ओर सरस्वती, इन दो बड़ी नदियों के बीच में बसा हुआ था। उसकी समृद्धि का मूल कारण यह सरस्वती नदी थी। और केवल सिंध प्रदेश नहीं, वरन् कुरुक्षेत्र से लेकर सिंध तक, और पंजाब, और कह सकते हैं, उत्तर में अफगानिस्तान, और पश्चिम में ईरान, इस सारे क्षेत्र में जहाँ हड़प्पा सभ्यता का प्रसार था, प्राणवंत धारा की तरह सरस्वती प्रवाहित थी। यह बहुत चौड़े पाट की नदी थी। इसका अध्ययन वी॰ एन॰ मिश्र तथा अन्य पुरातत्वज्ञों ने 1947 के बाद किया था। 1984 में एक पुस्तक प्रकाशित हुई थी **फ्रंटियर्स ऑफ द इन्डस सिविलाइज़ेशन** (सिंधु सभ्यता के सीमांत)। इसमें वी॰ एन॰ मिश्र तथा अन्य लेखकों के निबंध संकलित हैं। वी॰एन॰ मिश्र ने एक विशेष फोटो प्रक्रिया द्वारा सरस्वती के सूखे नदीतल का विवरण तैयार किया था। इस नदीतल के बारे में 19वीं सदी में भी लोग जानते थे। ओल्ढम नाम के एक अंग्रेज फौजी अफसर ने इस नदीतल का पता लगाया था। उस जानकारी में और वृद्धि भारतीय पुरातत्वज्ञों ने की है।

भूगर्भीय कारणों से सरस्वती का मार्ग बदल गया। इससे उस विशाल क्षेत्र में भारी उलट-फेर हुआ। इस उलट-फेर के कारण बहुत-से आर्य भारत से बाहर पश्चिमी एशिया गये। वे वैदिक काल के नहीं हड़प्पा काल के आर्य हैं। वैदिक काल पहले है, हड़प्पा काल बाद को है, इसका प्रमाण भी सरस्वती है। **ऋग्वेद** में वह जल से भरी हुई पर्वत शृंगों को तोड़ने वाली वेगवती धारा है। हड़प्पा सभ्यता के ह्रासकाल में–1750 ई॰पू॰ के आसपास–वह जलहीन हो गयी है। इसी समय भारत से निकल कर आर्य मितन्नी और हित्ती राज्य कायम करते हैं। वे अनेक आर्य भाषाएँ बोलते हैं। इन्हीं के प्रभाव से ग्रीक, लैटिन, जर्मन आदि भाषाओं का निर्माण होता है।

पुरातत्व को हटा दें तो केवल भाषाविज्ञान के सहारे कह सकते हैं, आर्य भाषा तत्व भारत से बाहर गये थे। वोल्गातटवासी स्लाव **ब्रात्** ही बोलते रहे हैं, **भ्रात** भारतीय रूप है। पड़ोसी ईरानी सिंधु को हिंदु कहते रहे हैं, सिंधु भारतीय रूप है। ध, भ, घ, जैसी सघोष महाप्राण ध्वनियाँ केवल भारतीय आर्य भाषाओं की विशेषता हैं। ये ध्वनियाँ यहाँ वैदिक काल में थीं, आज भी हैं। राहुल जी ने जिन समस्याओं की ओर संकेत किया था, उनका समाधान इस तरह हो जाता है।

सामाजिक परिवर्तन में विनिमय, वर्ण और वर्ग

(1)

एक थे यूनानी आर्य, दूसरे थे हिंदी आर्य। यूनानी आर्य तो प्रगति करते रहे, हिंदी आर्य एक ही जगह थमकर रह गये।

दर्शन दिग्दर्शन में राहुल जी कहते हैं : "हिंदी आर्यों की सामाजिक प्रगति रुक गयी, जिससे उनके समाज-शरीर को सुखंडी मार गयी। यदि इसका कोई महत्व है तो यही कि उनका समाज जीवित फोसील बन गया। आज वह चार हज़ार वर्ष तक की पुरानी बेवकूफियों का एक अच्छा म्यूज़ियम है, जब कि यूनानी समाज परिस्थिति के अनुसार बदलता रहा। आज यहाँ नव्य शिक्षित भारतीय भी वेद और उपनिषद् के ऋषियों को ही अनंतकाल तक के लिए दार्शनिक तत्वों को सोचकर पहिले से रख देने वाला समझते हैं; वहाँ आधुनिक यूरुपीय विद्वान् अफलातूं और अरस्तू को प्रथम और महत्वपूर्ण ईटें रखने वाले समझते हुए भी, आज की दर्शन विचारधारा के सामने उनकी विचारधारा को आरंभिक ही समझता है।" (पृष्ठ 380-81)। जो अंतिम वाक्य है, उसमें यूनान की जगह राहुल जी ने कर दिया है आधुनिक यूरुपीय विद्वान्। मान लीजिये अरस्तू और अफलातूं को छोड़कर यूरुप के विद्वान् आगे बढ़े, तो यह **यूनानी** विद्वानों का आगे बढ़ना कैसे हुआ? मुख्य बात तो यह है कि सिकंदर के बाद यूनान के सांस्कृतिक विकास को जो धक्का लगा, उससे वह देश कभी पूरी तरह सँभल नहीं पाया। भारत और यूनान का तुलनात्मक अध्ययन बहुत शिक्षाप्रद है। सिकंदर ने भारत पर भी आक्रमण किया था। लेकिन उसे पंजाब से उलटे पैरों लौट जाना पड़ा। यहाँ उसके अभियान का कोई स्थायी प्रभाव नहीं पड़ा। किंतु यूनान पर सिकंदर और उसके बाद मखदूनियाई, जो उसके जाति के लोग थे, उन्होंने दो शताब्दियों तक शासन किया। उसके बाद रोमनों ने वहाँ शासन किया। इससे यूनान की प्रगति को बहुत धक्का लगा। यूनानी संस्कृति के केन्द्र यूनान में नहीं, यूनान के बाहर बने। इनमें मिस्र का एक प्रसिद्ध नगर सिकंदरिया था और दूसरा कुस्तुन्तुनिया था। ये दोनों यूनान के बाहर थे। इन नगरों में बहुत से यूनानी रहते थे। वहाँ उन्होंने अपना सांस्कृतिक विकास किया। किंतु यूनान पर पहले मखदूनियाइयों ने और फिर आगे चलकर तुर्कों ने और उनके बाद अंग्रेजों ने जो अधिकार किया, उससे वहाँ के सांस्कृतिक विकास को बहुत धक्का लगा। भारत पर सिकंदर ने आक्रमण किया तो तुर्कों ने भी आक्रमण किया लेकिन यूनान में जैसे तुर्की भाषा बोलने वाले बराबर बने रहे, उस तरह भारत में भी किसी कोने में तुर्की भाषा बोलेने वाले न रह गये। तुर्की जातीयता भारत में आकर समाप्त हो गयी। कैसे समाप्त हुई ? इसकी व्याख्या यही है कि यहाँ विनिमय का इतना विकास हुआ था, जातियों का निर्माण ऐसा हुआ था कि विदेशी यहाँ आकर केवल वर्णों में नहीं, केवल ब्राह्मण क्षत्रियों में नहीं, वरन् यहाँ की जातियों में, प्रदेशगत संगठनों में घुल-मिल गये। राहुल जी ने इस्लाम के बारे में लिखा है लेकिन इस्लाम धर्म मानने वाली जातियाँ कौन-सी थीं? अरब एक जाति है, ईरानी दूसरी जाति है, तुर्क तीसरी जाति है। यह जातीय भेद उन्होंने अलग हटा दिया है। वैसे भारत

में एक हिंदी जाति है, एक तमिल जाति है, एक बंगाली जाति है, यहाँ इन जातियों को अलग हटाकर उन्होंने केवल वर्णों को देखा है। जहाँ वर्गों की चर्चा की है, वहाँ आम ढंग से की है। वहाँ किसी प्रदेशगत सांस्कृतिक विकास की छवि हमारे सामने नहीं आती। यह कहना गलत है कि भारत फोसील बन गया और चार हज़ार साल की जो बेवकूफियाँ थीं, वे सब म्यूजियम में जमा हैं यानी इन बेवकूफियों के बाहर भारत कभी निकला ही नहीं। प्रश्न है : पाणिनि ने अपनी अष्टाध्यायी कैसे लिखी? चरक ने अपना ग्रंथ कैसे लिखा? यहाँ जो बड़ी-बड़ी इमारतें बनी हैं, जो इंजिनियरी के बड़े-बड़े कारनामे दिखायी देते हैं, गणित और खगोल में जो विकास हुआ है, वह विकास कैसे हुआ? राहुल जी ने एक नकारात्मक दृष्टि अपनायी है, और उससे भारतीय संस्कृति की जो उपलब्धियाँ हैं, उनको वह एक तरफ हटा देते हैं। उन्हीं में दर्शनशास्त्र की उपलब्धियाँ भी हैं। यूनान में जहाँ सिकंदर के आक्रमण के बाद दर्शन का विकास लगभग रुक गया, उसके विपरीत यहाँ सिकंदर के आक्रमण के बाद कम से कम रामानंद के समय तक दर्शन का निरंतर विकास दिखायी देता है। दोनों देशों में यह भेद है।

राहुल जी ने भारत में दासों का उल्लेख किया है। वास्तव में दासप्रथा यहाँ उत्पादन का मुख्य आधार कभी नहीं रही। अधिकतर दास घरों में, बड़े आदमियों के यहाँ सेवक की तरह काम करते थे। यूनान में दासप्रथा इससे अधिक व्यापक थी। खासतौर से एथेन्स में और आगे चलकर रोम में दासों की बहुत बड़ी संख्या थी। दासप्रथा भारत में हानिकारक थी लेकिन यूनान में वह दर्शनशास्त्र के विकास में कैसे सहायक हुई, इसकी कैफियत राहुल जी ने नहीं दी।

आर्यों को आक्रमणकारी मानकर जैसे राहुल जी ने वेद के प्रगतिशील तत्वों को खारिज किया है, वैसे ही वाल्मीकि, कालिदास आदि कवियों को भी ब्राह्मणत्व और राजाओं का पोषक मानकर उन्होंने उनके प्रगतिशील मूल्यों को दरकिनार किया है। **वोल्गा से गंगा** में एक कहानी 'प्रभा' है। इस कहानी में राहुल जी ने वाल्मीकि को वनवासी न मानकर नगरवासी माना है और उन्हें शुंग राजा पुष्यमित्र का आश्रित कल्पित किया है। लिखा है : "कोई ताज्जुब नहीं यदि वाल्मीकि शुंग वंश के आश्रित कवि रहे हों, जैसे कालिदास चंद्रगुप्त विक्रमादित्य के; और शुंग वंश की राजधानी की महिमा को बढ़ाने ही के लिए उन्होंने जातकों के दशरथ की राजधानी वाराणसी से बदलकर साकेत या अयोध्या कर दी हो और राम के रूप में शुंग सम्राट पुष्यमित्र या अग्निमित्र की प्रशंसा की—वैसे ही जैसे कालिदास ने रघुवंश के रघु और कुमारसंभव के कुमार के नाम से पिता-पुत्र चंद्रगुप्त विक्रमादित्य और कुमार गुप्त की।" (पृष्ठ 132)। इससे लगता है, अयोध्या कोई महत्वपूर्ण नगर न था। पुष्यमित्र ने साकेत को राजधानी बनाया, यह निश्चित नहीं है। उसी पैराग्राफ में राहुल जी ने लिखा है : "मौर्य वंश ध्वंसक सेनापति

पुष्यमित्र ने पहले-पहल साकेत को राजधानी का पद प्रदान किया, किंतु शायद पाटलिपुत्र की प्रधानता को नष्ट करके नहीं।" इतिहासकार विन्सेन्ट स्मिथ ने ने **द अर्लीहिस्ट्री ऑव इंडिया** में लिखा है कि राजधानी संभवतः पहले की तरह पाटलिपुत्र बनी रही। (पृष्ठ 209)। यह पूरी तरह निश्चित नहीं है कि पुष्यमित्र ने साकेत को अपनी राजधानी बनाया था। राजधानी न भी बनाया हो, तब भी साकेत एक प्रसिद्ध नगर था और व्यापार के कारण उसका महत्व बहुत बढ़ा-चढ़ा था। राहुल जी ने ही उसी कहानी में लिखा है : "सरयू तट पर बसा साकेत पहले भी नौ-व्यापार का ही नहीं बल्कि पूरब (प्राची से) उत्तरा पथ (पंजाब) के सार्थ-पथ पर बसा रहने से स्थल-व्यापार का भारी केन्द्र था।" (पृष्ठ 132)। व्यापारिक महत्त्व के नगर को यदि वाल्मीकि ने राम की जन्मभूमि बनाया तो इससे शुंग राजा की प्रशंसा करने के लिए उन्होंने काव्य रचा, ऐसा नहीं कहा जा सकता।

पुष्यमित्र का नाम राम के नाम से नहीं मिलता किंतु 'कुमारसंभव' का कुमार कुमारगुप्त के नाम से मिलता है। **वोल्गा से गंगा** की एक कहानी में सुपर्ण यौधेय कालिदास को अपना गुरु मानता है। कहता है : "उस समय कवि 'कुमारसंभव' लिख रहे थे। मुझे उन्होंने बतलाया था कि विक्रमादित्य के पुत्र कुमारगुप्त को ही मैं यहाँ शंकर-पुत्र कुमार कार्तिकेय के नाम से अमरता प्रदान करना चाहता हूँ।" (पृष्ठ 161)। सुपर्ण यौधेय अश्वघोष को महान् कवि मानता है। उनका आदर्श कालिदास के सामने रखता है। कालिदास उत्तर देते हैं : "मैं सिर्फ कवि हूँ, अश्वघोष महापुरुष और कवि दोनों थे।" कालिदास अश्वघोष क्यों नहीं हो सकते, इसकी व्याख्या वह स्वयं करते हैं। "उनके लिए संसार के भोग कोई मूल्य न रखते थे। मेरे लिए विक्रमादित्य के रनिवास जैसी सुंदरियाँ चाहिए। उदुम्बरवर्ण (लाल) द्राक्षी सुरा चाहिए, प्रासाद और परिचारक चाहिए। मैं कैसे अश्वघोष बन सकता हूँ?" अश्वघोष न बनकर वह राजाओं के चाटुकार हो गये। कहते हैं : "मैंने 'रघुवंश' के बहाने गुप्तों के रघुवंशित्व की प्रशंसा की जिससे प्रसन्न होकर विक्रमादित्य ने यह प्रासाद दिया, कांचनमाला जैसी यवन सुंदरी प्रदान की जो पंद्रह साल से मेरे पास रहने पर भी अपने पिंगल केशों से मुझे बाँधे फिरती है। मैंने यह 'कुमार संभव' की नींव रखी है, देख यह भी क्या मेरे पास लाता है।" (पृष्ठ 163)।

राहुल जी ने **संस्कृत काव्य धारा** नाम से ग्रंथ का संपादन किया था। इसमें अश्वघोष हैं, और कालिदास भी हैं। अश्वघोष के काव्य को राहुल जी ने 37 पृष्ठ दिये। कालिदास के काव्य को उन्होंने 55 पृष्ठ दिये हैं। ऐसा लगता है कि जो राजाओं का चाटुकार कवि था, उसके जाल में स्वयं राहुल जी यहाँ फँस गये हैं। इस संकलन में उन्होंने वाल्मीकि रामायण के अंश भी दिये हैं। और सबसे

पहले अयोध्या के वर्णन वाला अंश दिया है। यह वही अयोध्या है जिसे पुष्यमित्र ने अपनी राजधानी बनाया था और जिसकी प्रशंसा के लिए वाल्मीकि ने अपना महाकाव्य रचा था। **रघुवंश** से उन्होंने जो अंश दिया है, उसका अंतिम भाग 'ध्वस्त अयोध्या' के शीर्षक से दिया गया है। यह ध्वस्त अयोध्या वाल्मीकि के आधार पर लिखी गयी है। उत्तर काण्ड के अंत में सीता के वनवास के बाद अयोध्या का विनाश हो जाता है। वह वैसे ही ध्वस्त होती है जैसे कि **रघुवंश** में दिखायी गयी है। यदि वाल्मीकि शुंग राजा पुष्यमित्र और उनकी राजधानी का महत्व दिखाना चाहते थे, तो अपने काव्य के अंत में उन्होंने उसे ध्वस्त होता क्यों दिखाया?

कालिदास के बारे में कहा जा सकता है कि वह राजा के आश्रित थे। लेकिन वाल्मीकि के बारे में यह कहना कठिन है। और भारत में जो संत कवि हुए हैं, उनके बारे में तो यह और भी नहीं कहा जा सकता। किंतु **वोल्गा से गंगा** की 'सुमेर' कहानी में एक पात्र कहता है : "पुरानी पोथियों, अमीरों के टुकड़ों से पलने वाले संतों की वाणियों को यदि हम आग में नहीं जलाते, तो सात ताले में तो बंद कर देना चाहिए; किंतु उन्हीं की दुहाई देकर गांधी जी हमें गुमराह कर देना चाहते हैं।" (पृष्ठ 267)। यहाँ संत-साहित्य, वर्ण-व्यवस्था का विरोधी नहीं, उसमें कहीं कोई प्रगतिशील मूल्य नहीं है। गांधीवाद उसके सहारे जीता है। इसलिए संतों की पोथियों को या तो जला देना चाहिए या उन्हें ताले में बंद कर देना चाहिए जिससे कि वह जनता तक न पहुँचें। इस तरह ऋग्वेद से लेकर संत साहित्य तक राहुल जी ने प्राचीन साहित्य का पूरी तरह सफाया कर दिया है।

'प्रभा' कहानी में राहुल जी ने अश्वघोष के बारे में लिखा है : "यवन-दर्शन के गंभीर विवेचन के बाद उन्होंने उसकी कितनी ही विशेषताओं, विश्लेषण शैली तथा अनुकूल तत्वों को ले भारतीय दर्शन—विशेषकर बौद्ध दर्शन को—यवन दर्शन की देन से समृद्ध किया।" (पृष्ठ 153)। इसके बाद आशा की जा सकती है कि दर्शन पर अपने ग्रंथ में राहुल जी अश्वघोष का विवेचन करेंगे। किंतु **दर्शन-दिग्दर्शन** में ढूँढ़ने पर भी अश्वघोष का नाम नहीं मिलता। जहाँ-जहाँ उन्होंने यूनानी दर्शन के प्रभाव की चर्चा की है, वहाँ अन्य दार्शनिकों के नाम हैं किंतु अश्वघोष का नाम वहाँ नहीं है।

दर्शन-दिग्दर्शन में राहुल जी ने यूनानियों के बारे में लिखा है : "दर्शन के निम्न सिद्धांतों को उनके दार्शनिक आविष्कृत कर चुके थे, और इन्हें पिछले वक्त के भारतीयों ने बिना ऋण कबूल किये अपने दर्शन का अंग बना लिया।" (पृष्ठ 547) बिना ऋण कबूल किये जिन सिद्धांतों को भारतीयों ने अपनाया, उनमें क्षणिकवाद भी है। इसी पुस्तक में कुछ पृष्ठ पहले राहुल जी लिख चुके हैं : "बुद्ध का दर्शन घोर क्षणिकवादी है। किसी वस्तु को वह एक क्षण से अधिक ठहरने वाली नहीं

मानते।" (पृष्ठ 511)। यदि बुद्ध का दर्शन घोर क्षणिकवादी था तो यूनानियों से इस क्षणिकवाद को उधार लेने की क्या जरूरत थी?

ऋग्वेदिक आर्य में राहुल जी ने यूनानियों के बारे में एक अद्‌भुत बात लिखी है। "पश्चिम के देशों के उस समय के सरताज ग्रीस के निवासी 'ह' का उच्चारण करने में असमर्थ हो उसकी जगह 'अ' बोलते थे, इस प्रकार हिंदु इंदु या इंद बन गया; जो ही हमारे देश का नाम आज सर्वत्र प्रचलित है।" (पृष्ठ 3)। **दर्शन- दिग्दर्शन** में जिस यूनानी दार्शनिक से भारतीयों ने क्षणिकवाद का सिद्धांत उधार लिया था, उसका नाम राहुल जी ने हेराक्लितु लिखा है। (पृ. 547)। इस नाम के आरंभ में 'हे' स्पष्ट है। ऐसे बहुत-से नामों और शब्दों के उदाहरण दिये जा सकते हैं। यहाँ यह भी कह दें कि राहुल जी के अनुसार हेराक्लितु का जन्म 535 ई॰पू॰ में हुआ था और गौतम बुद्ध का जन्म 563 ई॰पू॰ में हुआ था। इसलिए क्षणिकवाद यदि किसी ने लिया था तो यूनानियों ने भारत से लिया होगा, भारत वाले यूनान से न ले सकते थे।

गौतम बुद्ध **ऋग्वेद** से परिचित थे। इसका प्रमाण उनकी सृष्टि संबंधी कल्पना है। **मानव समाज** में राहुल जी ने उनका यह कथन उद्‌धृत किया है : "(लोक) के विवर्त (प्रकट) होने पर सभी जगह पानी ही पानी होता है। बहुत अंधकार फैला रहता है। न चाँद और न सूर्य दिखायी देते हैं। न नक्षत्र और न तारे दखायी देते हैं। न रात और न दिन मालूम पड़ते हैं। न मास और न पक्ष मालूम पड़ते हैं। न ऋतु और न वर्ष। न स्त्री और न पुरुष।" (पृष्ठ 47)। **ऋग्वेद** के दसवें मंडल के 129वें सूक्त में इसी तरह आरंभ में जल और अंधकार के अस्तित्व का वर्णन है। इसी से आगे चलकर व्यक्त प्रकृति का विकास होता है। यदि इस सिद्धांत को लेकर गौतम बुद्ध आगे चलते, तो वह विकास-सिद्धांत को पुष्ट करते। किंतु एक जगह **ऋग्वेद** की छाया मात्र दिखायी देती है, उसे वह छोड़ देते हैं। वह क्षणिकवाद को पुष्ट करते हैं जिससे विकास-सिद्धांत नष्ट हो जाता है।

(2)

बुद्ध का सामाजिक आदर्श पुराने आदिम गण समाज थे। राहुल जी ने बुद्ध के एक भाषण का उल्लेख करते हुए कहा है : "बुद्ध के इस भाषण से साफ मालूम होता है, कि उनके मत में सांधिक संपत्ति को वैयक्तिक बनाना और भूमि का बाँटना पाप और अधोगति था। समय के फेंर से अयुक्त बात युक्त मानी जाने लगती है। वैयक्तिक संपत्ति ने उन्हें अपने ऊपर राजा ला रखने के लिए मजबूर किया।" (**मानव समाज,** पृष्ठ 48)। राहुल जी सामूहिक संपत्ति के पक्ष में हैं और गौतम बुद्ध सामूहिक संपत्ति के पक्ष में थे। किंतु वैयक्तिक संपत्ति के विकास के बिना समाज आगे बढ़ न सकता था। वैयक्तिक संपत्ति के साथ सभ्यता का संपूर्ण विकास जुड़ा हुआ है।

राहुल जी गौतम बुद्ध की आलोचना करते हुए कहते हैं : "बुद्ध ने जिस आर्थिक साम्यवाद को स्वीकार किया था, उसे सारी जनता में फैलाने की कोशिश नहीं की, उसे उन्होंने केवल अपने भिक्षुओं के संघ के लिए अनिवार्य कर दिया था।" (पृष्ठ 49)। यह तो उन्होंने अच्छा किया, इसलिए कि जनता में व्यक्तिगत संपत्ति को मिटाने का प्रयास इतिहासविरोधी कार्य होता और वह अपना भिक्षु संघ भी कायम न कर पाते। इतिहास की गति को न परखकर राहुल जी किसी भी युग में, किसी भी समाज-व्यवस्था में, साम्यवाद लाने का प्रयत्न करते हैं। 'सुपर्ण यौधेय' कहानी में कालिदास गणराज्यों की स्वतंत्र सत्ता का विरोध करते हुए कहते हैं : "गणराज्य इस युग के अनुकूल न थे, सुपर्ण ! यदि समुद्रगुप्त ने इन गणों को कायम रखा होता, तो उन्होंने हूणों तथा दूसरे शत्रुओं को परास्त करने में सफलता न पायी होती।" यह सही तर्क है। किंतु सुपर्ण इससे आश्वस्त नहीं होता। वह कहता है : "सफलता अपना राज्य स्थापित करने की, दूसरे चंद्रगुप्त मौर्य बनने की ! लेकिन चाणक्य की अप्रतिम बुद्धि की सहायता से स्थापित और व्यवस्थापित मौर्य-साम्राज्य भी बहुत दिनों नहीं चला। विक्रमादित्य और कुमारगुप्त के वंशज भी यावत् चंद्र दिवाकर शासन नहीं करेंगे; फिर इन्होंने प्रजा के शासन के चिह्नों तक को जो मिटा दिया, यह किस धर्म-काम के लिए? क्या अनादि काल से चले आते गणों में प्रजा-शासन का उच्छेद करना महान् अधर्म नहीं है?" (पृष्ठ 162-163)। मौर्य और गुप्त सम्राटों ने गणराज्यों का नाश किया, इस पर राहुल जी आक्रोश व्यक्त करते हैं। किंतु अंग्रेजों ने आकर यहाँ तथाकथित ग्राम समाजों का नाश किया, उसे वह इतिहास के लिए आवश्यक मानते हैं। 1853 में मार्क्स ने भारत पर जो लेख लिखे थे, उन्हीं के अनुरूप वह 'मंगल सिंह' कहानी में लिखते हैं : "अंग्रेज व्यापारियों ने सब कुछ अपने स्वार्थ के लिए किया, किंतु अनजाने में उन्होंने हमारी भलाई के कितने ही ठोस काम किये हैं। उन्होंने ग्राम-प्रजातंत्रों को तोड़, विस्तृत देश को हमारे सामने रखा, उन्होंने अपने रेलों, तारों, जहाजों से हमारी कूपमंडूकता को तोड़ विशाल जगत् के साथ हमारा नाता स्थापित किया।" (पृष्ठ 239)। समुद्रगुप्त गण समाज तोड़ें तो यह प्रतिक्रियावाद है। अंग्रेज़ ग्राम प्रजातंत्र तोड़ें तो यह प्रगतिवाद है।

गण समाज रक्तसंबंध पर आधारित थे। जब तक यह रक्तसंबंध नहीं टूटता, तब तक समाज नये आधार पर पुनर्गठित नहीं हो सकता। यह बात राहुल जी अच्छी तरह जानते थे। **वोल्गा से गंगा** में उनकी एक कहानी है 'नागदत्त'। उसमें इस रक्तसंबंध का उल्लेख हुआ है। नागदत्त गणों का संघ बनाने की बात कहता है। इस पर विष्णुगुप्त की टिप्पणी है : "गण के भीतर हमारा पहले से चला आया एक जन एक खून का परिवार है। अनादिकाल से इस परिवार को गणनियम के मानने की आदत बन गयी है। किंतु, यह गणों का संघ नयी चीज होगा। यहाँ खून का संबंध नहीं, बल्कि खून का झगड़ा—प्रतिद्वंदिता अनादिकाल से चली आयी है।

फिर कैसे हम संघ के नियम को मनवा सकते हैं ?" (पृष्ठ 115)। पूरा गण समाज एक खून का परिवार है। यदि अनेक गणों को मिलाकर एक संघ बनाया जाय तो वहाँ ये गण सदस्य आपस में लड़ेंगे। वे सदस्य चाहे आपस में लड़ें चाहे मिलकर रहें, समाज का पुनर्गठन तभी हो सकता था जब खून वाला नाता टूटे और इसकी जगह नये सामाजिक संबंधों के आधार पर नये वर्ग गठित हों।

वर्ण-व्यवस्था आज के जमाने में प्रतिक्रियावादी है। लेकिन पुराने जमाने को देखें। पूरा गण समाज खून के संबंध के अलावा और कोई संबंध जानता नहीं। उस समय वर्णों के आधार पर समाज का पुनर्गठित होना आवश्यक था, प्रगतिशील कदम था। वर्णों के आधार पर पुनर्गठित होने से समाज को दो लाभ थे। एक तो यह कि छोटे गोत्रों से बँधे न रहकर लोग बहुगोत्रीय वर्ण के अंग बन रहे थे। श्रम-विभाजन के आधार पर नयी बिरादरियाँ बन रही थीं। इससे उत्पादन में वृद्धि हुई। दूसरा लाभ यह हुआ कि किसी गण समाज के अंदर जो बाहर से लोग आये हुए थे, जो अजनबी थे, वे भी समाज के अंग माने गये। चाहे शूद्र हों चाहे द्विज हों, किसी न किसी वर्ण में उनको स्थान मिल गया। **दर्शन-दिग्दर्शन** में राहुल जी ने यह स्वीकार किया है। जो बाहर से कबीले आ रहे हैं और जो भारत में बस रहे हैं, उनको भी अजनबी न मानकर समाज ने स्वीकार किया है। **दर्शन-दिग्दर्शन** में राहुल जी ने इसके अनेक उदाहरण दिये हैं और बताया है, बौद्ध पीछे रह गये, और ब्राह्मण आगे बढ़ गये। बौद्धों के पीछे रह जाने का एक बहुत बड़ा कारण यह था कि वे जिस गण समाज को अपने संघ का आधार मानते थे, वह रक्तसंबंध वाला समाज था। इसलिए ये बाहर के लोगों को आसानी से अपने समाज में स्वीकार न करते थे। वर्ण में बाहर का आदमी आ सकता था, रक्तसंबंधों के समाज में बाहर का आदमी न आ सकता था। यही इन दोनों में भेद था। वर्ण-व्यवस्था की यही प्रगतिशील भूमिका थी। विनिमय के विकास, श्रम के विशेषीकरण और व्यक्तिगत संपत्ति के चलन से सामूहिक स्वामित्व की प्रथा टूटी, उसके साथ रक्तसंबंध पर आधारित पुरानी व्यवस्था टूटी, समाज वर्णों के रूप में पुनर्गठित हुआ। वह स्वयं पुनर्गठित हुआ था, इसीलिए विदेशियों को आत्मसात् कर सका। भारत से बाहर जहाँ भी वर्णव्यवस्था इस रूप में प्रचलित नहीं थी, वहाँ अजनबी और देशी की समस्या बराबर सामाजिक विकास में बाधा डालती रही। भारत का सामाजिक विकास निर्बाध गति से होता रहा। उसका बहुत बड़ा कारण यह था कि यहाँ पर देशी और अजनबी की समस्या से यह विकास रुका नहीं। राजाओं ने भी इस गण सामज के विनाश में सहायता की। इन्हीं राजाओं के समय में यहाँ व्यापार में भारी प्रगति हुई, व्यापार की बड़ी-बड़ी मंडियाँ कायम हुईं। भारत से दूसरे देशों के संबंध कायम हुए। यह तब तक संभव न था जब तक लोग रक्तसंबंध के

आधार पर अपने गण समाजों से जुड़े हुए थे, उनकी निष्ठा इन्हीं गण समाजों के प्रति थी। भारत का सारा सामाजिक-सांस्कृतिक विकास गण समाजों के विघटन से जुड़ा हुआ है।

ऋग्वेदिक आर्य में रंगभेद की नीति पर चलने के लिए राहुल जी ने दक्षिणी अफ्रीका के गोरों को निर्लज्ज तथा क्रूर कहा है। (पृष्ठ 38)। **सिंह सेनापति** में वह इसी नीति पर गंधारों, उत्तर कुरुओं और लिच्छवियों को चलते हुए दिखाते हैं। रंगभेद की नीति उनके लिए लज्जा की नहीं, अभिमान की बात है क्योंकि गणतंत्र की रक्षा शुद्ध रक्त, शुद्ध वर्ण वाले आर्यों के संगठन पर ही निर्भर है।

सिंह सेनापति का नायक युवा सिंह विद्या पढ़ने वैशाली से तक्षशिला गया है। वहाँ गुरु बहुलाश्व उससे कहते हैं : "पूर्व में वैशाली ही है, जिस पर हमें गर्व है। और तो सारे रजुल्ले हैं। कुरु, पंचाल, वत्स, कोसल, मगध सारी रजुल्लियाँ हैं। वहाँ से आर्यत्व नष्ट हो चुका है।··· हमारे सप्तसिंधु में चाहे मल्ल में जाओ, मद्र में जाओ या इस पूर्वगंधार में, सभी जगह गण का शासन पाओगे···हमारे पूर्वजों के कुछ भाई-बिरादरी जब पूर्व में गये और उन्होंने आर्यों की परंपरा छोड़ कुरु पंचाल के गणों–जनों की जगह रजुल्लियाँ कायम कर लीं, उसी दिन से हमने उन्हें पतित समझ लिया···आर्यों का देश यह है, आर्यों का धर्म यहाँ प्रचलित है, आर्यों का वर्णरूप यहाँ मिलता है। हाँ तो वत्स ! पूर्व के गण के पुरुषों को इसीलिए हम प्रेम की दृष्टि से देखते हैं। उनके वर्णरूप की संपत्ति हमारी जैसी होती है। महाली लिच्छवि ऐसा ही था, बंधुल मल्ल ऐसा ही था। प्रसेनजित् मुँह के देखने ही से वर्णसंकर मालूम होता था।"(पृष्ठ 13-14)। आचार्य की सीख है, शुद्ध वर्ण वाले का सम्मान करो, वर्णसंकर से घृणा करो।

शिष्य गुरु की हाँ में हाँ मिलाते हुए उनकी बात में कुछ अपने ज्ञान से इजाफा करता है। कहता है : "हाँ आचार्य ! राजे कामुक होते हैं और कामवश हो आर्य, अर्धआर्य, आर्येतर किसी का भेद नहीं रखते; इसीलिए उनके खून में आर्येतर धारा मिली हुई है। वह वीर्य की प्रधानता मानते हैं।" इस पर गुरु : "अपना मुँह मानते हैं। कहीं से एक बार बाँध टूटा नहीं कि पूर्वजों की पीढ़ियों से सुरक्षित की हुई विशेषता, वर्ण-संपत्ति धूल में मिल गयी। जिस अँगुली को साँप ने डँसा, उसे हम काट डालते हैं, जिस डाली में घुन लगा, उसे हम वृक्ष पर रहने नहीं देते। यही वजह है, जो तुम यहाँ सभी स्त्री-पुरुषों को गौरवर्ण पाते हो, सभी के केशों को अग्नि की ज्वाला की भाँति पिंगल, पिशल या पांडुर, सभी की आँखों को नीली या सुवर्ण वर्ण पाते हो।"(पृष्ठ 14)।

शिष्य उत्तर और पूर्व की परिस्थितियों का भेद बतलाता है : "पूर्व में आर्यों से आर्येतरों या अर्धआर्यों की संख्या अधिक है, यद्यपि वह आर्यों के अधीन हैं, किंतु उनकी इतनी बहुसंख्या आर्य रुधिर को दूषित करने के लिए पर्याप्त है।" किंतु

पूर्व में रहते हुए भी शिष्य के पिंगल केश और नील नेत्र सुरक्षित हैं। वह इसकी कैफियत देता है : "इसके लिए हम पूर्व के गणवालों को कड़ा प्रतिबंध रखना होता है। हम पिता-माता किसी तरफ से भी बाहर से संबंध नहीं रखने देते। हम अपने या अपने-जैसे गणों से बाहर शादी-ब्याह नहीं करते। तो भी इसका अर्थ यह नहीं कि हमारे यहाँ अर्धआर्य नहीं हैं। आर्येतर काली दासियाँ हमारे घरों में ज़्यादा दिखायी पड़ती हैं।"

इस पर गुरु की टिप्पणी : "यह खतरे की बात है वत्स ! बड़े खतरे की बात है। आर्य रुधिर आर्येतर क्षेत्र में जायगा और वहीं से आर्यों की तबाही शुरू होगी। हमारे यहाँ देखो दासप्रथा नहीं है। कुछ आर्येतर कर्मकर—नौकर हैं। उनको हमारे गणशासन में अधिकार नहीं है। किंतु साथ ही हम उनके शरीर को खरीद-बेच की चीज़ नहीं समझते। वैसे सतलज के इस पार तुमने आर्येतर देखे भी कम होंगे।" (पृष्ठ 14-15)।

गणतंत्र केवल शुद्ध वर्ण वालों के लिए है। उत्तर में अनार्य कम हैं। वे सेवक हैं और उन्हें नागरिक अधिकार नहीं दिये गये। पूर्व में अनार्य ज़्यादा हैं। नागरिक अधिकारों से वे भी वंचित हैं। गणतंत्र अल्पसंख्यक आर्य शासकों के लिए है, बहुसंख्यक अनार्य उससे बाहर हैं। दक्षिण अफ्रीका की तरह वहाँ दास-दासी काले हैं। दक्षिण अफ्रीका की तरह ध्यान रखा जाता है कि काले-गोरे पुरुष यौन संबंध कायम न करें। कड़े प्रतिबंध लगाने पर भी अर्धआर्य पैदा हो जाते हैं। गुरु बहुलाश्व के पास इसका सीधा इलाज है—जिस डाली में घुन लगा, उसे हम वृक्ष पर रहने नहीं देते। यानी वर्णसंकर को वे मार डालते हैं।

कुछ ऐसा ही चलन लिच्छवियों में बताया गया है। वर्णशुद्धता कायम रखने के लिए "लिच्छवियों को बहुत ही नियम बनाने पड़े हैं, अपनी संतानों के प्रति कभी-कभी उन्हें निष्ठुरता दिखलानी पड़ती है, किंतु लिच्छवि-रुधिर की शुद्धता स्थिर रखने के लिए इसे सभी स्वीकार करते हैं।" (पृष्ठ 76)।

तब दक्षिणी अफ्रीका के गोरों को ही क्रूर क्यों कहा जाये? ऐसी क्रूरता तो राहुल जी के अनुसार गंधार और लिच्छवि जैसे आदर्श गणतंत्रों में देखी जाती थी। और वह इस क्रूरता का उल्लेख ऐसे निर्विकार भाव से करते हैं मानो गणतंत्र की रक्षा के लिए वह ऐतिहासिक रूप से अनिवार्य हो।

गंधार में दासप्रथा का चलन था या नहीं था?

पृष्ठ 14 पर नहीं था। आचार्य बहुलाश्व कहते हैं : "हमारे यहाँ देखो दास प्रथा नहीं है।"

पृष्ठ 33 पर चलन था। सिंह कहता है : "हमारे आचार्य जैसे कर्मांत, पशु वाणिज्य के स्वामी वैशाली में इस तरह अपने दास-दासियों के साथ सहभोज, सहनृत्य नहीं करते।"

दास-दासी न होंगे तो उनके साथ आचार्य का सहनृत्य कैसे होगा?

यहाँ एक और मनोरंजक तथ्य का पता चलता है। आर्य जब बाहर से आये, तब उत्तर भारत में ताँबे जैसे रंग वाले नहीं; काले ही काले सब ओर फैले हुए थे। आचार्य-पुत्री रोहिणी ने सिंह को बताया : "एक बार इंद्रप्रस्थ से लौट के हमारे साथ चार काले लोग आये थे···मेरे पूछने पर तात ने बतलाया था कि यह गंधार, मद्र सभी पहले इन्हीं लोगों के थे। हमारे पूर्वज जब पश्चिम से अपने घोड़ों पर चढ़कर आये, तो महासिंधु के पश्चिम का विस्तृत भूभाग भी इन्हीं के हाथों में था।" (पृष्ठ 33-34)। आश्चर्य की बात है कि बहुलाश्व को अपने पूर्वजों का पश्चिम से आना याद है, ऋग्वेद के कवि यह सब भूल गये, कहीं इसकी ओर संकेत भी नहीं किया !

चारों तरफ काले आदमी थे। आर्य उनसे किस तरह निपटे? आचार्य-शिष्य सिंह कहता है : "इस तक्षशिला में भी आर्य जब आज से हजार-डेढ़ हजार वर्ष पहले आये, तो उन्होंने भी पराजितों की दासप्रथा को अपनाकर कितने ही दास-दासी रखे थे। किंतु पीछे अपनी उस काल की स्थिति में उसके प्रभाव से उन्हें भय होने लगा।" (पृष्ठ 34)। यह भय था रक्तसम्मिश्रण का। दूसरा भय था काम न करने पर सुकुमार बन जाने का। तीसरा भय था, युद्ध में उलझने पर घर में दासों के प्रभाव बढ़ जाने का।

यह स्पष्ट नहीं है कि आर्यों ने ये तीनों भय कैसे दूर किये, दासप्रथा उठा दी? या कुछ को रखा, बाकी को छोड़ दिया? आस-पास की काली आबादी मिटा दी या उसे पूरब की ओर खदेड़ दिया?

जो भी हो, अब तो लगता है तक्षशिला के आस-पास काले नहीं रह गये। बहुलाश्व के सेवकों में "कोई कृष्णवर्ण या अर्ध कृष्णवर्ण नहीं। अधिकतर पश्चिम गंधार, पख्त, कंबोज के हैं। कुछ पार्श व (ईरानी) भी हैं।" (पृष्ठ 18)।

गंधारों से भी ज़्यादा शुद्ध नस्ल के आर्य उसके उत्तर में रहते हैं। बहुत-से लोग उन्हें देवता समझते हैं। वे उत्तर कुरु नाम से विख्यात हैं। "उनके केश अधिक पिंगल, उनके नेत्र अधिक नील, आकार हममें से अधिक बड़े स्त्री-पुरुषों का होता है···गर्मी लगने पर देव या देवी किसी तरह का परिधान अपने शरीर पर नहीं रखते। उस वक्त देवों की केश-दाढ़ियाँ तथा देवियों के सीमांत अग्निस्कंध से निकलती ज्वालारश्मियों से मालूम होते हैं।" (पृष्ठ 47)। इन्होंने अपने वर्ण की रक्षा के लिए एक सीधा उपाय निकाला है। वे अपने दुर्गम पहाड़ी प्रदेश में किसी को आने नहीं देते, न उस प्रदेश से किसी को बाहर जाने देते हैं। (पृष्ठ 46)।

"वहाँ के लोग अधिकतर मृगया और पशुपालन पर गुजारा करते हैं। कृषि बहुत कम करते हैं···किसी का अलग-अलग धन ही नहीं, उत्तर कुरु के लोगों का सब कुछ सम्मिलित है।" (पृष्ठ 41)। किसी का अलग परिवार नहीं है,

इसलिए न व्यक्तिगत संपत्ति है, न व्यक्तिगत पुत्र-पुत्रियाँ हैं। "देवों में अलग-अलग परिवार नहीं होते···वहाँ प्रत्येक देवी उन्मुक्त देवी है, वह किसी की भार्या नहीं। पद्मसर में विचरने वाली भ्रमरी है। और चाहे जिस भी पद्मकोष में रात को बंद होने के लिए स्वतंत्र है···किसी देव का अपना पुत्र नहीं···हर एक तरुण दूसरे तरुण का पितृज भाई, वैसे ही सभी तरुणियाँ परस्पर स्वसा (बहिन)···हर समवयस्क देव-देवी अकाम होने पर भाई-बहिन, कामना होने पर प्रेमी-प्रेमिका···उस देव-जीवन की मधुरता को शब्दों में वर्णित नहीं किया जा सकता"। (पृष्ठ 48)।

यहाँ खेती का विकास नहीं हुआ। किसी तरह का श्रम-विभाजन नहीं है, इसलिए शिल्प और कला-कौशल का विकास भी नहीं हुआ। एक परिवार के भीतर पति-पत्नी का स्थायी प्रेम ये नहीं जानते, पिता-पुत्र, भाई-बहिन का प्रेम नहीं जानते। सामाजिक विकास के विचार से वे अत्यंत पिछड़े हुए लोग हैं, आदिम साम्यवाद भी यहाँ अति आदिम अवस्था में है। सामाजिक विकास में जो जितना पिछड़ा है, राहुल जी को वह उतना ही भव्य और अनुकरणीय जान पड़ता है।

ऋग्वैदिक आर्यों को इसी देवलोक से भारत में आना चाहिए। उनमें एक ने पूछने पर "अपने को देवों का सेनापति या इंद्र बतलाया और नाम मघवान्···देव अग्नि को बड़ी हिफाजत से रखते हैं, और बुझ जाने पर दो लकड़ियों को घिसकर पैदा करते हैं। एक जगह नर्म चमड़े को बिछाकर उस पर हरित सोम (भाँग) पत्थरों पर पीसा जा रहा था"। (पृष्ठ 46-47)। ऋग्वैदिक आर्यों से इन देवों का संबंध स्पष्ट है। ये वोल्गातट से चलते हुए उस दुर्गम पहाड़ी प्रदेश में बसने तो गये न होंगे। वे हिंदी-ईरानी जाति की शाखा भी नहीं हो सकते। ईरानियों से उनका जबर्दस्त वैरभाव है। रात के नृत्य के बाद "तो मालूम नहीं होता था कि वह एक बड़े युद्ध से गुजरे हैं—जिसमें हजारों देव-देवियों ने अपने प्राण खोये हैं।" (पृष्ठ 47)।

यह वह समय है जब ईरानी शाह उत्तर भारत को जीतने का प्रयत्न कर रहा था। जैसा कि कपिल गंधार ने सिंह लिच्छवि को बताया था, "जब से पश्चिम गंधार गण को पार्शवों ने पराजित कर परतंत्र बनाया, तब से मेरे हर एक गंधार के दिल में पार्शव के प्रति जबर्दस्त घृणा की आग धधकती रहती है।" (पृष्ठ 42)। यह घटना पाँचवीं सदी ई.पू. की होगी। गंधार आर्य हैं; लिच्छवि आर्य हैं। उत्तर से पूर्व तक ये भारत में आकर पाँचवीं सदी ई. पू. से काफी पहले बस चुके हैं। उधर उत्तर कुरु प्रदेश के आर्य एक हजार साल तक लकड़ियाँ घिसकर आग पैदा करने के आगे नहीं बढ़ सके ! इंद्र और सोम के कारण ऋग्वैदिक आर्यों से उनका संबंध स्पष्ट है। उत्तर कुरुओं के देश से हड़प्पा और मोहेञ्जोदड़ो दोनों दूर हैं। कम-से-कम उत्तर कुरुगण उनके विनाश के लिए जिम्मेदार नहीं हो सकते।

वासुदेवशरण अग्रवाल के अनुसार पाणिनि ने अपना व्याकरण पाँचवीं सदी ई॰ पू॰ में लिखा था। **सिंह सेनापति** में गंधार प्रदेश की विस्तृत चर्चा है; उसमें कहीं पाणिनि का नाम नहीं है। कहा जाता है, पाणिनि ब्राह्मण थे। वासुदेवशरण अग्रवाल ने एक बौद्धग्रंथ **मंजुश्री-मूलक** से मगध के राजा नंद और पाणिनि की मैत्री के बारे में एक अंश उद्‌धृत किया है। उसमें कहा गया है : "राजा का परम मित्र पाणिनि नामक एक ब्राह्मण होगा।" (**पाणिनिकालीन भारतवर्ष,** पृष्ठ 15)। पाणिनि के समय से गंधार वर्णविहीन गण नहीं था। राहुल जी ने उसे वर्णविहीन के साथ अराजक गण भी माना है। पाणिनि ने एकराज जनपदों में गांधारि नाम दिया है। (उप॰, पृष्ठ 434)। वासुदेवशरण अग्रवाल ने अन्यत्र लिखा है : "पाणिनि ने इस जनपद का अधिक पुराना नाम गांधारि एक सूत्र (5.1.69) में दिया है। वहाँ के राजा और उनके पुत्र दोनों गांधार कहलाते थे।" (उप॰, 62)।

अराजक मानकर गंधारगण की महिमा का जो वर्णन राहुल जी ने किया है, वह काल्पनिक है।

राहुल जी ने राजा के होने को बहुत महत्वपूर्ण समझा है। इससे अधिक महत्वपूर्ण है उत्पादन और विनिमय का विकास, गण का अर्थतंत्र। उसी से मालूम होगा, रक्तसंबंधों वाली गण-व्यवस्था क्यों टूट रही थी।

तक्षशिला के आचार्य बहुलाश्व का महल सात खंडों का है। बाहरी खंड में घोड़सालें हैं। उन्हें घोड़ों की नस्ल सुधारने का शौक है। "तक्षशिला के दूसरे नागरिकों की भाँति आचार्य बहुलाश्व के भी नगर से बाहर दूर-दूर पर कितने ही कर्मांत (खेतियाँ) हैं जिनमें एक को आचार्य ने घोड़ों को पालने के लिए नियुक्त कर रखा है।" (पृष्ठ 17)। सभी नगरवासी नागरिक नहीं हैं। यहाँ नागरिक वे हैं जिन्हें नागरिकता के अधिकार प्राप्त हैं। ये धनी हैं और एक दूसरे के रक्तसंबंधी हैं। बड़े पैमाने पर खेती कराने के लिए मजदूर चाहिए। जाड़े के दिनों में "खेत खाली पड़े रहते हैं और सिर्फ कर्मांत घरों में कुछ बैल, गाय तथा कर्मकर दिन बिताते दिखायी पड़ते हैं।" (पृष्ठ 22)। यही कर्मकर खेती का भार ढोते हैं। इनके सिवा "इस जुताई-चुनाई के समय आचार्य के साथ हम सारे विद्यार्थी कर्मांतों में चले जाते और हल जोतते, घास अलग करते, बुनने (चुनने) के काम में मदद देते थे।" (पृष्ठ 23)। इस श्रमिक दल में स्त्रियाँ भी हैं। जुताई-चुनाई की मेहनत के बाद "सारे कपड़े छोड़ नर-नारी तट की उच्च भूमि से हरित जल में कूद-कूदकर जलक्रीड़ा करते," तब आचार्य उनके शारीरिक गठन पर टिप्पणी करते : "रोहिणी ! तेरे पार्श्व में मेद (चर्बी) जम रहा है...सरस्वती तो भैंस बनती जा रही है।" (पृष्ठ 23)। खेतों के अलावा "हमारे आचार्य के बहुत-से फलोद्यान हैं जिनमें फलों के सुखाने तथा रखने के घर बने हुए हैं।" (पृष्ठ 22)। खेतों और बागों का काम सँभालने के लिए बहुत बड़ा दल छात्रों का है। "आचार्य के शिष्यों की संख्या पाँच सौ कही जाती

है, किंतु यहाँ पाँच सौ वह विद्यार्थी हैं, जो कि उच्च कक्षा के हैं और जिनमें काफी संख्या तक्षशिला से दूर-दूर के विद्यार्थियों की है।" (पृष्ठ 26)। अर्थात् कुल छात्रसंख्या हजार से ऊपर होगी। इतने छात्रों को एक ही गुरु तो न पढ़ाता होगा। अध्यापक भी होंगे और वे भी खेतों और बागों में काम करते होंगे।

बागों और खेतों की उपज खाने-खिलाने के बाद काफी बची रहती होगी। इस उपज के सिवा घोड़े, कंबल, शराब वगैरह व्यापार के लिए और बहुत सी चीज़ें थीं। अपनी चीजों के अलावा दूसरे देशों का माल भी इधर से उधर पहुँचाने वाले व्यापारी थे। राहुल जी ने लिखा है : "कर्मांतों और उद्योगों की संपत्ति के अतिरिक्त (इन उद्योगों का विवरण उन्होंने नहीं दिया पर खेती, बागवानी के सिवा अन्य उद्योग तो थे) वाणिज्य तक्षशिला के नागरिकों की आजीविका का बड़ा साधन है। स्थल मार्ग से प्राची (पूर्वभारत) की वस्तुओं को पर्शवों, बवेरुओं और यवनों के देशों में पहुँचाने में सहायता पहुँचाना तक्षशिला के स्थल-सार्थों का मुख्य काम है। तक्षशिला यदि श्रावस्ती, राजगृह, कौशाम्बी तथा उज्जयिनी से भी अधिक समृद्ध है तो उसका प्रधान कारण यही व्यवसाय है।" (पृष्ठ 24)। **सिंह सेनापति** में गौतम बुद्ध जीवित हैं। यह बौद्ध मत का अभ्युदय काल है। और भारत में नगरों (व्यापार केन्द्रों) की बड़ी श्रृंखला है। इन केन्द्रों से जुड़े हुए व्यवसायी एकराज और अराजक जनपदों में भेद नहीं करते। वे सबसे आर्थिक संबंध कायम करते हैं।

व्यापार के लिए माल लेकर बड़े-बड़े सार्थ चलते थे। ऐसे ही एक सार्थ के सहारे सिंह तक्षशिला आया था। वह आचार्य पत्नी से कहता है : "श्रावस्ती के श्रेष्ठि सुदत्त का सार्थ तक्षशिला आ रहा था। (श्रावस्ती एकराज कोसल जनपद में थी और तक्षशिला गंधार 'गणतंत्र' में।) इस सार्थ में एक हज़ार गाड़ियाँ, ढाई हज़ार बैल, डेढ़ हज़ार आदमी थे···श्रेष्ठि सुदत्त (अनाथ पिंडक) के कितने ही पण्यागार हैं जहाँ अपने पदार्थों को छोड़ने तथा क्रय पदार्थों को हम लेने जाते थे···उसके बराबर का श्रेष्ठि सार्थवाह इस वक्त कोई नहीं है और शायद जम्बूद्वीप में अन्यत्र मुश्किल से ही ऐसा हो। तक्षशिला में भी उस का पण्यागार है···पश्चिम और पूर्व के समुद्रों के भरुकच्छ (भड़ोंच) और ताम्रलिप्त जैसे महातीर्थों पर उसके पण्यागार और महान् जलपोत हैं। चारों समुद्रों की लक्ष्मी इस वक्त श्रावस्ती में सुदत्त के पास वैसे ही चली आ रही है, जैसे नदियाँ समुद्र के पास।" (पृष्ठ 20-21)।

मशीनी उद्योग-धंधों वाले इंगलैन्ड के पूँजीपति कोसल के सेठ सुदत्त से 'बिजनेस मैनेजमेंट' सीख सकते थे। यह सारा माल अदला-बदली के लिए नहीं है, वह खरीदा और बेचा जाता है। इसी के लिए जगह-जगह पण्यागार बनाये गये हैं। वे एक-दो जनपदों तक सीमित नहीं हैं। वे ताम्रलिप्त से तक्षशिला तक फैले हुए हैं। वे अधिकतर नदियों के किनारे हैं क्योंकि नावों से माल जल्दी

ढोया जाता है। "गंगा-यमुना तथा दूसरी नदियों के तीर्थों (घाटों) पर" श्रेष्ठि सुदत्त के कितने ही पण्यागार हैं। गाड़ियों पर माल लादकर काफिला धीरे-धीरे चलता है। "फिर रास्ते के अहिच्छत्र, हस्तिनापुर, इंद्रप्रस्थ जैसे पचासों नगरों और निगमों में व्यापार भी करना पड़ता है।" (पृष्ठ 21)। व्यापार के लिए कार्णापणों का व्यवहार होता है। वित्त का चलन इस व्यापार के विकास के लिए आवश्यक था। एकराज और अराजक दोनों ही तरह के जनपदों के सिक्के मिलते हैं, एक जनपद के सिक्के दूर-दूर के जनपदों में मिलते हैं। विनिमय के प्रसार से ऐसा हुआ था। (ये व्यापारिक संबंध जनपदों में एक राष्ट्र की धारणा पैदा कर रहे थे)। सिंह कहता है कि सुदत्त जैसा सेठ शायद जम्बूद्वीप में न होगा। उसके मन में यह जम्बूद्वीप का विचार पैदा कैसे हुआ? वह इन्हीं व्यापारिक संबंधों के प्रसार का परिणाम है।

किंतु व्यापार में अभी साधारण जनों के दैनिक व्यवहार की चीज़ें शामिल नहीं हैं या बहुत कम हैं। जैसा कि सिंह ने कहा है : "हमारे शकटों में कशिक (काशिक) वस्त्र—कौषेय और कर्पास—दोनों की भरती ज़्यादा थी। (यानी काशी के बने सूती रेशमी वस्त्र ज्यादा थे।) इनके अतिरिकत चंदन, सुगंधि, दंत (हाथी के दाँत?), सुवर्ण मणिकाएँ आदि वस्तुएँ भी थीं।" (पृष्ठ 21)। ऐसी चीज़ें थोड़े से धनी लोगों के लिए थीं। इनसे अनेक जनपदों को मिलाकर एक घरेलू बाज़ार का निर्माण न हो सकता था, अनेक घरेलू बाज़ारों से राष्ट्रीय बाज़ार का निर्माण न हो सकता था पर दोनों की रूपरेखा मौजूद थी। राहुल जी ने बहुत-से नगरों का उल्लेख किया है। दो-चार को छोड़कर बाकी सब हिंदी प्रदेश में हैं। इनके व्यापारिक संबंधों से यह न समझ लेना चाहिए कि गौतम बुद्ध के युग में हिंदी जाति का निर्माण हो गया था या हो रहा था।

व्यापारिक संबंधों के प्रसार का अनिवार्य परिणाम होता है कि अनेक जनपदों के व्यवसायी बड़े नगरों में सिमट आते हैं; पर गण व्यवस्था में वे नागरिक अधिकारों से वंचित रहते हैं। "तक्षशिला प्रजातंत्र के बाहर से आये कर्मकरों के बारे में आचार्य बहुलाश्व का कहना था—'हमारा गण रुधिर पर अधारित है। इसलिए अपने से बाहर के व्यक्ति को नागरिक बनाना हमारे वश से बाहर की बात है⋯'।" (पृष्ठ 24)। बाहर के शिल्पी और व्यवसायी तक्षशिला में एकत्र हो रहे थे, वे अपने श्रम से नगर को समृद्ध कर रहे थे, पर वे नागरिक न बन सकते थे क्योंकि उनका खून दूसरा था ! यह सब राहुल जी की कल्पना में है। गंधार एकराज जनपद है, वहाँ पाणिनि हैं, वर्ण-व्यवस्था है। बहुलाश्व की समस्या बहुत कुछ राहुल जी की गढ़ी हुई समस्या है।

बाहर से आक्रमण हो रहे हैं। गणों को मिलकर उनका मुकाबला करना है। पर गण सदस्यों का प्रेम रक्तसंबंधियों तक सीमित रहता है। बहुलाश्व कहते हैं :

"मद्रों का सागल पर जैसा प्रेम है, वैसा तक्षशिला के लिए नहीं हो सकता···उत्तरापथ (पंजाब) के सभी गणों को मिलाकर एकखड्ग, एकशासन बनाना यदि संभव भी हो, तो भी उससे हमें गणस्वातंत्र्य, गण मर्यादा, रुधिर बंधुत्व को छोड़ना पड़ेगा।" (पृष्ठ 28)।

ऊपर मद्रों नाम आया है। पाणिनि में जहाँ एकराज जनपदों का उल्लेख है, वहाँ गांधारि के साथ मद्र का नाम भी है। (**पाणिनिकालीन भारतवर्ष,** पृष्ठ 434)। वह अराजक गण था ही नहीं।

(3)

अब देखना चाहिए लिच्छवियों का गण कितना जनतांत्रिक है। वैशाली में एक पुष्करिणी है। "उसमें सर्व साधारण का स्नान मना है।" (**सिंह सेनापति,** पृष्ठ 95)। गण संस्था जिसे अपना सदस्य चुनती है, वही उसमें नहाता है। सारे लिच्छवि आर्य हैं और क्षत्रिय हैं। सबको उसमें नहाने का अधिकार नहीं है। जो आर्य नहीं हैं, क्षत्रिय नहीं हैं, उनके उसमें नहाने का सवाल नहीं है। "गण सदस्य भी जीवन में सिर्फ एक बार वहाँ नहाते हैं।" (उप॰)। प्रत्येक परिवार से एक सदस्य गण के लिए चुना जाता तो भी संस्था बहुत बड़ी हो जाती। इसलिए 999 की संख्या नियत कर दी गयी।

लिच्छवियों की सेना लाखों में है। सिंह कहता है : "योजनों तक फैली लाखों की सेना का संचालन खुद इतना कम था, जिसमें तलवार का हाथ दिखलाने के लिए समय निकालना मुश्किल था।" (पृष्ठ 145)। इन लाखों के साथ कुछ और लाखों असैनिक थे। इन सब पर शुद्ध आर्य रक्त वाले वे 999 गणसदस्य शासन करते थे ! वैशाली में दास हैं, कर्मकर हैं। (पृष्ठ 101)। यहाँ श्रमविभाजन है, लोग अपने पेशे में विशेष योग्यता प्राप्त करते हैं। कृष्ण नाम का माली पूरा वनस्पति शास्त्री है। (पृ॰ 103)। नाव खेने में दक्ष मल्लाह हैं। इनमें बहुत से मगध से आकर लिच्छवि जनपद में बस गये हैं। (पृष्ठ 106)। घोड़ों की देखभाल करने वाले साईस हैं। (पृष्ठ 99)। गाय चराने वाले गोपाल हैं, उनमें "लिच्छवि और अलिच्छिवि दोनों तरह के लोग हैं"। (पृष्ठ 136)। रक्तसंबंध की सीमा लाँघकर लिच्छवि-अलिच्छवि किसी पेशे के अंतर्गत एक हो रहे हैं। जब इनके नाती-पोते यही करते रहेंगे, तब ग्वालों की एक जाति (Caste) बन जायेगी।

वैशाली में वैद्य हैं, वैद्य अग्निवेश के पचास शिष्य हैं। (पृष्ठ 136)। वैशाली में गुप्तचर हैं; भेस बदलकर शत्रु की स्थिति के बारे में जानकारी जुटाते हैं। (उप॰)। वैशाली में अंबपाली नाम की इतिहासप्रसिद्ध गणिका है। (पृष्ठ 85)। वैशाली में सूदखोरी चलती है; "हमारे गण में दूना से अधिक सूद नहीं हो सकता !" (पृष्ठ 88)। वैशाली में ब्राह्मण हैं। जिस धाय ने सिंह को अपना दूध पिलाया था, वह ब्राह्मणी है। (पृष्ठ 153)। वैद्य अग्निवेश ब्राह्मण हैं। (पृष्ठ 141)। देशी-विदेशी, विभिन्न वर्ण,

विभिन्न जातियाँ, सभी तरह के लोग वज्जि जनपद में हैं। "हाँ, वज्जी में लिच्छवि से कुछ ही कम अलिच्छवियों की संख्या है। इनमें कर्मकर ही नहीं, ब्राह्मण, गृहपति (वैश्य) जैसी कितनी ही धनाढ्य जातियाँ भी हैं, जिन्हें राजशासन में अधिकार नहीं, युद्ध में मरने का डर नहीं। किंतु उनके पास बहुत-सा क्षेत्र है, उनका लाखों का वाणिज्य व्यापार है।" (पृष्ठ 75)। समाज वर्णों और जातियों में पुनर्गठित हो रहा है। पर इतिहास-विवेचक इस सत्य को स्वीकार नहीं करना चाहता, वह पुराने रक्तसंबंध वाले छोटे-से गणतंत्र से चिपका रहना चाहता है।

जो समस्या बहुलाश्व के सामने थी, वही बहुत ज़्यादा पेचीदा रूप में सिंह सेनापति के सामने है।

वह गणसदस्यों से कहता है : "मैं समझता हूँ, तक्षशिला (गंधार) की गणप्रणाली हमारे लिए आदर्श हो सकती है। हमारे यहाँ दासप्रथा भी है, आर्य से भिन्न प्रजा भी बहुत है, और अलिच्छवि आगंतुकों की भारी संख्या है, जिसका परिणाम यह दिखायी पड़ रहा है, कि लिच्छवि भिन्नों के लिए हमारा शासन कठोर न होने पर गण-शासन जैसा नहीं है, क्योंकि हमारे शासन, निश्चय पर प्रभाव डालने के लिए अलिच्छवि प्रजा के पास कोई साधन नहीं है। इस तरह स्वयं वज्जी के भीतर लिच्छविप्रजा के रहते भी हमें आदर्श शासन चलाने में दिक्कतें हैं। इसका एक परिणाम यह भी है, कि लिच्छवियों में कितने ही ज़्यादा धनी परिवार हैं और दूसरे गरीब लोगों को अपने धन के अनुसार गण में प्रभुता का ख्याल होता है, जिससे गरीब लिच्छवि धनी लिच्छवियों के प्रति दुराव करते जा रहे हैं।" (पृष्ठ 155)।

राहुल जी ने 'वज्जी' शब्द का व्यवहार अनेक बार किया है और उसे 'लिच्छवि' का पर्याय बना दिया है। वास्तव में वह अनेक गणों का संघ था, लिच्छवि गण उसका एक सदस्य मात्र था। वज्जि, पूर्वरूप वृजि, पर वासुदेवशरण अग्रवाल की टिप्पणी शिक्षाप्रद है। "वृजि (मद्रवृज्योः कन् 4.2.131)—बौद्ध साहित्य में इन्हें वज्जि कहा है जो प्रसिद्ध संघ राज्य था। वह आठ अवात्तर जातियों का संयुक्त संगठन था जिनमें लिच्छवि और विदेह सबसे महिमाशाली थे। गंगा के उत्तर मुजफ्फरपुर चंपारन में वृजियों के गणराज्य की राजधानी वैशाली नगरी थी।" (**पाणिनिकालीन भारतवर्ष,** पृष्ठ 464)। राहुल जी ने और गणों को तो बाहर रखा ही है, वज्जि पर विदेहों की छाया भी नहीं पड़ने दी। पता नहीं उनके बाल कम पीले, आँखें कम नीली थीं, इसलिए; अथवा वेदांत से विदेहों का संबंध प्रसिद्ध रहा है, इसलिए जो भी कारण हो, अनेक गण मिलकर संघ बना रहे थे, यह ऐतिहासिक सत्य है और यह सत्य **सिंह सेनापति** के पाठकों की आँखों से ओझल रहता है।

सबसे पहले गणशासक लिच्छवियों और अशासक लिच्छवियों का भेद मिटाना

था, फिर लिच्छवि और विदेह आदि का भेद मिटाना था, फिर बाहर वालों-भीतर वालों का भेद, काले-गोरे का भेद मिटाना था। वर्णों के आधार पर समाज को इसी तरह पुनर्गठित किया गया था किंतु राहुल जी उसे बारबार ब्राह्मणों का षड्यंत्र कहकर चित्रित करते हैं। वह मानते थे कि गौतम बुद्ध ने अपना संघ गण व्यवस्था को आदर्श मानकर बनाया था। **जय यौधेय** में जय के पिता कहते हैं : "बौद्ध और जैन दोनों संघ को सर्वोपरि मानते हैं। दोनों ही गुप्तों के विष्णु की तरह संसार के कर्त्ता-हर्त्ता किसी एक ईश्वर पर उनका विश्वास नहीं। इसीलिए ब्राह्मणों के धर्म को नहीं, बल्कि श्रमणों (बौद्धों-जैनों) के धर्म को गणतंत्र के अत्यंत अनुकूल समझता हूँ।" (पृष्ठ 48)। किंतु राहुल जी के गण और गौतम बुद्ध के संघ में जमीन-आसमान का फर्क है। राहुल जी गौतम बुद्ध का अनुसरण न करके पीछे जाते हैं। **बौद्ध संघ** में रक्तसंबंध का विचार नहीं है। राहुल जी के **गण** का आधार यह रक्तसंबंध ही है।

जय यौधेय में जहाँ जैन संघों को गण के अनुरूप बताया गया है, वहाँ, उसी पृष्ठ पर जय का यह बयान है : "मैंने बुद्ध के उपदेशों में पढ़ा कि वह हर तरह के भेदभाव को हटाकर संघ में सभी को एक कर देना चाहते थे। अशोकग्राम में आज भी यवन, पारसीक, शक, मगध, वैदर्भ, सैंहलक (सिंहलवासी) ब्राह्मण, क्षत्रिय, वैश्य, शूद्र सभी देशों, जातियों और वर्णों के भिक्षु होते हैं, पर वह आपस में छोटे-बड़े का भाव सिर्फ संघ में आने के अनुसार करते हैं। मैं कभी-कभी सोचता हूँ कि हमारे गणों में क्यों नहीं वैसा होता?" पिता उत्तर देते हैं : "हमारा गण हमेशा से रक्तसंबंधियों का रहा है। जो बात बहुत पुरातन काल से चली आयी है, उसको हटाने में बड़ी दिक्कत होती है।" (8.48.49)।

रक्तसंबंध वाला सिद्धांत बौद्ध धर्म के प्रतिकूल है, वह मार्क्सवाद के प्रतिकूल तो है ही। उसका समर्थन करके राहुल जी न बौद्ध रह जाते हैं, न मार्क्सवादी। इस सिद्धांत का संबंध केवल गणव्यवस्था की रक्षा से नहीं है। जब उनकी हिंदी यूरोपीय जाति वोल्गा से चलती है, जब हिंदी ईरानी जाति भारत की सीमाओं तक पहुँचती है, तब कौन-से गणतंत्र की रक्षा का सवाल था? इतिहास की विडंबना यह है कि जिस वोल्गा के तट से राहुल जी का आर्य अभियान शुरू होता है, उसी के किनारे सोवियत सेनाएँ आर्यवाद के आधुनिक संवाहकों, जर्मन नात्सियों का संहार कर रही थीं। लेकिन चाहे भारत की यात्रा हो, चाहे मध्य एशिया अथवा पश्चिमी एशिया की यात्रा हो, राहुल जी आर्यों के शुद्ध रक्त, शुद्ध वर्ण का बराबर ध्यान रखते हैं। आर्यों के शुद्ध रक्त, शुद्ध वर्ण का सिद्धांत विशुद्ध नात्सी सिद्धांत है।

सिंह सेनापति में लिच्छवि सेना मगध के राजा को हरा देती है। पर मगध और अंग में गणतंत्र कायम करना असंभव है। "इसके लिए लिच्छवियों की भाँति एक खून से संबद्ध आर्य, शुक्लवर्ण कोई बड़ी अंग जाति, मगध जाति होनी चाहिए।"

(पृष्ठ 157)। ऐसी शुक्लवर्ण जाति है नहीं, इसलिए मगध और अंग में गणतंत्र कायम नहीं हो सकता ! मगध का सामाजिक संगठन ध्यान देने योग्य है : "मगध-क्षत्रिय जाति मिलेगी, मगध-ब्राह्मण जाति मिलेगी, मगध-शिल्पी, मगध-चांडाल, मगध-गृहपति मिलेंगे। किंतु यह हमारे लिच्छवियों जैसी बहुसंख्यक या एकजातिक जातियाँ नहीं हैं।" (पृष्ठ 147)। मगध में वर्णव्यवस्था है, जातिप्रथा है। ब्राह्मण से लेकर चांडाल तक सब जातियाँ मगध हैं, मगध जनपद से जुड़ी हैं। वैशाली के समाज का पुनर्गठन इसी तरह संभव है पर राहुल जी के लिच्छवि इसके लिए तैयार नहीं हैं !

सिंह सेनापति में खलनायक मगध का राजा है। आश्चर्य की बात है, बिंबसार ने अंग को मगध में मिला लिया पर "अंग के वणिक भी उसका यशोगान करते हैं।" (पृष्ठ 105)। और भी आश्चर्य की बात है कि "बिंबसार के राज्य के भीतर प्रजा में शान्ति और संतोष है।" (पृष्ठ 106)। तब मगध ने भारत के बहुत बड़े भाग को एकताबद्ध किया तो यह स्वाभाविक था। राजतंत्र व्यापार और उद्योग के प्रसार के लिए आवश्यक था। "बिंबसार की तेज तलवार ने अंग-मगध को चोर-लुटेरों के भय से मुक्त कर दिया।" (पृष्ठ 105)। इसीलिए व्यापार का प्रसार संभव हुआ।

जय यौधेय में खलनायक चंद्रगुप्त विक्रमादित्य है। कालिदास उसके यश का वर्णन करके स्वयं यशस्वी होना चाहते हैं। वह विक्रमादित्य के नेतृत्व में भारत को एकताबद्ध राष्ट्र बनते देखना चाहते हैं। वह जय से कहते हैं : "विक्रमादित्य सारे भारत खंड पर दृढ़ एकछत्र राज स्थापित करना चाहते हैं।" इस पर जय की टिप्पणी है : "और वह भी धर्म के लिए, परोपकार के लिए, चिरस्थायी शांति के लिए, विदेशी आक्रमण से भारत भूमि को बचाने के लिए। चंद्रगुप्त मौर्य और कौटिल्य ने ऐसा ही सोचा था।" विदेशी आक्रमणों के संदर्भ में बौद्धों ने क्या किया ? जय के अनुसार "जब यवन, कुषाण और शक जैसे राजा हमारे देश में आये तो उनका स्वागत पहिले बौद्धों ने ही किया।" चंद्रगुप्त मौर्य और कौटिल्य अपने उद्देश्य में असफल हुए, कालिदास के अनुसार "विक्रमादित्य का कहना है, गणों ने हमें सफल होने नहीं दिया।"(पृष्ठ 207)।

भारतीय सम्राटों का उद्देश्य समस्त जनपदों को उनकी प्रशासनिक विविधता कायम रखते हुए केन्द्रीय व्यवस्था के अंतर्गत लाना था। गण चंद्रगुप्त मौर्य के ही नहीं समुद्रगुप्त के समय तक कायम थे। राहुल जी ने **जय यौधेय** की भूमिका में समुद्रगुप्त के अभिलेख का हवाला दिया है। "समुद्रगुप्त ने यौधेयों का नाम स्मरण करते हुए कहा है कि उन्होंने कर-दान, आज्ञा स्वीकार और प्रणाम···द्वारा मुझे परितुष्ट किया।" विक्रमादित्य ने उनका नाश किया, इसका कोई प्रमाण राहुल जी ने नहीं दिया। उसी भूमिका में कहते हैं : "समुद्रगुप्त के लेख से मालूम होता है कि उसने यौधेयगण का उच्छेद नहीं किया। लेकिन पाँचवीं सदी के आरंभ से फिर हम यौधेयगण

का नाम नहीं सुनते। इसलिए साफ है कि यौधेय का ध्वंस विक्रमादित्य ने किया।"

यह निश्चित नहीं है कि पाँचवीं सदी के आरंभ में यौधेयों का अवसान हुआ। काशीप्रसाद जायसवाल ने **हिंदू पॉलिटी** में लिखा है : "The Yaudheyas are lost to history some time before the seventh century. (सातवीं सदी से पहले किसी समय यौधेय इतिहास की दृष्टि से ओझल हो जाते हैं।)" (पृष्ठ 150)। लगभग एक शताब्दी का अंतर है। जायसवाल ने गणव्यवस्था का अध्ययन विस्तार और गहराई से किया था। उनकी बात अधिक विश्वसनीय है। जायसवाल ने कनिंघम के इस अनुमान का समर्थन किया है कि सतलज के किनारे रहने वाले जोहिया राजपूत यौधेयों के वंशज हैं।

जय यौधेय की भूमिका में राहुल जी ने भी लिखा है : "भावलपुर रियासत से मुल्तान तक फैला एक इलाका जोहियावा कहा जाता, और बहुसंख्यक निवासी जोहिया (यौधेय) कहे जाते हैं। करॉची के कोहिस्तान में जोहिया रहते हैं, बल्कि उनके सरदार को जोहिया-जो-जन्म कहा जाता है···इनके अतिरिक्त अग्रवाल, अग्रहरी···जैसी आजकल वैश्य माने जाने वाली जातियाँ भी यौधेयों की ही संतान हैं, जो गणोच्छेद के बाद तलवार छोड़ तराजू पकड़ने पर मजबूर हुईं।" ये सभी वैश्य जातियाँ यौधेयों से संबद्ध हों चाहे न हों, जोहिया राजपूत तो उनसे अवश्य संबद्ध हैं। कुछ ने व्यापार किया हो, यह संभव है। तुलनीय है। **सिंह सेनापति** में मगध जातियाँ—मगध क्षत्रिय, मगध ब्राह्मण, मगध गृहपति आदि, ये सारी जातियाँ मगध गण के विघटन से बनी थीं, विघटन राजाज्ञा से नहीं, उत्पादन और विनिमय के विकास से हुआ था। इसी तरह यौधेय गण के विघटन से जोहिया राजपूत आदि जातियाँ बनीं होंगी।

राहुल जी के चिंतन में मनुष्य अपनी इच्छा से जब चाहें, जैसे चाहें, इतिहास का निर्माण करते हैं। **जय यौधेय** में कुछ लोग तै करते हैं, सहकारिता के आधार पर खेती करना चाहिए और वे ऐसी खेती शुरू कर देते हैं। "दासों-कर्मकरों और यौधेयों की अपनी-अपनी दुनिया थी। लेकिन हमारी साझी खेती, हमारे साझे काम ने इस खाई को पाटने में बहुत काम किया।" (पृष्ठ 170)। गणोच्छेद के बाद तो यौधेय-जातियाँ तलवार छोड़ तराजू पकड़ने पर मजबूर हुईं पर जब गण विद्यमान था, तब उसमें तराजू पकड़ने वाले कैसे पैदा हुए? "नये लखपती जालुक ने बड़े मीठे स्वर से कहा···जालुक की बात का समर्थन करने के लिए दस-बारह आदमी और खड़े हो गए···वे सभी लखपती व्यापारी थे···धनिकों ने परिषद् में अपने को अकेला पाया।" (पृष्ठ 161-62)। ये व्यापारी यौधेय हैं; गण परिषद् के सदस्य हैं। वे गण के भीतर इसलिए अलग वर्ग बन गये हैं कि विनिमय के विकास के बिना गण जीवित नहीं रह सकता।

यौधेय जातियाँ तलवार छोड़ तराजू पकड़ने पर मजबूर हुईं, इस उक्ति में क्षत्रिय की श्रेष्ठता और वैश्य की हीनता का भाव छिपा हुआ है। राहुल जी ब्राह्मणों की निंदा करते हैं, क्षत्रियों के बारे में चुप रहते हैं। कारण यह कि लिच्छवि, यौधेय

आदि सारे गण स्वयं को क्षत्रिय घोषित करते थे। राहुल जी ब्राह्मणों का विरोध करते हैं, पुरोहित वर्ग के बारे में चुप रहते हैं। इसलिए कि पुरोहित वर्ग में बौद्ध भी आ जाते हैं। हिंदू-मुस्लिम संप्रदायवाद की तरह बौद्ध संप्रदायवाद भी हो सकता है। राहुल जी उसके सबसे बड़े प्रतिनिध हैं। इसमें वह रक्त और वर्ण की शुद्धता का सिद्धांत और जोड़ देते हैं। यह सिद्धांत भारत के और किसी संप्रदायवाद से जुड़ा नहीं दिखायी देता। बौद्ध मत के संस्थापक गौतम बुद्ध को शुद्ध आर्य वर्ण का होना ही चाहिए। अश्वघोष के बुद्ध काली आँखों, काले बालों वाले हैं; राहुल जी ने इन्हें हटाकर उन्हें पीले केश, नीली आँखों वाला बना दिया।

वीरता का संबंध रक्त और वर्ण की शुद्धता से है। उत्तरकुरु परमवीर हैं, रक्त और वर्ण की शुद्धता में वे सर्वोपरि हैं। उनके बाद गंधार हैं, वे भी बड़े वीर हैं। सिंह सेनापति के लिए गंधार गण आदर्श सामाजिक संगठन है। उसके बाद मगध से लोहा लेने वाले आर्यवीर लिच्छवि हैं। कहीं रंग-रूप में फर्क दियायी दिया, गंधार उस संतान को मार डालते हैं, यही काम लिच्छवि करते हैं। काले-गोरे का भेद बनाये रखना बहुत जरूरी है। इसके बिना गणतंत्र की रक्षा नहीं हो सकती। राहुल जी के विपुल कथा साहित्य में कोई श्याम वर्ण हीरो नहीं दिखायी देता। काले आदमी रंग-मंच पर आते हैं पर हीरो के आसन तक नहीं पहुँच पाते। रामायण और महाभारत के श्यामवर्ण नायकों से वे अपने कथा साहित्य को दूर रखते हैं, यह स्वाभाविक है। 'सुमेर' कहानी में चमार का बेटा हीरो है पर राहुल जी उससे यह कहलाना नहीं भूलते : "ओझा जी···मेरे में आर्य रक्त अधिक है।" (**वोल्गा से गंगा**, पृष्ठ 265)। एक मुसलमान दंपति हैं सफदर और सकीना। "दोनों दंपति का रंग इतना साफ था कि उन्हें यूरोप में सभी इटालियन कहते।" (उप., पृष्ठ 247)।

राहुल जी के शुद्ध वर्ण वाले आर्य अपने गणों के बारे में सोचते हैं, भारत के बारे में नहीं। दो जनपदों का मिलाना भी उनके लिए कठिन है, पूरे भारत को एक करने की बात उन्हें राजाओं और ब्राह्मणों के उत्पीड़न को सुदृढ़ करने की नीति मात्र जान पड़ती है। विक्रमादित्य सारे भारतखंड पर दृढ़ एकछत्र राज स्थापित करना चाहते हैं। राहुल जी के लिए कालिदास इनके चाटुकार कवि हैं। चाटुकारिता में झूठ बोलना ही पड़ता है। झूठ बोले तो छोटा झूठ नहीं, खूब बड़ा झूठ बोले, हिटलर के सहयोगी गॉएबेल्स की तरह। **जय यौधेय** में स्वयं कालिदास कहते हैं : "मैं झूठ से कब इन्कार करता हूँ। मैं यह भी मानता हूँ कि यदि कुछ बोलना भी हो तो छोटा झूठ नहीं बोलना चाहिए, खूब बड़ा झूठ बोलना चाहिए—इतना बड़ा कि हाथ फैलाकर भी लोग उसके ओर-छोर को न पा सकें। फिर, ऐसे झूठ का बोलने वाला मैं अकेला नहीं हूँ, व्यास वाल्मीकि जैसे बड़े-बड़े ऋषि-मुनि हमें रास्ता दिखला गये हैं।" (पृष्ठ 205)। यहाँ राहुल जी ने सारे पितरों का सामूहिक श्राद्ध कर दिया है।

लगता है, यौधेयों में कोई कवि नहीं था। इसलिए कालिदास नाम के उसी

गप्पी चाटुकार से कथानायक जय कहता है : "महाकवि, अलका के रास्ते में हमारी यौधेय-भूमि पड़ती है, किंतु आपने उसका कोई ज़िक्र नहीं किया।" (पृष्ठ 200)। ज़िक्र नहीं किया **मेघदूत** में, और यह बड़े अफसोस की बात इसलिए भी है कि "मेघदूत घर-घर में गाया जाता है।" (उप.)। ऋषियों से वंशगत संबंध राहुल जी का भी है। पुराने जमाने में एक संकृति ऋषि थे। उनके दो पुत्र थे, एक क्षत्रिय रंतिदेव, दूसरा ब्राह्मण गौरवीति। सुपर्ण यौधेय अपने दादा से कहता है : "वेद और इतिहास में ऐसा मिलता है कि संकृति ऋषि के ये दोनों पुत्र थे···ब्राह्मण संकृति के पुत्र, किंतु स्वतः क्षत्रिय राजा···रंतिदेव के भोजनालय में प्रतिदिन दो हज़ार गायें मारी जाती थीं। उनका गीला चमड़ा रसोईघर में रखा जाता था, उसी का टपका हुआ जल जो बहा, वही एक नदी बन गया। चर्म से निकलने के कारण उसका नाम चर्मावती पड़ा।" (**वोल्गा से गंगा,** पृष्ठ 160)।

क्या कहा था महाकवि कालिदास ने—"खूब बड़ा झूठ बोलना चाहिए—इतना बड़ा कि हाथ फैलाकर भी लोग उसके ओर-छोर न पा सकें।" माना कि यह कथा राहुल जी ने न गढ़ी होगी पर है वह ऋषिकुल की देन। सुपर्ण यौधेय कितने विश्वास से कहता है : वेद और इतिहास में ऐसा मिलता है कि संकृति ऋषि के दो पुत्र थे···।

राहुल सांकृत्यायन, अपना यह नामकरण केदारनाथ पांडे ने स्वयं किया था। राहुल के द्वारा उन्होंने अपना संबंध बुद्ध से जोड़ा, सांकृत्यायन द्वारा ऋषिकुल से। उस कुल ने कथा गढ़ी कि गायों के चमड़े से पानी बहा, उससे एक नदी बन गयी।

दिमागी गुलामी पुस्तक की शुरूआत इस स्थापना से होती है : "जिस जाति की सभ्यता जितनी पुरानी होती है, उसकी मानसिक दासता के बंधन भी उतने ही अधिक होते हैं। भारत की सभ्यता पुरानी है, इसमें तो शक ही नहीं और इसीलिए इसके आगे बढ़ने के रास्ते में रुकावटें भी अधिक हैं।" इस सभ्यता में शायद सीखने के लिए बहुत कम तत्व हैं। जो सभ्यता जितनी ही पुरानी है, उतनी ही अधिक वह प्रतिक्रियावादी है। भारत में धर्म का विकास अधिक हुआ, दार्शनिक चिंतन का विकास कम हुआ—यह मानकर राहुल जी इस तरह की बातें करते हैं। चीन में सांस्कृतिक क्रांति बहुत बाद में हुई, राहुल जी भारत में यह सांस्कृतिक क्रांति 1938 में कर रहे हैं। **दिमागी गुलामी** 1938 में प्रकाशित हुई थी। दिमागी गुलामी से छुटकारा पाने के लिए वह साम्यवादियों को सलाह देते हैं : "हमें जन्माष्टमी और मौलूद शरीफ, नवरात्रि और ईद से कोई संपर्क नहीं रखना चाहिए, ताजिया और रामलीला दोनों हमारे लिए एक समान त्याज्य हैं।" (पृष्ठ 31)। यदि इस सलाह पर अमल किया जाय तो बंगाल में दुर्गापूजा बंद कर दी जायेगी, हिंदी प्रदेश में रामलीला बंद कर दी जायेगी। जन्माष्टमी का त्यौहार नहीं होगा और मुसलमानों के त्यौहार भी बंद कर दिये जायेंगे। साम्यवादी इनसे कोई संपर्क न रखेंगे। परिणाम यह होगा

कि अधिकांश जनता एक रास्ते पर जायेगी, उससे कटे हुए साम्यवादी दूसरे रास्ते पर चलेंगे। राहुल जी जनवादी क्रांति और समाजवादी क्रांति में भेद नहीं करते। स्वाधीनता संग्राम के साथ यहाँ समाजवादी क्रांति भी कर देना चाहते हैं। स्वाधीनता संग्राम को सामंत विरोधी संग्राम से मिलाने के बदले वे इन दोनों को समाजवादी क्रांति से मिला देते हैं। **दिमागी गुलामी** में उन्होंने लिखा है : "साम्यवाद ही हमें यह बतलायेगा कि हमें दो-चार व्यक्ति के घर नहीं रखने हैं, हमें सारे तीनों करोड़ व्यक्तियों का एक घर बनाना पड़ेगा और फिर सारे हाथों और दिमागों को उस परिवार की जीविका, भरण-पोषण, तथा शिक्षा और सांस्कृतिक उन्नति के लिए लग जाना पड़ेगा। क्रांति के मार्ग में हम लोगों को किसी तरह का रोड़ा नहीं अटकाना चाहिए। और खेतिहर किसानों को तो यदि कोई आशा है तो क्रांति के पूर्णतया सफल होने में ही। उनको यह ख्याल रखना चाहिए कि जो साम्यवादी आज किसानों को संगठित कर रहे हैं, उन्हें अपने अधिकारों पर डट जाने के लिए तैयार कर रहे हैं, वे अच्छी तरह जानते हैं कि सिर्फ जमींदारी को हटा देने से काम नहीं चलेगा—आगे चलकर हमें खेती पर भी व्यक्तिगत अधिकार अस्वीकार करना पड़ेगा—अर्थात् किसान, खेतिहर-मज़दूर सभी उस खेत के मालिक होंगे।" (पृष्ठ 85-86)।

यद्यपि राहुल जी ने कहा है कि आगे चलकर खेती पर व्यक्तिगत अधिकार अस्वीकार करना पड़ेगा किंतु यह बात वह सन् '38 में कह रहे थे जब जमींदारी प्रथा खत्म न हुई थी, जब भारत में अंग्रेजी राज बना हुआ था। यहाँ के गरीब किसानों और खेतिहर मजदूरों को मिलाकर सामंतविरोधी संग्राम चलाने के बदले वह दूरगामी लक्ष्य पर ध्यान केन्द्रित कर रहे थे। किसान अपने लिए भूमि चाहता है, अपनी भूमि के लिए लड़ता है, चाहे वह गरीब किसान हो, चाहे खेतिहर मजदूर हो। उससे कहा जाय कि साम्यवादी तुम्हें आगे चलकर भूमि से अलग कर देंगे, व्यक्तिगत संपत्ति उनका लक्ष्य नहीं है, वे सहकारिता के आधार पर सबको मिला कर सामूहिक खेती कराना चाहते हैं, तो सन् '38 की परिस्थितियों में ये किसान साम्यवादियों से अलग हो जायेंगे। ऐसा हुआ भी है। जो साम्यवाद के विरोधी नेता थे, वे किसानों को समझाते थे कि ये तुम्हारी जमीन छीन लेंगे। अभी तो कहते हैं कि ज़मींदारों की ज़मीन गरीब किसानों में बाँट दो लेकिन आगे चलकर यह तुमसे ज़मीन छीन लेंगे। तुम ज़मीन के मालिक न रहोगे, इसलिए इनका साथ न देना। राहुल जी की नीति किसानों और खेतिहर मज़दूरों के सामंतविरोधी आंदोलन को कमजोर करने की है। जो लक्ष्य वह सामने रखते हैं, वह दरअसल और दूर चला जायेगा। जो स्वाधीनता संग्राम का लक्ष्य है, वह भी जल्दी सिद्ध न होगा।

साम्यवाद के बारे में राहुल जी की कुछ धारणाएँ बहुत विचित्र हैं। वह समझते हैं कि जैसे वैज्ञानिक जन पशुओं की नस्ल सुधारते हैं, उन पर प्रयोग करते हैं, वैसे ही प्रयोग वैज्ञानिकों को मानव समाज में भी करने चाहिए। **साम्यवाद ही क्यों?**

पुस्तिका में उन्होंने लिखा है : "पशुओं की बेहतर संतान पैदा करने के लिए पिछली एक शताब्दी में बहुत प्रयत्न किया गया है। स्वस्थ, बलिष्ठ जोड़ों के चुनाव से वैज्ञानिक लोग अच्छी जाति की गायें, घोड़े और दूसरे जानवरों को पैदा करने में सफल हुए हैं। उनका यह प्रयोग तो ऐसी अवस्था को पहुँच गया है कि वे पैदा होने वाले बछड़े के रंग आदि के बारे में पहले से ही दृढ़ता के साथ कह सकते हैं। लेकिन इसी पिछली शताब्दी में मनुष्य जाति की क्या दशा हुई? इसकी तो शारीरिक, मानसिक अवस्था दिन-प्रतिदिन बिगड़ती जा रही है, यह बात स्पष्ट हो जायेगी, यदि आप स्वास्थ्य तथा अपराध संबंधी रिपोर्टों को पढ़ें।" (पृष्ठ 33)। इन वाक्यों से स्पष्ट है कि जैसे पशुओं की नस्ल सुधारी गयी है, वैसे ही मनुष्यों की नस्ल भी सुधारनी चाहिए, वर्ना मानव जाति चौपट हो जायेगी। सौभाग्य से समाजवादी देशों में ऐसे प्रयोग नहीं किये गये। यह एक चिचित्र धारणा है जिसे राहुल जी ने साम्यवाद के साथ जोड़ा है।

गांधीवाद का विरोध करते हुए उन्होंने नशाबंदी का विरोध भी किया है। उस प्रसंग में ताड़ी के गुण भी बताये हैं। **दिमागी गुलामी** में लिखा है : "ताड़ी में बहुत पुष्टिकारी शक्ति है। देहात में कितने लोग सिर्फ स्वास्थ्य-सुधार और शरीर को मजबूत करने के लिए साल में एक-दो महीना ताड़ी पीते हैं और इनके स्वास्थ्य में प्रत्यक्ष ही सुधार देखने में आता है।" (पृष्ठ 19)। कोई आश्चर्य नहीं राहुल जी ने **ऋग्वेदिक आर्य** में ऋषियों को भाँग पीने वाला बताया है। जो सोमरस है, वह भाँग है। यह बात उन्होंने खूब जोर देकर कही है। इसके लिए उन्होंने कोई प्रमाण देना आवश्यक नहीं समझा। भाँग पीकर आनंद में उन्होंने काव्य रचा। भाँग भी कोई एक कुल्हड़, दो कुल्हड़ नहीं, वह घड़ों भाँग पी जाते थे। लिखा है : "आर्यों का सबसे प्रिय पेय सोम था···सोम कोई ऐसी चीज़ नहीं थी, जो कि दुर्लभ होने के कारण बहुत कम लोग ही उसे पी सकते हों। उसके घड़े-के-घड़े (चमू) भरे रहते थे।" और भी : "शाम के वक्त नृत्य और पान गोष्ठी आर्यों के स्वच्छंद और सुखी जीवन का एक अभिन्न अंग थे। उस समय घड़ों सोम की जरूरत होती थी।" (पृष्ठ 47)।

जो सोम को भाँग न माने वह पुरानपंथी। उसी ग्रंथ **ऋग्वेदिक आर्य** में लिखा है : "सोम को भाँग बतलाने पर पुराणपंथी चौंक उठते हैं···भाँग कितनी ही जगहों में अधिक उपजने वाली बेस्या वनस्पति है, जिसको लोग भाड़ झोंकने के काम में लाते हैं; इसलिए दिव्य सोम यही भाँग है, इसे वह कैसे मानने के लिए तैयार हो सकते थे? पर सोम है वस्तुतः भाँग।" (पृष्ठ 48)।

सोम को भाँग सिद्ध करना—यह भी सांस्कृतिक क्रांति के अंतर्गत है।

(4)

मार्क्स के अनुसार भारत की स्थिरता का कारण कृषि और शिल्प का मेल था। अंग्रेज़ों ने इस मेल को तोड़ा। **मानव समाज** में राहुल जी ने मार्क्स की बात लिखी है : "ब्रिटिश भाप और विज्ञान ने सारे हिंदुस्तान में, कृषि और शिल्प उद्योग के

मेल को जड़-मूल से उखाड़ फेंका।" (पृष्ठ 222)। मार्क्स भारत न आये थे। राहुल जी भारतवासी थे। वह बहुत अच्छी तरह जानते थे कि गाँव में यह मेल नहीं है। यहाँ जाति-बिरादरी का आधार ही श्रम-विभाजन है। किसान खेती करता है, कारीगर अपने अलग-अलग धंधे करते हैं। अंग्रेज़ों ने रेलें चलायीं, यह तो बहुत लोग कहते हैं : लेकिन राहुल जी का कहना है, "खेती और किसानों की रक्षा के लिए, उन्हें नहरें बनाने की ओर ध्यान देना पड़ा।" (पृष्ठ 229)। यहाँ अकाल में लाखों आदमी भूखे मरे; राहुल जी अंग्रेज़ों को श्रेय देते हैं कि उन्होंने किसानों की रक्षा के लिए नहरें खुदवायीं और सिंचाई की व्यवस्था की ! भारत में जो उद्योगीकरण हुआ, उसका श्रेय यहाँ के राष्ट्रीय आंदोलन को नहीं है, राहुल जी के अनुसार वह अंगेज़ों की नीति का परिणाम है। **मानव समाज** में लिखा है : "साम्राज्यवाद के विदेश में पूँजी लगाने की नीति तथा पिछले महायुद्ध के बाद की अवस्था ने सारी दुनिया के पिछड़े देशों में उद्योगीकरण—नये कल-कारखाने कायम करने-की बाढ़-सी ला दी।" (पृष्ठ 230)। यह स्थापना मानवेन्द्र नाथ राय की थी। वे समझते थे कि साम्राज्यवाद जैसी चीज़ नहीं रह गयी है। भारत में पूँजीवाद है, इंगलैन्ड में भी पूँजीवाद है। और इंगलैन्ड का पूँजीवाद भारत के पूँजीवाद का विकास कर रहा है। यदि वह बात सही होती तो सन् 47 के बाद यहाँ पंचवर्षीय योजनाएँ बनाने की जरूरत न होती, भूमिसुधारों की जरूरत न होती, देश के उद्योगीकरण की जरूरत न होती। यह काम तो साम्राज्यवाद पहले ही कर चुका था।

राहुल जी अक्सर जनवादी क्रांति की मंजिल लाँघकर सीधे समाजवादी व्यवस्था की बात करते हैं। **मानव समाज** में भी वह स्वाधीन भारत के लिए कहते हैं : "हमें 1975 ई॰ तक विश्व के तीन महाराष्ट्रों की पाँती में पहुँचना है। वह तभी हो सकता है, कि देश की कृषि वैज्ञानिक बनायी जाय, भारत की भूमि की सारी प्राकृतिक संपत्ति को बाहर लाया जाय, यानी कल-कारखानों का पूरी तौर पर विस्तार हो। यह दोनों काम तभी हो सकते हैं, जबकि हमारा आर्थिक ढाँचा समाजवादी हो, हमारी सारी जनता शिक्षित हो।" (पृष्ठ 231)। जनता शिक्षित हो और खनिज संपदा का सही उपयोग हो, देश का उद्योगीकरण हो, ये सारी बातें सही हैं। पर ये तुरंत समाजवादी व्यवस्था लाने से नहीं हो सकतीं। क्रमशः जनतंत्र की मंजिल पार करते हुए देश समाजवाद की ओर जा सकता है। संक्रमण में पूँजीपति वर्ग के कुछ हिस्से मज़दूरों और किसानों का साथ दे सकते हैं।

दूसरे महायुद्ध के बाद ही नहीं, 1922 में भी राहुल जी साम्यवाद की कल्पना सामने रखते हैं। **वोल्गा से गंगा** में 'सफदर' नाम की कहानी का समय 1922 है। उसमें सफदर कहता है : "अपने राष्ट्र या सारे संसार को एक परिवार मानकर उसके लिए जितनी आवश्कताएँ हों, उन्हें पैदा करो, हर एक से उसकी क्षमता के अनुसार काम लो, हर एक को उसकी आवश्यकता के मुताबिक जीवनोपयोगी सामग्री

दो। हाँ, जब तक आवश्यकता पूरी करने भर के लिए कल-कारखाने और कारीगर, इंजीनियर न हों, तब तक काम के अनुसार दो और यह तभी हो सकता है जब कि वैयक्तिक अधिकार न भूमि पर रहे, न फैक्ट्री पर, अर्थात् सारे उत्पादन के साधनों पर उस महापरिवार का अधिकार हो।" (पृष्ठ 255)। यह है समाजवाद, उसके बाद साम्यवाद। 1922 में भी राहुल जी जनवादी क्रांति का लक्ष्य सामने न रखकर अपने पात्रों से साम्यवाद और समाजवाद की बातें कहलाते हैं। ये तात्कालिक लक्ष्य से जनता का ध्यान दूसरी तरफ हटाती हैं और उनके मन में यह विचार पैदा करती है कि अंग्रेज़ों को हटाना और भारत के पूँजीवाद को मिटाना, ये दोनों काम एक साथ हो सकते हैं। 'सुमेर' कहानी में राहुल जी ने गांधीवाद का पूर्ण निषेध किया है। गांधीवाद को उतना ही बड़ा शत्रु माना है जितना साम्राज्यवाद को। सुमेर कहता है : "मैं 'हरिजन' पत्र को पुराणपंथी-भारत को अंधकार युग की ओर खींचने वाला पत्र समझता हूँ और गांधी जी को अपनी जाति का जबरदस्त दुश्मन।" (पृष्ठ 264)। आगे कहता है : "गरीबों की कमाई पर मोटे होने वालों का भारत में नामोनिशान यदि न रहे, तभी हमारी समस्या हल हो सकती है।" और भी : गांधी जी हाथ की बनी चीज़ों के व्यवहार पर जोर देते हैं : "बिड़ले और बजाजों के रुपयों के बल पर ! जब खादी संघ को लाख, दो-लाख का घाटा होता, तो कोई सेठ उठकर चेक काट देता है। यदि यकीन होता कि गांधी के चर्खे-कर्घे से उनकी मिलें बंद हो जायेंगी और मोती के हार और रेशम की साड़ियाँ सपना हो जायेंगी, तो याद रखिये ओझा जी ! कोई सेठ-सेठानी गांधी जी की आरती उतारने न आते।" (पृष्ठ 265)। राहुल जी ने स्वदेशी आंदोलन की भूमिका को पूरी तरह अस्वीकार किया है। यह काम मानवेन्द्र नाथ राय भी कर गये थे। यहाँ राहुल जी का मार्क्सवाद सही रास्ते से हटकर रायवाद का रूप ले लेता है।

मानव समाज में राहुल जी स्वीकार करते हैं कि साम्राज्यवाद और भारतीय पूँजीवाद में अंतरर्विरोध है। लिखा है : "अंग्रेजाधीन भारत के पूँजीपतियों ने अपनी कंपनी खोलकर जब-जब जहाज चलाना चाहा, तब-तब कंपनी ने अपने भाड़े को कम करके लाखों रुपयों का घाटा कराकर उन्हें दिवालिया बनाने या अपने हाथ में बेचने के लिए मजबूर किया।" (पृष्ठ 153)। अंतर्विरोध की यह बात सही है। इसी से आगे चलकर राजनीति के दाँव-पेंच निश्चित होते हैं। जनवादी क्रांति में साम्राज्यवाद और देशी पूँजीपतियों के अंतर्विरोध से फायदा उठाया जा सकता है। लेकिन राष्ट्रीय एकता में आर्य द्रविड़ रक्त का सिद्धांत बाधक होता है। 'सुमेर' कहानी में निम्न वर्ण का प्रतिनिधि ओझा नाम के सज्जन से कहता है, "मेरे में आर्य रक्त अधिक है, आप में मेरे पूर्वजों का रक्त अधिक है।"(**वोल्गा से गंगा**, पृष्ठ 267)। ब्राह्मण में द्रविड़ रक्त अधिक है, अछूत में आर्य रक्त अधिक है। रक्त की बात कहते-कहते राहुल जी समस्त हिंदुओं में एक ही रक्त की कल्पना करते हैं। 'भारतीय संस्कृति

और जातिभेद' निबंध में उन्होंने लिखा है : "जिस किसी के शरीर में हिंदू रक्त है, उसे हिंदू-संस्कृति को मानना स्वाभाविक और उचित है, हिंदुस्तान में उत्पन्न किसी मजहब के मानने न मानने की कोई कैद नहीं है। वह चाहे इस्लाम धर्म को माने, चाहे ईसाई धर्म को, चाहे पूर्व की ओर मुँह करके प्रार्थना करे या पश्चिम की ओर—इससे उसके हिंदू होने में कोई फर्क नहीं पड़ता। शुद्धि का झगड़ा छेड़ना हानिकर है। हर एक हिंदुस्तानी मुसलामन के शरीर में प्रवाहित रुधिर उसका हिंदू-संस्कृति, हिंदू इतिहास, के साथ अविच्छिन्न संबंध स्थापित करता है।" (विविध प्रसंग, पृष्ठ 31)।

यह सिद्धांत कितना खतरनाक है, यह आज के लोगों को बताना आवश्यक नहीं। बहुत से संप्रदायवादी इसी सिद्धांत को राष्ट्रीयता का आधार मानते हैं। उनकी राष्ट्रीयता का आधार हिंदुत्व और हिंदू संस्कृति है। जहाँ हिंदू संस्कृति होगी, वहाँ मुसलिम संस्कृति भी होगी। और राहुल जी ने इन दोनों के अस्तित्व को स्वीकार किया है। **अकबर** पुस्तक में उन्होंने लिखा है : "दो संस्कृतियाँ मिलकर एक रूप बनने जा रही थीं, पर रास्ते में दोनों ओर से बाधाएँ डाली गयीं।" और "दोनों संस्कृतियाँ अलग-अलग रहने की कोशिश करने लगीं।" (पृष्ठ 328)। "इस्लामीं और हिंदू संस्कृतियों के इस भीषण संघर्ष को मिटाने या नरम करने की दोनों तरफ से कोशिश होने लगी।" (पृष्ठ 329)। राहुल जी यहाँ जातीय संस्कृति की बात नहीं करते। हिंदीभाषी जनता की कोई संस्कृति नहीं है। कश्मीरी, बंगाली, तमिल जातियों की संस्कृतियाँ नहीं हैं। न अरबों, ईरानियों, पठानों आदि की संस्कृतियाँ हैं। हिंदुओं की संस्कृति है, और मुसलमानों की संस्कृति है। ये दो संस्कृतियाँ या तो आपस में टकराती हैं या मेल करने का प्रयत्न करती हैं। भारत बहुजातीय राष्ट्र है। यहाँ अनेक जातियाँ रहती हैं। इन जातियों में अनेक धर्मों के मानने वाले लोग हैं। इन जातियों में अधिकांश जनता हिंदू हो तो भी इनकी जातीय संस्कृतियों का लोप नहीं हो जाता। जातीय संस्कृतियों के समन्वय से ही भारतीय संस्कृति का निर्माण होता है। भारत का यह चित्र राहुल जी के सामने स्पष्ट नहीं है। इसलिए वह इस्लामी और हिंदू संस्कृतियों की बातें करते हैं।

राहुल जी में भ्रांतियाँ अधिक हैं पर उनकी कई स्थापनाएँ सही हैं। **मानव समाज** में वह **ऋग्वेद** के बारे में कहते हैं : "वैदिक ऋषि यथार्थवादी थे। वह दुनिया को जैसे देखते थे, वैसा मानते थे और उससे अधिक-से-अधिक सुख-आनंद उठाना चाहते थे। उनका जीवन-लक्ष्य घर, बाल-बच्चे छोड़ जंगल की ओर भागने का था (भागने का न था), बल्कि 'पुत्रों-नातियों के साथ आनंद करते हुए अपने घर में रहना' वह अपना ध्येय समझते थे।" (पृष्ठ 112)। इस तरह वैदिक दर्शन बौद्ध दर्शन की विपरीत दिशा में चला था। एक संन्यास लेने की बात कहता है, संसार को दुःख का कारण मानता है, दूसरा संसार को स्वीकार करता है, सुख-पूर्वक गृहस्थ जीवन बिताने की बात करता है। राहुल जी ने जो

यथार्थवादी शब्द का व्यवहार किया है, वह महत्वपूर्ण है। धर्मों के बारे में **मानव समाज** में उन्होंने लिखा है, "आज जितने धर्म विद्यमान हैं–हिंदू, बौद्ध, जैन, यहूदी, ईसाई, इस्लाम–सभी सामंतवादी युग की उपज हैं और सामंतशाही सामाजिक ढाँचे के सदा पोषक रहे हैं।" (पृष्ठ 109)। यह बात भी सही है। इसलिए देखना चाहिए कि कौन-सा धर्म सामंतवाद का पोषण कितना करता है। राहुल जी ने जहाँ बौद्ध धम को क्रांतिकारी बताया है, वहाँ उन्होंने सामंती अवशेषों की रक्षा करने की ओर ही ध्यान दिया है। उसका वस्तुगत परिणाम यही होगा कि सामंती व्यवस्था बनी रहेगी और लोग समझेंगे, कि धर्म परिवर्तन से हमारी समस्या हल हो जायेगी। आगे भी लिखा है : "सबको मिलाकर देखने पर मालूम होगा कि धर्म ने सभी देशों में सामंतवादी समाज के ढाँचे को कायम रखने तथा शासक-वर्ग के स्वार्थ की रक्षा के लिए ढाल का काम किया।" (पृष्ठ 115)। इस स्थिति से निकलने का एक ही मार्ग है कि लोग धर्म और नस्ल का विचार छोड़कर वर्ग के आधार पर संगठित हों, जो उत्पादक वर्ग है, वे अपना संगठन मजबूत करें, और उनका जो मुख्य शत्रु है, साम्राज्यवाद, उसके सहायक सामंती अवशेष, उनका मुकाबला करें। तभी देश की हालत बदल सकती है।

सामंती व्यवस्था में व्यापार और व्यापारी वर्ग की महत्वपूर्ण भूमिका होती है। इस प्रसंग में राहुल जी ने **मानव समाज** में लिखा है : "छोटे-छोटे सामंत राज्यों को विशाल राज्यों में परिवर्तित करने में बनियों का भी हाथ रहा है।" (पृष्ठ 97)। बनिये अपने व्यापार के द्वारा बड़े राज्य बनाना चाहते हैं। सामंत छोटे-छोटे राज्य कायम करना चाहते हैं। जहाँ पुराने जनपदों को बनाये रखने की बात है, वहाँ यही सामंती दृष्टिकोण दिखायी देता है। आगे लिखा है : "वणिक् समाज एक तो चाहता था कि राज्यों की सीमाएँ छोटी-छोटी न होकर बड़ी होवें, जिसमें अव्याहत गति से व्यापार हो सके, दूसरे वह युद्ध और क्रांति को पसंद न करता था। भीतरी-बाहरी शांति उसे परम प्रिय थी।" (पृष्ठ 100)। वह युद्ध नहीं चाहता, वह क्रांति नहीं चाहता, यह बात सही है। युद्ध न चाहता तो अच्छी बात है। क्रांति तभी होगी, जब समाज परिपक्व हो जायेगा, वर्गों की स्थिति स्पष्ट होगी, वर्ग-संघर्ष के बिना प्रगति असंभव हो जायेगी। जहाँ तक राज्यों का संबंध है, व्यापारी वर्ग यह नहीं चाहता कि राज्यों की सीमाएँ छोटी-छोटी हों। वह राज्यों की बड़ी सीमाएँ चाहता है। इसलिए चाहे गौतम बुद्ध का समय हो और चाहे राहुल सांकृत्यायन का समय हो, छोटे राज्यों को बनाये रखना एक प्रगतिविरोधी कार्य है।

राहुल जी ने भारतीय व्यापार के बारे में **मानव समाज** में लिखा है : "व्यापारवाद का जोर भारत तथा दूसरे एशियाई देशों में बहुत पहले से चला आता था। जावा, चीन, अरब और अफ्रीका (मिस्र) के साथ सीधा व्यापार-संबंध भारतीय व्यापारियों ने उस वक्त स्थापित किया था, जबकि अभी अरबों और आज की यूरुपीय जातियों का नाम तक सुना नहीं जाता था। यूनानी भारत के साथ व्यापार में सफल जरूर हुए थे। भारतीय व्यापारियों ने भी नफा और पूँजी जमा की थी। उनमें में भी

बड़े-बड़े धन कुबेर थे, किंतु ये समाज का अगुआ नहीं बन पाये, अर्थात् समाज के ढाँचे को पूँजीवादी का रूप नहीं दे सके।" (पृष्ठ 130)। राहुल जी ने जिस पूँजीवादी रूप की बात कही है, वह औद्योगिक पूँजीवाद है। औद्योगिक पूँजीवाद के लिए इंग्लैन्ड को भी काफी दिनों तक रुका रहना पड़ा।

18वीं सदी के मध्य से पहले इंगलैन्ड में व्यापारिक पूँजीवाद का विकास हुआ। फ्रांस में भी राज्यक्रांति के पहले तक व्यापारिक पूँजीवाद का विकास हुआ था और यही व्यापारिक पूँजीवाद सामंतवाद से टकराया था। भारत में भी इस व्यापारिक पूँजीवाद का विकास हुआ था। अंग्रेजों ने आकर इसी का नाश किया था। इसीलिए यहाँ औद्योगिक क्रांति की ओर देश न बढ़ सका। बाज़ार का नाश कर दिया जाये, तो लोग उत्पादन किसके लिए करेंगे ? अंग्रेज़ों ने भारतीय व्यापार का नाश किया, यह उनकी प्रतिक्रियावादी भूमिका थी। भारत को ग्रामसमाजों का देश कहकर अंग्रेज़ों की भूमिका को प्रगतिशील नहीं ठहराया जा सकता। राहुल जी ने भारतीय व्यापार के बारे में जो बातें कही हैं, उनसे निष्कर्ष यह निकलता है कि भारत को ग्रामसमाजों का देश कहना गलत है, अंग्रेज़ों की प्रगतिशील भूमिका को स्वीकार करना गलत है।

राहुल जी ने जितना भारत पर आर्यों के आक्रमण के बारे में लिखा है, उतना क्या, उसका शतांश भी उन्होंने भारत पर अंग्रेज़ों की विजय के बारे में नहीं लिखा। अंग्रेजों ने यहाँ कैसे-कैसे हथकंडे अपनाये, जनता पर किस तरह के अत्याचार किये, उनके विरुद्ध यहाँ कैसे संघर्ष चलाया गया, इन सबके बारे में उन्होंने बहुत कम लिखा है। लेकिन चाहे दर्शन की बात हो, चाहे वह उपन्यास या कहानी लिख रहे हों, भारत पर आर्यों की विजय का सिद्धांत अवश्य आ जाता है। भारत पर आर्यों की विजय एक काल्पनिक धारणा है। भारत पर अंग्रेज़ों का प्रभुत्व इस युग की वास्तविकता है। जो वास्तविक है, उसे राहुल जी ने लगभग छोड़ दिया है, जो काल्पनिक है, उसे उन्होंने वास्तविकता का दर्जा दिया है। यह उनके इतिहासबोध की बहुत बड़ी कमजोरी है। इससे लाभ साम्राज्यवादियों को हुआ है। उन्हें यह कहने का मौका मिला कि हमीं ने तुम्हारी सभ्यता का नाश नहीं किया। हमसे पहले आर्यों ने यहाँ की सभ्यता का नाश किया था। वास्तव में तुम्हारे यहाँ सभ्यता थी ही नहीं, हम तुम्हें असभ्यता से निकालकर सभ्यता की ओर ले आये।

राहुल जी ने बार-बार ईश्वर को सब बुराइयों की जड़ कहा है। उन्होंने जितना ईश्वर का विरोध किया है, उतना ज़मीदारों का नहीं किया। अंग्रेज़ी राज्य का मुख्य आधार यहाँ का सामंतवाद था। सामंतविरोधी संग्राम चलाये बिना अंग्रेज़ी राज्य की जड़ें न काटी जा सकती थीं। बौद्ध धर्म का समर्थन वे इसलिए करते जान पड़ते हैं कि उसमें ईश्वर नहीं है। परंतु ईश्वर की जगह बुद्ध का नाम वैसे ही लिया जाता है जैसे अन्य धर्मों के लोग ईश्वर का नाम लेते हैं। उदाहरण के लिए **जय यौधेय**

में आचार्य असंग कहते हैं : "भगवान् ब्राह्मणों का डर करते तो ऋषिपत्तन (सारनाथ) में धर्मचक्र-प्रवर्तन (प्रथम उपदेश) न करते।" (पृष्ठ 24)। यहाँ 'भगवान्' गौतम बुद्ध ही हैं। बौद्ध धर्म के उच्छेद और उसके पुनरुत्थान के बारे में **पालि साहित्य के इतिहास** में उन्होंने लिखा है : "भारत ने तो चौदहवीं सदी के प्रारंभ में ही बौद्ध धर्म से छुट्टी पा ली थी, परंतु उस पर बौद्ध धर्म ने जो अमिट सांस्कृतिक प्रभाव छोड़ा था, उसके कारण उसे फिर बुलाना पड़ा।" (पृष्ठ 308)। उसे फिर से बुलाने वालों में श्रीलंका के अनागरिक धर्मपाल थे। राहुल जी कहते हैं : "इनके बाद डॉक्टर अम्बेडकर ने लाखों की संख्या में भारतपुत्रों को त्रिरत्न की शरण में खड़ा कर दिया।" (पृष्ठ 308)। बुद्ध की शरण में जाने से इन लोगों की समस्याएँ हल नहीं हुईं, यह तो कोई भी देख सकता है। लेकिन राहुल जी ने उनका बौद्ध धर्म स्वीकार करना इस तरह लिखा है मानो इससे उनकी समस्याएँ हल हो जातीं। भारत में जिन्होंने बौद्ध धर्म को फिर से बुलाने का प्रयास किया, उनमें अनागरिक धर्मपाल, उनके बाद डॉ॰ आम्बेडकर और उनके बाद राहुल सांकृत्यायन का नाम भी लिया जाना चाहिए।

डॉ॰ अम्बेडकर और राहुल जी में एक बात सामान्य थी। जैसे डॉक्टर अम्बेडकर अछूतों को स्वतंत्रता संग्राम से और वर्ग संघर्ष से अलग रखने के पक्ष में थे, उनका संगठन अलग बनाने के पक्ष में थे, वैसे ही राहुल जी उनको जन संघर्ष से अलग रखने, उनके संगठन अलग बनाने के पक्ष में थे। **दिमागी गुलामी** में उन्होंने लिखा था : "बिहार में खेतिहर-मज़दूर का जो आंदोलन चला है, उसके प्रवर्तकों में कुछ 'हरिजनों' के नेता भी शामिल हैं। इन भाइयों से मेरा विनम्र निवेदन है कि खेतिहर-मज़दूर के नाम से अपना संगठन करके, हरिजन भाई लोग (मैं इस शब्द से बहुत घृणा करता हूँ लेकिन अपने अर्थ को स्पष्ट करने के लिए इस्तेमाल कर रहा हूँ) गलती कर रहे हैं। उनको सीधा अपना एक संगठन रखना चाहिए क्योंकि उनकी समस्याएँ इतनी विकट हैं और सामाजिक-धार्मिक और आर्थिक सभी क्षेत्रों में फैली हुई हैं कि यदि वे खेतिहर-मज़दूर के नाम पर छूत-अछूत सबको जमा करने लगेंगे तो वे हवा हो जायेंगे।" (पृष्ठ 83)। यदि इस नीति पर किसान नेता चले तो अछूतों का संगठन अलग होगा, और गैर अछूत मज़दूरों का संगठन अलग होगा। ये अछूत गैर अछूत खेतिहर-मज़दूर गरीब किसानों से तो अलग होंगे ही। मार्क्सवादी जानते हैं कि जब तक गरीब किसानों और खेतिहर मज़दूरों का एका मजबूत न होगा, तब तक गाँव की दशा न सुधरेगी। राहुल जी जो नीति बता रहे थे, उससे एका टूट रहा था। गरीब किसानों और खेतिहर मज़दूरों को मिलाना दरकिनार, वे खेत मज़दूरों को भी एक मंच पर आने से रोक रहे थे। जो अछूत-खेतिहर मज़दूर हैं, उनका संगठन एक हो, और जो गैर अछूत खेतिहर मज़दूर हैं, उनका संगठन अलग हो। इस नीति से लाभ केवल ज़मीदारों को हो सकता था।

राहुल जी ने जाति-बिरादरी, वर्ण-व्यवस्था पर बहुत लिखा है। इससे इतना तो स्पष्ट है कि वह हिंदू समाज पर ध्यान केन्द्रित करते थे, उसे सुधारना चाहते थे, पर इससे वे अपने को एक संप्रदाय तक सीमित कर लेते हैं। उन्होंने बौद्ध धर्म के बारे में बहुत लिखा है। भारत में जो बौद्ध हैं, खासतौर से जो लद्दाख में हैं, उनके समाज में क्या परिवर्तन होना चाहिए, उनके धार्मिक विश्वासों में क्या सुधार होना चाहिए, इसके बारे में उन्होंने लगभग कुछ भी नहीं लिखा। यहाँ हिंदू और बौद्ध अलग हो जाते हैं। समाज-सुधार हिंदुओं के लिए है, बौद्धों के लिए नहीं। एक बहुत बड़ी आबादी भारत में मुसलमानों की है। उसको उन्होंने हिंदुओं से अलग रखा। मुस्लिम समाज में किस तरह का धार्मिक अंधविश्वास है, किस तरह का आचार-विचार है, उनके यहाँ किस तरह का सुधार होना चाहिए, इसको राहुल जी ने एकदम छोड़ दिया है। इस तरह वस्तुगत रूप से वह पूरी हिंदी जाति की समस्या को नहीं लेते, वे पूरे राष्ट्र की समस्या को नहीं लेते, वह एक विशेष संप्रदाय की समस्या को लेते हैं, और उसका निराकरण करते हुए सब मर्जों की दवा बौद्ध धर्म को मानते प्रतीत होते हैं।

राहुल जी ने जिस समाज पर ध्यान दिया है, वह अधिकतर उत्तर भारत का है। दक्षिण भारत को उन्होंने अपने परिप्रेक्ष्य से लगभग बाहर रखा है। तमिलनाडु की सांस्कृतिक विरासत, उसका समृद्ध साहित्य, उसकी कलाएँ—इन पर उन्होंने लगभग कुछ भी नहीं लिखा है। तो यह भी उनका एकांगी दृष्टिकोण है। वे भारत के एक ही भाग पर अपना ध्यान केन्द्रित करते हैं।

हिंदी प्रदेश में उनका ध्यान जितना बिहार पर है, उतना अन्य हिंदीभाषी प्रांतों पर नहीं है। वे कभी बिहारी या बिहार शब्दों का ऐसे प्रयोग करते हैं मानो बिहारी नाम की कोई प्रदेशगत जाति हो। बिहार में तीन प्रधान बोलियाँ हैं, मैथिली, मगही और भोजपुरी। उनका ध्यान भोजपुरी क्षेत्र पर ही अधिक केन्द्रित रहता है। यह भोजपुरी क्षेत्र बिहार और उस समय के संयुक्त प्रांत, आज के उत्तर प्रदेश में, बँटा हुआ है। पहले बँटा हुआ था और आज भी बँटा हुआ है। जब जनपदों की बात आती है तब वह भोजपुरी क्षेत्र को और छोटे-छोटे जनपदों में बाँटने की बात सोचते हैं। जब वह बिहारी जाति की बात करते हैं, तब उनके दिमाग में भोजपुरी क्षेत्र ही रहता है। **दिमागी गुलामी** में उन्होंने भारतीय इतिहास में बिहारियों के योगदान पर यह अद्भुत स्थापना की है : "हिंदूकुश से आसाम और हिमालय से कन्याकुमारी तक विस्तृत एक राष्ट्र का बनाना और उसको शताब्दियों तक सफलतापूर्वक चलाना बिहारियों का ही काम था। वस्तुतः यदि देखा जाय तो मालूम होगा कि पाटलिपुत्र (पटना) जब से राष्ट्रकेन्द्र नहीं रहा, तब से सारा भारत फिर एक राष्ट्रीय सूत्र में बँध न सका।" (पृष्ठ 13)। इस स्थापना से पता चलेगा कि राहुल जी जिस दकियानूसीपन से दूसरों को छुड़ाना चाहते हैं, उससे वह स्वयं जुड़े हुए हैं।

हिंदी जातीयता में आर्यवाद, हिंदू संस्कृति और जनपदीय अलगाववाद

(1)

ऋग्वेदिक आर्य की भूमिका में राहुल जी ने लिखा था : "दो वर्ष पहले यदि कोई कहता, कि इस प्रकार की एक पुस्तक लिखूँगा, तो मुझे इस पर विश्वास नहीं होता।" ऐसा उन्होंने क्यों लिखा? दो वर्ष पहले वह **ऋग्वेद** पर पुस्तक क्यों न लिख सकते थे? इसलिए कि हिंदी जातीयता का जो भाव क्रमशः विकसित हो रहा था, वह उन्हें **ऋग्वेद** की ओर ठेल रहा था। 1957 में उनकी **ऋग्वेदिक आर्य** प्रकाशित हुई। इसी वर्ष अकबर पर उनकी पुस्तक प्रकाशित हुई। और एक वर्ष बाद उन्होंने **संस्कृत काव्यधारा** नाम से एक संकलन प्रकाशित किया। इस समस्त कार्यवाही के पीछे हिंदी जाति के अस्तित्व की चेतना दिखायी देती है। यदि राहुल जी स्पष्ट रूप से हिंदी जाति के विकास का विवेचन करते, उसे समझने का प्रयत्न करते, तो देखते कि हिंदी में, और भारत की अन्य जातीय भाषाओं में विशेष रूप से उत्तर भारत में, मुसलमानों का योगदान बहुत ही महत्त्वपूर्ण रहा है, कहीं-कहीं तो हिंदुओं से पहले उन्होंने साहित्यिक भाषा का विकास किया है। जातीयता का स्पष्ट बोध न होने के कारण राहुल जी **अकबर** जैसी पुस्तक में भी हिंदू संस्कृति और मुस्लिम संस्कृति के दायरे से बाहर नहीं निकल पाये।

राहुल जी के आर्यवाद का गहरा संबंध हिंदी जातीयता की भावना से है। आर्य भाषा बोलने वालों को निकाल दिया जाय तो हिंदी जाति में रह क्या जायेगा? हिंदी जाति से आर्यों का तादात्म्य राहुल जी ने अपने मन में स्थापित कर लिया था। ये आर्य 6000 ई॰पू॰ वोल्गा से गंगा की ओर चले थे। इनके अभियान का पूरा मानचित्र राहुल जी ने **वोल्गा से गंगा** में बनाया है। एक ओर वह इन आर्यों से घृणा करते हैं, इसलिए कि इन्होंने वर्ण-व्यवस्था चलायी, ब्राह्मणत्व चलाया, भारत में यहाँ के आदिवासियों को शूद्र बनाया; दूसरी ओर उनके प्रति वह आकर्षित भी हैं। इसका एक कारण यह है कि यहाँ जो गण समाज थे, जैसे यौधेय, लिच्छवि आदि, वे भी आर्य थे। भारत में जो संघर्ष होता है, वह दो तरह के आर्यों के बीच होता है। एक गण और संघ वाले आर्य हैं, दूसरे ब्राह्मणवादी आर्य हैं। वर्ग संघर्ष के स्थान पर यहाँ दो तरह के आर्यों के बीच संघर्ष स्थापित हो जाता है। आर्यों के प्रति आकर्षण का एक कारण यह भी है कि बौद्ध धर्म के संस्थापक गौतम बुद्ध भी आर्य थे।

राहुल जी की अधिकांश कहानियों में तरुण और तरुणी का एक जोड़ा दिखायी देता है। जातक कथाओं के बोधिसत्व की तरह अनेक युगों और अनेक प्रदेशों में

राहुल जी बार-बार तरुण के रूप में जन्म लेते हैं। यदि उनकी यह बात मान ली जाये कि 1947 से पहले भारत सात सौ साल तक गुलाम रहा था, तो इसमें आर्यों की दिग्विजय जोड़ देने पर निष्कर्ष यह निकलेगा कि भारत अनादिकाल से गुलाम रहा है। पहले आर्यों ने उसे जीता, फिर वे यहीं बस गये। उनके बाद मुसलमान आये, उन्होंने उसे जीता, फिर वे भी यहीं बस गये। अंत में अंग्रेज़ आये, देश को उन्होंने गुलाम बनाया, लेकिन यहाँ बसे नहीं, चले गये। इस तरह सन् 47 तक भारतीय जनता का इतिहास लंबी पराधीनता का इतिहास बन जाता है। लेकिन इन विजेताओं के प्रति बहुत आकर्षण है राहुल जी के मन में। जो विजित दविड़ हैं, उनकी कथा वह बहुत कम कहते हैं। चाहे वैदिक काल हो, चाहे बाद का समय हो, जो विजेता आर्य हैं या जिनका संबंध विजित गण राज्यों से रहा है, उनकी कथा वह बड़े प्रेम से कहते हैं। उनका उपन्यास **दिवोदास** वैदिक काल के विजेताओं की कथा कहता है। **दिवोदास** उपन्यास में, पुरुकुत्स के रूप में, राहुल जी ने एक आदर्श योद्धा का चित्र प्रस्तुत किया है। लिखा है : "जैसे देवों में इंद्र वैसे ही मनुष्यों में पुरुकुत्स था। बल्कि वह इंद्र से भी सुघड़ था। इंद्र वपोदर तुंदिल है, जब कि पुरुकुत्स के उदर में चर्बी का नाम नहीं, बस पेशियाँ थीं। कमर कितनी क्षीण और वक्ष कितना विशाल था ? कंधे तो मानो साँड़ के डील की तरह उभरे हुए थे। वह सरल गति से एक अखाड़े से दूसरे अखाड़े में जा रहा था। उसकी गति में गंभीरता के साथ सौंदर्य था, यौवनसुलभ चंचलता उसमें नहीं थी। एक अखाड़े में वह द्रापि हटा अधोवस्त्र के स्थान पर छोटा कपड़ा बाँध उतरा। कसरत के बाद वह तरुणों के साथ मल्लयुद्ध करने लगा। पसीने-पसीने हो गया; लेकिन थकने का नाम नहीं लेता था। पुरु लोग अपने नेता के पौरुष को देखते ही आनंदित हो रहे थे।" (पृष्ठ 6)। पुरुकुत्स के प्रति राहुल जी की सहानुभूति उल्लेखनीय है। उसका शरीर एक आदर्श युवा का शरीर है और उसमें उसी के अनुरूप बल और पौरुष भी है। युवा के समान युवती का भी आदर्श चित्र प्रस्तुत किया गया है। पुरुकुत्स की पत्नी ने, राहुल जी के अनुसार, अपने वीर पति के अनुरूप ही "दृढ़ संकल्प पाया था। गुलाबी रंग, सुनहली आँखें, भरा चेहरा, पीले लंबे केशों के साथ वह असाधारण स्वस्थ सुंदरी थी। सारे आर्य जनों में उसके लावण्य की प्रसिद्धि थी।" (पृष्ठ 13)।

आर्यवीर की पत्नी के प्रति लेखक की सहानुभूति होनी ही चाहिए। अन्यत्र आर्य नारी का चित्र इस प्रकार प्रस्तुत किया गया है : "आर्य नारी का सौंदर्य तेरे रूप में निखरा है। केशों को देखें या तुंग नासिका को, नीले नेत्रों को देखें या लाल अधरों को, चंद्रखंड जैसे कपोलों पर दृष्टिपात करें या उन्नत श्वेत ललाट पर, शक्तिसंपन्न सुघर बाहु लताओं को देखें या उनकी कोमल पतली अँगुलियों और आरक्त करतल को। वक्ष, कटि, जानु, जंघा, (पिंडली) पादतल सभी इतने सुंदर हैं

कि तेरी उपमा तू ही हो सकती है।" (पृष्ठ 24)। गद्य-कविता लेखक के मनोभाव स्पष्ट करती है। दिवोदास विद्याएँ सीखने में भी आदर्श शिष्य है। उसके गुरु भरद्वाज को दिवो की मेधा और तत्परता को देखकर बड़ी प्रसन्नता होती है। वह भविष्य के बारे में बराबर सोचते रहते हैं। "15-16 के संधि में पहुँचकर दिवो का शरीर 24-25 वर्ष के सुपुष्ट आर्य तरुण जैसा मालूम होता था।" (पृष्ठ 55)।

दिवोदास वीरता के अनेक कृत्य करता है। स्वयं उनके बारे में विनम्रतावश कुछ नहीं कहता या कम बोलता है। किंतु "उसके साथियों ने दिवोदास के अतिमानुष पराक्रम को बिना अतिशयोक्ति के बतलाया।" (पृष्ठ 60)। यहाँ 'अतिमानुष पराक्रम' शब्दबंध ध्यान देने योग्य है। ऐसा लगता है कि आर्यों की नस्ल संसार को जीतने की लिए बनायी गयी है। वह अन्य सब नस्लों से श्रेष्ठ है। बाहुबल ही नहीं, अपने बुद्धिबल से भी वह भारत पर अपना आधिपत्य स्थापित करने में सफल हुई। **दिवोदास** में राहुल जी ने आर्य एकता के लिए किये गये प्रयत्नों को सराहा है। प्रयत्न करने वालों में दिवोदास के गुरु भरद्वाज भी थे। उनके लिए राहुल जी कहते हैं : "बड़े सौभाग्य की बात थी कि दिवोदास को भरद्वाज जैसा सहायक और मार्ग-प्रदर्शक मिला।" (पृष्ठ 75)।

आर्यों की फूट से यहाँ के उन आदिवासियों को ही लाभ हो सकता था जिन्हें राहुल जी की कल्पना में आर्य पराजित कर रहे थे और दास बना रहे थे। किंतु उनकी सहानुभूति विजितों के प्रति नहीं है, आर्य विजेताओं के प्रति है। आगे भी लिखा है : "दिवोदास स्वयं अपने शारीरिक व्यायाम, गदा-युद्ध, धनुष-युद्ध का कौशल दिखलाता। वहाँ पतले-दुबले शरीर के ऋषि भरद्वाज के मुँह से निकलती वाणी देव वाणी-सी प्राणदायक होती जिसमें इंद्र संकल्प और आर्यों के शत्रुओं के पराजय की निश्चिंतता की बात ही नहीं, बल्कि सारे सप्तसिंधु में कहीं भूख या घाव का दुःख सभी आर्यों के लिए खतरे की बात कही जाती।" (पृष्ठ 113-114)।

यहाँ भी विजेता आर्यों के प्रति राहुल जी अपनी सहानुभूति दिखलाते हैं। **दिवोदास** उपन्यास में उन्होंने आर्यों के सोमपान, उनके नृत्य, घोड़ों की दौड़ आदि का वर्णन किया है। और उपन्यास का अंत उनकी विजय के चित्रण से किया है : "इस प्रकार शंबर और दिवोदास का युद्ध समाप्त हुआ। इंद्र का जय-जयकार होने लगा। असुर युद्धक्षेत्र छोड़कर भागे। पीत केश जितनों को पा सके, उतनों को उन्होंने मारा। कुछ ही दिनों में सारे पर्वत की निम्नस्थली असुरों से शून्य हो गयी। वह जाड़ों के दिनों में भी बहुत ऊँचे स्थानों में भाग गये, जहाँ आग और चमड़े से अपनी सर्दी को रोकते।" (पृष्ठ 144)। यह नहीं कहा जा सकता कि राहुल जी विजितों के प्रति सहानुभूति दिखा रहे हैं और विजेताओं को अत्याचारी, आक्रामक शत्रु मानते हैं।

जय यौधेय और ***सिंह सेनापति*** में इन्हीं विजेता आर्यों के गणों की कहानी

है। गण क्रमशः नष्ट हो रहे थे। ऐतिहासिक रूप से इनका नष्ट होना अनिवार्य था। लेकिन राहुल जी की सहानुभूति नष्ट होते गण समाजों की ओर है।

(2)

हिंदीभाषी जनता की एकता की तरफ राहुल जी का दृष्टिकोण मुख्यतः विघटनवादी रहा है। इसका पहला कारण यह है वह हिंदू संस्कृति और मुस्लिम संस्कृति की धारणाओं से अपने को मुक्त नहीं कर सके। हिंदी को वह हिंदुओं की भाषा और उर्दू को मुसलमानों की भाषा मानते रहे हैं। पाकिस्तान के सवाल पर उनका कहना था कि जिन प्रदेशों में मुसलमानों का बहुमत है, अगर वे अलगाव की माँग करते हैं, तो उसे हिंदुओं को मान लेना चाहिए। यहाँ किसानों और मज़दूरों का सवाल नहीं है। यहाँ पूँजीपति और सर्वहारा का सवाल नहीं है। यहाँ केवल हिंदुओं और मुसलमानों का सवाल है। अक्तूबर सन्' '42 के 'हंस' में उन्होंने एक लेख लिखा था : "पाकिस्तान या जातियों की समस्या"। इस लेख में उन्होंने कहीं भी संप्रदायवाद को भड़काने के लिए अंग्रेज़ों को जिम्मेदार नहीं ठहराया। वह सारा दोष हिंदुओं को देते हैं। आरंभ में उन्होंने लिखा है : "पाकिस्तान हिंदुस्तानियों के शताब्दियों के उस निर्जीव जीवन का नतीजा है, जिसमें उन्होंने अपनी एक जाति बनाने के लिए प्रयत्न नहीं किया।" पाकिस्तान की माँग इसलिए उभरी है कि हिंदू मुसलमानों को हमेशा अपने से दूर रखते रहे हैं। कहते हैं : "एक हिंदू मुसलमान के हाथ की रोटी, पानी, या पान नहीं खा सकता। क्या यह उसकी धर्मांधता नहीं है?" धर्मांधता राहुल जी के अनुसार हिंदुओं में है, मुसलमानों में है। इसलिए इनका अलगाव अनिवार्य है। यदि मान लिया जाय कि दोनों में धर्मांधता है, तो उससे लड़ने का कोई तरीका होना चाहिए। धर्मांधता से लड़ा जा सकता है, इस बारे में राहुल जी चुप हैं। जो लोग हिंदुस्तान की एकता के पक्षपाती थे, उनके लिए उन्होंने कहा : "अखंड हिंदुस्तान के लिए एक देश की तरह एक जाति की जरूरत है।" इस लेख में जो हिंदू संस्कृति और मुस्लिम संस्कृति की धारणा है, उसके अनुसार यहाँ दो मुख्य जातियाँ हैं, हिंदू जाति और मुस्लिम जाति। और इनसे मिलकर अभी कोई एक जाति नहीं बनी। राहुल जी के अनुसार एक जातीयता स्थापित करने के लिए "शादी-ब्याह बहुत जरूरी है।" हिंदुओं और मुसलमानों में आपस में शादी-ब्याह नहीं होता। इसलिए नतीजा उन्होंने यह निकाला कि ये दो अलग जातियों के लोग हैं। आगे वह यह भी कहते हैं कि हिंदुओं में ही सब लोग आपस में शादी-ब्याह नहीं करते : "हमारे बड़े-बड़े राष्ट्रीय नेतागण अपनी-अपनी कायस्थ, राजपूत, ब्राह्मण जाति के बाहर कदम रखने के लिए तैयार नहीं।" अगर यह बात सच हो तो क्या ब्राह्मणों, राजपूतों और कायस्थों को स्वतंत्र जातियाँ माना जायेगा ? इस तरह तो भारत में जितनी बिरादरियाँ हैं, उतनी ही स्वतंत्र जातियाँ हो जायेंगी।

राहुल जी ने हिंदी-उर्दू का प्रश्न भी उठाया है। कहते हैं : "हिंदी-उर्दू के झगड़े

के बीच में भी वही दो संस्कृतियों की टक्कर है, जिन्होंने कि इन दोनों भाषाओं को बिल्कुल भिन्न-भिन्न रास्ते पर विकसित किया।" यानी हिंदी-उर्दू का झगड़ा दो भाषाओं का झगड़ा नहीं है बल्कि दो संस्कृतियों का झगड़ा है। एक संस्कृति हिंदू, दूसरी संस्कृति मुसलमान। उदाहरण देते हैं : "सौदा, गालिब, इकबाल की भाषा को सूर, तुलसी, प्रसाद और पंत की भाषा के साथ किसी भी जादू-मंतर से हम एक नहीं कर सकते।" राहुल जी ने यहाँ एक बात छोड़ दी है। 1800 से पहले, जब मुसलमान यहाँ पर 700 साल रह चुके थे, तब चाहे भक्ति काव्य हो, चाहे रीतिवादी काव्य हो, कहीं भी मुसलमान-हिंदू की भाषा में फर्क नहीं दिखायी देता। सूफी कवि अपने प्रेमाख्यान अवधी में लिखते हैं, अधिकांश कवि ब्रजभाषा में कविता करते हैं। 1800 के बाद यह भेद पैदा हुआ और धीरे-धीरे पैदा हुआ। उर्दू में ऐसा बहुत-सा साहित्य है जिसे देवनागरी लिपि में लिख दिया जाये तो उसे तमाम हिंदी-प्रेमी आसानी से समझ सकते हैं। जहाँ हिंदू-मुसलमान मिलकर एक ही भाषा का विकास करते रहे, उस इतिहास को राहुल जी ने बिल्कुल छोड़ दिया है। और 1800 के बाद, खासतौर से 20वीं सदी में, जो अलगाव पैदा हुआ, उस पर उन्होंने बहुत जोर दिया है। आगे कहते हैं : "यह दो स्वतंत्र भाषाएँ हैं, एक मूल से पैदा होने पर भी इनका विकास इतनी दूर अलग-अलग पथ पर हो चुका है कि उन्हें फिर उस मूल रूप में लौटाया नहीं जा सकता। उदाहरणार्थ दार्शनिक साहित्य को ले लीजिये।" भाषा की पहचान उसके क्रियापदों से होती है, वाक्यतंत्र से भी। अगर हिंदी-उर्दू दो भाषाएँ हैं तो इनके वाक्यतंत्रों को अलग होना चाहिए, उनके क्रियापदों को अलग होना चाहिए। लेकिन हिंदी की सारी क्रियाएँ वही हैं जो उर्दू में हैं और उर्दू की सारी क्रियाएँ वही हैं जो हिंदी में हैं। ऐसा तो संसार की किन्ही दो भाषाओं में नहीं देखा जाता कि उनके सारे क्रियापद एक हों। ऐसे ही दोनों की वाक्यरचना एक है। वास्तव में जो फर्क है वह सांस्कृतिक शब्दावली का है। उर्दू वाले अरबी-फारसी से शब्द लेते हैं, और हिंदीप्रेमी संस्कृत से लेते हैं। यह सारा प्रपंच लगभग 150 साल का है और हिंदी प्रदेश तक सीमित है। राहुल जी ने इसे पुराने इतिहास, पूरे भारत के इतिहास पर आरोपित कर दिया और मुसलमानों के आने से लेकर अपने समय तक उन्होंने दो संस्कृतियों के विकास के साथ हिंदी-उर्दू को जोड़ दिया।

जहाँ तक दार्शनिक साहित्य का सवाल है, दर्शन ही नहीं, विज्ञान का सवाल है, वहाँ पारिभाषिक शब्द बनाने होंगे। या तो आदमी संस्कृत से शब्द लेगा या अरबी-फारसी से लेगा। यहाँ बंगाल का उदाहरण देखना चाहिए। पूर्वी बंगाल में अधिकांश जनता मुसलमान है। पश्चिमी बंगाल में अधिकांश जनता हिंदू है। लेकिन इन लोगों की दार्शनिक और पारिभाषिक शब्दावली में कोई भेद नहीं है। जिस तरह ढाका में बँगला बोली और लिखी जाती है, उसी तरह वह कलकत्ता में बोली और

लिखी जाती है। यदि बंगाल के लोग अपनी सांस्कृतिक विरासत पहचानकर भाषा का ऐसा विकास करते हैं कि वहाँ हिंदू मुसलमान का भेद नहीं है, तो इस तरह का विकास हिंदी प्रदेश में क्यों नहीं हो सकता? हिंदी प्रदेश के बाहर कहीं भी भाषा में हिंदू-मुसलमान का भेद नहीं है। इस ऐतिहासिक तथ्य पर राहुल जी ने ध्यान नहीं दिया।

राहुल जी का अद्‌भुत तर्क यह है कि मुसलमानों में साहस की कमी नहीं है। और यह साहस सबसे ज़्यादा सांप्रदायिक दंगों में देखा जाता है। जो अखंड हिंदुस्तान के पक्षपाती हैं, उनके लिए वह कहते हैं, "कितने ही अखंड हिंदुस्तान के पक्षपाती समझते और कहते देखे जाते हैं कि मुसलमानों में राष्ट्रीय भाव की कमी है।" विडंबना यह है कि यही तर्क, स्वयं राहुल जी ने 1947 में दोहराया था। यहाँ सन् '42 में वह कह रहे हैं : "जिन्होंने सांप्रदायिक दंगों को देखा है, उनको अच्छी तरह मालूम है कि मुसलमान प्राण देने में ज्यादा निडर होते हैं।" इस तरह जहाँ तक साहस का प्रश्न है, मुसलमानों की संस्कृति अलग है और हिंदुओं की अलग है। राहुल जी ने लगभग यह बात कह दी है कि हिंदू कायर होते हैं, और मुसलमान साहसी होते हैं। उसी पैराग्राफ में आगे कहते हैं : "आज सिर्फ मजहबी बातों के लिए ऐसा करते हैं (यानी मुसलमान साहस दिखाते हैं), कल वही बात राजनैतिक उद्देश्य के लिए भी करें जबकि पाकिस्तान में उसकी जरूरत पड़ेगी।" यानी पाकिस्तान बनेगा और मुसलमान उसकी रक्षा करने के लिए लड़ेंगे, सांप्रदायिक आधार पर बने हुए पाकिस्तान की रक्षा के लिए ये साहस दिखायेंगे। और भी, कहते हैं : "कायरता ज़्यादातर उन लोगों में पायी जाती है जो खाना नहीं, कौड़ी-कौड़ी जमा करना जानते हैं। मुसलमान अपने खाने-पीने और शाहखर्ची के लिए बदनाम हैं। इसलिए कायर बनने के कारण उनके पास ज़्यादा नहीं हैं।" इस तरह भौतिकवाद राहुल जी को यह सिखाता है कि मुसलमानों का रहन-सहन दूसरे ढंग का है, वे कंजूसी से काम नहीं लेते, हिंदुओं का रहन-सहन दूसरे ढंग का है, वे कंजूसी से काम लेते हैं। इसलिए दोनों की संस्कृतियाँ अलग हैं। हिंदू संस्कृति अलग और मुस्लिम संस्कृति अलग है। हिंदी अलग है, उर्दू अलग है। इसलिए पाकिस्तान बनकर रहेगा। पाकिस्तान की माँग जनतांत्रिक माँग है, इसको सिद्ध करने के लिए राहुल जी कहते हैं : "भारत के कितने ही भाग हैं जहाँ मुसलमानों का बहुमत है : सिन्ध, बलोचिस्तान, सीमांत, पश्चिमी पंजाब, कश्मीर, यह सारा एक मिला हुआ टुकड़ा है, जहाँ मुसलमान बहुमत में हैं। यही बात पूर्वी बंगाल के बारे में है। अखंड हिंदुस्तानवादी हिंदू इन प्रांतों के निवासियों की इच्छा के विरुद्ध उन्हें अपने भीतर नहीं रख सकते।" उन्होंने मान लिया कि जिन इलाकों में मुसलमानों का बहुमत है, वहाँ वे अपना अलग राज्य बनाना चाहते हैं। यहाँ वह मुस्लिमलीगी और राष्ट्रीय विचारों वाले मुसलमानों में कोई भेद नहीं करते। वह कहते हैं कि मुस्लिम लीग इस आंदोलन को आगे चला

रही है, और कांग्रेस के मुसलमान उसी के पीछे-पीछे चल रहे हैं। दक्षिणपंथी हिंदू राष्ट्रवादी जो आरोप कांग्रेसी नेताओं पर लगाते हैं, वही आरोप उन पर राहुल जी ने लगाया है। मुसलमान-मुसलमान सब एक। चाहे कांग्रेस के अंदर हो, चाहे मुस्लिम लीग के अंदर, दोनों में कोई फर्क नहीं। राहुल जी कहते हैं : "गैर मुस्लिम लीग राष्ट्रीय मुसलमानों ने पाकिस्तान से संबंध रखनेवाली माँग पर जो अपने विचारों को स्पष्ट करके घोषित किया, उसका कारण यही है कि वह मुस्लिम जनता को अपने साथ रखना चाहते हैं।" राष्ट्रीय विचारों के मुसलमान नेता भी मुसलमान जनता को अपने साथ रखना चाहते हैं। मुसलमान जनता अपने को हिंदुओं से अलग रखती है, इसलिए उसके संप्रदायवाद का समर्थन किये बिना वे अपना नेतृत्व बरकरार नहीं रख सकते। इस तरह कांग्रेस और मुस्लिम लीग में कोई बुनियादी अंतर नहीं है।

राहुल जी मानते हैं, पाकिस्तान में एक जाति के लोग नहीं रहते, वहाँ अनेक जातियों के लोग रहते हैं, और अनेक भाषाएँ बोलते हैं। इतना मान लेने पर भी वह संप्रदायवाद को इस जातीय एकता से ऊपर रखते हैं। जातियों के अस्तित्व के ऊपर धर्म छाया हुआ है। इस धर्म के आधार पर अगर इन जातियों के मुसलमान अपना अलग राज्य बनाना चाहते हैं, तो उनकी यह माँग मान लेनी चाहिए। जातियों की धारणा राहुल जी के मन में काफी स्पष्ट है, यह उनके वाक्यों से प्रकट होता है। कहते हैं : "जातियों का आधार है भाषा। इसलिए भारत में जितनी भाषाएँ हैं, आखिर हमें उतनी ही जातियाँ माननी पड़ेंगी।" यहाँ बहुत स्पष्ट रूप से देखना चाहिए था कि पंजाब में पंजाबी भाषा बोली जाती है, और उसमें हिंदुओं, सिखों और मुसलमानों में कोई भेद नहीं है। ऐसे ही सीमांत प्रदेश में लोग पश्तो बोलते हैं। वहाँ हिंदू-मुसलमान को लेकर कोई भेद नहीं है। सिंध में बहुसंख्यक मुसलमान हैं, लेकिन सब सिन्धी बोलते हैं, हिंदुओं और मुसलमानों में भाषा को लेकर कोई भेद नहीं है। और बंगाल में आधा बंगाल मुसलमान और आधा बंगाल हिंदू है, लेकिन दोनों की भाषा में कोई अंतर नहीं है। इसलिए बंगालियों की एक जाति हुई, सिंधियों की एक जाति हुई, पठानों की एक जाति हुई, पंजाबियों की एक जाति हुई। इन जातियों को धर्म के आधार पर क्यों तोड़ा जाय, यह प्रश्न राहुल जी नहीं करते।

आगे कहते हैं : "जातीयता के प्रश्न पर व्यावहारिक रूप से विचार करते वक्त धर्म से भी ज़्यादा हमें भाषा को प्रधानता देनी होगी।" यहाँ उन्होंने बहुत सही बात कही है। जातीयता के प्रश्न पर विचार करते समय भाषा अधिक महत्वपूर्ण है, धर्म का स्थान गौण है। धर्म और भाषा के संबंध में उन्होंने यह भी कहा : "यदि एक धर्म से जातीयता स्थापित हो जाती तो मिस्र, तुर्की, ईरान, अफगानिस्तान को हम एक जाति में बद्ध देखते।" जैसे अफगानिस्तान में अलग जाति है, ईरान

तुर्की, मिस्र में अलग जातियाँ हैं, यद्यपि सबका धर्म या अधिकांश लोगों का धर्म वहाँ इस्लाम है, वैसे ही पाकिस्तान के बारे में सोचना चाहिए था—यहाँ धर्म एक है, लेकिन भाषाएँ बहुत-सी बोली जाती हैं। इसलिए इनको एक जाति मानना गलत है। इसी तरह भारत के अन्य भागों में, महाराष्ट्र में, तमिलनाडु में, आंध्र प्रदेश में, हिंदी प्रदेश में, बहुसंख्यक जनता का धर्म हिंदू है लेकिन उसकी भाषाएँ अलग-अलग हैं। इसका मतलब है कि भारत बहुजातीय राष्ट्र है। दरअसल राहुल जी ने अपने लेख का उपशीर्षक दिया है "हिंदुस्तान बहुजातिक राष्ट्र है।" यह बात बिल्कुल सही है। भारत बहुजातीय राष्ट्र है। इसीलिए बहुजातीयता को अपने राष्ट्र की एकता का आधार बनाना चाहिए, हिंदू और मुसलमान धर्मों को राष्ट्रीयता का आधार नहीं बनाया जा सकता। लेकिन आगे कहते हैं : "यह समझने की गलती नहीं करनी चाहिए कि पाकिस्तान में ग्यारह जातियों के होने से पाकिस्तान की माँग मुसलमान छोड़ देंगे।" यहाँ वह फिर जातीय एकता को नीचे रखते हैं, धार्मिक अंध-विश्वासों को ऊपर ले आते हैं। भले ही पाकिस्तान में ग्यारह जातियाँ हो, पर यदि धर्म के आधार पर वे अपना अलग राज्य माँगते हैं, तो यह भूल न करनी चाहिए कि इन जातियों के कारण वे पाकिस्तान की माँग छोड़ देंगे। जनतंत्र का तकाजा है कि जनता जो माँगे उसे स्वीकार किया जाये, इसलिए पाकिस्तान की माँग स्वीकार करनी चाहिए।

(3)

राहुल जी के लेख की राजनीतिक पृष्ठभूमि यह है कि दूसरा विश्वयुद्ध हो रहा है। बहुत से कम्युनिस्ट नेता इसे जनयुद्ध कहते थे। राहुल जी भी मानते थे कि यह युद्ध जनता का युद्ध है। उससे परिणाम उन्होंने यह निकाला कि युद्ध के बाद अंग्रेज़ों से लड़ने की नौबत न आयेगी। साम्राज्यवाद अपने आप खत्म हो जायेगा। और सन् '42 में ही, युद्ध खत्म होने से काफी पहले अंग्रेज़ी राज के कायम रहते, जनता को जो बात सोचनी है, वह यह है कि आज़ाद होने पर वह नये भारत का निर्माण कैसे करेगी। सन् '42 वाले उसी लेख में वह कहते हैं : "जब हम जनता का शासन स्थापित करना चाहते हैं और कहते हैं कि यह महायुद्ध जनता के शासन के लिए लड़ा जा रहा है, तब जनता को साक्षर और शिक्षित बनाना सबसे जरूरी काम हो जाता है।" जनता को साक्षर बनाना है, यह महत्वपूर्ण काम है। इसके लिए मातृभाषा का सहारा लेना चाहिए। राहुल जी हिंदी को बनारस और इलाहाबाद में रहने वालों की मातृभाषा नहीं मानते। जहाँ वह बोली जाती है, मेरठ कमिश्नरी में, वहाँ वह गाँव वालों की मातृभाषा हो सकती है, यद्यपि वहाँ भी बोलचाल की भाषा में और मानक भाषा में काफी अंतर है। मातृभाषा से उनका आशय है कि जो जनपदीय बोलियाँ हैं, उनको स्वतंत्र भाषाएँ मानना चाहिए, उनके आधार पर नये प्रांत बनाने चाहिए। कहते हैं : "यदि हम हिंदी को मागधों, मैथिलों, भोजपुरियों (मल्लों) की

मातृभाषा खामखाह बनाने का हठ न करें, और जो भाषा वस्तुतः उनकी मातृभाषा है, उसे शिक्षा का माध्यम बना दें तो सारा दृश्य ही बदल जाता हैं।" राहुल जी की मूल स्थापना यह है कि हिंदी जातीय भाषा के रूप में सहज भाव से विकसित नहीं हुई। वह यहाँ के जनपदों पर लादी हुई भाषा है। उसे लादने का काम किसने किया, इसके लिए कौन-सा कानून बनाया गया, इसका उल्लेख उन्होंने नहीं किया। बनारस, इलाहाबाद, पटना जैसे नगरों के माध्यम से यह भाषा पूरब की जनता में फैली, यह तथ्य वह स्वीकार नहीं करते।

मातृभाषाओं के लिए राहुल जी कहते हैं : "मैंने जातियों की पहचान के लिए मातृभाषा की कसौटी बतलायी और मातृभाषा वही कही जा सकती है जिसके व्याकरण को पढ़ने की जरूरत न हो।" इस तरह जितनी भी जनपदीय बोलियाँ हैं, वे सब स्वतंत्र जातियों की भाषाएँ बन जाती हैं। आगे उन्होंने स्वतंत्र जातियों की संख्या भी निर्धारित की है। "अब हम सारे भारत की जातियों के अनुसार उनको नये प्रांतों या नये प्रजातंत्रों में बाँटते हैं।" नये प्रांतों और प्रजातंत्रों में बाँटा जायेगा तो भारत में कुल मिलाकर 73 प्रजातंत्र होंगे। इस प्रकार कुल 73 जातियाँ होती हैं। मजे की बात यह है कि इन 73 जातियों की भाषाओं में हिंदी, उर्दू, इंग्लिश भी शामिल हैं ! अंग्रेज़ी के लिए कहते हैं : "लाखों की तादाद में ऐंग्लो-इंडियन और दूसरे भी अंग्रेज़ी भाषा बोलते हैं। यद्यपि इनकी आबादी सारे भारत में बिखरी हुई है, तो भी हर जगह इनके बच्चों को पढ़ाने के लिए अंग्रेज़ी भाषा के विद्यालय का प्रबंध करना होगा।" अंग्रेज़ी भारत पर लादी हुई भाषा है, ऐसा राहुल जी ने नहीं कहा। हिंदी लादी हुई भाषा है, यह वह जोर देकर कहते हैं। हिंदी का अपना एक जातीय प्रदेश है, इसे वह अस्वीकार करते हैं। "हिंदी, बोली में लेने पर, मेरठ कमिश्नरी की भाषा है। साहित्यिक हिंदी, उर्दू किसी एक प्रदेश की भाषाएँ नहीं हैं। यह खास-खास शहरों में और उनमें भी कितने ही परिवारों में बोली जाती हैं। साथ ही उन्हें अंतरप्रांतीय भाषा के तौर पर इस्तेमाल किया जा रहा है और आगे भी किया जायेगा।" यहाँ इतना तो स्वीकार किया कि कुछ परिवारों में हिंदी-उर्दू बोली जाती हैं। इसलिए वे निहायत कृत्रिम हों, ऐसा तो नहीं है। वे किसी एक प्रदेश की भाषाएँ नहीं हैं। प्रदेश का अर्थ बिहार है, संयुक्त प्रांत है, उत्तर प्रदेश है, मध्य प्रदेश है, लेकिन हिंदी जैसे बिहार और मध्य प्रदेश की भाषा है, वैसे ही वह तमिलनाडु और केरल की भाषा नहीं है। वहाँ अन्य प्रादेशिक भाषाएँ हैं जैसा कि राहुल जी ने स्वयं स्वीकार किया है। हिंदी उर्दू एक प्रदेश की भाषाएँ हैं, मूलतः एक भाषा हैं, इसलिए इनके क्रियापद, इसके सर्वनाम, इनकी वाक्य-रचना एक हैं। हिंदी को कृत्रिम भाषा मानकर राहुल जी हिंदी जाति को छिन्न-भिन्न करके उसे बहुत-से छोटे प्रदेशों में बाँट देना चाहते हैं। जिसे हम भोजपुरी क्षेत्र कहते हैं, उसे भी कई क्षत्रों में बाँटना चाहते हैं। जिसे हम अवधी क्षेत्र कहते हैं, उसके भी वह कई टुकड़े करते हैं। इस तरह हिंदी प्रदेश को छिन्न-भिन्न करने की पूरी योजना राहुल जी ने तैयार की थी।

यहाँ और अन्यत्र भी उन्होंने सोवियत संघ का उदाहरण दिया है। दो बातें ध्यान देने की हैं। सोवियत संघ की स्थापना समाजवादी क्रांति के बाद हुई थी। राहुल जी ने इन लेखों में कहीं भी क्रांति की बात नहीं की। उनके सामने भविष्य का मानचित्र यह है : युद्ध खत्म होने पर साम्राज्यवाद अपने आप खत्म हो जायेगा। और इसके बाद भारत के प्रगतिशीलों के सामने केवल देश के निर्माण का कार्य रह जायेगा। सोवियत संघ की मिसाल हमारे देश पर इसलिए भी घटित नहीं होती कि वहाँ क्रांति हो चुकी थी और हमारे यहाँ राहुल जी क्रांति की बात नहीं करते। दूसरी बात यह कि सोवियत संघ के लिए राहुल जी ने रूसी का उल्लेख किया है। जो रूसी भाषा का क्षेत्र है, वह हिंदी प्रदेश से बहुत बड़ा है। संसार के सबसे बड़े जातीय क्षेत्रों में वह है। वहाँ हर जगह मानक रूसी बोली जाती हो, ऐसा नहीं है। रूसी भाषा की अपनी जनपदीय बोलियाँ हैं। इस तथ्य को राहुल जी ने दरकिनार किया है। रूसी जाति को केन्द्र में रखकर ही गैररूसी जातियों को मिलाकर सोवियत संघ का संगठन तैयार किया गया। यह एक ऐतिहासिक तथ्य है। उस रूसी जाति को बीच से विघटित कर दिया जाय तो सोवियत संघ विघटित हो जायेगा। राहुल जी ने सोवियत संघ की स्थापना से यह सबक नहीं सीखा कि जैसे रूसी जाति एक धुरी का काम करती है, उसकी एकता के चारों ओर अन्य जातियों को संगठित किया जाता है, वैसे ही एक विशाल प्रदेश में जहाँ हिंदीभाषी जाति रहती है, उसकी एकता जरूरी है, उसी के चारों ओर भारत की अहिंदी जातियों को संगठित करके राष्ट्रीय एकता स्थापित की जा सकती है, उसकी रक्षा की जा सकती है। यदि उनके सामने साम्राज्यविरोधी क्रांति का लक्ष्य होता, तो वह देखते कि यहाँ की जातियों की एकता के बिना साम्राज्यवाद को परास्त नहीं किया जा सकता। इसके बदले उनके सामने हिंदू संस्कृति है, मुस्लिम संस्कृति है, पाकिस्तान है, हिंदुस्तान है, हिंदी प्रदेश का जनपदों में विभाजन है।

सितंबर 1943 के **हंस** में राहुल जी का लेख प्रकाशित हुआ 'मातृ भाषाओं का प्रश्न।' युद्धकाल में कैसे जातियों के अंदर आत्मचेतना का उदय हो रहा है, कैसे कल-कारखानों में विभिन्न प्रदेशों के मज़दूर एकत्र होते हैं और एक सम्पर्क भाषा का व्यवहार करते हैं, इन बातों को उन्होंने रेखांकित किया। लिखा है : "आज के युग ने जहाँ भिन्न-भिन्न भाषा-भाषी जातियों को आत्मचेतना प्रदान की है; ज्ञान के प्रसार को बढ़ाया है, वहाँ साथ ही साथ उन भिन्न-भिन्न जातियों को एक दूसरे के बिल्कुल निकट कर दिया।" इसी सिलसिले में वह भारत के बड़े नगरों का उल्लेख करते हैं। कहते हैं : "आज कलकत्ता, बंबई, कानपुर, अहमदाबाद, जमशेदपुर, जमालपुर जैसे कल-कारखानों वाले शहरों को देखने से मालूम होता है, कि किस तरह वहाँ भिन्न-भिन्न प्रांतों के मजूर-मजूरिनें एक जगह रह एक ग्राम के बाटी बन गये हैं, जिसके कारण आपस में संबंध स्थापित करने के लिए एक सम्मिलित भाषा

की उपयोगिता को समझने ही नहीं लगे हैं, बल्कि हिंदी का इस्तेमाल भी करते हैं। आज के युग में सम्मिलित भाषा की उपयोगिता को न समझना वस्तुतः बड़े आश्चर्य की बात होगी, इसलिए हिंदी के सम्मिलित साझे की भाषा होने से हम इन्कार नहीं करते।" हिंदी सम्मिलित भाषा है, साझे की भाषा है। दो स्तरों पर। एक तो जनपदों के स्तर पर साझे की भाषा है; जो भोजपुरी, अवधी बोलने वाले हैं, वे आपस में हिंदी का व्यवहार करते हैं। एक तो साझे की भाषा यह हुई। फिर वे लोग जिनकी मातृभाषा मराठी या बँगला है, वे आपस में मिलते हैं, तो हिंदी का व्यवहार करते हैं। यह दूसरे स्तर पर साझे की भाषा हुई। राहुल जी समझते हैं, जैसे महाराष्ट्र और बंगाल के लोग आपस में हिंदी को संपर्क भाषा के रूप में इस्तेमाल करते हैं, वैसे ही अवधी, भोजपुरी बोलने वाले हिंदी का व्यवहार करते हैं। उनके लिए भी वह संपर्क भाषा है।

हिंदी यहाँ के जनपदों पर लादी हुई भाषा है। यही बात वह दूसरे ढंग से यों कहते हैं : "हम तो सिर्फ इतना ही चाहते हैं, कि लोग इस बात को स्वीकार करें कि मेरठ कमिश्नरी (कुरु जनपद) के पौने चार जिलों को छोड़कर बाकी लोगों की अपनी निजी मातृभाषाएँ हैं।" जितने भी लोग भारत में हिंदी को राजभाषा बनाने का विरोध करते हैं, वे अक्सर यह तर्क देते हैं कि हिंदी कृत्रिम भाषा है, वह यहाँ की दूसरी भाषाओं पर लादी गयी है। जैसे वह भोजपुरी और अवधी पर लादी गयी है, वैसे ही वह तमिल और तेलगू पर भी लादी जाने को है। इसलिए उसका विरोध करना चाहिए और अंग्रेजी को बनाये रखना चाहिए। राहुल जी ने लगभग यह तर्क स्वीकार कर लिया है। वह मानते हैं कि मेरठ कमिश्नरी के पौने चार जिलों को छोड़कर बाकी लोगों की अपनी निजी मातृभाषाएँ हैं। तो इन निजी मातृभाषाओं के बीच संपर्क भाषा की तरह हिंदी इस्तेमाल हो सकती है, वैसे ही तेलगू और मराठी के बीच हो सकती है। लेकिन वह अपने जनपदों की भाषा नहीं होगी, वह जनपदों में रहने वालों की जातीय भाषा नहीं बनी! और कहीं जातीय भाषाएँ होंगी, हिंदी प्रदेश में केवल मातृभाषाएँ हैं !

राहुल जी ने एक मजेदार बात कही है। "आज के कल-कारखानों की बारीक मशीनों को शिक्षित मज़दूर ही चला सकते हैं। आज के पेचीदा हथियारों को अशिक्षित सिपाही नहीं इस्तेमाल कर सकते।" मज़दूरों को शिक्षित होना चाहिए। शिक्षा जितनी आसानी से मातृभाषा में दी जा सकती है, उतनी आसानी से किसी कृत्रिम भाषा में नहीं। राहुल जी ने कल-कारखानों की बात कही है, इसलिए बताना चाहिए था कि भारत का ऐसा कौन-सा शहर है, ऐसा कौन-सा कारखाना है, जहाँ केवल मगही बोलने वाले या केवल भोजपुरी या अवधी बोलने वाले लोग काम करते हैं। विभिन्न जनपदों के मज़दूर आपस में हिंदी बोलते हैं। उन्हें अशिक्षित रखने का सबसे अच्छा उपाय है कि हर शहर और हर कारखाने में हिंदी की जगह उन्हें 'मातृभाषाएँ' पढ़ाई

जायें ! और भारत की सभी भाषाओं पर अंग्रेज़ी का प्रभुत्व बनाये रखने के लिए सबसे कारगर तर्क यह है कि हिंदी को अपने ही प्रदेश में कृत्रिम कहा जाये।

जहाँ भी पूँजीवाद का विकास हुआ है वहाँ विभिन्न जनपदों के बीच एक भाषा उभरकर आती है और उन जनपदों में रहने वालों के लिए वह जातीय भाषा का काम करती है। वह शिक्षा का, आपसी व्यवहार का माध्यम बनती है। यदि छपरा या बनारस में कोई ऐसा कारखाना नहीं है, जहाँ केवल भोजपुरी बोलने वाले हों तो मानी बात है कि मज़दूरों की शिक्षा के लिए मातृभाषा के माध्यम होने की बात बेकार हो जाती है। सेना के लिए वह और भी बेकार है। राहुल जी का तर्क है कि बोलियाँ अब तक नहीं मरीं, तो भविष्य में नामशेष नहीं होने जा रही हैं। बहुत सही बात है। और केवल भारत में नहीं, इंगलैन्ड, फ्रांस, रूस में जो मानक भाषाएँ हैं, उनके साथ जनपदीय बोलियाँ सुरक्षित हैं। भारत में जनपदीय भाषाएँ जीवित हैं तो यह तथ्य भारत के लिए अनोखा नहीं है। उससे जातीय भाषा का महत्व कम नहीं होता। राहुल जी बोलियों को जातीय भाषाएँ बनाकर चाहते हैं कि कचहरियों में उनका प्रयोग हो, पाठशालाओं से लेकर कॉलेजों और विश्व विद्यालयों तक उन्हें शिक्षा का माध्यम बनाया जाये।

अब लेखकों का प्रश्न सामने आता है। जो हिंदी के लेखक हैं, उन्हें जनपदों से जोड़कर राहुल जी एक विचित्र नक्शा हमारे सामने रखते हैं। सुमित्रानंदन पंत, इलाचंद्र जोशी, हेमचंद्र जोशी, इन लोगों की मातृभाषा है पूर्वी पहाड़ी। ये लोग हिंदी न लिखकर पूर्वी पहाड़ी लिखेंगे। बनारसीदास चतुर्वेदी, हरिशंकर शर्मा, किशोरी दास गोस्वामी की मातृभाषा है ब्रज। ये लोग खड़ी बोली न लिखकर ब्रजभाषा लिखेंगे। सियारामशरण, मैथिलीशरण की मातृभाषा बुंदेली है। ये बुन्देली लिखेंगे। निराला, देवीदत्त शुक्ल की मातृभाषा उत्तरी अवधी, ज्योतिप्रसाद मिश्र निर्मल, श्रीनाथ सिंह की मातृभाषा दक्षिणी अवधी। यहाँ अवधी के दो भाग दिखायी देते हैं। निराला और देवीदत्त शुक्ल उत्तरी अवधी, ज्योति प्रसाद मिश्र निर्मल, और श्रीनाथ सिंह दक्षिणी अवधी की सेवा करेंगे; हिंदी छोड़कर मातृभाषा में प्राइमरी से लेकर उच्चतम शिक्षा के लिए पुस्तकें रचेंगे। और पूरब की तरफ चंद्रबली पांडेय, अयोध्या सिंह उपाध्याय, विश्वनाथप्रसाद मिश्र की मातृभाषा काशिका यानी बनारसी है। भोजपुरी क्षेत्र में एक तो हुई बनारसी, दूसरी है मल्लिका। उदयनारायण तिवारी, शिवपूजन सहाय, मनोरंजन प्रसाद मल्लिका लिखेंगे। ऐसे ही राकेश, उमेश मिश्र, अमरनाथ झा की भाषा मैथिली, आदि-आदि के बारे में समझ सकते हैं। लेखकों की समस्या सुलझ गयी। पर ये लोग मातृभाषाएँ छोड़कर हिंदी के लेखक बने ही क्यों थे ? आगे भी उन्होंने या उनके नाती-पोतों ने हिंदी न छोड़ी तो क्या होगा ? राहुल जी आश्वस्त हैं, प्रत्येक जनपद की अपनी मातृभाषा होगी। जिनको हम अभी जनपद मानते हैं, उनके अंदर भी दो-दो, तीन-तीन हिस्से हो सकते हैं। आगे चलकर यहाँ जो लेखक

पैदा होंगे, वे हिंदी के बदले अपनी मातृभाषा की सेवा करेंगे। इस तरह जनता का साहित्य रचा जायेगा और जनता को ज्ञान-विज्ञान की शिक्षा दी जायेगी।

पारिभाषिक शब्दों के लिए राहुल जी कहते हैं, संस्कृत का शब्दभंडार मातृभाषाओं के लिए भी खुला है। जिस स्रोत से शब्द हिंदी में आयेंगे, उसी स्रोत से मातृभाषाओं में आयेंगे। राहुल जी ने सीमांत प्रदेश की मिसाल दी है। फ्रन्टियर की कांग्रेस कमेटी ने पश्तो को पाठशालाओं में शिक्षा का माध्यम बनाया। अतः कोई भी राष्ट्रीयतावादी मिनिस्ट्री बुंदेलखंड में बुंदेली, ब्रज में ब्रजभाषा को शिक्षा का माध्यम बना सकती है।

जहाँ तक पंजाब का संबंध है, उसे उन्होंने तीन भागों में बाँटा है। एक पश्चिमी पंजाब, एक मध्य पंजाब और एक पूर्वी पंजाब। अंग्रेज़ों ने विभाजन किया तो पंजाब के दो हिस्से हुए। राहुल जी ने तीन हिस्से किये थे। और उनकी राजधानियाँ भी बता दी थीं। पश्चिमी पंजाब की राजधानी रावलपिंडी, मध्य पंजाब की राजधानी लाहौर, और पूर्वी पंजाब की राजधानी लुधियाना। इसी तरह सिंध के लिए उन्होंने कहा है कि सिंध के एक भाग की राजधानी कराँची होगा, और दूसरे भाग की राजधानी मुल्तान होगा। जहाँ तक हिंदी प्रदेश का संबंध है : पश्चिमी पहाड़ी, राजधानी काँगड़ा; हरियानी, राजधानी दिल्ली; मारवाड़ी, राजधानी जोधपुर; बैराटी, राजधानी जयपुर; मेवाड़ी, राजधानी चित्तौड़; मालवी, राजधानी उज्जैन; बुंदेली, राजधानी झाँसी; ब्रज, राजधानी आगरा; कौरवी, राजधानी मेरठ; पांचाली, राजधानी बरेली; गढवाली, राजधानी श्रीनगर; कूर्माञ्चली, राजधानी अल्मोड़ा; कोसली, राजधानी लखनऊ; वात्सी, राजधानी प्रयाग; चेदिका, राजधानी जबलपुर; बघेली, राजधानी रीवाँ; छत्तीसी, राजधानी बिलासपुर; कोशिका, राजधानी बनारस; मल्लिका, राजधानी छपरा; बज्जिका, राजधानी मुजफ्फ़रपुर; मैथिली, राजधानी दरभंगा; अंगिका, राजधानी भागलपुर; मागधी, राजधानी पटना। इस तरह राहुल जी ने हिंदी प्रदेश को तेईस प्रांतों में बाँटा है। और लोग तो अपने भाषा क्षेत्र को सुसंगठित करना चाहते हैं, जातीय एकता को मजबूत करना चाहते हैं, राहुल जी उसको दो स्तरों पर विभाजित करते हैं। एक तो साम्प्रदायिकता के आधार पर वह हिंदी-उर्दू को बिल्कुल अलग कर देते हैं, दूसरी तरफ जो देहाती बोलियाँ हैं, उनके आधार पर वे हिंदी के तेईस प्रांत बनाते हैं। जैसे हिंदुओं ने मुसलमानों के साथ ठीक व्यवहार नहीं किया तो पाकिस्तान की माँग उठी, वैसे ही भोजपुरियों के साथ अवध के लोगों ने, अथवा संयुक्त प्रांत की शेष जनता ने ठीक व्यवहार नहीं किया, इसलिए वे अपना अलग राज्य बनवाना चाहते हैं। राहुल जी कहते हैं : "प्रांतों के पुनर्विभाजन के संबंध में मालूम होना चाहिए कि सवा करोड़ मल्लवासी"(छपरा, बलिया, आरा, मोतिहारी, देवरिया, दिलदार नगर वाले) इसके लिए सबसे अधिक उतावले हैं। उनका प्रांत बिहार तथा युक्त प्रांत में बँटा हुआ है, जिसमें युक्त प्रांत में उनके साथ व्यवहार

अच्छा नहीं कहा जा सकता।" युक्त प्रांत में जो दूसरे लोग हैं, वह भोजपुरियों के साथ अच्छा व्यवहार नहीं करते इसलिए वे उतावले हैं कि उनका प्रांत अलग बनाया जाये। भोजपुरी जनपद बिहार और उत्तर प्रदेश (उस समय संयुक्त प्रांत) में बँटा हुआ था, यह बात सही है, लेकिन उनके साथ अच्छा व्यवहार नहीं होता, इसलिए उनका अलग प्रांत बनना चाहिए, इस तरह भारत में नये-नये राज्यों की संख्या की कोई गिनती न रहेगी। यदि उन्हें आत्मनिर्णय का अधिकर दिया जाय तो भारत में न जाने कितने स्वतंत्र राज्य बन जायेंगे। पाकिस्तान के साथ मातृभाषाओं के प्रश्न को जोड़कर राहुल जी ने उस पर विचार किया है। जो अलगाववाद सांप्रदायिकता के आधार पर पनप रहा था, उसी को उन्होंने एक नया आधार मातृभाषाओं का दिया है।

हिंदी कृत्रिम भाषा है। वह अपनी कृत्रिमता दूर कर सकती है, अपनी मूल बाँगरू भाषा के पास जाकर। यह धारणा उन्होंने उपस्थित की है। लिखा है : "हिंदी को उसकी उर्वर प्रसवभूमि के साथ संबंध जोड़ना होगा, उसे कौरवी के पास जाना होगा, तभी उसकी कृत्रिमता, सदा संस्कृत या अरबी-फारसी से ऋण लेने की प्रवृत्ति को हटाया जा सकता है।" इसके साथ यह भी कहते हैं कि पारिभाषिक शब्दों के लिए हिंदी की तरह "संस्कृत शब्दभंडार मातृभाषाओं के लिए भी खुला है।" हिंदी में संस्कृत शब्द कृत्रिम होंगे, मातृभाषाओं में स्वाभाविक !

हिंदी और उर्दू जनपदीय भाषाओं के नजदीक हों, यह दृष्टिकोण सही है। लेकिन केवल कौरवी के नजदीक क्यों हों ? अवधी और भोजपुरी से अपना संबंध सुदृढ़ क्यों न करें ? जितना ही हम जनपदीय भाषाओं के नजदीक जाते हैं, उनके अंदर एक बहुत जबरदस्त समानता देखते हैं। सैकड़ों शब्द ऐसे हैं जो इन जनपदीय भाषाओं में सामान्य हैं जिन्हें हम शालीनता के कारण मानक हिंदी-उर्दू में इस्तेमाल नहीं करते। इसलिए केवल एक जनपद का सवाल नहीं है। जनपदों की भाषाएँ हिंदी प्रदेश के अंतर्गत हैं। उनके नज़दीक अपनी मानक भाषा को ले जाना चाहिए। भारतेन्दु युग का गद्य बहुत शक्तिशाली मालूम होता है। वह उस समय की जनपदीय भाषाओं के बहुत नज़दीक है। बालकृष्ण भट्ट तो इलाहाबाद के थे, और भारतेन्दु बनारस के थे। राधाचरण गोस्वामी वृंदावन के थे। इन लोगों की भाषा में जो शक्ति दिखायी देती है, उसका बहुत बड़ा कारण यह है कि वे शालीनता के रोग से पीड़ित नहीं है। वे अपनी भाषा से जनपदीय बोली का संबंध समझते हैं। कहीं वह जनपदीय बोली ब्रज है, कहीं भोजपुरी है, कहीं अवधी है। हिंदी इनसे शक्ति लेती रही है। वह भाषा कृत्रिम है, उसे छोड़ देना चाहिए, नीचे से लेकर ऊपर तक शिक्षा का सारा काम जनपदीय बोलियों में करना चाहिए, यह एक इतिहासविरोधी कार्य था, अवैज्ञानिक कार्य था। वह एक अराजकतावादी सपना था। उसके कार्यरूप में परिणत होने की संभावना ही नहीं थी।

राहुल जी जिन सफेदपोशों को कामचोर कहते हैं, वे जातीय निर्माण में महत्वपूर्ण भूमिका निबाहते हैं। कौरवी के बारे में कहते हैं : "एक बात और न भूलिये कि हिंदी शहर के चंद कामचोर सफेदपोशों की ही मातृभाषा नहीं है, इसके बोलने वाले तीस लाख से अधिक गाँव की साधारण किसान, मजदूर, शिल्पकार जनता भी है।" शहरों में जो हिंदी बोली जाती है, वह कामचोर लोगों की भाषा है। जो काम करने वाले लोग हैं, वे भी उस भाषा का व्यवहार करते हैं। राहुल जी ने जो विशाल साहित्य हिंदी भाषा में लिखा है, उसे क्या कामचोर लेखक का साहित्य मानना चाहिए ? यह साहित्य उन्होंने किसके लिए लिखा है ? वह जनता को उठाना चाहते थे, और इसलिए उन्होंने हिंदी को अपना माध्यम बनाया था। हिंदी से अलग उन्होंने भोजपुरी में जो पुस्तकें लिखीं, उनकी संख्या नगण्य है, उनका परिमाण नगण्य है। उनकी जो ख्याति है और उनकी जो देन है, वह हिंदी के माध्यम से है। हिंदी के बारे में एक बहुत बड़ा मुगालता राहुल जी के मन में रहा है। वह जब सिद्धान्त का विवेचन करते हैं, तब इस तरह की गलत बातें कहते हैं। जब व्यवहार की दुनिया में आते हैं, तब वह हिंदी की शरण में आते हैं, हिंदी का पल्ला नहीं छोड़ते। इसका एक बहुत अच्छा उदाहरण है उनकी पुस्तक **भागो नहीं दुनिया को बदलो** में।

भागो नहीं दुनिया को बदलो पुस्तक 1945 में प्रकाशित हुई थी। उक्त दोनों लेखों के दो-तीन साल बाद। इसकी भूमिका में राहुल जी ने अपने अनुभव के बारे में लिखा है : "मैंने छपरा-बलिया की भाखा मल्लिका में आठ छोटे-छोटे नाटक लिखे, और मैंने देखा अपनी बातों को रखने में कोई कठिनाई नहीं है। उस भाखा में मैं इस पोथी को लिख सकता था लेकिन फिर वह चार-पाँच जिलों के ही काम की होती। लेकिन इस तरह की हिंदी में लिखना बहुत मुसकिल मालूम होता था। तो भी मैंने सोचा कि जिन लोगों के पास मैं अपनी बातों को पहुँचाना चाहता हूँ, उनके लिए ऐसी ही भाखा में लिखने की कोसिस करनी चाहिए। पोथी लिखते बखत मेरे दिल में हमेसा इस बात का ख्याल रहा कि जिन्होंने प्राइमरी तक हिंदी पढ़ी है, वह इसे समझ पायें।" यहाँ बात बिल्कुल साफ हो जाती है। राहुल जी ने स्वयं लिखा है कि अगर जनपदीय भाषा का व्यवहार किया जाय तो वह बहुत थोड़े लोगों तक पहुँचेगी। अधिक से अधिक किसानों को प्रभावित करना है, तो उन तक अपनी बात सरल हिंदी में पहुँचानी चाहिए। सरल हिंदी लिखना आसान नहीं होता, और राहुल जी को सरल हिंदी लिखने में कठिनाई होती थी, यह बात सही है। लेकिन उनके दिल में हमेशा इस बात का खयाल था कि जिन्होंने प्राइमरी तक हिंदी पढ़ी है, वे उनकी भाषा समझ पायें। यह है कैफियत हिंदी की। अगर वह कृत्रिम भाषा है तो प्राइमरी तक पढ़ने वालों की समझ में कैसे आ सकती है? साधारण शिक्षा पाने वाला आदमी भी आसान हिंदी की पुस्तकें पढ़ सकता है।। जिसने हाई स्कूल या आगे तक शिक्षा प्राप्त की है, वह ज्ञान-विज्ञान की और भी हिंदी पुस्तकें पढ़ सकता है।

यहाँ भी मजेदार बात यह है कि राहुल जी ने अपनी भाषा को सरल बनाने के लिए केवल अपने जनपद की बोली का सहारा नहीं लिया बल्कि अन्य जनपदों

की बोलियों का भी सहारा लिया है। उन्होंने इसका उल्लेख विस्तार से किया है। “मेरी जनम-भाखा बनारसी, (कासिका) है लेकिन 31 बरसों से छपरा में ज़्यादा रहने के कारण मुझे वहीं की भाखा का ज़्यादा ग्यान है। बनारसी बोलने-लिखने में मैं गलती कर जाता हूँ, तो भी भाखा लिखते बखत मुझे बनारसी और छपरहा भाखाओं से बहुत मदद मिली है। किसी समय मैं साल से बेसी बुंदेलखंड में रहा था, और उस भाखा ने भी मुझे जरूर मदद की। इसके बाद सबसे बेसी मदद सिरी सतनारायेन दूबे (सेठवी) से मिली। मैं बोलता जाता था, और वह कागज़ पर उतारते जाते थे। कागज़ पर उतारने के साथ-साथ वह सबदों के बारे में अपनी राय देते जाते थे, जिससे भाखा और आसान बन सकी। वह भी राय देने में बहक जाते, जो उनके सामने अपने गाँव की पुरबहिया (अहिरिनि) भौजाई न होती। इस तरह फैजाबाद जिले की अवधी भाखा से भी मदद मिली।” हिंदी भाषा इस तरह अनेक जनपदों की बोलियों के नजदीक आती है और वहाँ के रहने वालों के लिए व्यवहार का माध्यम बनती है। छपरा, बनारस, फैज़ाबाद, बुंदेलखंड, सभी जगह यह हिंदी चलती है। अनेक स्थानों में रहने से राहुल जी को मालूम हुआ कि वहाँ की बोलियों से हिंदी के विकास में मदद ली जा सकती है। यह बिल्कुल सही दृष्टिकोण है। जनपदों से हिंदी के विकास में मदद ली जाये तो इसका परिणाम यह निकलता है कि यहाँ के किसानों और मज़दूरों को हिंदी समझने में कोई कठिनाई न होगी। इसलिए इन जनपदों को ध्यान में रखकर अगर हम यह कहें कि हिंदी यहाँ के रहने वालों की जातीय भाषा है तो यह बात गलत न होगी।

राहुल जी ने जिस प्रश्नों पर विचार किया, आज के लिए उनका महत्व यह है कि बहुत से लोग हिंदी जातीयता का विरोध करते हुए कहते हैं कि हिंदी-उर्दू बुनियादी तौर पर दो भाषाएँ हैं। हमारे प्रदेश में ये दो भाषाएँ व्यवहार में आती हैं, इसलिए हिंदी जाति की कल्पना गलत है। यदि इस बात को मान लिया जाय तो दो राष्ट्रों का सिद्धांत स्वीकार करना चाहिए। मुहम्मद अली जिन्ना ने मुस्लिम लीग के मंच से दो राष्ट्रों के जिस सिद्धान्त की घोषणा की थी, वही आज भी लागू है। जातीयता का आधार, कम-से-कम एक आधार, भाषा है, यह बात राहुल जी ने बहुत स्पष्ट कही है। अगर हिंदी-उर्दू अलग भाषाएँ हैं, तो जहाँ-जहाँ भी इनके बोलने वाले रहते हैं, मानना चाहिए, वहाँ दो राष्ट्र हैं। जब तक हम हिंदी-उर्दू की बुनियादी एकता स्वीकार न करेंगे, तब तक हम हिंदी जाति की एकता को मजबूत नहीं कर सकते। जब तक हिंदी-उर्दू का अलगाव बना रहेगा तब तक हिंदू मुसलमानों का अलगाव बना रहेगा, तब तक हम भारत की राष्ट्रीय एकता को भी मजबूत नहीं कर सकते। दूसरी बात यह कि जब हिंदी जाति की एकता का सवाल आता है, लोग कहते हैं कि हिंदी कृत्रिम भाषा है, यह जनपदों पर लादी गयी है। यहाँ जो शहर आबाद हुए, शहरों के रूप में जो मंडियाँ आबाद हुईं, व्यापार के विकास के

साथ जो आर्थिक संबंधों का प्रसार हुआ, इस प्रसार के साथ जातीय भाषा के रूप में जो हिंदी का विकास हुआ, उसे वे नहीं देखते। यदि इस समय मज़दूरों और किसानों की शिक्षा के लिए केवल जनपदीय भाषाओं को माध्यम बनाया जाये, विश्वविद्यालयों में उन्हें शिक्षा का माध्यम बनाया जाये तो जितना इतिहास में हम आगे बढ़े हैं, उतना ही पीछे लौट जायेंगे। यह सब अव्यावहारिक है। जनपदीय भाषाएँ तो शिक्षा का माध्यम न बनेंगी, अलबत्ता अंग्रेज़ी का प्रभुत्व बरकरार रहेगा। हिंदी जाति की एकता का विरोध करने के लिए जो लोग मानते हैं कि जनपदीय बोलियाँ स्वतंत्र भाषाएँ हैं, वे उनका व्यवहार स्वयं नहीं करते। हिंदी का विरोध करने के लिए वह जनपदों की दुहाई देते हैं। यदि यह सही है कि जनपदीय बोलियाँ स्वतंत्र भाषाएँ हैं, तो उन्हें इनमें अपनी पत्रिकाएँ निकालनी चाहिए, हिंदी को उसके भाग्य पर छोड़ देना चाहिए। वे हिंदी का सहारा लेते हैं, इसका मतलब है कि वे चोरी से हिंदी को जातीय भाषा के रूप में स्वीकार करते हैं। जनपदीय बोलियों से हिंदी समृद्ध हो सकती है, वह इन्हीं के बीच से उभरी है, उसने वहाँ से बहुत-सी शक्ति प्राप्त की है, उनकी सांस्कृतिक विरासत को उसने अपने भीतर समेटा है। भारत के पूरब में बँगला भाषा है, पश्चिम में मराठी भाषा है, वहाँ जो भाषाई विकास हुआ है, उससे भी उसने अपनी दिशा पहचानी है। इस तरह एक समृद्ध जातीय भाषा का निर्माण हुआ है। यह समृद्ध भाषा पूरी शक्ति से तभी प्रगति कर सकती है जब समस्त हिंदीभाषी राज्य एक हों और इन राज्यों को मिलाकर एक विशाल हिंदी प्रदेश का निर्माण किया जाय।

(4)

सन् 1947 में हिंदी साहित्य सम्मेलन के अध्यक्षीय पद से भाषण करते हुए राहुल जी ने कहा : "इस्लाम को भारतीय बनना चाहिए। उनका (अर्थात् मुसलमानों का) भारतीयता के प्रति यह विद्वेष सदियों से चला आया है सही, किंतु नवीन भारत में कोई भी धर्म भारतीयता को पूर्णतया स्वीकार किये बिना फल-फूल नहीं सकता।" (**हिंदी साहित्य सम्मेलन के अध्यक्षीय भाषण**, खंड तीन, पृष्ठ 92)। यहाँ राहुल जी ने पुराने इतिहास में मुसलमानों की एक ही भूमिका मानी है कि वे भारतीयता का सदा विरोध करते रहे हैं। इसी धारणा के अनुसार उन्होंने कहा कि सात सौ वर्षों के बाद अब भारत आज़ाद हुआ है। मुसलमानों के ज़माने में गुलाम था, अंग्रेज़ों के ज़माने में गुलाम था। भाषण में जोर मुसलमानों के जमाने की गुलामी पर है, अंग्रेज़ों के जमाने की गुलामी पर उतना जोर नहीं है। कहते हैं : "इस वर्ष से हमारा देश अब वही नहीं रहा, जो सदियों से चला आ रहा था। जिस वक्त आज का हिंदी भाषा-भाषी भारत परतंत्र हुआ, उस वक्त हमारा हिंदी का वह रूप गुजरात, कन्नौज, पटना में बोला और लिखा जाता था, जो सातवीं सदी में आरंभ हुआ था और जिसके अमर लेखक सरह, स्वयंभू, पुष्पदंत, एवं हरिब्रह्म आदि थे।" (पृष्ठ 82)।

आगे फिर कहते हैं : "आज फिर अपने प्राचीनतम रूप अपभ्रंश हिंदी की भाँति हमारी हिंदी, स्वतंत्र भारत की सम्माननीय भाषा का पद प्राप्त कर रही है। सात सौ सदियों (सालों) का अंतर है। इतने दिनों के अंतरधान के बाद हिंदी सरस्वती पुनः बड़े वेग से अपने स्थान पर प्रकट हुई है।" (पृष्ठ 83)। और भी : "हिंदी भाषा सात सौ सालों से पदच्युत अब विशाल मध्यदेश में अपना स्थान ग्रहण करने जा रही है, इसके लिए हमें हर्ष होना चाहिए।" (पृष्ठ 84)। विशाल मध्यदेश में हिंदी का स्थान अनेक जनपदों के बीच उसकी जातीय भाषा के रूप में स्थान है। राहुल जी ने भारतीय मुसलमानों को उनके धर्म के कारण विदेशी मान लिया है। वह अच्छी तरह जानते थे कि अधिकांश मुसलमान भारतीय थे, उन्होंने अपना धर्म परिवर्तन किया था। धर्म परिवर्तन के कारण उनकी जातीयता न बदल गयी थी। तुर्कों ने भारत पर आक्रमण किया था लेकिन वे यहाँ के समाजों में विलीन हो गये थे। तुर्क जातीयता का कहीं पता नहीं था।

राहुल जी धर्म से भिन्न जातीयता की धारणा से परिचित थे। **दर्शन-दिग्दर्शन** में उन्होंने अरबों के बारे में लिखा है : "फिर एक अल्लाह और नयी आर्थिक व्याख्या को लेकर जब तक एकीकरण सिर्फ अरबों के बीच था, तब तक एक भाषा, एक संस्कृति—एक जातीयता—के कारण कोई भारी दिक्कत पेश नहीं हुई; किंतु जब अनअरब जातियाँ इस्लाम के धार्मिक और लौकिक राज्य में शामिल होने लगीं, तो सिर्फ एक अल्लाह तथा उसके रसूल से काम चलने वाला न था। दो सभ्यताओं के प्रतिनिधि दो जातियों का जब समागम चाहे खुशी से या जबर्दस्ती से होता है, तो दोनों का आदान-प्रदान तो स्वाभाविक है, किंतु जब एक दूसरे को लुप्त कर उसकी जगह लेना चाहती है, तो मामला बेढब हो जाता है, क्योंकि राज्य-शासन की अपेक्षा संस्कृति की जड़ ज़्यादा गहरी होती है।" (पृष्ठ 56)। यह बात लक्ष्य करने की है कि राज्य शासन की अपेक्षा संस्कृति की जड़ ज़्यादा गहरी होती है। यह बात सोलहवीं-सत्रहवीं सदी के भारतीय मुसलमानों के बारे में भी कही जा सकती है। वे हिंदुस्तान के थे, धर्म बदलने से वे अपनी मूल संस्कृति को न छोड़ सकते थे। राहुल जी ने इस जातीयता की धारणा को हिंदी प्रदेश के हिंदुओं और मुसलमानों पर लागू नहीं किया। न पुराने इतिहास का विवेचन करते हुए उसे लागू किया है, न आधुनिक परिस्थितियों का विवेचन करते हुए लागू किया है। किंतु **दर्शन-दिग्दर्शन** में उन्होंने सूफी मत का उल्लेख करते हुए लिखा है : "शंकर के ब्रह्म-अद्वैतवाद और सूफियों के अद्वैतवाद में कोई अंतर नहीं है" और आगे : "शम्स, तब्रेज़, उमर ख़य्याम, मौलाना रूमी, जायसी, कबीर जैसे कवि इसी की देन हैं।" (पृष्ठ 103)। यदि वेदांत और सूफी मत में विशेष अंतर नहीं है, भारत के बाहर उमर खय्याम और मौलाना रूमी वेदांत के नजदीक हैं और भारत में जायसी और कबीर जैसे कवि इसी की देन हैं, तो हम कैसे कह सकते हैं कि भारत के

मुसलमान सदा भारतीय संस्कृति का विरोध करते रहे हैं? वास्तव में वेदांत का जितना विरोध स्वयं राहुल जी ने किया है, उतना विरोध पुराने मुसलमान कवियों में किसी ने नहीं किया।

राहुल जी ने सम्मेलन में भाषण 1947 में किया था। उसके दस साल बाद अकबर पर उनकी पुस्तक प्रकाशित हुई। इसमें अकबर के युग के बारे में उन्होंने लिखा है : "सूर और तुलसी अकबर के काल में पैदा हुए। यद्यपि इन दोनों महाकवियों ने दरबार का कभी आश्रय नहीं लिया⋯ लेकिन अकबरी युग के भारत की वह महान् उपज थे, इसे स्वीकार करने से कोई इन्कार नहीं कर सकता।" (पृष्ठ 292)। यह एक स्थापना हुई कि अकबर के समय में भारतीय साहित्य का विकास हुआ और उस युग की बहुत बड़ी उपज सूरदास और तुलसीदास थे। अकबर के समय में एक प्रसिद्ध कवि थे अब्दुल रहीम खान खाना। उनके बारे में राहुल जी ने लिखा है : "अकबरी दरबार के रहीम ही ऐसे रत्न हैं, जो हिंदी के महान् कवि माने जाते हैं।" (उप॰)। अकबर के दरबार में रहीम जैसा हिंदी का महान् कवि रहता था, यह तथ्य इस भ्रम को दूर करने के लिए काफी है कि अकबर के ज़माने में राज्यसत्ता भारतीय संस्कृति का दमन कर रही थी। राहुल जी ने और भी लिखा है : "कहा जाता है, अकबर का पुत्र दानियाल हिंदी में कविता करता था⋯ अकबर भी कभी हिंदी दोहरे बोलता था।" इन सबके बारे में प्रामाणिक सामग्री नहीं है। किंतु अकबर ने अनुवाद कराये थे, फारसी में ग्रंथ लिखवाये थे, इनके बारे में राहुल जी का कहना है : "अकबर की सरपरस्ती में लिखी गयी फैज़ी, अबुल फज़ल की कृतियाँ मौलिक और बहुत महत्व की हैं। इनके अतिरिक्त बहुत-सी संस्कृत पुस्तकों का अनुवाद अकबर ने करवाया था। भारत की सांस्कृतिक और साहित्यिक निधियों को तत्कालीन राजभाषा फारसी में अनुवादित करके शिक्षितों के लिए सुलभ करना अकबर ही का काम था⋯ अकबर ने महाभारत का अनुवाद स्वयं करना चाहा था।" (पृष्ठ 292-93)। इन बातों से स्पष्ट है कि अकबर को भारतीय साहित्य से प्रेम था। वह भरसक उसे जानने का प्रयत्न करता था, फारसी के माध्यम से उस समय के शिक्षित वर्ग तक उसे पहुँचाना चाहता था। राहुल जी ने जो फतवा दिया था कि भारत के मुसलमानों को भारतीयता से कभी प्रेम नहीं रहा, वह खंडित हो जाता है। अन्य प्रदेशों में क्या हुआ, उसका उल्लेख करना यहाँ आवश्यक नहीं। केवल हिंदी प्रदेश पर ध्यान दें, केवल अकबर के शासन पर ध्यान दें, और स्वयं राहुल जी ने जो लिखा है, उस पर ध्यान दें तो भाषण में कही गयी बातों का खंडन हो जाता है।

राहुल जी ने हिंदी-उर्दू के संबंध को लेकर उस भाषण में कहा था : "इस प्रकार सारे संघ की राष्ट्रभाषा और राष्ट्रलिपि हिंदी ही होनी चाहिए। उर्दू भाषा और लिपि के लिए वहाँ कोई स्थान नहीं है।" (पृष्ठ 91)। यहाँ राष्ट्रभाषा और राष्ट्रलिपि

से जो अन्य भाषाओं और लिपियों की टक्कर होगी, उसे छोड़ देते हैं। उर्दू भाषा और लिपि के लिए यहाँ कोई स्थान नहीं है, इस बात पर ध्यान देना जरूरी है। राहुल जी ने यह मान लिया है, उर्दू केवल मुसलमानों की भाषा है। इसी लिए वह आगे कहते हैं : "इस्लाम की आत्मरक्षा के लिए भी आवश्यक है कि वह उसी तरह हिंदुस्तान की संपदा, साहित्य, इतिहास, वेशभूषा, मनोभाव के साथ समझौता करे, जैसे उसने तुर्की, ईरान, सोवियत मध्य एशिया के प्रजातंत्रों में किया।" और भी : "भारतीय संघ के मुसलमानों की भी आज की तीसरी पीढ़ी में हिंदी के अच्छे-अच्छे कवि और लेखक उसी परिमाण में होंगे, जिस परिमाण में वे आज उर्दू में हैं।" (पृष्ठ 92-93)। स्पष्ट है कि यहाँ उर्दू का संबंध वह केवल मुसलमानों से जोड़ रहे हैं। ऐतिहासिक दृष्टि से यह स्थापना गलत है। भले ही उर्दू लिखने वालों में मुसलमान अधिक रहे हों, पर हिंदुओं का योगदान कम महत्वपूर्ण नहीं है। हिंदुस्तानी संगीत में मुसलमान उस्तादों की संख्या बहुत बड़ी है, इससे वह विदेशी संगीत नहीं हो जाता। उर्दू में कहीं तो फारसी-अरबी ज़्यादा है, बहुत जगह उसमें सरल बोलचाल का रूप है। वह बोलचाल का रूप हिंदी से अलग नहीं है। उर्दू को हटाने का मतलब है फारसी लिपि में जो बहुत-सा हिंदी साहित्य लिखा गया है, उससे हाथ धो बैठना। खासतौर से गद्य में ऐसा बहुत-सा साहित्य लिखा गया है जिसकी जानकारी हिंदीप्रेमियों को होनी चाहिए। 1873 में भारतेन्दु ने हिंदी को नयी चाल में ढाला; उसके पहले लगभग 100 वर्ष तक हिंदी गद्य का विकास होता रहा था। जितना ही पीछे जाते हैं, उतना ही मुसलमानों की भाषा पर ब्रजभाषा का असर ज़्यादा दिखायी देता है। ब्रजभाषा के प्रभाव के कारण पुराने लेखक चाहे हिंदू हों चाहे मुसलमान हों, वे एक दूसरे के बहुत नजदीक दिखायी देते हैं।

राहुल जी के भाषण में अंग्रेज़ी राज्य खत्म हो गया, 700 साल की गुलामी खत्म हो गयी, अब भारत में ब्रिटिश पूँजी नहीं है, अब हिंदी को आगे बढ़ाने का मौका आ गया है, जनवादी क्रांति की आवश्यकता नहीं है। साम्राज्यवाद यहाँ पैर जमाए हुए है, ब्रिटिश पूँजी का दबाव बना हुआ है, अंग्रेज़ी का वर्चस्व खत्म नहीं हुआ, सामंती अवशेष कायम हैं, इन सब पर वह ध्यान नहीं देते। यहाँ के पूँजीपति वर्ग ने ब्रिटिश पूँजीपति वर्ग से समझौता किया है, वह उनकी आँखों से ओझल है। इस तरह वह वर्तमान इतिहास को समझने में असमर्थ दिखायी देते हैं। इसी तरह जो पुराना इतिहास है, उसे भी समझने में उन्होंने असमर्थता दिखायी है। इसी कारण उन्होंने हिंदी-उर्दू के प्रसंग में जो बातें कही हैं, वे आपस में फूट डालने वाली, भेद पैदा करने वाली जरूर हैं, हिंदी-उर्दू को नज़दीक लाने वाली और जातीय भाषा के विकास को आगे बढ़ाने वाली नहीं हैं।

अंग्रेज़ी का राज्य खत्म हुआ। अंग्रेज़ी जा रही है, हिंदी को विज्ञान का माध्यम बनना चाहिए, विज्ञान की शिक्षा द्वारा भारत में सामाजिक क्रांति हो जायेगी, इस

धारणा को काफी जोर देकर राहुल जी ने अपने भाषण में प्रस्तुत किया है। कहते हैं : "विश्व की प्रत्येक उन्नत भाषा का साहित्य अधिकतर साइन्स के ग्रंथों पर अवलंबित है। अभी तक साइंस की पढ़ाई अंग्रेज़ी ने अपने सिर पर ले रखी थी किंतु अंग्रेज़ी का राज्य जा चुका है।" (पृष्ठ 95)। अंग्रेज़ी का राज्य जाने में बहुत देर थी, इतनी देर कि वह राज्य अब तक नहीं गया। लेकिन उस समय तो अंग्रेज़ी और भी मजबूत स्थिति में थी। इसलिए यह कहना कि अंग्रेज़ों के साथ अंग्रेज़ी का राज्य जा चुका है, तथ्यों की अनदेखी करना था। विश्वविद्यालयों में साइन्स का ज्ञान बढ़ेगा, साइन्स के ग्रंथों की माँग होगी, वह माँग हिंदी को पूरी करनी होगी, इस प्रसंग में उन्होंने कहा था : "साइन्स संबंधी ग्रंथों की माँग हमारी आधी दर्जन से ऊपर यूनिवर्सिटियों, सैकड़ों कॉलेजों और हज़ारों स्कूलों की ओर से होगी। तो क्या यह माँग बिना पूरी हुए रहेगी ?" (पृष्ठ 95)। यहाँ उनका ध्यान हिंदी प्रदेश पर है। इसलिए उन्होंने आधे दर्जन से ऊपर यूनिवर्सिटियों का ज़िक्र किया है। साइन्स की शिक्षा से सामाजिक क्रांति का संबंध यह है : "हमारे देश की दरिद्रता दूर करने का एक ही रास्ता है, जिसे कि साइन्स हमें बतलाता है। इसीलिए आज हिंदी साहित्य को अपने देश को साइन्स के प्रशस्त पथ पर चलने के लिए साधन बनकर आगे आना है।" (पृष्ठ 99)। एक साइन्स मार्क्सवाद-लेनिनवाद का भी है। वह समाज को बदलना सिखाता है। इस समाज को बदलने वाले विज्ञान का उल्लेख राहुल जी ने अपने भाषण में एक बार भी नहीं किया। बुनियादी सामाजिक परिवर्तन के बिना, देश के पूँजीपति वर्ग के एक हिस्से ने जो सत्ता पर अधिकार किया था, उसी को पूर्ण जनवादी क्रांति मानकर वह समझते हैं कि विज्ञान के प्रसार से भारत की दरिद्रता मिट जायेगी।

अखिल भारतीय सेवाओं की चर्चा करते हुए राहुल जी ने कहा कि अंग्रेज़ों के जमाने में इन सेवाओं का माध्यम अंग्रेज़ी भाषा थी। उन्होंने प्रश्न किया : "क्या आगे भी हम वहाँ अंग्रेजी को शिक्षा का माध्यम रखना चाहेंगे ?" फिर उत्तर दिया : "मैं नहीं समझता, गुलामी की इस आखिरी कड़ी को हमारा देश बर्दाश्त करेगा।" (पृष्ठ 112)। ध्यान देने की बात है कि अंग्रेज़ी भाषा को वह गुलामी की आखिरी कड़ी मानते हैं। बाकी जितनी कड़ियाँ हैं, वे सब टूट चुकी हैं। विदेशी पूँजी का आधिपत्य उठ गया है। विदेशी पूँजी के जो सामंती आधार थे, वे खत्म हो गये हैं। देश पूर्णतः स्वाधीन हो गया है। अब केवल भाषा को हटाना बाकी रह गया है। जनवादी क्रांति के बिना आदमी सांस्कृतिक क्रांति करना चाहे तो वह इसी तरह की बातें करेगा, और वे सदा विफल होकर रहेंगी।

इस भाषण में राहुल जी ने अहिंदीभाषियों के लिए एक नयी भाषा गढ़ने की बात भी कही है। बहुत-से कांग्रेसी नेता यह बात बहुत समय से, सन् '34-36 से लेकर '47 तक, कहते आ रहे थे कि हिंदी को स्वदेशी भाषा बनना चाहिए, उसमें

अन्य भारतीय भाषाओं के शब्द रखना चाहिए। उसी धारणा में थोड़ा फेर-बदल करके राहुल जी ने अपनी स्थापना यों प्रस्तुत की है : "हिंदी जिनकी अपनी भाषा नहीं है, उनके लिए व्यवहारोपयोगी हिंदी भाषा तैयार करनी होगी। इसमें प्रथम-मध्यम-उत्तम पुरुष का क्रिया-भेद नहीं रहे। और वचन में सिर्फ बहुवचन क्रिया का प्रयोग होना चाहिए। स्पष्ट बहुवचन दिखाने के लिए शब्द के साथ 'लोग' का प्रयोग किया जाये। विभक्ति के चिह्नों में भी सरलता और उसके कितने ही भेदों को छोड़ दिया जाये। व्यवहारोपयोगी भाषा के लिए सारे भारत की भाषाओं से डेढ़-दो हजार अत्यावश्यक शब्दों का एक शब्दकोश संगृहीत किया जाये अर्थात् ऐसे शब्दों को चुना जाये, जो मराठी, गुजराती, पंजाबी, हिंदी, असमिया, बंगला, उड़िया तथा तेलगू, कर्णाटक, मलयालम आदि में भी समान रूपेण प्रयुक्त होते हैं।" (पृष्ठ 111)।

जहाँ तक भारत की विभिन्न भाषाओं से सामान्य शब्द चुनने का सवाल है, वहाँ कोई आपत्ति नहीं। किंतु राहुल जी ने स्वयं यह काम नहीं किया। उन्होंने जो पारिभाषिक शब्द बनाये हैं, उन्हें बनाते समय उन्होंने अन्य भाषाओं में उनके समकक्ष कौन-से शब्द प्रयुक्त होते हैं, इसका ध्यान नहीं रखा। जिस बात पर विशेष आपत्ति है, वह हिंदी के व्याकरण को बदलने की है। प्रथम, मध्यम और उत्तम पुरुष का क्रिया-भेद न रहे तो भाषा का रूप एकदम बदल जायेगा। वचन में सिर्फ बहुवचन क्रिया का प्रयोग हो, स्पष्ट बहुवचन दिखाने के लिए शब्द के साथ 'लोग' का प्रयोग किया जाय चाहे आदमी हो, जहाज हो, गाय-बैल हो, यदि इस तरह की भाषा लिखी जाय तो वह इतनी हास्यास्पद होगी कि न तो उसे हिंदी प्रदेश में लोग पसंद करेंगे, न दक्षिण भारत में उसे पसंद करेंगे। भाषा किस तरह दूसरे प्रदेशों में फैलती है, उसके गैरमानक रूपों का विकास किस तरह होता है, इन बातों पर राहुल जी ने ध्यान नहीं दिया। मनुष्य जब चाहे भाषा को तोड़-मरोड़ सकता है, उसे नया रूप दे सकता है। और लोग उसे स्वीकार कर लेंगे। सहज रूप में भाषा का विकास कैसे हो रहा है, लोग उसे किन-किन रूपों में स्वीकार कर रहे हैं, इसकी झलक उनके भाषण में देखने को नहीं मिलती।

राहुल जी ने हिंदी जाति और उसके प्रदेश का ज़िक्र नहीं किया। किंतु उनके भाषण में हिंदी प्रदेश के जनपदों का उल्लेख है। इसके साथ हिंदी जनता की जो सांस्कृतिक विरासत ऋग्वेद से चली आ रही है, उसका उल्लेख भी है। उन्होंने कहा था : "सारे संघ की राष्ट्र भाषा के अतिरिक्त हिंदी का अपना विशाल क्षेत्र है। हरियाणा, राजपूताना, मेवाड़, मालवा, मध्य प्रदेश, युक्तप्रांत, बिहार हिंदी की अपनी भूमि है। यही वह भूमि है जिसने हिंदी के आदिम कवियों सरह, स्वयंभू आदि को जन्म दिया। यही भूमि है जहाँ अश्वघोष, कालिदास, भवभूति और बाण पैदा हुए। यही वह भूमि है जहाँ कुरु, (मेरठ-अंबाला कमिश्नरियों) और पांचाल (आगरा, रुहेलखंड कमिश्नरियों) की भूमि में वसिष्ठ, विश्वामित्र, भरद्वाज ने ऋग्वेद के मंत्र

रचे, और प्रवाहण, उद्दालक और याज्ञवल्क्य ने अपनी दार्शनिक उड़ानें कीं।" (पृष्ठ 93)।

दर्शन-दिग्दर्शन में जो दृष्टिकोण उन्होंने भारतीय दर्शन के प्रति अपनाया था, उससे यहाँ अलग रुख दिखायी देता है। यहाँ वह प्राचीन दर्शन पर गर्व करना सिखाते हैं, ऋग्वेद का उल्लेख सकारात्मक ढंग से करते हैं। यहाँ कुरु पांचाल आदि प्रदेश हिंदी प्रदेश के अंतर्गत हैं। और यहीं ऋग्वेद के मंच रचे गये थे। जिसे कुरु जनपद कहा है, वह मेरठ, अम्बाला कमिश्नरियाँ हैं, और जिसे पांचाल कहा है, वह आगरा रुहेलखंड कमिश्नरियाँ हैं। किंतु दस साल बाद जब उन्होंने **ऋग्वेदिक आर्य** लिखा तब उन्होंने यह धारणा बदल दी। उस ग्रंथ में उन्होंने लिखा है : "जिस तरह महमूद गजनवी के समय से मुस्लिम शासक पंजाब को लेकर वहीं जम गये, और प्रायः दो सदियों तक पूर्व में नहीं बढ़ सके, वही बात कुछ सदियों के लिए सप्तसिंधु के आर्यों की हुई।" (पृष्ठ 10-11)। पंजाब से आगरा काफी दूर है। हिंदी जातीयता का भाव उन्हें सप्तसिंधु के क्षेत्र को आगरे तक विस्तार देने के लिए बाध्य करता है। किंतु आगे चलकर पाश्चात्य विचारकों का अनुसरण करते हुए वह **ऋग्वेद** की भूमि को कई शताब्दियों के लिए पंजाब तक सीमित कर देते हैं।

भारत के स्वाधीन होने पर एक बार उत्साहित होकर राहुल जी हिंदी जाति और हिंदी प्रदेश की धारणा स्वीकार करते हैं, कुछ दिन बाद उत्साह ठंढा होने पर वह पीछे लौट जाते हैं।

उपसंहार

राहुल जी की भ्रांतियों के अनेक कारण हैं। इनमें मुख्य है भौतिकवाद के बारे में उनकी गलत समझ।

वैज्ञानिक भौतिकवाद में उन्होंने लिखा है : "परिवर्तनशीलता (क्षणिक) वाद को अधिक विकसित कर उसे एक साइन्स का रूप देने का श्रेय मार्क्सवाद को बहुत हद तक जरूर है, किंतु यह सिद्धांत बहुत पुराना है। बुद्ध (563-483 ई.पू.) और उनके समकालीन यूनानी दार्शनिक हेराक्लितु (535-425 ई. पू.) दोनों ही क्षणिकवाद (अनित्यवाद) के महान् समर्थक थे।" (पृष्ठ 138-39)।

जब दिन नहीं था, रात नहीं थी, तब क्या क्षण थे? राहुल जी के अनुसार बुद्ध ने कहा था : "(लोक) के विवर्त (प्रकट) होने पर··· पर सभी जगह पानी ही पानी होता है। बहुत अंधकार फैला रहता है। न चाँद और न सूर्य दिखायी देते हैं। न नक्षत्र और न तारे दिखायी देते हैं। न रात और न दिन मालूम पड़ते हैं। न मास और न पल मालूम पड़ते हैं । न ऋतु और वर्ष।" (**मानवसमाज**, पृष्ठ 47)। इसमें जोड़ सकते हैं; न घड़ी, पल, क्षण मालूम पड़ते हैं !

प्रकृति जब अव्यक्त अवस्था में है, तब भौतिक जगत् नहीं है, ऋतु और वर्ष नहीं हैं, घड़ी, पल, क्षण नहीं हैं। इस प्रकार क्षणों की शृंखला भूतसापेक्ष है, वैसे ही जैसे भूत काल सापेक्ष है। इस प्रकार क्षणिकवाद सापेक्ष रूप में ही सही है।

क्षण की धारणा उत्पन्न कैसे हुई? भूत का सूक्ष्मतम अंश परमाणु है, वैसे ही काल का सूक्ष्मतम अंश क्षण है। बौद्ध विचारक क्षणिकवाद स्वीकारते हैं; परमाणुवाद अस्वीकारते हैं ! इस तरह क्षण परमाणु से, काल भूत से, स्वतंत्र हो जाता है। असंग के दर्शन की व्याख्या करते हुए राहुल जी ने लिखा है : "परमाणु नित्य है, यह कहना ठीक नहीं क्योंकि इस नित्यता की परीक्षा करके किसी ने सिद्ध नहीं किया। सूक्ष्म होने से परमाणु नित्य है, यह भी कहना ठीक नहीं क्योंकि सूक्ष्म होने से तो वह अधिक दुर्बल (अतएव भंगुर) होगा।" (**दर्शन-दिग्दर्शन**, पृष्ठ 739)। चाहे जितना दुर्बल हो, परमाणु की ऊर्जा बड़े-बड़े नगरों का विध्वंस करने में समर्थ है।

यह विध्वंस कार्य कुछ ही क्षणों में हो जाता है। परमाणुओं से क्षणों का ऐसा ही संबंध है।

परमाणुओं का आपस में कोई संबंध है या वे एक दूसरे से स्वतंत्र हैं? इसी तरह क्षण एक दूसरे से स्वतंत्र हैं या किसी प्रवाह में परस्पर संबद्ध हैं? राहुल जी कहते हैं : "विश्व परिवर्तनशील विश्व है। एक क्षण से दूसरे क्षण में भी वह वही (पहिले क्षण वाला ही) नहीं है।" (**वैज्ञानिक भौतिकवाद**, पृष्ठ 142)। यहाँ प्रत्येक क्षण दूसरे से स्वतंत्र है। फिर भी क्षणों का प्रवाह है। यह प्रवाह नितांत विच्छिन्न है या सापेक्ष रूप में अविच्छिन्न भी है ? राहुल जी के अनुसार "द्वंदवाद सिर्फ प्रवाह कहकर ही नहीं ठहर जाता बल्कि उसे विच्छिन्न प्रवाह भी कहता है।" (उप०, पृष्ठ 144)।

विच्छिन्न प्रवाह का यह सिद्धांत भौतिक यथार्थ की ओर नहीं सीधे शून्यवाद की ओर ले जाता है। राहुल जी ने **दर्शन-दिग्दर्शन** में बहुत सही लिखा है : "प्रतीत्य **समुत्पाद** कार्यकारण नियम को अविच्छिन्न नहीं **विछिन्न प्रवाह** बतलाता है। **प्रतीत्य समुत्पाद** के इसी विच्छिन्न प्रवाह को लेकर आगे नागार्जुन ने अपने शून्यवाद को विकसित किया।" (पृष्ठ 514)। विच्छिन्नता के साथ अविच्छिन्नता को स्वीकारने से संसार बना रहता है, केवल विच्छिन्नता पर जोर देने से संसार गायब हो जाता है।

एंगेल्स प्रकृति के सभी पदार्थों को परस्पर संबद्ध मानते हैं; इसीलिए संसार उनके लिए एक व्यवस्था है। जहाँ व्यवस्था होगी, वहाँ प्रत्येक परमाणु दूसरे से स्वतंत्र न होगा, प्रत्येक क्षण दूसरे से स्वतंत्र न होगा। तब प्रवाह विच्छिन्न होने के साथ अविच्छिन्न भी होगा। एंगेल्स ने लिखा है : "समस्त प्रकृति, जितनी कि हमारी जानकारी में है, एक व्यवस्था (a system) है, वह पिंडों की परस्पर संबद्ध समग्रता है। पिंडों से हमारा आशय यहाँ सभी भौतिक अस्तित्वों से है—नक्षत्रों से लेकर परमाणुओं तक, वास्तव में ईथर के कणों तक, जहाँ तक उसका (ईथर का) अस्तित्व लोगों को मान्य है।" (**डायलेक्टिक्स ऑव नेचर**, पृष्ठ 70)। पिंड परस्पर संबद्ध हैं, इसका अर्थ है, वे एक दूसरे पर घात-प्रतिघात करते हैं। इस घात-प्रतिघात क्रिया से ही गति उत्पन्न होती है। गति के बिना भूत की कल्पना नहीं की जा सकती। भूत का निर्माण हमने नहीं किया, वह हमें पहले से विद्यमान मिलता है। इसलिए उसका निर्माण नहीं हो सकता और उसका नाश नहीं हो सकता (equally uncreatable as indestructible)।" यही बात गति के लिए कही जा सकती है। इस तरह एंगेल्स के लिए प्रकृति जहाँ एक ओर प्रतिक्षण परिवर्तनशील है, वहाँ दूसरी ओर वह स्वयंभू और अविनाशी है। यह अनित्यवाद से उल्टी स्थिति है। क्षणिकवाद भूत की अनित्यता की ओर ले जाता है, मार्क्सवाद भूत की नित्यता की ओर।

और भी। मार्क्सवाद प्रपंचों की संबद्धता की ओर ले जाता है, क्षणिकवाद उनके अलगाव की ओर। इसलिए रक्तसंबंध पर आधारित, राहुल जी के गण, आपस

में मिल नहीं सकते, मातृभाषाओं पर आधारित उनके जनपद मिलकर हिंदी प्रदेश का निर्माण नहीं कर सकते। क्षणिकवाद बौद्ध मत से जुड़ा है, उसे मार्क्सवाद का प्राचीन संस्करण मानकर राहुल जी बौद्धमत को और भी दृढ़ता से अपनाते हैं। बौद्ध भाववाद से आगे बढ़कर वह बौद्ध संप्रदायवाद को अपनाते हैं और वहाँ से हिंदू संप्रदायवाद तक पहुँचने में उन्हें देर नहीं लगती।

बौद्ध काल के सोलह जनपदों के बाद उत्तर भारत का विकास मानो रुक गया। नये भारत के नाम पर राहुल जी उसी बौद्ध भारत का पुनरुत्थान करना चाहते हैं। अंतर यह है कि पहले जहाँ एक जनपद था, वहाँ अब एक से अधिक जनपद हो सकते हैं। पहले कुरु जनपद था; अब कौरवी का एक जनपद है, हरियानी का दूसरा। पहले वज्जि गण में विदेह शामिल थे, अब वज्जिका अलग है, मैथिली अलग है। राहुल जी का क्षणिकवाद उन्हें सहज ही अलगाववाद की ओर ठेलता है।

एक प्रपंच के बाद दूसरा जब उसका स्थान लेता है, तब पहला पूरी तरह नष्ट नहीं हो जाता, वह अंशतः नये में विद्यमान रहता है। प्राचीन संस्कृति के मूल्यांकन में हम पूर्व प्रपंच के पूर्ण विनाश का सिद्धांत लागू करें तो हम सांस्कृतिक शून्यवाद का समर्थन करेंगे। बौद्ध मत को छोड़कर, भारतीय साहित्य और दर्शन के प्रति, राहुल जी अक्सर जो निषेधात्मक रवैया अपनाते हैं, वह इसी क्षणिकवाद के कारण। मॉस्को से 1967 में फ्रोलोय द्वारा संपादित एक दर्शनशास्त्र का कोश (Dictionary of Philosophy) प्रकाशित हुआ था। इसमें निरंतरता (Continuity) के अंतर्गत जो कुछ कहा गया है, वह मनन करने योग्य है।

"निरंतरता, विकास प्रक्रिया में पुराने और नये के बीच वस्तुगत और आवश्यक संबंध, निषेध-के-निषेध-नियम के मुख्य लक्षणों में एक। एकांतवाद (metaphysics) के विपरीत भौतिकवादी द्वंदवाद प्रकृति, समाज, और चिंतन में प्रगतिशील विकास की प्रक्रियाओं के अनुसंधान पर ध्यान देता है। भूत की गति के रूपों का उद्भव ही यह दिखाता है कि गति के निम्न रूपों के बाद जो भी उच्च रूप आता है, वह उन्हें निरस्त नहीं करता वरन् उन्हें अपने में समेट लेता है, उन्हें अपने अधीन रखता है और नये गुणात्मक स्तर तक ऊपर उठाता है। निषेध की द्वंदात्मक समझ में यही विचार पहले से मौजूद नहीं रहता कि पुरातन का अवसान होगा वरन् यह विचार भी रहता है कि पहले की मंज़िलों में जो उपलब्धि थी, उसके प्रगतिशील और विवेकसम्मत अंश को सुरक्षित और आगे विकसित किया जायेगा। इसके बिना चाहे अस्तित्व (being) में हो, चाहे ज्ञान में हो, आगे की ओर गति असंभव होगी। सामाजिक विकास, विज्ञान और कला की प्रगति के नियमों के विश्लेषण के लिए निरंतरता की प्रक्रियाओं की सही समझ खासतौर से मह-वपूर्ण है। पुराने समय की उपलब्धियों के प्रति अविवेकी दृष्टिकोण और सांस्कृतिक विरासत का शून्यवादी निषेध–इन दोनों से लड़ने के लिए वह समझ खासतौर से महत्वपूर्ण है।" राहुल जी

के विच्छिन्न प्रवाह में किसी तरह की निरंतरता नहीं है। हर क्षण में जो कुछ है, दूसरे क्षण में जो कुछ होता है, उससे विलग है। इसलिए पुरातन का पूर्ण विनाश ी चाहिए, उसमें कुछ बचाने और उसे विकसित करने का प्रश्न नहीं है। **ागी गुलामी** की शुरूआत राहुल जी इस अद्भुत वाक्य से करते हैं : ी सभ्यता जितनी पुरानी होती है, उसकी मानसिक दासता के बंधन क होते हैं।" क्षणिकवाद के सहारे संसार को जानने का प्रयत्न करो है शून्यवाद; इसी तरह क्षणिकवाद के सहारे सांस्कृतिक विरासत को समझ करो तो हाथ लगता है उसका शून्यवादी निषेध ("the nihilist negat tural heritage")।

इसका एक है बौद्ध धर्म, बौद्ध दर्शन। वह जानते हैं कि इसकी परिणति शून्यवाद में ह है और शोषक वर्गों के लिए लाभकारी है पर अपने सांप्रदायिक आग्रह के कारण वह उसे छोड़ नहीं सकते।

राहुल जी यूरुप की महिमा से आतंकित हैं। यह कहना गलत होगा कि वह यूरुप के ज्ञानविज्ञान से प्रभावित हैं। यूरुप के विद्वानों ने वैदिक साहित्य पर बहुत काम किया है। उससे लाभ उठाकर राहुल जी अपनी अनेक भ्रान्तियाँ दूर कर सकते थे। उन्होंने मार्क्सवाद का अध्ययन किया पर अपने बौद्ध पूर्वाग्रहों के साथ। परिणाम यह कि वह समझ न पाये कि उत्पादन और विनिमय के विकास से पुराने गण क्यों विघटित होते हैं। सब कुछ बल प्रयोग द्वारा निर्धारित होता है। गण टूटते हैं तो राजाओं के बल प्रयोग से, बने रहते हैं तो गणनायकों के बल प्रयोग से।

राहुल जी के चिंतन में रक्तसंबंध वाली व्यवस्था के टूटने पर वर्णव्यवस्था का आविर्भाव भारत में ब्राह्मणों का षड्यंत्र-सा है। यूरुप में वह सहज विकास है। "मध्यकालीन यूरुप में ईसाई पुरोहितों का बोलबाला था...समाज के तीन भाग थे—सामंत या अमीर, पादरी और किसान...एक छोटी-सी तादाद बनियों और कारीगरों की थी।" (**मानवसमाज**, पृष्ठ 90)। पादरी, सामंत, बनिये, किसान, कारीगर—ब्राह्मण, क्षत्रिय, वैश्य, शूद्र—यह समीकरण बनता है। नाम भिन्न हैं, नये वर्गों के काम मूलतः वही हैं।

भारत के संदर्भ में साम्राज्यवाद का अध्ययन खास तौर से आवश्यक था। राहुल जी में उसका अभाव है, इसलिए साम्राज्यविरोधी क्रांति के बिना वह भारत में समाजवादी व्यवस्था का स्वप्न देखते हैं। मार्क्सवाद में जातीय समस्या का विस्तृत विवेचन है। उससे लाभ उठाकर राहुल जी भारत की जातीय समस्या को समझने का प्रयत्न नहीं करते। वह पाकिस्तान के सवाल पर धर्म को भाषा और संस्कृति से ऊपर रखते हैं, भारत की जातीय संस्कृतियों को वह हिंदू संस्कृति, मुस्लिम संस्कृति इन दो भागों में बाँट देते हैं। सभी जातियों की एकता जनवादी क्रांति के लिए आवश्यक है, यह धारणा उनकी आँखों से ओझल रहती है।

दर्शन का इतिहास वह यूनान से आरंभ करते हैं। भारत के दर्शन को वह धर्म से संबद्ध करते हैं; यूरुप के दर्शन को उससे मुक्त रखते हैं। भारतीय दर्शन को वह नवीं सदी से समाप्त कर देते हैं; यूरुप का दर्शन वह बीसवीं सदी तक ले आते हैं। यूरुप से जो सबसे घटिया बात उन्होंने सीखी है, वह शुद्ध रक्त और शुद्ध वर्ण का सिद्धांत है। उनकी कल्पना में यूरुप वालों ने भारत को दो बार जीता—एक बार वैदिक आर्यों के आक्रमण के समय, दूसरी बार अंग्रेजों के आक्रमण के समय। दूसरे आक्रमण की अपेक्षा वह पहले वाले पर ध्यान ज़्यादा केन्द्रित करते हैं।

जनवादी क्रांति को वह पार्श्वभूमि में ठेल देते हैं; केन्द्रभूमि में ले आते हैं सांस्कृतिक क्रांति को। इस क्रांति में वह ईश्वरवाद के खंडन को बहुत महत्वपूर्ण मानते हैं। इस संबंध में उन्होंने मार्क्स के लेखन का अध्ययन नहीं किया। एंगेल्स ने ईसाइयत के अभ्युदय काल के बारे में लिखा था : "प्रारंभिक ईसाइयों और सोशलिस्टों में यह बात सामान्य है कि जिस दुनिया से वे लड़ने चले हैं, वह शुरू में उनसे अधिक शक्तिशाली है, इसके साथ ही वह नये पंथ पर चलने वालों के विरुद्ध भी है। इन दो महान् आंदोलनों में से कोई भी नेताओं या भविष्यवक्ताओं द्वारा निर्मित न हुआ था—यद्यपि उनमें भविष्यवक्ताओं की कमी नहीं है; वे जन आंदोलन थे।" (**मार्क्स एंगेल्स : ऑन रिलीजन,** पृष्ठ 326)। ईसाइयत वाले जन आंदोलन के प्रमुख कार्यकर्ता ईश्वरवादी थे। ईश्वर में विश्वास करने से ही मनुष्य प्रतिक्रियावादी नहीं हो जाता। जाकी रही भावना जैसी, इस भावना को देखना चाहिए। सामंतों और पुरोहितों की भावना तथा किसानों और कारीगरों की भावना में फर्क होता है। धर्म को उसके ऐतिहासिक विकास-क्रम में देखना चाहिए। राहुल जी ने ईश्वरवाद का जो विरोध किया है, वह जनता को शिक्षित करने वाला नहीं, उसे मार्क्सवाद से दूर ले जाने वाला है।

इसी तरह उन्होंने आर्यों के गोमांस खाने के बारे में जो कुछ लिखा है, वह हिंदू किसानों और मज़दूरों को क्षुब्ध करने वाला, उनके संगठनों को भीतर से तोड़ने वाला हो सकता है, उन्हें जोड़ने वाला नहीं। **सिंह सेनापति** के 'विषय प्रवेश' में उन्होंने लिखा है : "मैं आज की संकीर्ण हिंदू मनोवृत्ति की परवाह नहीं करता : मैं परवाह करता हूँ सत्य की।" (पृष्ठ 11)। यह बहुत बड़ी आत्मप्रवंचना है। प्रसिद्ध है कि गौतम बुद्ध ने पशुबलि का विरोध किया था। **सिंह सेनापति** में भगवान् बुद्ध दिखायी देते हैं, बातें करते हैं, पर कहीं पशुबलि का विरोध नहीं करते। इसलिए नहीं करते कि सिंह सेनापति को भुना हुआ मांस बहुत पसंद है। लिखा है : "जलते मांस और टपकती चर्बी-मिश्रित जल के कारण चारों ओर ऐसी मधुर सुगंध उठ रही थी कि मनुष्य क्या, देवताओं के भी मुँह से राल टपकती।" (पृष्ठ 126)। मांस का जलना-भुनना इतना आकर्षक है तो यज्ञ में ही उसके जलने-भुनने का विरोध कैसे किया जा सकता है ?

सिंह को अहिंसा का उपदेश गौतम बुद्ध नहीं महावीर देते हैं। वह कुछ दिन के लिए अंहिसावादी बन जाता है। पर जल्दी ही उसे अपना धर्म बदलना पड़ता है। एक तो अहिंसावाद के लिए उसे लोगों के ताने सुनने पड़ते हैं, दूसरे "आक्षेपों से भी बढ़कर असह्य था, जब कि घर भर मेरे सामने ही तरह-तरह के मांसों का स्वाद लेता तथा पान के बाद नृत्य में व्यस्त होता, और मुझे अधिकतर जाति बहिष्कृत की भाँति चुपचाप अलग बैठे टुकुर-टुकुर देखते रहना पड़ता था।" (पृष्ठ 164)। जैन धर्म के प्रति मोह भंग होते ही "हमने गो-घातक शूकरघातक के यहाँ से जो तैयार मांस था, उसे मँगवाया और भोजन तैयार होने पर भगवान् को सूचना दी।" (पृष्ठ 172)।

शवदाह के बारे में राहुल जी की एक अद्भुत कल्पना यह है : "प्राचीन यूरोपीय तथा हिंदुओं को आत्मा के शरीर से अलग होने पर ज़्यादा विश्वास हुआ, इसलिए उन्होंने शरीर को बेकार समझ उसे जला डालने की प्रथा जारी की किंतु बहुत पुराने जमाने में इसका आरंभ भूनकर खाने में भी हो सकता है।" (**वैज्ञानिक भौतिकवाद**, पृष्ठ 94)।

ऋग्वेदिक आर्य के चौथे अध्याय में राहुल जी ने लिखा है : "ऋग्वेदिक आर्य कृषि भी करते थे, लेकिन उनका सबसे बड़ा धन गौ-अश्व, अज-अवि था; इसीलिए उनमें शायद ही कोई ऐसा हो, जो मांस न खाता था। बड़े-बड़े ऋषियों के लिए भी आतिथ्य करने के वास्ते मांस अत्यावश्यक चीज़ थी। पीछे के धर्मसूत्रकारों ने तो कहा···।" (पृष्ठ 41)। अपनी धारणा के समर्थन में राहुल जी ने **ऋग्वेद** से एक ऋचा भी उद्‌धृत नहीं की। **ऋग्वेद** छोड़कर वह धर्म सूत्रकारों पर आ गये। फिर ब्राह्मण काल का हवाला दिया, उसके बाद **वृहदारण्यक** का। और आगे **मज्झिम निकाय** से उद्धरण देते हैं। वह हवा बाँध रहे हैं। मांसाहार की यह परंपरा है, फिर वैदिक आर्य उससे कैसे मुक्त रह सकते थे? **ऋग्वेद** में प्रमाण नहीं मिलते तो कोई बात नहीं, मज्झिम निकाय में तो हैं। इन्हीं प्रमाणों के बीच वह **ऋग्वेद** की एक ऋचा फिट कर देते हैं।

लिखा है : "गाय काटने के छुरे को गोभिकर्तन कहते थे (मज्झिमनिकाय 2.4.5)। ऋग्वेद (10.79.6) में ऋषि ने कहा है 'विपर्वशश्चकर्त गामिवासिः' (जैसे तलवार पोर-पोर गाय को काटे)। यह भी उसी बात की तरफ इशारा है।" (पृष्ठ 42)। **ऋग्वेद** में गो शब्द बैल और चमड़े के लिए भी प्रयुक्त हुआ है। मान लीजिए, राहुल जी ने जो अर्थ किया है, वह सही है। पर इस एक उदाहरण के मुकाबले सोलह उदाहरण ऐसे हैं जहाँ गाय को अघ्न्या, अवध्य कहा गया है। इस प्रसंग में मैकडनल ने लिखा था : "स्वयं पार्थिव गाय के साथ **ऋग्वेद** में एक पवित्रता का भाव जुड़ गया है। उसे अदिति और देवी कहा गया है। इसके साथ ही कवि श्रोताओं के मन में यह बात बिठा देना चाहता है कि उसे मारना न चाहिए (8. 90. 15, 16; तुलनीय है वाजसनेयी संहिता 4. 19. 20)। गाय की अवध्यता इस बात से

भी लक्षित होती है कि उसे अघ्न्या (अवध्य) कहा गया है और **ऋग्वेद** में यह विशेषण सोलह बार आया है।" (**वेदिक मिथौलॉजी**, पृष्ठ 151)।

सत्य की परवाह करने वाले राहुल जी के लिए उचित था कि एक बार अघ्न्या गाय की अवध्यता का जिक्र भी कर देते।

राहुल जी अत्यंत कल्पनाशील लेखक थे। उनमें विवेक की अपेक्षा कल्पनाशीलता प्रबल थी। जिस चीज़ की कल्पना करते थे, उसे वास्तविक मानकर उस पर विश्वास करने लगते थे। उनके मनोगत भावों के अनुसार उनके काल्पनिक चित्र बदलते भी रहते थे। **ऋग्वेद** कहाँ रचा गया, आर्यों ने जिन्हें जीता, उनका वर्ण कैसा था, इनके बारे में उनकी धारणाएँ बदलती रही हैं। वह काफी जल्दी में काम करते थे, इसलिए कभी-कभी परस्पर विरोधी बातें एक ही पुस्तक में (या पुस्तक के एक ही अध्याय में) आ जाती हैं। **ऋग्वेदिक आर्य** में उन्होंने पहले लिखा कि आर्यों ने सिंधुघाटी के नगरों का नाश करके विजित भूमि को "गोचर भूमि में परिणत कर दिया" (पृष्ठ 17)। फिर आगे लिखा : "आर्य पणियों की पूँजी और उनके व्यवसाय के साधनों का हरण करना नहीं चाहते थे···पणियों की रक्षा करना वह अपना कर्त्तव्य समझते थे।" (पृष्ठ 37)।

उनके लेखन में पूर्वाग्रहों और निराधार कल्पनाओं की ऐसी भरमार है कि उनमें उनकी थोड़ी-सी सही धारणाएँ भी खो जाती हैं। पर वे महत्वपूर्ण हैं और उनमें कुछ को मैं यहाँ दोहरा देता हूँ।

"वैदिक ऋषि यथार्थवादी थे। वह दुनिया को जैसा देखते थे, वैसा मानते थे और उससे अधिक से अधिक आनंद उठाना चाहते थे।" (**मानवसमाज**, पृष्ठ 112)।

"उपनिषद्कार स्वयं, यज्ञों के व्यर्थ के लंबे-चौड़े विधि-विधान के विरुद्ध एक नयी धारा निकालने वाले थे।" (**दर्शन-दिग्दर्शन**, पृष्ठ 395)।

"पुनर्जन्म के दार्शनिक पहलू को और मजबूत करते हुए बुद्ध ने पुनर्जन्म का पुनर्जन्म प्रतिसंधि के रूप में किया···बुद्ध ने कर्म के सिद्धांत को और मजबूत किया।" (उप॰, पृष्ठ 539)।

"प्रतीत्य समुत्पाद कार्यकारण को अविच्छिन्न नहीं विच्छिन्न प्रवाह मानता है। प्रतीत्य समुत्पाद के इसी विच्छिन्न प्रवाह को लेकर आगे नागार्जुन ने अपने शून्यवाद को विकसित किया।" (उप॰, पृष्ठ 514)।

"नागार्जुन का दर्शन–शून्यवाद–वास्तविकता का अपलाप करता है। दुनिया को शून्य मानकर उसकी समस्याओं के अस्तित्व से इन्कार करने के लिए इससे बढ़ कर दर्शन नहीं मिलेगा।" (उप॰, पृष्ठ 578)।

"वादरायण ने कहीं भी जगत् को माया या काल्पनिक नहीं माना है और न उनके दर्शन से इसकी गंध भी मिलती है कि 'ब्रह्म सत्य है, जगत् मिथ्या है।'" (उप॰, पृष्ठ 676)।

"शंकर के ब्रह्म अद्वैतवाद और सूफियों के अद्वैतवाद में कोई अंतर नहीं।" (उप॰, पृष्ठ 103)।

"किसी बात पर एकांततया विश्वास रखने को निगंठ ज्ञातृपुत्र नहीं कहते क्योंकि हर बात एकांत रूप में नहीं, मिश्रित रूप में ही मिलती है।" (**सिंह सेनापति,** पृष्ठ 138)।

"छोटे-छोटे सामंत राज्यों को विशाल राज्यों में परिवर्तित करने में बनियों का हाथ भी रहा है। हम छठी-सातवीं ई॰पू॰ में मगध (दक्षिण बिहार) के सौदागरों को रावलपिंडी, भड़ोंच, तक्षशिला, ताम्रलिप्ति अपना सार्थ लेकर क्रय-विक्रय करते देखते हैं।" (**मानवसमाज,** पृष्ठ 97)।

"व्यापारवाद का जोर भारत तथा दूसरे एशियाई देशों में बहुत पहले से चला आता था। जावा, चीन, अरब और अफ्रीका (मिस्र) के साथ सीधा व्यापार-संबंध भारतीय व्यापारियों ने उस वक्त स्थापित किया था, जब कि अभी अरबों और आज की यूरोपीय जातियों का नाम तक सुना नहीं जाता था।" (उप॰, पृष्ठ 130)।

"सारे संघ की राष्ट्रभाषा के अतिरिक्त हिंदी का अपना विशाल क्षेत्र है। हरियाणा, राजपूताना, मेवाड़, मालवा, मध्य प्रदेश, युक्त प्रांत और बिहार हिंदी की अपनी भूमि है। यही वह भूमि है जिसने हिंदी के आदिम कवियों सरह, स्वयंभू आदि को जन्म दिया। यही भूमि है, जहाँ अश्वघोष, कालिदास, भवभूति और बाण पैदा हुए। यही वह भूमि है, जहाँ कुरु (मेरठ-अंबाला कमिश्नरियों) और पांचाल (आगरा रुहेलखंड कमिश्नरियों) की भूमि में वसिष्ठ, विश्वामित्र, भरद्वाज ने ऋग्वेद के मंत्र रचे, और प्रवाहण, उद्दालक और याज्ञवल्क्य ने अपनी दार्शनिक उड़ानें कीं।" (**हिंदी साहित्य सम्मेलन प्रयाग के अध्यक्षीय भाषण,** खंड 3, पृष्ठ 93)।

इन स्थापनाओं से भारत का सांस्कृतिक इतिहास लिखने में सहायता ली जा सकती है।

संदर्भ सूची

1. ऋग्वैदिक आर्य और उनका परिवेश

1. मैक्समुलर : माई औटोबायोग्राफी, 193
2. बरो : द संस्कृत लैंग्वेज, 44
3. द वैदिक एज, 261
4. उप०, 262
5. उप०, 28
6. उप०, 27
7. हुड : द होम ऑव हीरोज़, 36
8. द वेदिक एज, 270
9. मैकडनल और कीथ : वैदिक इंडेक्स, खंड 1, 110
10. द वैदिक एज, 244
11. उप०, 248
12. उप०
13. उप०
14. वासुदेवशरण अग्रवाल : पाणिनिकालीन भारतवर्ष 459
15. उप०, 56
16. द वैदिक एज, 249
17. उप०, 259
18. उप०
19. डार्मेस्टेटर : द ज़ेन्द अवेस्ता, भाग 1, XII
20. मैकडनल : वैदिक मिथौलौजी, 7
21. उप०
22. डार्मेस्टेटर : द ज़ेन्द अवेस्ता, भाग 1, XX
23. बरो : द संस्कृत लैंग्वेज, 31
24. उप०
25. उप०, 32
26. उप०
27. उप०

28. उप॰, 68
29. डार्मेस्टेटर : द ज़ेन्द अवेस्ता, भाग 1, 9
30. उप॰, 4
31. द वेदिक एज, 222
32. बरो : द संस्कृत लैंग्वेज, 27
33. उप॰
34. उप॰, 28
35. उप॰
36. उप॰
37. उप॰, 30
38. उप॰, 27
39. पोसेल : एन्शेन्ट सिटीज़ ऑव दि इन्डस, XI
40. उप॰, 91
41. द वैदिक एज, 244
42. पोसेल : एन्शेन्ट सिटीज़, VIII
43. उप॰, 91
44. मैकडनल : वैदिक मिथौलोजी, 158-59
45. उप॰, 159
46. उप॰
47. उप॰, 59
48. उप॰
49. उप॰, 47
50. उप॰, 59
51. उप॰, 59-60
52. उप॰, 162
53. उप॰, 161
54. उप॰, 160
55. उप॰, 158
56. उप॰, 159
57. उप॰, 161
58. उप॰, 158
59. उप॰, 162
60. उप॰, 10
61. उप॰, 60
62. उप॰
63. उप॰, 59
64. उप॰, 62

65. उप॰, 60
66. सेमिनार ऑन लैन्डस्लाइड्स, VIII
67. उप॰, 10
68. उप॰, 35
69. उप॰, 14
70. उप॰, 54
71. उप॰, 98
72. उप॰, 35
73. मैकडनल : वैदिक मिथौलौजी, 160
74. उप॰, 55
75. ऐटकिन्सन : हिमालयन जिऔलौजी, 78-79
76. बोल्ट आदि : जिऔलौजीकल हैजा़ड्र्स, 178-79
77. उप॰, 179
78. सैमिनार ऑन लैन्ड स्लाइड्स, IX
79. उप॰, 22
80. मैकडनल : वैदिक मिथौलौजी, 75
81. उप॰, 92
82. उप॰, 99
83. उप॰, 78
84. उप॰, 58

2. यूनानी समाज के अंतर्विरोध-1
सुकरात

1. अरिस्तोफनेस : द क्लाउड्स, 123
2. किर्क और रैवेन : द प्रिसोक्रैटिक फिलौसोफर्स, 150
3. हेगल्स लेक्चर्स ऑन द हिस्ट्री
   ऑव फिलौसोफी, खंड 1, 326-28
4. प्लैटो : ऐपौलौजी, 37
5. उप॰, 39
6. उप॰, 16-17
7. उप॰, 17
8. अरिस्तोफनेस : द क्लाउड्स, 165
9. उप॰, 167
10. उप॰, 170
11. प्लैटो : ऐपौलोजी, 39-40

12. उप., 40
13. उप., 23-24
14. अरिस्तोफनेस : द क्लाउड्स, 172
15. उप., 173
16. उप., 174
17. उप.,149-50
18. उप., 150
19. उप., 172
20. प्लैटो : ऐपौलोजी, 64
21. उप., 42
22. उप., 43
23. उप., 44
24. उप., 46
25. उप., 55
26. हेगल्स लेक्चर्स, खंड 1, 445
27. उप., 448-49
28. उप., 431
29. उप., 434
30. उप., 435
31. उप., 423
32. उप., 426
33. उप., 430
34. उप., 438
35. उप.
36. उप., 439
37. उप.
38. उप.
39. उप.
40. उप., 440
41. उप.

यूनानी समाज के अंतर्विरोध-2
प्लैटो

1. मार्क्स : कैपिटल, खंड 1, पृ. 346
2. द डायलॉग्स ऑव प्लैटो, खंड 2 (रिपब्लिक), अनुवादक बी. जोवेट, 301
3. उप., 410

4. उप०, 411
5. उप०, 412
6. उप०, 413
7. उप०, 416
8. उप०, 417
9. उप०, 418
10. उप०, 272-73
11. उप०, 418
12. उप०, 419
13. उप०, 433
14. उप०, 424
15. उप०, 426
16. उप०, 430
17. उप०, 431
18. उप०, 432
19. उप०, 434
20. उप०, 436
21. उप०, 211
22. उप०, 212
23. उप०, 217
24. उप०, 186
25. उप०, 266
26. उप०, 271
27. उप०, 287
28. उप०, 326
29. उप०, 452
30. उप०, 453
31. उप०, 355
32. उप०, 356
33. उप०, 441
34. उप०, 289
35. उप०, 215
36. उप०, 216
37. उप०, 438
38. उप०
39. उप०, 439
40. उप०
41. उप०

42. उप॰
43. उप॰, 450
44. उप॰, 274
45. उप॰, 310
46. उप॰, 392
47. उप॰, 316
48. उप॰, 314
49. उप॰, 315
50. उप॰, 316
51. उप॰, 326
52. उप॰, 425
53. उप॰
54. उप॰, 481
55. उप॰, 328
56. उप॰
57. उप॰
58. उप॰, 309
59. उप॰, 451
60. उप॰, 149-50
61. उप॰, 274
62. उप॰, 150
63. मार्क्स-एंगेल्स : कलेक्टेड वर्क्स, खंड 38, 89
64. द डायलॉग्स ऑव प्लैटो, खंड 2, 388-89
65. उप॰, 358-59
66. उप॰, 406
67. उप॰, 408
68. उप॰, 409
69. उप॰, 332
70. उप॰, 43
71. उप॰, 44
72. उप॰, 30
73. उप॰, 151
74. उप॰, 473
75. उप॰, 474
76. उप॰, 185-86
77. उप॰, 195
78. उप॰, 196
79. उप॰, 312

80. उप॰, 475
81. उप॰, 467
82. उप॰
83. उप॰, 438
84. उप॰, 492
85. उप॰, 273
86. उप॰, 327
87. उप॰, 328
88. उप॰
89. उप॰, 329
90. उप॰

यूनानी समाज के अंतर्विरोध-3
अरस्तू

1. अरिस्टोटल : पॉलिटिक्स, 579
2. उप॰, 581
3. उप॰
4. उप॰
5. उप॰
6. उप॰
7. उप॰, 207
8. उप॰, 581
9. उप॰, 577
10 उप॰, 579
11. उप॰, 583
12. उप॰, 603
13. उप॰, 119
14. उप॰, 475
15. उप॰, 493
16. उप॰, 237
17. उप॰
18. उप॰, 337
19. उप॰, 593
20. उप॰, 595
21. उप॰, 593
22. उप॰, 163

23. उप॰, 73
24. उप॰, 9
25. उप॰, 271
26. उप॰, 247
27. उप॰, 259
28. उप॰
29. उप॰, 343
30. उप॰, 161
31. उप॰, 439
32. उप॰, 77
33. उप॰, 98
34. उप॰, 93
35. उप॰, 89
36. उप॰, 91
37. उप॰, 81
38. उप॰, 95
39. उप॰
40. उप॰, 134-35
41. उप॰, 77
42. उप॰, 411
43. उप॰, 411
44. उप॰, 417
45. उप॰, 259
46. उप॰, 373
47. उप॰, 375
48. उप॰, 399
49. उप॰
50. उप॰, 401
51. उप॰, 417
52. उप॰, 437
53. उप॰, 401
54. उप॰, 220-21
55. उप॰, 221
56. उप॰, 207
57. उप॰, 211
58. उप॰, 221
59. उप॰, 603
60. उप॰, 605

61. उप॰, 585
62. उप॰
63. उप॰
64. उप॰
65. उप॰
66. उप॰
67. उप॰, 51
68. उप॰, 55
69. उप॰, 57
70. उप॰, 333
71. उप॰
72. उप॰, 335
73. उप॰, 339
74. उप॰, 377
75. उप॰, 429
76. उप॰, 427
77. उप॰, 21
78. उप॰, 119
79. उप॰, 265
80. उप॰, 297
81. उप॰, 537
82. उप॰, 551
83. उप॰, 553
84. उप॰, 603
85. उप॰, 273
86. उप॰, 545
87. उप॰
88. उप॰, 631
89. उप॰, 665
90. उप॰, 667
91. उप॰, 631
92. उप॰, 671
93. उप॰, 163
94. उप॰, 73
95. उप॰, 237
96. उप॰, 579
97. उप॰, 581
98. उप॰

99. उप॰
100. उप॰, 583
101 उप॰
102. उप॰, 40
103. उप॰, 429
104. उप॰, 557
105. उप॰
106. उप॰, 119
107. उप॰
108. उप॰, 7
109. उप॰, 13
110. उप॰, 195
111. मार्क्स-एंगेल्स : ऑन द युनाइटेड स्टेट्स, 59
112. उप॰, 55
113. उप॰, 168
114. उप॰
115. उप॰, 169
116. उप॰, 213
117. उप॰, 204
118. अरिस्टोटल : पॉलिटिक्स, 567
119. उप॰, 29
120. उप॰, 8
121. उप॰, 41
122. उप॰, 21
123. उप॰, 133
124. उप॰, 135
125. उप॰
126. उप॰, 247
127. उप॰, 439
128. उप॰, 27
129. उप॰, 441
130. उप॰, 443
131. उप॰, 445
132. उप॰, 449
133. उप॰, 461
134. उप॰, 459
135. उप॰
136. उप॰, 463

137. उप॰
138. उप॰, 555
139. उप॰, 559
140. उप॰
141. उप॰
142. उप॰
143. उप॰, 561
144. उप॰, 563
145. उप॰
146. उप॰, 419
147. उप॰, 389
148. उप॰, 556
149. उप॰, 563
150. उप॰, 565
151. उप॰, 213

यूनानी समाज के अंतर्विरोध-4
टॉमसन

1. टॉमसन : ऐस्खुलुस ऐन्ड एथेन्स, 44
2. उप॰
3. उप॰, 46
4. उप॰, 69-70
5. उप॰, 71
6. उप॰, 72
7. उप॰
8. टॉमसन : द फर्स्ट फिलौसोफर्स, 194
9. उप॰, 196
10. टॉमसन : ऐस्खुलुस, 77
11. उप॰, 80
12. उप॰
13. उप॰, 80-81
14. उप॰, 85-86
15. उप॰, 210
16. टॉमसन : द फर्स्ट फिलौसोफर्स, 253
17. टॉमसन : ऐस्खुलुस, 91
18. उप॰, 221

19. उप॰, 226
20. मार्क्स एंगेल्स : कलेक्टेड वर्क्स, खंड 18, 89-90
21. टॉमसन : ऐस्खुलुस, 348
22. उप॰, 348-49
23. उप॰, 231
24. उप॰
25. उप॰
26. उप॰, 348
27. उप॰, 227
28. उप॰, 230
29. टॉमसन : द फर्स्ट फिलौसोफर्स, 189-90
30. टॉमसन : ऐस्खुलुस, 348
31. टॉमसन : द फर्स्ट फिलौसोफर्स, 187
32. उप॰, 208
33. उप॰, 209
34. उप॰
35. उप॰, 205-06
36. टॉमसन : ऐस्खुलुस, 87
37. उप॰, 88
38. उप॰
39. उप॰
40. उप॰
41. उप॰
42. उप॰, 90
43. उप॰
44. उप॰, 90-91
45. उप॰, 213
46. उप॰
47. उप॰, 211
48. उप॰, 93
49. उप॰
50. उप॰
51. उप॰, 94
52. उप॰, 200
53. उप॰
54. उप॰
55. उप॰
56. उप॰, 200-01

57. टॉमसन : द फर्स्ट फिलौसोफर्स, 224
58. टॉमसन : ऐस्खुलुस, 340
59. टॉमसन : द फर्स्ट फिलौसोफर्स, 192
60. टॉमसन : ऐस्खुलुस, 350

3. हेगल, सिकंदर और देमोस्थेनॅस

1. मार्क्स एंगेल्स : ऑन कोलोनिअलिज़्म्, 52
2. उप०, 85-86
3. सुरेन्द्रनाथ दासगुप्त : ए हिस्ट्री ऑव इंडियन फिलौसोफी, खंड 1, 3-4
4. स्टेस : ए क्रिटिकल हिस्ट्री ऑव ग्रीक फिलौसोफ़ी, 13
5. उप०
6. उप०
7. उप०
8. उप०, 16
9. हेगल्स लेक्चर्स ऑन द हिस्ट्री ऑव फिलौसोफी, खंड 1,3
10. उप०, 95
11. उप०, 96
12. उप०
13. उप०
14. उप०, 97
15. उप०
16. उप०, 66-67
17. उप०, खंड 3, 361
18. उप०, 362
19. उप०, 420
20. मार्क्स एंगेल्स : ऑन कोलोनिअलिज़्म, 41
21. प्लेखानोव : सेलेक्टेड फिलौसौफीकल वर्क्स, खंड 1, 760
22. उप०, 409
23. उप०, 409-10
24. उप०, 410
25. उप०
26. हेगल्स लेक्चर्स, खंड 1, 118
27. उप०
28. उप०
29. उप०, 125
30. हेगल्स साइंस ऑव लॉजिक, खंड 1, 109

31. हेगल्स लेक्चर्स, खंड 1, 117
32. उप०, 254
33. उप०, 252
34. उप०, खंड 3, 252
35. प्लेखानोव : सेलेक्टेड फिलौसौफीकल वर्क्स, खंड 1, 483
36. उप०
37. हेगल्स लेक्चर्स, खंड 1, 126
38. उप०, 127
39. उप०, 131
40. उप०, खंड 2, 117
41. उप०, खंड 1, 128
42. स्टेस : ए क्रिटिकल हिस्ट्री, 66
43. उप०, 67
44. उप०, 313
45. प्लेखानोव : सेलेक्टेड फिलौसोफीकल वर्क्स, खंड 1, 537
46. उप०, 538
47. उप०, 539
48. उप०, 574
49. हेगल्स लेक्चर्स, खंड 1, 131
50. उप०, 130
51. उप०, 132
52. एंगेल्स : डायलेक्टिटक्स ऑव नेचर, 25
53. एंगेल्स : लुडविग फायरबाख़, 28
54. हेगल : द फिलौसोफी ऑव हिस्ट्री, 90
55. हेगल्स लेक्चर्स, खंड 1, 169
56. उप०
57. उप०, खंड 3, 172
58. उप०, 188
59. उप०, खंड 1, 49
60. उप०
61. उप०
62. उप०, 73
63. उप०, 100
64. उप०, 117
65. उप०, 169
66. उप०
67. उप०, 126
68. उप०

69. स्टेस : ए क्रिटिकल हिस्ट्री, 13
70. उप॰, 14
71. उप॰
72. उप॰, 69-70
73. उप॰, 17
74. हेगल्स लेक्चर्स, खंड 1, 63
75. उप॰, 150
76. उप॰, खंड 3, 172
77. उप॰, 188
78. उप॰, खंड 1, 149
79. उप॰, 150
80. उप॰, 109
81. उप॰
82. उप॰, 104
83. उप॰, खंड 3, 24
84. उप॰, खंड 2, 123
85. उप॰
86. उप॰
87. उप॰
88. उप॰, खंड 1, 124
89. उप॰, 122
90. उप॰, 125
91. उप॰, 126
92. उप॰, 122
93. उप॰, 127
94. उप॰, 210
95. उप॰
96. उप॰
97. उप॰, 157
98. देमोस्थेनॅस (भाषण), खंड 1, 51
99. उप॰, 57
100. उप॰
101. उप॰, 37
102. उप॰, 55
103. उप॰, 125
104. उप॰, 131
105. उप॰, 117
106. उप॰, 29

107. उप०, 87
108. उप०, 59
109. उप०
110. उप०, 59-61
111. उप०, 61
112. उप०, 41
113. उप०, 57
114. उप०, 56
115. उप०, 45
116. उप०, 39
117. उप०, 41
118. उप०, 83-85
119. उप०, 87
120. उप०, 91-95
121. उप०, 31-33
122. उप०, 135
123. उप०, 63
124. उप०, 79-81
125. उप०, 79
126. उप०, 97
127. ब्यूरी : ए हिस्ट्री, ऑव ग्रीस, 702
128. उप०, 708
129. उप०, 710
130. उप०, 714
131. उप०, 716
132. उप०, 717
133. उप०, 719
134. उप०, 769
135. उप०, 724
136. उप०, 748
137. उप०
138. उप०, 740
139. उप०, 742
140. उप०, 748
141. उप०, 749
142. ब्यूरी और माइग्स : ए हिस्ट्री ऑव ग्रीस, 493
143. उप०
144. उप०

145. उप॰, 497
146. उप॰, 496
147. उप॰
148. उप॰, 497
149. उप॰
150. उप॰ 493
151. उप॰, 497
152. उप॰
153. उप॰
154. उप॰
155. उप॰, 498
156. उप॰

4. सिकंदर का विश्वजयी अभियान और भारत से पलायन

1. मजूमदार : द क्लासिकल एकाउंट्स ऑव इंडिया, 6
2. उप॰, 131
3. उप॰
4. उप॰, 147
5. उप॰, 150
6. उप॰
7. ब्यूरी : ए हिस्ट्री ऑव ग्रीस, 780
8. एनसाइक्लोपीडिया ब्रिटानिका, खंड 2, 469
9. ब्यूरी : ए हिस्ट्री ऑव ग्रीस, 719
10. एनसाइक्लोपीडिया ब्रिटानिका, खंड 2, 468
11. उप॰, 469
12. ब्यूरी : ए हिस्ट्री ऑव ग्रीस, 721
13. उप॰, 726
14. अर्रिअन : द कैम्पेन्स ऑव अलेग्जैन्डर, 218
15. प्लूतार्ख : दि एज ऑव अलेग्ज़ैन्डर, 253-54
16. उप॰, 254
17. उप॰ 261
18. उप॰, 283
19. उप॰
20. अर्रिअन, 152
21. प्लूतार्ख, 260
22. अर्रिअन, (भूमिका), 13

23. उप॰, 15
24. प्लूतार्ख, 213
25. फुलर : द जेनरलशिप ऑव अलेग्ज़ैन्डर द ग्रेट, 6
26. बर्न : अलेग्ज़ैन्डर द ग्रेट ऐन्ड द हेलेनिस्टिक वर्ल्ड, 193
27. फुलर : द जेनरलशिप, 6
28. बोर्डमैन : ग्रीस ऐन्ड द हेलेनिस्टिक वर्ल्ड, 309
29. प्लूतार्ख, 313
30. उप॰, 346
31. उप॰, 329
32. उप॰
33. अर्रिअन, 256
34. उप॰, 339
35. देमोस्थेनॅस, खंड 1, भूमिका, XV
36. स्टेस : ए क्रिटिकल हिस्ट्री ऑव ग्रीक फिलौसोफी, 339
37. बर्नाल : साइन्स इन हिस्ट्री, 151
38. हेगल्स लेक्चर्स ऑन द हिस्ट्री ऑव फिलौसोफी, खंड 1, 336
39. अर्रिअन, 291
40. उप॰, 292
41. उप॰, 293
42. उप॰, 295
43. उप॰, 296
44. उप॰
45. उप॰
46. उप॰, 297
47. उप॰
48. मजूमदार : द क्लासिकल एकाउंट्स ऑव ग्रीस, 173
49. ब्यूरी : हिस्ट्री ऑव ग्रीस, 770-71
50. अर्रिअन, 261
51. उप॰, 280
52. उप॰, 281
53. प्लूतार्ख, 319
54. स्मिथ : दि अर्ली हिस्ट्री ऑव इंडिया, 58-59
55. उप॰, 59
56. अर्रिअन, 247
57. उप॰, 246
58. स्मिथ : दि अर्ली हिस्ट्री, 55
59. मजूमदार : द क्लासिकल एकाउंट्स, 162
60. प्लूतार्ख, 316-17

61. मजूमदार : द क्लासिकल एकाउंट्स, 162
62. उप०, 131
63. उप०, 175
64. उप०, 170
65. उप०, 8
66. उप०, 136
67. उप०
68. उप०, 129
69. उप०, 128-29
70. प्लूतार्ख, 319
71. मजूमदार : द क्लासिकल एकाउंट्स, 193
72. 71 प्लूतार्ख, 317
73. उप०, 321
74. उप०, 322
75. उप०, 324
76. उप०
77. उप०
78. अर्रिअन, 286
79. मजूमदार : द क्लासिकल एकाउंट्स, 138
80. प्लूतार्ख, 319
81. अर्रिअन, 306
82. उप०, 311
83. उप०, 314
84. उप०, 318
85. उप०, 335
86. उप०, 336
87. उप०
88. उप०, 337
89. उप०
90. उप०
91. अर्रिअन, 338
92. उप०
93. मजूमदार : द क्लासिकल एकाउंट्स, 159
94. प्लूतार्ख, 324
95. मजूमदार : द क्लासिकल एकाउंट्स, 313
96. उप०, 4
97. लैच : एशिया इन द मेकिंग ऑव योरप, खंड 1, 6
98. स्मिथ : दि अर्ली हिस्ट्री, 117

99. उप०, 116-17
100. उप०, 117
101. उप०, 116
102. उप०
103. उप०, 117
104. उप०
105. उप०

5. यूनान और पश्चिमी यूरुप

1. मार्क्स : कैपिटल, खंड 1, 365
2. वुडहाउस : मॉडर्न ग्रीस, 166
3. उप०, 203
4. उप०, 265
5. उप०, 271
6. उप०, 265
7. वार्ड : इंग्लिश लिटरेचर, 89
8. लेगुई और कज़ामिऑ : ए हिस्ट्री ऑव इंग्लिश लिटरेचर, 532
9. उप०, 587
10. हेगल्स लेक्चर्स ऑन द हिस्ट्री ऑव फिलौसोफी, खंड 1, 169
11. गोम्पेर्त्स : ग्रीक थिंकर्स, 14
12. उप०, 5-7
13. उप०, 95
14. उप०
15. उप०
16. उप०, 14
17. फैरिंगटन : ग्रीक साइन्स, 14
18. उप०, 35
19. उप०, 36
20. गोम्पेर्त्स : ग्रीक थिंकर्स, 7
21. उप०, 9
22. वुडहाउस : मॉडर्न ग्रीस, 179
23. उप०, 180
24. लेनिन : कलेक्टेड वर्क्स, खंड 24, 573

25. उप॰, खंड 28, 63
26. वुडहाउस : मॉडर्न ग्रीस, 203
27. उप॰, 271
28. उप॰, 304
29. उप॰, 298
30. उप॰, 305
31. उप॰, 265-66
32. उप॰, 265

पुस्तक सूची

Aristophanes : Lysistrata, the Achanians, The Clouds, Penguin, 1969

Aristotle : Politics, Harvard, 1950

Arrian : The Campaigns of Alexander, Penguin, 1986

Atkinson, E.J. (Ed.) : Geology of the Himalayas, New Delhi, 1980

Bernal, J.D. : Science in History, London, 1954

Boardman J., Griffin J., Murray O. : Greece and the Hellenistic World, New York, 1985.

Bolt, B.A., Horn, W.L., Macdonald G.A., Scott, R.T. : Geological Hazards, New York, 1975

Burn, A.R. : Alexander the Great and the Hellenistic World, New York, 1962

Burrow, T. : The Sanskrit Language, London, 1965

Bury, J. B. : A History of Greece, New York, 1900

Bury. J.B. and Meiggs, R. : A History of Greece, London, 1975

Church, F.J. : The Trial and Death of Socrates, London, 1927

Darmesteter. J. : The Zend-Avesta, Delhi, 1965

Dasgupta, S. : A History of Indian Philosophy, Delhi, 1975

Demosthenes, I, Olynthiacs, Philippics : Minor Public Orations, London, 1970

The New Encyclopaedia Britannica, Vol II, London, 1974

Engels, F. : Dialectics of Nature, Moscow, 1976

Farrington, B.: Greek Science, London, 1953

Fuller, J. F.C. : The Generalship of Alexander the Great,

Dehradun, 1977

Gomperz, T. : Greek Thinkers, London, 1906

Hegel, G.W.F. : The Philosophy of History, New York, 1956
Hegel's Lectures on the History of Philosophy, London, 1955
Hegel's Science of Logic, London, 1951

Hood, S. : The Home of the Heroes, London, 1967

Jowett, B. : The Dialogues of Plato Vol II, Republic, Oxford 1953

Kirk, G.S. and Raven, J.E. : The Presocratic Philosophers, Cambridge, 1957

Lach, D.T. : Asia in the Making of Europe, Vol. I, Chicago, 1965

Legouis E. and Cazamian, L. : A History of English Literature, London, 1954

Lenin : Collected Works, Vol. 24, Moscow, 1972

Macdonell, A.A. : Vedic Mythology, Delhi, 1987

Macdonell, A.A. and Keith, A.B. : Vedic Index of Names and Subjects, Delhi, 1982

Majumdar, R.C. : The Classical Accounts of India, Calcultta, 1960

Majumdar, R.C. (Ed.) : The Vedic Age, London, 1951

Marx., K. : Capital Vol I, Moscow, 1954

Marx and Engels : Collected Works, Vols. 18 and 38, Moscow

Marx and Engels : On Colonialism, Moscow, 1978

Marx and Engels : On the United States, Moscow, 1979

Maxmuller, F. : My Autobiography, Varanasi

Needham, J. : Science and Civilization in China, Cambridge, 1962

Plekhanov, G. : Selected Philosophical Works, Moscow, 1974

Plutarch : The Age of Alexander, Penguin, 1983

Posseehl, G.L. : Ancient Cities of the Indus, Delhi, 1979
Seminar on Landslides and Toe Erosion Problems with Special Reference to Himalayan Region, Calcutta, 1975

Smith, V.A. : The Early History of India, Oxford, 1962

Stace, W.T. : A Critical History of Greek Philosophy, London, 1967

Thomson, G. : Aeschylus and Athens, London, 1950
Thomson, G. : The First Philosophers, London, 1955
Word, A.C. : English Literature, London, 1958
Woodhouse, C.M. : Modern Greece, London, 1976
Zaehner, R.C. : Zurvan A Zoroastrian Dilemma, Oxford, 1955

राहुल सांकृत्यायन :

अकबर, इलाहाबाद, 1991
ऋग्वेदिक आर्य, उप॰, 1957
जय यौधेय, उप॰, 1981
दर्शन दिग्दर्शन, उप॰, 1992
दिमागी गुलामी, पटना, 1938
दिवोदास, इलाहाबाद, 1979
मानव समाज, उप॰, 1993
विविध प्रसंग, नयी दिल्ली, 1988
वैज्ञानिक भौतिकवाद, इलाहाबाद, 1993
वोल्गा से गंगा, उप॰, 1993
संस्कृत काव्यधारा, उप॰, 1958
साम्यवाद ही क्यों ? उप॰, 1991
सिंह सेनापति, उप॰, 1993
हिंदी साहित्य सम्मेलन के अध्यक्षीय भाषण, खंड 3, अभिभाषण : 35, इलाहाबाद (मुद्रणाधीन)

वासुदेवशरण अग्रवाल : पाणिनिकालीन भारतवर्ष, बनारस, सं॰ 2012 वि॰

□□